조선시대 불교사 연구

민족사학술총서 67

조선시대 불교사 연구

이봉춘 李逢春

민족사

책머리에

　한국불교사에서 조선시대의 불교는 여전히 어둠 속에 남겨져 있다. 그 역사 과정에 대한 불편한 기억들 때문이다. 정치로부터 한결같이 강제되어 온 피지배적 상황, 인적 물적 억압과 종교적 침체, 교학과 사상의 쇠퇴, 불교인들의 힘겨운 생존방식 등 이 시대 불교의 경험들 대부분은 우울하다. 이런 기억들을 되짚는 일이 마음 편할 리 없다. 조선불교의 역사는 찬연한 신라불교나 국교의 지위를 누린 고려불교와 대비되면서, 그 쇠락상이 더욱 부각된 측면도 있다. 어떻게 말하든, 그동안 한국불교사 연구에서 조선불교가 상대적으로 소외되어 온 것은 이런 사정들과 무관하지 않다.

　이처럼 이른바 인기 없는 조선불교를 마음에 두고 숙제로 삼아 온 지 벌써 많은 세월이 지났다. 돌아보건대, 1975년 대학원에 진학하여 불교학을 공부하면서 나의 학문적 관심은 역사분야 연구에 기울고 있었다. 불교의 순수 교학과 사상 또는 신앙의 중요성을 모를 바는 아니었다. 또 역사의 전개에도 그것의 내용들이 어떤 형태로든 관련되고 작용한다는 사실도 어렴풋이 짐작할 수 있었다. 그러나 교학·사상·신앙과 같이 관념성 혹은 선택적 지지를 필요로 하는 문제들보다는 그 구체적 현실태로서 인간 삶의 궤적을 보여주는 역사문제가 내게는 우선의 관심사로 들어왔다. 교학 사상 등의 문제는 어떤 한 가지 틀로만 고정시킬 수 없으며 다분히 주관적인 관점과 해석에 따라 얼마든지 가변적일 수 있다. 바로 그런 점 때문에 인간의 경험적 사실을 말하는 역사문제의 규명 쪽에 더 마음이 끌린 셈이다.

이런 이유들로 광범한 불교사 가운데서도 한국불교사를 전공으로 선택한 내게 조선불교는 특별한 의미로 다가왔다. 처음에 그것은 상식과 선입견 수준 그대로 어둠 짙은 한 시대의 역사로만 읽혀졌다. 하지만, 점차 조선불교에서는 우리가 많은 부분들을 쉽게 간과해 왔음을 느낄 수 있었다. 일찍이 경험해 보지 않은 5백 년의 기나긴 역경을 겪으면서도 불교의 생명력을 끝까지 유지해 온 이 시대 불교인들의 의지와, 고난 극복을 위한 다방면의 활동 노력들이 특히 그러하였다. 내가 이런 조선불교를 연구하겠다고 결심을 굳히게 된 데에는 아직도 이 분야가 상당 부분 미답지로 남아 있다는 사실도 크게 작용하였다. 그러나 여기에는 그동안 관심 받지 못해 온 이 시대 불교에서 의외의 건강함과 긍정성을 말할 수도 있겠다는 기대와 희망이 더 컸다.

도대체 조선불교의 실상은 어떤 것인가. 억불과 배불은 오로지 정치상의 문제이기만 한 것인가. 이 시대 불교전반을 침체와 쇠퇴로만 규정할 수 있는가. 기존의 시각에 대한 반성적 의미에서 조선불교를 오히려 과대평가하는 듯한 인식은 타당한가. 불교의 본질에 비추어 새롭게 바라보아야 할 이 시대 불교의 또 다른 면모는 없는가. 결국 조선불교를 어떻게 성격 지우고 자리매김 할 수 있을 것인가. 이 같은 문제의식들 속에서 진행해 온 그동안의 조선불교에 대한 탐구와 천착이 나에게는 큰 기쁨이었고 일종의 사명과도 같았다.

이 책 『조선시대 불교사 연구』는 이런 나의 오랜 관심과 애착으로 얻게 된 한 작은 결과물이다. 그러나 의욕만 앞세웠을 뿐 지닌 재주와 능력의 한계로 겨우 노력의 흔적 정도를 모아 놓은 것이어서 부끄러운 마음뿐이다. 여기에 실은 글들은 그동안 여러 학술지에 발표해 온 논문들을 모아 재정리 한 것으로, 처음부터 한 권의 저술로 기획한 것은 아니다. 따라서 서로 다른 시기에 쓴 글들을 한데 모으다 보니 다소의 중복이 불가피하였고, 각 부별 분류와 배열 또한 적합하지 못한 점이 있다. 다만 조선불교의 실상을 규명해 보고자 했던 출발 시점의 내 본래 의도는 어느 정도 반영된 것으로 자위를 삼고 있다.

이 책의 각 부별 내용의 개요를 간추려 말하면 대략 다음과 같다.

제1부 불유교대의 배경과 초기 불교정책

제1부 1장~4장과 제2부 1장까지는 1991년 청구한 박사학위논문 「조선 초기 배불사 연구」를 약간 수정 보완한 것이다. 불교와 유교가 교대하는 역사적 배경으로서 먼저 주목한 바는 고려 후기 불교 특히 그 말기 불교의 현실들이다. 이를 불유교대, 다시 말하면 조선에서 시작한 숭유억불정책의 내적 요인으로 보았다. 억불과 배불의 원인이 일차적으로는 불교 자체에 있다고 본 인과론적 관점의 이해이다. 그 밖에 성리학 전래에 따른 고려 후기의 사상적 변화 속에서 일어난 신흥 사대부 계층의 배불여론과 기세를 그 외적 요인으로 파악하였다. 불유교대의 작업은 이 같은 배경 아래서 새왕조의 혁신정치와 함께 가시화한다. 태조대의 견해가 엇갈리는 탐색단계를 거쳐, 태종대에 본격적인 배불을 단행하고, 다시 세종대에는 그것이 더욱 강경하게 이어져 간다.

제2부 배불의 강호와 고착

조선의 유교국가 체제는 태종대에서부터 구축되기 시작하여 성종·중종대를 거치는 동안 완벽을 기해 간 배불정책과 그 결론적인 불교의 현실상황을 밝힌 것이다. 조선조 배불의 전체 맥락에서 살필 때 태종·세종대에는 불교의 경제적 억압과 인적 조직의 해체가 중심관제였다. 이에 비해 성종대에는 불교의 기반적인 국가제도와 전통적인 각종 불교 유습遺習의 제거가 강행되고, 연산군은 그나마 정책의 원칙과도 무관하게 아예 우발적이라 할 파불을 자행한다. 그리고 마침내 그것이 중종대의 폐불정책으로 이어짐으로써 조선 전기에 이미 배불의 윤곽을 거의 확정짓고 있다. 이제 더이상 나올 만한 배불도 크게 없는 형편이다. 이 같은 배불의 강화 및 그 상태의 고착은 유교국가 체제가 구축·완성되는 것과 궤를 함께 한다.

제3부 흥불정책과 교단의 자립활동

불교 억압과 배척의 시대에도 또 다른 한편에서는 흥불의 흐름이 엄연히 존재하였다. 이는 특히 조선 전기 중에 몇몇 숭불주의욕적인 불교정책과 사업으로도 나타나고, 조선조 전시대에 걸친 지도적 고승을 비롯한 교단 구성원들의 활동과 노력에서도 찾아볼 수 있다. 신앙과 의례를 통해 불교의 저변 세력을 형성해 간 일반 대중의 변함없는 지지 역시 중요한 흥불 요건에 해당한다. 그러함에도 불구하고 이 시대 불교 전반을 국가의 정책적 측면에서만 바라보고 판단하는 것은 온당하지 않다. 억불·배불 정책의 문제를 중심으로 조명하다 보면 조선불교의 부정적인 측면을 필요 이상으로 강조하는 일이 될 수 있다. 그것이 또한 이 시대 불교의 실체 파악을 가로막고 자칫 불교인들을 자조감과 패배의식에 빠지게 할 수도 있다. 그런 의미에서 여기에서는 흥불과 교단 유지를 위한 조선불교인들의 다양한 활동과 끈질긴 노력들을 집중적으로 살폈다.

제4부 조선불교의 인물과 사상

인간은 모든 역사에서 주체자이며 모든 일의 척도이다. 유난히 고난 깊던 조선불교에서도 이런 사실은 예외가 아니다. 이 시대를 살면서 가장 선두에서 고뇌하고 역할 했던 불교인들이 적지 않지만, 그 가운데서도 몇몇 인물을 중심으로 그들의 활동과 사상을 조명하였다. 이들의 사상은 저마다 의미 있는 삶의 지표가 되고, 호법·홍법 활동의 기반으로 작용하였다. 선초불교계의 자존심이라 할 만한 지성으로서 그 시대에 빛을 발한 자초와 기화, 스러진 불교를 앞장서 다시 세우고 순교한 보우, 출세간과 세간의 지도자 유정, 배불의 부당성을 국왕에게 직접 상소한 처능, 그리고 근세 선문의 중흥조 경허의 사상들은 한결같이 불교지도자다운 깊이와 품격을 느끼게 한다. 이들 고승 외에 효령대군에게서는 신불자로서 자신의 역할을 소신껏 담당해 간 불교외호자의 한 전형을 엿볼 수 있다.

지금까지 불교학을 공부해 오고 또 이 책을 내면서 실로 많은 이들의 은혜를 입었고, 고마운 도움을 받았다. 그 중에서도 불교사맹佛敎史盲의 시대를 염려하며 정진을 당부하시던 은사 김영태 선생님의 지도와 제자에 대한 믿음어린 격려는 감사를 올리기에 앞서 다만 죄송할 따름이다. 계속 노력하여 좀 더 나은 결실로 스승의 큰 학은에 보답할 수 있기를 스스로 다짐해본다. 너무 이른 나이에 입적入寂하여 주위를 안타깝게 했던 고익진 교수님도 내게는 은사나 다름없다. 나의 강사시절 가끔씩 한국불교사 프로젝트 수행을 함께 하면서 받았던 지도와 핀잔까지도 내겐 좋은 약이 되었다. 새삼 영전에 감사 올린다. 관심사와 전공분야가 다르지만, 학문적 진지함과 참된 구도자로서 존경받는 기림사 동암의 호진스님께도 많은 은혜를 입었다. 때때로 게을러지는 나를 일으켜 세워 다시 용기를 갖게 하신 스님의 격려를 항상 고맙게 간직하고 있다.

그 밖에 이 책의 체재와 내용에 적절한 조언을 준 불교 서지학자 이철교 선배, 원문 자료와 내용을 꼼꼼히 교정한 불지사의 김형균 실장, 원고정리와 자료검색 작업에 애써준 제자 김연애 조교의 고마움도 잊을 수 없다. 또한 항상 내 일에만 매달려 사는 가장을 말없이 지지하고 신뢰해 준 나의 가족들, 도반다운 아내와 든든한 두 아들에게도 고마움의 마음을 전하고 싶다. 대학에서 연구하고 가르치며 함께 절차탁마해 온 불교학과 선후배 동료 교수들을 비롯하여, 일일이 그 이름을 밝혀 쓰지 못한 많은 사람들 또한 나를 성숙시켜 준 고마운 은인들이다. 마지막으로 박사학위 논문을 썼던 1991년부터 논문의 출판을 권한 이후 지금까지 내 부지런하지 못함을 오래도 참고 기다려 주신 민족사의 윤창화 사장님께는 각별히 미안한 마음으로 감사드린다.

이 모든 분들의 은혜에 보답하기 위해서라도 나의 한국 조선불교 연구 그리고 조선불교 연구는 그것이 가능한 날까지 멈추지 않을 생각이다. 크게 내세울 것 없는 이 책이 행여 누구에겐가 작은 도움이라도 될 수 있다면 나로서는 더 없는 기쁨이겠다.

2014년 12월
무위재無位齋에서 이봉춘

차 례

책머리에 … 4

제1부
불유교대의 배경과 초기 불교정책

제1장 불유교대의 역사적 배경················· 21
   Ⅰ. 고려 후기불교의 현실 동향 ················· 23
   Ⅱ. 성리학의 전래와 세력 성장 ················· 41
   Ⅲ. 신흥 사대부들의 배불 여론 ················· 52
   Ⅳ. 여말의 불교 억제책 ················· 67

제2장 신왕조의 혁신정치와 불교정책 ················· 75
   Ⅰ. 유교적 이념 추구와 배불의지 ················· 77
   Ⅱ. 태조의 신불과 불교정책 방향 ················· 91
   Ⅲ. 유신들의 척불양상 ················· 109

제3장 태종대의 배불 단행과 논거 ················· 127
   Ⅰ. 불사 설행과 배불 시도 ················· 129
   Ⅱ. 배불정책의 단행과 결과················· 147

Ⅲ. 태종의 대불태도의 이중성 ·················· 163

Ⅳ. 배불의 논거와 명분 ······················· 179

제4장 세종대의 배불계승과 변화 ····················· 191

Ⅰ. 흥유시책의 배불적 의미 ···················· 193

Ⅱ. 치세 전기의 배불시책 ····················· 202

Ⅲ. 불사설행과 대불인식의 변화 ················· 218

Ⅳ. 후기의 불사와 유신들의 저항 ··············· 232

제2부

배불의 강화와 고착

제1장 성종대 유교정치와 배불 강화 ················· 251

Ⅰ. 왕실불교와 유신세력의 대립 ················ 253

Ⅱ. 세조대 흥불정책의 철폐 ··················· 260

Ⅲ. 친정 이후의 유교정치와 배불 ··············· 271

Ⅳ. 승니사태와 도승법 정지 ··················· 282

제2장 연산군의 배불책과 파불의 동인 ··············· 303

Ⅰ. 갑자사화 이전의 배불책 ··················· 305

Ⅱ. 사화 이후의 배불 전개 ·················· 318

Ⅲ. 파불적 정책 추이의 동인 ··············· 329

제3장 중종대 배불정책과 그 성격·················· 339

Ⅰ. 불교정책의 배경 세력들 ················· 341

Ⅱ. 사림파 부상의 배불적 의미 ·············· 346

Ⅲ. 배불 유형과 그 성격················· 352

Ⅳ. 역승급패 시행의 사정 ················· 364

제3부
흥불정책과 교단의 자립활동

제1장 전기 숭불주들의 흥불정책 ·············· 377

Ⅰ. 숭불주 출현의 배경과 요인 ·············· 380

Ⅱ. 숭불주들의 흥불정책 개요 ·············· 385

Ⅲ. 흥불정책의 특징과 의미················· 400

제2장 불전언해와 그 사상 ················· 413

Ⅰ. 불전언해 착수와 그 경과 ··············· 415

Ⅱ. 언해자의 법통과 신불사상 ·············· 424

Ⅲ. 언해 불전으로 본 사상 경향 ···························· 436
Ⅳ. 불전언해 사업의 사상적 이념 ···························· 443

제3장 교단의 경제현실과 대응 ···························· 451
Ⅰ. 전기의 경제적 제재와 억압 ···························· 453
Ⅱ. 중기 이후의 경제적 수탈과 잡역 ···················· 463
Ⅲ. 불교교단의 자구적 경제활동 ························· 470

제4장 불교의 자립노력과 현실참여 ···················· 479
Ⅰ. 산중불교화와 현실과제 ···························· 481
Ⅱ. 불교교단의 자립·자활 노력 ···························· 487
Ⅲ. 대사회·국가적 현실 참여 ···························· 496
Ⅳ. 불교의 새로운 존재방식과 그 의미 ················ 513

제5장 왕실과 일반대중의 관음신앙 ···················· 519
Ⅰ. 선초 왕실의 관음신앙 전승 ···························· 521
Ⅱ. 일반대중의 관음신앙과 그 성격 ················ 533
Ⅲ. 조선 말기 묘련사 관음결사 ···························· 550

제6장 도총섭 제도의 발생과 확대 ···················· 567
Ⅰ. 조선 전기 승직의 변천 ···························· 569
Ⅱ. 도총섭 제도의 발생 ···························· 579

Ⅲ. 총섭직의 확대 운영 ┄┄┄┄┄┄┄┄┄┄┄┄ 582

Ⅳ. 승풍 규정과 도총섭 ┄┄┄┄┄┄┄┄┄┄┄┄ 588

제4부

조선불교의 인물과 사상

제1장 역사적 전환기의 두 지성 – 자초·기화 ┄┄┄┄ 599

Ⅰ. 역사적 전환기의 스승과 제자 ┄┄┄┄┄┄ 601

Ⅱ. 당대 지성의 역할과 면모 ┄┄┄┄┄┄┄┄ 611

제2장 효령대군의 신불과 불교외호 ┄┄┄┄┄┄┄┄ 623

Ⅰ. 왕실불교와 대군의 불문 귀의 ┄┄┄┄┄┄ 625

Ⅱ. 배불 기류 속의 불사 주도 ┄┄┄┄┄┄┄┄ 632

Ⅲ. 원각사 창건의 총주관 ┄┄┄┄┄┄┄┄┄┄ 638

Ⅳ. 불전언해 사업의 협찬 ┄┄┄┄┄┄┄┄┄┄ 644

Ⅴ. 종실 최고 어른의 신불 권위 ┄┄┄┄┄┄┄ 650

제3장 보우의 선교사상과 불유융합 조화론 ┄┄┄┄ 655

Ⅰ. 흥불사업과 그 사상 기반 ┄┄┄┄┄┄┄┄ 657

Ⅱ. 선교일원의 무애사상 ┄┄┄┄┄┄┄┄┄┄ 664

Ⅲ. 불교와 유교의 융합 조화론 ┈┈┈┈┈┈ 676

제4장 유정의 구국활동과 교단 내 평가 ┈┈┈ 689
  Ⅰ. 조선불교와 임진란 의승군 ┈┈┈ 691
  Ⅱ. 유정의 구국활동과 그 면모 ┈┈┈ 696
  Ⅲ. 유정에 대한 인식과 평가 ┈┈┈┈ 712

제5장 처능의 배불 항론 「간폐석교소」 ┈┈┈ 725
  Ⅰ. 처능의 행적과 사상 ┈┈┈┈┈┈ 727
  Ⅱ. 배불에 대한 항론 제기 ┈┈┈┈ 735
  Ⅲ. 「간폐석교소」의 내용 ┈┈┈┈┈ 743
  Ⅳ. 항론의 역사적 의미 ┈┈┈┈┈┈ 753

제6장 조선 후기 선문과 경허의 법통관 ┈┈┈ 761
  Ⅰ. 휴정의 법통 확립과 그 가풍 ┈┈┈ 763
  Ⅱ. 편양파의 태고법통설 제기 ┈┈┈ 769
  Ⅲ. 근대 선의 중흥조 경허의 생애 ┈┈┈ 777
  Ⅳ. 경허 법맥과 법통관의 특징 ┈┈┈ 783

찾아보기 ┈ 790

제1부

불유교대의 배경과 초기 불교정책

제1장 불유교대의 역사적 배경

    Ⅰ. 고려 후기불교의 현실 동향

        1. 왕의 불사와 국가재정의 소모

        2. 기양 기복신앙의 저속성

        3. 사원전 확대와 승려들의 영리행위

        4. 승정의 문란과 승도의 타락

    Ⅱ. 성리학의 전래와 그 세력 성장

        1. 성리학의 유입과 공식 전래

        2. 성리학 수용 후의 제 변화

    Ⅲ. 신흥 사대부들의 배불 여론

        1. 불교에 대한 현실 비판론 대두

        2. 과격한 배불논의의 전개

    Ⅳ. 여말의 불교 억제책

제2장 신왕조의 혁신정치와 불교정책

    Ⅰ. 유교적 이념 추구와 배불의지

        1. 지배종교의 교체 노력

고려에 이은 조선은 성리학을 기본이념으로 하여 개창한 왕조이다. 개국 초부터 숭유억불 정책이 표면화하고, 이후 불교와 유교가 서로 교대交代하는 양상으로 전개되고 있음이 이를 잘 말해 준다. 이 같은 불유교대의 원인 혹은 배경은 단순하지 않다. 고려 후기의 불교 및 사회 사상적 동향과 밀접하게 관련되어 있기 때문이다. 요약해 말하자면 그것은 고려 후기불교가 보여 온 자체 모순과 현실적 폐해, 그리고 불교의 견제세력으로 등장한 성리학적 신진 관료그룹의 대응 움직임 속에서 파악할 수 있다.

유교입국儒敎立國을 표방하는 조선의 불교정책이 처음부터 숭유배불적 방향으로 나타날 것임은 자명한 일이다. 그러나 왕조교체 직후의 복잡했던 상황

　　2. 억불이 전제된 유교입국
Ⅱ. 태조의 신불과 불교정책 방향
　　1. 신불자세와 불사
　　2. 불교정책의 방향
Ⅲ. 유신들의 척불양상
　　1. 척불주장의 실제와 유형
　　2. 정도전의 배불론

제3장 태종대의 배불단행과 논거
Ⅰ. 불사설행과 배불시도
　　1. 각종 불사 설행의 성격
　　2. 왕과 유신들의 배불 시도
Ⅱ. 배불정책의 단행과 결과
　　1. 본격적인 배불시책의 진행
　　2. 경제적 억압과 교단의 축소
Ⅲ. 태종의 대불태도의 이중성
　　1. 불사에 대한 변명과 부정
　　2. 불교를 싫어한 배불군주
Ⅳ. 배불의 논거와 명분

속에서 그 결행은 쉽지 않았다. 그것은 태조와 개국 관료들의 서로 다른 대불
對佛 인식과 혁신정치를 주장하는 방법론상의 차이로도 드러난다. 동시에 이
는 여전히 불교가 전통적인 가치이며 세력으로서 존재함을 보여준다.
그러나 정종에 이어 태종이 즉위하면서부터 상황은 크게 반전하는 모습이다.
태종은 어느 점 신불왕信佛王으로 비쳐지기도 하지만 기본적으로 그는 배불
군주였다. 따라서 그동안 태조에 의해 유보 저지되어 온 배불정책이 태종대로
부터 본격화한다. 이 시기에 이르러서는 불교에 대한 왕과 조정 유신들의 신
념과 이해가 일치하는 모습을 보인다. 그러나 이념을 앞세운 배불의 논리에도
불구하고, 이는 결국 군국적 수요증대에 따른 국가 경제문제의 해결을 위한

제4장 세종대의 배불계승과 변화

Ⅰ. 흥유시책의 배불적 의미
  1. 집현전 설치와 그 활동
  2. 유교적 의례와 제도의 정비
  3. 편찬사업의 성행
Ⅱ. 치세 전기의 배불시책
  1. 종파·사사의 대폭 정리
  2. 도첩제 엄행·승려 입성 제한
Ⅲ. 불사설행과 대불인식의 변화
Ⅳ. 후기의 불사와 유신들의 저항
  1. 흥천사 불사에 대한 반발
  2. 전경·정음불서 찬술에 대한 반발
  3. 내불당 재건에 대한 저항

인적 억압과 경제적 제재로서의 성격이 더 짙다.

태종이 이룩한 안정된 국가적 기반 위에서 즉위한 세종의 불교정책은 태종의 배불을 그대로 계승함은 물론 부왕의 그것보다 더욱 강도 높게 추진되었다. 세종의 유교국가 체제 확립과 유교정치의 강화 노력이 불교에 전이되어 상대적으로 불교 억압과 배척이 더욱 가증되고 있는 것이다. 그러나 중기 이후 세종의 불교정책은 오히려 숭불로 비쳐질 만큼 방향을 달리한다. 이와 관련해서는 왕실불교의 존재와 그 활동이 주목되며, 또한 조선에서의 배불과 흥불의 구도를 함께 생각할 수 있다.

제1장
불유교대의 역사적 배경

조선 초기 불교정책의 배경

조선 초기는 불교와 유교가 교대交代하는 종교적 전환기에 해당한다. 그 기간은 개국으로부터 세종대까지 약 60년, 또는 유교정치가 완성되는 성종대까지 대략 1백년 정도를 상정할 수 있다. 불교를 대신하여 유교가 점차 지배 종교의 위치를 확보해간 이 기간 중에 불교는 국가 정책에 따라 상반되는 현실을 함께 경험한다. 왕조 초기의 사상 및 종교적 상황을 말해주듯 배불排佛과 흥불興佛이 교차한 것이다. 이 시기의 흥불 현상은 의외로 다양하고 적극적인 모습이지만 그것이 배불의 대세에 비교할 정도는 아니었다. 이는 결국 불교와 유교의 교대 전환이 국가적인 목표와 정책에 의해 추진되어 갔음을 반증한다.

조선 초기 불유교대의 사실을 이렇게 전제한다면, 이제 관심은 당연히 배불의 배경으로 모아질 수밖에 없다. 조선이 왕조 초기부터 강행하고 있는 배불정책의 구체적인 요인이 무엇인가 하는 것이다. 이에 관해서는 조선 건국에 따르는 정치·사상적 변화 등 여러 측면에서 문제를 논할 수 있지만, 가장 먼저 주목해야할 부분으로는 고려 후기 불교의 현실적 문제를 들 수 있다. 조선왕조의 출현이 고려 후기의 정치·사회적 변화와 동향 속에서 싹터 온 결과임을 감안할 때 더욱 그러하다. 그만큼 이 시기 불교의 내외 현실에 대한 검토는 불가피한 일이다.

고려사회에서 불교는 단순히 종교 신앙으로서만 존재해온 것이 아니다. 국가로부터 일반대중에 이르기까지 그들의 정신세계와 현실생활에 큰 영향을 끼쳐왔다. 이런 불교가 고려사회에서 특권적 지위를 인정받고 있음은 크게 이상한 일이 아니다. 하지만 이와 관련하여 불교의 사회적 역기능과 부작용이 나타나고 그것이 후기에 이르러 더욱 심화함으로써 문제가 되고 있는 것도 사실이다. 불유교대를 촉진하는 조선 초기 불교정책의 역사적 배경으로서 고려 후기 불교를 주목하는 것도 이 때문이다.

여기에서는 먼저 고려후기 불교의 현실 동향 가운데서도 특히 폐해로 지적되어 온 현상들을 중점적으로 다룬다. 이어 성리학의 전래와 그 세력성장에 관해 검토한 다음, 이로부터 대두되는 배불여론의 진행 경과 및 여말의 불교 억제책을 차례로 살펴본다.

I. 고려 후기불교의 현실 동향

고려 전반에 걸쳐 국교적 지위를 누려온 불교는 관점에 따라 긍정적 또는 부정적으로도 비쳐진다. 이 같은 고려불교를 이해하는 데는 ① 일관된 호국신앙의 지향과 전개 ② 토속신앙과 혼합된 불교의 비보적禪補的 성격 ③ 고려경제를 좌우한 사원경제 문제의 세 부분을 가장 기본적인 입각점으로 삼을 수 있다.[1]

우선 이들 세 부분을 통해 고려불교의 모습 전체를 조망했을 때 가장 크게 눈에 띄는 것은 ①의 호국신앙 부분이다. 고려사회의 정치·사상·문화·경제 등 각 분야와 유기적으로 작용해 온 불교의 다양한 활동 가운데서도 특히 호국적 역할과 기여가 그만큼 두드러진다.

고려불교의 호국적 공헌은 긍정적으로 평가 받기에 충분하다. 유난히 잦은 국난 속에서도 5백년 가까이 나라를 지켜나간 고려의 저력 또한 불교의 일관된 호국신앙에 근거한다고 말할 수 있다.[2] 그러나 이

---

1) 安啓賢,『韓國佛教史硏究』(동화출판사, 1982), pp.164~167.
2) 고려불교의 호국신앙은 종교적 의례나 승군 활동 등에만 국한하지 않는다. 선·교사상 및 불교계 의 모든 활동이 총체적인 호국사상으로서 발현되고 있으며, 그것이 국난의 극복에 크게 작용하고 있다. 이에 관해서는 다음의 공동연구에서 자세하게 살펴볼 수 있다. 洪庭植·高翊晉·金煐泰·徐閏吉·李載昌,「불교사상이 國難打開에 미친 영향」,『불교학보』제14집(동국대학교 불교문화연구소, 1977), pp.11~123.

처럼 중대한 공헌에도 불구하고 그것이 또 다른 면에서는 고려불교의 부정적인 모습으로 연결되기도 한다. 호국신앙 및 활동이 고려불교를 왜곡시키고 있는 것이다. 이는 국가와 종교 간의 밀착관계로부터 발생하기 쉬운 문제점의 한 형태를 잘 보여준다.

호국신앙은 일반적으로 국가와 불교와의 밀접한 관계 속에서 이루어진다. 국가는 불교를 보호 지원하는 최대의 외호세력으로서 존재하고, 불교는 그런 국가에 대해 진호鎭護의 기원과 활동을 담당하는 최대의 정신세력으로서 존재한 것이다. 세속집단으로서의 국가와 종교집단으로서의 불교는 이와 같이 상호보완적 관계를 형성한다. 그러나 바로 이 같은 상보적相補的 관계 속에서 국가불교 혹은 불교의 국가주의가 증대되고 이것이 곧 불교의 왜곡으로 이어지기 쉽다. 실제로 국가주의적 성향이 유독 짙은 고려불교는 국가 또는 정치세력과 밀착하면서 여러 가지 폐해를 야기해왔다.

고려에서 이 같은 불교의 폐해가 공개적으로 처음 거론된 것은 일찍이 제6대 국왕 성종대의 일이다. 성종 원년(982)에 중신 최승로崔承老가 왕에게 올린 시무時務 28조二十八條 가운데 상당 부분을 불교의 폐해와 관련하여 논한 것이다. 이 시무론時務論은 성종 이전 5대에 걸친 왕들의 치적에 대한 평가와 비판인 5조치적평五朝治績評의 결론으로써 제시된 것이지만,[3] 불교와 관련된 조목만을 요약하면[4] 다음과 같다.

　　2조, 왕이 인과를 믿어 그 체통을 돌보지 않고 설행하고 있는 공덕

---

3) 金哲俊, 「崔承老의 時務二十八條에 對하여」, 『趙明基博士 華甲紀念, 佛教史學論叢』(1965), p.228.
4) 『高麗史節要』제2권, 成宗 元年(982) 6月條.

재功德齋를 폐지할 것.

4조, 죄업 소재消災를 위해 왕이 행인들에게 음식을 보시하는 일을 중단할 것.

6조, 백성들에게 고통을 주는 승려들의 영리사업인 불보전곡佛寶錢穀을 금지시킬 것.

8조, 승려를 궁중에 머물지 못하게 할 것.

10조, 승려들의 관館·역驛 유숙에 따른 폐해가 심하니 금지시킬 것.

13조, 연등회와 팔관회로 인한 백성의 노역이 많고 번거로우므로 이 행사를 축소할 것.

16조, 빈번한 창사創寺로 주군州郡의 수령이 백성을 괴롭히니 이를 엄금시킬 것.

18조, 경과 불상을 금과 은으로 사치스럽게 만들지 말 것.

20조, 왕의 과다한 불사佛事는 백성의 재산을 허비하고 그들을 괴롭히는 일이니 겨울·여름의 강론하는 법회 및 선왕先王이나 선후先后의 기일재忌日齋 외에는 제한할 것.

시무 28조 중 '6개조는 경술년 병란에 잃어버렸다'하므로, 22개조가 현존하는데, 그 가운데 불교관련 조목이 9개조나 차지하고 있다. 폐해로 지적되고 있는 이들 조목 모두가 불교의 국가주의적 성향에서 기인한 것이라고 보기는 어렵지만, 최소한 무관하지 않은 문제들인 것만은 분명하다. 물론 이를 논하면서 개진하고 있는 불교의 인과설 및 왕의 신불信佛 태도에 대한 견해와 평가 등은 유자儒者로서 그의 일방적 관점일 수 있다.[5] 그러나 국가 관리로서 불교로 인해 발생하는 현

_____

5) 예를 들면, 불교의 인과법에 대해서는 "崇佛敎者 只種來生因果 鮮有益於見報 理國之要 恐不在此"라고 이해하고, 그와 관련하여, "行釋敎者 修身之禮 行儒敎者 理國之源 修身是來生之資 理國乃今日之務"라고 말한다.(第20條) 또 "此弊始於光宗 崇信讒邪 多殺無辜 惑於浮屠果報之說 欲除罪業 浚民膏血 多作佛事 惑說毘盧遮那懺悔法…"라 하여(第2條), 광종의 신불에 대해 지나치게 주관인 평가를 내리고 있다.

실적인 폐해를 인식하면서 그 시정을 왕에게 촉구하고 있음은 주목할 필요가 있다. 대체로 이때 지적된 문제들이 후대로 내려가면서 더욱 변형적으로 증가하고, 그것이 결국 여말에 거센 배불 여론을 불러오기 때문이다.

불교의 폐해문제는 이와 같이 고려 초기에 이미 제기되었지만 그것이 개선되기보다는 후대로 가면서 오히려 더욱 심각한 상태에 이른다. 그 몇 가지 원인으로서는 불교와 승려의 특권계급화, 이로부터 기인하는 승려의 속화俗化와 타락, 그리고 현실안주現實安住 및 창조적 사상활동의 부재 등을 지적해 말할 수 있다.

고려사회에서 불교와 승려의 특권계급화는 국가불교적 각종 제도의 시행에서부터 엿보인다. 가령 국사(왕사) 책봉 시 왕이 국사에게 구배九拜를 올릴 정도였음은[6] 불교 및 승려의 권위가 어떠했던가를 상징적으로 보여준다. 물론 이는 국사·왕사에게 국한한 예이다. 그러나 승과僧科 및 법계제도의 하급 품계인 대덕大德에게도 국가가 별사전別賜田을 주었을 만큼,[7] 고려사회에서 승려에 대한 대우는 각별하였다. 이밖에 각종 흥불적 국가정책 속에서 불교와 승려는 자연히 특권계층을 형성해 갔고 이런 현상이 불교의 폐해와도 무관하지 않은 것이다.

특권계층 문제로부터 발생하는 불교의 속화와 타락현상은 폐해의 원인이자 결과로도 지적할 수 있다. 고려시대에 정치적 상황에 따라 불교교단이 변화를 겪기도 했지만 대체로 고려의 승려들은 국가로부터 신분·경제·사회적으로 충분한 보장을 받고 있었다. 그러나 정치세

---

6) 許興植, 「國師 王師制度와 그 機能」, 『高麗佛敎研究』(一潮閣, 1989), pp.403~405 참조.
7) 『高麗史』卷78, 志32 食貨, 別賜.

력과 깊게 결탁하여 권세와 부를 누리는 승려들도 생겨났다. 이런 과정에서 불교의 속화와 타락현상이 만연하였고, 이는 그 자체가 고려 불교의 폐해를 말해준다. 불교의 속화된 모습이 곧 그 시대의 폐해상인 셈이다.

고려 후기불교의 폐해 원인으로서 국가권력 아래서의 현실안주 및 창조적 사상 부재를 말한다면 이는 좀 더 본질적인 문제에 속한다. 고려 전기에는 균여均如와 의천義天, 그리고 중기의 지눌知訥·혜심慧諶·요세了世·각훈覺訓·일연一然 등 고승들의 선·교학 연구와 저술이 이어지고, 이들의 사상개척과 수행운동이 시대정신을 일깨우고 있다. 또 운묵雲默·체원體元·천책天頙·보환普幻 등 고려 후기 선과 교의 고승들이 남긴 저술도 특기할 만하다.[8] 그러나 후기의 교학연구 등 사상활동은 전체적으로 미약하고 활기를 찾아보기 어렵다. 보우普愚·혜근惠勤·경한景閑 등이 원元에서 전해온 임제선법臨濟禪法을 크게 진작시키고 있지만, 그러나 이때는 이미 불교의 폐해가 개선되기 어려울 만큼 축적된 여말에 이르러서이다. 자체 내에서 참신한 사상적 계발이 없고 외부와의 어떤 교류나 자극도 없이 다만 국가권력의 비호 아래서 현실에 안주할 때 그 집단이 무력해지고 부패할 것임은 자명한 일이다.

이상과 같은 원인들이 복합적으로 작용하면서, 고려 말기로 갈수록 불교교단의 속화와 폐해는 가중되었던 것으로 본다. 물론 그러는 중에도 긍정적인 측면과 역할이 없었던 것은 아니다. 불교계가 사회복

---

8) 동국대학교 불교문화연구소, 『韓國佛敎撰述文獻總錄』(동국대 출판부, 1976), pp.94~162, Ⅱ. 고려 시대 참조.

지 차원의 빈민구제나 의료활동을 전개하기도 하였고[9], 대장경 조조와 같은 문화적 위업을 이룩하는가 하면, 신앙을 통한 사회의 정신적 통합에 기여하기도 했기 때문이다. 특히 왕에서부터 서민대중에 이르기까지 어떤 형태로든 그들의 안심입명을 도모해온 불교의 종교적 기능과 역할은 결코 과소평가될 수 없다. 그러나 고려 후기불교의 현실이 조선 초기불교 정책의 배경이 되고 있음은 분명하다. 더구나 그것이 배불의 직접적인 요인으로 작용한다는 점에서, 이제 고려 후기불교의 현실 동향으로서 특히 그 폐해 양상을 몇 가지 유형으로 묶어 좀 더 자세히 살펴본다.

1. 왕의 불사와 국가재정의 소모

불사佛事란 사원과 불탑의 창건을 비롯하여 각종 법회·도량·대회·재 등 일체의 불교행사를 말하는 것으로, 그 다양한 종류 및 빈번한 설행은 고려불교의 한 특색을 이룬다. 이 가운데 주로 불교의식으로서의 불사는 『고려사』에 나타나는 종류만 해도 69종이나 되고 설행 횟수는 총 1,938회에 이른다. 그러나 비문 등 기타 자료에서 보이는 사례까지 합하면 고려시대에 행해진 각종 불사는 모두 83종으로 나타난다. 따라서 설행 횟수 또한 실제는 고려사 기록보다 훨씬 더 상회할 것임에 틀림없다.[10]

이 같은 불사들 가운데 특히 팔관회와 연등회는 태조 이래 항례화

---

9) 林松山, 『佛敎福祉 - 思想과 事例 1』(法水出版社, 1983), pp.203~212 참조.
10) 徐閏吉, 「高麗의 護國法會와 道場」, 『불교학보』제14집(동국대학교 불교문화연구소, 1977), pp.90~102. 각종 法會 道場의 명칭 및 설행 회수 참조 바람.

된 국행國行 불사였으며, 인왕경강회仁王經講會·인왕도량仁王道場·백고좌회百高座會·반승飯僧·금광명도량金光明道場·천제석도량天帝釋道場·마리지천도량摩利支天道場·문두루도량文豆婁道場 등은 국가의 주도 하에 설행되어온 대표적인 호국의식들이었다. 또 이들 외에도 많은 불사들을 왕이 친설親設하거나, 혹은 왕 및 왕실과의 관련 속에서 실시해 왔다. 따라서 이들 불사는 국가적인 행사 또는 왕실 행사로서의 성격에 걸맞게 성대·화려하게 베풀어지고, 그것에 막대한 국가의 재정 소모가 뒤따랐다.

이처럼 성대하고 빈번한 불사들이 불교의 홍포에 공헌하고 범국민적 참여를 가져오게 하여 정신세계의 통일을 이루게 하는데 기여하는 바가 있었을 것임도 인정할 수 있다.[11] 그러나 불사의 남설濫設에 따르는 국가재정의 소모와 그 폐해 또한 심각했으며, 이 문제는 이미 최승로가 그의 시무론에서도 지적한 바 있다. 그러함에도 불구하고 고려 후기에 들어와 각종 불사의 설행은 더욱 심해지고 그 폐해 또한 날로 증가되고 있는 형편이었다. 팔관회 및 연등회의 호화로움을[12] 비롯하여 사원의 남설과 그 사치의 지나침,[13] 그리고 대부분 왕이나 왕실이 직접 주재했던 반승飯僧같은 경우는 국가재정의 소모가 얼마나 막심

---

11) 洪潤植,「高麗佛敎의 信仰儀禮」,『韓國佛敎思想史』(崇山朴吉眞博士 華甲記念事業會, 1975), p.679.
12) 연등회의 경우, 그 규모와 이에 소모된 경비의 지출이 어느 정도로 컸던가를 짐작케 해주는 것으로 고종 32년 5월 崔怡의 행적을 참고할 수 있다. "以四月八日 爲佛生日 燃燈結綵棚百戱徹夜爲樂 至 是又宴宗室宰樞於其第 結綵棚爲山 弱繡幕羅幃…陳伎樂百戱 八傚廂工人一千三百五十餘人…其費鉅萬"(安鼎福,『東史綱目』第十 下).
13) 李齊賢이 "…其徒一幾縣 作一僧寺 侈峻宇於宮闕 侔崇庸於國都 黃金爲塔…"이라고 적고 있어 불사의 조영이 매우 호화로웠음을 말하고 있다.(李齊賢『益齊集』9卷 下, 史贊 文王條).

했던가를 잘 보여준다. 참고로, 승에게 음식을 제공하는 의식인 반승 한 가지를 통해 그 정도를 짐작해 본다.

인왕도량·백고좌회에도 거의 대부분이 반승을 동반하며, 그 밖에 왕의 생일이나 왕실의 기일 등에 반승을 행한 예는 자주 발견된다. 또한 그 대상 인원은 몇 십 몇 백 명에서부터 1만, 2만, 3만도 흔히 헤아려진다. 고려에서 반승을 맨 처음 실시한 것으로 기록되어있는 현종은 '반승 10만[14]'을 행하였을 정도이다. 후기에 와서는 충선·충숙왕과 공민왕 때에 특히 반승이 잦았는데, 다음은 그 소요 경비 조달 및 반승의 내용에 관한 부분이다.

> 상왕이 스스로 그 덕 10여 조條를 기록하여…돌이켜 생각건대 본국은 원래 나라를 세운 이래로 불법을 널리 떨쳐 유지함으로써 방가邦家의 평안과 태평을 이루었다. 이제 유범遺範을 이어받아 더욱 지극한 마음을 발하여 추호도 아래 백성에게 비용 마련의 수고를 끼치지 않고, 돈과 곡식은 특히 내탕고內帑庫의 것을 기울여 승을 공양함에, 옥찬玉鑽은 성盛하기가 구름 쌓이듯 하였다.[15]

충선왕이 충숙왕에게 왕위를 물려준 뒤, 상왕으로서 자신의 덕 10여 조를 기록케 하여 글을 올려 진하하는 가운데 특별히 왕실의 재물을 보관하는 곳간인 내탕고의 경비를 들여 '구름 쌓이듯 한 귀한 음식으로 승에게 공양'했음을 말하고 있다. 충선왕의 반승은 이 정도의 호화로움에서 그친 것이 아니다. 다음 기록은 분명 그 정도를 벗어나고 있음을 보여준다.

　　상왕이 연경궁延慶宮에서 5일 동안 승 2천을 공양하고 등 2천을 밝

---

14) 『高麗史』世家 卷4, 顯宗 9年(1018) 5月 17日.
15) 『高麗史』世家 卷34, 忠肅王 元年(1314) 1月 19日.

히며 부처께 은병銀瓶 1백을 바쳤다. 손수 향로를 들고 악공으로 하여금 주악하게 하며, 선승 충탄沖坦과 교승 효정孝楨을 맞이하여 설법케 하고 각각 백금 1근을 내려 베풀었으며 나머지 승 2천 명에게는 백은 20근을 시주하였다. 상왕은 일찍이 108만 등을 점화할 것을 원하더니 이날에 이르러서 2천 승을 공양하고 2천 등을 점화하니 5일이면 가히 승 1만과 등 1만이 차게 되었다. 원을 마치기로 기약하니 이를 '만승회萬僧會'라 일컬었는바 그 비용은 가히 다 기록할 수가 없다.[16]

이 만승회에서는 음식뿐만 아니라 참석 승 전원에게 백금 백은과 같은 물질적 보시도 아울러 행하고 있어, 그 비용이 '가히 다 기록할 수 없다'는 것도 지나친 표현이 아닐 것 같다. 반승의 막대한 비용은 공민왕이 노국공주의 기일에 혼전魂殿에 가서 3일간 반승했을 때 그 비용이 베 5천여 필이었다는 기록 등 여러 곳에서 발견된다. 이런 경비들은 앞의 인용에서 본 것처럼 특별히 내탕금을 사용하거나, 또는 자섬사資贍司에서 왕명으로 경비를 내놓고 있다. 또 간혹 중앙(궁궐내)과 지방으로 나누어 반승을 실시할 경우, 지방 사원의 해당 주와 부의 관서에서 부담하였다.[17]

이 같은 국가재정의 소모는 반승에만 해당하는 일이 아니다. 각종 불사들도 사정이 비슷하여 경비조달의 어려움 또한 컸던 것 같다. 국고의 재물을 관리하는 한 하급관리가 불사에 바칠 비용 마련의 괴로움을 견디다 못해 스스로 머리를 깎고 승이 되었다는[18] 기록까지 눈에 띌 정도이다. 따라서 고려 후기, 특히 충선·충숙왕 및 공민왕대의

---

16) 『高麗史』世家 卷34, 忠肅王 卽位年(1313) 10月 20日.
17) 李載昌, 『高麗寺院經濟의 硏究』(東國大學校 博士學位論文, 1975), p.91 참조.
18) 『高麗史節要』第19卷, 元宗 15年(1274) 10月條.

불사 남설과 이에 따른 국가재정의 소모는 그대로 불교의 폐해로서 부각될 수밖에 없었다.

2. 기양 기복신앙의 저속성

종교적 신앙 현상에서 기양祈禳 기복祈福의 내용이 포함되는 것은 크게 이상한 일이 아니다. 정신문화의 수준 및 발달 단계에 비추어 그것은 고려시대에 있어서도 충분히 인정할 수 있다. 문제는 고려 일대의 불교가 보여주는 과도한 기양 기복적 신앙 현상과 그 저속성이다. 앞 항에서 언급한 『고려사』 소재의 불사들 가운데 그 명칭만으로도 이 같은 경향을 짐작해보는 일은 어렵지 않다. 가령 구명救命도량·축수祝壽도량·소재消災도량·문두루文頭婁도량·운우雲雨도량·천병千兵화엄신중도량·성변星變기양법회·왜적倭賊기양법석·기상영복祈祥迎福도량 등등이[19] 이에 해당한다.

불사들 가운데는 호국적 의례도 다수 포함되어 있으며 이는 잦은 외적의 침입을 신앙의 힘으로 극복하고자 했던 고심의 흔적으로 이해할 수 있다. 그러나 그 밖의 기복 양재禳災의 행사가 빈번하였고 그럴수록 신앙은 더욱 저속화 해 갔다. 특히 불사에 탐닉했던 군주들의 경우가 더욱 그러하다. 다소 극단적인 경우라 하겠지만 의종毅宗의 다음과 같은 신앙행위를 한 예로 들 수 있다.

봄 정월 초하루 무진戊辰에 바람이 건방乾方으로부터 불어오니 태사太史가 아뢰기를 "나라에 우환이 있을 징조입니다."하니 왕이 두

---

19) 앞의 註 10)과 같음.

려워하였다. 복자내시卜者內侍 영의榮儀가 재앙을 제거하는 제사를 지내고 기도해야 한다는 말을 아뢰었다. 왕이 이를 믿고 영통사靈通寺 경천사敬天寺 등 5개 사찰에 명하여 이달로부터 연말에 이르기까지 항상 불사를 베풀어 빌었다.[20]

정월 초하루 서북쪽에서 바람만 불어도 나라에 우환이 있을 것임을 두려워하여, 왕이 점치는 내시의 말에 따라 일 년 내내 사찰에서 불사를 열어 그것을 빌고 있는 내용이다. 위 인용문에 이어 기사는 다시 신앙의 저속성과 함께 불사의 폐해상에 대해 적고 있다.

"국가 기업基業의 멀고 가까운 것과 왕의 수명의 길고 짧은 것이 다만 기도의 부지런하고 태만함과 순어巡御에 달려 있습니다."하니 왕이 이에 자못 혹하였다. 또 아뢰기를 "만약 수명을 연장하려면 모름지기 천제석天帝釋과 관음보살을 받들어야 합니다."하니 왕이 그 상을 많이 그려서 중앙과 지방의 사원에 나누어 보내어 널리 범채梵祭를 설치하게 하고는 '축성법회祝聖法會'라 이름하고, 각 주군州郡 창고의 양곡을 풀어서 그 비용에 충당하도록 하였다. 영의가 역마를 타고 순시하니 수령과 승도들이 그 가혹함을 두려워하여 다투어 뇌물을 주었다. 또 안화사安和寺에 제석과 관음과 수보리의 소상을 설치해 놓고 승을 모아 주야로 계속하여 모든 보살의 명호를 부르고 이를 '연성법석連聲法席'이라 일컬었다…또 모든 절에 법회를 벌였는데 심지어는 천 일 만 일로 정한 것도 있어서 서울과 지방 부고의 재물을 거의 써버리니, 사람들이 모두 원망하였다.[21]

이는 복자내시 영의가 왕을 얼마나 현혹시키고 있는가를 보여주는 기록이기도 하지만, 의종의 지나친 기복신앙에의 탐닉과 그것에 부응

---

20) 『高麗史節要』第11卷, 毅宗 11年(1157) 正月條.
21) 위와 같음 ; 『高麗史』例傳 卷36, 嬖幸 榮儀條에도 같은 내용이 실려 있다.

해 간 당시 사원과 승려들의 태도를 함께 엿볼 수 있게 한다. 정도의 차이는 있지만 왕실의 불사 대부분은 이 같은 기양 기복적 내용이 주류를 이루고 있으며, 이는 전후기에 따라 크게 구분되는 것도 아니다. 공민왕은 승이 자신을 죽음에서 구해주는 꿈을 꾸고 신돈을 맞아 총애하며 불교에 더욱 미혹했다고 평해진다.[22] 또 국망에 가까운 공양왕 때에는 왕이 연복사演福寺 승 법예法猊의 말에 따라 국태민안을 위해 그 절 오층탑전의 재건과 삼지구정三池九井을 개착하는 대공역을 벌이는 등 설재기복이 심하여, 역시 조정의 관리들로부터 왕과 불교가 함께 비난을 듣고 있다.[23]

여말 유교주의자들의 이 같은 비난에는 과장된 부분도 적지 않을 것이다. 그러나 고려불교의 기양 기복적 신앙의 성행과 특히 후대로 갈수록 심각하게 드러나고 있는 그 저속성을 부인하기는 어렵다. 불교 본래의 참 정신에서 벗어난 신앙행위의 만연과 그로 인한 폐해는 결국 여말 불교의 지도력 상실과 종교정신의 타락을 반증한다.

3. 사원전 확대와 승려들의 영리행위

일찍이 신라시대부터 국가의 전지田地 지급 등으로 많은 토지를 소유해 온[24] 사원은 고려에 들어와 더욱 여러 가지 형태로 토지를 확대하고 있다. 이에 따라 전지의 경작을 위한 노비 또한 자연히 증가되어

---

22)『高麗史節要』第28卷, 恭愍王 14年(1365) 5月條 및 8月條.
23)『高麗史』世家 卷45, 恭讓王 2年(1390) 1月 21日 ; 卷46, 3年(1391년) 5月 5日.
24) 신라의 사원전이 일종의 장원 형태를 이루었음은『三國遺事』卷3,「洛山二大
    聖觀音正趣調信」의 다음 기사에서도 엿볼 수 있다. "昔新羅爲京師時 有世達
    寺之莊舍 在溟州捺李郡 本寺遺僧調信爲知莊".

토지와 함께 노비는 사원의 주요 재산을 형성하였다.

고려사원이 그 전지를 확대해간 형태와 과정은 대략 ①사급賜給 ② 시납施納 ③투탁投托 ④매입買入 ⑤탈점奪占의 다섯 가지로 구분된다. 사급은 국가와 불교와의 결합관계 속에서 왕이 여러 가지 형식을 빌어 사원에 토지를 기진하는 경우로, 이는 사원전 확대의 가장 직접적인 계기가 된다. 시납은 일반 국민이 신앙심의 발로로서 사원에 개인의 전지를 바치는 것을 말하며, 투탁은 농민들이 국가나 관리들의 가렴주구를 피하기 위해 전지가 면세되는 사원에 자기의 전지를 투탁한 다음 그것을 다시 소작인으로서 경작하는 형태이다. 그 밖에 사원이 능동적으로 그 전지 확대를 꾀하는 과정으로서 전지를 매입했을 것으로 추측되며, 탈점은 주인이 없는 한전閑田으로부터 시작하여 차츰 주인이 있는 전지나 심한 경우에는 양반의 전지까지도 빼앗아 사원소유로 삼은 것을 말한다.[25]

이상과 같은 형태로 토지가 급격히 확대되고 노비가 증가함에 따라 고려사원은 대영주적 존재로서, 국가·사회경제에도 막대한 영향을 끼치고 있다. 그러나 위에서 본 사원전의 확대 과정에는 적지 않는 문제들이 뒤따랐다. 모든 토지가 국유인 공전제도하에서 개인적으로 전지를 사원에 시납하는 일도 문제가 되었던 것 같고,[26] 특히 매입이나 탈점과 같은 경우는 사원이 완전히 특권계급화한 모습을 보여주는 사례들이다. 사원전의 확대에 따른 사회적인 부작용이 적지 않았겠

---

25) 李載昌, 앞의 책, 「寺院領의 擴大」, pp.44~54 참조.
26) 『高麗史』志32, 食貨 田制, 祿科田條에 "凡人毋得施納田於寺院神祠 違者理 罪"라는 都評議使司의 건의문이 보인다. 財貨나 田地의 佛寺 施納을 금한 예 는 신라 文武王 때에도 보인다. (『三國史記』新羅本紀6, 文武王 4年(664) 8月 條. "禁人擅以財貨田地施佛寺").

만 이와 함께 사원과 승려들의 비상식적인 경제행위 또한 당시 큰 문제가 되고 있다. 즉 사원에서는 토지 및 노비와 기타 시납물들에 의한 막강한 경제력을 바탕으로 다시 상품의 생산과 그 판매활동에 나서고, 심하게는 자체의 특수 금융조직을 통한 식리殖利 및 고리대高利貸의 행위까지도 성행한 것이다.

사원이 필요로 하는 물자의 자체적 생산은 일찍이 중국 당대의 선종사원들이 백장청규百丈淸規에 의해 자급자족하는 승단생활을 영위하면서부터 정착해 온 생활방식이다.[27] 본래 사원의 자급자족 형태가 계율에 위배되는 것이긴 하지만, 중국에서 새롭게 형성된 이 같은 승단생활의 양상은 다른 불교제도와 마찬가지로 그대로 한국불교에 이식된 것으로 볼 수 있다. 따라서 고려불교의 자급자족하는 경제적 행위가 새삼스럽게 문제될 이유는 없다. 그러나 그 정도를 넘어선 사원의 상품생산 및 판매와 고리대의 행위까지 수긍되지는 않는다. 더구나 그것이 계율정신에 저촉되는 경우, 또는 사원의 공유재산 확보가 아닌 개인재산의 증식을 목적으로 한 것이라면 문제는 더욱 심각해진다. 이는 그대로 불교의 또 다른 폐해의 증가이다.

고려사원의 상품판매 등 비난의 대상이 되는 경제행위를 확인하는 것은 어렵지 않다. 『고려사』(권7 문종 10년 9월조)에 "요즈음 공역을 피하려는 무리가 사문에 이름만 걸어놓은 채 재물을 불려 생계를 경영하며 밭 갈고 축산하는 일로 업을 삼고 상품판매를 풍습으로 삼으니……짐이 선한 자와 악한 자를 구분하여 기강을 엄격히 바로잡고자 하노니 전국의 사원들을 일제히 정리한 다음, 계행을 충실히 이행하는 자는 그대로 안주시키고 어긴 자는 법에 따라 논죄하라."고 한 것

---

27) 關口眞大, 『禪宗思想史』(山喜房佛書林, 昭和 39年), p.234.

이나, 충숙왕 3년 3월에 내려진 금령으로 "직이 있는 사람 및 승인들의 상품 판매를 금한다."라고 한 것을 보면 승려들의 상행위가 있었음을 알 수 있다.

특히 술의 경우는 그 수익성 때문인지 빈번하게 거론되고 있다. 고려 전기에서부터 사원의 양조를 금하는 영이 자주 내려지고 있는 것이나[28] 사원에서의 대량양조 사실[29] 등은 아마 판매목적을 띤 양조의 성행 때문이었던 것 같다. 실제로 인종 9년(1131)에 내린 금령에도 그런 사실이 드러난다.

> 음양회의소陰陽會議所에서 아뢰었다. 근래에 승속 잡류가 모여 떼를 이루고 이름을 '만불향도萬佛香徒'라 하여 혹은 염불과 독경을 하고 거짓으로 속이는 짓을 하기도 하며, 혹은 내외 사사寺社의 승도가 술을 팔고 파 마늘을 팔며…[30]

일부이기는 하겠지만 승도들이 파 마늘과 함께 술을 판매하기도 했음이 분명하다. 불교의 계율로서 무거운 계에 속하며 국가에서도 금하는 일이 거리낌 없이 행해지고 있는 것이다. 이 밖에 충선왕 원년 2월의 일로서 "궁원宮院과 사사 및 권세가들이 사사로이 염분塩盆을 설치하여 그 이익을 차지하며…"[31]라 한 기록을 통해, 사원이 궁원 및 권세가들과 함께 국가전매사업인 염전의 경영과 판매에도 손을 대고 있었음이 확인된다. 사원의 영리적 경제행위는 여기서 그치지 않는다. 순수한 종교활동을 위해 조직 운영되어 왔던 불교의 전통적인 대민사

---

28) 『高麗史』志39, 刑法2 禁令, 顯宗 17年(1026) 7月條. '後禁寺院釀造' 등.
29) 『高麗史』世家 卷5, 顯宗 18年(1027) 6月 14日. "楊州奏藏義三川靑淵等寺僧犯禁釀造 共米三百六十餘石 請儀率斷罪 從之".
30) 『高麗史』志39 刑法2 禁令, 仁宗 9年(1131) 6月條.
31) 『高麗史』志33, 食貨2, 鹽法, 忠宣王 元年(1309) 2月條.

업인 '보寶'의 제도, 즉 '불보佛寶'가 고려시대에 와서 식리 고리대의 수단으로도 동원되고 있다. 물론 보가 고리대로서 변질되고 있음은 사회경제의 모순과 봉건지배적 재정정책하에서 나타날 수밖에 없는 현상이기도 하다.[32] 그러나 이는 불교가 그와 같은 사회적 모순과 폐단을 개혁하려는 의지를 실천하기보다 오히려 그것에 편승하고 있는 것이나 다를 바 없다. 이 또한 종교정신의 변질 내지는 결핍을 말해주고 있다.

4. 승정의 문란과 승도의 타락

원의 지배 이후, 주류세력의 변동에 따라 불교계에도 많은 변화가 이어져 왔으며 승정僧政의 문란 현상도 그 중의 하나이다. 즉 참회부懺悔府(충숙왕 때 자정국존慈淨國尊 미수彌授 전담), 원융부圓融府(공민왕 때 왕사 보우普愚 전담) 같은 독립관부가 필요에 따라 설치되어 주지 임명 등 전불교계의 공의사共議事가 그곳에서 총관되고, 또 그런 중책이 국사 왕사 등 특정의 1인에 의해 좌우되면서 전통적인 승단의 관리체계가 문란해진 것이다. 이에 따라 종파 간에 갈등이 커지고 그것은 사원쟁탈과 승려들의 세력 다툼 또는 주지직을 얻기 위한 추태로 나타나기도 하였다.[33]

이 뿐만 아니라 승계질서僧階秩序 또한 문란해져서, 승계를 아부로써 취득하거나 뇌물로써 거래하기도 하였다. 왕의 총애를 받아 승계

---

32) 李載昌 앞의 책 p.69. ; 寶에 대한 자세한 내용은 林松山, 앞의 책 '제3장 寶의 研究' 참조 바람.

33) 승정의 문란에 따른 여러 가지 현상들에 대해서는 許興植, 『高麗佛敎史硏究』, pp.385~389, 516~518 참고.

를 얻고 있는 예는, "조계종승 경린景麟과 경총景聰이 함께 상왕(충선왕)의 총애를 받아 궁중에 드나들면서 대선사를 수여받았으나 간관諫官이 그 고신告身(임명장)에 서명하지 않았다."[34]라 한 것에서 볼 수 있다. 또 뇌물을 써서 승직을 얻는 경우는, 충렬왕이 경주에 행차했을 때의 한 기록이 말해준다. 즉 왕의 측근에 비단을 바치고 선사와 수좌가 된 하승배들을 '나선사羅禪師'·'능수좌綾首座'라 경멸하고 있음이 그것이다. 이들은 아내를 두고 집에서 사는 자가 거의 절반이었다 한다.[35] 그 밖에도 원나라를 등에 업은 부원세력附元勢力과 결탁한 귀족 승들의 사치스러운 생활이 사서에서 자주 거론되고, 승도의 타락과 비행 또한 곳곳에서 지탄받고 있다.

사원 내 양조와 술의 판매에 대해서는 앞 항에서도 언급한 바 있지만, 승도들의 음주 식육 취처가 공공연하게 행해지고, 승과 여성과의 추문도 적지 않았다.[36] 그리하여 충숙왕 후 8년(1339) 5월에는 "근년에 선종과 교종의 각 주지들이 사원의 토지에서 나오는 생산물을 탐하고 오로지 쟁탈하기를 일삼음으로써 사우寺宇를 퇴락하게 하고, 심한 자는 간범奸犯하여 오예汚穢를 저지르고서도 부끄럽게 여기지 않으니 이후로는 금하여 다스린다."[37]라는 감찰사의 금령이 게시되기까지 하였다. 그러나 이 같은 금령이 그 후라 해서 제대로 지켜진 것 같지는 않다. 여말로 내려 갈수록 승도의 비리와 타락이 더욱 사람들의 입에 오르내리고 있기 때문이다. 창왕 때 전법판서 조인옥趙仁沃의 상서

34) 『高麗史』世家 34, 忠肅王 1年(1314) 1月 15日.
35) 『高麗史』世家 29, 忠烈王 7年(1281) 6月 19日.
36) 註 35); 李能和, 『朝鮮佛教通史』下, p.471. '北道 六鎭各郡之在家僧妻'; 許興植, 위의 책, p.15.
37) 『高麗史』志39, 刑法2 禁令, 忠肅王 後8年(1339) 5月.

에서는 그런 승도들의 통제책을 건의하면서 그 타락상을 다음과 같이 요약해 물음으로써, 교계의 이면을 짐작케 하고 있다.

> … 근래 승도들이 불타의 청정과욕淸淨寡欲하고 이세절속離世絕俗 하라는 가르침을 돌아보지 아니하고, 토전의 조租와 노비의 용傭으로써 불전에 공양하지 않고 자신만을 부유하게 하며, 과부의 집에 출입하여 풍속을 더럽히고 권세가의 문에 뇌물을 바쳐서 큰 절을 차지하기를 구하고 있습니다. 이것이 청정을 지키고 욕심을 끊는 교에서 있을 수 있는 일이겠습니까.[38] …

이상에서, 고려후기 불교의 현실동향으로서 그 폐해의 대강 모습을 살펴보았다. 그러나, 고려 후기불교계 전반이 속화하고 타락해 있었다고 단정할 수만은 없다. 고려불교가 그 역량을 시대 및 사회의 진전과 개선을 위해 적절하게 발현하지 못했다 하더라도, 또 다른 한편에서는 수행과 교화 등 종교적 본질에 충실했던 모습들 또한 적지 않기 때문이다. 그러함에도 불구하고, 향후 배불론의 대두 및 그 전개와 관련하여, 이 같은 불교계의 폐해적 현실을 우선적으로 염두에 두지 않을 수 없다.

---

38) 『高麗史』列傳24, 趙仁沃傳.

Ⅱ. 성리학의 전래와 세력 성장

1. 성리학의 유입과 공식 전래

고려 후기의 성리학性理學 전래와 그 세력 성장은 조선 초기불교 정책의 중요한 배경 가운데 하나가 된다. 이는 불교 밖에서 일어나고 있는 사상적 변화로서 배불의 외적 요인이라고 말할 수 있다. 성리학의 전래와 수용은 그 자체의 학문 발달 외에도 고려의 정치, 경제, 사회 등 여러 방면에 걸쳐 적지 않은 영향을 미친다. 고려 말에 배불론이 대두되고 있는 것도 이런 과정에서이다. 성리학자들에 의해 배불논의가 일어난 이래, 그것은 점차 과격화하여 고려 국망國亡 직전에 이미 숭유배불의 분위기를 고조시켜 놓고 있다. 이에 따라 새로운 왕조 조선은 개국과 함께 유교입국儒敎立國을 표방하면서 억불 및 배불정책을 고수해 나간 것이다.

물론 배불 논의를 전적으로 성리학의 영향 때문으로만 볼 수는 없다. 그러나 성리학 수용은 분명 여말–조선조의 배불 성향 및 그 정책의 배경 형성에 있어서 매우 중요한 요인임은 분명하다. 그런 뜻에서 배불 논의가 본격적으로 대두되는 과정으로써의 성리학 전래 및 그 성장과 함께, 그것이 특히 불교계에 직접 간접으로 끼쳐 온 영향을 간략하게 검토해 본다.

　대체로 고려에서 받아들인 성리학이란 송대의 주자학 중에서도 우주론적인 이기론理氣論보다 지경持敬을 위주로 하는 실천윤리학적 학풍이었다. 그것은 송에서가 아니라 원을 통해 들어온 것이다. 고려는 인종 8년(1130) 송의 고려 사신 입조入朝 중지 요구에 따라 남송과의 외교관계가 단절되었고, 이어 의종 24년(1170)에 무신난이 일어나 근 1백 년에 걸쳐 무신들이 집권함으로서 고려와 남송 간의 학문 및 사상적 교류는 오랫동안 침체되어 있었다. 그러다가 무신정권에 의해 주도되어 온 대몽항쟁이 끝나고 고려가 원의 지배를 받게 되자 이미 남송으로부터 북상하여 원의 관학官學으로 굳어져 크게 보급되고 있던 주자의 성리학에 접하게 된다.[39] 고려 주자학의 전래는 여기서부터 시작한다.

　물론 그 동안 고려에 주자의 성리학이 전혀 알려지지 않았다고 보기는 어렵다. 송대의 다른 유학과 마찬가지로 주자학 또한 고려에 일부 소개되었던 것 같고 더구나 그것은 불교의 승려 및 그들과 교류하던 유학자들 사이에 어느 정도 이해되고 있었던 것으로 보인다. 고려 불교계는 무신정권 등장 이후 유학자 출신들이 불문에 귀의하여 당시 교단 내외에 적지 않은 영향력을 발휘하고 있었다. 따라서 그들의 사상경향이나 인적 교류 등으로 미루어 볼 때 불교계에서 일반 유학 및 성리학을 접하고 있었을 개연성도 어느 정도 인정된다.

　유학을 익히고 불문에 든 대표적인 인물로는 지눌의 뒤를 이어 수선사修禪社를 이끌어 간 혜심慧諶을 들 수 있다. 혜심은 그 자신이 과

---

39) 文喆永, 「麗末 新興士大夫들의 新儒學 수용과 그 특징」, 『韓國文化』3 (서울대학교, 韓國文化硏究所, 1982), pp.98~114 참조.

거 유생시절에 문하에서 배운 바 있는 참정參政 최홍윤崔洪胤에게 보내는 글에서 "그 이름만 생각한다면 불교와 유교가 아주 다르지만 그 실지를 알면 유교와 불교가 다르지 않다."고 말한다. 그는 이어 『기세계경起世界經』에 '불타가 중국에 두 성인을 보내 교화하게 하니, 그들이 곧 노자(가섭보살迦葉菩薩)이며 공자(유동보살儒童菩薩)이다.'라 한 설을 인용하면서 "유교와 도교의 종宗은 불법에 근본을 둔 것이어서 방편은 다르지만 실체는 같다."라고도 말하고 있다.[40] 혜심이 불교를 우위에 두고 불유도佛儒道 삼교일치를 강조한 것이지만 그 근거를 중국 찬술의 위경僞經에 두고 있음은 흥미로운 일이다.[41] 그러나 이로써 당시 불교계와 유학계의 교류 및 사상적 경향의 일단은 짐작해 볼 수 있다.

불유 간의 이 같은 사상적·인적 교류는 수선사의 혜심 외에 충지冲止, 그리고 천태종 백련사白蓮社를 이끌어 갔던 천인天因과 천책天頙 등에게서도 그런 불유융회적 경향이 뚜렷이 나타난다. 이들 또한 본래 유학자들로 모두 과거에 급제한 뒤 불문에 들어온 인물들인 만큼 기존의 유학자들과 계속 관계를 맺고 사상적으로도 깊게 교류하고 있다.[42]

---

40) 慧諶, 『曹溪眞覺國師語錄』, 「答崔參政 洪胤」(『韓國佛教全書』6, p.47·上~中). "認其名則佛儒迥異 知其實則儒佛無殊…起世界經云 佛遣我遣二聖 往震旦行化 一者老子 是迦葉菩薩 二者孔子 是儒童菩薩 據此則儒道之宗 宗於佛法而權別實同者乎".

41) 혜심이 인용하고 있는 『起世界經』에 해당 佛說은 들어 있지 않다. 이 말은 宋代 永明延壽가 지은 『萬善同歸集』권상(『大正藏』48, p.998·上)에서 보이며, 혜심은 이것을 그대로 인용한 것 같다. 이 책을 비롯하여 唐 道宣의 『廣弘明集』과 法琳의 『破邪論』등도 중국에서 찬술한 僞經들과 함께 상기 내용과 유사한 佛所說들을 소개하고 있다. 『破邪論』에는 『淸淨法行經』의 설로서 "佛遣三弟子震旦教化 儒童菩薩彼稱孔子 光淨菩薩彼云顏回 摩訶迦葉彼稱老子"라는 말도 보인다.(『大正藏』52, p.487·下).

42) 林桂一 撰, 「萬德山白蓮社 靜明國師詩集序」, (『東文選』卷83) 및 眞淨天頙 撰, 『萬德山白蓮社第四代眞淨國師湖山錄』卷下, 「答藝臺亞監閔昊書」(『韓國佛

한편 유교 쪽에서도 이제현李齊賢을 비롯하여 이색李穡 등 상당수 유자들이 불교를 이해하고 승려들과도 폭넓게 교류하고 있었음은 잘 알려진 일이다. 불유 간의 교류 상황이 이와 같다면, 불교계의 유학에 대한 이해와 수용도 상당한 수준이었을 것으로 생각할 수 있다. 이 같은 배경에서 볼 때 송대에 크게 유행한 주자성리학이 어떤 경로를 통해서든 불교계에 소개되어 있지 않았을까 하는 것인데, 실제로 다음 기록은 그런 추측을 뒷받침해 주고 있다.『역옹패설櫟翁稗說』에 보이는 이제현의 말이다.

> 일찍이 신효사神孝寺의 당두堂頭인 정문正文을 만나 본 적이 있는데 그는 나이 80으로 논어, 맹자, 시경, 서경을 잘 강설하였다. 자기 말로는 이것을 유자인 안사준安社俊에게 배웠다고 하였다. 일찍이 한 선비가 송에 들어가 형공荊公(왕안석王安石)이 은퇴하면서 금릉에 있음을 듣고 찾아가 모시毛詩를 배워 7대를 전하여 사준에 이르렀기 때문에, 사준의 강설이 시경은 오로지 왕씨王氏의 뜻을 쓰고, 논어 맹자 및 서경은 모두 주자장구朱子章句나 채씨전蔡氏傳과 부합된다는 것이었다. 그 당시에는 주자장구나 채씨전 두 책이 아직 우리나라에 들어오지 않았는데 사준이 어디서 그 뜻을 얻었는지 알 수 없다.[43]

이제현 자신도 몰랐을 만큼 고려 유학계에 알려질 정도는 아니지만 어쨌든 송으로부터 주자학이 유입되어 일부 유학자 및 승려들 사이에

教全書』6, p.210) 등에서 이들의 불유겸비한 면모와 사상적 융회가 엿보인다. 이들의 불유간 사상적 융회의 발언 역시 일찍부터 중국에 있어온 佛儒道 各敎의 僞經에 근거하고 있다.

43) 李齊賢,『櫟翁稗說』前集2 (大東文化研究院本) p.356. "嘗見神孝寺堂頭正文 年八十善說語孟詩書 自言學於儒者社俊 昔一士人入宋 聞荊公退處金陵往從 之 學毛詩七傳而至社俊 故詩則專用王氏義 語孟及書所說 皆與朱子章句蔡氏 傳合 當時二書未至東方 不 知社俊何從得其義".

유포되고 있었음을 보여주는 기록이다.

주지하듯이 성리학은 당 말, 송 초에 종래의 유학을 재편성 발전시켜 오다가 주자에 의해 집대성된 유학상의 한 조류이다. 그것은 본래 도교와 불교, 그 중에서도 당시의 시대사상으로 군림하던 불교에 대한 반발과 비판의식에서 발흥한 것이다. 따라서 불교를 극복의 대상으로 하였기 때문에 성리학에는 형이상학적인 이론의 탐구와 심성수양의 강조 등 불교의 영향을 받은 것이 없지 않다.[44] 그렇다면 성리학의 이런 성격 때문에도 당시 고려불교계에서는 그것에 대해 민감하게 관심을 기울일 이유가 있었을지도 모른다. 사정이 어떠했던 송으로부터 주자의 성리학이 유입되어 그것이 일부 승려 및 그들과 교유하던 유학자들 사이에 알려져 있었던 것임은 위『역옹패설』의 인용을 통해서도 그 흔적을 확인할 수 있다.

그러나 성리학이 고려에 정식 소개되는 것은 안향安珦이 원에서 주자학을 도입하면서부터임은 주지하는 일이다. 충렬왕 15년(1289) 안향은 원에 의해 본국 유학제거儒學提擧에 임명되고 그런 직후 충선왕을 따라 원의 연경에 가서 4개월 간 머물게 된다. 여기서 새로 간행한 『주자전서朱子全書』를 보고 이것을 유교의 정통이라고 생각하고 책을 전사轉寫하여 그 이듬 해(1290)에 돌아온다. 이것이 공식적으로는 고려 주자학 전래의 첫 기록이다. 그러나 이후 실제로 성리학을 원에서 배워온 사람은 백이정白頤正이다. 그는 충선왕을 종행하여 원에 10년이나 있으면서 정자와 주자의 성리학을 연구하고 돌아왔다. 이어 권부權溥가 주자의 『사서집주四書集註』를 간행하여 널리 보급하고, 우탁

---

44) 尹絲淳,「朝鮮朝 禮思想의 硏究 - 性理學과의 관련을 중심으로」,『東洋學』第13輯 (檀國大學校 東洋學硏究所, 1973), p.221.

禹倬이 심오한 역학易學 이론을 터득하여 유학자들로 하여금 사변력을 갖고 성리학을 탐구케 하니 이로써 고려에 성리학이 펴질 수 있는 기초가 마련된다.[45] 이와 같이 성리학 보급의 제1단계적인 작업이 끝나고 그것이 다시 이제현(1278~1367) ― 이곡李穀(1298~1351) ― 이색(1328~1396) 등으로 이어지면서 점차 수용의 폭을 넓혀 고려사상계의 새로운 주류를 형성해 간 것이다.

2. 성리학 수용 후의 제 변화

고려의 성리학은 원의 학계 및 제실帝室과의 관계 속에서 급속하게 국내에 퍼져갔으며 그것은 마침내 국가제도까지에도 반영되고 있다. 즉 성리학을 도입한 안향은 귀국 후 찬성贊成이 되어 학교교육의 진흥을 위해 양부兩府와 의논하여 국학에 섬학금贍學金을 설치한다. 이때 왕도 내고전內庫錢과 곡식을 내어 이러한 교육사업을 후원하고 있다(충렬왕 30년, 1304). 그는 또 박사 김문정金文鼎 등을 중국에 보내 공자 및 70현의 상을 그려 오고 아울러 제기祭器, 악기樂器, 육경六經과 제자諸子의 글과 역사책을 구해오도록 하였으며, 또한 밀직부사 이산李㦃, 전법판서 이진李瑱을 천거하여 경사교수經史敎授 도감사都監使로 삼았다. 이에 궁내 관원 중 배우기를 원하는 자와 칠관七管(예종 때 국학에 설치된 칠재七齋) 십이도十二徒의 모든 학생 등 수업하는 자가 수백을 헤아렸다 한다.[46] 이처럼 도입 후 14년 만에 학교교육의 중심이 된 주자 성리학은 그 뒤 충혜왕대에 이르러서는 관학으로서의

---

45) 金忠烈, 『高麗儒學史』(高麗大學校 出版部, 1984), pp.157~166 참조.
46) 『高麗史』列傳 卷18, 安珦條 참조.

위치를 굳히게 된다.

즉 충혜왕 후5년(1344) 고려에서는 원의 과거제도를 본받아 과거법을 개정했는데, 『주자장구집주』가 과목의 주가 됨으로써[47] 주자학은 이제 사실상의 관학으로서 자리 잡게 된 것이다. 그러나 이로써 고려 유학계는 과거제도와 그 과목의 영향을 받아 오히려 자유로운 학문연구의 경향이 위축되고 이후 점차 주자학이 획일적으로 지배해가는 결과를 가져온 것도 사실이다.

한편, 원으로부터 받아들인 성리학이 우주론적인 이기론보다는 지경持敬을 위주로 하는 실천윤리를 강조하는 학풍이었음은 위에서도 언급한 바 있다. 따라서 이 같은 학풍의 영향은 자연히 고려의 정신세계를 지배해 온 불교를 대상으로 삼아 그 사회적 실천윤리 및 현실폐단에 대한 비판으로 나타나고 있다. 그것은 최초의 성리학을 전해 온 안향이 국자감의 학생들에게 설유說諭한 일절에서부터 단적으로 드러난다.

> 성인의 도는 현실생활 속에서 윤리를 실천하는 이외의 것이 아니다. 자식 된 자 효도하고, 신하 된 자 충성하고, 예로써 집안을 다스리고, 신의로써 벗을 사귀고, 자기 자신을 경敬으로써 닦고, 일을 함에 반드시 성誠으로 할 따름이다. 그런데 저 불자들은 어떤가. 부모를 버리고 출가하여 윤리를 업신여기고 의리를 으그러뜨리니, 곧 이적夷狄의 무리이다.[48]

이는 사회윤리적인 관점, 특히 주자가 소학에서 강조한 충·효·신·

---

47) 『高麗史節要』卷25, 忠惠王 後5年(1344) 8月條. "改定科擧法 初場試六經 義 四書疑 中場古賦 終場策問".
48) 安珦, 『晦軒實記』, 論國子諸生文. "聖人之道 不過日用倫理 爲子當孝 禮以制 家 信以交朋 修己必敬 立事必誠而己 彼佛者 棄親出家 蔑倫悖義 卽夷狄之類".

성과 같은 실천덕목에 비추어 불교를 비판하고 있는 것이다. 유학의 윤리관에 입각하여 불교를 보는 다분히 주관적일 수밖에 없는 이런 유의 비판은 대부분 성리학자들에게서 공통으로 볼 수 있는 현상이다. 백이정과 거의 비슷한 시기에 원나라에서 성리학을 배우고 돌아와 국자감의 교수로 있던 최해崔瀣는 당시 불교계의 사치와 비리 등 현실적인 여러 폐단을 지적[49]하는 한편,

> 세상에서 부처를 말하는 자는 '부처가 되려면 모름지기 먼저 친애親愛를 끊어 버려야한다' 하였다. 무릇 사람의 도는 친한 이를 친하는 데서 근원되었으니, 친하는 마음이 없어지면 사람이 없는 것인데 누가 불자가 된단 말인가. 그로써 부처를 구한다는 것은 도저히 납득이 되지 않는다.[50]

라고 말한다. 역시 유교적인 인간관계의 입장에서 불교의 그것을 보고 있는 것이다. 이런 경향은 동방이학東方理學의 조조祖라고 불리우는 정몽주鄭夢周의 경우도 그 범주를 벗어나지 않는다. 즉 그는 유교와 불교의 문제를 비교하여 다음과 같이 말한다.

> 유자儒者의 도는 모두 일용평상의 일이니 음식이나 남녀관계는 사람이면 누구나 같은 바로서, 지극한 이理가 그 속에 있다. 요순堯舜의 도 또한 이를 벗어나지 않으니 동정어묵이 그 바름正을 얻으면 곧 요순의 도일 뿐, 처음부터 대단히 높아서 행하기 어려운 것이 아니다. 저 불씨佛氏의 교는 그렇지 않아서 친척관계를 떠나고 남녀관계를 끊어 홀로 바위 위에 앉아 초의목식草衣木食하면서 관공적멸觀空寂滅을 종宗으로 삼고 있으니, 이 어찌 평상의 도이겠는가.[51]

49) 崔瀣, 「送僧禪智遊金剛山序」(『東文選』 第84卷).
50) 崔瀣, 「送盤龍如大師序」(같은 책).
51) 『高麗史』 卷117, 列傳 30. 鄭夢周傳. "儒者之道 皆日用平常之事 飮食男女 人所

정몽주 또한 지극히 일상적인 윤리 문제의 견해 차이를 말하고 있을 뿐이다. 위에서 본 최해의 경우처럼 불교계의 현실적인 폐단을 언급하지 않은 것은 아니지만 그러나 초기 성리학자들은 아직 본격적인 불교와의 사상논쟁이나 배불의 논리까지는 이르지 않고 있다. 다만 유학적인 관점, 특히 실천적 사회윤리성이 강한 주자성리학의 입장에서 그들과 상반시 되는 불교의 윤리관을 논란하는 정도에 머물고 있는 것이다.

비록 성리학이 전래되어 고려 유학계에 새로운 주류를 이루었다고는 하지만 아직도 고려사회를 지배하는 정신세력의 주축은 불교이며 불교는 현실적으로도 여러 측면에서 막대한 영향력을 지니고 있었다. 따라서 소수의 성리학자 그룹이 이런 불교를 상대로 당장 배불세력화하기는 어려웠을 것이다. 불교의 폐단에 대한 비판의 목소리가 높아지고 배불의 논의가 본격화되기는 성리학을 수용한 신흥사대부 계층이 두텁게 형성된 공민왕 이후의 일이지만 어쨌든 성리학의 전래와 함께 학문연구의 방향 및 제도 면에서 고려사회에 상당한 변화가 일어나고 있었던 것만은 틀림없다. 학교교육이 활발해지고 『주자장구집주』를 시험과목에 반영하는 과거제도의 설정 등도 그러한 변화 가운데 하나였다.

이 외에도 실천적인 주자성리학의 전래는 고려의 사회문화적 측면에도 서서히 영향을 끼치게 된다. 즉 상제喪祭나 제사와 같은 가례의 변화가 그것인데 이는 결국 성리학에 기초한 예의식의 전환이라 말할

同也 至理存焉 堯舜之道亦不外此 動靜語默之得其正 卽是堯舜之道 初非甚高難行 彼佛氏之敎卽不然 辭親戚絕男女 獨座巖穴草衣木食 觀空寂滅爲宗 豈是平常之道".

수 있다. 고려불교는 그 의례의 다양성과 복잡성이 하나의 특징으로 손꼽힌다. 그런 의례불교적 성향이 사회에 보편화되고 있었던 만큼 상제나 제사에 있어서도 불교의 관념과 의례를 비교적 자연스럽게 준행해 왔다. 그러나 그것이 주자 성리학의 성장에 따라 점차 유교식 의례로 대치되기 시작한 것이다. 그 구체적인 예는 맨 먼저 이색에게서 찾아볼 수 있다. 공민왕 원년(1352) 그의 부 이곡의 상을 당하여 원으로부터 돌아온 이색은 당시의 통속적인 불교의식을 버리고 가례에 따라 삼년상을 지낸다. 이어 정몽주에 이르면, 당시 상제의 풍속이 오로지 불교의식만을 따르고 있음을 보고 사대부와 서인들로 하여금 주자가례에 의거하여 가묘家廟를 세우고 선조의 제사를 받들게 하고 있다.[52] 이어 공양왕 원년(1389)에 조준趙浚이 시무를 개진하는 글에서는 그 적극적인 시행을 다음과 같이 주장한다.

> 아아, 부모의 시체를 땅 밑에 묻어두고, 가묘를 세워 제사하지 않으니 알지 못하겠습니다. 부모의 혼령이 어디에 의거하겠습니까. 심히 자식의 마음이 아닌데 다만 이것이 습속이 되어 떳떳한 일로 여기면서 미처 생각하지 못할 뿐입니다. 원컨대 지금부터는 일체 주자 가례를 좇아서 대부大夫 이상은 3대까지 제사를 지내도록 하고… 이를 어기는 자는 불효로서 논죄하십시오.[53]

모든 제례에 주자가례를 적용할 것을 왕에게까지 역설한 것이다. 그러나 주자가례를 보급하려는 유자들의 의지나 노력에도 불구하고, 그것이 당시에 어떤 실효를 거둔 것 같지는 않다. 조선시대에 들어와서

---

52) 같은 책, "時俗喪祭 專尙僧門法 夢周始令士庶 倣朱子家禮 立家廟奉先祀".
53) 같은 책, 卷118 列傳 31, 趙浚傳 ;『高麗史節要』第34卷, 恭讓王 元年(1389) 12月.

까지 심지어 국상國喪의 경우에도 여전히 불교의식이 중심을 이루고 있음을 보기 때문이다.[54] 불교의식은 고려에서는 물론, 강력한 배불정책이 행해지고 있던 조선 태종대의 국상에까지도 그대로 적용될 만큼 오랜 전통을 지닌 보편화 된 의식이었다. 그런데 이 같은 전통적인 불교의식이 극소수 유학자 계층에서나마 일단 주자가례로 대치되고 있었음은 고려사회에 성리학이 끼친 또 하나의 큰 영향이었다.

요컨대, 실천윤리적인 성리학의 전래와 수용은 고려사상계의 학문 연구 방향을 주자학 일변도로 나아가게 하였고, 동시에 그것은 당시 현실사회와 유리된 채 여러 가지 모순과 폐단을 낳고 있던 불교를 극복하기 위한 논리로 작용하기도 하였다. 물론 성리학 초기단계에서는 아직 적극적인 배불의식은 나타나 보이지 않는다. 그러나 불교의식을 주자가례로 대치하려는 초기 성리학자들의 노력이 말해 주듯 성리학의 성장 및 그 세력형성과 함께 적극적인 배불론이 대두될 것임은 이미 예견되고 있었다.

---

54) 태종 8年 5月 24日 태조가 승하했을 때 그 이튿날부터 興德寺에서 법석을 설한 것을 비롯하여 藏義寺, 興天寺 등 사찰에서 법석과 함께 칠칠재가 올려지고, 백일재 기신재 등을 행하고 있다. (『太宗實錄』卷15, 太宗 8年(1408) 6月 9日 등), 이 밖에 세종대에도 제례와 관련한 왕실의 불사들이 빈번하게 설행되고 있다.

Ⅲ. 신흥 사대부들의 배불여론

1. 불교에 대한 현실 비판론 대두

고려 후기 사회의 두드러진 현상 가운데 하나는 주자학자들을 중심으로 한 신흥사대부들의 위치가 점차 강화되고 그들이 권력의 중심세력으로 등장하고 있다는 점이다. 그리고 이들에 의해 불교배격의 논의가 대두되고 그것이 점차 적극성을 띠어갔던 것 또한 주목할 만한 일이다.

중기 이래 누적되어 온 권문세가들의 토지 겸병兼并과 가혹한 수취收取로 농민들의 유망流亡이 심해지고 이에 따라 외적의 침입에 능동적으로 대처할 정예군의 편성마저 불가능해지는 등 고려 후기의 사회는 곧 혁신이 요구되는 현실에 처해 있었다. 이 같은 사회적 정치적 위기를 극복하기 위한 방안으로서 전제개혁田制改革을 주장하기도 했던 신흥사대부들은 그들 자신이 직접 왜적과의 전투에서 여러 차례 승리를 거두기도 하여 민중들로부터는 크게 신망을 얻고 있었다. 이 과정에서 부패한 왕실과 권문세가들을 제거하여 민중들의 생활을 보다 안정되게 하는 것이 시급한 과제임을 인식하게 된 이들은 지배계층의 정신적 지주로서 역시 지배자적 위치에 있던 불교와 그 신봉자들을

배격하기 시작한다.[55]

불교비판과 배격은 일찍이 성리학 전래초기에도 볼 수가 있었다. 그러나 그것이 좀 더 구체적으로 대두되는 것은 공민왕대부터이다. 신흥사대부 계층, 즉 주자학을 갖춘 신진관료들에 의해 불교의 폐단과 그에 대한 대책이 거론되기 시작한 것으로 이색의 상서는 그 효시를 이룬다. 공민왕 원년(1351), 원에서 들어온 이색이 왕에게 상서하는 가운데 불교의 폐해를 지적하고 그 시정을 건의하고 있는 것인데 여말의 공식적인 불교비판과 그 제재 논의는 이것이 처음이다.

중세 이후로 그 신도가 더욱 번성하여 오교양종은 이익을 위하는 소굴이 되고, 냇가와 산골짜기에는 절 없는 곳이 없으며, 불도들이 비루卑陋에 물들어 있을 뿐만 아니라 백성들이 유식遊食함이 많으므로, 뜻있는 자는 매양 마음 아프게 여깁니다. 불佛은 대성인이나, 좋아하고 미워함에 있어서는 사람들과 같을지니, 어찌 그 무리들의 이와 같음을 부끄러워하지 않겠습니까. 신이 엎드려 빌건대, 밝은 조금條禁을 내리시어, 이미 승이 된 자는 도첩度牒을 주고 도첩이 없는 자는 군대에 충당하며, 새로 창건한 절은 모두 철거케 하되 철거치 아니하면 수령을 죄주어 서사庶士와 양민들이 함부로 승이 되지 않게 하소서. 들건대 전하께서는 불을 받들어 섬기시는 정성이 열성 중에서도 더욱 돈독하시다 하오니 국가의 복을 길도록 비시는 그 소이는 심히 훌륭하고 아름다운 일입니다. 그러나 신의 어리석은 소견으로서 깊이 생각건대, 불은 지성지공至聖至公하여 받들기를 극진하게 할지라도 기뻐하지 않고 박하게 대할지라도 노하지 않을 것입니다. 하물며 그 경전 중에 분명히 '보시하는 공덕이 지경持經에 미치지 못한다'는 설법이 있음이리오. 그러므로 정사를 돌보시다가 심신

55) 金潤坤,「新興士大夫의 擡頭」, 국사편찬위원회編,『韓國史』8(탐구당, 1981), pp.143~146 참조.

을 쉬는 여가에 방등方等에 주목하고 돈법頓法에 유심留心하심은 불가하지 않사오나, 다만 사람들은 윗분의 행동을 본받기 때문에, 윗분이 재물을 낭비하면 사람들도 낭비하게 되는 법이니 작은 일도 미리 삼가서 방비해야 할 것입니다. ……신은 또한 군왕의 뜻을 거역하면 반드시 머리가 잘라질 줄 아오나 작은 그릇에 담긴 물이 넘쳐 하늘까지 범람할까 두려워하기 때문에 만사萬死를 무릅쓰고 일언을 아끼지 아니하나이다.……[56]

　오교양종의 무수한 사찰과 승도가 이익을 추구하는 비루한 집단이 되어 있음을 지적하고, 그러한 폐해의 교정을 위해 도첩제도의 확립과 양민의 혹사 방지 및 남사濫寺의 억제 등을 건의하고 있는 것이다. 그러나 이색이 이와 같이 불교의 폐해를 지적하고 그 시정책을 말하고는 있지만 그 논조는 매우 온건함을 느낄 수 있다. 더구나 불을 대성으로 인정하고 교리에 대해서도 상당한 이해 수준을 보여주고 있어 종교로서 불교를 인정하고 있는 그의 태도 또한 역력하다. 실제로 그는 대장경을 인성印成하고 남신사南神寺에 백련회를 설하는 등 불교를 신봉했던 유자였다.[57] 그런 이색에게서 온건하게나마 불교의 폐해가 지적되고 시정책이 건의되고 있음은 크게 유의할 만한 일이다. 그는 불교사상 자체에 대한 문제에서가 아니라 이국理國의 견지에서 불

---

56)『高麗史』卷115, 列傳 28, 李穡傳. "中世以降 其徒益繁 五敎兩宗 爲利之窟 川傍山谷 無處非寺 不惟浮屠之徒 浸以卑陋 亦是國家之民 多於遊食 識者每 痛心焉 佛大聖人也 好惡必與人同 安知已逝之靈 不恥其徒之如此也哉 臣伏乞 明降條禁 已爲僧者亦與度牒 而無度牒者 卽充軍伍 新創之寺 幷令撤去 而不 撤者卽罪守令 庶士良民 不盡髡緇 臣聞殿下奉事之誠尤篤於列聖 其所以祈永 國祚者 甚盛甚休 然以臣之愚竊惟 佛者至聖至公 奉之極美 下以爲喜 待之甚 薄 不以爲怒 況其經中 分明有說 布施功德 不及持經 聽政之餘 怡神之暇 注目 方等 留心頓法 無所不可 但爲上者 人所卽效 虛費者財所耗竭 防微杜漸 不可 不愼…臣亦知逆鱗 必至於碎首 但恐濫觴 或至於滔天 故冒萬死 不惜一言…".
57) 같은 책.

교의 현실적인 폐해를 지적하고 있는 것인데, 흥미로운 것은 그런 글을 '만사를 무릅쓰고' 올리고 있다는 점이다. 이는 그만큼 당시로서는 불교에 대한 과감한 비판이나 배격이 허용될 분위기가 아니었으며 반불교적 신흥대사부 계층이 아직은 세력화 하지 못했음을 말해준다.

숭불가이기도 했던 이색의 상서는 인용문에서 보듯이 배불론이라고 말할 정도는 아니다. 그러나 이색은 숭불가의 면모보다는 성균관을 중영重營하여 인재를 육성하는 등 성리학을 크게 진흥시킨 대유大儒로 평가받는다.[58] 따라서 그 문하에서 배출된 인물들이 후에 적극적으로 배불에 나서고 있음을 상기할 때 여말의 급격한 배불동향에 이색이 끼친 영향은 지대하였다.

공민왕 초에 불교를 문제로 삼은 이색의 상서가 있은 이래, 왕의 불교 신앙 태도와도 관련하여 불교비판의 상서는 계속된다. 동왕 10년 (1361) 5월 어사대御史臺가 올린 글이다.

> 불교는 본래 청정을 숭상하는 것입니다. 그러나 그 무리들이 죄와 복의 설로써 과부와 고녀孤女들을 유혹하여 비구니를 만들어 잡거하며 음욕을 자행하고, 심지어 사대부 및 종실의 집에까지 불사를 권하고 산속에 유숙시켜 때때로 추한 소문이 풍속을 오염시키고 있으니, 지금부터는 이런 일을 일체 금하게 하여 어기는 자는 논죄하소서.[59]

---

58) 같은 책, "以穡判開城府事兼成均大司成 增置生員 擇經術之士 金九容 鄭夢周 朴尙衷 朴宜中 李崇仁 皆以他官兼教官 先是館生不過數十 穡更定學式 每日坐明倫堂 分經授業 講畢相與論難忘倦 於是學者坌集 相與 觀感 程朱性理之學始興..".

59) 『高麗史節要』卷27, 恭愍王 10年(1361) 5月條. "啓曰 釋教本尚清淨 而其徒 以罪福之說 誑誘寡孤女 祝髮爲尼 雜處無別 恣其淫慾 至於士大夫 宗室之家

또 다음해인 11년에도 감찰대부 김속명金續命, 우헌납右獻納 황근黃瑾 등이 잇달아 상소하고 있다.

> 치국의 도는 경사經史에 있는 것이지 불서佛書로써 나라를 다스렸
> 다는 말을 듣지 못했습니다. 전하께서는 지나치게 불교를 믿으시니
> 승려들이 이로 인해 청탁하여 사욕을 채웁니다. 원컨대 이제부터는
> 치류緇流들이 궁중에 출입하는 것을 금하게 하시고, 다시 경연經筵
> 을 열어 날마다 치도治道를 물으시며 항상 성인의 글을 보고, 이단
> 의 말을 듣지 마옵소서.[60]

이즈음에 이르러서는 불교의 폐해에 대한 지적 외에도 불교를 이단
시하는 노골적인 표현도 드러나고 있다. 공민왕의 신앙은 분명 지나친
감이 있었던 것 같은데[61] 이에 대해서는 일찍이 보우普愚까지도 왕에
게 신불의 정도를 일깨운 바가 있다.[62] 따라서 왕의 지나친 숭불경향
과, 특히 권승 신돈辛旽의 출현이후 그 비행 및 정사의 전횡과 관련하
여 사대부들의 배불의식은 점차 표면화할 수밖에 없었던 것 같다. 그
러나 실질적인 배불논의는 우왕대를 지나 창왕이 옹립된 직후부터 시
작한다.

창왕이 옹립된(1388) 것은 이성계 등 신진관료세력들에 의해서였

勸以佛事 留宿山間 醜聲時聞 自今一切禁之 違者論罪".
60) 위의 책, 恭愍王 11年(1362) 10월 10日."治國之道 專在經史 未聞以佛書致
   治者也 殿下過信佛法 群髡緣此干謁濟私 自今願斷緇流 出入禁闥 復開經筵
   日訪治道 常觀聖賢之書 勿難異端之說".
61) 『高麗史』世家 卷42, 恭愍王 19年(1370) 5月 明太祖의 璽書 중에도 "近者使
   歸聞 國王之政 言 王惟務釋氏之道…不崇王道而崇佛道 失其要矣…"라 하여
   왕의 過度한 信佛을 훈계하고 있다.
62) 『高麗史』世家 卷38, 恭愍王 元年(1352) 5月條."王引入內問法 (普)虛曰 爲君
   之道 在修明敎化 不必信佛 若佛能理國家 雖致勤於佛 有何功德 無已則 但修
   太祖所置寺社 愼勿新創".

다. 즉 우왕과 최영崔瑩을 중심으로 한 반명친원反明親元 세력들의 결정에 따라 요동정벌에 나섰던 이성계, 조민수曺敏修 등이 위화도에서 회군을 감행한 뒤, 우왕을 강화도로 내쫓고 그의 아들 창왕을 왕으로 추대한 것이다. 이로써 사실상의 실권은 이들 신진관료들이 장악하게 되고 이들은 이제 반원정책을 분명히 하고 오랜 숙원이던 전제개혁에 착수하게 된다. 그리하여 조준 등의 전제개혁론이 제기되었던 것인데, 이때 불교의 시폐時弊에 대한 논의와 함께 사원의 토지와 노비 등을 문제로 삼는 상서가 잇따랐음은 물론이다.

전법판서 조인옥이 '불씨의 교를 따름은 청정과욕하고 세속을 떠나는 것으로 종지를 삼는 것이니 천하 국가를 다스리는 길이 아님'을 전제하고, 이재와 치부에 열중하고 풍속을 오염시키는 등의 승도들의 비행을 거론하였음은 이미 언급한 바 있다.[63] 그는 이에 대한 대책으로서 상당히 구체적인 방안을 다음과 같이 제시하고 있다.

> 원컨대 이제부터 도행이 있는 자를 뽑아 모든 절을 주지케 하고, 그 전조田租와 노비의 용傭은 소재관으로 하여금 거두어 이를 공안公案에 실어서 승도수를 계산하게 하여 급여함으로써, 주지의 절용竊傭을 금하소서, 또 무릇 승으로 인가에 유숙하는 자는 간통죄로 논하여 군적에 충당하고, 그 집주인에 대해서도 죄를 논하소서.[64]

이외에도 같은 상소에서는 부녀들은 비록 부모상이라도 사원에 나가지 못하게 할 것과 부녀의 삭발 금지, 주현리州縣吏 및 공사노비公私奴婢가 승니 되는 것을 허락하지 말 것도 아울러 건의하고 있다. 승도

---

63) 앞의 註 38).
64) 『高麗史』列傳 卷24 趙仁沃傳. "願自今 選有道行者 住諸寺院 其田租奴婢之 傭 今所在官收之 載諸公案 計僧徒之數而給之 禁住持竊傭 凡僧留宿人家者 以姦論充軍籍 其主家亦論罪".

들의 시폐에 대한 대책뿐만 아니라 부녀의 사원 출입금지 등 지금까지 볼 수 없었던 배불론이 신진 관료인 조인옥에 의해 처음 제기되고 있는 것이다.

이와 같이 창왕대에 실질적인 배불논의가 일어난 이래 그것이 공양왕대에 이르면 더욱 적극적으로 전개된다. 공양왕 또한 이성계 등 신흥사대부들에 의해 옹립되었던 왕이다. 따라서 여전히 정치적인 실권을 행사하게 된 이들 신흥사대부들은 배불에 더욱 적극적으로 나서고 있다. 그리하여 신불왕으로서는 일상적이라 할 정도의 불사에 대해서도 강력한 이의를 제기하고[65] 나아가서는 국가제도로서 시행해 온 승려의 왕사책봉까지 문제를 삼고 있다.

즉, 공양왕 2년 (1390) 2월 왕이 조계종의 찬영粲英을 왕사로 삼고자 하였다. 이때 대사헌 성석린成石璘이 "석씨는 청정과 적멸로 종을 삼아 국가에 도움이 없는지라, 옛날 성탕成湯은 이윤伊尹을 사師로 하고 문왕文王은 태공太公을 사師로 삼아 상商과 주周의 대평大平의 다스림을 이루었으며, 석씨로 사를 삼음은 듣지 못하였다."고 하여 반대하고 나섰다. 또 좌상시左常侍 윤소종尹紹宗은 "만일 사를 구하고자 할진대 원로대신이 있으니 어찌 승으로 하리요."하고 반발한다.[66] 고승을 천거하여 왕사 국사로 책봉해 온 전통적인 제도를 정면으로 거부하고 있는 것이다. 이들은 계속해서 함께 소를 올려 "군부君父도 모르는 자를 사로 삼지 말고 요순과 맹자의 도를 높임으로써 삼한태평의 업을 여소서"라고 승의 왕사책봉을 반대했으나 그것이 불납됨에, 이미

---

65) 앞의 註 23).
66) 『高麗史』列傳 卷33, 尹紹宗. "紹宗與兼大司憲成石璘等 伏閤諫 石璘曰 釋氏 以淸淨寂滅爲宗 無補國家 昔成湯師伊尹 文王師太公 伊致商周大平之治 未聞 釋氏爲師也. 紹宗曰 殿下如欲求師 有元老大臣在 何用僧爲".

숭인문에 이른 찬영을 관리로 하여금 내쫓게 하는 행동까지도 서슴지 않고 있다. 이 때문에 왕은 결국 찬영을 왕사로 삼는 일은 포기하고 마는데,[67] 이 사건은 신흥사대부들의 배불의지가 더욱 적극화하고 있음을 충분히 느낄 수 있게 한다.

2. 과격한 배불논의의 전개

이 같은 분위기는 더욱 고조되어 공양왕 3년(1391)에는 상당히 과격한 비난과 함께 각종 불교 제재방안들이 쏟아져 나온다. 그해 천변天變이 일어나고 가뭄이 극심함에 그 5월에 왕이 하교하여 군신의 간언 충고를 구함에 신진관료들은 저마다 불교를 문제 삼아 배불을 논주論奏하게 된다. 우선 정도전은 국가의 잘못 허비되고 있는 재정에 관해 다음과 같이 논한다.

> 신이 듣건대 삼사三司의 회계에서 불신佛神의 비용이 태반이니 재물의 용도가 잘못 소비됨이 이 같음이 없습니다. 그러나 불신의 폐해는 자고로 판별하기 어렵습니다.……사람들이 말하는 자가 있으면 그것에 대해 '나는 불을 섬기고 저들이 이를 비난하니 나는 선이요 저들은 악이라. 나는 정도요 저들은 마법이다. 내가 불신을 섬김은 나라를 부富케 하기 위함이요, 백성을 수壽케 하기 위함이요 나를 위함이 아니다.'라 하며…이는 전하께서 좋은 일이라 하시나 그 실은 좋은 일이 아님을 알지 못하고, 나라를 부하게 한다 하시나 백성이 실은 궁핍해지게 됨을 알지 못하고, 비록 말하는 자가 있어도 받아들이지 않으시니……엎드려 바라건대 전하께서는 관리들에 거듭 밝히사 사전祀典에 기재된 바를 제외하고는 모든 음란하고 괴이하며

---

67) 『高麗史節要』第36卷, 恭愍王 2年(1353) 2月條.

아첨하고 번독煩瀆한 일 일체를 모두 금단하시면 재용이 절약되고 잘못 허비되는 바가 없을 것입니다.[68]

국가의 과다한 재용 소모와 백성의 궁핍 요인을 왕이 불신을 섬기는데 있다고 보고, 그 부당성과 함께 철저한 금단을 요망하고 있는 것이다. 또 성균대사성 김자수金子粹도 상서하여, 역시 불사 조영에 의한 민폐가 막심함을 지적하고 그 공역의 중지를 다음과 같이 건의하였다.

> 전하께서 즉위 초에 연복사탑演福寺塔을 넓혀 수리함에 민가 3,40호를 파하시더니 이제 또 부도를 크게 일으켜 자주 토목의 역을 일으키니 바야흐로 농사일이 바쁜데 교주交州 일도가 나무를 베고 재목을 실어 나르기에 사람과 짐승이 다 병들었습니다. 하오나 일찍이 조금도 구휼치 않고 얻지 못할 명복을 맞고자 현재 생령에 실제의 화를 끼치니, 백성의 부모가 되어 그것이 옳은 일이겠습니까? 빌건대 밝은 칙령을 내리어 그 역을 중지시켜 백성들의 힘을 펴게 하소서.[69]

위 2인의 상소가 보여주듯이 불교에 관한 문제의 대부분은 사원의 치부이거나 왕의 불사 혹은 그 비용 소모에 관한 것이다. 불교의 폐해

---

68) 『高麗史』列傳 卷32, 鄭道傳. "臣聞三司會計 佛神之用居多焉 財用之妄費者 莫祈若也 然佛神之害自古難辨也…人有言之者 則以 爲我事佛而彼非之 我善而彼惡也 我道而彼魔也 我之事佛神 爲富國也 爲壽民也 非爲我也…此殿下以 爲善事 而不知其實非善事 以爲富國 而不知國實瘠 以爲壽民 以不知民實窮 雖有言之者 舉皆不 納…伏望殿下 申命有司 除祀典所載外 凡中外淫怪諂瀆之舉 一皆禁斷 則財用節而無所妄費也".

69) 『高麗史』列傳 卷33, 金子粹. "殿下即位之始 修廣演福寺塔 破民家三四十戶 今又大起浮屠 屢興 土木之役厥 今農務方劇 而交州一 道 斫木輸材 人畜盡悴 會不少恤 欲以邀未可必得之冥福 以胎現在生靈之實禍 爲民父母 其可若如是乎 乞申降名勅 以寢其役 以寬民力".

와도 관련하여 사회적 현실을 개혁코자 하는 관료들로서는 제기할 수 있는 주장이라 하겠다. 그러나 이런 주장이 그 정도를 넘어서면 과격한 배불에 이르게 마련이다. 성균박사 김초金貂는 불사 및 화복의 설 등에 관해 자신의 유가적 견해를 장황하게 피력하여 비난한 다음 극론을 서슴치 않고 있다.

> ……어찌하여 조탑造塔의 역사에 농민을 괴롭게 노역시키고 선승禪僧을 기르는데 전곡을 허비하십니까. 윗사람이 좋아하는 일은 아랫사람이 반드시 더 심하게 좋아하는 법이니 백성들이 점점 석씨에 들어가서 항산恒産을 버리고 군부君父를 배반할까 두렵습니다. …신은 원컨대 천청天聽을 돌려 출가한 무리를 몰아서 본업에 돌아가게 하고 오교와 양종을 파하여 군영에 보충하고 중외의 사사는 모두 소재지의 관사에 소속시키고 노비와 재용 또한 모두 분속시키며…명분이 없는 비용을 없애고 금령을 엄하게 세워 삭발하는 자는 죽이고 용서하지 말아야 할 것입니다.[70)]

김초의 상소는 불교자체의 완전한 혁파를 주장한 것으로, 지금까지의 배불론 가운데 가장 극렬한 것이다. 공양왕이 스스로 간언충고를 구하기는 하였지만 불교에 관한 논의가 이 정도에 이르자 왕은 분노하여 김초를 사죄死罪에 처하려 하였다. 이 일에 대해서는 조정 내에서도 찬반 의견이 엇갈렸지만, 정몽주가 "신은 생각하기를 불씨를 배척하는 것은 유자의 보통 일이므로 예로부터 군왕이 이를 버려두고 논하지 않았습니다. 전하의 관대하신 도량으로써 보잘 것 없는 미치

---

70) 『高麗史』列傳 卷30, 李詹 ; 『高麗史節要』第35卷, 恭愍王 3年(1354) 5月. "…奈何造塔之役 農民勞憊 禪僧之養 錢穀虛耗 上所好者 下必有甚焉 恐斯民駸駸然 入于釋氏 棄恒 産而背君父矣…臣願回天聽 驅出家之輩 還歸本業 破五教兩宗 以補軍營 中外寺社 悉屬所在官司 奴婢財用亦皆分屬…以塞無名之費 而嚴立禁令 剃髮者殺無赦".

광이 유생을 너그러이 용납하여 줄만 하오니, 빌건대 관대한 은혜를 베풀어 모두 용서하여 국인國人에게 믿음을 보이소서.[71]"하고 간청하였다. 이 김초는 태형 40장을 맞는 것으로 극형을 면할 수 있었다. 공양왕 3년 5월의 배불논의는 이외에도 낭사郎舍 허응許應과 이조판서 정총鄭摠 등이 연복사 수탑修塔 문제와 관련하여 불사의 무익함과 그 재용의 허비 등을 비난하는 상소가 있었지만[72] 김초의 상소사건으로 인한 여파 때문인지 더이상 계속되지는 않았다.

그러나 다시 같은 해 6월에 조정 내 일부 관리들이 불교를 옹호하는 상소를 올린데 자극되어 이번에는 성균관 생원들을 중심으로 배불논의가 다시 한 번 격화한다. 즉 전 전의부정典醫副正 김전金琠은, 태조가 불교를 삼한 기업의 근본으로 삼았음을 상기시키면서 이익과 사업경영에만 골몰하는 무식한 승도와 한갓 파사척승破邪斥僧만을 생각하는 광유狂儒의 천견박식을 함께 비판한 뒤 '태조의 대원을 받들어 절을 다시 짓고 전정田丁을 가급하여 불교를 일으킬 것'을 상소하였다. 또 전 호조판서 정사척鄭士倜도 상서하여 '불교가 국가를 복되고 이롭게 하니 마땅히 숭상해야 할 것'을 주장하였다. 당시 조정 내의 배불기류를 감안해 볼 때 이들의 소신은 파격적인 것임에 틀림없다. 그러나 거의 미미할 정도인 조정 내의 이런 불교옹호 태도는 당장에 예문춘추관으로부터 '영불미왕지죄佞佛迷王之罪'로 탄핵 당하고 만다.[73] 당시 신진관료들의 세력과 배불여론의 분위기를 짐작해 볼 수

---

71) 『高麗史』列傳 卷30, 鄭夢周 ; 『高麗史節要』第35卷, 恭讓王 3年(1391) 6月.
   "臣等以爲斥詆佛氏 儒者之常事 自古君王置而不論 況以殿下寬大之量蕞爾狂
   生 在所優容 乞需恩 一 皆原宥 示信國人".
72) 이상『高麗史』卷46, 恭讓王 3年(1391) 5月 12日 참조.
73) 위와 같음, 6月 1日 및 10日.

있게 하는 이 일은 여기서 그치지 않는다. 그것은 조정 밖으로까지 파급되어 마침내 성균관의 유생들이 이를 문제 삼아 장문의 소를 올리고 있는 것이다.

김전의 소문에 대해 비분강개한 성균관 생원 박초朴礎 등 15인이 공동으로 올린 이 수천 언의 장소長疏는 여말 배불론의 정점을 이룰 만큼 가장 극렬한 내용을 담고 있다. 그 요점만을 간추려 보면 다음과 같다.

> '불교는 인륜을 저버린 오랑캐의 가르침으로서 중국의 예에 맞지 않는다. 그 무리들은 오직 사설邪說로써 사람들을 미혹케 하고 백성의 재용으로 무위도식하니 진실로 함께 하늘을 이지 못할 자들이다. 그러므로 ① 불도를 강제로 고향에 돌려보내 부역에 충당하고 ② 사사를 민가로 만들어 호구를 늘리며 ③ 불서를 불태워 그 근본을 영절시키고 ④ 사전은 군자에 충당하고 ⑤ 노비는 각사各司에 분속시키며 ⑥ 불상과 동기를 녹여 갑병甲兵을 만들어야 한다. 만약 왕이 불교를 구한다면 김전의 말을 듣는 것이 옳겠지만, 유학으로써 인륜을 밝히고 사회의 모적蟊賊을 제거하여 나라를 중흥 시키려 한다면 김전을 길거리에서 사지를 찢는 형에 처하여 왕이 불교에 미혹하지 않음을 보여야 할 것이다. 겸대사성 정도전은 이단을 배척하고 사설을 그치게 한 우리 동방 진유眞儒 일인이니, 도전의 벽불지책을 조종祖宗의 죄인으로 삼겠는가, 김전의 봉불설을 중심으로 삼겠는가?[74]'

대략 이상과 같은 극단적이 내용을 거침없이 주장하고 있는 것이다. 철저하게 유가적 견해에 바탕을 두고 일방적인 배불주장을 펴고 있는 이 소는 그 태도나 불교혁파 방안 등에 있어서 앞에서 본 김초가 당시 성균관 박사로 있었음을 상기할 때, 그의 영향력이 적지 않았

---

74)『高麗史節要』第35卷, 恭讓王 3年(1391) 6月 ;『高麗史』列傳 卷33, 金子粹 참조.

던 것으로 보인다.[75] 이런 소가 올라가자 왕이 대노했음은 물론이다. 그러나 이번에는 상소자들이 젊은 유학생들이어서인지 김초의 상소 때와 같은 어떤 조치는 내려지지 않고 있다.

처음 박초 등이 소를 올리고자 했을 때 사예司藝 류백순柳伯淳이 이를 적극 만류하였으나 듣지 않자 그는 다시 지신사知申事 성석용成石瑢에게 위에 보고하지 말 것을 부탁하였다. 이에 유생들이 수업을 거부하고 동맹휴학을 감행하려고 했을 만큼 분위기는 격화되어 있었다. 이들은 소에서도 정도전鄭道傳을 가리켜 '오동방진유일인吾東方眞儒一人'이라고 찬양하고 있는데 바로 그 정도전의 무리들이다. 이처럼 척불거두이며 최강경론자인 정도전을 추종하는 이들 소장세력들이 김초 등 중견 유신들의 배불태도에 고무되면서 배불론은 이제 그 극에까지 이른 느낌이다. 여기서 특히 주목되는 것은 이들의 극단적인 배불상소의 시기가 고려의 국망 직전이라는 점이다. 이런 상황은 새로운 왕조에서 신진 유신관료들에 의해 펼쳐질 배불상황을 충분히 예견해볼 수 있게 한다.

대략 이상과 같이 공민왕 원년(1351)에서부터 공양왕 3년(1391)에 이르는 여말의 배불 분위기와 그 내용을 살펴볼 때 그것은 크게 몇 단계로 나뉘어 진행되어 왔음을 알 수 있다. 물론 각 단계가 엄밀하게 구분되는 것은 아니지만 배불논의의 강도와 성격에 비추어 그 구분

75) 상소는 朴礎, 尹向 등 강경론자 15명이 공동으로 올린 것으로, 대부분의 儒生들은 그것에 찬동하 지 않았다. 이때 金貂는 博士 金租, 學正 鄭包, 學錄 黃喜 등과 함께 상소문에 同列로 서명하지 않은 生員 徐福體를 鳴鼓 黜學 시키고 있어, 金貂가 유생들의 상소를 뒤에서 부추기고 있음을 알 수 있다.(위와 같음, 金子粹).

은 어느 정도 가능하다.

즉, 북원과 연결된 성리학자 그룹의 초기 배불논의는 다만 불교의 현실적 폐단을 시정케 하려는 데 목적을 두고 있었다. 이때의 상소자들은 주자학을 현실윤리의 기본으로 삼고 있기는 하지만 종교적 측면에서는 여전히 불교를 수용했던 사람들이다. 그만큼 이들에게서는 불교와 유교 이원론적인 정신세계의 구조에 어떤 갈등도 크게 드러나 보이지 않는다. 따라서 성리학자들에 의해 초기 배불론을 단순히 이국理國 차원의 성격을 지닌 것으로 이해된다.

그러나 이성계, 조준, 정도전 등 반원 친명적인 신진 관료파들의 실권장악과 함께 일어난 배불논의는 점차 적극성과 과격성을 띠어간다. 특히 그들의 전제개혁 의지 등과 맞물려 불교의 사회경제적 모순과 폐단에 대한 공격이 적극화했을 뿐만 아니라 그 제재방안 또한 상당히 과격한 주장을 담고 있다. 이 무렵에는 왕의 통상적인 신불이 논란의 대상이 되고, 전통적인 왕사·국사제도까지 정면에서 거부할 만큼 성리학에 입각한 신흥사대부들의 배불입장은 완강하였다. 이러한 제2단계적인 배불논의는 대체로 사회정치적 성격을 띠고 진행된 것이라 할 수 있다.

마지막 단계의 배불논의는 성균관의 생원 등 소장 신진세력들을 중심으로 가장 극렬하게 전개된다. 앞서 대부분의 신흥사대부들이 사회개혁의 주요한 과제로서 불교배척에 나섰던 것과는 달리, 정도전, 김초 등에 이은 이들 소장 배불파들은 불교의 배격 그 자체에 큰 의미를 부여하고 있다. 이들은 자기 위주의 편향된 지식에 의한 것이기는 하지만 이론적으로 불교의 존재 자체를 완전히 배격하고 있으며 현실적으로는 철저한 파불을 주장한다. 그만큼 숭유배불 또한 유교치국의 목적론적 배불성격을 보이고 있는 것이다.

그러나 이와 같은 배불논의의 전개는 여말 불교의 전반적인 상황과는 별개의 문제라고 말할 수 있다. 정신면에서나 사회적 영향 면에서 고려 일대를 지배해 온 불교는 그 말기의 이 같은 배불논의의 진행에도 불구하고 그로부터 거의 영향을 받지 않는 상태로 활동하며 존재해 가고 있기 때문이다. 다만 불교의 현실적 폐해의 범주에 속하는 몇몇 문제들에 대해 약간의 국가적인 제재가 가해졌던 것은 사실이다. 그러나 이로 인해 여말의 불교가 크게 위축되었다고 말할 정도는 아니었다.

Ⅳ. 여말의 불교 억제책

국가 사회에 긍정적인 작용과 유익한 영향을 끼쳐온 고려불교의 다른 한편으로는 그 자체 모순과 폐해의 그늘 또한 없지 않았다. 물론 이런 모순과 폐해의 현실에 대해서는 일찍부터 교단 내에 반성과 쇄신의 노력이 있어 왔다. 중기에 지눌이 당시 세속사에 골몰하는 교계와 명리에 얽힌 승려들을 비판하고 수행자 본연의 자세로 돌아갈 것을 역설하며 펼쳐나간 정혜결사운동이나[76] 공민왕대에 보우가 원융부를 세우고 구산선문을 통합하여 교계의 대립을 지양시키고자 한 일[77] 등은 그 적절한 예가 된다.

그러나 이 같은 자각과 실천적인 자정 노력에도 불구하고 그것이 불교계 전반을 쇄신시킬 만한 개혁운동으로서 광범하게 확대되지는

---

76) 知訥은 당시 佛敎에 대해 "……然返觀我輩 朝暮所行之迹 則憑佛法裝飾我人 區區於利養之途 汨沒 於風塵之際 道德未修 衣食斯費 雖復出家 何德之有 上乘弘道 何厭利生 中負四恩 誠以爲恥"라고 자기 비판을 서슴지 않는다. 그리하여 "當捨名利 隱遁山林 常以習定均慧爲務 禮佛轉經 以至於執勞運力 各隨所任而經營之 隨緣養性"할 결사운동을 펴간 것이다.(『定慧結社文』『韓國佛敎全書』4, p.698).

77) 普愚 또한 九山禪流들이 문벌을 배경으로 서로 대립을 일삼아 스스로 正道에 어긋나고 국가사회에도 기여하지 못함을 痛論한다. 圓融府를 통해 九山을 一門으로 통합하여 百丈의 禪院淸規로써 薰陶하여 祖道를 중흥시키고 五敎 또한 각기 法弘에 힘쓰게 하려했던 것에서, 普愚 자신의 불교계 쇄신운동의 의지를 읽을 수 있다.(『太古和上語錄』卷下 附錄, 『韓國佛敎全書』6, pp.698~699).

못하였다. 결국 교단의 문란과 승도의 타락 등 현실적인 폐해가 만연 누적되어 온 불교계는 여말에 신흥사대부 세력의 강력한 비판과 배격을 당하게 된 것이다. 그러나 이 때문에 불교계가 위축될 만한 어떤 억불정책이 나온 것은 아니다. 오히려 그러한 불교비판 및 배격논의와는 별도문제로서, 불교의 현실적 폐해의 시정에 관한 조치들이 불교보호 및 국가 사회적 질서유지의 차원에서 꾸준히 강구되고 시행되어 왔다.

고려 말기, 특히 공민왕대 이후에 취해진 불교 제재조치들 가운데는 신흥사대부들의 배불 주장내용이 일부 포함되어 있는 것도 사실이다. 이를 굳이 배불논의의 결과라고 말해야 할지는 모르겠지만 그것은 당시 국가사정으로는 불가피한 조치였다고 생각된다. 다시 말해서 사회개혁을 강력하게 추진해가는 과정에서 특히 인적 물적 국가재원을 확보해야 했던 현실에 비추어, 극도로 팽창해 있던 불교에 대한 일련의 제재조치는 국가사회의 현실적인 요구였다고 볼 수 있다. 물론 당시의 이러한 조치들이 불교계에 미친 영향은 거의 무시해도 좋은 정도이다. 다만 문제는 그것에서 다음 시대의 억불, 배불정책의 예비적 성격을 느낄 수 있다는 점이다. 이 점을 염두에 두고, 주로 공민왕 – 공양왕대에 취해진 불교제재 조치들 가운데 비교적 그런 성격을 띤 몇몇 주요한 내용들을 살펴보기로 한다.

먼저 불교에 대한 경제적 제재가 가장 관심을 끌 만한데, 그것은 물론 사원전과 노비에 관한 문제가 중심을 이룬다. 사원전에 대한 조치는, 창왕 즉위년(우왕14년, 1388) 6월의 교서에 "요물고料物庫에 속한 360장처庄處는 선대에 사원에 시납한 것으로 모두 환수 한다."[78]라 한

---

78) 『高麗史』 志32, 食貨1 田制. "其料物庫屬三百六十莊處之田 先代施納寺院者

것이 보인다. 신진 관료파들에 의해 창왕이 옹립되자마자 이미 선왕대에 사원에 시납하였던 요물고 소속의 궁장토宮庄土를 모두 환수하고 있는 것이다. 이어 같은 해 7월에 조준 등이 전제개혁을 상소하는 가운데 사원전에 대해서는 '도선밀기道詵密記 이외의 사사에는 일체 전지를 지급치 말 것'79) 을 주장하기도 하였지만, 이는 채택되지 않는다.

그러나 공민왕 3년 5월에 정한 과전법에는 모든 사원에 전지를 지급하되 "모든 사람은 전토를 사원과 신사神祀에 시납치 못하며 이를 어긴 자는 죄로써 다스린다."고 명시하여 사원전 확대의 방지를 꾀하고 있다. 뿐만 아니라 이 법에서는 공사천구公私賤口와 공상工商·매복賣卜·맹인盲人·무격巫覡·창기娼妓와 함께 승려 또한 전지 급여의 대상에서 제외시킴으로써 승려의 개인적인 경제적 기반을 박탈하기도 하였다.80) 이러한 과전법의 시행으로 사원이 새삼 조세의 부담을 안게 된 것은 주목된다. 즉 그것은 "능침陵寢 창고倉庫 궁사宮司 공해公廨 공신전功臣田을 제외하고 토지가 있는 자는 다 납세한다."81)라고 규정하여 역시 전세의 면제 대상에서 사원이 제외됨으로써 이후 사원은 전세를 부담할 수밖에 없게 된 것이다.

한편 노비에 관해서는 공양왕 3년에 낭사가 상소하여 노비의 매매와 그 사원 시납의 폐를 아울러 금지시킬 것을 청함에 따라 그대로 시행한다. 이어 동왕 4년에 인물추변도감人物推辨都監에서 노비결송법奴婢決訟法을 정하는 가운데 "앞으로 자기 노비를 권세가에게 주거나

悉還其庫".
79) 위와 같음, "寺社田祖聖以來 五大寺十代寺國家裨補所 其在京城者 廩給 其在外方者 給柴地 道詵 密記外 其新羅百濟高句麗 所創寺社 及新造寺社不給".
80) 위와 같음.
81) 위와 같음. "除陵寢 倉庫 宮司 公廨 功臣田外 凡有田者 皆納稅".

사원이나 신사에 시납하는 일을 엄히 다스린다.[82]라고 못 박고 있다. 이 또한 권세가와 함께 사원의 경제적인 세력증대를 막기 위한 조치의 일환이었다.

대략 이상의 내용들이 불교에 대한 경제적 제재조치라 한다면, 승려의 신분을 제약하는 조치도 금령을 통해 내놓고 있다. 앞서 전지급여의 제외 대상에 공사천구 공상 매복 맹인 무격 창기와 함께 승려가 포함되어 있음은 그 자체가 승려의 신분격하를 의미한다. 그런데 이와 같은 신분격하 조치로 생각될 만한 규제는 이보다 훨씬 앞서 충렬왕대에 일반승려의 기행騎行 금지에서부터 나타난다. 즉 충렬왕 14년 감찰사의 방문 가운데 "승도 및 노복 잡류가 말을 타고 공공연하게 조로朝路를 다니면서 거리낌이 없으며 혹은 말을 달리다가 행인을 죽게 하는 일까지 있다. 이제부터 유사는 금령을 어긴 범인을 체포하여 죄를 물을 것이며…"라 함이 그것이다. 승려를 노복 잡류와 동렬로 취급하고 있음은 분명 승려를 격하시키는 일인 동시에 그들의 기마금지는 일종의 신분에 대한 제약인 셈이다.

그러나 이런 금령은 제대로 지켜지지 않았던 듯하다. 우왕 12년 8월에 왕사 국사를 제외한 일반승려의 승마를 다시 금지시키고 있는 데서[83] 그것을 알 수 있다. 승려의 기마행이 불교의 계율 및 수행자의 정신 자세로서는 비난 받는 일이기도 하다.[84] 그러나 당시 교통수단으

---

82) 『高麗史』志39, 刑法 2, 奴婢. "將自己奴婢 投贈權勢 施納佛宇神祠者 痛行禁理".

83) 위와 같음, 禁令. "禁僧乘馬 國王師乃許乘驢".

84) 신라 신문왕대의 國老 憬興이 말을 타고 왕궁에 들어 가다가, 한 거사로 화현한 문수보살로부터 騎馬를 詰難받은 뒤로는 종신토록 말을 타지 않았다 한다. (『三國遺事』卷5, 感通 第7 憬興遇聖).

로서 통용되었을 기마행을 승려이므로 노복 잡류와 함께 금지시키고 있음에서는 분명 신분상의 규제가 엿보인다. 또 이보다 앞서의 일이지만, 충렬왕대에 '승의 설립雪笠 착용을 금하고 대선사와 대덕 이상만 팔면팔정립八面八頂笠과 원정립圓頂笠을 착용토록 하고 위반자를 벌주도록' 한 것[85] 또한 복제 규정을 통한 일종의 신분상의 규제에 속하는 일이었다.

한편 불교 전체를 대상으로 한 재제조치로는 도첩제의 강화를 들 수 있다. 공민왕대에 들어와 사람들이 마음대로 절 짓는 일을 못하게 함과 동시에 승려가 되는 자는 반드시 도첩을 받도록 한[86] 조치에 이어, 출가자의 제한과 함께 도첩제는 더욱 강화되었다. 이와 유사한 조치들이 이미 충숙왕 때에도 있었지만 그것은 공민왕 20년 12월의 하교에서도 다시 강조된다.

모든 사람이 아직 도첩을 받지 않았으면 출가를 허락지 않음은 이미 영에 명시되어 있다. 그러함에도 주장하는 관사가 봉행함이 세밀하지 못하여, 정구丁口로 하여금 신역身役을 피하게 하고 계행을 닦지 않아 교문을 패하게 함에 이르렀다. 따라서 금후로는 승이 되려고 청원하는 자는 먼저 소재의 관사에 나아가 정전丁錢으로 50필의 포를 바친 뒤에야 축발祝髮을 허락하고 위반자는 사장師長과 부모를 죄 한다. 향리로부터 진역津驛에 이르기까지 공사의 역이 있는 사람들도 모두 금약禁約을 행할 일이다.[87]

85) 『高麗史』志39, 刑法 2, 禁令.
86) 『高麗史』世家 卷38, 恭愍王 元年(1352) 2月 2日.
87) 『高麗史』志38, 刑法1 職制. "諸人未受度牒不許出家 已嘗著令 主掌官司奉行 未至 致使丁口規避身役 不修戒行 至敗敎門 今後請 願爲僧者 先赴所在官司 納訖丁錢五十匹布 方許祝髮 違者罪師長父母 自鄕吏及津驛 公私有役人等 并行禁約".

출가를 원하는 자의 정전 납부와 도첩 취득의 엄격한 관리를 거듭 강조한 것인데, 이 하교는 불교와 국가에 함께 필요한 조치였던 것으로 볼 수 있다. 그것이 반드시 불교 제재를 위한 것만은 아니라는 뜻이다.[88] 이 밖에 공양왕 3년 7월에 도당의 계청으로 거가세족巨家世族이 금과 은으로 사경하는 일을 금하게 한 것이나 부녀가 사원에 왕래하는 것을 다시 금하도록 한 것[89] 등은 승려와 교단에 대해서만이 아니라 일반신도의 신불에 대해서도 제한을 가한 것으로 볼 수 있다.[90]

지금까지 주로 공민왕대 이후의 불교 제재를 중심으로 살펴보았지만 이러한 조치들은 여말에 와서 갑자기 취해진 것으로 생각하기 쉽다. 그러나 개인이 자신의 집을 절로 삼는 사가위사捨家爲寺 및 마음대로 절 세우는 일의 금지라든가, 승려의 상행위 금지, 또는 사치스러운 복장에 대한 규제 등 적지 않은 금지조목과 제한 조치들이 이미 고려 중기 이전부터도 줄곧 있어왔다.[91] 이런 사실을 고려한다면 여말의 불교제재조치들이 결코 돌발적인 사태는 아니었다. 다시 말해서 그것은

---

88) 이 조치의 일차적인 목적이 공사 유역자의 유실을 방지하려는데 있음은 분명하다. 공민왕 5년 6월에 "鄕吏 및 公私의 노예가 부역을 도피하기 위하여 마음대로 僧이 되니 戶口가 날로 감소하므로 이제부터 도첩을 받지 않은 자는 사사로 삭발을 하지 못한다."(『高麗史』志39, 刑法2 禁令)라고 한 하교에 이어 다시 취해진 조치였던 것으로 볼 때 더욱 그러하다. 그러나 여기에는 노비 등이 신역을 피해 出家爲僧함으로써 발생하는 불교의 질적 저하 문제를 염려하는 의미도 함께 포함된 것으로 볼 수 있겠다.

89) 『高麗史』志39, 刑法2 禁令.

90) 부녀의 사원왕래 금지는 일찍이 충렬왕 원년에도 "非父母忌齋 禁往寺社"(『高麗史』志39, 刑法2 禁令)라 하였고, 충숙왕대에도 유사한 내용의 금령을 볼 수 있다. 이는 풍속의 단속에 더 큰 목적을 두었던 것으로 생각된다. 이런 조치가 일반 신도들의 자유로운 신앙활동을 제약하는 결과를 가져오기도 했겠지만 그 목적 자체가 반드시 불교활동을 억제하기 위한 것으로 보기는 어렵다.

91) 韓㳓劤, 「麗末鮮初의 佛敎政策」(서울대학교 『論文集』人文社會科學 6, 1957), pp.13~18 참조바람.

신흥사대부들의 배불논의에 따라 갑자기 취해진 조치들이 아니라는 말이다. 물론 국가재원 확보와 관련하여 여말에 특히 사원전과 노비 등 사원경제에 대한 일부 제재는 불교를 보호 육성해오기만 한 그 동안의 경향에서 볼 때 상당한 정책의 변화라 할 만하다. 그러나 어떻게 말하든 아직은 이 같은 제재들이 불교에 어떤 실질적인 영향을 끼칠 정도는 되지 못하였다.

억불을 자초한 여말의 불교

조선 초기불교와 유교의 교대 전환은 국가의 주도하에 이루어진 인위적 결과로 볼 수 있다. 당시 종교 신앙현상의 자연스러운 반영이기보다 국가의 정책이 그만큼 크게 영향을 미친 것이다. 이 같은 불유교대의 역사적 배경으로는 고려 후기불교의 현실동향과 함께 교단 밖에서 진행된 사상적 사회적 변동을 주목할 수 있다. 고려 후기불교의 폐해상과 이와 관련한 새로운 정신세력간의 대응이 그대로 새 왕조 조선 초기의 상황으로 전개되기 때문이다.

고려 후기의 불교에서는 오랫동안 누적되어온 폐해의 양상들이 더욱 확대되어 가고 있다. 이 같은 폐해의 원인으로는 ① 불교와 승려의 특권계층화 ② 승도의 속화와 타락 ③ 현실안주 및 창조적 사상활동의 부재 등을 지적할 수 있다. 이런 원인들이 복합적으로 작용하면서 그 말기에 이를수록 불교교단의 자체모순과 폐해가 더욱 증폭되어 간 것이다. 불사의 남설과 이에 따른 국가재정의 소모, 기양 기복적 신앙의 저속성, 사원경제 확대와 승려들의 영리행위, 승정의 문란과 승도의 타락 등의 현상이 곧 그러하다.

이 같은 상황에서 충렬왕대 원으로부터의 성리학 도입과 그 세력성장에 따라 불교는 새로운 환경을 맞게 된다. 성리학을 받아들인 신흥사대부들에 의해 불교의 현실적 폐해에 대한 비판이 제기되고 그것이 점차 일단의 사회개혁적 배불운동으로까지 확장되어 간 것이다. 성리학 그룹이 불교의 견제세력으로 등장하여 더욱 과격한 배불논의와 여론이 이어지는 가운데, 공민왕대에 약간의 경제적인 규제 등 불교제재 조치가 나온 것은 유의할 만하다. 아직은 미미한 정도이지만 이로써 장차 왕조가 교체되었을 경우의 배불상황을 유추해 볼 수는 있다.

불유교대를 촉진해 간 조선 초기불교 정책의 역사적 배경으로써 특히 고려 후기불교의 현실은 매우 큰 비중을 차지한다. 구시대의 대표라고 해도 좋을 불교집단의 각종 폐해는 조선 건국의 주도세력에게 훌륭한 배척의 명분과 대상이 되었음에 틀림없다. 그런 의미에서, 조선 초기 배불정책의 가장 직접적인 원인은, 바로 불교 자체가 제공한 것임을 부인하기 어렵다.

제2장

신왕조의 혁신정치와 불교정책

개국 초 배불사정과 실제상황

이성계를 정점으로 여말의 신진개혁파 관료들에 의해 열린 조선왕조는 처음부터 유교입국儒敎立國을 표방하였다. 따라서 이들은 유교적 이념에 입각한 혁신정치의 구현에 힘쓰는 한편 구시대의 가치이며 세력집단인 불교에 대해서는 철저한 배척의 의지를 드러내고 있다. 그만큼 개국 초의 불교정책은 일단 구왕조 고려와는 확연하게 구분되는 방향을 취하지만, 그 대부분의 억불 및 배불책은 태조에 의해 저지 또는 유보되는 형편이었다.

개국 주역들이 제시하는 배불 주장들 거의가 현실화하지 못하고 있음은 그 내용의 지나친 과격성 때문이기도 하지만, 직접적으로는 태조의 신불 성향과 신중한 대불對佛 태도 때문이었다. 독실한 신불자인 그는 정치적으로는 개국 주도세력들과 이해를 함께한 것이지만 종교적 신념 면에서는 분명 입장을 달리하고 있다.

그 밖에 유신들의 배불의도가 뜻대로 결행될 수 없었던 데에는 불교의 오랜 전통 및 신앙의 대중성이 아직 그 저력을 거의 그대로 유지하고 있었다는 사실과도 관계가 있어 보인다. 신왕조의 강력한 혁신정치와 사회·경제·이념적 변혁의 의지에도 불구하고, 그것이 오랜 전통과 대중성을 확보하고 있는 불교를 극복하기에는 미흡했다고 말할 수 있다.

그러나 역성혁명으로 신왕조를 개창한 성리학적 관료 그룹이 여기에서 자신들의 소신을 접을 리는 없다. 그들은 확고한 배불의 의지로 끊임없이 각종 억불·배불을 주장하고 있으며, 그것은 정도전의 체계적인 저술에 이르러 이론적 배불의 정점을 보여준다. 이 장에서는 태조대에 진행되고 있는 정치과정을 통해 개국 초의 배불추진과 그 실제사정을 파악하고 아울러 이후 배불정책의 향방을 가늠해 본다.

I. 유교적 이념 추구와 배불의지

1. 지배종교의 교체 노력

조선의 개국은 여말의 신진관료파와 구·신세력 간의 격돌에서 신진 관료파들이 승리했음을 의미한다. 이로써 신왕조 개창자들은 그들이 이상으로 삼는 유교국가 건설을 위해 성리학적 이념과 혁신정치의 구현에 전력하게 된다. 조선의 건국 과정과 왕조 개창 초기에 그 주역들이 추구했던 새로운 이념 및 혁신정치는 조선조 배불정책의 기반이자 출발점이 된다는 의미에서, 우선 그 내용의 대강을 이해할 필요가 있다.

여말 신진관료파들의 정치 사회 개혁운동은 공양왕 3년 5월의 과전법의 성립으로 일단의 성공을 거둔 것이지만, 그러나 정몽주로 대표되는 구신세력들은 전제 개혁 논의에 있어서는 중립적 태도를 견지하였고 억불운동에 있어서도 미온적인 태도를 보여 왔다. 그만큼 신구 세력은 서로 대립과 갈등을 겪어온 것인데, 전제개혁 이후 개혁파의 승리가 굳어짐에 따라 양 세력 간의 대립은 더욱 첨예화한다. 개혁파 최대의 정적인 정몽주가 이성계의 제5자 방원芳遠 등에 의해 피살되고 그의 추종세력들이 대거 축출되는 것은 이런 과정에서였다. 따라서 이성계를 정점으로 하는 개혁파들은 그 반대세력 대부분을 제거함으로써, 이제 최고 정무기관인 도평의사사都評議使司를 거의 독점하게 된다.

이러한 상황에서 공양왕 4년(1392) 7월에 이방원 남은南誾 등은 비밀리에 조인옥 조준趙浚 정도전鄭道傳 조박趙璞 등 50여명의 관리들과 협의하여 이성계 왕위추대 공작을 추진하였다. 그들은 먼저 도평의사사의 결의를 거쳐 추대 공작을 합법화시킨 다음 왕대비(공민왕 정비定妃 안씨安氏)에게 요청하여 공양왕을 폐위시키고, 그가 내놓은 옥쇄를 들고 이성계를 사저로 찾아가서 왕위에 오르기를 간청하였다. 이성계는 자신의 부덕을 이유로 여러 차례 거절하다가 마침내 수락하니, 이로써 34왕 475년의 왕업을 지켜온 고려왕조는 종말을 고하고, 새로운 왕조 조선이 개창한 것이다.[92]

개혁파 유신들이 이성계를 신왕으로 추대한 것은 단순히 권력 장악에 목적이 있기보다는 미진한 개혁을 완수하여 자신들의 포부인 유교이념에 입각한 중앙집권적 관료국가를 건설하기 위한 확고한 기반을 닦고자 하는데 있었다. 말하자면 신왕조 개창을 새로운 정치유신의 계기로 삼고자 하는 것이 그들의 의도였다.[93] 그만큼 조선왕조는 유교를 정치이념으로 삼고 주자학을 철학윤리로 삼는 유교국가로서의 앞날이 전망되는 것이었고, 실제로 이런 전망은 개국 초부터 가시화한다.

---

92) 韓永愚,「朝鮮王朝의 政治經濟基盤」, 국사편찬위원회編,『韓國史』9 (탐구당, 1981), p.60 참조.

93) 위와 같음, p.61. 그러나 이에 대해 학계의 의견이 반드시 일치하지는 않다. '李成桂 一派의 舊臣 掃蕩의 지향목표는 비열한 自派의 利害와 進出을 위한 투쟁에 있었고, 그 결과 조선조는 李氏의 治世初부터 부패했던 前代에 못지않은 모순된 세태를 연출하게 된 것'이라고 보는 이들도 있다. (朴亭均,「李朝建國에 대한 是非」,『學術誌』8집, 建國大學校 學術研究院, 1967, p.139).

조선왕조는 개국한 다음 날, 태조 원년 8월에 공신도감功臣都監을 설치하여 그해 9월 갑오에 배극렴裵克廉 조준 정도전 등 44명을 1, 2, 3 등으로 나누어 개국공신으로 책록하고, 그들에게 전지와 노비를 사급하는 등 여러 가지 특전을 부여하였다.[94] 또 이들 대부분에게 문하부門下府·삼사三司 등의 요직이 내려짐으로서 건국 초기에는 이들 개국공신이 도평의사사를 중심으로 정치의 실권을 쥐고 있었고, 태조는 다만 도평의사사의 결의를 재가하는 권한을 갖는 정도였다.

이와 같이 유학자적 관료들이 정치의 실권을 장악하게 되자 그들은 유교의 이상정치를 목표로 하는 법전을 만들어 이로써 정치의 근본으로 삼으려 하였다. 그리하여 개혁파의 대표적 이론가이며 주동 인물인 정도전은 자신이 이상으로 품어온 유교적 정치이념을 성문화하여 『조선경국전朝鮮經國典』이라 이름하고 태조 3년(1394)에 왕에게 찬진撰進하였다. 이는 정도전 자신의 사찬私撰에 불과한 것이다. 그러나 아직 관찬법전이 없었을 뿐만 아니라 실질적으로 조선왕조 건국 전후의 문물제도 제정에 있어서 그의 역할과 영향력이 가장 컸으므로, 『조선경국전』은 관찬법전에 못지않은 영향력을 가졌었다. 이것을 모체로 하여 다시 태조 6년(1397)에 조준 등이 왕명을 받들어 위화도 회군(1388) 이후 태조 6년까지의 교서와 조례를 수집하여 편찬하니, 이것이 곧 최초의 관찬법전인 『경제육전經濟六典』이다.

또 정도전은 태조 5년(1396)에 『경제문감經濟文鑑』을 지은데 이어, 동 6년에는 『경제문감별집經濟文鑑別集』을 저술하기도 하였다. 전자는 중국 역대 관제의 연혁과 직무 등을 기록한 것으로 관리의 복무지침서로 삼기 위하여 저술한 것이었고, 후자는 중국 역대 제왕의 치적과

---

94) 韓永愚, 『朝鮮前期 社會經濟研究』(乙酉文化社, 1983), pp.117~118 참조.

고려 역대 왕의 치적을 기록하여 왕의 귀감으로 삼기 위한 것이었다. 이러한 저술들은, 이상적인 유교국가의 건설을 목표로 하는 유학자들의 끈질긴 염원의 구현이기도 한 것이라고 말할 수 있다.[95]

따라서 유교국가로서의 새 왕조의 기본 방향과 성격의 대강은 무엇보다도 이들의 저술 가운데 가장 뚜렷하게 드러나 보인다. 가령, 조선왕조 국가경영의 기준을 체계적으로 제시하고 있는『조선경국전』맨 첫머리 '정보위定宝位'에서는 태조 이성계가 보위에 오른 사실의 정당성을 논하면서, 새 왕조의 국체國體 곧 왕정의 근본을 밝히고 있다. 여기서 새 왕위는 천의天意와 인심에 순응한 인仁의 발로로서, 그 자체가 왕정의 대본인 인정仁政의 실현인 것으로 규정지어져 있다. 이는 이론적으로는 신유학의 천인감응설天人感應說의 요소도 지니고 있는 것이다.[96]

태조의 신왕 즉위에 대한 정당성의 주장은 조선왕조 건국의 이론적 근거를 제공한 정도전 자신의 혁명·민본사상으로서 설명되기도 하지만,[97] 신왕의 즉위 곧 조선조 개국에 대한 천명적天命的 인식은 고려조 창업의 그것에 비해 우선 종교적 관념 면에서 큰 차이를 보인다. 삼한을 통합하여 새 왕조를 연 고려태조 왕건이 후대의 왕들에게 유촉하기 위한 그의 훈요십조 제1조에서 "우리 국가의 대업은 제불의 호위지력이 반드시 도우신 것이다."[98]라고 천명하고 있는 것과는 확연하게 대비된다. 다시 말하면, 불교국가로서의 고려의 출발과 유교국가로서의 조선의 출발은 각기 그 주역들의 개국에 대한 인식에서부터 그 방

---

95) 崔承熙,「兩班 儒敎政治의 進前」, 앞의『韓國史』9, pp.100~101.
96) 韓沽劤 李泰鎭,『史料로 본 韓國文化史 : 朝鮮前期篇』(一誌社, 1987), p.22.
97) 韓永愚,『鄭道傳思想의 硏究』(서울大學校 출판부, 1983), pp.106~109.
98)『高麗史』世家 卷2, 太祖 26年(943) 4月條. "我國家大業 必資諸佛護衛之力".

향을 크게 달리 하고 있는 셈이다.

유교적 정치 사회이념의 추구는 『조선경국전』의 육전六典(치전治典 부전賦典 예전禮典 정전政典 헌전憲典 공전工典) 전반에 걸친 기본적인 입장이라 말할 수 있다. 그러나 그 가운데서도 특히 유교적 교화를 정착시키는 한편 민간신앙을 포함하여 불교의례를 유교적으로 교체하려는 의도가 가장 직접적으로 표명되고 있는 것은 예전에서이다. 즉 예전에서 경연관經筵官의 설치에 대해 언급하고 『대학大學』및 『대학연의大學衍義』를 중시하고 있음은 왕의 정교와 유교적 관료체제의 확립을 도모하기 위한 것이며, 또 학교제도에 대한 강조는 그것이 유교적 교화의 근본이 되기 때문이다. 뿐만 아니라 인간생활의 중요한 규범으로서 관혼상제를 제시하는 가운데, 특히 상제의 경우에는 토속신앙 및 불교의 제도를 강하게 비판하고 아울러 물질적 낭비의 폐단을 경계하면서 이를 유교적인 의례로서 대체할 것을 역설하고 있다.

예禮는 정도전이 표현하고 있듯이 한마디로 '질서'로 정의되며,[99] 이는 이 시기에 사대부들 사이에서는 유교윤리의 본체로서의 예가 당초 새로운 체제확립과 관련하여 질서로 인식되고 있음을 보여준다. 그리고 이 같은 예의 실제적인 적용에 있어서는 대체로 정체 곧 국가질서에 관계되는 것으로서 천天과 인人의 세계의 질서를 대상으로 하는 것[왕조례王朝禮]과, 한 인간의 일생에 갖추어야 할 규범의 측면[사서례士庶禮]의 두 가지로 나타난다. 새 왕조 조선에서는 중앙 집권체제 운영에 직접적인 연관성을 가지고 크게 양·천인으로 구분되는 신분체제의 재편성이 진행되고 또 이 같은 체제유지는 자연히 관념적 측면의 뒷받침을 필요로 하였다. 특히 후자의 경우는 관혼상제를 중심으로

---

99) 『朝鮮經國典』上, 禮典總序. "禮之爲說雖多 其完不過曰序已".

주로 주자가례의 실천을 통해 기층사회의 윤리의식을 변혁시킴으로써 유교적 사회질서를 추구하고 있는 것이다.[100]

조선조 건국에 참여한 유학자들을 중심으로 한 이 같은 유교적 정치 사회의 이념 추구는 곧 지배종교의 교체 및 국가유교의 제도화 노력이라고 말할 수 있다. 그러나 그러한 일련의 노력들이 민중적 세계관의 자연스러운 반영으로서가 아님은 물론이다. 그들은 민중의 정신세계를 고려하지 않은 채 일거에 지극히 실용적인 치자治者의 도로써 유교로의 개종을 주장한 것이다.[101] 그만큼 이후 그것의 실시에는 공권력에 의한 강제성까지도 수반하게 된다.

신왕조는 이와 같이 개국과 함께 유교적 정치이념의 추구와 그에 입각한 양반 관료체제의 정비, 그리고 신분의 재편성 및 새로운 사회질서로의 유교윤리의 보급 등 여러 방면에 걸쳐 새로운 국가 기반의 구축을 도모하면서 혁신정치를 꾀하였다. 그러나 이와 같은 유교입국의 의지와 노력의 경주로서 그것이 일시에 구현될 수는 없었다. 이러한 문제들은 단시일 내에 개혁되고 확립될 일이 아님은 말할 것도 없지만 무엇보다도 역성혁명으로 수행된 왕조교체 직후의 복잡했던 당시 상황들이 그것의 추진을 어렵게 하는 요인이기도 하였다.

2. 억불이 전제된 유교입국

조선조의 유교국가 건설을 위한 정치 사회적 이념의 광범한 구현은 그 시기의 완급문제일 뿐 결국 추진되어 나아가기 마련이었다. 따라서

---

100) 韓㳓劤 李泰鎭, 앞의 책, p.70·88 참조.
101) 黃善明, 『朝鮮朝 宗教社會史研究』(一志社, 1985), p.73.

신왕조가 개국과 함께 유교의 이념에 입각한 정치 사회적 혁신을 강력하게 추구해 갔다는 사실 그 자체가 가장 직접적인 배불의 예고라고 말할 수 있다. 유학자 그룹의 신진관료들이 염원해 온 유교국가 건설의 기본구상은 어차피 구시대의 정신 지주이며 사회의 기존 가치로서의 불교에 대한 배격을 전제로 하고 있다는 점에서이다.

이와 같이 조선조 개창의 주역들이 유교입국을 표방하고 그 정치·사회적 이념확립과 구현에 진력했던 만큼 그 연장선에서 불교억제책이 추진될 것임은 자명한 일이다. 더구나 유신이 주축을 이루는 조정 내 개국공신들의 영향력과 발언권은 막강했던 것으로 그들은 여말 이래 계속되어 온 억불운동을 새왕조의 기본적인 정책과정의 하나로서 수행하고자 하였다.

유신들이 억불을 얼마나 기본적이고 중요한 정책과제로 인식하고 있었던가 하는 것은 개국 직후의 사헌부 상서 중에 역력하게 드러난다. 즉 태조가 즉위(1392년 7월 17일) 한지 불과 3일 후에 사헌부에서 올린 시폐와 그 척결에 관한 10조 가운데 7·9조에서 다음과 같이 말하고 있다.

> 일곱째, 전조에서 작게는 재변이 생기면 그것을 두려워하며 스스로 수성修省할 줄은 모르고 오직 불신佛神을 섬기는데 만 힘써 그 막대한 비용은 가히 다 기록할 수 없을 정도였습니다. 이는 전하께서도 밝게 아실 것이오니 원컨대 이제부터 불신을 섬기는 불급한 비용을 아울러 모두 고쳐 제거하소서.
> 아홉째, 승려를 태척汰斥하실 일입니다. 불교는 오랑캐의 한 법으로 한나라 영평 때로부터 중국에 들어와 동방에 전해져서는 숭봉함이 더욱 심해졌습니다. …이제는 그 무리들이 평민과 혼잡하여 혹은 미

묘한 고담으로 사류들을 현혹시키고 혹은 사생죄보死生罪報로써 우민을 공갈하여 마침내 시속의 흐름이 방탕케 되어 그것이 회복되지 않고 있습니다. 심하게는 살찐 말을 타고 좋은 옷을 입으며 재화를 늘리고 색을 범하기까지 이르지 않음이 없으니 나라를 좀 먹고 백성을 병들게 함이 이보다 심한 것이 없습니다. 빌건대 그 무리들을 모아 학행을 자세히 참고하여, 학문이 정통하고 행실을 닦는 자는 그 뜻에 따라 나아가게 하고 나머지는 머리를 기르고 각기 그 업을 따르도록 하소서.[102]

급하지 않은 불신지비佛神之費를 모두 없앨 것과 타락한 승려의 태척을 강경하게 건의하는 내용이다. 이에 대하여 태조는 "승려를 쫓아내는 일은 개국의 초에 거행할 수 없다. 나머지는 모두 시행하라"[103]고 답하고 있다. 불교 교단에 결정적으로 타격을 줄 수 있는 승니 척태와 같은 일은 '개국지초에 갑자기 시행할 수 없다'는 태조의 말에 따라 실천에 옮겨지지 않았지만 나머지 불사의 비용과 같은 경우는 국가 경제적인 문제로서 그대로 시행되었던 것이다. 물론 그 시행이 당시 얼마나 실제적인 효과를 가져왔는지는 자세하지 않다. 그러나 위정자들이 전조 이래 불교의 유폐와 승도의 타락을 큰 시폐의 하나로 지목하고 개국 벽두부터 승니 척태와 같은 강력한 억불정책을 건의하고 있음은 눈여겨보아야 할 매우 중대한 일이다.

이와 같이 조정유신들이 억불을 신왕조의 기본적이고 시급한 정책

---

102) 『太祖實錄』卷1, 太祖 元年(1392) 7月 20日. "七…前朝小有災變 則不知恐懼 修省 惟務事佛事神 糜費不可殫記 此殿下之所明知也 願自今佛神不 急之費并 皆革去. 九…汰僧尼 佛者夷狄之一法 自漢永平 始立中國 傳及東方 崇奉尤甚 今 及混雜平 民 或以高談微妙 眩惑士類 或以死生罪報 恐喝愚民 遂使時俗流蕩 望返 甚者乘肥衣輕 殖貨冒色 無 所不至蠹國病民 莫此之甚也 乞聚其徒衆 詳 考學行 其學精修行者 俾遂其志 餘悉長髮 各從其業".
103) 위와 같음, 20日. "僧侶斥汰之事 開國之初不可遽行 餘悉施行".

과제로 삼음에 따라 이에 준하는 억불상소와 주장은 기회 있을 때마다 제기되고 있다. 사헌부의 상서가 있은 다음 달인 8월에는 도당都堂에서 대장도감大藏都監 및 연등회와 팔관회의 폐지를 청하였으며 또 이어 예조전서 조박 등이 상서하여 춘추장경春秋藏經·백고좌법석百高座法席·칠소친행七所親幸 등의 도량道場 제거를 청하고 있다.[104] 조박 등은 상서하여 춘추장경도량 등 불사가 전조 군왕들의 사적인 원顯으로 설행되어 인습으로 내려온 것이라고 말하고, 이제 '천명을 받아 다시 시작'한 신왕조에서는 그러한 전폐가 답습되어서는 안 된다고 주장한다. 이에 대해서도 태조는 도당에 명하여, 춘추장경·백고좌법석·칠소친행 등의 도량이 시설된 연원을 조사케 하여 그것을 들었을 뿐 어떤 조치는 하교下敎하지 않고 있다.[105] 연등회 팔관회를 비롯하여 춘추장경도량 백고좌법석 등은 국가적인 불교행사로서만이 아니라 이미 일반 대중 속에 종교적 신앙 및 축제적 성격까지 띠고 깊숙이 뿌리 내려온 전통적인 불교의례들이다. 따라서 태조로서는 일부 배불 유신들이 그것의 폐지를 주장한다고 해서 쉽게 동의하기는 어려웠을 것이다.

태조의 불교정책에 관해서는 항을 달리하여 살펴보겠지만, 어쨌든 왕의 의중과는 관계없이 조정에서는 이처럼 계속해서 억불정책을 강구하고 있다. 그 중에는 태조 원년 9월 대사헌 남재南在 등의 상서[106]와 같이, 중국의 역사에서는 물론 신라 고려조의 군왕들이 재력을 다하여 빈번한 불사를 설하고서도 패망했거나 비참한 말로를 당했음을 예로 삼아 불교의 인과설 등을 비난하면서 불교를 버릴 것을 역설하

---

104) 『太祖實錄』卷1, 太祖 元年(1392) 8月 5日 및 11日 .
105) 위와 같음, 11日.
106) 『太祖實錄』卷2, 太祖 元年(1392) 9月 21日.

는 구태의연하고 비논리적인 척불주장도 없지 않다. 그러나 같은 해 9월 도평의사사都評議使司 배극렴 조준 등의 상언에서 보듯이 억불정책들은 현실에 입각하여 점점 구체화 하여 간다. 이들은 개국 초에 시행해야할 문제들 22조를 헌책獻策하는 가운데 제18·제20 양조에서 불교문제를 다음과 같이 개진하였다.

> 1 (18조). 무릇 승이 되는 자에게 양반의 자제는 오승포五升布 100
>   필, 서인은 150필, 천인은 200필씩을 소재所在 관사官司
>   에서 납입 받고 도첩을 발급하여 출가를 허락하며, 자의
>   로 출가하는 자는 엄하게 다스린다.
> 1 (20조). 승도들이 중외中外의 대소관리大小官吏들과 결당하여 혹
>   은 사사寺社를 조영하고 혹은 불서를 인간印刊하면서 심
>   지어 관사에서도 물품을 징색하여 해가 백성에게까지 미
>   치니 이제부터 일체 금단한다.

이에 대해서는 태조도 공감하는 문제였던 듯 모두 그대로 따르고 있다.[107] 포 50필로서 정전을 납부하는 자에 한해 도첩을 발부하고 출가를 허락했던 조치가 여말 공민왕 때에도 취해진 바가 있지만[108] 선초에 있어서 이러한 도첩제의 시행은 훨씬 강화된 양상을 보여준다. 그만큼 무거운 납포의 제도로써 국고수입을 늘이는 한편 이 같은 경제적 부담을 가하여 출가자 수를 제한하고 동시에 국역자國役者의 유

---

107) 『太祖實錄』卷2, 太祖 元年(1392) 9月 24日. "都評議使司 裵克廉 趙浚 等 上
    言二十二條. 一. 凡爲僧者 兩班子弟 五升布一百匹 庶人百五十匹 賤口二百匹
    所在官司 以此計入 方許給牒出家 擅自出家者痛理. 一. 僧徒結黨 中外大小官
    吏 或營寺社 或印佛書 至於 需索官司 害及于民者 自今一皆禁斷 上皆從之".
108) 『高麗史』志38, 刑法1 職制, 恭愍王 20年(1371) 12月 下敎條. 이때의 조치
    는 丁錢 五十匹布를 납부받고 도첩을 발급하여 출가를 허락했던 것인데, 이는
    身役 規避者의 방지에 주요 목적이 있었다.

실을 막는 등 신설된 도첩제는 여러 가지 효과를 함께 기할 수 있는 불교 억제책인 것이다.[109] 또 불사를 빙자한 승도의 관민에 대한 물품 징색을 방지하겠다는 제20조의 경우는 그것이 여말 이래 계속 시폐로 지적되어 온 것이기도 했다. 따라서 태조로서도 그것에 대한 조정의 적절한 행정적 제재조치를 인정하지 않을 수 없었을 것이다.

한편 새로운 도읍 건설을 위한 역사에 승도를 동원하고 있는 사례들도 직접이지는 않지만 억불책의 일환으로서 행해진 것이 아닐까 하는 추측을 갖게 한다. 국가의 역사에 승도를 동원한 일은 여말 공양왕 3년에도 있었다. 경기, 교주交州, 서해도의 민정民丁과 함께 각 도의 승을 징발하여 경도의 내성을 수축케 했던 것이다.[110] 이는 일부 불교제재 조치가 가해지고 있던 국망 직전의 일이므로 역시 개국 초의 억불정책에 그대로 연결되는 것으로 볼 수도 있다.

국초에 국가 공역에 승도가 동원되고 있는 사례는 태조 2년 내원당에서 신도읍 건설에 참여할 승도를 권모勸募했던 것에서부터 나타난다. 이때 권모에 응한 각 종파의 승도가 수십의 무리였는데 이는 태조가 신도읍 건설을 앞두고 민력을 사용하는 일을 염려하여 내원당內願堂 감주監主 조생祖生에게 승도 중에 유수자遊手者를 모집할 것을 말하여 이루어진 일이다.[111] 따라서 이 경우는 태조의 신도 건설을 돕고자 한 승려들의 자발적인 참여라고 해도 무방할 것 같다.

이어 승도의 역사 동원은 태조 3년 12월 종묘를 조영하면서 역시

---

109) 그러나 도첩제의 강화가 실효를 거두었다고는 볼 수는 없다. 太祖 6年 4月에 '未受度牒者不許出 家 違者罪及父母師長'을 요청하는 諫官의 상서가 윤허되어 그것이 다시 嚴行되고(『太祖實錄』卷11, 6年(1397) 4月 25日), 태종대에 들어와서도 무도첩자 문제는 여전히 빈번하게 거론되고 있다.
110) 『高麗史』世家 卷46, 恭讓王 3年(1391) 8月 26日.
111) 『太祖實錄』卷4, 太祖 2年(1393) 11月 19日.

'백성을 수고롭게 하지 않고자 하여' 여러 산의 승도를 모집하여 공역에 투입시키고 있으며[112] 그 이듬해 2월에도 궁궐을 조성하면서 각 도의 인부를 승도로써 대신하게 하고 있다. 이 궁궐의 조성에 승도가 투입된 것은 조정의 건의에 따라 이루어진 것이다. 그런데 이때 조정관료의 건의는 승도를 폄시하는 태도와 함께 일단의 억불의도를 짐작하게 한다. 즉 처음에 대사헌 박경朴經 등이 상서하여, 궁궐을 조성하는 대역사에 공장졸도工匠卒徒를 수만 명씩이나 써야 할 텐데 농민으로 충당하자면 농사의 실시失時를 염려치 않을 수 없음을 말한 다음 승도의 역사동원의 당위성을 다음과 같이 건의하고 있기 때문이다.

> 사대부가 가옥 한 채를 조영할 때도 일할 사람으로 승을 청하는데, 그들은 수단이 익숙하고 또 가계를 살필 일이 없어 공사에만 전념할 수 있습니다.… 하물며 궁궐을 창립하는데 어떻게 졸수拙手를 쓰도록 하겠습니까. 한갓 농사만 폐하고 공역만 늦어질 뿐입니다. 국가의 초에 정액定額이 없어 승으로 민가에 거하는 자가 10에 3이니 그 중에 3분의 2는 부역이 가능할 것입니다. 대체로 승에는 삼품三品이 있습니다. 먹는데 배부르기를 구하지 않고 무상처無常處에 거하여 승당에서 수심修心하는 자가 상이요, 법문을 강설하며 말을 타고 이리 저리 바쁜 자가 중이요, 재를 맞이하고 상사喪事에 나가 의식을 얻는 자가 하입니다. 신들이 그윽이 생각하오니 하등의 승을 국역에 데려다 쓴들 해로울 것이 무엇이겠습니까. 원컨대 유사攸司로 하여금 승을 모아 공역工役에 나가도록 하여 다시는 백성을 징발치 마시고 그들의 생업을 다하게 하소서. 그리하면 공역을 폐하지 않으면서 나라의 근본도 견고하게 될 것입니다.[113]

112) 『太祖實錄』卷6, 太祖 3年(1394) 12月 4日.
113) 『太祖實錄』卷7, 太祖 4年(1395) 2月 19日. "士大夫營一家 必請僧以役者 手段熟習 且無家計而用工專也…況創立宮闕 豈可容拙手於其間哉 徒廢農業而

이 같은 상소의 건의를 태조가 승낙함으로서 승도의 공역 동원이 이루어진 것이기는 하지만, 조정관료의 발상에는 다분히 승려에 대한 폄시와 함께 억불의도가 깔려 있다. 다시 말하면 승도를 유휴노동력으로 간주하여 국역에의 징발을 당연하게 여기고 있으며 또 이 같은 승도의 노동력이 있음으로서 언제라도 공역을 계속할 수 있다고 생각하고 있는 것이다.

조정 유신들이 이와 같이 행정적으로 혹은 정책적으로 계속 억불책을 강구하고 또 그것을 시행하고 있었기 때문에 그런 경향은 자연히 지방의 관리들에게 까지도 파급되었던 것 같다. 즉 태조 원년에 양광도楊廣道 안렴사按廉使 조박과 경상도 안렴사 심효생沈孝生이 민간으로 상복을 입은 자가 사찰에 가서 불공하는 것을 금지시켰던 일[114]이나, 죽주竹州의 감무監務 박부朴敷가 안렴사의 결재 하에 현내의 야광사野光寺를 헐어 관사를 수리했다가 승록사僧錄司의 보고로 징포 5백 필의 벌을 받은 일[115] 등의 사례가 이런 사정을 말해 준다.

대체로 신왕조의 억불의지는 승니 태척과 같은 강력한 건의 등에서도 보듯이 그 방향이 뚜렷하지만 그것이 모두 정책으로까지 이어지지는 못하였다. 이는 개국 초에 급격한 억불이 시행될 여건이 아직 성숙치 못했던 이유 외에도 태조 자신의 신불성향 및 대불자세가 그들과는 같지 않았던 데에 가장 큰 원인이 있었다. 그러나 태조로서도 불교의 유폐 시정 등 타당한 건의에 대해서는 조정 유신들의 의견을 받아

緩於工役 國家度僧之初 無定額 僧之於民居十之三 而其可赴役者 亦不下三之二焉 蓋 僧之品有三 食不求飽 居無常處 修心僧堂者 上也 講說法文 乘馬奔馳者 中也 迎齋赴喪 規得依食者 下也 臣等竊謂 下等之僧 其於國役也 赴之何害 願令攸司 集僧赴役 更不徵民 以遂其生 則工役不廢而邦本固矣".

114) 『太祖實錄』卷2, 太祖 元年(1392) 12月 6日.
115) 『太祖實錄』卷3, 太祖 2年(1393) 3月 1日.

들이지 않을 수 없었다. 이런 과정에서 유신들은 내심 그들의 억불의
지를 더욱 강화해 가고 있었다.

Ⅱ. 태조의 신불과 불교정책 방향

1. 신불자세와 불사

왕조 창업의 주역들 대부분이 불교배척에 앞장선 유자들이었던[116] 것과는 달리, 태조는 처음부터 독실한 신불자였다. 그는 일찍이 보우·혜근과 같은 여말 고승들의 재가문도로서 이름이 보이고[117] 특히 태조의 왕사가 되어 정도定都에 참여하는 등 창업에 직접 간접으로 도움을 준 무학無學과는 관계가 깊었다. 태조의 위화도 회군시에는 함께 참여했던 승장僧將 신조神照가 그를 적극 돕고 있으며[118] 또 나옹의 제

---

116) 개국공신들 모두가 곧 왕조 창업의 주역이라고 말할 수는 없지만, 공신에 책록 된 55명 가운데 이렇다하게 불교적 성향을 지닌 인물은 찾아볼 수 없다. 다만 2등 공신에 추대된 趙狷(조준의 弟)이 일찍이 승이 되어 여러 사찰의 주지를 역임하다가 30세가 넘어 환속하였고, 역시 2등 공신 張湛의 전력이 장발승이었다는 사실 정도를 볼 수 있을 뿐이다. (한영우, 『조선전기 사회경제연구』, p.124·148).

117) 寧邊安心寺 指空懶翁舍利石鍾碑의 이면에 懶翁和尙의 門生名目 가운데 優婆塞(在家門生)으로서 이성계의 이름이 있으며(『朝鮮金石總覽』上, p.552), 陽州 太古寺 圓證國師塔碑 이면의 문도 가운데 역시 그의 이름이 열기되어 있다. (위와 같음, p.529).

118) 李太祖와 神照와의 관계는 『太祖實錄』卷1, 『高麗史』世家 卷45, 恭讓王 2年 條(1390), 『陽村集』卷12 및 『朝鮮佛教通史』上, p.327 등에서 볼 수 있다. 이들 문헌에 의하면 위화도에서 신조는 자기의 살을 베어 태조에게 술안주로 바쳤고, 또 회군 때에 태조로 하여금 대책을 결정하게 하였다. 그 공으로 신조는

자 혼수混修와도 각별한 사이였다. 혼수와는 이미 여말에 대장경 인성을 발원하여 그것이 이루어짐에 서운사瑞雲寺에 안치하고 경찬회를 베풀기도 하였다.[119] 태조의 이 같은 두터운 신불심은 전통적으로 불교를 신앙해 온 가문의 영향이 컸을 것으로 보인다. 이 때문인지 그는 즉위 후에도 조정의 억불 분위기와는 상관없이 많은 불사들을 베풀고 있다.

태조의 불사는 사탑의 중수 및 창건으로부터 소재법석消災法席, 도량, 추복追福, 반승飯僧, 인경 등에 이르기까지 다양하게 설해지고, 그 빈도나 규모 또한 전조에 비해 크게 달라진 것이 없다. 조정의 억불의지나 그 정책과는 좋은 대조를 보이는데, 그가 이룩한 불사들은 대략 다음과 같이 대별할 수 있다.

1) 사탑의 중수 및 창건

태조 2년 3월 연복사演福寺 5층탑을 중창하여 낙성식을 갖고 문수회를 설하였다. 가로 세로 각 6채씩의 전각으로 이루어진 이 거대한 연복사탑은 공양왕이 이미 공사에 착수했다가 완성을 보지 못하고 선위함에 태조가 공사를 계속하여 낙성을 본 것이다. '자복방가資福邦家·영리만세永利萬世'를 위함이었는데, 태조는 중궁과 더불어 자주 이곳 연복사에 친행하여 문수회를 설하고 있다.[120] 이 연복사 5층탑을 중창할 무렵에 역시 국리민복을 기원하기 위해 해인사 고탑을 수리하

공양왕으로부터 奉福君에 봉해지고, 수원 萬義寺를 하사 받기도 하였다.

119) 權近 撰, 「普覺國師碑文」(李能和, 『朝鮮佛教通史』上, p.342). "今主上之在潛邸 嘗與師願成大藏 辛未秋粧教訖功 置瑞雲寺大設慶會".

120) 『太祖實錄』卷3, 太祖 2年(1393) 3月 28日 ; 權近 撰, 「演福寺塔重創記」(『東文選』卷78).

여 대장경을 안치하기도 하였다.[121]

6년에는 신덕왕후 강씨의 추복을 위하여 정릉 동편에 170여 칸이
나 되는 절을 조영하여 흥천사興天寺라 명명하고, 소상을 기하여 성
대한 낙성식을 베풀었다. 태조는 이 절을 조계종의 본사로 삼아 수선
修禪을 항규로 삼게 하고 일천 결의 전지를 증여했으며[122] 이듬해에는
다시 3층 사리전의 조영에 착수하여 정종 원년에 그 낙성을 보았다.
한편 흥천사 조영과 거의 비슷한 시기에 진관사에는 왕명에 따라 59
칸의 수륙사水陸社가 조성되었다.

태조의 사원 중수 및 창건은 그가 선위한 후에도 계속되고 있다.
정종 원년에 오대산 사자암을 중건하여 원찰로 삼았고, 2년에는 신암
사新嚴寺를 중창케 하였다. 또 태종대에 와서도 그 원년에 석왕사釋王
寺 서편에 궁을 지은 것을 비롯하여 2년에 회암사를 중수케 하였으
며, 3년에는 태조 자신의 옛집 동편에 별도의 신전新殿(덕안전德安殿)
을 지어 장차 정사精舍로 삼고자 하였다. 이 덕안전이 곧 뒷날 화엄종
의 흥덕사가 되는데, 이 같은 사가위사捨家爲寺는 삼한을 통일한 고려
태조 왕건이 사제私第를 광명廣明·봉선 2사로 삼아 이국利國을 도모
했던 예를 본받고자 함이었다.[123]

121) 「願成大藏御製文」(李能和, 『朝鮮佛敎通史』上, p.348).
122) 權近 撰, 「貞陵願堂 曹溪宗本寺興天寺 造成記」(『東文選』卷78).
123) 『太宗實錄』卷13, 太宗 7년(1407) 1月 22日 ; 權近 撰, 「德安殿記」(『朝鮮佛
     敎通史』上, p.374). "建文三年夏 太上王命相地於潛龍舊邸之東 別構新殿 秋
     功告訖 及命臣近 若曰 高麗太祖 統一三韓 以其私第 爲廣明奉先二寺 圖利國
     也 予以否德代有邦家 仰惟前代時若 將以此殿 舍爲精藍 永作世 世 福國之所
     思以上福先世 下利群生 宗社永固 垂統無彊 故於正殿 揭釋迦出山之影".

2) 소재법석·도량

각종 소재법석 및 도량은 태조의 불사 가운데 가장 큰 비중을 차지할 만큼 빈번하게 설행하고 있다. 그 대부분이 한발旱魃·성변星變·천재天災·지괴地怪 등을 기양祈禳하기 위한 것으로, 자주 궁중에 법석을 설하고 태조 자신과 중궁이 함께 참여하여 예불 행향行香하거나,[124] 혹은 여러 사원에 사신을 보내 도량을 열게 하였다. 그리하여 태조 재위 7년 동안에 행한 소재불사는 실록에서 확인되는 것만 해도 30회에 이른다.

소재기양 외에 진병법석鎭兵法席도 자주 볼 수 있다. 태조 4년 사천왕사 등에 사신을 보내 사천왕도량을 연 것[125]을 비롯하여 5년 4월에는 경복궁 근정전에 8백 명의 승을 모아 금광명경을 강하게 하였으며[126] 다시 6년 9월에는 각도 사사에 사람을 보내 진병법석을 베푼 것[127] 등이 그것이다. 이는 무장출신으로 대업을 달성한 태조가 전통적인 호국신앙 또한 그대로 계승하고 있음을 보여준다. 그는 승도들에 의한 진병법석의 설행만이 아니라 전정殿庭을 지키는 숙위宿衛 사졸들에게까지도 신중경神衆經과 소재주消災呪를 외게 할 정도였다.[128] 태조는 그만큼 신불력을 확신하고 그에 의지하여 소재 및 호국을 도모하였다.

---

124) 『太祖實錄』卷4, 太祖 2年(1393) 10月 29日.
125) 『太祖實錄』卷7, 太祖 4年(1395) 6月 1日.
126) 『太祖實錄』卷9, 太祖 5年(1396) 4月 29日.
127) 『太祖實錄』卷12, 太祖 6年(1397) 9月 19日.
128) 『太祖實錄』卷3, 太祖 2年(1393) 2月 27日. "命宿衛士卒誦神衆經 消災呪于 殿庭".

3) 축수·추복·반승

왕실의 축수 및 추복은 불사에 으레 포함되는 주요 내용들이며 여기에는 흔히 반승이 수반된다. 태조가 그의 탄일인 10월 11일에는 광명사에서 반승을 베풀고 설법을 듣기도 하였는데 거의 매년 베풀어진 반승 가운데 많을 때는 1천5백 명을 반승한 적도 있다.[129]

또 조선祖先을 위한 추복행사로서 기신재忌晨齋가 연중 몇 차례나 궐중이나 광명사 등지에서 반승과 함께 올려졌다. 그중에 황조비皇祖妣 경비敬妃의 기신에는 조회를 파하고 광명사에서 5백 반승을 행하였고, 황고皇考인 환왕桓王의 기신에는 궐중에서 승도로 하여금 경을 외우게 하기도 했다.[130] 왕의 탄일과 마찬가지로 조선의 기신 또한 연례적인 것이어서, 이 같은 축수 추복 및 반승과 같은 행사를 왕실의 주요 불사로서 연중 잇달아 실행하였다. 재위 기간 중 태조가 베푼 반승은 왕사 무학을 위한 내전반승이나 국사 책봉에 따른 반승 및 현비顯妃 미녕시未寧時의 도불禱佛 반승 등을 포함하여 모두 11회에 달한다.

조선의 기신 설재 외에 태조는 전조의 왕씨들을 추복하는 불사도 정성껏 베풀고 있다. 태조 3년 7월 법화경 4부를 금자로 쓰게 하여 각사에 나누어 안치한 것도[131] 그 중의 하나이다. 이는 자신의 기복 때문이 아니라 창업의 즈음에 본의 아니게 희생된 왕씨 종족들을 위해 진심으로 불력을 빌어 그들을 추천하려는 뜻에서였다.[132] 왕씨 종

---

129) 『太祖實錄』卷4, 太祖 2年(1393) 10月 11日. "上誕日…宥二罪以下囚 飯僧 一千五百于廣明寺".

130) 『太祖實錄』卷4, 太祖 2年(1393) 7月 23日 及 同 卷3, 太祖 2年(1393) 4月 30日.

131) 『太祖實錄』卷6, 太祖 3年(1394) 7月 17日. "上以薦王氏 命前禮儀判書韓 理…等 金書法華經四部 分置各寺".

132) 權近 撰, 「別願法華經跋語」(『東文選』卷103). "上卽位三年秋八月有日 都承

족을 추천하는 태조의 정성은 여기서 그치지 않고 그 이듬해에는 관음사 견암사見岩寺 삼화사三和寺에서 수륙재를 설하였으며 그것을 매년 춘추로 상설케 하고 있다.[133]

이 밖에도 5년에 도성을 축조하다가 사망한 역부들을 위해 성문 밖 세 곳에서 수륙재를 베풀었으며[134] 6년에는 진관사에 59칸의 수륙사를 조성하여 해마다 수륙재를 설하게 하기도 하였다. 조종의 추복 및 국사를 위해 죽은 신하와 백성 그리고 무주고혼의 명복을 빌기 위함이었다.[135]

4) 대장경 인성

인경印經에 대한 태조의 관심 또한 각별하였다. 그는 잠저시에도 이미 대장경을 인경한 적이 있었는데, 즉위 2년 3월 연복사 5층탑의 낙성에 이어 같은 해 10월에는 무학을 주강으로 삼아 대장경을 읽고 그것을 탑 안에 봉장하고 있다.[136] 해인사 고탑을 중수했을 때도 대장경을 인경하여 탑 안에 안치했다 함은 이미 말한 바와 같다. 또 인경과 직접 관계는 없는 일이지만 태조는 그 7년 5월에 대대적인 병력을 동원하여 오교양종 승들의 송경誦經 고취鼓吹 등 웅장한 의장으로서 대

旨尙敬 傳旨于近臣若曰 予以否德 迫於群情推戴 代王氏以有國 玆不獲 己 慙德是多 將欲促全其族與國咸休 不期小腴反生疑懼 潛謀不軌 自速覆亡 臣寮舊咸請擧法 子不 敢違用悼焉 斯豈子本心哉 旣不得竝生於斯世 宜當導冥遊於彼岸 爰發誓 願俾以金書妙法華經三 部 欲令王氏宗族 普及法界含靈 俱仗眞休證妙果 又念慈經之成 所費雖小 皆出民力 不可不虛 冀推 餘澤 以利臣民而己 非敢爲寡躬祈福也 爾筆子之意 以誌卷末…".
133)『太祖實錄』卷7, 太祖 4年(1395) 2月 24日.
134)『太祖實錄』卷9, 太祖 5年(1369) 2月 27日.
135) 權近 撰,「津寬寺 水陸社造成記」(『東文選』卷78).
136)『太祖實錄』卷4, 太祖 2年(1393) 10月 17日.

장경판을 강화도 선원사로부터 수송하여 지천사支天寺에 옮겨 봉안하기도 하였다.[137] 이를 법보에 대한 그의 신심과 존숭의 발로였다고 볼 때, 대장경판의 이안移安은 인경과 동일한 의미의 불사로서 간주할 수 있겠다.

그는 선위 후에도 정종 원년 1월 해인사에서 사재를 들여 대장경을 인경하였고, 태종 원년 윤 3월에도 흥천사에서 대장불사를 설하였다. 이처럼 태조가 대장불사를 자주 행하고 있음은 불법의 광포와 국리민복을 원해서였는데, 해인사 고탑을 중영하고 군신과 발원하여 대장경을 탑 중에 안치할 때 친제한 '원성대장어제문願成大藏御製文'은 그런 태조의 뜻을 잘 보여준다. 어제문은 서두에서 '대장경의 지귀指歸가 계정혜 삼학에 있고 그것은 다시 일심에 내재해 있다'는 뜻과 함께 '불교의 묘리와 공덕은 쉽게 헤아릴 수 없음'을 말한다. 그런 다음 다시 다음과 같은 원을 밝히고 있다.

> 과인은 천지의 도움과 조종의 덕을 입어 추대함을 받아 보위에 올랐으나 오직 덕이 없음을 염려하여 부담을 이기지 못하였다. 그리하여 불교의 방편지력을 받들고 의지하여 선세의 복과 군생의 이익을 희망하였더니, 드디어 즉위 초에 고탑을 중영하고 장엄을 갖추어 군신과 더불어 대장경의 인성을 발원하여 탑에 안치하게 되었다. 은밀한 가호하심으로 인해 법운이 광포되고 군물이 함께 깨어나 나라가 복되고 백성이 이로우며 병도치세兵韜治世하여 만세에 길이 이롭기를 바람에서이니 이것이 과인의 원이노라.[138]

---

137) 『太祖實錄』卷14, 太祖 7年(1398) 5月 10日 및 12日. "幸龍山江大藏經板輪自江華禪源寺…令隊長副二千人 輪經板于支天寺…命檢校參贊門 下府事 俞光祐行香 五教兩宗僧徒 誦經儀仗鼓吹前導".

138) 「願成大藏御製文」(『朝鮮佛敎通史』上 p.348). "寡人蒙天地祐 祖宗之德 獲膺推戴 以卽寶位 唯念否德 不克負荷 相賴佛敎方便之力 庶可以福先世 而利

태조의 이런 뜻은 그가 이룩한 『대반야경』발문에도 잘 드러나 있다. 그는 전지傳旨를 통해 "조상께서 쌓은 덕과 부처님과 하늘의 밀호密護하심에 힘입어 나라를 이룩하였으니,… 전심하여 부처님을 섬기고 조석으로 정례하여 위로 조종의 큰 은혜를 갚고 아래로 나라의 영원한 안전을 바라고 원한다.[139]"고 말하고 있다. 이는 마치 '국가의 대업이 제불의 호위지력이 반드시 도우신 것'임을 믿어 적극적인 흥불정책을 폈던 고려태조의 신불행적을 연상케 하며 그의 왕조 창업에 대한 인식 또한 조정의 유신들과는 같지 않았음을 보여준다. 그만큼 인경 등 태조의 불사는 불법의 홍포와 복국이민福國利民을 목적으로 하고 있음이 분명한 것이다.

이상의 다양한 불사를 통해 태조의 돈독한 신불심을 확인할 수 있지만, 이 외에도 불자로서의 그의 면모는 여러 곳에서 확인된다. 그는 왕사 무학의 주청에 따라 죄인들을 용서하는가하면[140] 병이 난 측근 신하를 위해 친히 부처님께 기도를 드리거나 내정에 승도를 모아 예불케 하는 일도 있었다.[141] 혹은 먼 지방의 여러 사암들에 공양미를 시여하는 배려를 보이기도 하고[142] 내전에서 화엄삼매참법석華嚴三昧懺法席이나 법화경강회 등을 자주 열어 신불을 다지고도 있다. 또 그가 선

群生也 肆於卽位之初 重營古塔 莊嚴畢備 仍興群臣 願成大藏 以安于塔 冀因
密護 法雲法席 群物咸蘇 福國利民 兵韜世治 萬世永賴 此寡人之願也".
139) 權近 撰, 「大般若經跋」(『陽村集』). "傳旨臣近 若曰 予賴祖先之積德 佛天之密
護 肇造邦家…唯欲專心事佛 晨夕頂禮 上以報祖宗之重恩 下以冀邦國之永安".
140) 『太祖實錄』卷5, 太祖 3年(1394) 2月 17日. "上幸演福寺 觀文殊會 王師 自超
請宥罪人 從之".
141) 『太祖實錄』卷5, 太祖 3年(1394) 7月 25日, 같은 책 卷7, 太祖 4年(1395) 1月
23日, 2月 1日.
142) 『太祖實錄』卷12, 太祖 6年(1397) 12月 3日. "上命以江陵道 米六百石 施于臺
山金剛山 諸蘭若".

위한 후에는 왕자들의 골육상쟁으로 인한 인간적인 고뇌 때문인지 관음신앙에 의지하는 모습이 자주 눈에 띄며[143] 특히 그의 만년은 거의 한 사람의 처사處士로서 오직 신불에만 전심하고 있다.[144]

이와 같은 태조의 신불자세와 불사는 물론 불법의 높은 견지를 보여주지는 못한다. 다만 유위有爲의 공덕을 원하거나 복국이민을 기원하는 정도의 신불성향을 보이고 있을 뿐이다.[145] 그러나 조정의 거센 억불 여론 속에서도 선초불교가 고려대 불교의 대체적인 틀을 그대로 유지할 수 있었던 것은 무엇보다도 이 같은 태조의 신불이 크게 작용한 것이라 말하지 않을 수 없다. 비록 유위의 공덕 및 복국이민을 기원하는 데 그친 것이기는 하지만 이러한 가장 현실적인 신불의 성향이 당시 태조의 불사추진 등에 중요한 명분이 되기도 한 것이다. 뿐만 아니라 태조의 이런 신불이 정종대는 물론 태종대에 까지도 상당한 영향력을 미쳤던 사실은[146] 조선 초기의 배불정책과 관련하여 새롭게 평가할 만하다.

2. 불교정책의 방향

조정의 유신들이 강력하게 배불책을 지향하고 있음에 비해 태조는 처음부터 고려의 불교를 그대로 계승하려는 태도를 확고히 하고 있다. 이점은 위에서 살펴본 수많은 불사들에서도 알 수 있지만 무엇보다도

---

143) 제3부 5장 「왕실과 일반대중의 관음신앙」 참조.
144) 『太宗實錄』卷4, 太宗 2年(1402) 8月 2日 및 上揭 權近撰 「德安殿記」 참조.
145) 忽滑谷快天 著, 鄭湖鏡, 譯, 『朝鮮禪敎史』(寶蓮閣, 1978), p.410.
146) 태종 2년에 시행된 강경한 사사전의 혁거조치는 태상왕의 뜻에 따라 4개월 후에 완전히 무효가 되기도 하였다. (『太宗實錄』卷4, 太宗 2年(1402) 8月 4日).

왕사·국사제도의 의연한 시행에서 분명하게 드러난다. 태조는 즉위 초인 원년 10월에 조계종의 무학자초無學自超를 왕사로 책봉한데[147]이어, 3년 9월에 천태종의 조구祖丘를 국사로 삼고[148] 동 10월에는 내전에서 정중한 국사책봉례까지 거행하고 있다.[149] 이는 고려조의 왕사·국사제도를 그대로 계승한 것이다.

　이 같은 태조의 불교정책 방향은 함께 왕조를 창업한 조정의 유신들과는 상반되는 것임에 틀림없다. 다시 말해서 새왕조를 창업하기까지 정치적으로는 그들과 동일한 노선을 취했다 하더라도 그 자신이 불자이기도 한 태조로서는 조정의 억불정책에 대해서는 분명히 입장을 달리하고 있다. 태조가 즉위한 지 불과 3일 후에 사헌부에서 올린 승니 태척과 같은 강경한 건의에 대해서 '개국의 초에 거행할 수 없다'는 이유로써 불허했던 것도 이런 맥락에서 이해할 수 있다. 그리하여 국초부터 대두된 강경한 억불 여론들을 물리치고 그는 사탑의 중창, 반승, 대장경 인성 등 불사를 설행하는 한편, 왕사·국사를 책봉하기까지 전조前朝 불교의 대체적인 틀을 지켜가고 있는 것이다.

　정치적으로는 물론 사회적으로도 일대 개혁이 추진되던 개국 초에, 구시대의 가치이며 잘못된 인습임을 내세워 각종 불교제도의 혁파를 주장하는 조정의 건의가 계속되었음은 이미 앞에서 살펴본 바 있다. 그러나 그에 대한 태조의 태도는 역시 전조의 불교를 계승하려는 입

---

147)『太祖實錄』卷2, 太祖 元年(1392) 10月 9日.
148)『太祖實錄』卷6, 太祖 3年(1394) 9月 8日.
149) 실록기사에 국사봉숭례에 대한 설명은 보이지 않지만 전조의 관례에 따라 봉숭례를 거행했을 것으로 생각된다. 그렇다면 왕이 국사에게 구배를 올리는 등 그 예식이 갖는 상징적인 의미만으로도 태조의 대불태도는 미루어 짐작해 볼 수 있겠다. (국사책봉례에 대해서는, 許興植,『高麗佛教史研究』, 一潮閣, 1986, pp.402~404 참조).

장에서 건의를 받아들이지 않거나 묵살하고 있으며 때로는 불교보호를 위한 적절한 조치를 취하기도 하였다.

상기 사헌부의 승니 태척을 건의하는 상서가 있은 다음 달인 태조 원년 8월, 도당에서 대장도감 및 연등회와 팔관회를 파할 것을 잇달아 청해왔으나 태조는 이를 불허한 바 있다. 이어 예조전서 조박이 춘추장경 백고좌법석 칠소친행도량 등의 혁거를 청했을 때도 다만 도당에 명하여 그러한 불사들이 시설된 연원을 조사케 하여 보고를 듣는 것으로 그쳤을 뿐이다.[150] 태조는 이처럼 불교의 오랜 전통에 대해 매우 신중하게 대처하고 있다.

물론 태조 자신도 여조 이래 행해온 무수한 불사들로 인해 국가경비가 소모되는 등 현실적인 폐단이 적지 않음을 누구보다도 잘 알고 있었을 것이다. 그러나 그는 그와 같은 불사의 부정적인 측면보다는 그것이 지니는 전통성과 함께 그 종교적 의미와 가치를 더 중하게 고려하는 모습이다. 태조 2년 3월, 승록사에서 매년 봄 3월에 선·교의 고승들을 모아 성안의 길을 순행하며 경을 외우는 경행經行이 전조에서부터 행해져온 법임을 들어 거행코자 함에 이를 허락하여 실시케 했던 것도[151] 이 때문이었을 것이다. 또 태조가 왕사에 대한 존숭을 극진히 하여, 무학을 회암사檜巖寺에 주석시키고 왕실의 불사를 주재케 하는 한편 궁중에 영입하여 재와 반승을 베풀고, 그의 고향 삼기현三岐縣을 군으로 승격시키는[152] 등의 예우를 하고 있는 것도 모두 전조의 예에 따른 것이다.[153]

---

150) 『太祖實錄』卷1, 太祖 元年(1392) 8月 2日 및 5日.
151) 『太祖實錄』卷3, 太祖 2年(1393) 3月 12日.
152) 『太祖實錄』卷5, 太祖 3年(1394) 4月 20日.
153) 국사의 고향을 승격시키는 사례는 고려 충숙왕대로부터 나타난다. 조선조에

이처럼 전조의 불교를 계승하고 그 전통을 지키려한 태조는 조정의 강경한 억불책을 불허함은 물론, 당시 임의로 자행하기도 한 일부 유신들의 억불 및 훼불행위에 대해서는 결코 묵과하지 않았다. 태조 원년 12월 양광도 안렴 조박과 경상도 안렴 심효생이 복상服喪 중에 있는 백성이 사찰에 가서 불공하는 것을 금지시켰다는 말을 들었을 때는 "이색이 세상의 태유太儒이지만 또한 불을 숭상하는데, 이 무리들은 무슨 책을 읽었기에 불을 좋아하지 않음이 이와 같은가"[154] 하고 유자들의 처사에 대해 불쾌감을 나타내고도 있다. 또 사찰을 헐어 관사를 수리했던 죽주 감무 박부에게 죄를 주려다가 포 5백 필의 징벌로 그치기는 했지만[155] 이는 훼불을 자행하는 지방의 하급관속들에게 일종의 경고가 되었을 것이다.

그러나 좀 더 적극적인 조치는 태조 2년 3월에 발생한 유생들의 불사佛寺 오훼사건에서 볼 수 있다. 동부학당東部學堂 교수 이격이 유생들을 부추겨 불사를 오훼케 했던 것인데 이에 대해 태조는 '광동狂童들을 조정한' 이격李格을 장형에 처하고자 했던 것이다. 결국 그는 장형을 면하였지만 대신 5부학당의 학생들이 사원에 우거寓居하지[156] 못하도록 하는 명을 내리고 있다.[157] 악의적인 유생들의 횡포로부터 불사를 보호하려는 배려였음이 분명하다.

와서 그것이 왕사 무학에게도 적용되고, 국사 조구의 경우에는 세종 4년에 담양현이 군으로 승격되고 있다. (許興植, 앞의 책, p.411 참조).
154) 『太祖實錄』卷2, 太祖 元年(1392) 12月 6日,
155) 註 115)와 같음.
156) 유학진흥을 위해 서울에 세워진 5부학당은 선초만 해도 별도의 건물이 없이 사원에 우거하였다. 이들 학당이 독립된 건물을 갖기 시작한 것은 태종 11年 남부학당이 처음 이룩되면서 부터였다. (李光麟, 「鮮初의 四部學堂」, 『歷史學報』第16輯 참조).
157) 『太祖實錄』卷3, 太祖 2年(1393) 3月 20日.

불교를 보호하고자 한 태조의 배려는 여러 형태가 있지만 그것은 간혹 사원에 대한 경제적 후원의 형태로도 나타난다. 왕사가 주석하는 회암사에 쌀을 사여하는 일은 자주 눈에 띄며, 오대산과 금강산의 여러 사암을 위해서 강릉도로 하여금 쌀 6백 석을 시납케 한 일도 있었다. 또 흥천사를 신창하고 1천 결의 전지를 사여했음은 그곳이 망비亡妃의 자복사資福寺였기 때문이지만 국내 명찰인 연복演福·안국安國·중흥重興·억정億正·복령福靈·해인사 등 6사에 대해서는 특별히 전조田租를 면제시켜주기도 하였다.[158]

그러나 태조가 이처럼 여대의 불교를 계승하고 보호하려는 입장을 취하였지만 당시 불교의 폐단까지도 용인하려 했던 것은 아니다. 조정의 건의로서 타당한 불교정책에 대해서는 이를 허락하는 한편 그 자신이 직접 불교의 시폐를 시정하려는 노력도 함께 기울이고 있다.

당시 사회적으로 크게 문제가 되었던 불교의 폐단 가운데 하나는 승도들의 구재求財행위였다. 이에 대해 태조는 이미 그 원년 9월에 도평의사 배극렴 조준 등이 올린 헌책을 받아들인 바 있다. 즉 승도들이 중외의 크고 작은 관사와 결당하여 인경 등을 빙자하여 관사나 백성에게 물품을 징수하는 것을 금단케 했던 것이다. 또 이와 유사한 문제로서 왕이 친압親狎한 원문願文을 가진 연화승緣化僧들의 민폐 또한 극심했던지 태조는 그 2년에 다시 도평의사사에 하교하여 친압원문을 내세워 양반과 백성을 속이는 각도 연화승들의 구재행위를 금지시키고 있다.[159] 그러나 태조의 이런 조치에도 불구하고 연화승들의

---

158) 『太祖實錄』卷3, 太祖 7年(1398) 1月 9日 "許免 演福安國兩寺 田租公收"; 24日 "特免 重興 億正二寺 田租公收"; 26日 "諭都堂 免福靈 海印二寺 田租公收".
159) 『太祖實錄』卷3, 太祖 2年(1393) 1月 29日.

친압원문 남용은 쉽게 근절되지 않았던 것 같다. 정종이 즉위하자 간관諫官이 시무 4조를 진언하는 가운데 맨 먼저 이 문제를 다시 통론하고 있음을 보기 때문이다.[160]

어쨌든 태조가 불교의 시폐를 근절시키기 위해 노력하고 있는 것만은 분명한데 승도들의 구재행위 외에 또 다른 고질적인 폐단은 사사노비 전지 등을 둘러싼 법손상전法孫相傳의 쟁송문제였다. 이에 대한 태조의 시폐근절의 의지는 상당히 단호했다. 태조 6년 7월에 한 승려가 법손임을 내세워 또 절을 얻고자 한 사건을 계기로 그는 도당都堂에 명하는 가운데 다음과 같이 의지를 밝히고 있다.

> 불교의 가르침은 마땅히 청정과 과욕寡慾을 종宗으로 삼는 것이다. 그러함에도 요즘 각사에 주지하는 자들이 산업을 경영하는데 힘쓰고 심지어 여색을 간범하기까지 하면서도 조금도 부끄러운 줄을 모른다. 그들이 죽은 다음에는 또 그 제자들이 사사와 노비를 법손상전法孫相傳이라 하여 서로 쟁송을 벌이고 있다. 나는 잠저시潛邸時부터 이런 폐단을 고쳐야겠다고 생각해왔는데, 이제 장경사長慶寺 승 정의定宜가 또 법손이라 하여 경상도 자화사慈化寺를 구하고 있으니, 국가의 초창기인 지금 마땅히 이 같은 폐단을 혁거하리라.[161]

사찰재산의 법손상전에 따른 폐단과 그에 대한 평소의 소신을 분명히 피력하고 있는 것이다. 그리하여 태조는 중앙은 사헌부가, 외방은 감사가 맡아서 사사의 간각間閣, 노비, 전지, 대소승려, 법손노비의 수를 추구하여 보고케 하였다. 이에 대한 후속 조치는 바로 그 달에 변정도감에서 노비 쟁망爭望을 금절하기 위해 정한 합행사의合行事宜 중

---

160) 『太祖實錄』卷15, 太祖 7年(1398) 11月 11日.
161) 『太祖實錄』卷12, 太祖 6年(1397) 7月 5日.

에 일부가 반영되고 있다. 자기 부모로부터 받은 재산 외에는 조업祖業노비의 상속을 불허하고 자기 노비일지라도 사망 후에는 이를 타인에게 증여함을 금지하며, 본종本宗에 분급토록 한 것이다.[162]

사사의 노비·전지 등 재산의 법손상전 문제 외에 당시 승도의 품행과 관련하여 음주문제 또한 적지 않은 물의를 일으켰던 것 같다. 태조 7년에 양가兩街 도승통都僧統 상부는 이의 단속을 왕에게까지 청원하고 있다. 이에 대해서도 태조는 헌사憲司에 영을 내려 승도의 음주를 통금케 하고 이를 범하는 자는 장발시켜 군에 충원시키도록 하기도 하였다.[163] 태조가 기울여 온 이 같은 일련의 노력들은 승도들의 폐단을 시정하여 불교계를 쇄신시키고, 그렇게 함으로써 오히려 불교를 보호하려 했던 것임을 느낄 수 있다.

한마디로 태조의 불교정책 방향은 전조의 불교를 계승하고 보호함을 원칙으로 삼되 그 가운데 현실적인 폐단을 제거 정화하려는 것이었다고 말할 수 있다.[164] 불교의 시폐 혁신을 빌미로 가능한 억불정책을 추진하고자 했던 조정의 유신들과는 전혀 다른 입장인 것이다. 태조의 불교정책 방향이 이런 것이었던 만큼 당시 조계종본사 흥천사의 감주監主로 임명된 상총尙聰은 태조 7년 5월 왕의 흥도지은弘道之恩에 보답하고 국가의 복리를 도모할 교단의 쇄신 및 제도개선 방안 등에

---

162) 위와 같음, 太祖 6年(1397) 7月 5日. "一僧人旣爲辭親出家 而俗人一例 祖業奴婢爭望無理 除父母處傳得外 爭望者禁止 身後毋得與他 本宗分給".

163) 『太祖實錄』卷13, 太祖 7年(1398) 4月 11日.

164) 태조의 불교정책에 대해, 이상백은 '불도로서 종교적·개인적 소의와 위정자로서의 유폐배제 치정개혁를 兩行 실시하려는 태도이니, 전자는 고려조 이래 별반 변화 없는 숭불의 好尙이오 후자는 전조의 폐풍을 혁신하려는 정치적 태도'라고 하였다(「儒佛兩敎 交代의 機綠에 대한 硏究」, 『朝鮮文化硏究論攷』, 1939, p.57).

관한 글을 올리고 있다.

상총은 상서에서 '전조의 말기에 선·교의 사원들이 이권과 명예를 탐하고 다투어 명찰을 차지하여 수선修禪과 연교衍敎가 제대로 이루어지고 있는 곳은 한두 곳만이 남게 되었음'을 개탄하고, '도덕과 재행이 있는 선·교의 승려들 가운데 영수로 삼을 만한 이를 가리어 중앙이나 지방의 모든 명찰을 주관케 하여 수선과 강경이 활발하게 행해질 수 있도록 해줄 것'을 청원하고 있다. 상서에는 이어 조계종 본사가 된 흥천사 및 중외 명찰들의 제도적인 운영방안과 작법의 규범 등을 다음과 같이 개진하고 있다.

> …이미 (흥천사를) 본사라 일컫게 되었사오니 그 중외의 명찰에 곧 송광사의 제도를 본받게 하여 모두 본사에 속하게 하고 서로 규찰한다면, 그 작법作法과 축리祝釐에 대해 비록 오랑캐라고 업신여기고자 한들 그렇게 하지는 못할 것입니다. 근래 작법의 규범은 모두 중국승가[화승華僧]를 숭모하면서도 그것을 온전하게 하지도 못하고 있으니, 소위 호랑이를 그리려다가 강아지를 그린 것과도 같다고 할 것입니다. 제가 삼가 살피오니, 송광사 조사 보조국사의 유제遺制를 강講하고 그것을 실천케 하여 상법常法으로 삼게 하고, 또 승려들로 하여금 조석으로 훈수熏修하게 하여 위로 전하의 홍도弘道하시는 은혜에 보답하게 하소서. 엎드려 바라옵건대 이를 중외에 반포하신다면 어찌 국가에 크게 이익 되지 않겠습니까.[165]

상총의 상소는 선과 교를 공부하는 승려들 가운데서 각각 덕행이

---

165) 『太祖實錄』卷14, 太祖 7年(1398) 5月 13日. "…旣稱本社 則其中外名刹 宜倣松廣之制 皆爲本社之屬 互相糾察 則其於作法祝釐 雖欲陵夷不可 得已 比來作法之規 皆慕華僧而 不得其專 所謂畵虎不成反類狗者也 臣謹按松廣祖師普照遺制 講而行之者爲常法 且使僧徒熏修朝夕 庶幾上報殿下弘道之恩 伏望頒布中外 垂於不操 則豈不 滿利於國家也哉".

훌륭한 이를 뽑아 명찰을 주관케 하여 수선 연교에 힘쓰게 할 것과, 흥천사를 본사로 하는 모든 사찰들이 송광사 보조국사의 유제를 상법으로 삼아 실천하고 수행케 할 것을 역설하고 있는 것이다. 그가 특히 당시의 모화적慕華的인 유가의 조류와는 달리 중국 승가풍의 모방을 탈피하고 보조국사의 유제[166]를 중심으로 작법과 규범을 세우고자 했음은 크게 주목할 만한 일이다. '(중국에서) 설사 오랑캐라고 업신여기고자 할지라도 그렇게 하지는 못할 것'이라고 자신감을 나타내 보이고 있는 것 또한 매우 인상적이다. 이러한 상총의 의지는 곧 전조 불교의 폐풍을 제거함과 동시에 중국 불교영향의 잔재를 불식하여 발흥하는 새 왕조 초기에 전통적인 특유의 승가기풍과 규범을 새롭게 확립시키고자 한 것임에 틀림없다.[167]

이로써 상총은 전조의 말에 문란해진 불교교단을 일신하고 개국 초창기에 불교계를 중흥시켜 태조의 호불정책에 부응코자 한 것인데 태조 또한 상총의 이 같은 건의를 받아들여 그것을 시행케 했음은 물론이다. 전조 불교의 계승 보호와 교단의 시폐 제거라는 불자와 치자로서의 양면적 입장에서 불교정책을 수행해야 했던 태조에게 상총과

---

166) '松廣之制' 혹은 '松廣祖師 普照遺制'라고 말할 때, 이는 일반적으로 修禪寺의 淸規로 알려진 보 조국사의 찬저 『誡初心學入文』을 가리킨다. 그러나 여기에 『定慧結社文』을 포함시킬 수도 있을 것이다. (金煐泰, 「朝鮮佛敎와 牧牛子思想」, 『普照思想』第3集, 普照思想硏究院, 1989, pp.54~55 참조).

167) 高稿 亨은 '여말에 태고 나옹 등이 중국으로부터 임제종선법을 들여왔기 때문에 일시 선자들이 靡然히 이를 본 받았으니 상총의 상소가 태조에게 喜納됨으로서 다시 조선 특유의 조계종 작법에 돌아가게 되었다'고 말하고, '이 일방에서 보면 조선이 明朝에 臣屬된 결과 풍속 관습제도에 있어서 元代의 유습을 극력 벗어나고자 했던 시대의 풍조에 순응하는 것'이라고 평하고 있다.(『李朝佛敎』, 普文館, 1929, p.52). 그러나 상총의 보조유제 계승의 의지가 단순히 이 같은 조선의 시대 상황에 따른 원의 유습 탈피의 풍조에 순응하려는 데 있었다고 보아야 할지는 의문이다.

같은 신뢰할 만한 고승의 상서건의는 그런 뜻에서 매우 시의적절한 보좌가 될 수 있었을 것이다.

III. 유신들의 척불양상

1. 척불주장의 실제와 유형

개국 초창기에 각종 불사가 계속 이루어지고 불교의 계승보호를 위한 정책이 펼쳐질 수 있었던 것은 전적으로 태조 개인의 돈독한 신불심과 그 의지에서 기인한다. 따라서 불교에 대한 견해와 입장이 처음부터 태조와는 다른 조정의 유신들이 이에 대해 반발했을 것임은 당연한 일이다. 그들은 직접적으로 태조의 불사를 경제적인 이유 등으로 문제시하거나 불교의 폐해를 통론하고 그에 대한 혁신을 요구하고 있다. 혹은 새로운 왕조의 이념을 내세운 정책 건의 및 군왕의 정교政教 방향을 진언함으로써 태조의 태도에 대해 간접적인 불만을 드러내기도 한다. 또 고의로 불교의 전통을 무시하거나 악의적인 훼불을 자행하는 일 등도 태조의 불교숭상에 대한 일종의 불만 표시로 볼 수 있다.

그러나 유신들의 이 같은 척불주장이나 행동은 아직 체계적인 이론에 바탕한 것이거나 확고한 신념으로서 전개되고 있는 것으로 보기는 어렵다. 단순히 '전조의 유폐' 시정을 명분으로 삼거나 유자로서 이단배척을 하나의 의무로 여기는 듯한 모방적인 척불주장이 적지 않은 것이다. 태조 7년 윤 5월 지중추원사知中樞院事 이지李至의 '척부도斥浮屠' 상소는 당시 유자들의 이 같은 척불 언동의 한 전형을 보여준다.

그의 척불 상소는 어떤 구체적인 사안에 대한 제안이라기보다는 태조의 불사설행과 대불태도에 대한 누적된 불만을 표출시키고 있는 듯한 인상이 짙다. 즉 불교의 가치성을 원칙적으로 부정하면서 승도의 무위도식과 민폐, '무가치한 불사'에 따르는 재정소모 등으로 불교는 곧 국가의 깊은 병환이라고 이라고 단정 짓고, 연화승도의 단속 및 사원에 대한 내탕內帑의 지급과 내전기양內殿祈禳을 비롯한 각종 불사의 금단 등 여러 가지 문제를 방만하게 거론하고 있다. 뿐만 아니라 불교를 신앙하는 대신 공구恐懼와 수성修省할 것을 역설하는가 하면, 왕의 주위에서 부도의 영선을 진언하는 재상 사대부 환관 등의 무리들을 엄하게 징계하여 방척放斥할 것을 아울러 강경하게 요구하고 있는 것이다.[168]

이런 이지의 상소는 때마침 태조가 흥천사를 창건하고 그 부속공사의 하나로서 3층 사리전을 조영하고 있을 때 올려진 것이다. 그렇지 않아도 태조는 사리전 공사가 늦어지자 그 일을 맡은 제조에게 "지금 필공치 못하면 뒤에 이를 막는 자들이 생길 것이니 속히 공사를 완성하라"고 독촉하고 있는 상황이었다.[169] 그러던 차에 이 같은 상소를

168) 『太祖實錄』卷14, 太祖 7年(1398) 윤5月 11日의 李至의 疏 가운데 斥浮屠項 전문은 다음과 같다. "浮屠者 聖人所戒 其爲道也 絶滅人倫 置身物外 以虛無怪誕之說 詿人耳目 或稱伽藍 或稱裨補 營 繕百端 緇衣之類 總如林木 坐食民力 或造佛像 或印佛書 作衣鉢供安居 迷願文稱緣化 橫行中外 詿誘愚民 甚者 劫從之 靡有限之産 塡無窮之欲 國家之深患也 安有作罪者賄賂於佛 而可免乎 願收其願文 禁其緣化 或以內帑納賂於寺 或內殿祈禳等事 亦皆禁斷 小心翼翼 恐懼修省 則諸福畢至 何賴乎浮屠 其或宰相士大夫 宦官之類 敢以營繕浮屠之事進言 痛懲放斥".

169) 『太祖實錄』卷41, 太祖 7年(1398) 5月 18日.

본 태조의 심기가 편했을 리가 없다.

이에 이지를 불러 그의 상소에서 특히 부도의 영선과 그것을 진언하는 재상 사대부 환관의 무리들을 엄하게 징계하여 물리치라했던 것을 크게 따져 묻고 있다. '부도의 영선이란 흥천사를 지을 당시를 말함인가, 아니면 미래의 일을 가리킴인가. 지금의 사리전 공사는 이미 오래된 것이니, 만약 미래의 일을 가리키는 것이라면 어떻게 보고 듣지도 않은 미래의 일을 가지고 물리치라 말할 수 있는가. 그리고 부도의 영선을 진언했다는 재상 사대부 환관이란 누구인지 분명하게 대답하라'는 것이다. 이처럼 태조로부터 힐문을 듣게 되자 이지는 두려워하면서,

> 신이 불교가 나라를 다스리는데 유해하다고 말씀드린 것은 단지 고인의 말을 본 따서 했을 뿐이며, 미래의 일이나 당시의 일을 가지고 말씀드린 것은 아니옵니다. 부도의 영선을 진언한 자가 누구인지 또한 알지 못합니다.[170]

라고 대답하고 있다. 처음에 척불을 상소할 때의 기개와는 달리 단지 고인의 말로서 책임을 회피하고 있는 것이다. 이런 이지의 태도는 당시의 유자들의 척불주장의 실제가 어떤 것이었던가를 짐작해 보는데 하나의 좋은 참고가 된다. 그것은 체계적인 이론이나 확고한 신념에서 나온 책임 있는 언동이 아니라, 유자로서 또는 언관으로서 척불을 주장하는 그 자체에 의미를 부여하고 있는 경우가 적지 않았다. 또한 '고인의 말을 본떠서' 막연하게 답습하는 모방성의 척불이 유행했을 것임도 쉽게 생각해 볼 수 있다.

---

170) 『太祖實錄』卷14, 太祖 7年 윤5月(1398) 16日. "臣但 謂佛氏之道 有害於治國 只傍古人之言 以塞求言之指耳不指未來 不指當時 亦未知進言者爲誰".

그러나 유자들의 척불주장이 모두 이런 유형에 속한다고 말할 수는 없다. 그것은 때로 정곡을 찌르고 있으며, 불교편에서도 겸허하게 인정하지 않을 수 없는 사항 또한 결코 적지가 않은 것이다. 유자들의 심한 과장을 감안하더라도, 주로 승도의 치부致富 및 타락과 같은 일에 대해서는 외부로부터의 성토와 지탄을 문제 삼을 입장이 아니다. 그 이전에 당연히 내부로부터 정화되어야 할 문제이며 자기혁신을 경주해야 할 일이기 때문이다.

어쨌든 대부분 유자들의 척불주장은, 그 내용 면에서 몇 가지의 정형을 보이고 있다. 대체로 그것은 ① 승도의 타락과 비행 ② 국가재정의 소모 ③ 불교의 윤리성 및 종교성을 문제 삼고 있으며, 또 다른 각도에서는 ④ 군왕에 대한 유교적 교화의 형식을 통해 척불을 지향하고 있는 것이다. 이는 여말의 척불 여론 수준과도 크게 다를 바 없다. 여기서 다만 '전조의 유폐제거'라는 명분이 자주 눈에 띄고 있으며, ④의 경우가 좀 더 비중을 갖게 된 것으로 보인다. 이는 정식 유교입국을 표방하게 된 왕조 개창 초기의 상황에 따른 다소의 변화라 하겠다.

유자들의 척불주장이 그 내용면에서 상기한 바와 같이 몇 가지 정형을 이룬다고 했지만 그것은 별개의 것으로 나타나기보다 몇 가지 유형이 한데 복합되어 있는 경우가 더 많다. 가령 태조 원년 7월에 급하지 않은 불신지비佛神之費의 혁거와 태척을 건의했던 사헌부의 상서는 크게 두 가지 유형을 포함한다. 전자는 유한한 국가재정을 무수한 불사로 잘못 소비하게 할 수 없다는 것이고 후자는 타락한 승니들은 정리하는 것이 마땅하다는 의견이다.[171] 역시 국가재정의 소모 및 승도의 타락을 가장 큰 문제로 삼아 척불정책을 제시하고 있는 것이다.

---

171) 註 102)와 같음.

이어 같은 해 9월 대사헌 남재 등의 척불 상언이 있었거니와 이 또한 주요 논지는 막대한 경비를 불사에 탕진할 필요가 없다는 주장으로 귀결된다. 그러나 여기서는 그 근거로서 신불행위와 불교교설이라는 것이 소복召福 및 치정治政에 있어서 아무런 기여도 할 수 없는 것임을 사례를 통해 단정해 보이고 있으며, 아울러 유교적인 정교 방향을 개진하고 있다. 위 척불유형에 비추어 본다면 ①항에 대한 거론이 생략되었을 뿐 나머지 모두를 포함하고 있는 것이다. 다소 장황하지만 남재 등의 상소문을 인용해 본다.

삼대 이후로 성인의 도가 밝지 못하고 진秦에서 경을 불태우는 일이 발생함에까지 미쳐 인심이 더욱 어두워지더니, 한나라 명제 때에 이르러 불교가 비로소 중국에 들어오게 되었습니다. 그러나 초왕 영英이 맨 먼저 그것을 좋아했지만 마침내 단양에서 죽임을 당하였고 양나라 무제는 가장 불교를 독신하고서도 대성臺城에 갇혀 굶주림을 면치 못하였습니다. 불도징佛圖澄이 조나라를 살릴 수 없었고, 구마라집鳩摩羅什이 진나라를 살리지 못했으며 지공指空이 원나라를 존속케 한 것도 아니니, 역대歷代의 인군人君이 불교를 경신敬信해서 그 복을 누렸다는 말은 듣지 못했습니다. 우리나라로 말하더라도, 신라가 불교를 혹신하는데 재력을 다하여 탑과 묘가 여염의 반이나 되었지만 드디어 나라가 망했습니다. 고려의 의왕毅王은 한 해에 반승한 수가 3만이나 되고, 한 달에 불사를 10여 곳이나 이룩했지만 마침내는 임천臨川의 탄식이 있었고, 공민왕이 해마다 문수회를 개최하고 보우와 나옹을 국사 왕사로 삼음에, 그들은 이익을 버린 인품을 갖추었지만 나라가 망하는 것을 구하지는 못하였습니다. 이런 일들로 본다면, 불교의 인과응보설이란 족히 믿을 만한 것이 못됨이 분명합니다.

엎드려 바라건대 전하께서는 불교의 청정과욕을 숭상함은 선왕의 공묵무위恭默無爲로써 법을 삼으시고, 자비불살慈悲不殺을 효칙效則하심은 선왕의 너그럽고 어짊과 생민生民을 아끼시던 덕을 생각하시며, 인과응보설을 경외하심은 상선벌악賞善罰惡을 행하심에 있어 죄에 대해서는 되도록 가볍게 하시고 공에 대해서는 되도록 무겁게 함을 규범으로 삼으소서. 이렇게 하신다면 생민들이 그 혜택을 입을 뿐만 아니라, 천지귀신 또한 그들을 음우陰佑할 것입니다.[172]

불교가 소복과 치정에 기여하지 못했음을 사례를 들어 단정하고 있음은 유자의 편향된 시각과 사유의 한계라 할 것이다. 그러나 이를 통해 나름대로 척불의 당위성을 삼고 있는 셈인데 이 상서에서 다소 주목되는 것은 유교적인 정교방안을 결론으로 제시하고 있다는 점이다.

① 청정과욕은 공묵무위로 대신하고 ② 자비불살은 극관극인克寬克仁의 호생지덕好生之德으로 ③ 인과응보설은 상선벌악으로 규범 삼으라는 것인데, 치자에게 있어서 이 같은 유교적 덕목의 합리성은 그 자체로서는 매우 경청할 만한 것임에는 틀림없다. 어쨌든 이는 불교의 윤리 및 종교성을 유교사상으로 대체하고자한 불유교체의 구체적인 시도라는 점에서 유신들의 척불운동이 진일보하고 있음을 보여준다.

남재 등의 이 같은 상서류 외에, 전통적으로 이어져 오는 불사의 금지를 단순히 행정적 차원에서 청원하거나[173] 승도의 민폐와 비행 사례를 들어 그 단속과 함께 도첩제의 엄격한 적용을 말하고 아울러 불신 지비를 아껴 국가 병兵·식食의 비축을 청원하는 등[174] 척불상소들은

---

172) 『太祖實錄』卷2, 太祖 元年(1392) 9月 21日. 상소문에서 유교적 政敎방안 부분은 다음과 같다. "慕佛氏淸淨寡慾 則以先王恭默無爲爲法 效佛氏慈悲不殺 則以先王克寬克仁好生之德 爲念畏佛氏報 應之說 則以賞善罰惡 罪疑惟輕 功疑惟重爲範 如是則非獨生民蒙其澤 天地鬼神 亦且陰佑之矣".

173) 『太祖實錄』卷1, 太祖 元年(1392) 8月 2日·5日·11日.

174) 『太祖實錄』卷11, 太祖 6年(1397) 4月 25日 諫官上言.

일일이 열거할 수 없을 정도이다. 그러나 이런 상소들 거의 모두가 위에서 말한 몇 가지 정형화된 척불 유형에서 크게 벗어나지는 않는다. 결국 유자들의 상소는 이지의 척불론이 보여주듯이 무책임한 형식적 척불이거나 모방성의 것이 아니면 그 대부분은 고려 말기의 척불유형을 답습하는 정도이다. 그런 가운데 불교의 윤리와 종교성을 유교사상으로 대체하려는 시도가 좀 더 구체화 되고 있는 것 또한 유교입국의 정책방향에 따른 시대의 자연스런 추세였다.

2. 정도전의 배불론

개국 초 유자들의 척불주장이 대체로 단순하고 모방적인 유형이 답습되고 있었지만 그런 가운데서도 이론적이고 체계화된 이단배척의 논리 또한 없지 않았다. 바로 정도전鄭道傳의 배불론이 그러하다. 여말 이후 조선왕조 전시대의 배불에 있어서 정도전(?-1389)의 위치는 가장 독보적인 것으로 평가받는다.

대유학자이며 경세가이기도 한 정도전이 배불의 제1인자로서도 평가 받는 이유는 그의 배불 신념과 행동이 다른 유자들과는 전혀 그 성격을 달리하고 있기 때문이다. 그 중에서도 더욱 중요한 이유로 꼽히는 것은 그가 『심문천답心問天答』, 『심기리편心氣理篇』, 『불씨잡변佛氏雜辨』과 같은 일련의 배불논서들을 저술하여 학문적 논증을 통해 불교를 배척하고자 한데 있다. 대부분 유자들의 배불 형태는 다만 불교계의 현실적 폐단을 문제 삼거나 비이성적인 감정을 앞세우고 있으며, 이론이라고 해봐야 중국 유학자들의 배불론[175]을 원용하는 정도의

---

175) 중국 유학자들 가운데 배불론을 편 대표적인 인물들로는 당의 韓愈(『原道』

수준에 머물고 있다. 이에 비해 정도전은 성리학적 합리주의에 입각하여 불교의 윤리 및 철학성에 관한 조직적인 분석을 통해 그 모순점을 비판하고 있는 것이다.

정도전의 배불에 대한 열의와 체계적인 이론은 당시는 물론 이후 유자들의 배불활동 전개에 있어 귀감적 구실을 해온다. 배불 거두로서 그의 이런 위치는 일찍이 여말 공양왕 3년에 성균관 생원 박초朴礎 등이 올린 상소문에서도 뚜렷하게 나타나 보인다. 전 전의부정典醫副正 김전金琠의 불교옹호 상서가 발단이 되어 성균관 생원들이 연명으로 올린 과격한 상소에서 박초 등은 정도전을 이렇게 찬양하고 있다.

> …겸대사성兼大司成 정도전은 천인성명天人性命의 연원을 발휘하여 공·맹·정·주의 도학을 번창하게 울리고, 불교의 백대百代 광유誑誘함을 규탄하고, 삼한천고三韓千古의 미혹함을 열었습니다. 이단을 배척하고 사설邪說을 그치게 하며 천리를 밝히고 인심을 바르게 한 것은 우리 동방의 진유眞儒 한 사람 뿐입니다.[176]

그는 일찍부터 존경받는 진유이자 배불의 최선두주자로서 모든 유자들에게 수범이 되어온 것이다. 이런 정도전이 태조를 도와 조선왕조를 개창한 이후에는 원훈공신으로서 유교적 혁신정치를 위한 문물제도의 제정 등 새로운 국가 기반의 구축에 주도적 역할을 담당하게 된

『論佛骨表』『答孟簡書』)와 송의 歐陽脩(『本論』『新唐書』『新五代史』)를 비롯하여, 張橫渠 胡致堂 司馬光 程明道 程伊川 楊龜山 朱子 張南軒 謝上蔡 석수도 등 특히 宋儒 대부분이 망라된다. 이들은 불교와 도교를 함께 이단허무 적멸지도로 지탄하고, 국가사회와 국민에 끼치는 불교의 폐해를 통론하는 등 형이상 형이하의 모든 면에서 불교를 비판하고 있지만 체계적인 이론을 갖추고 있지는 못하다. (久保田量遠, 『中國儒道佛三敎史論』東京, 國書刊行會, 昭和61년, pp.389~508참조).
176)『高麗史』列傳 卷33, 金子粹條.

다. 그는 『조선경국전朝鮮經國典』을 비롯하여, 『경제문감經濟文鑑』, 『경제문감별집別集』을 차례로 저술하여 왕에게 바치고 있다. 이상적인 유교국가의 건설을 목표로 하는 유자들의 끈질긴 염원의 구현이기도 한 이들 저술이 아직 관찬법전이 마련되지 못한 개국 초에 거의 절대적인 영향력을 끼쳤다함은 앞에서 말한 대로이다.

이와 같이 조선왕조의 개창의 원훈으로서 유교국가 건설에 주역을 담당해온 정도전은 그 자신이 여말부터 중대한 과제의 하나로 삼아온 벽이단闢異端의 문제를 그냥 지나칠 리가 없다. 당시 유자들에게 있어 벽이단이란 불교가 그 주요 대상이었음은 더 말할 여지가 없다. 그러나 위에서도 언급한 바와 같이 당시 유자들의 배불이란 불교의 시폐 제거 및 광폭한 언동, 아니면 고인의 말을 답습하는 정도의 수준에 머물고 있는 형편이었다. 정도전과 함께 조선개국의 2대 주역으로 손꼽히는 조준만 하더라도, 불교배척의 정당성에는 인식을 함께하는 유학자이면서도 그는 다만 국정개혁에 관한 부분적인 정책을 제시하는데 그치고 있다. 도첩제의 엄격한 시행과 승도가 재물을 구하는 행위의 금지와 같은 행정상의 한 문제를 거론하는 정도였던 것이다.

그러나 정도전은 이 같은 정책적인 문제로서만이 아니라 종교적 철학적인 입장에서 보다 근본적으로 불교를 배척하고자 하였다. 그의 성리학적 지식에 입각한 일련의 배불 논서들은 이렇게 해서 이룩된다. 정도전은 일찍이 고려 우왕 원년(1375)에 시중 이인임李仁任의 친원親元정책에 적극 반대한 일이 있어 그 세력들에 의해 나주 근처 회진현會津縣에 유배된 적이 있었다. 바로 그해 12월에 그는 『심문천답心問天答』2편을 짓고, 개국 후 태조 3년에는 『심기리心氣理』3편을 저술하였다. 이어서 태조 7년 이른바 무인란戊寅亂의 폭발로 이방원의 사병에 의해 살해되기 직전에 그는 『불씨잡변』20편을 완성한 것으로 추정 된다. 이들 저술은 물론 그 자신의 성리학적 지식을 바탕으로 하고 있지만, 그것을 학문적으로 체계화하기 위한 것은 아니다. 도교와 함께 주로 불교의 사회적 폐단을 시정하려는 정치가적 안목에서, 또는 불교의 철학적 기반에 대한 비판을 통해 보다 철저하게 불교를 부정 배격하기 위한 목적에서 씌여진 배불논서들인 것이다.

이들 3서는 모두 그의 문집인 『삼봉집三峰集』에 수록되어 있으며[177], 이 가운데서도 『심기리편』과 『불씨잡변』은 정도전의 대표적인 배불논서로 꼽는다. 배불논서로써 이들 양서의 성격과 이에 대한 정도전 자신의 견해는, 그 내용을 살피기에 앞서 각기 그것에 부재된 서문을 통해 그 대략을 짐작해 볼 수 있다. 즉 정도전과는 유학에 있어 동지이기도 한 권근은 『심리기편』에 서序와 함께 훈석訓釋까지 가하고 있는데 그 서에서 다음과 같이 말한다.

> 도가 밝지 않은 것은 이단이 방해하는 때문이다. 우리 유자가 오히려 선철의 훈계를 입어 이단의 폐를 알고 있지만 이따금 그 도를 굳게 지키지 못하는 자가 있는 것은 역시 공리의 사욕에 이끌리고 마는 때문이다. 삼봉선생이 일찍이 말하기를 "노·불의 간특한 해를 분변分辨하여 백세토록 어두웠던 도학을 열며 시속의 공리설功利說을 꺾어 도의의 바른 데로 돌아가게 한다."하였거니와, 그 심心·기氣·리

---

177) 『三峰集』은 정도전의 子 정율에 의해 태조 6年(1397)에 처음 간행되고(洪武初本), 다시 世祖 11年(1465)에 경상도 관찰사로 있던 그의 증손 정문형이 초간본에다가 『經濟文鑑』『朝鮮經國典』『佛氏雜辨』『心氣理篇』『心問天答』을 합해 6책으로 편성하였다. 그 후 성종 17年(1486)에 증보간행이 있었고, 또 정조 15年(1791)에 왕명으로 다시 간행하여 모두 14권 7책으로 이루어져 있다. 이 가운데 『불씨잡변』은 제5권에, 『심기리편』은 제6권에 각각 수록되어 있고, 분량이 짧은 『심문천답』은 『심기리편』 뒤에 부재되어 있다. (『국역삼봉집』 I, 민족문화추진회, 1986, 삼봉집 해제 p.21).

理 3편은 오도와 이단의 바르고 편벽됨을 논하여 거의 남겨진 것이 없다. 대저 이단을 물리친 뒤에야 오도를 밝힐 수 있고 공리심을 버린 뒤에야 오도를 행할 수 있다. 이는 선생의 작품이 세교世敎에 관계되는바 매우 중하고 내가 오늘 편차하는 뜻인 것이니, 이 글을 보는 자가 소홀함이 없기 바란다.[178]

『심기리편』을 지은 정도전의 저술 의도와 함께 그 중요성을 밝히고 있는 것이다. 그런데 다시 『불씨잡변』에서는 그것이 더욱 적극적으로 표현되어 있다. 역시 권근의 찬인 서문의 일절이다.

선생이 어려서부터 글을 읽어 이치를 밝히고 그 배운 바를 실행하되, 이단을 물리칠 뜻이 있어 강론할 때마다 쉬지 않고 극력 변론함으로써 학자들도 모두 흐뭇하게 듣고 좇았다. 일찍이 심기리의 3편을 지어서 오도와 이단의 치우침과 바름을 밝혀 놓았으니 그 명교名敎(유교)에 대한 공이 컸다. 성조聖朝를 만나 왕화王化를 경륜하여 일대의 다스림을 일으켰으니, 배운 바의 도를 다 실행하지는 못했으나 역시 어느 정도는 행했다 하겠는데 선생의 마음으로는 오히려 모자란 듯 하여 반드시 그 임금과 백성을 요·순 때와 같이 하고자 하였으며, 이단에 이르러서는 더욱 깨끗이 다 없애버리지 못함을 자기의 근심으로 삼았다. 그리하여 무인년 여름에 병으로 며칠 동안 휴가를 얻었을 때 이 글을 만들어…

라고 하였다. 이단의 척파를 사명으로 삼고 있는 정도전이 심기리 3편이 배불논변으로는 미흡함을 느껴, 다시 『불씨잡변』을 짓게 된 것임을 말하고 있다. 이 글에서는, 이어 정도전이 새로 지은 『불씨잡변』을 보이면서 권근 자신에게 직접 한 말을 다음과 같이 인용하고 있다.

---

178) 權近, 『心氣理篇』後附集序(『三峰集』第6卷 및 『東文選』卷90).

불씨의 해독이 인륜을 헐어 버린지라 앞으로 반드시 금수로 이끌어서 인류를 멸망시킬 것이니, 명교를 주장하는 사람으로서는 마땅히 적으로 삼아 힘써 공격하여야 할 것이오. 일찍이 '내가 뜻을 얻어 행하게 되면 반드시 이단을 깨끗이 물리쳐버리겠다'고 생각했었소. 지금 주상께서 알아주심을 입어서 말을 하면 들으시고 계획하면 따르시니 뜻을 얻었다 하겠는데 아직도 저들을 물리치지 못하였으니, 끝내 물리치지 못하고 말 것 같소. 그러므로 내가 분을 참지 못해 이 글을 지어 무궁한 후인들에게 언제라도 깨달을 수 있기를 바라는 것이오. 이 때문에 그 비유를 취한 것이 비속하고 자질구레한 것이 많으며, 저들이 함부로 덤비지 못하게 하기 위해 글을 쓰다 보니 그 말이 분격한 데가 많소. 그러나 이것을 보면 유교와 불교의 바르고 삿된 분변을 환히 알 수 있을 것이니, 비록 당장에는 행할 수 없다 하더라도 후세에 전할 수는 있으니 내가 죽더라도 안심이 되는 일이오.[179]

평소 불교에 대한 정도전의 인식과 또 벽불闢佛에 대한 그의 신념이 얼마나 철저한 것이었는가를 유감없이 보여준다. 이 같은 전후 술회로 미루어 보더라도 『불씨잡변』은 그의 배불논리를 집대성한 역작임을 알 수 있는데, 이로써 정도전은 당시만이 아니라 후세에 까지 그것이 배불의 원전으로서 전해지기를 기대하고 있는 것이다. 그만큼 『불씨잡변』에 대해서는 정도전의 자부심 또한 컸던 것 같다. 이점에 대해서는 권근도 언급하고 있다. '중국의 한유 등 선유들도 이단 배척을

---

179) 權近, 佛氏雜辨序(『三峰集』第5卷 및 『東文選』卷91). "佛氏之害 毁棄倫理 必將至於率禽獸而滅人類 主名教者 所當爲敵而力攻者也 吾嘗謂得志而 行必能 闢之廓如他 今蒙上知 言聽計從 志可謂得矣 而尙不能闢之 則是 終不能闢之矣 憤不自己 作爲是書 以望後人於無窮 欲人之皆可曉也 故其取比鄙瑣 欲彼之不得肆也 故其說辭多憤激 然觀於此 則儒佛正邪之辨 瞭然可知 縱不得行於時 猶可傳於後 吾死且安矣".

위한 변론의 글이 변변한 것이 없는데 정도전이 그것을 지어 당시 학자들을 교화하고 후세에 큰 교훈을 남기게 되었다.'는 것이다. 한마디로 정도전의 배불신념은 "부처를 물리치면 죽어도 편안하다[以闢佛爲死而安]"라 했다는 그 자신의 말로써 대변될 수 있으며, 『불씨잡변』은 그런 열성과 신념의 소산이라 하겠다.

여기서 정도전의 배불논서를 그 저술 순에 따라 개요만을 간략하게 정리해 본다.[180]

『심문천답』(2편)

심心이 상제上帝에 대하여 질문하고 상제가 답하는 형식을 취하고 있는 운문체의 간단한 서술로, 불교의 인과응보설의 부정을 염두에 둔 성리학서라 할 수 있다. ① 심문편은 마음이 상제에게 복선화악福善禍惡의 상벌이 제대로 전행되지 않는 이유를 질문한다. ② 천답편은 이에 대한 대답이다. 그 요지는 하늘이 사람에게 이理를 부여하였지만 사람들이 제 길을 잃고 악을 행하는 자가 많으면 천기를 손상하여 천이 상도를 잃게 되면 이때 상벌의 법칙도 어그러질 수가 있다. 그러므로 사람들은 자기의 바른 길을 닦으면서 다시 천기가 안정될 때를 기다려야 한다는 것이다.

말하자면, 이 『심문천답』은 인간사회를 주재하는 천리의 우위성을 인정하여 불교의 선악인과의 법칙을 비판하고 있는 셈이다. 그러나 이

---

180) 鄭道傳의 유불관 및 배불 저술에 대한 분석과 비판에 관한 것으로는 다음의 논문을 참고 할 수 있다. 李丙燾, 「鄭三峰의 儒佛觀」, 『白性郁博士頌壽紀念 佛敎學論文集』(1959) ; 李鍾益, 「鄭道傳의 闢佛論批判」, 『佛敎學報』제8집(東國大學校 佛敎文化硏究所, 1971) ; 韓鍾萬, 「麗末鮮初의 排佛·護佛사상」, 『韓國佛敎思想史』(崇山朴吉眞博士華甲紀念事業會, 1975).

는 유학에서조차 확정적으로 말하고 있지 못한 일종의 운명론을 강변하고 있는 것이라 하겠다.

『심기리편』(3편)

① 심난기心難氣 ② 기난심氣難心 ③ 이유심기理諭心氣의 3편으로 구성되어 있으며, 불교를 주심主心, 도교를 주기主氣, 성리학을 주리主理로 파악하여 논변을 전개하고 있다. 심난기는 심이 기를 비난하는 것으로 즉 불교의 심으로 도교의 기를 비판케 한 것이다. 기난심은 그 반대로 기가 심을 비난한다. 도교의 양기론養氣論을 통해 불교의 유심론을 비판하고 있는 것이다. 이 두 편의 요지는 심이나 기가 각기 그 일면에 치우쳐 있음을 지적한 것인데, 마지막 이유심기에서는 이理의 입장에서 심과 기의 오류를 비판한다. 다시 말하면 불교의 심과 도교의 기를 포괄할 수 있는 근원적 개념으로서 성리학의 이理를 제시하여 양자를 효유曉諭코자 한 것이다.

『심기리편』은 그런 점에서 일종의 변증법적 논리를 구사하고 있지만, 이 또한 성리학의 주리론에 치우친 자가류의 독단에 빠져 있다. 특히 불교에서의 심의 본체(진여실상의 법성)를 초월의 적멸심 사량분별의 무명심 등으로서 파악하고 그것을 천리지성天理之性과 기질지성氣質之性과 같은 성리학의 심성론에 비교하여 논변하고 있음은 그 자체가 오류를 범하고 있는 것이다.[181]

---

181) 韓永愚는 『鄭道傳 思想의 研究』(p.41)에서, 유교의 입장에서 불·도를 흡수하여 삼교일치를 지향하는 인상마저 주고 있는 심기리편에는 불교와 도교를 이단이라고 표현한 구절이 전혀 보이지 않으며, 따라서 이를 『불씨잡변』과 동류의 배불서라고 단정하는 데는 주저되는 바가 없지 않다는 견해를 보이고 있다.

『불씨잡변』(20편)

배불논리를 집대성한 정도전 만년의 대작으로 다음과 같이 구성되어 있다.

①불씨윤회지변佛氏輪廻之辨　　②불씨인과지변佛氏因果之辨

③불씨심성지변佛氏心性之辨　　④불씨작용시성지변佛氏作用是性之辨

⑤불씨심적지변佛氏心跡之辨　　⑥불씨매어도기지변佛氏昧於道器之辨

⑦불씨훼기인륜지변佛氏毀棄人倫之辨　⑧불씨자비지변佛氏慈悲之辨

⑨불씨진가지변佛氏眞假之辨　　⑩불씨지옥지변佛氏地獄之辨

⑪불씨화복지변佛氏禍福之辨　　⑫불씨걸식지변佛氏乞食之辨

⑬불씨선교지변佛氏禪敎之辨　　⑭유석동이지변儒釋同異之辨

⑮불법입중국佛法入中國　　　　⑯사불득화事佛得禍

⑰천도이담불과天道而談佛果　　⑱사불심근년대우촉事佛心謹年代尤促

⑲벽이단지변闢異端之辨　　　　⑳(학자學者와의 문답)

이상 20편 가운데 ①⑬까지의 제 편은 불교의 철학 및 윤리 등에 관해 논변한 것으로 이 책의 핵심부분을 이룬다. ⑭에서는 종교의 실천적 태도와 관련하여 유교와 불교의 동이점同異點을 논하고, ⑮는 전대의 역사적 숭불사실을 벽불가의 주관적 안목으로 기술한 것이다. 에서 다시 정도전 자신의 벽이단에 대한 신념이 되새겨지고, 마지막에서는 위에서 각별히 큰 비중을 두어 변증해 온 불교의 윤회설 및 신앙상의 영이靈異 등이 허탄무익虛誕無益함을 재차 문답형식을 빌어 보완해놓고 있다.

『불씨잡변』 내용을 일별해 볼 때, 불교의 심성론 등의 철학에서부터 실천윤리와 신앙 및 역사적 사실에 이르기까지 정도전의 배불관점은 불교전반의 광범한 문제들을 모두 그 대상으로 삼고 있음을 알 수 있다.

앞의 『심문천답』 및 『심기리편』과 마찬가지로 이 『불씨잡변』 또한 벽불을 전제로 논변한 것이다. 따라서 그 논의의 전개 속에는 개념의 혼돈이나 논리의 비약이 심하며, 부분적인 문제를 전체로 삼아 척불을 의도적으로 강변하는 등 그 자체가 비판되어야 할 많은 문제점을 안고 있음도 분명하다.

이상에서 정도전이 저술한 일련의 배불논서들을 간단하게 살펴보았거니와, 그 논변의 문제성에도 불구하고 그것이 지니는 역사적인 가치성과 의의 또한 적지 않다. 우선 유교 측에서 말한다면, 습관적이고 피상적인 배불의 전개만이 아니라 최소한 학문적인 논증을 통해 불교를 비판할 수 있는 기반을 구축했다는 점을 들 수 있다. 이후 모든 배불론이 정도전의 이 같은 배불 논리에 근거하여 전개되고 있어, 조선의 대유인 이율곡(선조조) 김농암(숙종조) 등의 배불론 또한 결국 정도전의 선규先規를 크게 벗어나지 않고 있음이[182] 그런 사정을 잘 말해준다. 또 정도전의 배불 논증을 통해 그 대략이나마 유교와 불교의 철학적 윤리적 측면의 차이가 밝혀졌다는[183] 점에서, 조선시대 학계의 일단의 성과로 평가할 수도 있을 것이다.

한편 불교 측 입장에서 말하더라도 정도전의 배불론은 그 의의를 인정해야 할 부분이 없지 않다고 본다. 불교의 현실적 폐해에 대한 통렬한 지적은 차치하고라도, 불교 이외의 또 다른 형이상학적인 정신질

---

182) 李相伯, 앞의 논문, p.65.
183) 韓鍾萬, 앞의 논문, p.20.

서가 구축되고 있다는 현실인식과 함께 불교의 사회 윤리성 및 종교적 기능에 관한 각성을 새삼 자극 받을 수 있었으리라는 점에서이다. 물론 이로 인해서 조선불교가 실제로 그 사상적 현실적인 면에서 어떤 획기적인 개변의 움직임을 보여주었는가 하는 것은 별도의 문제이다. 그러나 유학자들의 배불논리에 대응하여 뒤에 기화득통己和得通(1376-1433)이 『현정론顯正論』 등을 찬술하여 유교측의 배불론을 파척하는 한편 불유 일치적인 논의를 전개해 가고 있음은 분명 조선 불교계의 새로운 인식과 각성의 일면으로 볼 수 있다.

___

배불의 현실화 조건 완료

조선 개국의 주역들 대부분은 성리학을 철학 윤리로 삼아 유교적 이상정치를 추구하는 신진관료들이었다. 따라서 이들은 개국과 함께 혁신정치에 착수하는 한편 유교적 정치 이념 구현을 목표로 국가의 법전 등 문물제도를 새로 마련하면서 불교를 배척·소외시켜갔다. 이런 가운데 승니 태척을 비롯하여 전통적인 불사의 폐지 및 도첩제 강화 등 조정 유신들의 주장은 개국 초의 가장 강경하고 현안적인 불교억압과 배척의 방안들이었다.

그러나 유신들의 의욕적인 척불의지와는 무관하게 태조 이성계는 여전히 각종 불사를 설행함은 물론 오히려 전조의 불교를 계승 발전시키려는 듯한 불교정책을 펴고 있다. 태조의 이 같은 대불태도는 일차적으로 그 자신의 두터운 신불성향에서 기인한 것으로 보겠지만 개국 초의 조심스러운 정치 상황도 함께 고려한 것일 수도 있다. 불교의 오랜 전통성 및 대중적 지지기반이 상존하는 현실에서 급격한 불교억압 정책은 새 왕조와 신왕의 민심수습에 불리하게 작용할 수도 있었으리라는 뜻이다.

사정이 어떠했든 유교적 이상의 혁신정치를 추구하는 조정 유신들로서는 이에 대한 불만과 반발이 없지 않아 끊임없이 척불을 주장하고 구체적인 불교억압 책을 계속 내놓고 있다. 이들의 척불주장은 이단배척을 앞세운 단순하고 모방적인 유형이 대부분이지만 그러나 정도전이 제시한 일련의 배불논서들은 크게 주목할 만한 것들이다. 대유학자이며 경세가로서 그는 조선조 제1의 배불 거두 답게 『심문천답』『심리기편』『불씨잡변』과 같은 배불논서들을 저술하여 학문적 논증으로써 불교를 배척하고 있다. 성리학적 합리주의에 입각하여 불교의 윤리 및 철학성에 관한 조직적인 분석을 통해 그 모순점을 비판한 것이다.

개국 초 유신들의 척불주장과 억불책은 태조에 의해 대부분 무산됨으로써 당장 불교에 큰 영향을 줄 만한한 사태까지는 이르지 않고 있다. 그러나 조선의 건국이념과 유학자 그룹이 혁신정치를 펴나가는 정치제도적 구조 속에서 불교의 어려운 앞날은 어느 정도 예측해 볼 수 있다. 더구나 '전조의 유폐 제거'라는 현실적 요구 수준에서 그치지 않고, 이제 성리학자에 의해 불교가 이론적·사상적인 면에서까지 도전 받기 시작한 상황임을 감안할 때 더욱 그러하다. 불교에 대한 더 심한 억압과 배척은 그 시기만 유보되고 있을 뿐 그 현실화의 조건은 이미 충분히 조성되어 있는 편이었다.

제3장

태종대의 배불 단행과 논거

배불정책의 본격화와 호불

조선의 개국이 인위적 왕조 교체였던 것처럼 조선 초기의 불교정책 수행은 특히 종교적 이념의 인위적인 교체과정이었다. 이 같은 과정에서는 으레 신념과 이해를 달리하는 세력 간의 대립과 갈등이 있게 마련이다. 우선 개국 초에 불교를 사이에 둔 태조와 조정 유신들의 서로 다른 입장과 태도에서부터 그것을 느낄 수 있다. 그러나 제3대 태종의 치세에 이르면 그 상황은 크게 달라진다. 왕과 유신들의 불교에 대한 이해가 일치하는 가운데 배불정책이 본격화하고 있는 것이다.

태종대의 배불정책 추진은 정치 사회적 여건의 변화와도 무관하지 않다. 태조가 조정 유신들이 제시하는 강경한 배불책에 대해 '개국의 초에 갑자기 실행할 수 없다'고 거부하던 때와는 달리, 역성혁명의 충격과 파장도 어느 정도 가라앉은 상태이다. 또한 그동안의 국체 확립작업 그리고 정치세력 간의 심각한 권력투쟁 등도 일단락되어 정국이 안정을 이루고 있다. 말하자면 배불추진에 장애가 될 만한 현실적인 제약들이 거의 해소된 것이다. 그 가운데서도 가장 중요한 요소는 신불심이 깊은 부왕 태조는 물론 정종까지 선위하고 불교 배척의 의지가 확고한 태종이 즉위했다는 사실이다. 개국 이후 이처럼 변화한 정치 사회적 여건 위에서 이제 왕과 유신들이 동일한 신념과 의지로 과감하게 배불정책을 추진할 수 있게 된 것이다.

본격적인 배불정책을 처음 단행한 태종은 일반적으로 가혹한 배불군주로 평가 받고 있지만 혹은 호불왕好佛王으로 인식되기도 한다. 태종의 불교정책에는 일정 부분 불교에 대한 배려가 포함되어 있으며, 더구나 그가 설행한 적지 않은 불사들이 그의 숭불심을 반증한다는 시각이다. 이처럼 상반되는 평가와 인식은 태종의 대불태도에서 보이는 이중구조적 성격 때문일 수도 있다. 이 같은 문제와도 관련하여, 태종이 설행한 불사의 성격과 함께 배불정책 전반의 내용 및 그 논거 등의 검토를 통해 태종대 불교정책의 실체를 파악해본다.

I. 불사 설행과 배불 시도

1. 각종 불사 설행의 성격

유교국가의 건설을 목표로 하는 조선왕조 개창의 주역들에게 있어서 억승배불抑僧拜佛은 어차피 필연적인 과제였다. 그러나 그들은 개국 초에 새로운 문물제도의 수립 등 정치사회적인 각 분야의 개혁을 추진하는 가운데서도 획기적인 척불을 단행하지는 못하였다. 이는 최소한 종교문제에 있어서 만은 그들과 소신을 달리하는 태조의 대불정책 때문이었음은 이미 논한 바 있다. 태조의 뒤를 이은 정종의 재위(1398~1400) 동안에도 불교정책에 어떤 변화는 보이지 않는다. 그의 재위는 2년여에 불과하고, 더구나 이때 왕위에서 물러난 부왕의 불사가 더욱 다양하게 계속되고 있었던 만큼, 정종은 이런 태조의 영향을 받은 바 컸을 것이다.

정종 자신만 하더라도 유신들의 집요한 유교적 계몽교도에도 불구하고 기본적으로는 신불자의 태도를 견지하는 입장이었다.[184] 그리하

184) 知經筵事 河崙 權近 仝伯英 등 유신들은 經筵을 통하여 왕에게 불교에 대한 비판과 함께 신불의 무익함을 역설하는 한편, 유교적인 교도에 부심하고 있다. 그러나 정종은 "釋氏之道 天下之人 皆信之者 是必以爲眞也"라고 하여 그 자신의 숭불심을 대변하고, 오히려 신불하지 않는 유신들을 향해 "卿等何

여 승도들의 경행經行 금지를 청하는 예조禮曹의 상소를 불허하고,[185] 문하부門下府에서 연등의 금지를 요청한 상소에 대해서도 이를 묵살하는가 하면,[186] 순천사順天寺와 미륵사에 모여 수강하던 동서부학당東西部學堂 학생들이 삼보를 파염破染한다는 사승의 계문啓聞에 따라 학생들을 내쫓고 파학罷學을 명하는[187] 등 태조와 마찬가지로 불교의 전통을 지키게 하고 그 보호에도 노력하였다. 뿐만 아니라 즉위 원년 정월에 금자화엄경을 쓰게 하여 연경사衍慶寺에서 법석을 베풀고, 금강산과 석왕사에서 보살재와 함께 반승 2백을 행하고 있다. 또 2년 3월에 석가 3존 및 5백 나한상을 조성하여 화장사華藏寺에 봉안하는 등 부왕의 불사 외에 그 자신이 설행한 불사 또한 적지 않았다. 이와 같이 조정의 미만彌滿한 배불의 분위기 속에서도 태조에 의해 신불정책이 수행되고, 정종 재위 2년간에도 그것은 큰 변함없이 계속된다.

그러나 제3대 태종이 즉위(1400년 11월)하면서 부터 이런 상황은 급변하여 배불 의지가 표면화하기 시작한다. 왕과 조정 유신들의 소신이 일치하여 처음부터 배불을 시도해 간 것이다. 따라서 태종은 조선왕조 배불사의 첫 장을 연 장본인이며 최초의 배불군주로 알려진다. 그러나 이 같은 인식과는 달리 태종 또한 불사에 있어서는 결코 적지 않은 설행기록을 보이고 있다. 불사설행 사실만으로 본다면 도저히 그를 배불군주라고 말하기 어려울 정도인 것이다. 여기서 태종의 불사

故 言好佛非也"라고 반문하고 있다. (『定宗實錄』定宗 2年(1400) 1月 24日·2月 25日).

185) 『定宗實錄』卷1, 定宗 元年(1399) 3月 13日.

186) 『定宗實錄』卷4, 定宗 2年(1400) 4月 6日. "門下府上疏 請止八日燃燈之設 不報".

187) 『定宗實錄』卷5, 定宗 2年(1400) 8月 21日. 이와 유사한 조치는 太祖 2年 (1393) 3月에도 있었다.

들이 어떤 성격을 띠고 있는가를 살펴보기 위해 먼저 그가 행한 불사를 몇 항으로 나누어 그 횟수만을 표시해 보면 대략 다음과 같다.[188]

수륙재 6회·기신추복법석 21회·사찰창건 3회·사찰중창 1회·불탑 중수 2회·사경 2회·대장경인행 1회·전경법회 4회·반승 2회·미포 米布 등 보시 8회·기우 18회·소재기양 2회·구병정근·연등회 3회· 연수延壽법회 등 4회

이들 외에 분류 방법상 누락된 불사의 경우도 없지 않을 것이다. 어떻든 그의 재위기간(1400~1418)이 18년이었음을 감안하더라도, 위에서 보는 바와 같이 태종은 이 기간 중에 상당히 많은 불사를 하고 있다. 그러나 배불군주로 알려진 그가 이처럼 많은 불사를 행한 사실에 대해서는, 그 내용을 좀 더 분석해 볼 필요가 있다. 그의 배불정책에 비추어 이율배반적이라 할 이 같은 불사의 설행에는 어떤 특별한 동기나 배경 같은 것들이 게재해 있을 것으로 생각되기 때문이다.

위에서 설행 횟수만을 표시해 본 태종의 불사는 다시 그 성격에 따라 ①국행불사 ②기신 및 추복 ③사탑의 창건·중수 ④사경·인경 및 전경 ⑤기우·기양·구병 등으로 대별할 수 있다. 이제 이러한 분류에 따라 태종의 불사 동기 및 배경에 관해 살펴보자.

①국행불사의 경우 국왕이 주체가 되어 행한 불사 대부분이 이에 해당하겠지만 여기서는 특히 태조 때부터 상설해 온 수륙재를 들 수 있다. 태종대의 수륙재는 그 원년 정월에 진관사와(7일), 관음굴에서

---

188) 다음 논문 가운데서 태종의 불사에 관한 적출 기사를 참고로 함. 韓㳓劤, 「麗末鮮初의 佛教政策」, 『서울大學校論文集』人文社會科學 第6輯(1957). 金 煐泰, 「朝鮮太宗朝의 佛事와 斥佛」, 『東洋學』第18輯(檀國大學校 東洋學研究 所, 1988).

(17일), 동 10월에는 오대산 상원사와(2일) 진관사에서(16일) 각각 설행하였다. 또 8년 정월에는 덕방사德方寺에서 태상왕의 병환 기도치유를 위해, 그리고 18년 3월에는 왕의 제4자로서 요절한 성녕대군誠寧大君의 명복을 빌기 위해 진관사에서 수륙재를 베푼 것을 볼 수 있다.

그런데 그 원년 정월 관음굴에서의 수륙재 설행 이후 태종은 시독관侍讀官 김과金科에게 말하기를 "국행불사를 나는 이미 파했는데 궁중의 부녀들이 그 자손의 수명 연장을 바라 사재를 써서 혹은 예참禮懺을 베풀고 또는 수륙재를 행하니, 그것을 금하고자 하나 못하고 있다."라고 하였다.[189] 이로 미루어 보면 태종은 즉위(1400년 11월)후이내 국행불사를 폐지하였으며, 원년 정월에 건성사乾聖寺에서 베푼 제석예참帝釋禮懺과 함께 진관사의 수륙재는 궁중부녀(중궁)의 사재로써 실행한 것임을 알 수 있다.

태종 원년의 최초 수륙재에 이어 관음굴·상원사·진관사에서 설행한 수륙재는 불사의 주체가 누구인지 무슨 목적으로 베풀어졌는지는 밝혀져 있지 않다. 그러나 이는 태조 이래 국행불사의 관례로서 설행한 것이라고 생각된다. 그것은 태종 14년 2월에 왕이 이관李灌에게 전지傳旨하여 "관음굴·진관사·오대산 상원사·거제 견암사見巖寺에서 매년 2월 15일에 행하던 수륙재를 금후로는 5월 15일에 행하는 것을 항식으로 하라"고 명했던 사실을 통해서도 확인할 수 있다.[190] 태조가 일찍이 그에게 정치적으로 희생된 고려의 왕씨 종족을 위해 관음굴·견암사·삼화사에 매년 춘추로 수륙재를 상설케 하면서부터 시

---

189) 『太宗實錄』卷1, 太宗 元年(1401) 1月 17日.
190) 『太宗實錄』卷27, 太宗 14年(1414) 2月 6日.

작(태조 4년 2월)[191]한 국행수륙재가 태종 14년 까지도 계속되어 왔고, 또 그 후로도 설행 일자를 바꾸어 항식으로 삼았음을 보여주고 있는 것이다.

태조가 정한 수륙재 설행 3사에 약간의 변동이 있으며[192] 또한 개인의 연수·쾌유질환·명복 등을 위해서도 수시의 수륙재가 베풀어진 것이 태조 때와 달라진 점이기는 하다. 또 태종이 그 원년에 '국행불사를 나는 이미 파하였다'고 말하고 있음에도 불구하고, 궁중부녀의 뜻으로 혹은 부왕과 망자를 위해 수시의 수륙재를 베풀고, 국행수륙재 또한 관례대로 계속되었음은 분명하다. 따라서 이는 반드시 태종 자신의 신불과 관련된 것으로만 생각할 수는 없다. 여기에는 생존 시 태조의 영향이 적지 않았을 것이며, 중궁 등 왕실의 신불심에 의해 그것의 설행이 묵인되기도 하고, 국행의 경우 태조 시설의 불사를 관행으로 삼은 정도로 볼 수 있기 때문이다.

태종이 행한 불사 가운데 가장 큰 비중을 차지하는 것은 ②기신추복이라 할수 있다. 이를 비롯하여 ③사탑의 창건·중수 ④사경·인경 및 전경은 오로지 부왕 태조와 모후 신의왕후神懿王后를 위한 효행적 불사로서의 성격을 띤다.

여러 종류 법석의 대부분은 부왕이 병환 중이었거나 별세한 태종 8년(1408) 5월을 전후해서 베풀어진 기양 및 추복 행사들이다. 여기에 왕실의 의례적인 기신설재를 포함하여, 태종은 그 부왕과 모후를 위

---

191) 『太祖實錄』卷7, 太祖 4年(1395) 2月 24日.
192) 본래 관음굴 견암사 삼화사에서 상설토록 했던 것인데 삼화사가 오대산 상
    원사로 바뀐 것이다. 진관사는 태조가 조종의 추복 및 전몰자와 무주고혼의
    명복을 빌기 위해 이 절에 59간의 水陸社를 조성한 것이어서, 진관사 國行水
    陸齋는 태조 6년 이후부터 상설된 것이다.

한 불사들을 계속 설행한 것이다. 그리고 여기에 반승 및 다수의 미포 등 보시도 포함된다. 사찰창건을 보면, 부왕의 장례를 마친 태종은 그해 7월 29일에 산능山陵(건원능健元陵)의 재궁을 개경사開慶寺라 이름하고 조계종에 속하게 하여 노비와 전지를 내려주었으며,[193] 9년 8월에는 모후의 재능에 이미 설치되어 있던 연경사를 개창하여 이듬해 4월 완공케 하였다.[194] 또 11년 5월에는 부왕 태조가 세운 흥천사 사리탑을 중수하고 부왕과 모후를 위해 금자 법화경을 읽게 하였다. 다시 그 18년에는 14세로 요절한 제4자 성녕대군의 명복을 빌기 위해 무덤 가까이에 대자암大慈菴을 세웠다. 원래는 성녕대군의 옛집을 사찰로 고치려 한 것이었으나 대언代言 하연河演 등의 반대로 분묘 근처에 따로 암자를 세운 것이다.[195]

이와 같이 상당한 횟수의 여러 가지 법석과 사찰창건 및 불탑의 중수가 모두 효행 또는 추복 불사로서 이루어진 것인데, 그의 사찰 중창에 특별한 일례가 되는 것은 원주 치악산 각림사覺林寺의 경우이다. 이 절은 태종이 잠저시潛邸時 독서하던 곳으로, 원래의 수 칸 모옥茅屋을 태종이 대가람으로 중창한 것이다. 태종은 이 옛 인연으로 각림사에 재목과 양곡을 보내는가 하면 자주 친행하여 전지와 노비를 가급加給하는 등 상당한 배려를 아끼지 않고 있다.[196] 그리하여 중수의 공

---

193) 『太宗實錄』卷16, 太宗 8年(1408) 7月 29日. "賜山陵齋宮 名開慶寺屬曹溪宗 定屬奴婢 一百五十口 田地三百結".

194) 『太宗實錄』卷18, 太宗 9年(1409) 8月 12日. "改創齋陵衍慶寺 命禹希烈 監董其役"; 같은 책 卷19, 太宗 10年(1410) 4月 6日. "衍慶寺成 上以私帑 具法衣法鉢 設蓮華經法會 以落之資母后冥福也".

195) 『太宗實錄』卷35, 太宗 18年(1418) 4月 4日.

196) 權相老, 『韓國寺刹全書』上卷(東國大學校出版部, 1979), pp.8~9 覺林寺條 관련記事.

역을 시행케 하여 그 17년 8월에 낙성법회를 베푼 것이다. 이때도 태종은 일찍이 부왕과 모후를 위해 인성해 둔 화엄경을 각림사 낙성법회에 맞추어 보내고 있다.[197]

이 절의 중수에 대해서 태종은 승정원에 전지하기를 "각림사는 내가 소싯적에 노닐던 곳으로 지금도 꿈속에 자주 왕래한다. 그래서 중수코자하는 것이지 호불하기 때문인 것은 아니다. 승인의 성품은 본래 지리支離하고 탐심이 있으므로 간사승으로 하여금 나를 빙자해서 범람하는 일이 없도록 하라."고 말하고 있다.[198] 그의 내심이 어떠했든 간에 각림사 중수의 동기가 결코 호불에 있지 않음을 분명히 하고 있는 것이다. 따라서 태종의 이 말을 액면 그대로 받아들인다면 그의 각림사 중창은 다만 옛날의 인연이 있는 작은 절의 낡은 건물을 중수케 한 것일 뿐이다. 그만큼 불사로서의 사원중수의 의미를 부여하기는 어려운 점이 있다.

한편 태종의 불사로서 승려들에 의한 ⑤기우 기양법석이 20여회나 보이고 구병정근 또한 4회나 보이지만 이들 또한 그의 신불심으로 연결 짓기는 어렵다. 극심한 가뭄의 재앙을 당하여 비를 고대하거나 소재 및 구병을 바라는 심정은 절박한 것이다. 따라서 이런 상황에서는 어떤 방법이라도 찾지 않을 수 없었고, 여기서 기우, 기양, 구병법회 등을 행한 것이 불사설행 기록으로 나타나고 있음을 볼 뿐이다. 승려들에 의한 기우 문제를 놓고 당시 왕과 조정의 유신들이 나눈 대화는 이런 사정을 더욱 잘 짐작해 보게 한다.

태종이 승정원에 전지하는 가운데, "예부터 가뭄의 재앙은 모두 인

---

197) 『太宗實錄』卷34, 太宗 17年(1417) 9月 15日.
198) 『太宗實錄』卷34, 太宗 17年(1417) 7月 5日.

군의 부덕의 소치이다. 지금 승도와 무당을 모아 비를 빌게 되니 마음이 실로 편치가 못하다. 비록 비가 내리더라도 이는 결코 승도의 힘은 아니다. 다만 비를 걱정하는 생각이 이르지 아니하는 바가 없을 따름이니 승려와 무당의 탄망함을 알면서도 지금 도리어 좌도左道에 의지하여 하늘의 혜택을 바라는 것이니 그대들의 생각은 어떠한가?"라고 묻고 있다. 이에 대해 유신 김여지金汝知가 "비록 옛 성주聖主의 바른 가르침은 아니지만 지성을 다하는 것도 또한 고사입니다. 지금 승도들이 이미 모여 기도의 준비를 다 갖추었으니 조용히 행하는 것이 옳겠습니다."하였다. 이에 왕은 "그대의 뜻이 굳이 그러하다면 조용히 하리라. 경들에게 위임할 터이니 그대로 하라."라고 하여, 유신들의 의사에 따르는 형식으로서 기우법석을 설하고 있다.[199] 기양소재에 대해서도 태종의 생각은 기우법석의 예와 크게 다르지 않다. 그것을 탐탁하게 여기지 않으면서도 계속 행하고 있는 것이다. 그만큼 천재지변에 대처하려는 지성은 그 방법을 문제 삼지 않았던 것이며 태종의 기우 기양의 법석은 그런 경향 속에서 설행한 것임을 알 수 있다.

이러한 면에 있어서는 태종의 구병법석에 대한 태도 또한 마찬가지이다. 태종 8년 1월 태상왕의 병환이 위독해지자 부왕을 위한 정근기도에 대해 역시 조신들의 의견을 묻고 있다. 이에 지신사 황희가 "부모의 병을 구하기 위해서는 해될 것이 없다"라고 대답하자 덕수궁에 승도 1백 명을 모아 약사정근을 행하게 한 것이다.[200] 그 13년 5월 중궁의 병이 위독했을 때에도 1백 명의 승도를 모아 경회루에서 독경하게 하는데 이때 태종의 태도 또한 신불심으로 불사를 행한 것으로 보기

199)『太宗實錄』卷26, 太宗 13年(1413) 7月 5日.
200)『太宗實錄』卷15, 太宗 8年(1408) 1月 28日.

는 어렵다. 그는 언사言司에게 말하기를 "나는 진실로 불교가 허탄한 것으로 알고 있다. 그러나 부인(중궁)이 불교를 믿기 때문에 이렇게 기도하는 것이다."라고 말한다. 또 기도를 위해 모인 승려들에게는 "지금 이처럼 위급한 때에 신효가 있다면 내가 마땅히 존신할 것이지만 만약 아무런 보응이 없다면 반드시 그대들의 불법을 모두 없애버릴 것이다."[201]라고 위협하는 말까지도 서슴지 않고 있다. 이 구병독경에서 왕은 세자를 시켜 행향行香케하고 자신도 승려들과 함께 친히 연비燃臂까지 하고 있으며 마침 그 후 중궁의 병세는 다소 차도가 있었다. 그러함에도 불구하고 불사에 대한 태종의 기본적인 태도는 그의 말에서도 느낄 수 있듯이 태종 자신의 의지와는 무관한 것이며, 더구나 호불을 해서였다고 보이지는 않는다.

이상에서 살펴본 바와 같이 태종은 주로 부왕과 모후에 대한 효행을 동기로 하여 그들의 신앙에 따라 기신설재 추복법석을 베풀고 사찰(재궁)을 창건하였으며 가뭄 병환 등을 위한 불사를 행하고 있다. 많은 불사 가운데 예외적인 경우가 전혀 없지는 않지만[202] 대체로 그의 불사는 처음부터 그 일 개인의 신불 여부로 논할 문제는 아니다. 이에 대해서는 태종의 대불태도의 이중성에서 다시 논하고자 한다. 한 마디로 말해 태종의 불사는 그의 호불적 신앙심에 기초한 것은 아니며, 이 때문에 그는 적지 않은 불사를 행하였지만 그것이 곧 배불군주로서의 그의 이미지를 상쇄시켜 주지는 못한다.

---

201) 『太宗實錄』卷25, 太宗 13年(1413) 5月 6日. "方此危急之際 見有神效則 吾當尊信之 若無報應則 必盡廢汝法".
202) 가령, 亡子 성녕대군을 위해 그의 옛집을 捨家爲寺하려 했던 것은 비록 망자를 위한 간절한 추천 때문이었다 하더라도, 어느 점 왕의 신불적 일면이 엿보이기도 한다.

2. 왕과 유신들의 배불 시도

태종의 불사와 신앙심은 전혀 별개의 문제이다. 따라서 그가 많은 불사를 설행하는 가운데 배불을 시도하고 있다 해도 크게 놀라운 일은 아니다. 신앙심은 물론 불교적 소양이 희박한 편이었던 그는 처음부터 불사설행 보다는 배불조치에 더 많은 관심을 갖고 있었음이 분명하다.

태종은 즉위하자마자 환관들이 원불願佛로써 오랫동안 궁중에 안치해 온 인왕불을 궁 밖의 내원당으로 옮기게 하였다. 새 왕이 즉위함에 환관들이 불상을 진상하고자 했으나 이를 받지 않고 내원당으로 옮겨 두게 한 것이다.[203] 이 조치가 물론 직접적으로 배불을 의미하는 것은 아니다. 그러나 이는 태종의 대불 태도와 함께 앞으로 그의 대불 시책방향을 예고해 주는 하나의 작은 사건으로 볼 수 있다. 인왕불을 옮기게 한 바로 그날 왕은 의정부와 예조에 대해 신불지사神佛之事의 제거에 관해 의논하여 보고할 것을 다음과 같이 명하고 있다.

> 신불의 일은 내가 감히 알지 못한다. 그러나 영험이 없다는 것 또한 명백하니 무슨 이익이 있겠는가. 생각건대 태상왕과 상왕께서 모두 불교를 숭신하시니 비록 혁파할 수는 없지만 이를 참작해서 없앨 수 있는 것들을 보고토록 하라.[204]

이에 대하여 며칠 후 예조에서는, 중외 사사에서 설행되는 도량 법석 및 국복國卜 기은祈恩 연종환원年終還願 등의 정파停罷와 함께 국무당國巫堂 감악산紺嶽山 덕적산德積山 등에 무녀를 파견하여 제사하

---

203) 『定宗實錄』卷6, 定宗 2年(1400) 11月 13日.
204) 위와 같음.

는 일을 금단하기를 상언함에, 왕은 그 가운데 '불사'만을 정파케 하였다.[205] 이때 정파한 불사란, 중외 사사에서 설행하던 국복 기은 연종 환원 등의 일을 포함한 국가적인 행사로서의 도량법석 등을 말하는 듯하다.[206] 태종은 즉위하면서부터 이처럼 불교에 대한 정리 및 배척의 의지를 분명히 드러내 보이고 있는 것이다. 왕의 배불의지가 이러함에 조정 유신들 또한 이제 거침없이 배불의 의견들은 개진하게 될 것임은 당연한 일이다.

그리하여, 태종 원년 정월에 문하부 낭사郞舍가 올린 상소는 대뜸, '오교양종을 혁파하여 그에 속한 각 사사의 전지와 노비를 국가 공용으로 몰수 할 것'을 건의하게 된다. 이로써 '부처의 가르침을 위배하고 이욕에 얽매어 사사쟁탈을 일삼는 승니들의 쟁리지심爭利之心을 막을 수가 있다'는 것이다.[207] 또 같은 해 3월 사헌부에서 올린 상소는, 이보다 더욱 강경한 어조로 오교양종의 혁파와 함께 아예 승니의 사태까지 주장하고 나선다. 대사헌 유관柳觀 등은 장문의 상소에서 '오교양종을 파하고 승도를 사태沙汰하여 그 전지는 모두 군수에 속하게 하고 노비를 관부에 나누어 예속 시킬 것' 등을 역설한 다음, 그렇게 함으로써 "삿되고 허탄虛誕한 불법을 영원히 단절시켜 버린다면 국가를 위해 심히 다행한 일"[208]이라고까지 말하고 있다.

이 같은 강경한 상소들이 올려지고 있음은 그동안 태조와 정종의 시대를 거치면서 억제해온 유신들의 배불의지가 한꺼번에 폭발하고 있음을 보여준다. 그들은 이제 그 뜻을 함께하는 군주의 치세를 만나

---

205) 『定宗實錄』卷6, 定宗 2年(1400) 12月 22日.
206) 註 189) 참조.
207) 『太宗實錄』卷1, 太宗 元年(1401) 1月 14日.
208) 『太宗實錄』卷1, 太宗 元年(1401) 윤3月 22日. "宣永絶邪誕之術國家幸甚".

거침없이 배불을 주장하고 그 실현을 고대하고 있는 것이다. 그러나 이에 대한 태종의 태도는 아직 유보적이다. 그는 며칠 뒤 경연에서 사관史官 민인생閔麟生이 생재지민生財之民이 적고 유수지도遊手之徒가 많음을 걱정하자 유관柳觀의 상소를 상기시키면서 솔직한 심정을 털어놓고 있다. "나 또한 불교가 옳지 않음을 안다. 그래서 혁파할 생각이 간절하나 태상왕께서 불사를 좋아하시므로 차마 혁파를 서두를 수가 없다."는[209] 것이다. 결국 왕과 조정유신들의 일치된 배불의지가 아직은 태상왕이 건재함으로써 억제되고 있는 것인데 이런 상황은 어차피 머지않아 배불조치가 단행될 것임을 시사한다. 그러나 태종 원년에는 특기할 만한 배불조치는 없었다. 다만 그해 5월에 사헌부의 계청에 따라 고려조에서부터 행해 오던 왕실의 탄일재를 정파한[210] 사실 정도를 볼 수 있을 뿐이다.

그러나 바로 그 이듬해에 태종은 불교교단에 대해 일단 경제적인 제재 조치를 내리고 있다. 즉 태종 2년 4월 서운관書雲觀의 상언에 따라 밀기부密記付 70사와 그 밖에 상주승 1백 명 이상의 사원을 제외한 모든 사사의 수조收租를 영구히 군자에 속하게 한 조치가[211] 바로 그것이다. 이때 서운관의 상언은 고려 초 이래의 사원 및 사사전의 증가와 승려의 폐해를 통론하면서 진언한 다음과 같은 내용들이다.

> 만약 불씨의 도를 완전히 없애기 어려우시다면, 선종을 합하여 조계종으로 하고 오교를 화엄종으로 합해서 밀기부의 경외京外 70사를 양종에 분속시켜 덕행이 있어 사표가 될 만한 자를 가리어 주지

---

209) 같은 책, 太宗 元年(1401) 윤3月 23日.
210) 『太宗實錄』卷1, 太宗 元年(1401) 5月 10日.
211) 『太宗實錄』卷3, 太宗 2年(1402) 4月 22日.

로 삼아야 할 것입니다. 그렇게 한다면 전토와 노비의 이익만을 추구하여 승려가 되는 자는 적을 것입니다. 엎드려 원컨대, 전하께서 밀기부 70사 이외의 나머지 비보神補에 실려 있는 경외 각사 토전의 수조를 군자에 영속시켜 3년 동안 비축하고 그 노비를 각 관사와 주군에 분속케 하신다면 곧 병식兵食이 충분할 것입니다. 생각건대 불교의 폐단을 제거하는 일 외에 다른 부국강병책을 신들은 알지 못하겠습니다.

부국강병책으로서 불교종파의 합종 및 사사寺社 전토와 노비의 속공屬公을 강청하고 있는 것이다.[212] 이에 태종은 의정부 등 정부 주요 기관에서 이를 다시 의논하여 보고토록 한 다음 그 제의를 일부 수정하여 시행케 하였다. 즉 밀기부 사사 중에서도 전민田民이 부족한 곳에는 혁파되는 사사의 전민을 가급加給하고, 밀기에 적혀있지 않은 사사라도 상주승 1백 명 이상 되는 곳은 없애지 말고 그대로 두게 한 것이다. 그러나 이러한 배려에도 불구하고 이 조치는 불교 교단에 큰 충격을 안겨 주었다. 불과 4개월 후에 다시 환원되기는 하지만 이 같은 대폭적인 경제적 제제조치가 실제로 취해진 것은 이것이 처음이기 때문이다.

불교교단에 대한 억압과 배척의 건의들은 이후로도 계속된다. 다시 그해 6월에는 예조에서 상서하여, 당시의 승풍문란과 부역의 도피 등을 이유로 들어 나이 젊은 승니를 장발長髮 환속시킬 것을 청하고 있

---

212) 軍資田 및 軍資米의 사정 악화는 태종 즉위를 전후한 시기에 절정에 달하는데, 태종의 집권과 관련하여 군자미 사정은 더욱 악화된다. 따라서 그 확보문제가 시급한 실정이었고(韓永愚, 『朝鮮前 期社會經濟硏究』, pp.190~191), 書雲觀의 상소는 이에 대한 논의 속에서 불교 종파의 합종과 이를 통한 사사 전토 및 노비의 속공을 주장하고 있는 것이다. 국가 경제적 군사적 목적에서 불교의 입장이 배제된 사원 경제의 속공 문제는 배불유신들에게 항상 제1의 표적이 되었다.

다.[213] 이 상서는 '경중京中에 두 세 곳의 도량을 설치하여 계행이 청정한 자를 가려 일정 수만을 정해 살게 하고, 지방 각도에도 도회소를 두어 경중의 예와 같이 하며, 그 승도의 연장자年壯者(젊은 승려)는 머리를 길러 백성이 되게 하고, 니장자尼壯者(젊은 니승) 또한 남편이 죽고 신심이 있는 자를 제외하고는 장발 환속케 하자'는 역시 강경한 배불의 내용이다. 여기서는 또 '일시에 승니를 사태하면 곧 소동이 없지 않을 것이므로 금후로는 출가를 엄하게 제한하여 함부로 승려가 되지 못하게 할 것'을 아울러 제시하고 있다. 이는 곧 도첩제의 엄격한 시행을 말함이다.

승니 사태를 위해 당장 장발환속 조치할 것과 엄격한 도첩제에 의해 승니가 되는 길을 막는 장단기적인 방안을 함께 제시하고 있는 것인데, 예조의 이 같은 요청에 대한 채택여부는 실록에 기록되어 있지 않다. 그러나 젊은 승도의 장발환속은 몰라도 엄격한 도첩제의 적용은 즉각 시행되었던 것으로 볼 수 있다. 이런 조치가 있은 4개월 후 태조가 태종에게 배불책의 철회를 요구하는 가운데 승니의 도첩문제에 대해서도 언급하고 있음을 볼 수 있기 때문이다.

그 무렵 태상왕은 흥천사에 법석을 열어 보시를 행하고 회암사를 중수케 하는가 하면 궁실宮室을 짓는 공사를 진행하고 있었다. 또 소요산에서는 외인의 왕래를 금하여 찾아간 태종도 부왕을 뵙지 못할 만큼 엄격한 능엄법회를 설하는 등 불사에만 전념하였다. 따라서 태종은 동북면東北面에서 돌아온 이후 환궁하지 않고 사원에 머물면서 불사에만 탐닉하는 부왕의 마음을 돌리기에 고심하는 한편, 부왕의 뜻에 따라 세 차례나 회암사에 전지를 가급하기도 하는 그런 형편이

---

213) 『太宗實錄』卷3, 太宗 2年(1402) 6月 18日.

었다.[214] 그런 한편에서 태종은 조정의 건의를 받아들여 부분적이기는 하지만 사사전을 혁거革去하고 다시 엄격한 도첩제의 시행으로 불교 교단을 압박해 나가고 있었다.

결국 태종은 그 해(2년) 8월 4일 태상왕으로부터 앞서 2월의 사사전 혁거 등을 포함하여 그동안 취해온 일련의 배불조치들을 철회할 것을 요구받게 된다. 즉 태종은 당시 부왕의 거처인 회암사에 나아가 헌수獻壽하는 자리에서, 그동안 부왕이 왕사의 수계에 따라 육식을 끊어 안색이 평일과 같지 못함을 크게 걱정하여 육선肉膳을 들 것을 간곡히 청하였다. 이때 태상왕은 "국왕이 만일 나의 숭불과 같이할 수 있다면 내가 마땅히 육식을 할 것이다."라고 대답하고 태종의 배불 조치에 대한 불만을 토로하였다. "네가 만일 불법을 숭신한다면 밀기부 외의 사사라도 그 전토를 모두 되돌려주고, 승니의 도첩을 추궁해 묻지 말고, 부녀가 절에 가는 것을 금하지 말며, 나의 뜻을 이어 조불조탑造佛造塔 할 것." 등 이미 취한 배불 조치들의 구체적인 환원을 요구한 것이다. 이에 대해 태종은 "신이 죽는 일도 감히 피하지 못할 텐데 하물며 이 일이겠습니까"하고 즉시 지신사知申事 박석명朴錫命에게 명하여 의정부에 전지傳旨토록 하여 부왕의 뜻에 무조건 따르고 있다.[215] 이렇게 함으로써 비로소 육선을 들기로 했는데, 태상왕은 정승 이무李茂에게 "나는 국왕이 사사전지를 환급한다는 일이 기쁘다. 이미 일이 정해졌으니 경들은 다시는 이 일을 거론하지 않도록 하라."고

---

214) 『太宗實錄』卷3, 太宗 2年(1402) 4月 28日. 5月 8日 및 22日 ; 6月 6日 및 9日.
215) 李相佰은 '태조가 태종의 즉위와 함께 도성을 떠나 산사에서 소요하거나 동북면에 도피하는 일이 빈번하여 그런 부왕의 마음을 돌리려고 고심해온 태종으로서는 자신의 가장 큰 소원을 달성하기 위해 排佛施設의 일시적 철회 같은 것은 극히 적은 희생이라고 생각하였음이 틀림없다.'고 보고 있다.(「儒佛兩敎交代의 機緣에 대한 硏究」, p.90).

당부하고 있다.

뿐만 아니라 태상왕은 이 일을 보다 확실하게 하기 위해 박석명에게 사사전지의 환급 등에 관한 왕의 하명이 이행되었는지를 다시 묻고, 그 초문草文을 가져오게 하여 직접 확인한 다음 그것을 내수內竪에게 주어 보관하게까지 할 정도였다. 이에 태종 또한 태상왕의 처소를 떠나올 때 박석명에게 다시 한 번 부왕과의 약속을 철저하게 이행할 것을 명하고 있다. 즉, ①밀기부 사사의 전지를 모두 환급 시킬 것 ②패망한 사사의 전지까지도 성중작법처成衆作法處에 옮겨 소속시켰다가 그 중창을 기다려 되돌려 줄 것 ③자원 삭발자에 대해서는 도첩에 구애받지 말고 허용할 것 ④부녀들이 부모의 추천追薦을 위해 백일 이내에 상사上寺하는 일을 금하지 말 것 등을 다시 분부한 것이다.[216]

이로써 태종 2년 4월의 사사전 혁거 조치는 여타의 억불조치들과 함께 불과 4개월 만에 다시 원점으로 돌아가고 이후 한동안은 조신들의 배불상소 또한 보이지 않는다. 결국 태상왕의 요구에 의해 모처럼 왕과 조신의 의기투합한 배불 시도는 무위로 끝나고 만 것이다. 그러나 배불유신들이 계속 침묵만을 지키고 있을 리는 없다. 결국 그 이듬해(3년) 6월에는 사간원에서 시무에 관한 여러 조항을 상서하는 가운데 사사전의 혁거문제 등을 다시 거론하고 있다.

불교에 관한 사간원의 상서는 요컨대 ①제릉齊陵의 재궁齋宮(연경사)과 흥천사 및 5대사, 10대사 이외의 서울과 지방 사사의 전지를 모두 혁거하여 군자軍資에 예속시킬 것 ②5대사, 10대사에서 받을 전지는 1백 결로 한정하되, 그 전지가 경기 안에 있는 것은 모두 군자에 속하게 하고 대신 경상하도의 전지로 바꾸어 지급할 것 ③내원당 감

216) 『太宗實錄』卷4, 太宗 2年(1402) 8月 4日.

주의 급료는 고려조의 여습이 고쳐지지 않아 아직도 매월 10석이나 주어 명분 없는 낭비가 막대하니 이제부터는 월급을 없앨 것 등이다. 그렇게 함으로써 고려조 이래 쌓여온 폐단을 고쳐 군국의 수요에 충당하자는 것이었다.[217] 이는 완전히 무효가 되어 버린 태종 2년의 사사전 혁거보다 더욱 강도 높은 경제적 제재 요구이다. 그러나 태종은 이에 대해 아무런 하교도 하지 않았다. 이때 태종의 내심은 알 수 없지만, '지체하는 가운데 하교하지 않았다'함은 곧 태상왕과의 약속을 지키기 위해 고심한 흔적으로 해석할 수 있다.

그러나 유신들의 배불의지는 여전하여 이미 내려졌다가 취소한 억승배불 조치들의 회복을 기도하고, 태종 또한 점차 이에 동조하는 태도를 보이기 시작한다. 배불조치의 철회가 정책방향의 수정에서가 아니라 단지 부왕의 마음을 돌리기 위한 임시방편이었다 할 때 그런 태종이 언제까지 조정의 의견을 대답 없이 미루고 있을 수만은 없었을 것이다. 그리하여 태종 4년 12월 사간원에서 부녀가 절에 올라가지 못하도록 부녀상사婦女上寺의 금단을 건의해오자 왕은 이를 흔쾌히 윤허하고 있다.[218]

이로써 태상왕과의 약속이 파기되고 다시 태종 즉위 초의 억불조치들이 되살아나기 시작한다. 부녀상사의 금지 이유는 '정정자수正靜自守함을 의로 삼아야 할 부녀들이 자주 절에 나감으로써 실절失節하는 등 풍속을 해치기 때문'이라는 것이다. 그러나 이 조치는 그 표면적인 이유보다는 또 다른 억불의도가 포함되어 있는 것으로 볼 수 있다. 다시 말하면 각종 억불시책이 행해지더라도 위로는 왕실과 사대부

---

217) 『太宗實錄』卷5, 太宗 3年(1403) 6月 6日.
218) 『太宗實錄』卷8, 太宗 4年(1404) 12월 8日.

가를 비롯하여 아래로 일반 부녀들에 이르기까지 그들이 상사가 계속되는 한 그런 시책들의 효과는 그만큼 반감하기 때문에 이를 극력 금단시키고자 했으리라는 것이다.[219] 그래서인지 부녀상사의 금지조치는 이후로도 자주 나타나 보인다. 어쨌든 사간원의 시무책에 따라 태종 4년 12월에 부녀상사가 다시 금지됨으로써, 왕과 조정의 배불의지가 새삼 가시화함을 느낄 수 있다.

또 이듬 해(5년) 8월에는 전국 폐사의 전지와 노비를 모두 속공시키는 조치가 이어진다. 이는 충청도 관찰사가 도내의 이미 폐사된 안파사安波寺의 노비 및 전지수조田地收租 상황이 부당함을 논하는 보고를 올림에, 이 예에 따라 취한 조치였다.[220] 안파사는 왜구로 인해 폐허가 된 사찰이지만, 전국의 폐사 가운데는 태종 2년의 짧은 기간 중의 사사전 혁거 시행이 원인이 되어 폐사가 된 경우도 없지 않았을 것으로 보인다. 앞서 태종은 태상왕과의 약속에서 밀기부 사사전지의 환급은 물론 이미 폐망한 사사의 전지까지도 모두 환급할 것을 명한 바 있다. 그러나 그런 전국 폐사의 전지와 노비가 이제 다시 모두 속공되고 만 것이다.

태상왕과의 약속을 파기하면서 진행되고 있는 부녀상사의 금단과 전국 폐사의 전지 및 노비의 속공조치를 통해서 볼 때 향후 조정 유신들과 태종의 배불 추세가 더욱 적극화 할 것임을 충분히 예측할 수 있다. 그리고 실제로 그것은 태종 5년 11월 이후부터 본격적인 배불 정책의 단행으로 나타나고 있다.

---

219) 李載昌,「朝鮮朝社會에 있어서 佛教教團」,『韓國史學』7(韓國精神文化研究院, 1986), p.134.
220)『太宗實錄』卷10, 太宗 5年(1405) 8月 29日.

Ⅱ. 배불정책의 단행과 결과

1. 본격적인 배불시책의 진행

태종이 즉위한 후 처음 시도한 억승배불의 조치들은 태상왕에 의해 잠시 중단되는 듯하였다. 그러나 태종 4년 말경부터 배불조치는 다시 시작되고 5년 11월 이후로는 그것이 본격적으로 단행된다. 아직은 태상왕이 건재하지만 왕과 조정의 일치된 배불의지를 태상왕 혼자서 저지하는 데는 한계가 있었을 것이다. 더구나 종교상의 문제로서가 아니라 현실적인 폐해의 단속 및 국가 재원확보 등 정치상의 문제라 할 때 더욱 그렇게 생각할 수 있다.

태종 4년 12월 부녀상사를 금지하고, 그 이듬해 8월 전국 폐사의 전지와 노비를 속공시킨 조치는 물론 조정 유신들의 정책 건의에 따른 것이었다. 이처럼 배불조치들이 재개되는 추세 속에서 그해(5년) 9월 왕사 자초自超가 입적하였다. 이에 태종은 상왕(정종)의 뜻에 따라 부도에 봉안할 탑호 및 조파祖派의 비명 등을 상정詳定토록 예조에 하명하지만, 사간원의 반대로 그것이 이내 정파停罷되고 만다. 왕사의 출생에 대한 비난과 다비 후에 이적異蹟이 없음 등을 논란하는 한편 그런 부도의 일로 유교를 숭중崇重하여 이단을 물리쳐 온 왕의 아름다운 뜻이 어긋날까 염려하는 상소로써 탑호와 비명의 일을 정파케 한 것이다. 사간원의 반불의지는 여기서 그치지 않는다. 선사 신총信聰 등 왕사의 문도들이 유골을 임의로 봉안하고 속임을 자행한다하여 그들의 직첩을 빼앗고 논죄할 것과, 심지어 왕사의 탑묘를 헐어내고 그 유골을 흩어버리자고까지 다시 극간하고 있다.[221] 왕이 이에 관해 하교하지 않음으로써 더이상의 사태 발생은 없었다.[222] 그러나 무학과 태조와의 각별한 관계나 무학이 왕도의 결정에 끼친 공적 등을 감안하더라도 이 일은 그 무렵 조정 유신들이 얼마나 감정적으로 배불의식을 표출시키고 있었던가를 잘 알 수 있게 한다.

어쨌든 이 같은 조정의 배불기세는 드디어 태종대의 본격적인 배불시책의 단행으로 나타나고 있다. 태종 5년 11월부터 주로 사사전 및 노비의 대폭적인 혁거, 사사 및 거주승려 수의 감축, 종파의 병합축소 등 조치들이 강행된 것이다. 대략 태종 7년 말까지 진행한 이와 같은 배불시책들은 이후 세종대에 또 한 차례 파격적 사사감축 및 종파폐합 등으로 이어지면서 조선 전기 배불정책의 핵심을 이룬다.

태종의 본격적인 제1차 배불시책이라 할 사사전 및 사사노비의 대폭적인 혁거는 일부 지방사원 주지들의 타락과 비행을 계기로 의정부에서 불교의 통제책을 상소함으로써 단행한 것이다. 즉 태종 5년 11월 금산사 주지 도징道澄이 그 절의 비婢 강장姜庄·강덕姜德 자매와 간행奸行하고 전토의 소출과 노비 공화貢貨를 모두 사용私用하였으며,

---

221) 『太宗實錄』卷10, 太宗 5年(1405) 9月 20日.
222) 왕사 무학에게 妙嚴尊者라는 시호가 가해지고 또 예문관제학 변계량이 비명을 지은 것은 이로부터 5년 후인 태종 10년 7월의 일이다. 태종은 이 무렵에 대체적인 불교정비를 마친 상태였으며, 무학을 존신하는 상왕(정종)의 力請이 있었다. (『太祖實錄』卷20, 10年(1410) 7月 12日).

또 와룡사臥龍寺 주지 설연雪然이 절의 비婢 가이加伊 등 5명을 간범한 사실이 알려지게 된다. 이에 같은 달 21일 의정부에서 상소하여 불교 전반에 관한 일들을 비난한 다음 그 통제책을 제시한 것인데 그 내용을 요약하면 다음과 같다.

① 전조의 밀기부密記付 비보사사裨補寺社 및 외방각관의 답산기부踏山記付 사사 중에서 신구경新舊京에는 오교양종 각1사, 외방각도의 부관府官 이상의 지역에는 선교에 각1사, 감무관 이상 지역에서는 선교 중 1사씩 만을 둘 것.

② 소재관은 그 노비의 인구수를 문서로 작성하여 각각 그 절 10리 밖에서 농사를 지으며 살게 하고, 그 절 부엌일의 공급에는 다만 남자종으로 하여금 일하게 하되, 100원百員이 거처하는 곳에는 20명, 50원이 있는 곳에는 10명, 10원 이하의 곳에는 2명씩을 매년 교체하여 윤번으로 일을 보게 하고, 그 나머지 노비의 신체적 공역과 토전 소출은 모두 거둘 것.

③ 노비가 없는 사사는 비보 외 사사의 노비와 전토로써 거주승의 다소에 따라 지급할 것.

④ 여자종이 사내에서 일하는 것을 일체 금단케 할 것.

⑤ 여자종의 사내 왕래를 금지시키지 않은 승인이나 노비의 집안에 왕래하는 승인 그리고 이를 허락한 사람은 진고陳告케 하며, 범자에게서 포 100필을 징수하여 진고자에게 상으로 충당하고 승인은 장발충군長髮充軍 시킬 것.

⑥ 그 나머지의 각사 노비는 모두 속공시킬 것.

⑦ 사내의 부엌일 등은 소임이 없는 잡승으로 충역할 것.

이 같은 사사전토와 노비의 정비 및 그 처리에 관한 구체적인 방안은 왕이 그대로 수락하는데, 태종은 다만 연경衍慶·흥천興天·화장華藏·신광神光·석왕釋王·낙산洛山·성등聖燈·진관津寬·상원上元·견암見

菴·관음굴觀音窟·회암檜庵·반야전般若殿·만의萬義·감로甘露사 등의 절은 종전대로 두게 하였다.[223]

이 조치를 시행함에 따라 유생들의 배불기세는 더욱 고무되어, 와룡사 주지의 간범사실을 적발했던 바로 그 장본인인 진주목사 안노생安魯生은 왕의 과감한 배불정책을 경하하는 전문箋文을 올리고 있다. 장문의 이 전에서 그는 모든 배불의 글들이 그러하듯이 역시 중국으로부터 동방에 이르기까지 불교 여러 가지 일들을 비판한 다음, '전조 5백년간은 석씨의 병이 나라와 백성을 해치는 것도 몰랐으나, 이제 하늘의 도움으로 동방에 성인이 태어나서 대통을 이어 요순과 문무를 본받아 기강을 세우고 왕도를 높여 3대의 치治를 만회하였다'는 내용을 개진하고 있다. 배불조치를 단행한 태종을 성인이라고까지 극구 칭찬하고 있는 것이다. 그런데 이 안노생의 전문 가운데는 상기 태종이 단행한 배불조치의 내용들을 좀 더 자세하게 확인케 해주는 말이 들어 있어 주목된다. 그 전문 중에,

> 특히 중외의 밀기부 외의 사찰을 사태하고 그 전민田民을 몰수하여 나라에 되돌림으로써, 천년의 폐단을 혁제하였다.[224]

라고 했음이 그것이다. 이 말을 통해서 볼 때, 태종은 사사전토의 노비 속공뿐만 아니라 중앙과 지방의 밀기부 외의 사찰을 사태했음을 알 수가 있다. 앞의 의정부 상서의 내용은 주로 사사전토와 노비문제만을 중점적으로 언급하고 있어 사사 혁거문제는 간과하기 쉽다. 그러

---

223) 『太宗實錄』卷10, 太宗 5年(1405) 11月 21日.
224) 위와 같음. "特於中外 汰其密記付增置寺刹 收其田民 以復於國 革除千載之弊." 여기서 '密記付增 置寺刹'이란 밀기부사찰 외에 더 세운 절이란 뜻이므로, 이는 밀기부 외의 사사와 같은 의미로 볼 수 있다. (金煐泰, 앞의 논문, p154).

나 안노생의 전문을 통해 의정부에서 제시한 상기 ①항의 내용 속에는 밀기부 외 사찰의 사태가 포함되어 있음을 분명하게 확인 할 수가 있다.[225] 다만 이때 사태된 사찰들이 얼마나 되는지는 구체적으로 알 수가 없다.

어쨌든 이와 같이 본격적인 제1차 배불정책을 단행한데 이어 그해 12월에는 다시 의정부의 보고에 따라 각 종파의 승인이 사적으로 사사노비를 제자나 족인族人에게 양여하지 못하게 하고 범한 자는 모두 속공케 하는 조치도 추가하고 있다.[226]

지금까지도 직접 간접적인 불교 억압 및 배척의 조치들이 있어 왔지만, 사사전토와 노비의 혁거 속공 및 일부 사사의 사태와 같은 본격적인 배불정책은 불교교단에 일대 타격을 준 것임에 틀림없다. 더구나 그것이 하나의 계기였다고는 하지만 몇몇 주지승들의 간행 및 비행사실이 그대로 전국 사사에 대한 대대적인 경제적 제재와 사사혁거와 같은 일대 배불 조치로 나타났다는 사실은 불교계로서는 도저히 수긍할 수 없는 일이기도 했을 것이다.

그리하여 그동안 정부의 부당한 배불조치들에 대해 별다른 반응을 보이지 않던 불교계에서 이번에는 집단적인 의사표시를 하고 나서게 된다. 즉 사사전민 혁거 등의 조치가 취해진지 3개월 후인 태종 6년 2월, 승려들은 감축된 사사의 수액數額과 삭감시킨 노비 및 전토를 복고시켜 줄 것을 연일 정부에 호소하고 나선 것이다. 그러나 이에 대해

---

225) 이런 사실은 태종 6년 2월 조계종승 성민이 정부의 '減寺額 削民田'에 대하여 신문고를 쳐서 그것을 예전대로 돌려줄 것을 호소한 사건에서도 확인 된다. 성민 또한 '사사의 數額을 감축하고 노비민구와 전토를 삭감한'것에 대해 호소하고 있기 때문이다.
226) 『太宗實錄』卷10, 太宗 5年(1405) 12月 10日.

정승 하륜河崙이 아무런 대답도 주지 않자, 다시 조계종승 성민省敏[227] 은 수백 명의 승려들을 이끌고 궐문으로 가서 신문고를 치고 거듭 조정의 지나친 대불교정책의 시정을 요구하였다. 이 일은 물론 왕에게도 보고가 되었지만 태종이 끝내 불허함으로써[228] 모처럼의 불교계의 집단적인 의사표명은 아무런 성과도 없이 끝나고 만다.

뿐만 아니라 불교계의 집단적인 의사표명이 있었던 바로 한 달 뒤인 태종 6년 3월 의정부에서는 오히려 왕의 지시에 의해 각사의 거승 전지 노비를 제한하는 방안을 계청하였고[229] 또한 태종은 이러한 방안을 일부 수정하여 그대로 시행케 하고 있다. 불교계로서는 사사 전토와 노비의 혁거革去 속공에 이은 또 다른 배불조치를 강요당하게 된 것이다. 이때 정해진 사사의 전토 노비 및 거승수를 표로 보면 〈표-1〉과 같다.

〈표-1〉 태종 6년 3월에 조치된 각종 사원 속전 노비 상양승常養僧 수

지역단위		종 명	배정사원	속 전	노 비	상양승
신 구도		오교양종	각 1 사	200결	100구	100원
			나머지각사	100결	50구	50원
각도계 각사		선 교 중	1사	100결	50구	( )[230]
각관	읍내		자 복 사	자 복 사	20결	10구
	읍외		각 사	각 사	60결	30구

227) 성민은 고려 우왕, 공양왕 때의 왕사였던 大智國師 粲英의 문도 가운데 이름이 보이고(大智國師碑銘, 『朝鮮金石總覽』下卷, p.718), 태종이 건원릉의 재궁으로서 세운 개경사의 주지가 또한 성민이었다. 양자가 동일인이라고 본다면 왕사 찬영의 문인인 성민은 태종대 선종본사인 개경사의 주지가 되어 왕에게 불사를 건의할 만큼 (『太宗實錄』卷24, 太宗 12年(1412) 10月 18日) 태종의 신망을 받고 또 영향력을 지닌 승려였던 것 같다.

228) 『太宗實錄』卷11, 太宗 6年(1406) 2月 26日. "曹溪釋省敏 擊申聞鼓 僧徒以減寺額 削民田 日訴于政府復古 政丞河崙不答 於是省敏率其徒數百撾鼓 以聞上終不許".

229) 『太宗實錄』卷11, 太宗 6年(1406) 3月 27日.

또 이를 시행함에 있어서 그 세부 조치사항으로서는,

① 전조의 밀기부 각사各寺는 곧 구도에서는 명당비보明堂裨補라 이름
   하고 신도에서는 명당이라 하나 실은 손익이 없으므로, 그 소속
   전민은 신도의 오교양종의 전민이 없는 각사에 옮겨 지급한다.
② 정수 이외의 사사 전민은 정수 내의 각사에 옮겨 지급한다.
③ 그 나머지는 모두 속공시킨다.

고 정하였다. 그리하여 그 결과로서 전국에 합류 및 잔류시킬 각종各
宗의 사사 수를 제한하여 다음과 같이 정하고 있다.

조계종	총지종	합류	70사
천태소자	법사종	합류	43사
화엄종	도문종	합류	43사
자은종		류	36사
중도종	신인종	합류	30사
남산종	시흥종	각류	10사

이상의 의정부의 건의는 결국 전국의 행정 단위별로 사원을 배정하
고 속전 노비 거승의 수를 일정하게 제한하는 한편, 당시 전국 11개
종의 사찰 총수를 242사[231] 만으로 한정케 하자는 내용이다. 태종은
이 같은 의정부의 계청을 원칙적으로 받아들이고 있으나 특별히 몇몇

---

230) 실록기사에는 各道界 首官 선교 중 1사에 常養僧이 배정되어 있지 않은데,
이는 기록의 누락으로 보아야 할 것이다. 高橋 亨의 『李朝佛敎』(p.106)에서는
아무런 설명 없이 상양승 50원을 기입 해놓았다.
231) 전국 11종에 합류시킬 사찰 수를 李相伯 앞의 논문(p.97)에서 232사로 총
계한 이래, 진단학회편 『韓國史』(近世前期篇 p.715)와 국사편찬위원회편 『韓
國史』(조선. p.144)에서도 232사로 기록하고 있다. 이는 남산·시흥 각10사를
20사로 계산하지 않고 10사로 본데서 생긴 착오인 듯하다. 또 高橋 亨의 『李
朝佛敎』(p.107)에서는 206사로 기록하고 있는데 자은종 36사가 누락된 숫자
이다.

사찰에 대해서는 사사전민의 삭감에 예외를 두도록 지시하였다. 즉 '회암사는 도에 뜻을 둔 승도들이 모이므로 예외로 해도 좋으니 전지 1백 결과 노비 50구를 가급하고, 표훈사와 유점사 또한 회암사의 예에 따라 그 원속原屬 전민을 종전대로 두어 줄이지 말 것'을 하명한 것이다. 또 '정수定數 외의 사사에도 시지柴地 1~2결씩을 주도록 하라'고 [232] 지시하고 있다. 이는 242사 이외의 사사에 대해서도 약간이나마 배려하고 있음을 알게 한다.

이에 따라 그 4일 후인 태종 6년 4월 1일에는 정액 외의 사사전구寺社田口를 각 관사에 분속시키는 구체적인 후속조치가 뒤따르고 있다. 즉 의정부의 계에 따라 정수 외의 사사전지는 모두 군자시軍資寺에 속하게 하여 선군船軍의 양식으로 보충케 하고, 그 노비는 모두 전농시典農寺에 주어 군기감軍器監·내자시內資寺·내섬시內贍寺·예빈시禮賓寺·복흥고福興庫 등에 분속시켜 각기 그들 구거지舊居地를 중심으로 둔전屯田의 사역에 종사토록 한 것이다.[233] 그런데 이때의 후속조치에는 사사나 상양승常養僧(거주승)에 대한 언급이 보이지 않는다. 따라서 정수 외 사사 전구의 처리에 대해서만 논하고 있는 이 계를 통해서 보는 한, 앞서 전국 11종에 242사를 잔류케 했던 조치는 곧 242

---

232) 『太宗實錄』卷11, 太宗 6年(1406) 3月 27日. "定數外寺社 亦量給柴地一二結".
233) 『太宗實錄』卷11, 太宗 6年(1406) 4月 1日. "議政府啓 定數外社寺田地 悉屬軍資 以補船軍糧餉 奴婢悉屬田農寺 因其舊居 使之屯田 軍器監屬 四千口 每一番四百口 輪次立役 內資內贍 各屬二千口 禮賓寺 福興庫 各屬三百口 並因舊居 綏撫役使"이 기사를 통해서 본다면 이때 각사에 분속된 사사노비는 총 8천6백 구이다. 그러나 태종 15년 8월 형조판서 鄭易의 보고에서 "革去寺社奴婢八萬餘口 專屬典農寺…"라 한 것을 보면(『太宗實錄』卷30, 太宗 15年(1415) 8月 29日), 이후에도 사사노비의 혁거 속공이 진행되어 그 수가 8만 여 구에 이르렀음을 알 수 있다. 한편 사사전의 公收에 대해서는 구체적인 숫자가 밝혀져 있지 않은데, 노비1구에 전2결을 상례로 했던 태종 6년 3월의 조치를 기준삼아 볼 때, 최소한 1만7천2백 결 이상이었을 것으로 추정할 수 있다.

사의 공인과 그 외 사사의 혁거革去로 이해되기 쉽다. 그러나 공인된 242사 이외의 사사가 혁거된 것으로 보이지는 않는다. 이점은 앞서 태종이 정액 외의 사사에도 시지 1~2결씩을 주도록 지시했음을 상기할 때 더욱 그러하다. 그러나 '막대한 전구를 소유했던 대가람들이 노비를 몰수당한 상태에서 단지 1~2결의 시지만으로 지탱하기는 불가능했을 것이며, 급기야 혁거와 다를 바 없는 결과를 초래했을 것임'이 분명한 일이다.[234] 그런 점에서 242사의 공인은 곧 그 외 사사의 혁거 및 그 승니의 사태 조치임에 다름이 아닌 것이다.

그런데도 의정부 계청에 따른 후속조치에서는 정액 외의 사사전토 및 노비의 혁거 분속에 대해서만 언급하고 있을 뿐 공인된 242사 외의 사사 및 거승수 이상의 승려에 대한 처리문제가 전혀 언급되어 있지 않음은 이상한 일이다. 혹시 사사 및 정수 외 거주승의 혁거는 없었던 것이 아닐까 하는 생각이 들게 하는 것이다. 그러나 이듬 해(7년) 12월, 242사에서 누락된 유서 깊은 명찰들을 중심으로 모든 주의 자복사資福寺를 지정하자는 의정부의 계에는 사사혁거에 대한 언급이 보인다. 즉, "지난해 사사를 혁거할 때에 삼한으로부터 있어온 대가람이 도리어 태거汰去의 예가 들어 있거나 망폐된 사사에 주지를 뽑는 경우가 간혹 용납되어……"[235]라고 말하고 있음이 그것이다. 따라서 사사전토와 노비의 속공을 전후하여 242사 외의 사사 태거가 함께 진행되었음은 의심할 여지가 없다.

어쨌든 이처럼 사사가 혁거되는 과정에서 상기 인용문과 같이 유서

---

234) 김갑주, 『조선시대 사원경제사 연구』(경인문화사, 2007), pp.19~20 참고.
235) 『太宗實錄』卷14, 太宗 7年(1407) 12月 2日. "革去社寺革去時 自三韓以來大伽藍 反在汰去之例 亡廢社寺 差下住持者 容或有之".

깊은 사찰들이 혁거의 대상에 포함되어 있거나 망폐 사사에 주지가 파견되는 경우가 있었던 것 같다. 이에 대해 승려들이 '원구지심怨咎之心'이 없지 않았던 것 같고, 의정부에서는 이 점을 감안하여 '산수승처山水勝處'의 대가람을 택하여 망폐 사사를 대신하게 함으로써 승도에게 머물 곳을 얻게 하고자' 자복사의 교체를 계청한 것이다. 그리하여 태종 7년 12월 제주諸州의 자복사를 교체시키고 있다.[236] 그러나 이 조치로서 이미 공인했던 242사의 수에 변동이 생긴 것은 아니다. 이는 속전 20결 노비 10구 상양승 10원을 배정했던 각관 읍내 자복사를 산수승처의 명찰로 교체해준 것이어서 전체 공인 사사수는 여전히 242사였다. 태종 6년 3월에 공인된 전국 11종의 242사가 어떤 사찰들인지는 밝혀져 있지 않지만 태종 7년에 새로 교체된 88개 자복사는 〈표-2〉와 같다.

　88개 명찰을 자복사로 지정한 것은 비록 망폐사의 교체이기는 하지만 불교계에 대한 일단의 배려임에는 틀림없다. 그러나 태종의 배불정책과 관련하여 이 7년 12월의 조치에서는 또 하나의 중대한 사실을 보여주고 있다. 즉 〈표-2〉에서 확인되는 바와 같이 당시의 불교 종파가 그동안 7종으로 병합 감축되어 있는 것이다. 좀 더 상세하게 말하면, 앞서 태종 6년 3월 사사 합류 때는 분명 11개종(조계종·총지종·천태소자종天台疏字宗·법사종法事宗·화엄종·도문종道文宗·자은종慈恩宗·중도종中道宗·신인종神印宗·남산종南山宗·시흥종始興宗)이 거명되어 있었다.[237]

───────────────

236) 위와 같음.
237) 成俔의 『慵齋叢話』卷8에 '置十二宗 以掌釋敎 至我太宗革十二宗 只置兩宗'이라 하였고, 이를 근거로 鮮初 宗團을 12宗으로 보는 학자들도 있지만 이는 분명한 오류이다. 天台疏字宗·法事의 2종을 天台宗·疏字宗·法事宗의 3宗

그러던 것이 이제 태종 7년 12월의 자복사 지정 기사에는 조계종, 천태종, 화엄종, 자은종, 중신종中神宗, 총남종摠南宗, 시흥종의 7종명만이 보인다. 그동안 불교 종파가 11종에서 7종으로 병합 감축된 것임을 나타내주고 있는 것이다.

〈표-2〉 태종 7년 12월에 지정된 88개의 자복사

조계종 (24사)	양주통도사 송생쌍암사 창녕연화사 지평보리갑사 의성빙산사 영주정각사 언양석남사 의흥인각사 장흥가지사 낙안징광사 곡성동리사 감음영각사 군위법주사 기천정림사 영암도갑사 영춘덕천사 남양홍법사 인동가림사 산음지곡사 옥주지륵사 탐진만덕사 청양장곡사 직산천흥사 안성석남사
천태종 (17사)	충주암정사 초계백암사 태산홍용사 정산계봉사 영평백운사 광주청계사 영해우장사 대구용천사 도강무위사 운봉원수사 대흥송림사 문화구업사 금산진흥사 무안대굴사 장사선운사 제주장락사 용구단봉사
화엄종 (11사)	장흥금장사 밀양엄광사 원주법천사 청주원흥사 의창웅신사 강화매향사 양주성불사 안변비사사 순천향림사 청도칠엽사 신녕공덕사
자은종 (17사)	승령관음사 양주신혈사 개녕사자사 양근백암사 남포성주사 임주보광사 선녕웅인사 하동양경사 릉성공림사 봉주성불사 여흥신이사 김해감로사 선주원흥사 함양엄천사 수원창성사 진주법륜사 광주진국사
중신종 (8사)	임실진구사 함풍군니사 아주동림사 청주보경사 봉화태자사 고성법천사 백주견불사 익주미륵사

으로 보아 12종으로 생각한 듯한데 (韓㳓劤, 앞의 논문, p24 ; 金甲周, 앞의 책, p26), 성현이 '태종대에 12종을 혁파하여 양종을 두었다'고 말한 자체도 사실과는 부합되지 않는다. 불교종단을 선교 양종으로 한 것은 태종이 아니라 세종대의 일인 것도 주지의 사실이다.

충남종 (8사)	강음천신사 임진창화사 삼척삼화사 화순만연사 나주보광사 창평단봉사 인제현고사 계림천왕사
시흥종 (3사)	연주오봉사 연풍하거사 고흥적조사

태종 6년 3월의 11종명과 7년 12월의 7종명을 다시 배열하여 대비해보면 다음과 같다.

위 내용을 살펴보면, 조계종은 사사 합류 때 총지종과 한 조였던 것이 조계종만으로 되어 있다. 그리고 천태소자종 법사종이 합해 천태종이 되고, 화엄종 도문종이 화엄종으로 별립하면서 도문종은 없어지고,[238] 자은종과 시흥종은 각각 그대로이며, 중도종 신인종이 합쳐져

---

238) 道門宗은 태종 6년 3월의 의정부 계청에 화엄종과 함께 단 한번 기록되어 있는 것이 전부이다. 그것이 태종 7년 12월의 계서에는 이름이 없는 것을 보면 화엄종에 합종되어 종파의 이름을 잃어버린 것 같다. (金煐泰, 『한국불교사』, 부록 '한국불교의 종파 역사', p.442).

중신종으로, 남산종은 조계종에 합류해 있던 총지종과 다시 합해져 총남종이 되었음을 금방 알 수 있다. 따라서 사사 합류 조치가 있었던 태종 6년 3월부터 모든 주의 자복사가 정해진 태종 7년 12월 사이에 불교종파를 병합 축소시킨 것이 분명하다. 종파의 병합축소가 이루어진 시기는 실록기사에 별도로 나타나 있지 않아 그 정확한 시기를 단언하기는 어렵다. 사사 합류 시 두개의 종파를 한 조로 묶어 열기하였고 그것이 총남종을 제외하고는 대부분 그대로 합종된 것으로 미루어 본다면, 종파 병합 및 축소는 태종 6년 3월의 사사 합류가 있는 약간 후에 이루어진 조치였을 것으로 볼 수 있다.

2. 경제적 억압과 교단의 축소

이상에서 살펴본 대로, 태종 5년 11월부터 7년 12월까지 불교교단에 큰 타격을 안겨주는 배불시책들이 집중적으로 나오고 있다. 사사의 전토 및 노비의 대폭적인 혁거속공 → 사사전 노비 거승수의 제한과, 11종에 242사만을 잔류시킨 사사의 합류 및 승니의 사태 → 11종에서 7종으로의 종파 축소 등으로 이어져 온 것이다. 이들 조치는 사사의 전토와 노비 속공, 거승 수의 제한 등 주로 불교의 경제적 억압과 제재를 목적으로 한 것이지만 이와 관련한 종파의 병합축소는 불교교단에 큰 외형적 변화를 초래하는 사태이기도 하였다. 그러나 태종대의 억승배불 조치는 여기서 그치지 않고 그 18년에 이르기까지 계속해서 진행된다.

태종 8년 7월 태조의 재궁으로서 개경사가 창건되자, 그 10월에는 태조가 창건한 선종본사 흥천사의 원속元屬 토지와 노비를 국가에서 몰수하고 개경사를 선종 본사로 삼았으며, 대신 흥천사에는 화엄종의 지천사支天社를 폐하고 그 전민을 준 후 화엄종에 속하게 하였다. 태조가 강화에서 대장경판을 수송할 때 잠시 그것을 봉안케 하기도 했던 이름 있는 지천사를 폐지한 것은, 이 절이 태평관에 가까운 곳에 있다는 이유와 중국 사신과 수행원을 위한 숙소로 쓰기 위함이었다.[239] 이 조치 또한 의정부 계에 따른 것이다. 종파의 이속과 같은 중대한 문제가 유신들의 편의에 따라 손쉽게 이루어지고, 또 사찰 하나가 새로 생긴 것을 불만스럽게 여기는 유신들은 어떤 구실로든 그에 비견할 만한 사찰 하나를 폐지시키고 있는 것이다.[240]

이 밖에도 유신들은 불교억압 및 배불의 방안을 끊임없이 내놓았고 그것은 또 결국 시행되고 있다. 승도의 도첩을 정밀하게 살펴 무도첩자를 환속시키는 한편[241] 처녀로서 니승이 된 사람을 모두 환속 혼인시키도록 하고[242], 강력한 요청으로 내원당內願堂을 혁파케 하기도 하였다.[243] 그러나 이 무렵의 태종은 유신들의 건의에 대해 사안에 따라 조치를 취하는 정도의 상당히 소극적인 자세를 보이고 있다.

유신들은 종전과는 다른 왕의 태도 변화에 대해서도 불만을 나타내면서[244] 그들의 관점에서 불교를 억압 통제할 만하다고 판단되는 일

---

239)『太宗實錄』卷16, 太宗 8年(1408) 10月 21日.
240) 禹貞相,『朝鮮前期佛敎思想硏究』(東國大學校出版部, 1985),「支天寺考」및「開慶寺考」참조.
241)『太宗實錄』卷20, 太宗 10年 11月 21日. 이에 앞서 태종 8년 5월에 도첩제를 엄격하게 재정비하 이를 시행해 왔었다. (『太宗實錄』卷15, 太宗 8年(1408) 5月 10日)
242)『太宗實錄』卷25, 太宗 13年(1413) 6月 29日.
243)『太宗實錄』卷24, 太宗 12年(1412) 7月 29日. 사간원에서 淨業院과 함께 內院堂의 혁파를 주장한 것이나 내원당만 혁파된 것이다.
244)『太宗實錄』卷24, 太宗 12年(1412) 10월 8日.

은 무엇이든지 상서 건의하고 있다. 왕 자신보다도 조정 유신들의 배불의지가 항상 앞서가고 있는 경향을 보여준다. 그들은 도성의 궐문 행랑 창고 등 대대적인 역사에 '유수승도遊手僧徒'를 부역시키는 일을 당연하게 여기고 있으며[245] 주공가례朱公家禮의 정착을 위해 망자를 위한 불공재를 폐지시켜 줄 것을 강청하고도 있다.[246] 한편 승록사僧錄司의 승과僧科 운영에 있어서 선교 각종의 입격자入格者 수를 30인 이하로 제한케 하기도 하고[247] 승록사의 승직관할 업무를 이조에 이관시켜 통제를 강화하고 있는 것도[248] 모두 조정 유신들이 앞장 선 배불조치들이었다.

태종대의 배불에 대해서는 이상과 같은 내용들을 망라하여 흔히 6개 항 혹은 4개항으로 요약하기도 하지만[249] 그 내용면에서는 큰 차이가 없다. 뒤에 세종대의 사헌부 상소 가운데에도 태종의 배불업적들을 대강 열거해 말하면서 이를 찬양하고 있는데 대체로 이것과도 비슷한 분류들이다. 세종대 사헌부의 상소에 의해 태종의 배불사실을 결과로서 간추려 보면, 대략 다음과 같이 다섯 가지로 요약할 수 있다.

① 종파를 감축하고 사원의 수를 줄이며 그 전토와 노비를 혁거함.
② 왕사·국사의 제도를 폐함.
③ 도첩법을 엄하게 함.
④ 창사·조불·설회 등 경비소모가 큰 불사를 일체 금함.
⑤ 능사의 제도를 폐함.

---

245) 『太宗實錄』卷22, 太宗 12年(1412) 5月 22日.
246) 『太宗實錄』卷24, 太宗 12年(1412) 10月 8日.
247) 『太宗實錄』卷28, 太宗 14年(1414) 7月 4日.
248) 『太宗實錄』卷32, 太宗 16年(1416) 12月 18日.
249) 高橋亨, 『李朝佛敎』, p.99 ; 金烘泰, 『한국불교사』, p.253.

이들 내용은 태종의 배불업적을 찬양하기 위한 유신들의 말인 만큼 다소 관점이 다를 수도 있다. 가령 ④항의 경우 태종 자신의 말년까지도 계속된 제반 불사의 설행사실을 부인할 수 없으므로 이를 그의 배불업적에 포함시킬 수 있을지는 의문이다. 그러나 대체로 이 같은 분류는 태종의 배불정책 전반을 잘 보여주고 있는 것이라 할 만하며 그 가운데 가장 주목되는 것이 제①항임은 물론이다. 공인된 사액寺額 이외의 사사 및 승려에 대한 사태와 그 전민의 혁거는 불교 교단 유지 및 활동에 결정적인 타격을 주었을 것이기 때문이다.[250] 여기서 각 항에 대한 별도의 설명은 생략한다. 다만 태종은 사사 승려의 사태 및 그 전민의 혁거와 같은 교단의 경제력 등에 대한 거세조치 이외에도, 왕사 및 국사 제도를 폐지하고[251] 능사제도를 없앰으로써[252] 불교의 국가 사회적인 위치와 그 영향력 또한 대폭 배제했던 것임은 틀림없다.

---

250) 司憲府 상소문 중 태종의 배불정책을 구체적으로 例示하고 있는 부분만을 보면 다음과 같다. (『世宗實錄』卷24, 世宗 23年(1441) 윤11月 9日.) "太宗文武 光孝大王 以英明之資 高世之見 纘承丕緒 深創前代之幣 沙汰寺額 革其田民 始去王師國 師封君之號 嚴立度法 創寺造佛設靡費會之事一切痛禁 因果虛誕之說始息 吾道復明 君子得聞 大道 之要 小人得蒙治澤 歲在庚子擧國臣民 請於獻陵之則營建佛寺 以資冥福 太宗出自英斷 排斥群議 勿令建置…太宗成德神功…以斥佛之事尤有益於斯道斯民".

251) 태종 3년(1403)에 국사가 된 祖丘는 그 이듬해에 입적했으나 다시 국사 책봉이 없었다. 왕사 무학無學은 태종 5년(1405)에 입적했고, 이때 조정에서는 '生無可取死無異跡'이라하여 왕사를 비난하며, 그 탑호와 비명을 詳定하는 일조차 거부하였다. 이로써 왕사 국사제도는 자연히 폐지되고 만 것이다.

252) 부왕과 모후를 위해서 개경사와 연경사를 세웠던 태종은 그의 비 원경왕후가 세상을 떠나자(세 종 2년) 산릉에 능사를 건립하려는 세종을 극구 만류하였다. 이로써 능사를 건립치 않은 예가 되어 그 제도가 폐지된 것으로 볼 수 있다. 그러나 태종 이후에도 세종(英陵, 報恩寺) 세조(光陵, 奉先寺) 덕종 예종(敬陵, 昌陵, 正因寺)의 능에는 절이 세워지기도 하였다.(『慵齋叢話』卷2 참조).

Ⅲ. 태종의 대불태도의 이중성

1. 불사에 대한 변명과 부정

태종의 불교에 대한 태도는 모호하고 난해한 점이 적지 않다. 그는 배불군주라는 일반적인 인식에 합당할 만큼 가혹한 배불정책을 단행하는 한편 때로는 불교를 위해 자못 자상한 배려도 아끼지 않는다. 열심히 불사를 행하면서도 그것을 부정하고, 유교주의자로서 강한 자아의식을 보여주는가 하면, 불교의 신앙세계 앞에서 한낱 나약한 인간의 모습을 드러내기도 한다. 그런 태종의 행위를 어느 측면에서 바라보는가에 따라 그에 대한 불교적인 평가는 달라질 수밖에 없다. 그래서 그는 배불군주로서만 취급되기도 하고,[253] 이와는 달리 온전하게 호불왕으로서 인식되고 있는 경우도 없지 않은 것이다.[254]

---

253) 忽滑谷快天, 『朝鮮禪敎史』, p.147.
254) 李能和, 『朝鮮佛敎通史』下篇, p.557. "尙玄曰 孰請太宗大王 不好佛法 若不好佛法 安能新創觀 音殿 金書法華經 以薦其父王之冥福乎 又安能創寺於墳 側圖掛三佛 金書二經 以薦亡子之靈魂乎 史氏之書 亦不可信 類如此也(國朝 寶鑑等書皆言 太宗不好佛法故)"; 金甲周의 앞의 책(p.25)에서는 '좀 더 과감히 사사를 정리치 못하고 오히려 亡廢社인 資福寺를 대치'했던 사실에 대해 민중의 정신적 안식처로 여겨오던 사사의 정리에 신중한 태도를 취한 것으로 보고 "여태까지 막연한 선입견으로 철저한 억불로만 이해되어온 태종의 불교정책은 앞으로 재검토가 있어야 할 것으로 생각한다."고 말하고 있다.

태종에 대한 이 같은 상반된 평가는 무엇보다도 불교에 대한 그의 태도가 이중적 구조를 보이고 있는 데서 기인한다. 따라서 그에 대한 평가에 앞서 실제로 태종의 그런 이중적인 대불 태도를 확인해 볼 필요가 있다.

태종은 그 가문의 전통적인 불교신앙의 영향을 거의 받지 않았던 것 같다. 부왕 태조나 상왕 정종이 불교를 독신했던 것과는 크게 다른 모습이다. 그는 무인출신인 태조와는 달리 일찍부터 유자로서의 소양을 쌓아왔다. 고려조에서 이미 문과에 급제(우왕 9년, 1383)한 후 관계에 나아가 밀직사密直使에서 대언代言에 이르기까지 항상 유자들과 교유하였고 유학에도 능통하였다. 그가 유자 출신이었던 만큼 유학의 흥륭에 관심을 쏟았으리라는 것 또한 쉽게 생각해 볼 수 있다.

태종은 즉위 3년 2月에 주자소鑄字所를 설치하고 조선조 최초의 동활자(계미자癸未字) 수십 만 자를 주조하여 유교의 책들을 인출한 바 있다. 유교의 서적이 드물어 유생들이 널리 읽지 못함을 염려해서였다.[255] 불교 대신에 새롭게 유교의 제도와 문물을 채택하고자 한 그의 이 같은 의지는 왕실의 왕자교육에서도 엿보인다. 원년 8월, 원자의 나이 8세가 되어 취학하게 되었을 때, 그는 유신들의 계에 따라 승에게 수학하게 했던 전통적인 관례를 버리고 성균관에 별도의 학당을 지어 원자를 교육케 했던 것이다.[256] 이 밖에도 신도新都에 오부학당五部學堂을 지원하여 유생을 교육하였고 (태종11년), 문신을 친히 시험하는 제도를 두는 등(14년) 유교진흥에 상당한 노력을 기울었다.

---

255)『太宗實錄』卷5, 太宗 3年(1403) 2月 13日. 金斗鐘,『韓國古印刷技術史』(探究堂, 1974), pp.135~137 참조.
256)『太宗實錄』卷2, 太宗 元年(1401) 8月 22日 및 同 卷3 太宗 2年(1402) 4月 24日.

164 제1부 불유교대의 배경과 초기 불교정책

이와 같이 태종은 강한 유교흥륭의 의지와 포부를 갖고 있었던 것이지만 불교에 대해서는 관심과 소양이 거의 없었고 처음부터 냉담한 태도를 지녔던 듯하다. 태종은 즉위 직후(정종 2년 11월) 환관들이 원불로서 궁중에 오래 봉안해 온 인왕불을 진상하려 했을 때 이를 받지 않고 궁 밖의 내원당으로 옮겨두게 한 바 있었다. 그는 이어 의정부와 예조에 신불지사神佛之事의 제거를 의논하도록 명하는 가운데 "신불의 일은 내가 감히 알지 못한다. 그러나 그 영험이 없다는 것 또한 명백하니 무슨 이익이 있겠는가?"[257]라고 말하고 있다. 또 즉위 벽두부터 유신들의 배불논의가 활발하게 일어나고 있는 가운데, 경연의 자리에서는 "옛날에 불교가 어느 대에 시흥始興하였고 호불자는 어느 대이며 척불자는 어느 대인가?"를 묻기도 하였다. '신불지사에 대해 감히 아는 바가 없는'그가 배불시책을 예비하면서 불교의 시흥과 함께 호불 및 척불의 역사에 대한 지식이 필요했을 것이다. 어쩌면 그는 자신의 배불정책의 포부를 역사적 관점에서 규정해 보고자 했던 것인지도 모른다.

그러나 스스로 말하고 있듯이 그는 불교신앙에 대해서는 무지하고 불교의 역사적 지식에 대해서도 아는 바가 없는 상태에서 그런 것들이 허탄하다고만 생각하고 배불에 나선다. 이런 태도는 적어도 여말선초에 종교철학적 지식과 체계적인 이론을 갖추고 척불에 진력했던 정도전류의 배불활동과는 큰 차이를 느끼게 한다. 그만큼 태종의 대불태도는 다만 유자들의 막연한 배불감정에서 이거나 아니면 정책적 이유로서 나타나는 그런 정도였던 것 같다.

---

257) 『定宗實錄』卷6, 定宗 2年(1400) 11月 13日. "信佛之事 我敢不知 然其無驗 亦甚明白 何有益哉".

태종의 불교에 대한 관심과 지식은 거의 전무하거나, 있다고 해 봐야 기복영이祈福靈異에 대한 자가류의 판단에 불과했던 것으로 보인다. 따라서 그는 애초부터 종교적 신불심과는 거리가 멀다. 그런 태종이 불사에도 열중함을 보여주고 있음은 그 시대의 종교적 상황을 고려하더라도, 때로 그에 대한 이해에 혼란을 준다.

태종은 그 3년 3월 우대언右代言 이응李膺에게 말하기를 "이색은 동방의 거유이지만 대장경읽기를 좋아했으므로 모든 유자들의 웃는 바가 되었다. 지금 불사佛事를 짓지 않는 사람은 오직 하륜 뿐일 것이며, 그 밖의 유자들로서 몰래 불사를 짓는 경우가 없지 않을 것이다. 불교에서 말하는 보응의 설은 모두 아득한 가운데 있어서 응험이 명백히 드러나지 않으니 어찌 믿을 수가 있겠는가?"[258] 하였다. 태종의 이런 말 속에는 당시 겉으로는 배불을 말하면서도 안으로는 여전히 불교의 영향력을 벗어나지 못하고 있는 대부분 유자들의 모순된 실상과 함께 그런 현실을 개탄하는 유자로서의 태종 자신의 착잡한 심정이 엿보인다.

그러나 태종 또한 불사를 한다는 점에 있어서는 대부분의 유자들과 조금도 다를 바가 없다. 태종은 즉위 8년 5월에 부왕이 세상을 떠남에 7월에 그 산릉의 재궁을 개경사라 이름하고 조계종에 소속시켜 노비 150구와 전지 300결을 사급하는 한편 모후의 재궁인 연경사에도 원속 노비 80구에 20구를 더 지급하고 있다. 이때 유신들의 불사를 개탄했던 왕이 자신의 불사를 변명할 필요가 있었던 것인지, 그는 황희에게 말하기를 "불교가 옳지 않다는 것을 내가 어찌 모르겠는가. 이렇게 하는 까닭은 부왕의 대사를 당하여 마음에 옳고 그름을 가릴

258) 『太宗實錄』卷5, 太宗 3年(1403) 3月 27日.

겨를이 없기 때문이다."[259]라고 말하고 있다.

태종의 불사에 대해서는 이미 자세히 살펴보았지만 그는 계속해서 불사를 행하고 또 그때마다 그것을 변명하는 태도를 보이고 있다. 그 13년 5월에 중궁의 병이 위독하여 본궁에서 약사정근을 베풀고 100명의 승려로 하여금 경회루에서 독경하게 했을 때도 마찬가지였다. 그때 왕은 대언사代言司에 말하기를 "나는 진실로 불교가 허탄한 것으로 알고 있다. 그러나 부인이 불교를 믿기 때문에 이렇게 기도하는 것이다."라고 하였다. 또 승려들에게는 "이렇게 위급한 때 신효가 있다면 존신하겠지만 보응이 없을 때는 불법을 모두 없애버리겠다."고 말하고도 있다.[260] 이 처럼 불사를 행하는 사람으로서는 상상하기 어려운 폭언을 서슴지 않으면서도 그는 세자를 시켜 행향行香케 하고 자신도 친히 나아가 승려 및 왕자들과 함께 연비하고 또 승려들에게는 차등을 두어 보시를 하고 있다. 이로써 보면 태종은 스스로 공언하고 있는 것처럼 불교를 전혀 허탄한 것으로만 생각한 것 같지는 않다. 마침 중궁의 병이 좀 나아지자 그는 기뻐하며 회암사에 전토 1백결과 쌀 200석을 사급하기도 하였다.[261]

그러나 이럴 경우에도 그의 진심이 어떤 것인지는 좀체 파악하기 어렵다. 태종은 그 15년 7월에는 불법의 진위를 시험해보기 위해 1백명의 승려를 흥천사 사리전에 모아 분신사리分身舍利를 비는 정근을 시킨 일도 있었다.[262] 또 이듬해 5월에는 흥복사에 지계승도 1백 명을

259) 『太宗實錄』卷16, 太宗 8年(1408) 7月 29日. "上謂黃喜曰 佛氏之非 子豈不知 所以爲此者 當父王之大事 心不暇計 其是非也".
260) 『太宗實錄』卷25, 太宗 13年(1413) 5月 6日.
261) 위와 같음.
262) 『太宗實錄』卷30, 太宗 15年(1415) 7月 23日. "初上欲驗佛氏之眞僞 聚僧思 近雪吾等一百 于興天寺舍利殿 設精勤法席 以祈分身".

모아『대운륜청우경大雲輪請雨經』을 3일 동안 독송케 하고 법석이 끝남에 승려들에게 고루 포를 사여하였다. 기우의 법석을 설한 것은 자주 있었던 일이지만,[263] 이때 3일 동안의 독송을 마친 며칠 뒤에는 큰 소나기와 뇌진으로 여러 곳에서 불상사가 일어났다. 이에 왕은 "부처에게 빌어서 비가 내렸는지의 여부는 알 수가 없다. 전날 흥복사에 승려들을 모아 기우하였더니 하늘이 노하여 소나기와 천둥의 울림으로 여섯 곳이나 상서롭지 못한 변이 막심하게 된 것이다. 고요함을 지키며 하늘이 쉬기를 기다렸어야 할 일인데 사람들의 청을 막지 못하고 고지식하게 그것에 따랐었다"라고 자조적으로 말하고 있다.[264]

열심히 불사를 행하고 그러면서도 한편에서는 그것을 변명하거나 부정하는 태종의 태도는 그 17년 9월 각림사의 중수에서도 나타난다. 비록 그가 잠저시 독서 했던 곳이기 때문이라고는 하지만 각림사에 대한 왕의 관심은 과거의 단순한 인연 그 이상의 것이었다. 이는 무엇보다도 실록중의 빈번한 각림사 관계 기사가 말해준다. 태종과 각림사와의 관계 기사는 태종 14년 9월에 왕이 원주 각림사에 친행하여 붉은 비단 및 쌀 1백 석을 내리고 전지 100결 노비 50구를 가급한 것을 비롯하여 그 16~17년 사이에만 해도 이런 기사는 9회나 보인다.[265] 그 가운데는 태종이 봄 무도武道의 강습을 정파케 하고 각림사에 친행함으로써 왕이 호불하는 것이 아닌가하고 신하들로부터 의혹을 사고 있는 기사까지도 볼 수 있다.[266] 그러나 절을 중수하게 하면서도 태종은 "각림사는 내가 소싯적 노닐던 곳이라 지금도 꿈속에

---

263) 태종의 불사 가운데 기우법석은 18회가 보인다.
264)『太宗實錄』卷31, 太宗 16年(1416) 5月 16日 및 28日.
265) 앞의 註 196) 참조.
266)『太宗實錄』卷33, 太宗 17年(1417) 2月 10日.

자주 왕래한다. 그래서 중수코자 하는 것이지 호불하기 때문이 아니다."라고 말하고 있을 뿐이다. 그의 진의가 어디에 있었든지 간에 형식상으로는 다만 옛날 인연이 있던 고사를 수리해주는 정도의 태도를 나타내고 있는 것이다.

그러나 불교 및 불사에 대한 태종의 태도가 한결 같이 내심 긍정하고 밖으로 그것을 부인하는 그런 것만도 아니다. 즉 부왕이 세상을 떠난 태종 8년 5월 이후 각사에서 7·7재로서 베풀어진 진언법석·화엄삼매참법석·능엄법석·원각법석·법화삼매참법석 및 금자법화사경과 같은 불사들은 오직 부왕의 추복을 위해서였다 하더라도 그 이후 왕의 대불 태도에서는 적지 않은 변화를 읽을 수 있기 때문이다.

태종 9년 4월 왕은 근신에게 "내가 불교에 대해서 일찍이 유의하지 않았는데 근래 외방 주와 군의 보고를 들으니 혁거된 사사의 불상을 관부에 함부로 두어 백성들이 보고 듣고는 놀라는 것 같다. 마땅히 사사에 옮겨 두도록 하라"고 하명하고 있다.[267] 백성들의 이목만을 염려해서가 아니라 불교에 대해서 새삼 유의하고 있음을 보여주는 말이기도 하다. 폐망 사사의 불상에 대한 왕의 태도는 그 후 11년 6월에도 보인다. 계림부윤鷄林府尹 윤향尹向이 폐사의 금불 3구와 은불 1구를 의정부에 보내면서 국용에 쓰기를 청해왔다. 이에 왕은 "만약 불교를 다 없앴다면 마땅히 쓸 곳이 있겠지만 지금 모두 혁파된 것이 아니다. 어떻게 불상을 헐어버릴 수 있겠는가?"하고 그것을 승록사에 두게 했던 것이다.[268] 이 같은 태도에서는 그가 배불군주라는 인상은 거의 느껴지지가 않는다. 이보다 앞서 태종이 부왕과 모후의 추복을 위

---

267) 『太宗實錄』卷17, 太宗 9年(1409) 4月 23日.
268) 『太宗實錄』卷21, 太宗 11年(1411) 6月 25日.

해 개경사를 세우고 연경사를 설치할 무렵을 전후해서는 그의 불사와
호불적 태도 때문에 조정 유신들로부터도 반감 섞인 충간忠諫을 들을
정도였다. 즉, 태종 9년 8월 사간원 우사간대부 권우 등은 왕이 개경
사와 연경사를 세운 외에 궁중 내에 별전까지 짓고 불서를 읽는 등 숭
불적 태도를 보이고 있는 것에 대해 상소하여 다음과 같이 간언한 것
이다.

> 전하께서는 마땅히 부귀를 오래도록 지키시고 사직을 보전하여 백
> 성을 화목하게 하셔야 합니다. 잘 지켜야 할 것을 잃지 않고 힘써 행
> 해야 할 일에 게으름이 없게 하시면, 전하의 대행이 오늘에 이루어
> 져 태조께서 세우신 율령과 사업이 다함없이 이어질 것입니다. 어찌
> 불로佛老의 믿지 못할 가르침에 돌아가 아득하여 볼 수도 없는 가
> 운데서 명복을 빌고자 하십니까. 불로의 가르침이란 밝게는 재앙을
> 물리치는데 부족하고, 어둡게는 추복에도 부족하온데, 전하께서 그
> 책을 보시고 그 신을 받드시는 미심未審함을 무엇이라 이르겠습니
> 까. 전하께 엎드려 바라옵니다. 불로의 신을 섬기는 별전을 철거하시
> 고 이단異端의 서를 읽는 한가한 때를 없게 하시며, 다시 경연을 세
> 우셔서 옛 제도와 한결같이 하여 이를 행하소서.[269]

궁중 별전에서는 신불을 섬기고 한가히 거함에는 불서를 읽으며,
옛 제도의 경연까지 폐하여 돌보지 않고 있는 당시 태종의 생활 일면
을 잘 보여준다. 소문을 본 왕은 "불로佛老가 비록 이단이기는 하지만
나는 일찍이 사사로이 일신을 위해서 베푼 것이 아니며 또한 혹해서

---

269)『太宗實錄』卷18, 太宗 9年(1409) 8月 9日. "殿下 當長守富貴 保社稷和民人
服膺勿失 力行無怠 則殿下之大行 成於今日 而太祖之令緒 垂於罔 極矣 豈可
歸於佛老不可信之教 欲追福於冥冥不可見之中哉 佛老之教明不足以禳災 幽
不足以追福 則殿下之觀其書 而奉其神 未審何謂也 伏望殿下 撤去別殿所奉佛
老之神 棄絶燕居所觀異端之書 復 立經筵 一如舊制而行之".

그것을 믿은 것도 아니다."라고 말한다. 사정이 어쨌든 여기서는 불사의 설행과 불교에 대한 호의적 태도를 부인하지는 않고 있는 것이다. 태종은 이후에도 계속 조정유신들의 반대에 조금도 개의치 않고 연경사 개창의 대공역을 일으키고 (9년 8월), 흥천사 사리전의 중수를 명하는(10년 4월) 등 부왕과 모후의 명복 추선을 위한 크고 작은 불사를 잇달아 행하고 있다.

또 12년 9월 왕은 개경사의 경영을 살펴보기 위해 절에 친행한 적이 있었다. 그는 이때 시종하는 신하에게 "일찍이 태조께서 관음상을 그리게 하시어 나에게 주셨는데 내가 그것을 공경히 간직하고 있다. 이제 절 북쪽에 작은 집을 지어 그것을 봉안 하고자 하니 그대들은 이상하게 여기지 말라."라고 말하고 있다.[270] 태종은 부왕에게서 관음화상을 받아 오래도록 간직해 오기도 했던 것이다. 이 관음화상을 봉안할 소실이 조영되었다는 기록은 그 후 별도로 보이지 않는다. 그러나 그 13년 5월에 법석이 베풀어지고 있는 관음전은 태종의 뜻에 따라 지어진 바로 그 전당(소실)일 것이다. 이때 태종은 관음전 법석에 참관하고자 하는데 사간원에서 상소하여 이를 극력 만류하였다. 사간원의 상소는 그 동안 보여 온 왕의 불사에 대한 호상好尙을 통론한 다음,

> 불우佛宇를 세우고 이에 법석을 설하여 전하께서 가서 참관하고자 하시니 신들은 그윽이 원망스럽습니다. 대저 불교가 혹세무민한지는 오래입니다. 지금 지존을 굽혀 그곳에 친림하심을 아랫사람들에게 보이신다면, 사람들이 장차 말하기를 '성인의 밝으심도 이와 같은데 하물며 어리석은 자들이야 어떻겠는가?' 할 것입니다.……전하의

---

270) 『太宗實錄』卷24, 太宗 12年(1412) 9月 12日. "太祖嘗命畵觀音賜我 予謹藏之 令欲營小室于寺北以安之 爾等勿以爲怪".

영명하고 과단果斷한 천성이 도리어 이단에 빠져, 만민에게 교시하고 후세를 계도하는데 의심이 있다면 어찌 심히 애석한 일이 아니겠습니까. 원하옵건대 전하께서는 법석에 나아가지 마시고 토전土田도 환수하시어 만세의 법을 남기소서.[271]

라고 하였다. 이에 대해 왕은 "이미 제시祭時를 택하였으니 그대들은 다시 교언巧言을 하지 말라. 만일 비가 오거나 혹은 다른 연고가 있으면 가지 않겠지만 어찌 그대들의 말 때문에 가는 것을 멈추겠는가."라고 단호히 물리치고 있다. 마침 이날 비가 내렸으므로 관음전 법석 참관을 위한 왕의 행차는 없었지만, 이런 태종의 대불태도 또한 그를 배불왕으로 보기는 어렵게 한다. 오히려 사간원의 상소를 통해 보는 한, 이에 이르러서는 그가 불사에 탐닉하고 있었던 것이 아닐까 느껴질 정도이다.

2. 불교를 싫어한 배불군주

태종에 대한 이상과 같은 인상에도 불구하고, 과연 그가 불교를 인정하고 다소라도 숭신한 것인가, 그의 불사는 어느 정도 종교적 신앙심으로 뒷받침되고 있었던 것인가를 생각하면 선뜻 그렇다고 대답하는 것 또한 주저하지 않을 수 없다. 태종 자신의 말을 빌린다면 그는 '호불해서 불사를 하는 것이 아닌' 단순한 불사 설행자이며, 때로는 그의 정책상의 배불 외에도 철저하게 불교를 거부하거나 싫어했던 면모

---

271) 『太宗實錄』卷25, 太宗 13年(1413) 5月 19日. "營立佛宇 仍設法席 殿下欲往觀之 臣等竊有憾焉 夫釋氏 惑世誣民者久矣 今屈至尊 以親臨之 以示 于下 則人將日 聖明若是 況豈愚者乎…以殿下英明果斷之資 反陷異端以示萬民 以啓後世之疑 豈不 甚可惜哉 願殿下 勿臨法席 還收土田 以貽萬世之法".

또한 뚜렷하기 때문이다. 이 경우는 사사전민의 혁거 등 본격적인 배불시책들을 단행했던 (5년 11월) 바로 이듬해에 태종과 명나라 사신 황엄黃儼 사이에 있었던 불상 예배 문제를 하나의 예로 삼을 수 있다.

태종 6년 4월, 조선에 자주 왕래하던 명의 사신 황엄 등이 와서 제주도 법화사에 있는 아미타삼존상을 명으로 가져가기를 희망함에 왕은 대수롭지 않게 그것을 허락하였다. 그러자 황엄은 원나라 때에 뛰어난 공장이 주조했다는 이 거대한 동불상을 직접 제주로 가서 맞아오고자 하였다. 이에 왕은 그들이 제주에 들어가 형세를 정탐할 것을 염려하여 선차宣差 김도생金道生과 사직司直 박모朴模 등을 급히 제주로 보내 동불을 전라도 나주까지 운반해 놓게 하였고, 명사 일행은 나주에서부터 서울까지 불상을 운반하게 되었다.

그해 7월 동불이 서울에 도착할 무렵부터 조정에서는 이를 영접하는 문제로 의견이 분분하였고, 왕은 이를 의정부와 육조로 하여금 논의하게 하였다. 그 결과 정승 하륜과 조영무가 한강까지 출영하고 백관은 숭례문 밖에서 영접하게 되었다. 드디어 불상을 운반하여 명사 일행이 태평관에 도착함에 백관이 예를 행하고자 하였으나 황엄은 왕이 직접 영접치 않음에 대해 노하여 예를 받지 않았다. 그 이틀 후 왕이 태평관에 나갔을 때 황엄 등은 왕에게 먼저 불상 앞에 참례하고 예를 행하여 줄 것을 요구하였다. 이에 대해 태종은 "내가 온 것은 천사天使를 위해서이지 동불을 위해서 온 것이 아니다. 만일 동불이 천조天朝에서 온 것이라면 마땅히 예배하고 공경의 뜻을 극진히 하겠지만 그렇지 않은데 왜 그것에 절하겠는가?"라고 거절하고, 지신사 황희로 하여금 이 일을 의정부에 묻게 하였다.

그러나 황희가 가져온 정부의 계啓 또한 '황제가 불도를 숭신하여 멀리서 동불을 구한 것이며 또한 황엄의 불초함은 천하가 다 아는 바이니 권에 따라 예불하기를 원한다.'는 내용이었다. 왕은 정부의 이런 태도를 불쾌하게 생각하고, 황엄 일인을 두려워하여 수의구군守義救君하는 신하가 한 사람도 없는 것에 대해 신하들을 질책하고 있다. 태종은 끝내 예불하기를 거부하고 이현李玄에게 명하여 명사에게 전해 말하기를, "번국藩國의 화복은 천자의 손에 달린 것이지 동불에 있지 않다. 당연히 먼저 천자의 사신을 보아야 하거늘 어찌 내 땅의 동불에 예배함을 용납할 것인가"라고 하였다. 왕의 완강함이 이쯤 되자 황엄도 한동안 하늘을 바라보다가 미소하고 "그러면 먼저 전하를 보겠다."고 하여 다례를 행함으로써 마침내 왕은 불상에 절하지 않고 이 일은 일단락 될 수 있었다.[272]

이런 일은 태종이 사사전민의 혁거 등 본격적인 배불시책을 단행하고 그 기세가 계속 이어지고 있을 무렵에 발생한 것이다. 따라서 태종이 불상 참배를 거부한 것은, 명사이든 조정이든 간에 자의가 아닌 외부의 압력에는 결코 굴하지 않는 그의 강경한 성품 외에도 당시 배불군주로서의 자존심 때문이었을 것으로도 생각된다. 사정이 어떠했든 간에 태종은 끝내 불상에 절하지 않았다. 더구나 그 이유라는 것이 상기 태종 자신의 말과 같은 것이었다면 그는 결코 불교를 인정하거나 좋아한 왕일 수는 없는 것이다.

한편 이때는 그의 본격적인 배불정책이 막 전개되고 있던 시기였기 때문에 그랬다 하더라도 태종이 선위한 다음의 대불태도 가운데서도 그를 결코 호불왕으로 볼 수 없게 하는 행적이 보이기는 마찬가지

---

272) 『太宗實錄』卷11, 太宗 6年(1406) 4月 20日, 5月 20日 ; 같은 책 卷12, 太宗 6年(1406) 7月 16日 및 18日.

이다. 자신이 묻히게 될 산릉 곁에 극구 능사陵寺를 세우지 못하게 했던 일이 바로 그것이다. 태종이 선위한 뒤인 세종 2년 7월, 태종비 원경왕후元敬王后가 별세하자 세종은 그 능 옆에 절을 세우고자 하였다. 그러나 부왕인 태종이 이를 극구 반대함으로써 세종은 결국 능사를 세우지 못하였다. 그때 태종은 말한다.

> 주상이 절을 지어 능곡陵谷을 적막하지 않게 하려는 뜻은 좋다. 그러나 그 산릉山陵은 나도 가야할 곳인데 지금 비록 청정한 승려를 모은다 하더라도 반드시 더러운 무리가 내 가까이에 오는 것을 막지 못할 것이니 어찌 내 마음이 편하겠는가. 내가 건원릉健元陵과 재능齊陵에 절을 세운 것은 태조의 뜻을 이루어 드리고자 함이므로, 근일에 또 종을 조성하여 개경사開慶寺에 달았으나 역시 내 마음에 만족하지는 못하다. 지금 산릉은 내가 마땅히 법을 세워 뒤를 이을 만고의 후손에게 보여주어야 하는 것이므로, 절대로 그곳에 절을 세워서는 안 된다.

태종이 원경왕후 및 자신의 산릉에 절을 짓지 못하도록 만류하는 정도는 여기서 그치지 않는다. 다시 전지하기를 "주상이 산릉에 절을 짓고자 하나 불법은 내가 싫어하는 바라. 나로 하여금 이 능에 들어가지 못하게 하려거든 절을 세우고, 나를 이 능에 묻히게 하려거든 절을 세우지 말라."라고 까지 못 박아 말하고 있다.[273] 능사건립 반대도 그러하지만, 여기서도 태종은 분명히 "불법은 내가 싫어하는 바라"고 말하고 있다. 전술한 불상에 대한 예배거부 사실과 함께 이 또한 태종이 불교를 배척하고 철저하게 싫어했음을 보여주기에 충분한 것이다.

지금까지 여러 각도에서 태종의 대불태도를 살펴왔다. 그것은 경우

---

273) 『世宗實錄』卷8, 世宗 2年(1420) 7月 11日 및 17日.

에 따라서 극과 극의 대조를 보여주기까지 한다. 다시 말하면 배불과 숭불이 교차하는 이중적 구조를 이루고 있는 셈인데, 그렇다면 태종의 불교에 대한 태도는 한 마디로 어떻게 규정지을 수 있을까. 여기서 태종 재위 말경에 내려진 한 교지는 그의 대불태도를 규정해보는데 적절한 참고가 될 수 있을 것 같다.

태종 17년 11월 왕은 예조에 하교하여, 국가에 대사가 있으면 경외 각 사에서 이른바 '청중請衆'이니 '청승請僧'이니 하는 이름하에 승도를 함부로 징발하는 행위를 엄하게 다스려 금하도록 하였다. 이미 도첩을 발급하여 출가토록 허락한 승려들을 데려다 국가의 영선營繕하는 일에 역사하게 함으로써 그 고역이 오히려 평민들보다 심함을 연민히 여긴 왕이 이런 폐단을 다스리기 위해 교지를 내린 것이다. 승려 또한 나라의 백성이라고 말하고 생민을 인애仁愛하려는 자신의 뜻을 펴도록 강조한 이 교지문의 첫 부분에서는 왕의 대불태도를 아울러 보여주고 있다. 그 일부만을 인용해본다.

> 대체로 듣건대 천하의 도는 인이라 한다. 한나라 이래 불법이 중국에 들어와 1천여 년에 이르면서 역대 몇몇 왕은 혹은 불법을 숭신하고 혹은 훼척毁斥하였다. 또는 숭신하지도 훼척하지도 않고 그것이 하는 대로 내버려두는 이도 있었다. 이런 사실들이 모두 사책史册에 기재되어 지금도 모두 참고 할 수가 있다. 나는 화를 두려워하거나 복을 흠모하여 부처에게 아첨하는 영불자佞佛者가 아니다. 즉위 초에 일관日官이 어느 절은 마땅히 두어야 하고 어느 절은 마땅히 폐해야 한다고 헌언함으로써, 그 말을 신용하여 곧 따라 시행했었지만 나는 일찍이 그것을 생각했었다. 불교가 비록 이단이기는 하나 원래 그 설심設心은 자비를 종으로 삼는다. … 나는 불법을 숭신하지도,

죄와 복을 두려워하거나 흠모하지도 않는다.[274]

자신은 불자가 아니라는 것과 즉위 초에 사사전토를 군자에 영속시킨 조치[275]는 일찍부터 생각해 왔던 것임을 밝히고, 이어 불교가 자비의 종교임을 말하여 불교대로의 종교성을 인정하고 있음을 알 수 있다. 이 교지는 척불 이후 관으로부터 더욱 부당한 대우를 받고 있는 승려들을 자신의 백성으로서 돌보기 위해 내린 것으로서 여기에 나타나 있는 왕의 대불태도는 거의 진실에 가까운 것으로 생각된다. 다시 말하면 자신의 불사나 불교에 대한 의사를 굳이 변명하거나 어느 한쪽에서 강조하는 것이 아닌 자연스런 심중의 토로로 느껴진다.

이렇게 본다면, 태종은 불교를 자비의 종교로서 인정은 하면서도 결국 그 자신은 불법을 좋아하거나 숭신한 왕은 아니었다고 말해야 할 것 같다. 따라서 그동안 태종이 보여 온 불교에 대한 이중적 성격 또한 이런 각도에서 이해 될 수 있을 것으로 본다. 다만 위 인용문에서 태종이 역대왕의 대불태도를 세 가지로 들고 은연중 자신은 불교를 숭신하지도 훼척하지도 않고 자위自爲에 맡기는 그런 유형임을 자처하고 있다.[276] 그러나 그것은 현실적으로 수난을 당한 편의 입장에서는 결코 수긍할 수 없는 일이다. 비록 숭유배불이라는 전제 없이 국가 경영상 합당한 이유를 가진 국왕의 정책이었다 하더라도 그것이

---

274) 『太宗實錄』卷34, 太宗 17年(1417) 11月 1日. "蓋聞天下之道仁而已矣 自漢以來佛法入中國 迄今千有餘禩 歷代帝王或有崇信 或有毀斥 又有不信 不毀而任其自爲者 載諸史冊 今皆可考 余非畏慕禍福而佞佛者也 卽位之初 以日官獻言 某寺當存 某寺當廢 信用其言 隨卽施行 我嘗思之 佛氏之道 雖爲異端 原其設心 慈悲爲宗…子非崇信佛法, 畏慕罪福也"
275) 태종 2년 4월 書雲觀의 상서에 따라 密記付 70사와 상주승 1백 명 이상의 사원을 제외한 모든 사사의 收租를 군자에 영속시킨 일을 말함.
276) 예조에 하교한 얼마 뒤에도 태종은 예조참판 허조에게 "我未深知佛法故 不信不毀而 任其自爲"라 고 말하고 있다.(앞의 책, 太宗 17年(1417) 11月 17日).

불교계로서는 역시 수난으로 밖에 받아들일 수 없는 가혹한 배불정책이었음이 틀림없기 때문이다.

Ⅳ. 배불의 논거와 명분

앞에서 살펴온 대로, 이중구조적 대불태도를 지닌 태종이 시행한 일련의 불교정책은 불교계로서는 가히 법난이라고 말 할 수 있을 정도이다. 따라서 불교교단에 일대 타격을 안겨준 그는 불교의 입장에서 본다면 결코 배불군주라는 평가를 면하기 어렵다. 태종이 어떤 이유와 사정에서든 적지 않은 불사를 행했던 것도 사실이지만 이는 그의 불교정책과는 별개의 문제라 할 것이다. 또 그것으로써 배불정책이 가져온 결과와 그 악영향을 개선시킬 수 있는 것도 아니다.

물론 태종의 이 같은 배불책의 시행을 단순히 그의 불교에 대한 호오의 경향과 연결 지어 말 할 수만은 없다. 국가경영을 위한 제반정책들 가운데 그 일부로서 불교정책이 포함된다고 보기 때문이다. 가령 태종 2년 4월에 단행된 밀기부 외 사사전민의 혁거라는 파격적인 조치만 해도, 그 이전 2월의 공신전功臣田과 사사전에 대한 세수법의 제정과[277] 그 이후 9월에 있었던 경기京畿의 속자정전續字丁田 1만6천 결을 군자軍資에 편속 시킨 조치[278] 등과 아울러 생각해 볼 필요가 있다. 이는 당시 심각한 군자전 및 군자미의 사정악화를 개선하기 위한

---

277) 『太祖實錄』卷3, 太宗 2年(1402) 2月 5日.
278) 『太宗實錄』卷4, 太宗 2年(1402) 9月 6日.

일련의 경제적 시책들이었다. 국가의 재원 확보를 위한 이 같은 경제정책면에서만 본다면, 태종은 조신들 대부분의 반대에도 불구하고 그 3년부터는 사사전을 포함하여 공신전 별사전別賜田 수신전守信田 등 일체의 사전을 대상으로 그 3분의 1을 기외畿外로 이급하려는 노력을 꾸준히 경주했던 것도 한 참고가 된다. 상당수의 조신들과 직접적인 이해관계가 있는 이 문제는 비록 14년 동안이나 끌면서 논의가 계속되기는 했지만 결국 태종 17년에는 그 실현을 보게 된다.[279] 이런 사실들을 감안해 보더라도, 태종이 유독 척승배불만을 목표로 불교정책을 수행했다고 보기는 어려운 것이다.

그러나 객관적인 이해가 어떠하든 간에 사사전민의 혁거 등 경제문제를 포함하여 그의 대불교 정책 전반은 대체로 척승배불적 성격을 띠고 있는 것으로 볼 수밖에 없다. 이 점은 그러한 정책들에 으레 따르고 있는 일정한 논거와 명분을 살펴볼 때 더욱 분명해진다. 그러면 태종의 단호한 배불정책을 뒷받침해 주었던 그 논거와 명분이란 과연 어떤 것이었을까.

태종 일대에 시행한 배불정책들은 그 대부분이 국가기관이나 조신들의 건의로써 이루어지고 있다. 즉 조정의 상소나 계청을 왕이 채택하는 형식을 빌어 정책이 결정되고 시행되었던 것이다. 물론 그것은 태종의 불교정책이 전적으로 조정의 의견만으로 이루어졌다는 의미는 아니다. 조정의 상소 및 계청을 통한 건의는 왕의 정책 시행을 위한 하나의 입안 자료인 동시에 그것에는 이미 왕의 의지가 반영되어 있는 것으로도 볼 수 있다. 태종 17년 11월 예조에 내린 교지문 중에는 이

---

279) 韓永愚, 『朝鮮前期 社會經濟研究』(乙酉文化社, 1983), Ⅳ. 太宗 世宗朝의 對私田政策 참조.

런 사실을 짐작하게 하는 내용이 포함되어 있다. 태종이 즉위 초에 밀기부 외 사사의 전구를 혁거시킨 것은 서운관書雲觀의 헌언에 따른 것이지만 이는 태종 자신이 '일찍부터 생각해온 문제였다'고 말하고 있음이 그것이다.[280]

태종의 여타 대불교정책 또한 그 사정은 대개 이 경우와 크게 다르지 않았을 것으로 생각되며 따라서 최소한 정책으로 시행된 조치들은 조정의 의견인 동시에 왕의 뜻이라고 말해도 좋을 것이다. 그렇다면 조정의 대불교 정책관계 상소와 계청에 나타나 있는 배불의 논거와 명분은 곧 태종 자신의 배불논거와 명분이기도 한 셈이다. 이제 이러한 내용을 살펴보기에 앞서 태종대의 불교관계 상소 및 계청 가운데 주요한 정책 방향이 제시되어 있는 것만을 실록을 통해 적출해보면 〈표-3〉과 같다.

〈표-3〉 태종대의 불교정책 관계 주요상소

상소시기	기 관	상소자	건 의 내 용	비 고
① 원년 정월 14일	문하부	(낭사)	오교양종의 혁파와 사사토전 및 노비의 속공	불 윤
② 원년 3월 22일	사헌부	대사헌 유관 등	오교양종의 혁파, 사사토전 노비의 속공 및 승도사태	불 윤
③ 원년 5월 10일	사헌부	상동	탄일재의 정파	정부의 논거처 윤허
④ 2년 2월 5일	사간원		공신전 및 사사전에 대한 징세	윤 허

---

280) 앞의 주, 275)와 같음.

⑤ 2년 4월 22일	서운관		밀기부의 경외 70사를 선(조계종) 교(화엄종) 양종으로 통합하고 그 외 경외 각사의 토전의 조를 군자에 영속시키며 노비는 각사에 분속시킬 것. 재능과 행이 합당하지 않는 승도는 환속시킬 것.	밀기부 사사 및 상주승 100명 이상의 사사를 제외한 경외 각사의 전토 및 노비혁거 속공
⑥ 2년 6월 13일	예 조		경중에 2~3처의 도량과 각도에 도회소를 설치하여 계행청정자 일정수만을 살게 할 것. 승려 장년자의 장발환속 및 도첩제의 엄격한 적용.	도첩제의 엄행
⑦ 3년 6월 6일	사간원		재능의 재궁(연경사). 홍천사 및 5대사·10대사 이외의 중외 사사 전지의 혁거. 5대사·10대사 이외의 전지를 1백결로 한정하고, 내원당 감주의 월급을 제거할 것.	불 윤
⑧ 4년 12월 8일	사간원		부녀상사의 일체금지.	윤 허
⑨ 5년 8월 22일	예 조		부모 추천에 유복지친 有服之親 외에는 예사 금지.	윤허

⑩ 5년 9월 20일	사간원		왕사무학에게 증법호 건비하는 일을 정파하고 그 문도들을 논죄함과 동시에 탑묘를 헐어버릴 것.	법호를 드리고 비를 세우는 등 일의 상정을 파함
⑪ 5년 11월 21일	의정부		신구 사사의 대폭적인 정리 및 그 전토와 노비의 혁거속공.	일부 예외조치를 두고 대체로 시행
⑫ 6년 3월 27일	의정부		신구도 및 각 지역의 사원배정과 속전·노비·상양승수의 제한.	11종에 잔류시킬 사사로서 242사만을 인정
⑬ 7년 12월 2일	의정부		제주의 자복사를 산수 승처의 명찰로써 교체.	88사의 자복사 지정. 11종이 7종으로 감축되어 나타남.
⑭ 7년 8월 9일	사간원		태조·태조비를 위한 궁중의 별전 철거 및 이단의 책을 읽는 일을 중지할 것.	
⑮ 12년 7월 29일	사간원		내원당 및 정업원의 혁파	내원당혁파
⑯ 12년 10월 8일	사간원		망자를 위한 공불재 및 불사를 통금케하고 상제의 의식을 주공가례에 따라 행하게 할 것.	불 윤
⑰ 14년 7월 4일	사헌부	대사헌 유관 등	승과의 시행을 선교 각 1종으로 하여, 그 입격 자수를 30인 이내로 제한할 것.	육조의논 거쳐 시행. 각종은 종전대로 함

표의 비고에서도 볼 수 있는 바와 같이 이러한 상소 및 계청들을 모두 받아들여 시행한 것은 아니다. 뿐만 아니라 이들이 모두 그 정책 제안의 배경이나 이유를 설명하고 있지는 않으며, 행정적 조치를 사무적으로 건의하고 있는 경우도 적지 않다. 이 가운데 비교적 상당한 논리 전개를 통해 정책의 타당성과 필요성을 역설하고 있는 것은, ②·⑤·⑦·⑩·⑪·⑭·⑯ 등인데, 그 중에서도 ②의 경우가 가장 자세하다.

태종 원년 윤3월 사헌부 대사헌 유관柳觀 등이 올린 이 상소는 오교양종의 혁파 및 승도의 사태와 같은 극단적인 배불을 제안하고 있지만 물론 이것이 채택되지는 않는다. 태종이 그 원년에 이 정도의 강도 높은 배불정책을 단행하기란 내외 여건상 거의 불가능했던 것이다.[281] 그러나 이후 태승파불汰僧破佛을 주장하는 상소와 계청 대부분이 이 상소②의 이론 범주에서 크게 벗어나지 않고 있으며, 태종조의 배불조치 또한 여기에서 제시된 내용을 부분적으로 실현시켜간 것이라 해도 좋을 정도이다. 그런 점에서 유관 등의 상소는 비록 그대로 받아 들여 시행하지는 않았지만 태종조의 대표적인 배불상소라 할 만하다. 여기서 유관의 상소 전문을 일단 옮겨보기로 한다.[282]

> 천지의 조화는, 가는 자는 지나가버리고 오는 자는 계속 이어져, 낳고 낳는 이치가 무궁하다. 어찌 사람은 죽어도 정신은 불멸하며 다시 형체를 받아 태어난다는 도리가 있겠는가. 저 불교는 서쪽 오랑캐의 한 법으로, 한의 명제 때에 처음으로 중국에 들어왔다. 그 도는 청정과 적멸을 종지로 삼고, 자비와 불살생을 귀하게 여기며, "사람이 여기서 죽으면 반드시 저기에 태어나고, 금세에 사람이 되었다가 후세에는 이물異物이 되고, 이 세상에서 원한을 지게 되면 저 세

---

281) 앞의 註 209)참조.
282) 『太宗實錄』卷1 太宗 1年(1401) 윤3월 22日

상에서 갚게 되며, 생시生時에 행한 선악은 모두 보응이 있다."고 한다. 한 세대 한 세대를 내려오며 괴탄怪誕하고 허무한 설이 천하에 가득 차게 되었다. 인간의 마음은 쉽게 삿된 미혹에 빠지나니 구마라집이 요진姚秦의 국사가 되어 불경을 번역하매 그 사설이 퍼져 무릇 상사喪事에는 모두 공불供佛과 반승飯僧을 하게 되어, "죽은 자는 죄를 없애고 복을 빌어야 천당에 태어나 쾌락을 받게 되며, 그렇게 하지 않으면 반드시 지옥에 떨어져 많은 고초를 받게 된다."고 한다. 이것이 세속에서 죄를 두려워하고 복을 흠모하여 기꺼이 그것을 따르는 이유이다. 그러나 불도징이 후조後趙를 존속시키지 못하였고, 구마라집이 후진後秦을 존속시키지 못하였으며, 초왕楚王 영英은 가장 먼저 호불 하였건만 주이誅夷의 참혹함을 면치 못하였고, 양무제梁武帝는 세 번 사신捨身하여 사노寺奴가 되었으나 끝내 굶어 죽는 재앙을 입었다. 이로써 본다면 부처를 섬겨 복을 구한다는 것이 도리어 화를 얻었으니 불교는 믿을 것이 못 된다는 것이 명백하며, 이는 성제명왕聖帝明王이 반드시 버려야 할 바이다. 옛날 명철한 임금과 재상들 가운데는 불교의 사탄무망邪誕誣妄함을 싫어하여 통렬히 없애고자 한 이들이 있으니, 원위元魏에서는 경내의 사문과 사탑을 하나도 남김없이 주멸誅滅하였고, 당 무종武宗은 승려를 환속시키고 사탑을 파괴하고 종경鐘磬과 불상을 모두 녹여 주전鑄錢하여 수천 년 내려온 성도聖道의 모적蟊賊을 하루아침에 남김없이 소탕하였으나, 애석하게도 그 뒤를 이은 임금이 갑자기 그 전통을 바꾸어 버렸다. 공유컨대, 주상 전하께서는 천성이 총명하여 선행을 좋아하고 매일 경연經筵에 임어하여 언제나 요순의 치와 공맹의 학을 강론케 하나, 석씨를 배척하고 성도를 옹위하는 논의에 이르러서는 유독 미치지 못하니, 신들의 생각에는 적이 의혹이 있다. 근일에 유사攸司에 명하여 기은祈恩 양재禳災 등의 도량을 없앴으나, 이것은 곁가지일 따름이다. 만약에 불교를 시행한 지가 오래되어 갑자기 폐지하기가 어렵다고 한다면 어찌 그 차선책을 시행하지 아니하는가. 신들이 생각건대, 전조前朝가 신라 숭불의 여폐餘弊를 이어서 지력地力의 비보裨補를 믿고 창사조탑創寺造塔을 한 것이 한두 곳이 아니며 오교양종을 설치하여 분장分掌케 하고, 많은 전토와 노비를 소속시켜 공불供佛 재승齋僧의 비용으로 삼아 복을 구하고 화를 면하기를 기대했는데, 그 무리들은 이러한 뜻을 본받지 않고 전세田稅와 공가貢價를 거두어 그것으로 술에 취하고 배불리 먹고 멋대로 음행을 저지르는 밑천으로 삼으니, 국가를 등지고 스승의 가르침을 배반함이 그보다 더할 수가 없었다. 말기에 이르러서는 위와 아래가 어울려 복을 구하고 죄를 두려워하여 탑과 절이 즐비하고 승려들이 안팎에 가득 차서 재용과 곡식을 허비하게 되었다. 이러한 현상이 극에 이르러 부처 받들기를 더욱 공경히 해도 국가의 난망亂亡을 구하지 못하였으니, 이것은 바로 전하께서도 친히 보았던 바다. 신들은 외람되이 "불교는 윤리를 어지럽혀 유해한 것이며, 재용財用을 낭비하여 아무런 도움이 없는 것이다."고 한다. 원컨대, 오교양종을 파하고 그 승도는 단지 법과 계를 지키는 자만 을 남기고, 나머지는 모두 환속시켜 각기 본업으로 돌아가게 하며, 그 전지田地는 모두 군수에 속하게 하고, 노비는 관부에 나누어 예속시키소서. 그 밖의 소위 도교 대중들도 역시 사태하여 그 계행을 지키는 자만을 앞서의 승도와 같이 하되, 모두 깊숙하고 외진 곳에 안치하여 그 스승의 청정과 욕한 가르침을 따르게 하고, 이어서 궁액宮掖에 출입하고 부녀자나 관가에 연줄 대는 것을 금지하고, 또 중외에 영을 내려 사사로이 삭발하여 정역征役과 요역을 피하는 일이 없도록 하여야 한다. 그렇게 10년을 확고불변하게 한다면 곧 세속에서 모두 그 허탄함을 알게 될 것이며, 그런 다음에 성현의 도를 가르쳐 오래도록 쌓인 미혹을 제거하게 한다면 사람들이 쉽게 따르고 가르침이 쉽게 행해져 공효는 반드시 배전倍前하여 길이 세상에 말이 있을 것이다. 엎드려 바라건대, 전하께서는 예감睿鑑을 드리우소서. 만약에 채택할 만하다면 조정에 분부를 내려 성省과 부府와 육조六曹와 삼관三館으로 더불어 다시 최적의 정책을 논의하여 삿되고 허탄한 술법은 영원히 단절케 한다면 더할 수 없는 국가의 행운일 것이다. (경칭 생략)

이 소문은, 태종대의 배불상소 가운데 하나의 전형이 되는 만큼 장문임을 무릅쓰고 그 전부를 인용해 본 것이다. 상소에서 건의하고 있는 조치 내용을 간추려 말하면 ①오교양종의 혁파 ②지법지계자 이외 승도의 강제 환속 ③사사전지 및 노비의 혁거 속공 ④잔류승도의 산중 축출 ⑤사적인 삭발의 금단 등으로 요약할 수 있다. 불교를 거의 완벽하게 억압 통제할 수 있는 핵심적인 내용들이 모두 망라되어 있는 셈이다. 그런데 이 상소의 전제는 중국의 폐불군주들이 보여준 바와 같이 성도聖道(유교)의 모적蟊賊(불교)을 남김없이 소탕하자는 것이다. 다만 불교가 행해진 지 오래되어 현실적으로 그 완전한 폐지가 어렵다면 그 차선책으로서 상기와 같은 척불조치들을 강구해야 한다고 주장하고 있는 것이다.

한편 이처럼 불교를 억압 배척하여야 할 당위적 명분으로써 내세우고 있는 것은, ①불교는 윤회 인과 등 허탄 허무한 이단사설이므로 믿을 것이 못된다. ②역사적으로 보더라도 신불이 국가의 난망亂亡을 구원하지 못하였다. ③명군철보明君哲輔가 그 사탄무망邪誕誣妄함을 싫어하여 통제코자 하였다. ④승도는 윤리를 어지럽혀 해악을 끼치고 자재만 낭비하여 아무런 도움이 없다는 것 등이다.

이러한 논리의 전개에는 물론 유자들의 불교에 대한 독단과 주관적인 역사 해석 등 적지 않은 오류와 무리를 범하고 있음이 사실이다. 이 점에 있어서는 이 유관의 상소만이 아니라 여타의 배불상소들이 또한 거의 공통성을 지니며, 다만 명분 면에서 관점을 달리하는 경우도 없지는 않다. '숭중사도崇重斯道하여 양척이단攘斥異端 한다'[283]거나, '불교가 혹세무민하고 풍속을 상패傷敗시킴으로써 오도吾道에 끼치는 해가 막심함'[284]을 들어 척불을 주장하는 경우 등이 그것이다. 그러나 이는 표현과 강조점의 차이만 있을 뿐 유관의 상소에도 이미 그러한 취지는 충분히 드러나 있다. 불교는 자신들의 이른바 '성인의 도'를 좀먹는 해충에 불교를 비유하고 그것을 소탕해야 한다는 대전제 아래 구체적인 배불책을 논하고 있기 때문이다.

어쨌든 이러한 유관의 상소가 보여주는 바와 같이, 유자들의 배불논거와 명분은 독단적이었고 오류와 무리를 범하고 있는 것은 사실이었지만, 문제는 이러한 논거와 명분하에서 실제로 크고 작은 배불책들이 시행되어 갔다는 점이다. 다만 태종이 이 같은 배불의 논리와 명분에 대해 얼마나 깊이 찬동했는가에 대해서는 단언하기 어렵다.[285] 그러나 분명한 사실은 태종의 배불의지 보다는 항상 조정 유신들의 배불의욕이 더욱 적극적이고 극렬했다는 점이다. 따라서 그 논거나 명분 또한 불합리하고 온당치 못한 경우가 허다하지만 유자들은 그것을 관습적으로 구사하고 있는 것이다.

결국 국가의 재원 확보와 같은 현실적인 목적을 달성하려는데 유신들은 자기 가치 중심의 일방적인 논거와 명분을 제시하고 있고, 왕은

---

283) 『太宗實錄』卷10, 太宗 5年(1405) 9月 20日. 司諫院 上疏 ; 같은 책, 卷24, 太宗 12年 7月 29日. 司諫院 上疏.
284) 『太宗實錄』卷24, 太宗 12年(1412) 10月 8日. 司諫院 上疏.
285) 유관의 상소를 본 다음 날 태종은 경연에서 사관 민린생에게 '憲府亦請 罷 五敎兩宗 名利之僧 其 社寺土田藏獲盡屬于公 惟任置山門道僧子亦知不可 已切欲罷之 以太上方好佛事 故不忍遽革'이라고 말하여 유관의 취지에 찬동을 표하고 있다.(『太宗實錄』卷1, 太宗 元年(1401) 윤3月 23日). 그러나 전체 문맥으로 볼 때 이는 그의 배불논리와 명분에 대한 찬의라기 보다는, 현실적인 조치의 필요에 대한 인정이었던 것으로 생각된다.

그들과 이해가 상충하지 않음으로서 그러한 의견에 따르는 형식을 취하면서 배불을 단행해 간 것이라 하겠다.

국가의 경제문제 해결을 위한 배불정책

태종대부터 본격화된 조선 초기 배불정책은 불교교단에 큰 충격과 경제적 타격을 주었다. 그러나 의외로 태종이 설행한 불사들 또한 적은 편이 아니다. 국행수륙재를 비롯하여 개인적인 구병정근에 이르기까지 재위 18년 동안 대략 80회 정도의 기록이 보인다. 불사만으로 말한다면 그는 여느 신불왕과도 다름없다. 하지만 태종은 처음부터 분명하게 배불을 의도했고 그것을 정책으로 추진하였다.

태종 5년부터 본격적인 배불정책을 단행한 이후 그 형태는 여러 가지로 나타난다. 국사, 왕사제도의 폐지를 비롯하여 각종 불사들의 금지 등도 모두 이에 포함되지만 핵심은 불교 종파수의 감축과 이에 따른 후속 조치들이다. 11종이던 종파를 7종으로 통폐합하면서 소속된 사원, 토지, 승려 및 노비의 수를 줄여 이를 국가의 공용으로 환수한 것이다. 이런 조치들이 불교에 큰 충격과 피해를 입힌 파격적인 배불정책임에는 틀림없다. 그러나 이는 불교의 존재성 자체를 부인하는 이념적 배불과는 구분된다. 배불조치들의 내용 대부분이 국가 경제의 결핍문제를 불교로부터 해결하려는 의도와 목적이 더욱 큰 것으로 보이기 때문이다. 따라서 태종대의 배불정책은 이념문제를 앞세우고는 있지만 불교교단에 대한 경제적 제제가 주목적이었다고 말할 수 있다.

불사설행과 배불정책은 그 자체가 상반되지만 태종의 대불태도에서는 분명 이중구조적 성격이 엿보인다. 그는 진지하게 불사를 행하면서도 이를 변명한다. 내심 긍정하고 밖으로 부인하는 것이다. 호불적인 조치를 취했을 때도 그 이유에 대해서는 표현을 달리한다. 태종은 결국 불교의 종교성은 인정하면서도 불교를 숭신한 왕은 아니었다. 그는 왕실의 불교적 전통 속에 있는 인물일 뿐 스스로는 철저한 유교주의자였고, 유교적 신념으로 과감하게 불교정책을 수행해 간 배불군주였다.

다만 태종대 배불정책에서 특히 눈에 띄는 것은 조정 유신들의 배불의지와 그 적극성이다. 그들의 불교배척 및 정책 건의의 논거와 명분은 요컨대, 유교의 이념에 배치될 뿐만 아니라 현실적으로 국가 사회에 무익유해한 불교를 제한 또는 없애자는 것이다. 단순하고 으레적이지만 이 같은 배불의 논거와 명분에 대해서는 태종 또한 대체로 공감했던 것 같다. 무엇보다도 태종은 그 자신 불교를 혐오하는 유교주의자였으며, 강력한 배불정책을 통한 유교국가의 확립을 희망했던 군주였다.

제4장

세종대의 배불계승과 변화

유교정치에 수반된 배불과 그 변화

세종대의 불교정책은 기본적으로 부왕 태종의 배불정책을 계승하는 방향에서 추진되고 있다. 특히 사원경제의 제한 및 인적기반의 축소에 중점을 둔 태종의 배불 시책들을 더욱 과감하게 수행함으로써 그 완결을 도모하고자 하였다. 물론 세종대의 정책이 불교의 경제적, 인적 부분만을 대상으로 삼은 것은 아니다. 전대의 배불조치에서 미진한 부분들은 더욱 보완해내는 적극성과 철저함을 보여준다. 여기에는 조정 유신들의 집단화된 배불기세가 역시 큰 힘으로 작용하고 있다.

이 같은 적극적인 배불정책은 당시 유교국가 체제의 확립의지와 맞물려 나타난다. 세종의 유교정치 강화 노력이 불교에 전이되어 상대적으로 불교에 대한 억압과 배척의 형태로 드러나는 것이다. 유교정치에 필연적으로 배불이 수반되었음을 보여주는데, 이런 배불책들 대부분은 주로 세종의 치세 전기에 집중되어 있다. 세종 중기 이후 특기할 만한 배불조치는 보이지 않는다.

여기서 한 가지 흥미로운 것은 세종 중기 이후 왕의 불교에 대한 인식이 점차 변화하고 이에 따라 흥불적 의미를 띤 불사들이 적지 않게 이어졌다는 사실이다. 세종이 배불정책을 추진하는 가운데에서도, 일면 불교의 종교성을 긍정하고 현실상황을 인정하는 방향으로 바뀌어간 것이다. 세종의 새로운 대불인식과 태도변화에 대해서는, 불교의 종교성 외에 수양대군 등 왕실 신불자들의 영향과 불교의 전통이 지닌 저력 등 몇 가지 요인을 생각할 수 있다. 어쨌든 이로써 유신들의 극렬한 반발과 저항 속에서도 의미 있는 불사들을 결행하고 있음은 세종대 이후의 불교와도 관련하여 주목되는 바가 있다.

유교국가체제의 확립과정에서 수행해간 배불정책 및 그 성격과, 대불태도 변화 이후 불사설행에서 보이는 유신들의 저항을 중심으로 세종대 불교정책을 살펴본다.

I. 흥유시책의 배불적 의미

    태종의 뒤를 이은 제4대 세종의 재위 32년간(1418~1450)은 중앙집권체제의 확립, 국가재정의 충실, 영토의 확장, 민생의 안정, 문화의 난숙爛熟 등 제 방면에 걸쳐 개국 이래 가장 큰 발전을 이룩한 시대였다. 세종 치세의 이 같은 발전은 전적으로 세종 개인의 업적이라기보다는 선대, 특히 태종대의 개혁과 성과에 의존하는 바가 컸다. 태종대에 정치사회적인 제도의 개편과 함께 물질적 토대가 어느 정도 굳건히 다져지고, 그 터전 위에서 세종대에는 이를 더욱 심화 세련시키는 작업이 추진된 것이다.[286]

    세종이 이러한 작업을 성공적으로 수행할 수 있었던 원동력은 물론 그의 유교정치에 있었다. 조선조의 유교정치는 개국과 함께 시작되었고, 태종대에 그것은 상당히 정착되었다고 말할 수 있다. 그러나 세종대에 이르러 유교정치는 그 이념에 더욱 투철하고 강화된 양상을 보여주며, 이로써 세종은 조선왕조를 완전한 유교국가체제로 확립시켜 놓은 것이다. 이런 관점에서, 태조~태종대를 거쳐 온 개국 후 28년간은 유교문화를 새 왕조의 통치이념으로서 확립해간 창업의 시기였으며, 다시 세종 치세 32년간은 유교국가로서의 체제를 정비하고

---

286) 韓永愚, 『朝鮮前期社會經濟研究』, p.68.

그러한 이념을 구체적으로 실현해간 수성기守成期로 파악하기도 한다.[287]

여기서 관심을 갖게 되는 문제는 유교국가로서의 체제확립이 불교와는 어떤 관계 속에서 진행되었는가 함이다. 다시 말해서 세종의 유교정치 강화가 당시 불교에는 어떤 의미로 투사되었을까 하는 것이다. 이 같은 의문의 해소를 위해서 우선 세종의 정치에서 나타나는 흥유적 시책들을 중심으로 그 내용과 함께 불교와의 관계를 간략하게 검토한다.[288]

1. 집현전 설치와 그 활동

집현전은 학문연구 및 학자의 양성을 위해 세종 2년(1420)에 정식 설치된 왕실 연구기관이다. 이곳에는 젊고 우수한 학자들이 소속되었으며 그들의 일차적인 활동은 학문의 연구에 있었다. 따라서 집현전의 직제 및 운영은 오직 이 같은 목적을 달성하는데 주안을 두고 있다. 집현전관을 각 품의 반두班頭에 두었고 사헌부의 규찰을 받지 않게 했던 것이나, 집현전 학자들은 한번 임명되면 다른 관서로 전임되는 일이 거의 없이 장기 근속케 했던 것도 그런 이유에서였다. 또 세종은 집현전의 젊은 학자들에게 특별히 휴가를 주어 독서케 하는 사가독서賜暇讀書를 실시, 본전에 출근하지 않고 집에서 독서에만 전심하도록 배려하기도 하였다. 이것은 후에 제도화하여 독서당의 제도가

---

287) 琴章泰, 「世宗時代의 哲學史想」(『世宗朝 文化의 再認識』, 韓國精神文化研究院, 1982), p.43.
288) 이하 興儒的 시책에 관한 내용은 『韓國史』9, 국사편찬위원회, pp.86~137을 참조함.

된다. 이와 같은 집현전의 운영 및 제도는 유교정치에 불가결한 대학자를 양성하려는 세종의 원대한 뜻이 반영된 것으로 볼 수 있다.

한편 집현전의 직무 면에서 가장 중요한 것은 왕의 수덕修德을 위하여 경사經史를 강론하는 경연經筵과, 세자의 교육을 위한 서연書筵의 담당이었다. 전제군주국가에 있어서 왕의 수덕 여부는 그 시대의 정치문화의 양상을 좌우하는 요인이 될 수 있다는 점에서 그 직무는 매우 막중한 것이었다. 같은 의미에서 장차 왕위를 계승할 세자에 대한 교육의 중요성 또한 마찬가지이다. 경연과 서연을 집현전에서 전담했다는 사실은 그만큼 집현전의 비중이 컸음을 말해준다. 이 외에도 집현전에서는 각종 학술의 연구, 특히 고제도 및 역사의 연구와 토론, 각종 서적의 편찬과 저술, 그리고 관문서의 작성 등 상당히 광범위한 기능을 수행하였다. 이로써 집현전은 세종대의 정책이 유교정치 이념을 이상에 가깝게 실현하는데 원동력이 되었던 것이다.

집현전은 세조 2년(1456)에 가서 폐지되지만 그동안의 활동이 이와 같았다면, 그것은 당시의 불교정책에도 그 작용과 영향을 적지 않게 끼쳤을 것으로 생각해 볼 수 있다. 우선 경연만 하더라도 유학자들이 국왕에 대한 학문상의 고문역과 교육을 담당하고 있다. 또 그들은 때로 국가의 중대한 문제까지도 현안으로 삼아 의견을 교환하기도 하였다. 여기서 국왕에 대한 유교적 교육 및 그 정책에 관한 의견교환 및 진언에 있어서 불교에 대해 긍정적인 평가나 호의적인 논의가 이루어졌으리라고 기대하기는 어려운 것이다. 실제로 집현전에서는 세종의 불교정책에 대하여 자주 배불적인 의견을 제시하고 있으며,[289] 집현전

---

289) 集賢殿과 그 소속 유신들의 배불상소 및 계청은 실록 가운데 세종 6년 3월부터 보이기 시작하 는데, 왕의 재위 후반부터는 더욱 자주 눈에 띄며 논조 또

의 대표적 학자 가운데 한 사람인 최만리崔萬理 같은 인물은 당시의 전형적인 배불론자로서 그 활동을 두드러지게 보여주고 있다. 결국 집현전은 그 활동과 성격으로 미루어 볼 때 불교정책에 관한 한 부정적이거나 배불적일 수밖에 없는 기관이었다.

2. 유교적 의례와 제도의 정비

유교적 의례와 제도의 정비는 유교정치의 기초를 확립하기 위하여 가장 필요한 작업이었다. 불교를 숭상하던 고려조에서도 그 정치제도는 중국에서 유래하지 않은 것이 거의 없었다. 하물며 불교를 부정하고 유교국가 건설을 이상으로 하여 수립된 조선왕조가 고려의 제도를 그대로 인습하는 것으로 만족할 리는 없었다. 여기에 정치제도의 유교화를 위한 노력이 경주되었고, 이러한 필요에서 제기된 것이 곧 중국 고제古制의 연구였다.

유교적 의례 제도 마련을 위한 고제연구는 태종대에서도 시도되기는 했지만 그것이 본격화한 것은 세종 즉위 이후부터이다. 그리고 그 중심기관은 예조·의례상정소儀禮詳定所(태종 10년 설립, 세종 11년 폐지)·집현전이었다. 이들 3기관의 의례상정의 활동 전반을 크게 나누어보면, ①오례五禮 ②사례四禮 ③제도 ④시정侍丁 ⑤기타와 같이 구분된다. 오례는 국가의 의례인 길례吉禮·가례嘉禮·빈례賓禮·군례軍禮·흉례凶禮를 뜻하며, 사례는 관·혼·상·제를 말한다. 또 제도란 관제를 비롯한 국가의 정치제도를, 시정은 노부모를 봉양하기 위해 군역을 면제받는 제도를, 기타는 이러한 사항 이외의 것을 의미한다.

한 매우 격렬한 편이다.(『世宗實錄』卷23, 6年(1424) 3月 8日).

세종대 3기관의 고제연구 중심은 모두 유교적인 의례제도의 정리를 위한 것이었고, 특히 오례와 사례는 어느 기관에서나 빈번히 다룬 문제이다. 그러나 그 기관들이 연구한 내용과 경향을 보면 서로 약간씩의 차이가 있다. 즉 예조와 의례상정소에서는 유교적인 의례제도의 큰 테두리와 줄거리를 세우기 위한 것이었고, 집현전에서는 그것을 시행할 때 나타나는 세부적이고 기술적인 문제를 밝히기 위한 것이었다. 큰 테두리와 줄거리를 마련하는 일도 중요하지만 그것의 실제적인 적용에는 보다 세부적이고 기술적인 문제가 대두되었고, 여기에 보다 깊은 집현전의 학문을 요하는 작업이 가해진 것이다. 이처럼 세종은 예조·의례상정소·집현전 등으로 하여금 고제를 연구하게 하여 유교적인 의례제도를 정리해갔고, 이는 곧 조선왕조 유교정치의 확고한 기반이 되었다.[290]

이 같은 세종대의 유교적인 의례제도의 정비를 당시 불교문제와 연결 지어 본다면 어떤 상관관계를 가질 수 있는 것일까. 새 왕조의 유교이념이 단순한 정치원리로서만 추구된 것이 아니라 사회 전반의 가치기준으로서 확립되고 또 민중의 정신생활에 뿌리내리기 위한 의례로서 완비되었다면, 그것은 곧 불유교체에 있어 가장 구체적인 작업이었다고 말할 수 있다. 다시 말해서 유교적 의례제도의 정비는 그만큼 사회와 민중을 불교로부터 효과적으로 격리시킬 수 있는 계기를 제공했으리라는 것이다. 물론 국가적인 의례로서의 오례와는 달리 가정의례인 사례는 당장 민중의 생활 속에까지 깊숙이 침투되었다고 보기는 어렵다. 그러나 그것은 최소한 양반사대부들에게 상당한 영향을 끼쳤

---

290) 유교적 의례제도를 마련하기 위한 각 기관의 古制 연구상황은 앞의 『韓國史』9, pp.114~123의 관계자료 참고.

던 것이 분명하며, 사대부 계층의 이 같은 경향은 당시 사회의 한 지향성을 보여주고 있다는 점에서 민중에의 파급 효과도 적지 않았을 것이다.

세종대의 유교의 의례와 제도의 정비는 그 자체로서는 매우 문화적인 의의를 지닌다. 그러나 굳이 불교와의 관계 속에서 파악한다면 그것은 불유교체적 의식전환을 위한 인위적 노력의 측면도 함께 지닌다 하겠다.

3. 편찬사업의 성행

세종조의 찬란한 문화는 그 시대에 활발했던 편찬사업에 근거를 두고 있다고 말해도 좋을 것이다. 편찬사업을 통하여 조선조의 문화적·사상적인 정리가 이루어졌던 것이며, 정치제도의 기틀이 잡혀갔다는 점에서이다. 이 편찬사업의 주체는 바로 세종이 각별한 관심을 기울여 육성했던 집현전이었다. 그리고 집현전 학자들의 학문이 상당히 진척된 세종 10년(1428)부터 편찬사업이 본격적으로 이루어지고 있다.

주로 집현전 학자들이 중심이 되어 편찬과 주해로써 간행해 낸 서적들을 보면, ①역사서 ②유교경서 ③유교윤리 의례 ④중국법률 ⑤중국문학 ⑥중국정치서 ⑦병서관계 ⑧ 훈민정음 음운 ⑨지리관계 ⑩천문 역수관계 ⑪의약관계 ⑫농업기술관계 등으로 분류할 수 있다. 편찬사업을 통해 당시의 사상과 문화 전반이 다양하게 전개되었음을 알 수 있다. 이 같은 다양한 편찬사업 가운데 특히 불교와의 관계를 논할 수 있는 분야로서는, ②유교경서 ③유교윤리 의례 ⑥중국정치서의 편찬을 들 수 있다.

유교경서의 편찬은 세종 30년에 간행된 『사서언해』와 문종 원년에 역시 집현전에서 간행한 『대학연의』주석이 있다. 세종의 경연 강독서에 『춘추』『서경』『좌전』『주역』 등이 있었던 것을 보면, 경연에서는 오경도 중요시되었지만 사서가 더욱 많이 강독되었고 특히 『대학연의』를 자주 강하였다. 오경·사서는 유자의 필독서로서 유교정치와 유학의 진흥을 위해서는 이를 널리 보급할 필요가 있었을 것이다.

세종대의 일반적인 유교경서 간행은 일찍이 세종 3년부터 시작되어 오경·사서와 함께 『성리대전』 등이 수시로 개판 인출되어 중앙과 각 도의 각 관에 보급되어 왔다.[291) 그러나 훈민정음 반포(세종 28년, 1446) 이후에 사서가 언해된 것은 (세종 30년) 그 보급의 측면에서 더욱 주목된다. 물론 정음반포와 함께 착수된 『석보상절』과 같은 불서가 먼저 정음으로 찬술(세종 29년)된 것이기는 하지만, 그 형식에 있어서 『석보상절』이 왕실 자체의 사찬적私撰的 성격을 띠고 있음에 반해 유교의 경서는 집현전에 의해 국가적인 사업으로 이룩되었다는 차이점을 갖는다. 『석보상절』편찬은 그 자체로서 역사적·문화적인 큰 의의를 지니고 있음은 물론이다. 그러나 세종대에 불유 양교의 전반적인 경서편찬사업의 성격은 유교정치하에서 불교가 처해있는 입장과 그 정책적 대우를 상징적으로 보여준다.

세종대의 편찬사업 가운데 ③ 유교윤리의 의례에 관한 것으로 『효행록』『삼강행실』『오례의주五禮儀註』『세종조상정의주世宗朝詳定儀註』와 같은 서적의 간행 또한 불교의 입장에서는 그 영향을 받지 않을 수 없는 사업이라 하겠다. 이러한 서적들의 편찬은 유교사회로 지향하는 조선조에 있어서 당연한 사업으로 추진되었기 때문이다. 『효행

---

291) 金斗鍾, 『韓國古印刷技術史』(探究堂, 1947), pp.142~147 참조.

록』『삼강행실』은 유교적인 사유나 생활에 익숙지 않은 민중들에게
유교의 윤리를 깨우쳐 주기 위한 목적에서 편찬된 것이며,『오례의주』
『세종조상정의주』는 국가의 유교적 의례제도의 정리사업이었다는 점
에서 더욱 그러하다. 이러한 유교윤리와 의례의 정리 보급은 곧 조선
의 유교정치에 기초가 되었던 것이다.

한편 ⑥중국정치서(귀감서)로서 『명황계감明皇誡鑑』『치평요람治平要
覽』『정관정요주貞觀政要註』가 편찬 주해되었던 것도 불교와의 상관관
계를 생각해 볼 수 있다.『명황계감』은 당 현종의 치란지적治亂之迹을
엮은 것이며,『치평요람』은 주周에서 원元에 이르는 중국역사와, 기자
조선에서 고려에 이르는 우리나라의 역사 가운데 국가의 흥망과 군신
의 사정과 정교·풍속·윤리 등 각 방면에서 권장할 만한 내용을 발췌
하여 엮어 놓은 것이다. 또『정관정요주』는 당 태종과 신하들과의 정
치상의 의논 내용을 40편으로 분류하여 기록한 것으로, 유교정치의
교과서라 할 만한 정치서이다.

이 같은 중국정치서의 편찬은 물론 바른 정치를 하기 위한 노력의
일단이었을 것이다. 그러나 이것에서 굳이 불교와의 상관관계를 생각
해보게 되는 까닭은 곧 유교주의와 유교정치가 지니는 속성 때문이
다. 유자들이 억불 배불을 거론할 때, 으레 규범으로 삼는 것은 중국
의 고제나 제왕들의 정치상의 사례이다. 그리고 그들이 말하는 바른
정치에는 이른바 '사도斯道의 증장과 이단異端의 배척'과 같은 독단적
이념이 반드시 포함된다. 세종대 정치서의 편찬사업을 이런 각도에서
이해하려는 것은 물론 적절하지 못하다고 말할 수 있다. 그러나 적어
도 이들 편찬사업이 유교정치의 이념에 보다 착실하게 부응하고자 하
는 노력이었다는 점에서, 세종대의 정치서 편찬과 불교의 상관성이 전

혀 없다고만 말하기 어려운 것이다.

이상에서 세종대 유교국가로서의 체제확립을 위한 몇 가지 흥유시책을 중심으로 불교와의 관계를 논하였다. 이를 통해 확인할 수 있는 것은, 국가의 흥유시책들이 직접 또는 간접적으로 불교의 종교적 기능과 사회적 역할을 축소 약화시키는 방향으로 작용했으리라는 점이다. 특히 유교적 정치이념의 강화 및 유교의례제도의 정비 등은 당시는 물론 이후 더욱 불교에 큰 영향을 미치게 된다. 세종대의 다양한 흥유시책들을 그대로 배불이라고 말할 수는 없다. 그러나 이 같은 국가적 노력이 최소한 불유교체적 의식전환을 더욱 촉진해간 것임에는 틀림없다.

Ⅱ. 치세 전기의 배불시책

1. 종파·사사의 대폭 정리

태종대의 정치·사회적 제도 개편과 물질적 토대 위에서 유교국가의 체제를 확립하여 이상을 추구해온 세종은, 마찬가지로 불교정책에 있어서도 태종대의 배불적 정책을 그대로 계승, 강화하고 있다. 이로써 태종대에 완벽을 기하지 못한 불교 폐쇄정책은 세종대에서 일단의 완결을 보게 된다.

세종의 불교정책들을 그 치세 전기와 후기로 나누어 볼 때, 그것에는 상당한 차이가 드러난다. 불교를 억압 배척하는 획기적인 정책들이 주로 그 전기에 집중되어 있으며, 후기에는 특기할 만한 배불정책은 별로 보이지 않는다. 세종은 그 후기부터는 불교에 대한 개인적인 태도 자체가 상당한 변화를 보여 '봉불국왕'으로 까지 불리게 된다.[292] 그러나 후기에 특기할 만한 배불책이 없다는 사실이 반드시 불교에 대한 세종의 심적 변화와 관계있어 보이지는 않는다. 한 시대에 수용할 만큼의 배불정책들은 이미 그의 치세 전기에 단행되고 이후로는 그 후속 조치들이 진행되고 있다. 이런 상황에서 굳이 혹독한 배불로

---

292) 高橋 亨, 『李朝佛教』, p.119.

더이상 불교교단을 압박할 필요까지는 없었던 것인지도 모른다.

이제 세종 전기에 집중적으로 추진해 간 배불정책의 시행과정 및 내용을 살펴보겠다. 이를 위해서는 먼저 그의 배불시책 전반에 대한 조망이 필요하며, 그것은 대략 다음과 같이 9개항으로 분류할 수 있다.[293]

①	사사 노비와 승려 상전相傳의 법손 노비를 혁거 속공함.
②	7종을 선·교 양종으로 폐합함.
③	전국의 사원수를 대폭 감축함.
④	내불당을 폐함.
⑤	도성 내에 흥천사·흥덕사 이외의 사원은 철폐 속공함.
⑥	철폐된 사원의 불상과 종경을 녹여서 병기로 만듦.
⑦	불사의 설행을 줄여서 비용을 절약함.
⑧	승도들이 함부로 도성 내에 출입하는 것을 금함.
⑨	도승제를 엄하게 하고 특히 연소자의 출가를 금함.

여기에 승록사의 폐지를 추가할 수도 있으며, 이들 배불정책 가운데 ②④⑤⑧ 등의 내용은 태종의 배불책에서도 볼 수 없는 것들이다. 그만큼 세종은 태종의 배불에서 미진한 부분까지도 완결 짓는 철저한 불교억압과 배척의 정책을 편 것이다. 그러나 세종의 배불책 중 가장 획기적인 것은 이미 태종에 의해 7종으로 감축된 불교종파를 다시 선·교 양종으로 폐합하고 이들 양종에 각기 18개씩 합계 36개사만을 남긴 조치로써, 각기 ②③⑤ 항에 해당하는 내용들이다. 불교계가 미처 예상하지 못한 큰 타격을 안겨준 이 같은 조치들을 중심으로 세종 전기의 배불정책이 어떤 과정 속에서 추진되어 갔는가를 사료를

---

293) 李載昌, 「朝鮮朝社會에 있어서 佛敎敎團」, 『韓國史學』7(韓國精神文化硏究院,1986), p.125와 『李朝佛敎』, p.118에서도 동일한 내용이 8개항으로 정리되어 있다.

통해 좀 더 자세히 검토해 본다.

세종 즉위 후, 맨 먼저 가한 불교억압 조치는 사원노비의 전면적인 혁거 속공이었다. 사원노비의 혁거 속공은 이미 태종 5년에 사사전토 및 노비의 속공조치를 취한데 이어 그 6년에 다시 이루어져, 태종대에 혁거된 사사노비 수는 무려 8만 여에 달하였다.[294] 이로써 전국 사찰에 남겨진 노비 수는 그리 많지 않았을 것으로 생각되는데, 이제 그것이 극히 일부를 제외하고 거의 전원이 혁거 속공되고 있는 것이다.

세종대 사사노비 전원을 속공시킨 조치는 태종 5년 때와 마찬가지로 승려들의 사비寺婢에 대한 음행사실이 직접적인 발단이 되었다. 즉 세종 1년 11월 회암·진관 양사의 승려들이 사비를 간범한 사건이 발생하자, 의정부·대간臺諫·육조에서 일제히 사사노비는 물론 승려들이 상전하는 법손노비까지도 혁거하여 속공시킬 것을 강력하게 건의하고 나선 것이다. 여기에는 상왕(태종)의 의사가 크게 작용하고 있다. 즉 제신들의 상소가 있기 하루 전날 상왕은 제신들과 함께 이 문제에 대하여 논하면서, 자신이 재위 당시 사사노비를 모두 없애지 못한 것은 '승도들이 반발하여 혹시 중국에 잠입하여 사건을 일으킬지도 모를 염려' 때문이었음을 술회하고 있다. 그는 또 자신이 일찍이 사원에서 여자종을 입역立役하지 못하게 했던 조치는 승도들의 음행을 막기 위한 것이었음을 말하고, 이런 폐단을 없애기 위해서는 사원에 전토만 주고 노비는 없애면 될 것이라는 방안까지 제시하며 이를 대간으로 하여금 왕에게 간하게 하고 의정부·육조에서 상서토록 종용했던 것이다.[295] 이에 따라 다음 날 의정부·육조·대간이 연이어 사사노비

---

294) 註 233) 참고.
295) 『世宗實錄』卷6, 世宗 1年(1419) 11月 27日.

와 법손노비의 혁거를 상소하게 된 것이다.

　이 같은 신료들의 상소에 대해 세종은 사사노비의 혁거만을 받아들여 중외의 모든 사사노비는 물론 개경사·연경사·대자암 같은 능사의 노비까지도 혁거하고, 다만 정업원淨業院은 과부들이 모인 곳으로 남자종이 가까이 하는 곳이 아니라 하여 이곳만은 제외시키고 있다.[296] 그리하여 혁거속공 된 사사노비는 세종 3년 2월에 전농시에 소속되기에 이르는데,[297] 여기서 다시 법손노비의 혁거 문제가 대두된다. 그 동안 법손노비 문제로 승려들 간에 관에 소송하는 등 물의를 빚는 일이 있었다. 그런데 때마침 흥복사 승려들이 법손노비에 사사로이 형을 가하여 노자奴子가 자결해 버리는 사건이 발생함에, 다시 그 해 형조판서 허지許遲 등이 상소하여 법손노비까지도 속공할 것을 건의하게 된 것이다. 허지의 상소는 '법손노비를 모두 속공시키되 그들에게서 낳은 노자만은 각기 그 종 도회소에 분급分給하여 승려들이 송사나 형벌에 빠지는 폐단을 없게 하자'는 것이었다. 이 건의 역시 의정부와 육조의 동의를 거쳐 그대로 시행됨으로써,[298] 이제 사원에는 공식적으로 노비가 거의 존재하지 않게 된다.

　이와 같은 사사·법손노비의 혁거속공 조치는 물론 승려들의 사비 간범이나 사노에 대한 사형私刑 등과 같은 일부 승도들의 도덕적 타락이 그 직접적인 계기가 된 것이다. 그러나 이를 전국 사원노비 전원의 혁파로까지 확대 적용하고 있음은 '승도들의 음행을 막고 청정과욕의 도에 부합토록 한다'는 명분에도 불구하고, 분명 배불적 의도가 포함된 것으

296) 같은 책, 世宗 1年(1419) 11月 28日.
297)『世宗實錄』卷11, 世宗 3年(1421) 2月 5日.
298)『世宗實錄』卷13, 世宗 3年(1421) 8月 5日.

로 볼 수밖에 없다. 설사 배불의도가 전혀 없는 단순한 사회통제적 의미를 띤 조치였다 하더라도 그 결과에 있어서는 마찬가지이다. 이 같은 국가권력의 남용은 이미 태종대의 여러 조치들에서도 보아 온 바 있다.[299]

더구나 문제는 사원의 노비혁거 조치가 그 자체만으로 그치지 않는다는 데 있다. 이는 곧 노동력의 상실로 사사전지의 유휴지화遊休地化를 초래하고, 그것은 다시 승려들이 절을 버리고 사방으로 흩어지는 현실로 나타난다. 그리고 이 같은 현실이 대대적인 사사전지의 정리 및 몰수와 불교 종파의 폐합과 같은 또 다른 배불정책으로 이어지는 악순환을 낳고 있다. 세종 6년 4월에 단행되는 종파폐합 및 대폭적인 사액寺額의 감축과 같은 혹독한 배불정책도 그런 관점에서 바라볼 수 있다.

세종 6년 4월의 이 유례없는 배불조치는 대략 그보다 2개월 전부터 사헌부를 비롯하여 의정부·육조·집현전·성균관·예문관 등 조정의 여러 기관에서 구체적으로 여론화하기 시작한다. 이 경우에도 유생들은 일부 승려의 음주 등 극히 사소한 범금행위를 문제 삼아 배불의 여론으로 확대시켜 나가고 있다. 비록 일부에 국한되는 일이라 하더라도 승려의 도덕적 타락이나 범금행위가 합리화될 수는 없다. 마찬가지로 그것이 그대로 배불 논의와 여론으로 연계되는 것 또한 정당한 일은 아니다. 그러함에도 불구하고 유신들이 그것을 빌미로 불교 전반을 억압 폐쇄하고자 기도하고 있다는 사실은 그대로 조선조의 배불경향과 추세를 단적으로 보여 준다. 즉 유교를 지배종교로 채택한 유신들은 배

---

299) 태종의 집권과 관련하여 軍資田 및 軍資米의 사정 악화는 절정에 달하여 그 확보문제가 시급한 실정이었다(韓永愚, 『朝鮮前期社會經濟研究』, pp.190~191). 태종 초기의 사사전토와 노비의 속공 등 조치는 이 같은 국가 경제적 군사적 현실문제의 해결을 위한 한 방법이었다. 불교에 대한 경제적 제재와 억압이기는하지만 이 과정에서 강제된 사사합류와 불교종파의 인위적 폐합 등은 국가권력의 남용으로 간주할 수밖에 없다.

불을 기본원칙으로 설정한 가운데, 그들이 의도하는 수준에 이를 때까지 계속해서 불교 억압과 배척의 방안을 모색해 나가고 있는 것이다.

세종 6년 2월 사헌부 대사헌 하연河演 등의 상소는 흥천사의 승려들이 종선宗選을 행할 때 규정으로서 금하는 유밀과油蜜果를 사용하고, 금령을 어기고 음주하였으며, 분수승焚修僧의 인원수를 자의로 감소시켜 그 비용을 전용한 사실 등을 들어 이에 대한 규탄과 함께 불교전반을 대폭 정리할 것을 주장한 내용이다. 이로부터 같은 해 4월에 대대적인 배불정책이 시행되기까지 그 2개월 동안에 조정 각 기관에서 올린 상소의 배불 논의와 건의 요점만을 일자별로 정리해 보면 다음과 같다.

○ 사헌부 대사헌 하연 등의 상소 (세종 6년 2월 7일)
대부분 사사의 항거승 수가 극소수인데 반해 급여된 전지가 광대하여 중외 사사에 분속된 11,100여결의 양전良田을 버려둘 수 없으므로 ①서울에 3소, 유후사留後司에 1소, 모든 도에 2,3의 사사만을 남기고 나머지는 모두 없앨 것 ②시선試選의 법을 파할 것 ③승직의 비답批答을 내리지 말 것 ④승록사를 혁파할 것을 주장함.
왕이 이를 의정부와 육조에서 의논케 하니 모든 신료가 그 사태와 혁파를 가하다고 하였으나, 허조許稠 1인이 사사의 사태는 가하나 승선僧選 · 승비僧批 · 승록僧錄의 세 가지 일은 서서히 혁파하는 것이 좋겠다는 의견을 보임.[300]

○ 영의정 유정현柳廷顯, 좌의정 이원李原, 호조판서 이지강李之剛 등의 계(같은 해 2월 13일)
지신사知申事 곽존중郭存中이 사헌부의 벽이단소闢異端疏를 가지고 제신과 논의하는 가운데 유정현과 이지강은 사헌부의 의견에 전적

---

300) 『世宗實錄』卷23, 世宗 6年(1424) 2月 7日.

으로 동의함. 다만 좌의정 이원은 현실적으로 불교를 완전히 혁파하기 어렵다면, ①혁거해야 할 사사를 선별하여 없앨 것 ②혁거사사의 전토는 잔류사사에 합속시키고 승려들은 모아서 살게 할 것 ③ 승선·승비·승록사의 제도를 존속시킬 것을 계청함.[301]

○ 사헌부의 승려징계의 계(같은 해 2월 14일)
음주 및 유밀과 사용으로 영을 어긴 흥천사 승 15명에 대한 태형·장형 및 환속조치를 아뢰고, 이를 시행함.[302]

○ 집현전 제학提學 윤회尹淮 등 상소(같은 해 3월 8일)
불교 교리 전반에 대한 부정 및 승도의 좌식坐食 등을 격렬하게 비판하고, 특히 관·민가의 불사로 인한 상채喪債의 폐단을 지적함. 여기에다 태종대의 도징·설연 및 거년去年의 회암·진관 양사 승도의 음행과 이번 흥천사 승도의 음주 등 비행을 비난한 뒤 다음을 건의함. ①오랑캐의 법을 없애버리어 크게 풍속을 변화시킬 것 ②탑묘를 훼철毁撤하고 경율經律을 불사를 것 ③ 승니를 모두 환속시킬 것 ④ 주공가례에 의해 경사卿士와 서민의 상제喪祭 예법을 정하여 이를 시행케 할 것.[303]

○ 성균관 생원生員 신처중申處中 등 101인 예궐詣闕 상서(같은 해 3월 12일)
상기 집현전의 상소 내용과 유사한 논지를 장황하게 말함. 특히 근래 승도들이 군부君父를 배반하고 중국에 잠입한 사실을 거론하여 무부무군의 교로서 매도하고, 다음과 같은 불교 절멸론을 주장함. ①승도를 강제 환향케 하여 병부에 충당시킬 것 ②그들이 살던 집을 주택으로 만들어 호구를 늘일 것 ③불서를 불살라 뿌리를 영절시킬 것 ④사사전을 군자에 소속 시킬 것 ⑤사노를 각사에 분급할

301) 같은 책, 世宗 6年(1424) 2月 13日.
302) 같은 책, 世宗 6年(1424) 2月 14日.
303) 『世宗實錄』卷23, 世宗 6年(1424) 3月 8日.

것 ⑥동상과 종경鍾磬을 사섬시司贍寺에 소속시켜 전폐錢弊를 만들
것 ⑦사용하던 그릇들은 예빈시禮賓寺에 소속시켜 관용으로 비축
할 것 ⑧경판을 유서로 개간改刊할 것 ⑨60세 이상의 승은 친척에
게 보낼 것 ⑩경성 내 각 종의 사찰은 공청公廳이 없는 각사에 나누
어 줄 것 ⑪외방 사찰은 주현의 역참이나 경학經學의 옥사로 사용
케 할 것 ⑫상장喪葬은 가례의 법에 따르게 할 것.[304]

이상에서 간단하게 살펴보았지만, 사소한 사건을 빌미로 조정의 각
기관 제신으로부터 성균관의 학생들에 이르기까지, 불교의 억압은 물
론 그 완전한 절멸까지 주장하고 있다. 이 같은 상소들에 대해 그동안
세종의 태도는 비교적 신중한 편이었다. 그들의 주장과 건의를 일단
인정은 하면서도 오랫동안 전승되어 온 불법을 완전히 제거할 수 없
다는 입장을 보이고 있었던 것이다. 그러나 성균관 학생들까지 집단적
으로 불교의 혁파를 상소하고 나서는 상황 속에서 더이상 결단을 미
루고 있을 수만은 없었던 것인지, 학생들의 상소가 있던 다음 날 왕은
드디어 다음과 같이 전지傳旨하고 있다.

> 경京 외의 각 종宗 사사 내에서 승려들이 거주할 만한 사사의 수를
> 정하고 그 나머지는 혁파할 것이며, 사사전은 적당하게 합하거나 분
> 속시키고, 나머지 유명무실한 각 관의 자복사資福寺도 아울러 모두
> 혁제革除하라.[305]

그러나 각 종 사사의 수를 줄인다는 이 같은 전지에 유신들은 실망
하여, 며칠 후 예문관 봉교奉敎 양봉래梁鳳來 등은 다시 앞서 집현전
의 상소를 상기시키면서 불법을 영절시킬 것을 거듭 촉구하는 소를

---

304) 같은 책, 世宗 6年(1424) 3月 12日.
305) 위와 같음, 13日.

올리기도 하였다. 이러한 과정을 거쳐 세종 6년 4월 예조에서 불교정비의 구체적인 방안을 정하여 제시하기에 이르고, 이 안이 그대로 시행됨으로써[306] 세종 전기의 가장 혹독한 배불정책이 단행된 것이다. 여기서 불교 정비방안을 제시한 예조의 상소문 가운데 첫 부분만을 인용해 본다.

> 석씨의 도는 선·교 양종뿐이었는데, 그 뒤 정전正傳과 방전傍傳이 각기 소업所業으로써 7종으로 나누어졌습니다. 잘못 전하고 거짓을 이어 받아 근원이 멀어짐에 따라 말단이 더욱 갈라지니, 실로 그 스승의 도에 부끄럽게 된 것입니다. 또한 중외에 사사를 세워 각종에 분속하니 그 수가 엄청나게 많으나 승려들이 사방으로 흩어져 절을 비워두고 거처하는 자가 없으며, 계속 수즙修葺하지 않음으로써 점점 무너지고 허물어지고 있습니다. 그러므로 조계·천태·총남 3종을 합하여 선종으로, 화엄·자은·중신中神·시흥始興 4종을 합하여 교종으로 하며, 서울과 지방에 승도가 우거할 만한 곳을 가려서 36개사만을 두어 양종에 분속시킬 일입니다. 그리고 전지를 우급優給하고 거승의 수를 배정하며⋯승록사를 혁파하고 서울에 있는 흥천사를 선종도회소로 흥덕사를 교종도회소로 하며, 연행年行이 함께 높은 이를 뽑아 양종의 행수장무行首掌務를 삼아서 승중지사를 살피게 하기를 청합니다. 이제 분속하려는 서울과 지방의 사사와 거승의 정액과 급여할 전지의 결수를 계啓합니다. 선종에 예속된 것으로는 사가 18개소, 전지가 4,250결, ⋯교종에 소속된 것으로는 사가 18개소, 전지가 3,700결입니다.[307]

이어 상소에서는 양종 36개사에 대해 전지 및 항거승수恒居僧數를 사사별로 보고하고 있다. 상기 인문을 통해서 볼 때, 당시 많은 사사

---

306) 『世宗實錄』卷24, 世宗 6年(1424) 4月 5日.
307) 위와 같음.

및 전지가 있으나 승려들이 사방으로 흩어져 사사에 항거하는 수가 희소한 실정이었음을 알 수 있다. 이는 이미 태종대의 사사 및 거승수의 제한과 세종 3년의 사원노비의 전원 혁거조치 등으로 인해 초래된 상황이었던 것 같다. 그런데 불교계의 이런 상황이 예조의 방안대로 다시 정비됨으로써, 불교교단은 급격히 위축될 수밖에 없게 된다.

요컨대 예조의 불교정비 방안은 ①7종을 통합하여 선·교 양종으로 하고 ②중외의 사사 중 36사만을 남겨[308] 양종에 18사씩 분속시키며 ③각 잔류 사사에 전지를 우급하고 항거승수를 배정하며 ④승록사는 파하고 경중의 흥천사·흥덕사를 각기 선·교종의 도회소로 삼으며 ⑤ 선종 18사에 전 4,250결, 교종 18사에 전 3,700결을 분급한다는 것이다. 이 내용을 항거승수와 함께 도표로 보면 〈표 1〉과 같다.

〈표 1〉 세종 6년 4월의 종파통합 및 잔류사·전지·항거승

종파통합		잔류사	급여전지	항거승	경중도회소
조계종 천태종 총남종	선종	18 사	4,250결	1,970명	흥 천 사
화엄종 자은종 중신종 시흥종	교종	18 사	3,700결	1,800명	흥 덕 사
합 계		36 사	7,950결	3,700명	

---

308) 韓㳓劤은 「世宗朝에 있어서의 對佛敎政策」(『震檀學會』25·26·27, 1964), p.100에서 "36寺는 本山으로서의 자격을 인정하는 데의 제한으로써 그 밖의 寺社를 일체 革去한 것은 물론 아니다."라고 말하고, 그것은 寺社濫造의 방지 및 破亡廢寺를 정리한다는 기도가 들어 있는 것으로 보았다.

2. 도첩제 엄행·승려 입성 제한

이상과 같이 세종 6년 4월에 불교교단이 대폭 정리되고, 이로써 세종 전기 불교의 축소된 윤곽이 한 눈에 드러난다. 불교 자체는 물론 대사회적인 교화활동의 근거라 할 수 있는 종파가 태종대에 11종에서 7종으로 통폐합되더니, 그것이 다시 선·교 양종으로 대폭 감축된 모습이다.

한편 양종 36개사에 대해 사찰별로 배정한 거승수와 급여전지를 다시 보면 〈표 2〉와 같다. 이에 따라 전국의 사사는 겨우 36사만 남겨지고,[309] 경중에 잔류된 흥천·흥덕 양사가 각기 선·교종의 도회소로서 혁파된 승록사의 기능을 대신하게 된 것이다.

〈표 2〉 사찰별 배정 거승수 및 급여전지수

종 명	사 찰 명	거승수	전 지 수		
			원속전	가급전	계
선종	흥천사(서울)	120	160결	90결	250결
〃	승효사(유후사)	100	100	100	200
〃	연복사(〃)	100	100	100	200
〃	관음굴(개성)	70	45	205	250
〃	승가사(양주)	70	60	90	150
〃	개경사(〃)	200	400	–	400
〃	회암사(〃)	250	500	–	500
〃	진관사(〃)	70	60	190	250

309) 전국 36개사는 그 정비 직후부터 세종 7년 5월까지 일부 교체가 있었다. 敎宗의 景福寺(전주), 端峯寺(창평)와 禪宗의 華嚴寺(구례), 亭谷寺(은율), 興龍寺(태인)의 5사가 革除되고, 대신 上院寺(강릉), 正陽寺(금강산)가 禪宗에 각각 편입된 것이다. 이로써 禪·敎 兩宗 36사에는 변동이 없으나 寺社田 총결수 및 居僧數에는 약간의 증가를 보았다.(韓沽劤, 위의 논문 p.102 참조).

〃	자은암(고양)	120	152.96	97.4	250
〃	계룡사(공주)	70	100	50	150
〃	단속사(보주)	100	100	100	200
〃	기림사(경주)	70	100	50	150
〃	화엄사(태인)	70	80	70	150
〃	홍룡사(태인)	7	80	70	150
〃	유점사(고성)	150	205	95	300
〃	각림사(원주)	150	300	-	300
〃	정곡사(은주)	70	60	90	150
〃	석왕사(안변)	120	200	50	250
	계	1,970	2,822.96	1,427.4	4,250
교종	흥덕사(서울)	120	250	-	250
〃	광문사(유후사)	100	100	100	200
〃	신암사(〃)	70	60	90	150
〃	감로사(개성)	100	40	160	200
〃	연경사(양주)	200	300	100	400
〃	영통사(송림)	100	200	-	200
〃	장의사(양주)	120	200	50	250
〃	소요사(〃)	70	150	-	150
〃	속리사(보은)	100	60	140	200
〃	보련사(충주)	70	80	70	150
〃	견암사(거제)	70	50	100	150
〃	해인사(합천)	100	80	120	200
〃	서봉사(창평)	70	60	90	150
〃	경복사(전주)	70	100	50	150
〃	표훈사(회양)	150	210	90	300
〃	월정사(황해문화)	100	100	100	100
〃	신광사(해주)	120	200	50	250
〃	영명사(평양)	70	100	50	15
	계	1,800	2,340	1,360	3,700
	총 계	3,700	5,161.96	2,787.4	7,950

〈표 2〉에서 볼 수 있는 바와 같이 잔류사사에 2,787.4결의 전지가 가급 되고 있지만, 이는 망폐 및 혁거사사의 전지를 헤아려 합속한 것에 불과하다. 따라서 총 급여 전지 7,950결은 종파폐합 이전의 전국 사원소유 전지가 총 11,100여결이었음을 상기할 때,[310] 그것의 약 30%가 감축된 것임을 알 수 있다.

이는 결국 불교 각 종파의 성격은 물론 그 기능이나 의의를 전혀 고려하지 않은 채 국가의 행정 편의 위주로 종파를 폐합하고 사사를 대폭 정리함으로써, 막대한 사원의 전지를 강제 속공시키는 배불정책이었다. 그리고 이 같은 배불정책은 주전이나 병기 제작을 위한 망폐사사의 불탑과 불기 등의 수납으로 나타나고,[311] 사찰에서 불공한 승려와 속인을 처벌하거나, 경찬회慶讚會에 참석한 승속 각인을 태와 장으로써 논죄하는[312] 형태 등으로도 이어져 갔다.

세종 전기의 배불정책은 이상과 같이 그 6년 4월의 종파폐합과 사사정리로써 대단원을 마감한 느낌이지만, 다시 도첩제의 엄격한 시행 및 승려의 도성출입 제한과 내불당의 철폐에 대해서도 언급하지 않을 수 없다.

도첩제의 엄격한 시행은 세종대에만 있었던 일은 아니다. 이미 태조 원년에 도평의사 배극렴 등의 상소에 의해 1차 강화된 바가 있었고,[313] 태종 2년 이후에도 그것이 엄행되었다.[314] 그런데 세종대의 승려 도첩

---

310) 『世宗實錄』卷23, 世宗 6年(1424) 2月의 司憲府 大司憲 河演의 上疏 내용 참조.
311) 『世宗實錄』卷29, 世宗 7年(1425) 9月 2日과 같은 책 卷108, 世宗 27年 (1445) 6月 15日.
312) 『世宗實錄』卷33, 世宗 8年(1426) 8月 21日과 같은 책 卷65, 世宗 16年 (1434) 7月 7日.
313) 『太祖實錄』卷2, 太祖 元年(1392) 9月 24日.
314) 태종 2년 6월 예조의 상서에 따른 여러 조치는 도첩제의 엄격한 적용이 포함되었음에 틀림없다.

문제는 좀 더 특별한 상황을 보여준다. 세종대에는 그 6년 4월의 불교정비 이후에도 수시로 국가의 공역에 승도를 모집하여 부역하게 하고 그 역사가 끝나면 상직賞職 및 도첩을 급여하였다. 가령 세종 10년 정월 예조의 계청에 의해 『사서대전四書大全』을 개간하여 보관해 둘 장서각을 조영하기 위하여 자원 승도로 하여금 부역하게 하고 낙성 후 상직을 주도록 했던 일이나,[315] 그 11년 2월 태조가 세운 흥천사를 수리하면서 그 화주승과 역승들에게 각각 상직과 도첩을 급여했던 일,[316] 같은 해 8월에 무도첩승 1천여 명을 모아 태평관 영조에 부역하게 했던 일[317] 등 많은 사례가 보인다. 승직을 제한하고 출가자 및 무도첩자를 통제 환속시키는 배불책이 진행되는 또 다른 한편에서는 국가 공역에 무도첩자를 부역하게 하고 그들에게 도첩을 급여하고 있는 것이다. 이 같은 이율 배반적인 정책은 국가가 승려집단 특히 무도첩자들은 필요악적인 존재로 인식하고 있음을 반증한다. 따라서 국가가 그것을 방관하거나 혹은 활용하는 일종의 타협을 보고 있는 셈이다.

어쨌든 국가가 스스로 이 같은 모순을 범하면서 승도가 증가함에 따라 도첩 제한론이 다시 나오고 그것은 출가 조건의 강화와 규제로 나타난다. 즉 세종 11년 4월 사헌부에서 계하여, ①양반 자제로서 출가를 원하는 자는 부모 친족이 사유를 갖추어 승록사[318]와 예조에서 보고를 받은 다음 정전丁錢 오승포 100필을 수납하고 도첩을 주어 출가를 허락할 것 ②유역인有役人 및 독자 처녀의 출가를 금지시킬 것,

---

315) 『世宗實錄』卷39, 世宗 10年(1428) 1月 26日.
316) 『世宗實錄』卷43, 世宗 11年(1429) 2月 5日.
317) 『世宗實錄』卷45, 世宗 11年(1429) 8月 8日.
318) 세종 6년 4월의 불교 정리 시에 승록사가 혁파된 것으로 되어 있으나, 여기에 다시 나오는 것을 보면 완전히 혁파되지는 않았던 것 같다.

③무도첩자를 수색하여 과죄科罪할 것 등을 청함에 그대로 시행하였다.[319] 그러나 이 같은 법령은 제대로 지켜지지 않아 거의 유명무실했던 것 같다. 그 이후로도 무도첩자는 항상 존재하였고 국가에서는 여전히 그들을 자원 모집의 형식으로 부역하게 한 다음 도첩을 급여하는 일이 반복되고 있다.

이 때문에 피역자나 범죄자가 법망을 피해 임의로 삭발하고 승려가 됨으로써 불교교단의 질적 저하를 가져왔다. 또 그것이 비행과 풍속의 오염 등 사회적인 문제를 야기시키는 요인이 되기도 했던 것인데 어쨌든 이렇게 해서 증가된 승려의 수가 적지 않았다. 세종 20년~21년 4월 사이에만 해도 부역을 통해 도첩을 발급 받은 자가 무려 8천이나 되었다고 할 정도이다.[320] 승도의 사역과 도첩 발급의 문제가 서로 연결되어 이처럼 특이한 현상을 보이는 가운데서도 무도첩승에 대한 색출 및 과죄가 진행되었던 것도 사실이다. 승도가 함부로 도성을 출입할 수 없게 했던 금령 또한 이런 과정에서 나온 조치였다.

승도의 도성출입을 규제하는 금령이 최초로 시행된 시기는 자세하지 않지만, 세종 12년 9월 이전인 것은 확실하다. 즉 같은 해 9월에 예조에서 '경성에 출입하는 승려 및 각사各司의 유임승 등에게 인신印信이 찍힌 첩자帖字를 발급해 주게 하고, 성안에 머물러 숙박하지 않고 공무로 인해 출입하는 자는 금하지 말 것'을 계청하여 그대로 시행했음이[321] 보이기 때문이다. 도성에 들어오는 것이 금지된 대상으로서는 선교양종 승려가 아닌 각사의 영선승인營繕僧人 및 성 밖 경산京山

---

319) 『世宗實錄』卷44, 世宗 11年(1429) 4月 16日.
320) 『世宗實錄』卷85, 世宗 21年(1439) 4月 22일.
321) 『世宗實錄』卷49, 世宗 12年(1430) 9月 1日.

의 승려들이었다. 그런데 세종 19년 5월 왕은 예조에 전지하여 "경산의 승도가 부모 친척을 보기 위해서나 시장에 매매하는 일로 입성하는 자는 도첩을 상고하여 출입을 허락하게 하고, 먼 지방의 승려까지도 그 소재관의 문서 증빙과 도첩을 상고하여 출입을 허락하게 하라."고[322] 지시하기도 하였다. 이로써 최소한 세종대 승려의 도성출입금령은 무도첩승려의 단속과 관련된 조치라고 보겠는데, 이 금령 또한 계속해서 시행한 것은 아닌 듯하다. 특히 국가 공역에 많은 무도첩승려들이 동원되었던 사실이 이를 말해 준다.[323] 따라서 승려의 도성출입금지는 일단 입법은 되었으면서도 간헐적으로 시행한 것으로 보인다. 이는 세종 31년 2월에 상기 예조에 지시했던 것과 비슷한 내용을 다시 전지하고 있는 데서도 알 수 있다.

한편 내불당의 철폐는 세종 15년 정월에 취한 조치였다. 내불당은 본래 태종이 창덕궁 중장重牆 밖에 태조의 추복을 위해 문소전文昭殿을 세울 때 그 담 동쪽에 함께 세웠던 법당이다. 이 문소전이 세종 15년에 정월에 원묘原廟로 옮겨지고 내불당 또한 혁파되고 만 것이다. 내불당이 혁파되자 불상은 흥천사에 옮겨 안치되는데, 이때 세종은 흥천사에서 이를 위한 법회를 베풀고자 하였다. 아마 불당을 철폐케 했던 것이 마음에 걸렸던 때문인지도 모른다. 그러나 지신사 안숭선安崇善의 반대로 법회마저 베풀지 못하고 만다.[324] 이 내불당은 세종 30년에 왕에 의해 다시 궁 안에 세워지고 있다.

---

322) 『世宗實錄』卷77, 世宗 19年(1437) 5月 18日.
323) 『世宗實錄』卷81, 世宗 20年(1438) 5月 8日.
324) 『世宗實錄』卷59, 世宗 15年(1433) 1月 30日 및 2月 16日.

Ⅲ. 불사설행과 대불인식의 변화

주로 세종 전기에 집중된 일련의 배불정책들은 앞에서 살펴본 대로 사사노비의 혁거속공, 종파의 통합, 사사 및 전지의 대폭 감축, 도첩제의 강화와 승도의 도성출입금지, 내불당 철폐 등 강경한 조치들을 거의 망라하고 있다. 이로써 태종대에 미진했던 부분들까지 대부분 완결함으로써 불교의 교단활동 및 그 역할은 더욱 위축될 수밖에 없었다. 그러나 이 같은 가혹한 상황 속에서도 여전히 불교가 기능할 수 있었던 것은 의례 부분이다. 공교롭게도 이것은 주로 왕실을 중심으로 활발하게 이루어지고 있었다. 종교 의례로서의 제반 불사들이 왕실을 중심으로 성행했음은 그 성격이 어떠했든지 간에 불교를 인정할 수밖에 없게 하는 것이었고, 그 대내외적인 영향력 또한 무시할 수 없는 형편이었다.

세종은 그 중기 이후부터 대불인식과 태도에 상당한 변화를 보이고 있다. 만년에 이르러서는 오히려 숭불군주로서의 모습이 완연한데, 이제 세종대의 제반 불사와 함께 왕의 그런 대불태도의 변화에 관해 검토해 본다.

세종의 불사는, 특히 그 전기에 있어서는 태종대의 그것과도 큰 차이가 없다. 다시 말하면 단지 하나의 관례와 전통으로서 불교 의례를 행하고 불사를 설하고 있는 것이다. 그러나 그 후기로 갈수록 불사설행의 성격은 눈에 띄게 달라지고 있다. 물론 숭유배불적 국시國是와 유신들 속에서의 불사설행인 만큼 그것이 호불 신불로서 내세워지지는 않는다. 그러나 그 내면적 동기나 태도는 분명히 그 전기와는 다른 모습이다. 여기서는 우선 세종 6년 4월의 불교 정리 이전까지 주로 왕실 중심의 설행 불사들을 실록기사에 의해 내용별로 횟수만을 표시해보면 〈표 3〉과 같다.[325]

〈표 3〉 세종 전기의 불사설행

불 사	설 행 년	회 수	비 고
기 재·법 석	세종 1년	9	정종 7.7재 및 법석
	2년	7	대비 7.7재
	4년	10	태종 7.7재(수륙재) 기타
	5년	4	태종 소대상 및 태조 기신
법석 및 정근	2년	2	대비 및 본궁 법석 설함
	4년	3	약사법석 및 관음정근
	5년	1	대자암 법석보시
	6년	1	대자암 법화법석
축 수 재	3년	1	홍천사에서 영의정이 설함
	6년	1	홍천사에서 의정부가 설함
추 천 사 경	세종 2년	1	대비추천의 법화경 금자사경
	5년	1	태종추천의 법화경 금자사경
구 병·반 승	1년	1	경순왕후 기신 반승
	2년	6	대비 구병정근 반승
	4년	1	공비 구병도불

---

325) 불사설행 횟수의 통계는 韓㳓劤, 앞의 논문, p.82~87에 적출된 실록기사를 근거로 작성함.

기 우	1년	1	삼각·목멱·한강·흥천사 등 승려·무당의 기우
	2년	1	
	4년	1	
	5년	1	

　이상은 실록에 기록된 설행 불사만을 취합한 것이므로 실제로 설행된 횟수와는 상당한 차이가 있을 것이다. 그러나 일단 〈표 3〉에 의거해 보더라도 한눈에 확인되는 것은 세종전기의 불사 대부분이 왕실의 추복 및 구병정근과 같은 전통적인 불교의례라는 사실이다. 세종은 대비를 위해 산릉에 능사를 건립하고자 하였으나 태종의 반대로 뜻을 이루지 못하기는 했지만[326] 능사 건립 의지 또한 그의 신불심과는 무관한 것이었다. 그는 전통적으로 내려오는 관습대로 다만 효행적 불사를 행하고자 했던 것이다. 이 점은 위 표에 나타나는 모든 추복 기신행사에도 그대로 적용할 수 있을 것으로 본다.

　여기서 추복을 위한 왕실의 불교의례들이 점차 정착되어 가는 주자가례에 의한 상제의식과는 별도로 설행되고 있었다는 데에도 유의할 필요가 있다. 주자가례가 정착하면서 불교의례는 점차 간소화되거나 분리되고 있지만[327] 여전히 불교의례는 겸행되는 형편이었다. 세종 원년 9월에 노상왕(정종)이 승하했을 때나 2년 7월에 대비가 승하했을 때도 주자가례의 상제의식과는 별도로 왕실과 관련이 깊은 흥천사·장의사·진관사·개경사·대자암·회암사 등지에서 역시 국행의 칠칠재 등 설재와 법석이 이루어지고 있다. 추천을 위한 사경의 경우도 이런

---

326) 『世宗實錄』卷8, 世宗 2年(1420) 7月 11日 및 17日.
327) 池斗換, 「朝鮮初期 朱子家禮의 利害科程 – 國喪儀禮를 중심으로」, 『韓國史論』8(서울大國史學科, 1982), p.87.

범주에서 벗어나지 않는다. 이 같은 사실은 유교적 상제의례만으로는 채울 수 없는 정서적 위안과 성의를 불교의식을 통해 보충하고 있다고 해야 할 것이다.

일반적인 법석, 정근 및 구병도불, 반승 등도 이런 차원에서 이해할 수 있다. 보다 불교의 본질적인 법용이며 의례라 할 송경,[328] 경행,[329] 연등행사[330] 등이 정책에 의해 정파되는 상황에서도, 개인의 종교적 정서를 위한 불사와 기구성祈求性 불교행사들은 으레 설행될 수밖에 없었던 것이다. 따라서 세종 자신이 불사의 주체가 된 것은 아니더라도, 특히 대비나 본궁과 같은 왕실 측 인물들의 불사설행에 왕은 지원을 아끼지 않고 있으며,[331] 또 그 자신이 직접 불사를 주선하고 있는 경우도 보게 된다.

세종 2년에 특히 구병정근과 반승이 많이 눈에 띄는 것은 세종 자신이 양녕·효령 대군들과 함께 그 모후의 병환치유를 위해 개경사에 피병避病을 가거나 사람을 사찰에 보내 도불, 반승하고 있기 때문이다. 이런 일은 태종의 불사설행에서와도 마찬가지로 반드시 신불심에서 이루어진 것으로 보기는 어렵다. 구병을 위해서는 도불정근 뿐만 아니라 무인巫人에 의지하여 귀신에 제사하는 일도 함께 행하였던 것인데[332] 이는 위독한 병환과 같은 절박한 사정 앞에서는 기불祈佛·사신祀神을 가리지 않고 으레 베풀어지던 하나의 관습적인 의례이기도 했다.

---

328) 『世宗實錄』卷9, 世宗 2年(1420) 9月 24日. 國行水陸齋에서의 誦經을 罷함.
329) 『世宗實錄』卷15, 世宗 4年(1422) 2月 19日. 도성내의 春秋經行 파함.
330) 『世宗實錄』卷19, 世宗 5年(1423) 3月 18日. 關內의 燃燈 罷함.
331) 『世宗實錄』卷19, 世宗 5年(1423) 5月 6日. "傳旨細綿布七匹 常綿布二十八匹 正布二百五十二匹 楮貨四百張 輸送大慈庵 盖用於法席布施".
332) 『世宗實錄』卷8, 世宗 2年(1420) 6月 26日. "上奉 大妃移次于繕岩下川邊 令 巫祀神于屋…次于興天寺 兩大君步從 是日大妃病愈".

비록 많은 횟수는 아니지만 매년 1회씩 설행되는 기우의 경우에도 이 점은 마찬가지이다. 산천과 사찰에서 승도를 모아 기구하거나, 무녀로 하여금 기우게 하고 있는 것 또한 천재지변이라는 불가항력적인 사정 밑에서 그렇게라도 하지 않을 수 없었을 것이다. 이때의 불사란 전반적으로 불교를 폐하지 아니한 바에야 그것에 의지하여 의식을 행하고 있는 정도에 불과하다.

그러면 강경한 배불정책으로 불교교단을 크게 위축시켜 놓은 세종 6년 4월 이후 왕 및 왕실의 불사 추세는 어떠했을까. 그 이후 당분간 특기할 만한 불사는 보이지 않는다. 그러나 여전히 선왕·선후先后의 기신재는 사찰에서 베푸는 것을 관례로 하고 있으며 이는 앞서 세종 3년에 결정한 바에 따른 것이다. 즉 세종 3년 정월 예조의 계에 따라 앞으로 선왕의 기재는 내자시內資寺가 장의사藏義寺에서, 선후의 기재는 내섬시가 진관사에서 각각 설하는 것을 영구한 법식으로 정함에 따라[333] 그것을 계속 수륙재로서 설행해 간 것이다.

그 밖에 불사로서는 왕실의 일원인 효령대군이 한강에서 대설大設한 수륙재를 들 수 있는데(세종 14년), 당시 그것은 불교교단의 사기 진작에도 적지 않은 영향을 끼쳤다. 또 세종 17년 이후 세종 자신의 흥천사 중수 및 안거회安居會·경찬회慶讚會 등 불사 주선과, 특히 내불당 재건을 비롯한 정음불서正音佛書 찬술 후원 등은 그의 대불태도 변화와도 관련하여 각별한 의미를 지니는 불사들이다. 이에 대해서는 다시 기술할 것이므로 관례적인 선왕·선후의 기신재 외에 세종 6년 이후로 설행된 기우도불과 구병정근을 먼저 살펴본다. 세종 6년 이후의 기우도불에 대해 참고삼아 그 연도별 설행 횟수를 실록에서 찾아

───────────────

333) 『世宗實錄』卷11, 世宗 3年(1421) 1月 19日.

보면 다음과 같다.

> 세종 7년 4회, 8년 5회, 11년 1회. 17년 2회, 18년 5회, 21년 1회,
> 22년 1회, 25년 5회, 26년 2회, 27년 1회. 28년 1회, 30년 1회,
> 31년 5회.

이로써 불교정리 이전에도 그랬던 것처럼 불교정책 여부와 관계없이 기우법회가 설해졌음을 알 수 있고, 1년에 5회씩이나 기록되고 있는 경우는 그 해에 그만큼 한재가 심했다는 것 외에 별다른 의미는 없는 것이겠다. 그리고 이때 역시 승도를 모아 비를 빌게 했을 뿐만 아니라 무녀를 동원하고 있는 것이나 종묘·사직·산천에 기우하고 있는 것도 전과 다를 바 없다. 그런데 다소 흥미로운 사실은 한재가 극심했던 세종 31년 6월 승도들의 기우법회로 약간의 비가 내리자 왕은 흥천사의 기우승 140인에게 차등있게 시물을 내린 다음, 이어 승도가 기우하여 만약 비가 내리면 설재보공設齋報供할 것을 항식으로 삼도록 하고 전지하고 있는 점이다.[334]

뿐만 아니라 왕은 기우법회에 파견된 조정의 감찰까지도 승도와 함께 불전에 배례함을 항식으로 삼게 하고도 있다.[335] 이런 조치들에 대해 사헌부·사간원·집현전·대간 등 제신이 연일 그 정파停罷를 요청하고 나섰음은 물론이다. 그러나 왕은 끝내 불허했을 뿐만 아니라, 이재(보공재)는 농사를 위해서 하는 것임을 말하면서 "불사의 일은 사전祀典으로서 개론槪論할 일이 아니라"고 일축하고 있다.[336] 이를 세종의 신불적 일면이라고 말해야 할지는 모르겠지만 대불태도에 있어 일견

---

334) 『世宗實錄』卷124, 世宗 31年(1449) 6月 8日 및 9日.
335) 같은 책, 世宗 31年(1449) 6月 20日.
336) 같은 책, 世宗 31年(1449) 6月 14日.

변화된 모습임에는 확실하다. 한편 구병정근 사실을 살펴보면,

세종 25년 1회, 26년 1회, 28년 4회, 31년 7회, 32년 9회

로 나타난다. 세종 말 무렵에 구병정근이 많이 베풀어지고 있는데, 28년과 31년에 각각 4회, 7회가 기록되고 있음은 역시 이때 중궁과 세자의 병환이 그만큼 위중했기 때문이다. 특히 이 무렵에는 세종 또한 완연한 신불왕으로서의 모습으로 돌아섰을 때이다. 따라서 한 인간으로서의 세종은 지아비와 아버지로서 간절한 마음이 되어 아내와 자식의 구병을 위한 정근과 도불을 행하지 않을 수 없었을 것이다.

더구나 세종 32년 정월에는 왕 자신마저 병환으로 눕게 되자, 다시 더욱 많은 불사들이 크게 설행되고 있다. 그가 재건한 내불당에서 공작재孔雀齋가 설해지고, 흥천사에서는 관음정근이 올려지는가 하면, 명산대천의 신사神祠와 사찰에 신료들을 보내 도불하기도 하였다. 또 시어소時御所에서 승도를 모아 구병정근을 설하고 용문산 상원사에서 구병·수륙재가 베풀어지는 동안 왕은 스스로『불정심다라니경』을 인쇄간행하게 하고, 미타·관음경을 금자로 써서 피람披覽케 하고도 있다.[337] 이렇게 해서 병이 나음에 또 시어소에서 보공재가 설해지고 있는데, 이에 이르러서는 세종의 구병을 위한 불사들이 단순히 관습적으로 불교의례를 행하고 있는 것 만으로만 보이지는 않는다. 더욱이 병이 어느 정도 나았을 때 왕이 특별히 신미信眉와 같은 고승을 청해 침실 안으로까지 맞아들여 법석을 베풀게 하고 존례尊禮로써 대우하고 있음은[338] 여느 신불자의 행적과도 다를 바가 없다.

337)『世宗實錄』卷127, 世宗 32年(1450) 1月 22日 및 23日 및 24日.
338) 같은 책, 世宗 32年(1450) 1月 26日. "上疾瘳 精勤猶不罷 仍大作佛事 召僧 信眉 迎入寢內說法 待以尊體".

이와 같은 왕실 조종의 추복을 위한 기재법석이나 혹은 기우·구병 정근 등이 모두 전통과 관습으로서 행해진 불사였다 하더라도 다시 세종 만년의 몇몇 불사들은 좀 더 다른 성격을 보여준다. 대불태도의 변화는 물론 상당한 불교 이해까지 수반되고 있다고 할 수 있다. 세종의 이런 태도 변화를 말하기에 앞서, 효령대군의 숭불에 관해 잠시 언급해 둘 필요가 있다. 세종의 대불인식과 태도 변화는 대략 이때부터 은연 중 엿보이기 시작하여 이후 여러 불사들이 진행되는 동안 점차 신불심이 표면화해 가고 있기 때문이다.

세종의 실형 효령대군은 수양대군과 함께 당시 왕실불교의 중심적 인물로서 그의 행적은 가히 승려와도 다를 바 없었다. 그는 어려서부터 불을 숭신하여 회암사를 원찰로 삼고 항상 왕래하며 재시財施하고 불사를 설하였다. 이런 효령대군의 불사들 가운데 유신들과 일반의 이목을 집중시킨 불사로는 우선 대규모의 한강 수륙재(세종 14년)와 회암사 중수(세종 16년)를 들 수 있다. 당시 이 같은 일들이 쉽게 이루어질 분위기가 아니었음은 물론이다. 그러나 세종과 조정간의 논란과 마찰이 격화하는 가운데서도 이들 불사는 효령의 의도대로 이루어지고 있다. 또 천태종승 행호行乎를 크게 존신했던 효령은 그를 도와 강진의 만덕산 백련사를 중창케 하는가 하면 (세종 18년, 1436) 세종의 흥천사 중수 시에는 행호를 서울로 초청하여 흥천사에 머물게 하고 함께 불사를 폄으로써, 왕실 종친은 물론 일반의 신불에도 큰 영향을 주고 있다.[339] 세종은 이런 효령대군의 숭불을 제지하지 않을 뿐

---

339) 행호와 효녕대군·태종·세종 등 선초 왕실과의 깊은 관계는 拙論, 「高麗天台宗의 成立과 展開」, 『韓國史論』20 (國史編纂委員會, 1990), pp.94~95 참고 바람.

만 아니라, 오히려 은근히 후원하고 있는 형편이었다.

그러나 세종은 효령의 회암사 중수불사가 진행 중이던 그 16년 5월에 사헌부에 전지하여 부녀의 예사詣寺를 다시 금하고, 이를 규찰하지 못한 관리와 접촉을 허락한 승인을 엄벌할 것을 명하는가 하면[340] 또 그 무렵 회암사에서 열린 경찬회에 상사上寺한 부녀와 니승尼僧 강주講主들을 장형에 처하기까지 한 바 있다.[341] 거의 비슷한 시기에 두 가지의 모습을 보여주고 있는 것인데, 이는 종친의 숭불을 억제하지 않고 돕는 형편이기는 하지만 그에 따르는 일반의 영향은 되도록 제재하려 했던 것으로 보인다.

그렇다면 왕실의 숭불을 인정하되 일반의 그것은 용인하지 않은 듯한 세종의 이런 태도를 어떻게 이해해야 할까. 그는 분명 불교의 존재와 그 의의를 인정하고 있다. 그러면서도 정책상 그것을 일반에게까지 영향이 미치게 할 수는 없었을 것으로 이해된다. 더구나 자신이 지금까지 취해온 대불정책의 방향이나 유신들과의 관계를 고려할 때 더욱 그러하다.

세종은 정책과는 달리 왕실의 일원으로서는 결코 불교를 부정할 수 없는 입장인 것도 사실이다. 세종 일대의 왕실의 숭불 분위기를 살펴볼 때 이 점은 더욱 명백해진다. 그의 부왕 태종이 단호하게 배불정책을 결행하기는 하였지만, 그 역시 어떤 면에서는 신불적 측면이 없지 않았고 특히 선위禪位 후에는 더욱 그러하였다. 그런 부왕이 승하한지도 이미 오래되었고, 이제 왕실 주변의 종친들 대부분은 불교를 독신하고 있다. 실형 효령대군의 숭불은 말할 것도 없지만 태종의 빈

---

340) 『世宗實錄』卷64, 世宗 16年(1434) 5月 8日.
341) 『世宗實錄』卷65, 世宗 16年(1434) 7月 7日.

인 의빈懿嬪권씨는 후에 니승이 될 정도였다.[342] 세종의 비(소헌왕후昭憲王后) 또한 신심이 돈독했음은 물론, 그 슬하의 왕자 공주들과 심지어 그 배위配位들까지도 거의 모두가 숭불자였다.[343] 물론 세종이 승하한 뒤의 일이긴 하지만 그의 후궁들 또한 집단적으로 삭발을 할 만큼[344] 숭불의 자질을 지닌 사람들이었다. 이런 왕실의 숭불 분위기 속에서 세종이 그 일원으로서 아무런 영향을 받지 않았다고 보기는 어렵다. 물론 영향을 받고 있었다 하더라도 그것과 유교정치의 이상을 구현하려 했던 세종의 불교정책이 반드시 일치할 것으로 기대할 수는 없다. 그러나 어쨌든 왕실의 일원으로서의 세종은 배불정책의 강화와 함께 오히려 내면으로 확산되어 갔던 왕실의 숭불 현실을 인정하지 않을 수 없었을 것이다.

세종 중기 이후 불사들은 이런 사정과도 무관하지 않아 보인다. 이때로부터 세종은 자신이 직접 왕실의 원찰들을 중심으로 불사를 주선 추진해가고 있다. 그 17년부터 24년 사이에 행해진 흥천사 사리각 및 석탑의 대대적인 중수와, 안거회, 대장경인행, 경찬회의 설행 등이 그것이다. 이어 세종 28년 이후 소헌왕후의 추천追薦을 위해 이룩되었던 금자전경 불사 및 『석보상절』『월인천강지곡』과 같은 정음불서 찬술 또한 특기하지 않을 수 없다. 더구나 세종 30년의 내불당 재건은

---

342) 『世宗實錄』卷94, 世宗 23년(1441) 12월 9日. 지중추원사 정인지 등의 상소문 가운데 의빈권씨가 노비구니 師室에게서 감화를 입어 삭발하고 출가한 사실이 밝혀져 있다. 『端宗實錄』卷1, 端宗 元年(1453) 3月 19日.
343) 수양대군을 비롯하여 안평대군·임영대군·영응대군·계양군·밀성군·의창군 등 왕자와 정의공주(안맹담), 정현옹주(윤사로), 정안옹주(심안의) 등 왕녀·부마 대부분이 숭불자들이었다.(史在東, 『佛敎系 國文小說의 形成過程硏究』, 亞細亞文化社, 1977, p.10 참조).
344) 『文宗實錄』卷1, 文宗 卽位年(1450) 2月 28日.

그의 대불태도의 획기적인 변화를 증언해 주기에 충분한 불사들이었다.

물론 세종의 불교에 대한 태도변화를 왕실불교의 성행과 그 영향 때문으로만 볼 수는 없다. 세종 중기 이후의 불사 추진과정에 나타나는 그의 심경 변화를 검토해 볼 때, 그것에는 초기의 유교에 입각한 단순한 배불태도와는 상당히 다른 불교인식이 자주 발견된다. 불교가 면면하게 계승되어 온 이유에 대해 새삼 관심을 표하기도 하고,[345] "예전의 왕들이 다 혁파하지 못한 불교를 자신이 어떻게 다 없앨 수 있는가?"라고도 생각하고 있다.[346] 또 "불법이 천하에 두루 퍼져있는데 작기가 여귀잎蔘葉과 같은 우리나라가 이 같은 법을 다 물리치는 것은 불가능하다."[347]라고 말하고 있는 데서는 좀 더 다른 세종의 불교에 대한 상황 인식이 엿보이기도 한다. 태종대에도 그런 일이 있었지만, 세종 3년에 묘향산 승려 9인이 압록강을 건너 명도에 들어가 명제에게 조선의 불교 박해를 호소한 사건이 있었다. 위 세종의 말은 당시 대국이던 명의 불교세에 대해서도 그로서는 다시 생각하게 된 것이 아닌가 한다.

한편 세종 말년의 실록기사에서는 사관이 기록한 다음과 같은 말을 볼 수가 있다.

   …처음에는 임금이 돈독하게 유술儒術을 숭상하고 학문을 좋아하

---

345) 興天寺 舍利閣 중수 문제로 신하들과 의논하는 중에 世宗은 "…且漢唐以來 名爲沙汰者 皆不能悉 去 迨今綿綿不絶 必有意焉"이라 말하고 있다.(『世宗實錄』卷68, 世宗 17年(1435) 5月 18日).
346) 『世宗實錄』卷84, 世宗 21年(1439) 2月 15日.
347) 『世宗實錄』卷94, 世宗 23年(1441) 윤11月 11日. "佛法遍天下 我國小如蔘葉 如此之法 不可一切斥之也."

기를 게을리 하지 않아 비로소 집현전을 설치하고…중년 이후에 이르러 연속하여 두 아들을 잃고 소헌왕후가 또 별세하니, 불자佛者들이 비로소 그들의 설을 드리게 되어, 임금이 그만 불교를 숭상하게 되었다. 불당을 세우게 함에 시종과 대간臺諫 유신들이 그 옳지 않음을 극언함에 임금이 싫어하여 자주 물리치되, 혹 이르기를 '쓸모없는 선비(우유迂儒)' 혹은 '더벅머리 선비(수유竪儒)'라고도 하였다.[348]

세종이 신불하게 된 것은 광평廣平·평원平原 두 왕자와 왕후 심씨의 죽음, 그리고 그 마음 붙일 데 없는 틈을 이용한 불자들의 접근[349] 때문이었다고 적고 있는 것이다. 중년 이후 두 왕자의 잇따른 죽음과 그 말년 왕후의 서거가 세종에게 안겨 준 마음의 상처는 컸을 것이다. 이로 인해 추천의 불사가 계속된 것도 사실이지만, 그러나 세종의 신불이 이 때문이었다고 보는 것은 너무 범속한 이해이다. 그러한 세종의 비운과 이를 계기로 한 불사들이 왕에게 큰 위안이 되었다 하더라도 전적으로 이를 세종의 신불 동기라고 말할 수는 없겠다.

지금까지 살펴온 대로 세종은 그 초기에 과감한 배불정책을 펼 때와는 달리, 중기 이후부터는 점차 불교의 존재를 현실적으로 인정하는 태도를 보이기 시작한다. 여기에는 여러 가지 요인이 작용했을 것이다. 특히 왕실의 숭불 분위기와 민간의 여전한 불교신앙 경향, 그리고 명나라의 불교세까지도 그의 대불인식 변화에 일단의 계기가 되었던 것 같다. 그리하여 유신들의 반대 속에서도 왕실의 불사를 지원 외

---

348) 『世宗實錄』卷127, 世宗 32年(1450) 1月 18日.
349) 世宗 30年 8月 내불당 건립문제로 시비가 분분하던 기록 끝에도 이와 유사한 기사가 보이며, 이때 불교로써 세종의 마음을 움직인 것은 수양·안평 두 대군으로 되어 있다.(『世宗實錄』卷121, 世宗 30年(1448) 8月 5日).

호하고 왕비의 서거 이후로는 더욱 불사에 정성을 쏟는 숭불주로서의
모습을 드러내 보이고 있다.

그러나 유교정치의 이상을 구현하기에 힘써 왔고, 부왕 태종보다도
더 완벽한 배불정책을 펴온 세종으로서는 더구나 그 만년의 이 같은
변화는, 특히 조정 유신들과의 관계에 있어서 명분을 내세우기가 매
우 난처했을 것이다. 그리하여 불사를 주선하고 그에 대해 유신들의
극렬한 반대를 받을 때마다 여전히 유신들과 함께 불교를 이단이라고
말하기도 하고, 혹은 설행중인 불사가 '왕실 종친들의 사적인 일'이라
거나 자신이 '숭불해서 불사를 행하는 것이 아님'을 누누이 말하고 있
다. 그러나 그것이 세종의 진심으로 보이지는 않는다. 당시의 국시에
따른 정책방향 및 대유신 관계 등으로 미루어 볼 때, 왕의 신불 의사
가 분명하다 하더라도 그것을 공언할 처지는 아닌 것이다.

이런 사정을 감안하면서 세종 28년 불사설행의 문제를 두고 유신
들과 나눈 왕의 대화를 보면, 그것에서는 어느 면 진실에 가까운 세
종의 심경이 읽혀진다. 즉 세종 28년 10월 승하 한 왕비의 추천을 위
해 대자암에서 전경불사를 베풀고자 했을 때 그 정파를 요청하는 유
신들의 상소가 거듭되었다. 그 가운데 불사의 무익함을 들어 역시 정
파를 요청했으나 거절을 당한 사헌장령司憲掌令 강진康晉은 "전하께서
부처를 섬기는 일을 신들은 일찍이 마음에 두지 않았는데, 오늘날 숭
신하심이 이에 이르니 신은 매우 절감切憾하옵니다."하고 유감의 뜻을
말하였다. 이에 대해 왕은 "지금 대소 신료들이 모두 현명하여 능히
정도를 행하고 있는데 나만 홀로 불법을 숭신하고 있으며, 또 나의 하
는 일이 마음에 부끄러움이 있으니 대답할 말이 없을 뿐이다."[350]라고

---

350) 『世宗實錄』卷114, 世宗 28年(1446) 10月 6日.

말하고 있다. 불사의 설행은 물론 불교에 대한 호의적인 일이라면 예외 없이 유신들의 집요한 공격과 반대를 받고 있던 왕으로서는 그러한 시비에 일일이 대응하기를 피하려는 듯한 말이다. 그러나 그 말에서는 분명 세종의 솔직한 심정이 드러나 보인다.

대불태도에 변화를 보이기 시작한 세종 중기 이후, 이처럼 숭불군주를 자처하게까지 된 만년의 불사는 특히 유신들의 심한 반발과 저항 속에서 추진되었다. 유신들의 반발에 대해서는 앞에서 단편적으로 언급해왔지만 그 강도는 상상을 훨씬 뛰어 넘는다. 때로 그것은 불교에 대한 직접적인 침해로까지 나타나고 있다. 이러한 상황을 세종의 불사 추진과 함께 좀 더 자세하게 살피기로 한다.

Ⅳ. 후기의 불사와 유신들의 저항

　세종 중기로부터 만년까지의 주요 불사는 ①사리각 중수를 비롯한 안거회·경찬회 등 흥천사 중심의 불사 ②소헌왕후 추천을 위한 전경 및 정음불전 찬술 ③내불당 재건 등으로 대별할 수 있다. 그리고 이러한 불사들은 한결같이 유신들의 거센 반발과 저항 속에서 추진되었다는 공통점을 갖는다.

　불사 뿐만 아니라 불교 전반에 대한 배척 및 반대는 유교주의자들에게는 흔히 있어 온 일이다. 그러나 세종의 불사에 대한 유신들의 반발과 저항은 그 내용이나 형식에 있어 매우 강도가 높은 것이었다. 따라서 그만큼 왕과 유신들 사이의 마찰 또한 자주 발생하고 있다. 이같은 현상에 대해서는 대략 다음과 같이 분석해 볼 수 있다. ①유신들의 기대에 부응하는 강경한 배불정책을 펴온 왕의 의외의 불사 탐닉 ②세종의 유교정치 강화에 따른 유교적 엘리트 계층의 두터운 기반형성과 그 활동의 증대 ③왕실 내부의 불교세력 신장에 대한 저지의 의도 ④왕의 불사로 인한 파급효과의 우려 등이 그것이다. 이런 유신들의 반발과 저항에 대해서는 다음과 같은 세종의 불사추진 과정에서 보다 구체적으로 확인할 수 있다.

1. 흥천사 불사에 대한 반발

태조가 세운 왕실의 원찰 흥천사는 세종 11년 2월에도 수즙한 바 있다. 그때의 공사는 8면 4층 사리각 및 종루 등이 기울고 퇴락하여 사승寺僧 등의 연화緣化로써 수즙의 경비를 충당케 하고 무도첩승도를 모집하여 부역시킨 다음 도첩을 발급하였다. 명이나 왜의 사신이 조선에 오면 모두 유람한다는 이 흥천사의 사리각이 다시 크게 기울어짐에, 세종은 그 17년 5월 그것을 헐고 다시 고쳐 이룩하고자 하였다.[351]

그러나 왕실의 원찰을 중수하는 문제를 놓고도 그것이 불사라는 점에서, 이는 처음부터 그 경비 및 주관의 문제로 논란의 대상이 된다. 우선 왕의 교서나 권문을 내어 경비를 염출하고 효령대군에게 그 경영을 일임하는 방안과, 관급으로써 일을 추진하는 방안이 거론되었다. 그러나 전자는 그것을 기회로 승도들이 민재民財를 점탈할 우려가 있다는 것과, 후자는 불사를 관급으로 추진할 경우 승도 창사의 유폐를 초래할 것이라 하여 논란이 계속된 것이다. 왕은 집현전 부교리副校理 권채權綵에게 명하여 권문勸文까지 지어 놓은 터이지만, 이 문제는 결국 예조의 제청에 따라 그 재료 및 경비는 관급하고 무도첩승도를 모아 사역케 하는 것으로 결정 된다.[352] 그리하여 발의 후 1년 뒤인 세종 18년 6월에야 왕은 선공감繕工監에 명하여 우선 사리각을 헐도록 하였다. 하지만 이런 단계에서도 유신들은 다시 그것을 반대하고 있다.

---

351) 『世宗實錄』卷68, 世宗 17年(1435) 5月 12日 및 18日.
352) 같은 책, 世宗 17年(1435) 5月 21日.

이미 세종은 '사리각을 고쳐 지으려는 것은 이단을 믿어서가 아니라 조종의 유지를 추모하기 위한 것임'을 누누이 밝혀왔고 공사 준비를 명하면서도 거듭 그 뜻을 천명하고 있다. 그러나 유신들의 새삼스런 반대는 이제 그것이 문제가 아니었다. 왕이 사리각 철거의 명을 내린 바로 다음날 집현전 부제학 안지安止 등은 상언하여 사리각 중수의 불사가 불가한 이유를 여러 가지로 간하고 있다. 근래 수재와 한재가 잇달아 백성이 기근에 시달리고 있는데 급하지 않은 역사를 일으키는 것이 옳지 않다는 것이며, 더구나 이 역사로 인해 일반의 숭불심을 자극하고 퇴폐된 사탑의 복구가 유행하여 다시 후세에 불교가 풍미할 가능성이 많으므로 이 같은 폐단을 일으킬 불사를 중지해야 한다는 것이다.[353]

이런 논란으로 사리각 중수는 그 착공 단계에서 또 1년을 넘기게 된다. 여기서 세종 19년 7월, 왕은 '흥천사 와 함께 역시 태조께서 세운 흥덕사까지도 선공감繕工監의 4품 이상 관 2인으로 그 수리를 분장케 하여 매 3개월마다 정기적으로 사우를 살펴 점검하고 필요시 즉시 수리하는 것을 영구한 법식으로 삼도록' 교지를 내린다.[354] 이에 따라 마침내 흥천사 사리각 중수는 세종 19년 7월에 시작되고 이때는 흥덕사 보수까지도 함께 이루어진다.[355] 양사가 조종의 원찰이라고는 하지만 결국 선·교 양종의 본사를 중수하는 불사였다는 점에서 그것에는 좀 더 다른 의미를 부여할 수 있다. 이 때문인지 공사가 진행되는 동안에도 그 정파를 요구하는 유신들의 계청과 상서가 계속되었음

353)『世宗實錄』卷72, 世宗 18年(1436) 6月 10日.
354)『世宗實錄』卷78, 世宗 19年(1437) 7月 18日.
355) 같은 책, 世宗 19年(1437) 7月 27日.

은 물론이다.[356]

그러나 유신들과는 달리 이 같은 불사에 대한 일반의 호응은 대단
하였다. 이른바 승도에게 음식을 베푸는 일재日齋가 성행한 것도 이를
말해 준다. 6백 명의 승도 및 별도의 배정 인원이 동원된 사리각 공역
에 참여한 승도들을 위해 민간에서는 개인이나 혹은 집단으로 음식
을 마련하여 수시로 일재를 베풀었고, 이로 인해 금지되어 있던 부녀
들의 상사 또한 공공연하게 이루어지고 있었던 것이다. 이런 일이 또
유신들의 새로운 시비 대상이 되었음을 말할 것도 없지만,[357] 그러나
왕은 그것을 제지하지 않고 있다.

흥천사 중수 불사의 파장은 여기서 그치지 않는다. 세종 21년 4
월 중수가 계속되는 동안 흥천사에서는 안거회가 크게 열리기도 하였
다.[358] 이에 유신들은 그것이 효령대군의 주장한 바라 하기도 하고, 또
는 도성내의 불사설행은 곧 불교중흥의 기틀이 될 것이라 하여 강력
한 정파 요청을 연일 계속하고 있었다. 그러나 왕은 역시 유신들의 계
청을 받아들이지 않았던 것인데, 이에 사헌부에서 흥천사 승려 40여
인을 잡아 국문함으로써 이 문제는 왕과 대간 사이의 대립으로까지
치닫게 된다.

세종은 효령대군이 불사를 주장했다는 것은 무근한 일이라고 일축
하고, 앞으로 흥천·흥덕 양사에 추문推問할 일이 있으면 즉시 보고하
여 교지를 받도록 할 것과 사졸吏卒이 바로 절 안에 들어가지 못하게

---

356) 같은 책, 世宗 19年(1437) 7月 28日 및 29日, 8月 1日.
357) 『世宗實錄』卷80, 世宗 20年(1438) 2月 19日 및 21日 및 26日 司諫院 上疏,
    3月 25日 司憲府 上疏.
358) 이때의 안거는 수행 중심의 安居(varsa)로써보다는 "鳩集米布 供佛齋僧 名
    日安居"라 하여 米布를 거두어 모아 불공하고 齋僧하는 것으로만 이해되고
    있다.(『世宗實錄』卷85, 世宗 21年(1439) 4月 15日 司諫院 上疏).

하는 전지를 승정원·사헌부·사간원에 내렸던 것이다.[359] 이렇게 되자 흥천사 안거회는 승인규찰권僧人糾察權 문제로 이어지고, 그것은 다시 효령의 불사 주장 시비와 함께 효령에 의해 흥천사에 초치되어 온 천태종승 행호에 대한 탄핵으로까지 비화한다.

안거회 및 승인규찰 제한의 부당함을 간하는 사간원·사헌부의 상소가 잇따르더니, 여기에 성균관 생원들까지 가세하여 648명이 공동으로 장문의 소를 올리고 있다. 특히 생원들은 왕의 호불적인 조치들을 지적하고, 승과僧科의 폐지를 거론하는가 하면, 흥천사에 머물면서 종친과 일반에 영향을 끼치고 있는 행호의 목을 베라고까지 극간하는 지경으로 이르고 있다.[360] 이런 고조된 분위기 속에서 집현전 부제학 최만리 등이 다시 안거회의 정파와 법사法司의 승인규찰권 환급을 재청하고, 대간은 거듭 상소하여 이 두 가지 문제 외에도 도첩의 남발, 흥천사 연화승의 횡행, 불경인행의 폐단 등을 아울러 거론하는 등 왕의 호불적 태도 전반에 대한 저항과 반발은 더욱 심하였다.

그러나 세종은 끝내 이들의 계청 상소를 들어 허락하지 않았는데, 실제로 흥천사 안거회는 유신들이 주장하는 바와 같이 큰 폐단을 일으킨 것은 아니었던 것 같다. 세종이 도승지 김돈金墩에게 안거회에 참여한 승려수와 그 폐단이 과연 유생들의 말한 바와 같은지를 물었을 때 '참여한 승도가 1백여 명에 불과하다'는 것이었고, 세종이 달리 듣기로는 '그 수가 50명 정도인데다가 집사승執事僧도 참여하지 않았다'는 것이었다.[361] 유신들의 주장은 안거회의 규모와 폐단을 확대 과

---

359) 『世宗實錄』卷85, 世宗 21年(1439) 4月 12日.
360) 같은 책, 世宗 21年(1439) 4月18日.
361) 위와 같음.

장하여 과민하게 반응했던 것으로 보인다.

이런 과정을 거치면서 흥천사 사리각 중수는 세종 22년 4월 그 완성을 보았다. 그런데 여기서 유신들이 예상했던 대로, 세종이 중수에 따른 경찬회를 설행하고자 함에 이를 계기로 다시 유신들의 반발은 그 극에 이르게 된다. 그러나 경찬회는 세종 22년 6월과 24년 3월 전후 2회에 걸쳐 설행된다. 전자의 설행에 있어서, 이로 인해 후세 혹불惑佛의 단서가 되리라는 것과, 계속되는 세흉歲凶 속에서 경비소모가 불가하다는 이유 등으로 유신들의 반대가 있었음은 물론이지만 그것은 큰 마찰 없이 시행되었다.[362] 이어 같은 해 9월에 대장경을 새로 인행한 세종은 성외로 옮겨 안치할 것을 주장하는 유신들의 상소를 물리치고 이를 흥천사에 안치하고[363] 다시 이듬 해의 경찬회 설행을 계획하게 된다. 이는 사리각 중수에 연이은 22년의 경찬회 설행이 소략했음을 느낀 때문이었는지 모른다. 그리하여 세종 22년 11월 왕이 그 준비에 나서게 되자 이로부터 유신들의 격렬한 반발과 반대 상소는 하루도 빼놓지 않을 정도였다.

그 반대 이유는 앞서 경찬회 때와 크게 다른 것이 없지만, 세종 22년 11월 6일부터 12월 9일까지 불과 1개월여의 기간 중에만 해도 무려 36회에 이르는 유신들의 경찬회 정파 요청 상소가 있었다.[364] 이 가운데는 사헌부·사간원 대간들의 계청 상소는 말할 것도 없고, 집현전 부제학 최만리 등은 사직의 상소를 올리기도 하고, 성균관 생원 4백여 인 또한 합세하고 있으며, 육조의 회의 끝에 예조판서·병조참판,

---

362) 『世宗實錄』卷89, 世宗 22年(1440) 6月 11日.
363) 『世宗實錄』卷90, 世宗 22年(1440) 9月 13日.
364) 韓㳓劤, 앞의 논문, pp.133~134 중 實錄摘出의 上疏 참조.

심지어는 영의정·의정부까지 가담하고 있다.

이처럼 조정 전체가 경찬회 정파를 강경하게 요청하는 가운데 대간들은 총사직을 각오하고 정쟁廷諍까지도 시도하지만 왕은 '불윤不允' 혹은 '불보不報'로 일관하고 있으며, 나중에 가서는 이 같은 유신들의 상소는 왕에게 계달되지도 않았다. 이때 유신들의 반발은 단지 흥천사 경찬회에 대한 문제로만 보기는 어렵다. 그 동안의 불사와 이로 인한 불교세의 신장분위기, 그리고 왕 및 종친들의 호불적 태도에 대한 불만 등 누적되어 온 감정이 경찬회 설행문제를 계기로 새삼 폭발했던 것이라고 말할 수 있다.

그러나 세종은 불교와 승도를 전폐 혁거하지 않은 이상 경찬회는 정파할 수 없다는 입장을 고수한 것이어서, 끝내 흥천사 경찬회는 세종 24년 3월 24일부터 28일까지 5일간에 걸쳐 성대하게 설행되고 있다. 이 경찬회의 소문疏文은 '보살계제자조선국왕명압菩薩戒弟子朝鮮國王命押'으로 되어 있고, 직전 남수문南秀文이 지은 설선문說禪文에는,

> 행향사行香使 판중추원사判中樞院事 성달생成達生은 삼가 여암화상如庵和尙[365] 장하仗下에 청하옵니다. 우리 주상 전하께서 특별히 조종을 위하여 흥천사 사리탑을 중창하시고 이제 경찬회를 베풀고자 하시니, 복망컨대 법연을 주장하여 진승眞乘을 열어 넓히시고 조종으로 하여금 불과佛果를 순성純成하게 하옵소서.(하략)

---

365) 흥천사 경찬회의 법주 如庵和尙에 대해서는 남수문의 說禪文에 "伏惟如庵和尙仗下 叢林巨幹 釋苑高標 心參栢樹之禪 學傳貝葉之旨"라 한 것으로 보아 禪教를 겸비한 고승임을 짐작할 수 있을 뿐 그 행적은 미상하다. 다만 경찬회가 베풀어진 며칠 후의 『世宗實錄』기사 (卷95, 世宗 24年(1442) 4月 24日)에 "僧一雲辭 命賜馹騎還 初一雲慶尙道 以興天慶法主承召而來 今乃還山故有是命"이라 한 것이 보인다. 이로 미루어 경상도 어느 山寺에 있다가 興天寺 경찬회에 왕의 부름을 받고 왔다가 돌아간 一雲이 곧 如庵和尙인 듯하다.

라고 쓰고 있다.[366] 유신들의 극렬한 반대를 받고는 있지만 경찬회가 베풀어지는 분위기가 어떠했는지 짐작할 만하다. 경찬회가 열리는 동안 왕은 언관들의 번거로운 청을 피하기 위해 국도를 비우고 이천의 온정溫井으로 가 머물고 있었다.[367] 거동에 앞서 왕은 경찬회를 전후하여 10일 동안은 무도첩승려라도 서울 안에 왕래하는 것을 금하지 말도록 명한 것이어서 경찬회는 가히 대성황을 이루었다. 그 정황에 대해 『세종실록』의 기사는 "승도들이 사방에서 모여서 공양한 승이 1만 8백 18명이고 속인도 387명이나 되어 비용이 적지 않았으며, 사리각 담장 밖에는 시종 참관하는 부녀들이 늘어서서 밤낮으로 먼저 보려고 다투었다."고[368] 적고 있다.

이와 같은 경찬회가 종료됨에 따라 흥천사를 중심으로 한 일련의 불사는 마무리가 된 셈이지만, 이로써 유신들의 반발이 멈춘 것으로 볼 수는 없다. 그동안 자신들의 의사를 관철하지 못한 유신들은 또 다른 형태로 그 불만을 표출시키고 있었다. 물론 유신들이 새로운 문제로 왕과 직접 대립하거나 저항한 것은 아니다.

그러나 사사의 중창 및 개조의 단속이 더욱 엄해진 것과,[369] 이런 분위기에 고무된 지방관들의 불사 철훼와 같은 횡포[370]도 그 일례가 될 수 있다. 특히 세종 24년 7월에 성균관 및 동·남부학당 유생 26인이 삼각산 덕방암德方庵에 가서 승려들과 충돌하고,[371] 다시 같은 해

366) 『世宗實錄』卷95, 世宗 24년(1442) 3月 24日.
367) 같은 책, 世宗 24년(1442) 2月 21日.
368) 같은 책, 世宗 24년(1442) 3月 24日
369) 같은 책, 世宗 24년(1442) 2月 15日 議政府 啓.
370) 『世宗實錄』卷97, 世宗 24년(1442) 8月 28日. 경상도 감사와 수령이 寺社를 임의로 철훼함으로써 왕이 추핵토록 명하고 있는데, 이때 사헌부에서는 오히려 그들의 소행을 옹호하고 있다.
371) 『世宗實錄』卷97, 世宗 24年(1442) 7月 21日 및 28日.

11월에는 서·중부학당 유생 20여 인이 보등사寶燈寺에 가서 승도를 결박하고 불경과 면포를 탈취한 것과 같은 직접적인 사승寺僧 침해의 사건은 흥천사 경찬회 강행 이후 더욱 노골화된 유생들의 반발이었다.

2. 전경·정음불서 찬술에 대한 반발

세종 28년 3월 소헌왕후가 승하하고 뒤이어 왕후의 추천을 위한 전경불사를 추진함으로써 한동안 잠잠하던 왕과 유신들 사이에는 다시 불교문제로 대립하게 된다. 전경불사는 세종 28년 5월과 10월 2회에 걸쳐 실시되었다. 이때 유신들의 연이은 반대 역시 그 경비소모 문제와 함께 효험도 없는 불교의 경전을 조성하여 불교부흥의 계기를 짓지 말라는 것이 요점이었다. 그러나 여기에는 왕이 숭불하고 있는 것이 아닌가 하는 의구심이 더욱 크게 작용하고 있다.

이에 세종은 '중궁이 세상을 떠남에 아이들이(세자 및 대군들) 모후를 위해 불경을 이루려 하므로 내가 이를 허락하고, 정부에 의논하니 모두 다 찬성했음'을 상기시키고, 그 비용에 대해서는 '해마다 기황饑荒임을 고려하여 분판分辦으로 하지 않고 세자 등의 사축 경비와 본궁의 저축된 것으로 충당할 것임'을 분명히 밝히고 있다.[372] 그러함에도 불구하고 유신들은 흥천사 불사들을 계기로 봉불자가 많아졌는데 또 전경불사를 한다면 그 폐단이 더욱 커질 것임을 들어 그 정파의 극간을 굽히지 않았다.

그러나 세종은 유신들의 반대를 무릅쓰고 집현전 수찬修撰 이영서

372)『世宗實錄』卷111, 世宗 28年(1446) 3月 26日.

李永瑞, 돈녕부주부敦寧府注簿 강희안姜希顏 등에 명하여 성녕대군의 집에서 경을 금서金書하게 하고 인순부仁順府 소군小君 정효강鄭孝康에게 불사를 주장하도록 명하였다.[373] 이렇게 하여 세종 28년 5월에 일부 조성된 금자불경 여러 건을 대자암에 옮기게 하고 명복을 빌도록 하는데, 여기에 또 전경법석이 설해지지 않을 리 없다. 따라서 이어 대군들이 모두 참여하고 2천여의 승려가 모인 법석이 7일 동안 계속되었다.[374] 2차의 전경불사는 1차 때와 거의 동일한 과정이 되풀이 되는 가운데 같은 해 10월에 실시되고, 전경법석 또한 1천여 승려가 모인 가운데 7일 동안 베풀어졌다.

그러나 소헌왕후의 추천을 위한 전경불사가 이로써 다한 것이 아니다. 마침 훈민정음을 창제 반포한(세종 28년, 1446) 세종은 이어 새로 창제된 정음으로 불서를 찬술하기에 이른다. 이 특기할 만한 사업 또한 왕후 추천불사의 일환으로서 이루어지고 있다. 세종은 그 28년 12월 부사직副司直 김수온金守溫에게 명하여 『석가보釋迦譜』를 증수케 하였으며,[375] 이렇게 해서 한문으로 작성된 『석보상절釋譜詳節』을 수양대군에게 명하여 이듬 해 7월 완전히 정음으로 번역해 내었고,[376] 이에 대해 세종이 다시 찬송을 짓고 이름하여 『월인천강지곡月印千江之曲』이라 했다 함은 이미 널리 알려져 있는 일이다.[377] 정음 자체를 반

---

373) 같은 책, 世宗 28년(1446) 3月 28日.
374) 『世宗實錄』卷112, 世宗 28年(1446) 5月 27日.
375) 『世宗實錄』卷114, 世宗 28年(1446) 12月 2日.
376) 『釋譜詳節』序.
377) 『釋譜詳節』, 『月印千江之曲』의 편찬자와 협찬자 간행시기 및 장소 등에 관해서는 주로 국문학계에서 여러 각도로 다루어 왔지만, 그것들은 서로 약간씩의 차이를 보이고 있다. 『釋譜詳節』, 『月印千江之曲』을 포함한 正音佛典 전반에 대해서는 제3부 2장 「불전언해와 그 사상」에서 재론 함.

대한 대부분 유신들에게 있어서 더구나 그것으로 불서를 이룩하는 일은, 그 명분이 무엇이든 간에 인정될 리가 없음은 물론이다. 따라서 세종은 그 일의 추진을 아예 드러내지 않음으로써, 그 사실은 실록에 조차 제대로 기록되어 있지 않다.

『석보상절』과 『월인천강지곡』이 조선의 숭유배불의 국시에 반하는 불서들이었기 때문에, 그것은 어디까지나 왕후의 추천을 위한 왕실 내부의 사적 불사임을 밝히고 있다. 그러나 수양대군이 『석보상절』 서序에서, '정음으로 역해譯解를 더하여 모든 사람들이 쉽게 깨우쳐 삼보에 귀의케 하고자 한다.'라고 적고 있음은, 곧 정음을 통한 불법홍포의 거침없는 선언이라고 할 만하다. 따라서 세종이 이 같은 정음불서의 찬술을 또 다시 유신들의 극렬한 반발을 받으면서 굳이 공개적으로 실시할 필요는 없었을 것으로 본다.

3. 내불당 재건에 대한 저항

세종은 앞서 자신이 철폐했던 내불당을 다시 세움으로써 그 만년의 불사를 마무리 지으려 했던 것 같다. 본래 태종이 태조의 빈전(문소전)을 지으면서 함께 설치했던 내불당은 세종 15년 정월에 철폐된 궁 안의 법당이다. 따라서 세종이 그 30년 7월 17일 승정원에 하서하여 불당을 다시 세우겠다는 의사를 전하자 이로부터 왕과 신료들 사이에는 또 다시 논란과 대립이 격화한다.

왕의 내불당 건립은 사사의 보수와는 또 달리 그 상징성과 파급 영향이 더욱 클 것임은 당연하며, 그것이 궁 안에 세워진다는 점에서 유신들의 반발 또한 그만큼 격렬했다. 세종은 이런 법당을 세울 뜻을 전하면서 먼저 불교에 대한 자신의 견해를 다음과 같이 밝히고 있다.

> 불교에 대한 시비선악은 옛사람들이 많이 말하였고 지금 사람들도
> 많이 말하여 삼척동자라도 모두 익히 들은 것이니 무엇을 반드시 다
> 시 의논하랴. 세상의 모든 일이 취함과 버림에 불과하니, 남김없이
> 사태한다면 버림이라 함이 가할 것이며 사태하지 못한다면 취함이
> 라고 이르는 것이 가할 것이다. 기신忌晨에 설재하는 것, 대상大喪에
> 추천하는 것, 모든 절의 조租를 받는 전지, 도첩에 납전納錢하는 영
> 이 모두 버리지 못하고 취함이라.[378]

이에 이르러, 세종은 대단히 솔직하게 현실을 인식하고 있음을 보
여준다. 불교의 존재를 사실대로 인정하여 그것을 취함이라 한다면,
이에 따라 철폐된 내불당을 다시 세우겠다는 것 또한 대단히 논리적
이다. 그러나 세종의 이런 의사는 처음부터 찬동될 성질의 것이 아니
다. 모든 승지들이 일제히 그 불가함을 말하고 있다. 우선 금내禁內에
불당을 설치하는 것이 불가하고, 또 청재淸齋하는 문소전 곁에 승도를
거처케 하는 것은 길흉상간이 되어 불가하다는 것이다. 이 같은 반발
은 이미 예측되는 순서였고 왕은 더이상 거론조차 하고 싶어 하지 않
지만 유신들은 그 계획의 정파를 재삼 계청하고 있다.

그리하여 그 다음 날부터 불당건립 반대의 계청과 상소는 빗발치듯
계속되었다. 유신들의 격렬함은 흥천사 경찬회 실행 때보다 더욱 심
하였고 그것은 때로 간교함을 보여주기도 한다. 가령 신료들이 성내
(궁내) 불당 건립의 불가를 내세우므로 왕은 성외 건립의 뜻을 비추기
도 하는데, 이에 대해서는 "성 밖에 하신다니 작으나마 기쁩니다만, 이
미 성안에 하는 것이 불가함을 아시면서 어찌 또 성 밖에 하시려 합니

---

378) 『世宗實錄』卷121, 世宗 30年(1448) 7月 17日.

까?"라고[379] 다시 반대하는 자도 보인다. 유신들의 이런 태도는 왕을 더욱 자극하는 바 되어 세종은 아예 권신들의 제약을 받지 않겠다는 태도를 분명히 하고, 스스로 선공제조繕工提調 민신閔伸을 불러 방패防牌 2백 인을 시켜 역사를 일으키도록 명하였다.[380] 그러나 그대로 왕의 뜻에 찬동하고 물러설 유신들도 아니어서 이후로도 불당 건립반대의 계청과 상소는 조금도 줄지 않고 있다.

또 이 같은 움직임은 4부학당의 생도들이나 성균관의 관생들에까지 영향을 끼쳐 그들 또한 동조 반발하고 있다. 7월 23일, 4부학당의 생도들이 불당 건립반대의 청이 이루어지지 않자 모두 학업을 파하고 흩어졌으며, 성균관 관생들은 알성謁聖을 끝내고 가면서 '이단은 바야흐로 성하고 오도吾道는 장차 쇠하니 헛되이 구속되어 있을 수 없어서 선성先聖께 예하여 하직하고 나간다.'는 방문을 내걸기도 하였다.[381] 생도와 관생들의 이 같은 집단 저항은 또 다른 파장을 몰로 온 사건이기도 했다. 집현전 부제학 정창손鄭昌孫 등이 사의를 표하여 파직을 소청하는가 하면, 세종은 "성균생원 진사유학進士幼學과 4부생도로서 나이 20세 이상인 자는 추국하고, 앞장 서서 주창하고 방을 붙이고 학업을 파한 자를 찾아내되, 만일 승복치 않으면 고문이라도 할 것"을 의금부에 명하기에 이른 것이다.

유신들의 이런 격렬한 대립과 반발의 와중을 피하여 세종은 30년 8월 4일 임영대군臨瀛大君의 집으로 이어移御하고 만다. 여기서 불당 건립공사를 구체적으로 명하고 있는데, 그동안 왕의 심기와 정황에

---

379) 같은 책, 世宗 30年(1448) 7月 18日. 司憲府 大司憲 尹炯, 司諫院 知司諫 李活 등 啓.
380) 위와 같음.
381) 같은 책, 世宗 30年(1448) 7月 23日.

대해 『세종실록』에서는 다음과 같이 기록해 놓고 있다.

> 처음에 불당 짓기를 명할 때 임금이 비록 반드시 말하는 자가 있
> 을 것으로 알았지만 으레 하다가 그만두리라 생각하였다. 그러나 대
> 간·집현전·의정부·육조·대소 문신, 국학제생에서 추부·무신에 이
> 르기까지 모두 극진히 간하여 청을 얻으려 하니, 임금이 불쾌하여
> 철선撤膳한 것이 여러 번이었고, 전지傳旨할 때에도 선위禪位할 뜻을
> 조금 비치기까지 하였다. 또 이어移御한다는 명이 있음에, 여러 신하
> 가 억지로 누름을 황공하게 여기어 감히 말을 하지 못하였다.[382]

불당 건립문제에 대한 제신들의 반대와 이로 인한 왕의 고통이 얼
마나 컸던가를 요약해서 보여주는 기록이다. 세종은 이어한 다음 달
25일 경복궁으로 환어하고, 내불당은 세종 30년 12월 5일 드디어 완
성된다.[383] 이에 또 내불당 완성에 따른 경찬회를 그 해 12월과 세종
31년 정월 두 차례에 걸쳐 설행하고 있다.[384] 여기에도 의정부와 사간
원 등에서 경찬회 정지요청의 장계가 있었던 것이지만, 불사에 대한
유신들의 반대와 저항이 으레 있게 마련임은 익히 보아온 대로이다.

———

강화된 배불과 확고해진 왕실불교

세종대에는 유교국가의 체제확립을 위한 유교정치가 강화되고 이에 비례하여
배불정책이 강도 높게 진행되었다. 태종대 배불조치의 미완부분까지 거의 완
결 짓는 철저한 불교정책이 수행된 것이다. 그중에서도 종파 통폐합과 이에 따
른 경제적·인적 제한 조치는 가장 핵심적인 배불정책이다. 특히 선·교 양종으

---

382) 『世宗實錄』卷121, 世宗 30년(1448) 8月 4日.
383) 『世宗實錄』卷122, 世宗 30년(1448) 12月 5日.
384) 위와 같음 ; 『世宗實錄』卷123, 世宗 31년(1449) 1月 18日.

로의 대폭적인 종파 정리는 국가가 불교의 교리 및 사상문제에까지 직접 관여한 것이나 다름없는 일이었다. 선교의 대별 및 그 당위성을 거론하며, 국가의 목적에 따라 불교종파들을 자의로 폐합정리한 것이기 때문이다. 그 밖에 승도의 도성출입금령과 연소자의 출가금지 등 조치도 세종대 배불의 강고함을 그대로 보여준다.

그러나 세종 중기 이후 왕의 불교에 대한 인식변화와 함께 불교정책은 그 전기와는 크게 다른 양상을 보인다. 왕과 왕실을 중심으로 의미 있는 불사들이 이어진 것이다. 이에 대해 조정 유신 그룹과 불교 측의 반향이 엇갈렸음은 물론이다. 집요하게 배불을 주장해 온 유신들의 거센 반발과 저항에 반해 위축 일로에 있던 불교교단으로서는 크게 반기며 기대하는 바가 되었다. 또한 이로써 민간의 숭불기류가 은연중 확산되는 분위기였다.

이처럼 달라진 세종의 대불태도와 불사들은 조선조 왕실의 신불전통을 더욱 확고하게 다지는 계기가 된다. 뒷날 과감하게 전개되는 세조의 흥불시책도 세종의 이 같은 변화와 왕실 불교활동의 연장선에서 그 원인을 생각해 볼 수 있다. 부왕의 신불심을 도운 장본인으로서 그는 중기 이후 세종의 불사와 불교정책에서 적지 않게 고무되었던 것이라 하겠다.

태종의 배불에 이은 세종대의 정책으로 불교는 유교국가체제의 현실을 반영하듯 그 위상이 크게 축소 조정된 것은 사실이다. 그러나 왕실불교의 전통이 더욱 강화된 측면도 분명히 존재한다. 그런 관점에서 세종대의 불교정책은 그 내용 및 질적 면에서의 비교는 무의미할 정도이지만, 일단 배불과 흥불의 양면성에 대해서는 그 의미를 함께 평가할 수도 있다.

제2부
배불의 강화와 고착

제1장 성종대 유교정치와 배불강화

Ⅰ. 왕실불교와 유신세력의 대립

Ⅱ. 세조대 흥불시정의 철폐

　　1. 흥불사업의 상징 「간도」 혁파

　　2. 여성들의 신불활동 위축 기도

Ⅲ. 친정 이후의 유교정치와 배불

　　1. 배불에 앞장선 신진유신들

　　2. 성종의 완강한 배불 면모

Ⅳ. 승니사태와 도승법 정지

　　1. 승려추쇄와 강제환속

　　2. 도승법 정지 대신한 금승절목

제2장 연산군의 배불책과 파불의 동인

Ⅰ. 갑자사화 이전의 배불책

　　1. 사사전지의 몰수

　　2. 도승 금지와 승니 축출

조선의 개국에서부터 중종대까지 150여 년 동안에 진행된 불교정책은 배불과 흥불이 교차하는 모습으로 나타난다. 그러나 이 조선 전기 불교정책은 역시 배불 쪽에 중심이 있었고, 그것은 크게 전·후 두 시기로 구분해서 말할 수 있다. 즉 태종·세종대의 본격적인 배불 및 그 계승정책과 성종·연산군·중종대로 이어지는 배불강화와 그 양상의 고착화가 그것이다.

유교진흥과 유교주의적 정치를 통해, 마침내 유교국가의 완성을 보여주는 성종대의 불교정책은, 상대적으로 배불의 방향이 더욱 두드러진다. 이 시기 배불의 주요과제는 숭불주 세조가 펼쳐 온 각종 흥불시정興佛施政의 결과들을 철회하는 데서부터 시작하여, 승니의 사태 및 도승법의 정지에까지 이른다. 불교

Ⅱ. 사화 이후의 배불 전개
   1. 도회소의 철폐와 양종혁파
   2. 승과의 폐지
Ⅲ. 파불적 정책 추이의 동인

제3장 중종대 배불정책과 그 성격

Ⅰ. 불교정책의 배경 세력들
Ⅱ. 사림파 부상의 배불적 의미
Ⅲ. 배불 유형과 그 성격
   1. 기신재의 복구와 폐지
   2. 능침사 등 위전의 환급과 속공
   3. 승과제도의 완전한 폐지
   4. 도승법의 폐기와 후속처리
Ⅳ. 역승급패 시행의 사정

인적 기반의 완전한 해체와 그 제도적 조건을 현실적으로 무력화 하려는 정책들인 것이다. 이 같은 배불강화의 과정에서는, 특히 성종의 친정親政 이후 정계에 등장하여 점차 세력화 해간 신진 유신들이 그 과정을 주도하고 있음이 주목된다.

연산군대의 배불정책은 흔히 폭군으로 굳어진 그의 이미지와 함께 연상하고 평가하기 쉽다. 그러나 연산군 말경인 갑자사화甲子士禍 이전까지는 그의 대불교정책에서 그다지 특이한 모습은 발견되지 않는다. 비교적 정상적인 논의과정 속에서 배불이 수행되고 있다. 하지만 갑자사화 이후 그의 불교정책은 파불破佛로 표현될 만큼 과격성을 보여준다. 무원칙하고 이례적인 배불정책의 과정이라 할 만한데, 이는 결국 궁중파와 부중파의 대립으로 인한 유신세력들의 정쟁政爭에서 기인한 것으로 해석할 수 있다.

중종대의 정치는 연산군의 폐정을 바로잡는 데서부터 출발한다. 그러나 불교정책에 있어서는 연산군대의 파불적 상황을 기정사실로 인정하고, 그것에서 한 걸음 더 나아가는 방향으로 추진되고 있다. 국가와 불교와의 공적인 관계 단절을 의미하는 승과제도의 공식적인 폐지 및 『경국대전』에서 '도승조度僧條'의 삭제 등은 그 대표적인 예에 속한다.

연산군대의 파불이 중종대에는 폐불적廢佛的 결말로 이어지고 있는 것이다. 이 같은 불교정책으로 향후 조선불교의 윤곽과 위상은 거의 확정되고 있다. 예외적으로 다소 긍정적인 대불 조치들도 없지 않았지만, 이후 불교교단은 결과적으로 중종대 폐불적 상황의 조건 하에서 유지 존속해가야 했다.

제1장
성종대 유교정치와 배불 강화

흥불 이후의 새로운 배불 방향

유교국가 조선이 출발하면서 불교의 위치는 이미 결정되어 있는 것이나 다름 없었다. 그러나 국가에 의한 이 강제구도의 이행이 그렇게 간단한 문제는 아니었다. 개국 벽두에 불교 억압과 옹호의 문제가 서로 부딪치고, 특히 조선 전기에 배불과 흥불이 교차하고 있는 것도 이 같은 사정을 말해 준다.

배불과 흥불의 교차현상은, 국초에 개국 주역들과 태조 사이의 불교에 대한 서로 다른 입장과 그 정책 추진에서부터 읽을 수 있다. 태종~세종대의 경제적 인적 제한을 중심으로 하는 배불정책과, 중기 이후 세종의 흥불적 의미를 띤 불사들은 제1부에서 살펴본 바와 같다. 이어서, 세조대의 불교정책은 불교의 중흥을 말할 정도였다. 그만큼 조선에서는 생각하기 어려운 흥불사업들이 펼쳐진 것이다. 그러나 성종대의 불교는 다시 이전의 배불보다 훨씬 더 심각한 현실에 직면한다. 성종의 유학진흥과 유교정치 강화에 따른 상황의 반전이었다.

이 같은 성종대의 불교정책에서 왕의 즉위 초반 몇 년 동안의 배불 움직임은 세조대의 흥불시책에 대한 유신들의 반작용으로 볼 수 있다. 그동안 불교에 관해서라면 거의 침묵해 온 유신들이 새삼 반감을 드러내며 그 철폐를 위한 행동에 나선 것이다. 여기서 일단의 세력을 형성하고 있던 왕실불교와 이들 유신간의 대립이 불가피했지만, 결국 세조대 흥불시책 결과의 대부분은 철폐 제거되고 만다. 이에 더하여 불교의 현실은 성종이 친정에 나서면서 더욱 악화한다. 숭유배불적 성향이 뚜렷한 성종의 의지와 새롭게 등장한 신진유신파들의 배불의식이 한데 결합하여, 또 다른 방향에서 불교를 압박했기 때문이다.

성종대에는 일찍이 볼 수 없었던 승니사태僧尼汰汰를 강행하고 도승법度僧法까지 중단함으로써 조선 초기 배불정책의 한 단원을 구획 짓고 있다. 이 같은 과정에서 더욱 눈길을 끄는 것은 신진유신세력의 존재이다. 이들은 성리학적 이념에 투철한 사류들로 성종의 정치적 기반이 된 인물들이다. 성종대의 차별화된 배불정책을 주도하고 있는 것도 이들인 만큼, 신진 유신세력의 성향과 함께 흥불 이후의 배불강화 현상을 살펴본다.

I. 왕실불교와 유신세력의 대립

세종 만년의 숭불 기류에 이어 세조(1455~1468)의 흥불시책들
은 모처럼 불교교단에 새로운 활력을 불어 넣었고, 이로써 불교는
그 중흥을 맞는 듯 했다. 그러나 세조 사거死去 후, 예종의 짧은 치세
(1468~1469)를 거쳐 성종이 즉위하자, 불교계에 밀어닥친 상황은 흥
불에서 배불의 분위기로 급반전한다. 이런 성종대의 불교적 현실은 먼
저 왕실불교와 유신세력간의 대립에서부터 살필 수 있다.

예종이 재위 1년 2개월 만에 세상을 떠나자 세조의 장자인 덕종의
제2자 자산군者山君이 13세의 어린 나이로 왕위에 오르니, 제9대 성
종(1469~1494)이다. 성종이 왕위에 오른 것은 세조비인 자성대비慈
聖大妃 윤씨의 뜻에 의해서였다. 이에 대왕대비는 유주幼主를 위해 배
후에서 정사를 대신 돌보지 않을 수 없었고, 그것은 성종 6년 말까지
계속된다.

이 같은 대왕대비의 섭정과 함께 세조의 당부에 따라 예종 때부터
어린 왕을 보필해온 한명회韓明澮 신숙주申叔舟 등 원상院相으로 불리
던 훈신세력勳臣勢力의 실질적인 정권장악으로 성종 초반의 왕권은 극
히 미약한 실정이었다. 따라서 왕권이 아직 확립되어 있지 못했던 성
종 초기에 있어서, 불교와 유교의 관계는 왕실과 조정이 대립하는 형

태로 나타나고 있다. 대왕대비 등 왕실 인물들을 중심으로 불교세력이 크게 확장되어 있는 반면에, 세조 사거 이후부터 실권을 장악해 온 유신들이 새로운 배불세력을 형성함으로써 양측의 대립과 갈등은 불가피하였다.

이런 대립관계는 성종 초기뿐만 아니라 친정체제 이후 어느 정도 왕권이 강화된 후에도 그대로 계속된다. 물론 성종의 친정이 시작된 그 7년 이후로는 왕이 직접 양측의 입장을 고려하면서, 때로는 왕실의 숭불을 보호하기도 하고 혹은 유교정치의 강화와 함께 배불정책을 펴기도 하는 등, 왕의 정치역량을 적절하게 구사해 나가고 있다. 그러나 그 이전까지는 불교를 두고 왕실과 유신세력이 직접적으로 대립하는 형편이었다. 이럴 경우 유주 성종이 대왕대비 등 왕실 측의 영향을 더 크게 받았을 것임은 쉽게 상상할 수 있다. 따라서 당시 불교를 대변하는 입장이라 할 왕실 측에 힘이 실림으로써 본격적인 배불정책은 이들 왕실불교 세력에 의해 일단 저지되고 있었다.

성종대 왕실불교세력의 중심은 말할 것도 없이 왕의 배후에서 대권을 행사하고 있던 대왕대비 윤씨였다. 성종 즉위 당시 52세였던 이 대왕대비를 비롯하여, 덕종의 비이자 성종의 모후인 인수왕비仁粹王妃 한씨가 30대로서 대왕대비를 도와 숭불사업에 돈독한 정성을 기울이고 있었고, 불과 10대 정도인 예종의 계비 인혜왕비仁惠王妃 한씨 또한 예외가 아니었다. 또 성종 4년에 숙의淑儀가 되었다가 뒤에 계비가 된 정현왕비貞顯王妃 윤씨 또한 불사에 열심이었고,[1] 성종의 형수가 되는 월산대군月山大君 부인 등을 비롯하여 왕실의 빈이나 후궁들까지도

---

1) 『般若心經諺解』 學祖跋文에 의하면, 정현왕후는 『釋譜詳節』 등 언해불전을 포함하여 9종의 판본 7백 권의 불경을 模印하기도 하였다.

혹은 삭발하고 니승이 되거나[2] 선왕의 추선追善 등 제각기 불사를 펴고 있다.

왕실의 불교세력은 이처럼 대비들을 중심으로 한 여성들만 있었던 것은 아니다. 왕위 계승에서 탈락하고 정치에도 관여할 수 없는 입장의 왕자나 종친들 또한 대부분 불교신앙에 의지하며 살아가는 형편이었다. 이런 대군 종친 가운데 세종의 친형 효령대군은 왕실에서 가장 영향력이 큰 원로였고, 그 밖에 세조의 서자인 덕원군德源君 서曙, 창원군昌原君 성晟 등 많은 이들이 숭불 내지 호불지사가 되어 있었다. 여기에 세조 때부터 왕의 두터운 신망을 받으면서 그의 흥불사업에 참여해온 김수온 金守溫 한계희韓繼禧 등이 왕실불교와 깊이 관련되어 있었으며, 승려로서는 김수온의 형인 신미信眉를 비롯하여 수미守眉 학조學祖 등이 계속해서 왕실의 불사에 관여하고 있었다. 이와 같이 대왕대비를 위시하여 비빈 후궁 대군 종친 등 왕실인물들의 숭불열이 조금도 줄어들지 않고, 여기에 신불신료信佛臣僚 및 당대의 명승들이 그들과의 관련 속에서 활동하고 있다. 그만큼 왕실불교는 하나의 세력을 형성하기에 충분했다.

이런 왕실의 불교세력은, 세조 때에 비하여 왕권이 크게 약화된 기회를 이용하여 다시 불교를 근본적으로 제거하고자 하는 유신세력들과 계속 충돌하지 않을 수 없었다. 그러나 앞서 말한 바와 같이 성종 초기에는 대왕대비가 섭정을 펴고 있었고 유주 성종 또한 그런 대왕대비의 입장에 설 수밖에 없는 것이어서 유신들의 배불 시도는 그 대부분이 대왕대비 선에서 저지할 수 있었다. 이런 사례는 가령『경국대전』을 수정하여 도첩제를 강화하고자 한 유신들의 배불 시도가 성종 원년에 대왕

---

2)『文宗實錄』卷1, 文宗 卽位年(1450) 2月 28日.

대비의 반대로 그대로 시행되지 못했던 일에서도 잘 엿볼 수 있다.

『경국대전』은 세조 14년에 일단 그 체제가 정비되었으나 보다 완전 무결한 성헌成憲을 제정하기 위해 검토를 계속하던 중에 세조가 세상을 떠난다. 그것은 다시 예종 원년에 상정詳定을 거쳐 완성되지만, 예종 또한 그 반포시행을 보지 못하고 세상을 떠났다. 그러나 그것은 이미 세조 때부터도 법적 효력을 지녀 왔는데,[3] 유신들은 이미 예종 원년 10월 반포 단계에 있는 『경국대전』 가운데 특히 도승조에 대해 그 위승爲僧의 절차 및 벌칙규정을 강화시켜 놓고 있었다. 이때 한명회 최항 등의 초안 내용은, 향역리鄕役吏로서 승이 되려는 자에 대하여 그 신고 절차(본인의 소재 읍→관찰사→예조)에서부터 양종에서 부과하는 시험과목 (심경·금강경·살달타薩怛陀·법화경)과 도첩구매의 정전액수丁錢額數 (정포 50필) 및 그 위반자 처벌(위반 당사자는 처참處斬, 알리지 않은 친족 및 이웃은 장杖 일백) 등에 이르기까지 대단히 엄격한 규정들이었다. 이 같은 초안은 원상院相들의 의논을 거쳐 위반자에 대한 벌칙이 처참에서 장 일백으로 완화된 것 외에는 그대로 결정되었던 것이다.[4] 이는 대전大典 상의 규정에 비해 그 절차, 시험과목, 도첩가격, 벌칙 등에 이르기까지 훨씬 내용이 강화된[5] 것임은 물론이다.

예종 때 마련된 이 같은 도승규정을 성종 초에 그대로 시행하려 함에 그것은 대왕대비의 강력한 반대에 부딪치지 않을 수 없었다. 성종

3) 朴秉濠,「經國大典의 編纂과 頒行」, 국사편찬위원회 編,『韓國史』9, p.253~254.
4)『睿宗實錄』卷8, 叡宗 元年(1469) 10月 27日.
5)『經國大典』卷3, 禮典 度僧條에는 "爲僧者三朔內 告禪宗或敎宗 試誦經 (心經·金剛經·薩怛陀) 報 本曹(私賤則從本主請願) 啓聞 收丁錢 (正布30匹) 給度牒 (過三朔者 族親隣近 告官還俗 當差知而不 告者竝罪)"로 되어 있다.

원년 8월 강원도에서는 이 규정에 의해 실제로 승려들을 환속조치 함
으로써 소요가 있었다. 보고를 들은 대왕대비는 왕의 전지傳旨를 통해,

> 대저 법의 적용은 마땅히 새로 세운 조장條章(경국대전)을 따라야
> 하는 것인데, 지금 어찌하여 예종조의 법을 적용하는가. 세조가 승
> 려들을 불쌍히 여겨 보호함을 그르다고 해서 그렇게 함인가? 세조
> 가 승하한지 오래되지 않았는데 세상 일이 갑자기 변한 것이 이와
> 같으니 내가 실로 마음이 아프다.

고 말하여 유신들의 태도 돌변을 탄식한다. 그리하여 이내 각도의 관
찰사에게 하서하여 도승의 법을 대전에 따르도록 지시하고 있다.[6] 대
왕대비의 섭정기에 유신들과 대비 사이의 이와 유사한 갈등 대립은
자주 있었지만, 그 대부분은 대비의 뜻대로 집행되어 갔다. 구체적으
로 유점·낙산·봉선·정인正因寺·상원사의 세금 외 잡곡과 노비잡역
및 유점·낙산사의 소금세 삭감, 명으로 부터의 불경 구입, 광평대군廣
平大君 부인 신씨의 노비와 전지의 사원 시납 허락, 승려들의 장리長利
인정, 덕원군과 창원군의 회암사 불공, 신륵사의 중창 및 회암사 중수,
승려가 말을 타고 성안에 들어오는 일의 허락 등 유신들의 줄기찬 반
대를 물리치고 왕실의 숭불의지를 관철시켜 나간 사례는 이루 다 열
거하기 어려울 정도이다.[7]

유신들은 국가정책에 관한 것이든 왕실의 사적 일이든 간에, 그것
이 불교와 관련이 있는 한 으레 강한 반대와 반발을 보이고 있다. 왕실
의 대비들이 선왕의 유업을 위해, 혹은 그 명복을 빌기 위해 설행하는

---

6) 『成宗實錄』卷7, 成宗 元年(1470) 8月 28日 및 30日.
7) 車文燮, 「朝鮮 成宗朝의 王室佛敎와 役僧是非」, 李弘稙博士華甲記念 韓國史
學論叢(1969), p.294~295 참조.

불사 또한 반발을 받기는 마찬가지였다. 가령 성종 2년 1월 대왕대비가 세조의 유지에 따라 명에서 불경을 구입하고자 했을 때도, 유신들은 연일 이를 문제삼아 시비를 논란하고 그것을 집요하게 저지하려 하고 있다. 불경 구입문제는 처음 사간원 정언正言 남윤종南潤宗이 그 부당함을 지적하여 중지를 요구하는 것으로부터 시작하여[8] 예문관藝文館 부제학副提學 김지경金之慶, 시강관侍講官 김계창金季昌, 사헌부司憲府 대사간大司諫 김수녕金壽寧 등 모든 신료들이 연이어 상소 계청하고 이를 계기로 간경도감의 정파까지 들고 나왔던 것이다. 그러나 왕은 끝내 대왕대비의 뜻을 들어 유신들의 요청을 받아들이지 않고 있다.

불경 구입문제는 그렇다 하더라도, 유신들은 대비가 선왕의 명복을 빌기 위해 베푸는 불사까지도 저지하고 나서는 형편이었다. 대왕대비의 섭정이 끝난 이후의 일이기는 하지만 성종 8년 3월 인수왕비가 선왕을 위해 봉선사에서 사재로써 금자 사경을 이룩할 때도 역시 유신들은 그것에 크게 반발하고 있다. 이에 대한 인수대비의 술회는 대비자신의 통한의 심정과 함께 평소 조정의 유신들에게 얼마나 심한 압박을 받아 왔는가를 잘 보여준다. 왕비는 자신의 사경문제로 곤란을 받고 있는 왕에게 이렇게 말한다.

> 나의 사경이 마침 주상을 해롭게 한 것이다. 내가 생각하기로는 예부터 불교가 모두 허탄虛誕하다고 이르면서도 역대의 임금이 완전히 다 없앨 수가 없었다. 또, 내 나이 열일곱에 동궁(덕종)을 모셨는데, 4년 사이에 아침에는 양전兩殿을 모시고 저물어서야 궁에 돌아오니 일찍이 하루도 온전하게 우리 왕을 모시지 못하였다. 때마침 우리 왕이 몸져 눕자 다른 곳으로 거처를 옮기셨는데 내가 시질

---

8) 『成宗實錄』卷9, 成宗 2年(1471) 1月 20일.

侍疾하고 싶었으나 주상을 회임懷妊하였으므로 각기 동서에 있었는데 이로부터 영원히 이별을 하였으니, 슬픔을 어이 다 말할 수 있으랴! 천지도 반드시 그 심정을 알리로다. 천혼하여 명복을 구하는 일은 나만 홀로 하는 일이 아니고 자고로 있는 바로써, 위로는 선왕을 위하고 다음은 우리 왕을 위함이니 일찍이 경각인들 회포를 잊겠는가. 또 세조께서 나의 슬피 우는 것을 차마 보지 못해 나로 하여금 춘추로 배능拜陵하게 함으로써 내가 호천지통呼天之痛을 다하였다. 지금 내가 군모君母가 되니 항상 조정의 의논을 두려워하여 한 가지 일도 나의 뜻과 같이 해본 것이 없다…나는 사재로써 성경成經하고 사곡으로써 반승飯僧하여 조금도 국가에 관계됨이 없는데, 대간臺諫에서 논란하는 것이 이토록 심하니 내가 할 바를 모르겠다.[9]

애절한 망부의 한을 안고 있는 인수왕비의 추천을 위한 불사까지도 유신들의 반대를 받음으로써 심히 할 바를 몰라 하는 정황이 잘 드러나 있다. 추천사경追薦寫經 또한 성종의 모후에 대한 비호로써 끝내 이루어지기는 하였지만, 이 같은 일들을 통해 성종 즉위 이래 왕실의 불교세력과 유신들 간에는 계속 갈등과 대립이 쌓여갔다.

그러나 이런 대립 속에서 유신들의 배불의지가 계속 밀리고만 있었던 것은 아니다. 그들은 국가 정책에 관련된 불교문제에 대해서는 더욱 집요하고 과격한 주장을 폄으로써 결국 그들의 의사를 관철시키고 있으며, 왕실 측으로서는 최소한 왕실의 숭불을 방해받지 않는 범위 내에서 유신들의 주장을 받아들일 수밖에 없었다. 성종의 친정 이전에 취해진 배불의 조치들은 바로 이런 과정에서 나온 것이며, 그것은 곧 세조 사거 후 새롭게 형성되어 온 유신세력의 발언권이 그만큼 증대되고 있음을 말해준다.

---

9) 『成宗實錄』卷78, 成宗 8年(1477) 3月 7日.

II. 세조대 흥불정책의 철폐

1. 흥불사업의 상징 「간도」 혁파

세조 일대의 공개적인 흥불정책은 억압과 수난이 계속되어온 조선 불교에 새로운 활력소가 되었다. 세종대의 효령대군과 함께 왕실불교의 구심적 역할을 해온 세조(수양대군)는 평소부터 불교와 유교의 사상적 차이를 깊이 인식하고 있었고, 불교의 우월성을 공언하여 유자들의 비난을 사고 있었다.[10] 그런 세조가 왕위를 찬탈한 것은 정치적인 목적 외에 그의 평소 신념에 따른 흥불정책을 수행하기 위해서도 불가피했던 것인지도 모른다.[11] 그는 즉위 후 유교정치의 기본구조를 바꿀 수는 없었지만 그동안의 배불정책에 대해서는 과감하게 방향을 수정하여 흥불에 진력하였고, 그 결과 불교의 중흥에 일시나마 서광을 비쳐주기도 하였다.

세조 재위 기간 중의 흥불호법 사업은 크게 나누어 ①승려의 권익

---

10) 대군시절에 부왕과 함께 불교와 유교에 대해 논하는 가운데 세종의 물음을 받은 수양은 "釋氏之 道過孔子不啻霄壤"이라고 답했던 것이며(『世宗實錄』卷 122, 30年(1448) 12월 5日), 혹 다른 자 리에서는 "(釋敎)勝於孔子之道 程朱 非之不深佛氏者也…不知佛氏知道而斥之者皆妄人 吾不取也"라고도 말하고 있다.(같은 책 卷125, 31年(1449) 7월 1日).
11) 史在東, 『佛敎係 國文小說의 形成過程硏究』(亞細亞文化社, 1977), p.14 참조.

옹호와 불교의 위치 보장 ②사원중흥, 삼보숭봉 등 각종 불사의 진작 ③불전국역佛典國譯, 인경유포印經流布, 불교음악 등 불교문화사업의 대흥 등으로[12] 요약할 수 있다. 이 같은 흥불사업들은 물론 그 자체로서 불교교단에 큰 힘이 되었던 것이지만, 그보다 교단 내외에 끼친 영향 또한 적지 않았다. 특히 세조의 흥불업적 가운데 불전의 국역사업은 가장 주목할 만한 불교 진흥책이었다. 그 규모 면에서나 추진과정 및 결과 등에 있어서 불전국역사업은 그만큼 파급효과가 지대했던 것이다.[13]

호법군주 세조의 흥불정책은 일시나마 불교계에 새로운 전기가 되었지만 유교의 입장에서 본다면 세조대의 유교정치는 세종대의 그것에 비해 일보 후퇴했다는 것도 부인할 수 없다.[14] 따라서 세조 사거후, 왕위가 예종 19세 성종 13세의 유주들로 계승되는 과정에서 급속히 권력을 강화해 온 유신들이 이 같은 현실의 타개를 제1 과제로 삼았을 것임은 당연한 일이다. 그리하여 유신들은 그동안 위축된 유교정치를 강화하기 위해 적극적인 유교진흥책을 추진하게 된다. 여기서 세조대의 흥불시정의 철폐 내지 제거를 위한 시도가 필연적으로 대두될 수밖에 없었다.

성종의 친정이 시작되는 그 7년 이후의 대불교정책은 그 과정이야 어떻든 간에 왕 자신의 최종적인 판단을 거쳐 내려지고 있다. 그러나 그 이전의 대왕대비가 섭정하는 동안에도 적지 않은 배불적 조치들이

---

12) 金煐泰, 『한국불교사』, pp.260~261 참조. ; 高橋 亨 또한 세조의 불교옹호 업적을 세 가지로 구분하여 ①도승선시度僧選試의 법을 경국대전에 명기하여 자손들이 준거케 한 것 ②불사중수 삼보봉숭에 대한 성의 ③각종 불전의 개간 및 유포를 들고 있다(『李朝佛教』 p.169).
13) 세조대 불전국역사업에 대해서는 제3부 2장 참조.
14) 韓永愚, 「王權의 確立과 制度의 完成」, 앞의 『韓國史』 p.222.

취해지고 있는데, 이는 전적으로 실권을 행사하고 있던 유신들의 의사에 따른 세조대 흥불시정興佛施政의 철회작업이었다. 물론 1년여의 예종 재위 중에도 유신들의 이 같은 시도가 없었던 것은 아니지만, 시기적으로나 유신들의 세력면에서 아직 그것을 적극적으로 추진할 입장은 되지 못하였다. 그러나 『경국대전』의 도승법을 무시하고 보다 강화된 규정을 새로 초안했던 사실 하나만을 상기하더라도 세조대 불교정책에 대한 유신들의 반감은 이미 행동으로 옮기기 시작한 것이며, 그것은 성종대에서 더욱 구체화하고 있다.

성종대에 들어와 맨 처음 취한 세조대 불교시정의 철폐조치는 즉위 2년의 간경도감刊經都監 정파를 들 수 있다. 그러나 이보다 앞서 내불당이 궁 밖으로 옮겨지게 된(원년 2월) 사정이나 도성 내 염불소의 금단(2년 6월)과 같은 일들도 일단은 같은 맥락으로 볼 수 있다. 내불당을 궁 밖으로 옮기게 한 것은 대왕대비의 명에 의한 것이지만, 이에 앞서 사재감정司宰監正 임사홍任士洪은 내불당의 혁파를 상소하였고 그 이유로서는 풍수설을 내세우고 있다. 주산主山이 내려오는 맥에 불당을 세움으로써 국가에 경사가 없고 변고가 겹치므로 이를 혁파해야 한다는 것이었다. 이에 대비는 부득이 궁 밖 이전을 생각하지 않을 수 없었다.[15] 그러나 일단 내불당을 옮기는 일이 확정되자, 다시 유신들은 그것을 폐지하여 원각사에 합할 것을 요구하기도 하고 또는 아예 영구 혁파를 주장하기도 하였다. 결국 내불당은 '선왕의 창건'임을 들어 궁 밖 장의동藏義洞 화약고 옛터로 옮겨 이듬 해(성종 2년) 5월에 신창되지만 이 같은 사태의 전개는 분명 유신들의 전대 불교에 대한 제거 의도가 주효하고 있음을 보여준다.

---

15) 『成宗實錄』卷3, 成宗 元年(1470) 2月 11日·12日.

또 성종 2년 6월의 성중 염불소 금단의 조치는 사헌부 대사헌 한치형韓致亨 등의 상소에 따라 내린 것이다. 한치형 등 유신들은 17조목의 상소문을 올리는 가운데, 염불소의 금단과 함께 선왕대의 도첩제 규정을 새로 정하여 승려들을 환속시킬 것도 아울러 촉구하였다. 즉 그 제1조에서 유신들은 "선왕대의 엄격하지 못한 도승법으로 급격히 증가된 승도는 국가에 무익할 뿐만 아니라 그 폐단이 지금 나타나고 있으니, 새로운 법을 정할 것"을 역설한 것이다. 여기서 유신들은 "김을 매는 농부가 쭉정이를 보고 '아비가 심은 것이니 차마 제거하지 못하겠다'고 한다면 옳은 일이겠는가"라고 반문함으로써 선왕(세조)대 도승정책의 잘못에 대한 지적과 함께 그 철회를 직접 요구하고 있다. 이어 유신들은 상소문 제2조에서 성중 민가에 널리 퍼져 있는 염불소의 폐단을 강조하고 그 엄격한 금지를 주장한 것이다. 이런 요구와 주장을 왕이 기꺼이 받아들임으로써[16] 성중 염불소는 금단되었으며, 도첩제 문제는 다시 성종의 친정 이후 그 발급정지에 이르기까지 논란이 반복되어 갔다.

세조의 직접적인 흥불 시정이든 아니든 간에, 내불당의 궁 밖 이전이나 성중 염불소의 금단과 같은 조치는 선대 불교정책의 차단이라는 의미에서는 마찬가지라 할 수 있으며, 그것은 다시 간경도감의 정파와 같은 직접적인 문제로 연결되고 있다.

세조 7년(1461) 6월에 설치된 간경도감은 임시기관이기는 하지만 그 출발 자체가 파격적인 것이었다. 세종대부터 왕실 내부에서는 불서의 출판이 적지 않았고, 그것은 유신들의 시비와 논란을 피해 음성적으로 이루어지고 있는 형편이었다. 이에 세조가 즉위하자 그는 불경

---

16) 『成宗實錄』卷10, 成宗 2年(1471) 6月 8日.

의 인행은 물론 때마침 불전의 국역이라는 새로운 차원의 대흥불사업을 앞두고 이런 불교사업들을 공개리에 본격적으로 추진하기 위해 아예 간경도감을 설치하기에 이른다. 그리하여 이곳에서 각종 불경을 인행하고 당시 중요한 선교의 불서들 대부분을 국역 간행함으로써[17] 간경도감은 세조대 흥불사업에 있어서 하나의 상징적인 국가기관으로서 존재한 것이다. 이 무렵 세조의 역점적인 흥불정책이기도 했던 이 간경도감의 사업에 대해 부당함을 지적하거나 시비를 논란하는 유신들은 찾아볼 수 없다.[18]

그러나 세조가 세상을 떠나자(1468년 9월), 이내 그 혁파론이 대두되고[19] 그것은 성종 원년 2월 사간원 대사간 김수녕의 승니사태僧尼沙汰 주장과 함께 정식 거론되기 시작하였다. 이때 대왕대비는 왕의 전교를 통해 간경도감이 세조에 의해 설치된 것임을 상기시키고, "아직 미완의 사업이 계속되고 있으므로 일이 끝나면 파하겠다."고 대처하고 있다.[20] 이후 간경도감의 혁파 주장은 기회 있을 때마다 제기된다. 불급한 불서간행의 일을 문제로 삼으면서 "한 가지 일이 끝나면 또 다른 일이 시작되니 대비의 말을 믿을 수 없다."는 태도를 보이기도 하고, 그 경비의 소모를 내세워 조속한 혁파를 주장하기도 하였다.[21] 그

---

17) 간경도감의 불전간행 및 그 국역사업 등에 대해서는 다음 논저를 참고할 수 있다.
江田俊雄,「李朝刊經都監と 其の 刊行佛典」,『朝鮮佛敎史の硏究』(東京, 國書刊行會, 昭和52年) ; 최현배,『한글갈』(서울, 정음사, 1974).
18) 본격적인 의미에서의 억불 및 배불의 주장은 세조대에는 단 1건도 찾아지지 않는다.
19)『睿宗實錄』卷1, 叡宗 卽位年(1468) 9月 11日.
20)『成宗實錄』卷3, 成宗 元年(1470) 2月 14日.
21)『成宗實錄』卷4, 成宗 元年(1470) 4月 14日 ; 卷6, 元年(14070) 7月 27日, 卷9, 2年(1471) 1月 27日 등.

러던 중 대왕대비의 불경 구입이 새로운 문제로 등장함에 따라 그에 대한 논란과 함께 간경도감 혁파 여론은 더욱 격화된다. 대왕대비는 중국에서 불경을 구입하려는 것은 세조의 유지에 따른 것이며 그것은 다만 간경도감에 비치코자 함임을 밝히고 있다. 그러나 유신들은 불경구입 자체도 부당하지만, 불경이 들어오면 또 이를 간경도감에서 간행하려는 것으로 판단하고, 더욱 강경하게 혁파를 촉구한 것이다.

이런 논란과 주장이 격렬하게 계속되었고, 결국 간경도감은 폐지되지 않을 수 없었다. 성종 2년 12월 마침내 '명파간경도감命罷刊經都監'[22)]으로 끝나고 만 것이다. 줄기차게 세조대 흥불시정의 철폐를 기도해 온 유신들로서는 10년 가까이 유지해 온 간경도감의 혁파로써 가장 가시적이고 의미 있는 큰 성과를 거두고 있다.

2. 여성들의 신불활동 위축 기도

간경도감을 혁파시킨 유신들이 다시 배불에 관심을 돌린 것은 니승 및 부녀들의 상사上寺 문제와 사족士族 부녀의 출가금지, 그리고 이어 성내 니승사암의 철거와 같은 문제들이었다. 다시 말하면 유신들은 이제 세조대의 흥불정책에 힘입어 그동안 크게 신장되어 온 여성들의 신불활동과 그 영향을 제한 위축시키고자 기도하고 있는 것이다. 유신들의 배불주장은 언제나 있어온 일상적 일이지만, 특히 여기서는 세조대의 흥불시정에 대한 반감으로서 그것이 더욱 집요하게 추구되고 있음이 역력하다.

니승 및 부녀상사에 대한 논란은 성종 4년 7월 사간원 대사간 정

---

22)『成宗實錄』卷13, 成宗 2년(1471) 12月 5日.

괄鄭佸 등이 간단하게 올린 글로부터 제기된다. 정괄 등은 "정업원淨業院의 니승들이 망사亡師를 위해 재를 베풀어 사족부녀들과 무리지어 다니면서 정인사正因寺와 성불암에서 유숙까지 한다니 이는 법을 문란케 하는 것입니다. 부녀의 상사도 불가한데 밤을 지새는 경숙經宿은 더할 나위가 없습니다. 풍속을 상패傷敗케 함이 이보다 심함이 없으므로, 깊이 조사하기를 원합니다."라고 상소한 것이었다.[23] 이런 상차上箚가 있은 이후, 이 문제의 논란은 7월 한 달 내내 거의 매일 계속 된다.

대사헌 서거정徐居正은 "세조 때부터 부녀상사를 관용하였기 때문에 기강이 크게 무너지고 법령이 엄하지 못할 뿐만 아니라, 사족부녀의 상사를 금하지 않음으로써 승속 남녀가 뒤섞여 구별이 없이 습속의 수치스러움을 깨닫지 못한다. 더구나 니승들은 과부로서 금하여 막을 길이 없어 마음대로 행동하며, 혹은 절을 집삼아 음란 방종하여 더러운 소문이 잇달아 들리니 나라가 망할 정도가 되었다."고 개탄하고 "니승과 부녀들을 맞아 머물게 한 정인사 주지 설준雪俊 등도 함께 추단하여 정죄할 것"을 요구하기도 하였다.[24] 또 영사領事 정창손鄭昌孫은 "고려 때부터 승니와 부녀가 섞여 머무름이 구별이 없어 그들의 음란이 극심하였으므로, 태조와 태종은 그 폐단을 막기 위하여 부녀자의 상사를 금지함으로써 풍속을 유지해 왔던 것인데, 지금에 와서 그 보람이 없게 되었으니 부녀자의 상사를 통금해야 한다."고도 하였다.[25] 이들은 니승 및 부녀상사의 폐단을 말하고 그 금지를 요구하

---

23) 『成宗實錄』卷32, 成宗 4年(1473) 7月 9日.
24) 같은 책, 成宗 4年(1473) 7月 16日.
25) 같은 책, 成宗 4年(1473) 7月 17日.

는 가운데서도, 그 원인을 세조대의 신행활동에 대한 관용과 그로 인한 법령의 해이로 돌리고 있는 것이다.

이런 논란과 요구에 대해 성종은 "대전大典에는 다만 부녀의 상사만을 금하였고 니승들은 금지한 것이 없다."라고 말하거나[26] 대왕대비에게 승품하는데 그침으로써 유신들과의 직접 충돌을 피하고 있다. 이에 대비 또한 유신들의 주장에 대해 일축하는 태도를 보이고, 특히 니승상사의 처벌에 관해서는 친히 세조의 '승僧과 니尼는 일체이니 절에 올라가는 것을 금지시키지 못한다.'고 한 교지를 전하여[27] 냉담하게 처리하고 있다. 그리하여 이 문제는 여론을 크게 환기시키는 효과 외에 사족부녀나 니승에 대한 어떤 처벌은 없었다. 여기에는 대왕대비의 의중이 크게 작용했을 것임이 틀림없다. 그러나 이에서 물러설 유신들도 아니다. 그들은 다음의 화살을 니승과 사족부녀들을 맞아 설재케 한 정인사 주지 설준에게로 돌리고 더욱 집중적으로 공격에 나서고 있다.

설준이 탄핵의 대상이 되는 것은 서거정의 상소에서도 언급하고 있다. 즉 '두 임금(덕종·예종)의 능침이 있는 정인사에 니승과 사족부녀자들을 불러 모아 추천追薦을 핑계로 이틀 밤씩이나 묵게 하면서 능침陵寢을 더럽히는 불경을 저질렀다.'는 이유에서였다. 니승 및 부녀상사 처벌 논의에서 별 소득이 없었던 유신들은 이제 설준의 과죄에서 그것을 보상받기라도 하려는 듯 그 탄핵 요청에 강도를 더욱 높이고 있다. 정괄 등은 설준이 행한 정상을 힐문하여 그 죄를 엄하게 징계하

---

26) 같은 책, 成宗 4年(1473) 7月 16日. "大典只禁婦女上寺 尼僧則無禁".
27) 같은 책, 成宗 4年(1473) 7月 22日. "大王大妃 親傳世祖之敎曰 僧尼一切 上寺無禁".

기 위해 추국할 것을 요구하고, 서거정 등은 그를 율에 따라 과죄한 뒤 충군充軍시켜야 한다고까지 주장하고 있다. 이에 왕도 거센 여론을 완전히 무시할 수만은 없었던 것인지 장 80대를 벌하도록 전지하기에 이르지만, 유신들의 요구는 그 정도에서 그치지 않았다. 머리를 베어 저자에 내걸어도 죄가 남을 설준을 장 80대만으로 벌하게 하는 것은 미약하다 하여 그의 직첩을 빼앗음은 물론 정인사 주지직까지도 파면시킬 것을 거듭 강청한 것이다.[28]

설준에 대한 더이상의 과죄는 없었지만, 그러나 여기서 거듭 생각해 볼 문제는 유신들의 그에 대한 탄핵이 왜 그토록 강경하고 집요했던가 하는 점이다. 니승 및 부녀상사의 논란이 그에게로 비화된 것이기는 하지만, 그것은 하나의 표면적인 이유에 불과한 것으로 보인다. 이는 결국 세조대 불교로까지 소급되는 문제라 말할 수 있다. 설준은 세조 재세 시 왕의 신망이 두터워 교종판사敎宗判事에 까지 오른 인물이다.[29] 그는 간경도감의 불전국역사업에도 참여하여『월인석보』의 증수자增修者 가운데도 그 이름이 보일 만큼 세조의 흥불사업에 직접 협력했던 당시의 비중 있는 승려 가운데 한 사람이었다. 따라서 그런 '설준의 목을 잘라 저자에 내걸기를' 바랄 정도의 과격한 유신들의 탄핵 요구는 곧 세조대 불교세력에 대한 반감 내지 제거의 의도가 더 크게 작용했던 것이라 하겠다.

성종 4년 7월의 니승 및 사족부녀들의 상사금지 촉구와 그에 연루

---

28) 같은 책, 成宗 4年(1473) 7月 27日.
29) 서거정 등이 설준을 비난하는 가운데 '요행으로 교종판사가 되어 그 기세를 떨치며 민가에 출입 하면서 정욕을 함부로 하고 있다'고 말한데 대해 성종은 '雪俊爲敎宗判事 乃世祖落點'이라 하여 吏曹에 천거한 三望(3인 후보)가운데 세조가 낙점한 사실을 들어 유신들의 발언을 따져 묻고 있다. (같은 책, 成宗 4年(1473) 7月 27日).

된 설준의 탄핵 문제는 이와 같이 세조대 불교의 철폐라는 관점에서 진행되어 왔다. 이어 그 다음 달 8월에는 사족부녀가 니승이 되는 것을 금하는 교지가 내려진다. "근래 사족의 부녀로 삭발하고 니승이 된 자가 매우 많은데 출입을 통제하는 이가 없이 추문이 자자하다 하니, 앞으로 사족의 부녀자로 니승이 되는 것을 일체 금단하라."고 한 이 전지는 그동안 유신들의 논란과 여론에 영향을 받은 것임은 물론, 그보다 며칠 앞서 있었던 사헌부 대사헌 서거정 등의 상소 요청에 따라 내린 조치였다.[30]

이런 분위기는 다시 성종 6년 7월 대대적인 성내외 니승사암의 철거라는 또 다른 상황으로 이어진다. 즉 성종이 그 6년 5월에 "니승들이 도성의 민간에 섞여 살아 풍속이 어지러운 일이 생기므로 일정한 구역에 따로 모여 살게 하는 것이 어떤가?"라고 물었을 때, 원상院相 정창손, 사간司諫 박숭질朴崇質 등 신료들이 성안의 모든 니사尼寺를 헐어 없앨 것을 역청力請했던 것이다. 이 문제는 대왕대비의 의지懿旨를 받은 끝에 니사 가운데 건물들이 많은 1사를 남겨 함께 거주케 하고 성중의 나머지 니사는 모두 철거한다는 방침이 정해지고, 그것은 곧 실행으로 옮겨진다. 이렇게 해서 그해 7월 도성 내외의 니승 사암 23개소가 일시에 철거되기에 이른다.[31] 세조대의 흥불시책 영향으로 비교적 자유로울 수 있었던 니승 및 부녀상사 문제는 전대 불교의 철폐작업에 나선 유신들에 의해 논란된 이래, 결국 사족부녀의 출가 금단과 성중 니승 사암의 철거로 귀착되고 있다.

---

30) 『成宗實錄』卷33, 成宗 4年(1473) 8月 4日.
31) 『成宗實錄』卷55, 成宗 6年(1475) 5月 26日·27日 ; 같은 책 卷56, 6年(1475) 6月 12日 ; 같은 책 卷57, 6年(1475) 7月 19日.

세조 사거로부터 그동안 실권을 장악하면서 급속히 그 위치를 강화
해온 유신들을 중심으로 성종 6년 말까지 취해진 배불적인 조치들은
위에서 살펴온 바와 같이 세조대 불교에 대한 철폐작업으로서의 성격
이 짙다. 물론 성종 친정 이후 다시 보게 되는 불교억압 또한 전대 불
교정책으로부터의 탈피라는 관점에서는 마찬가지의 의미를 갖지만 이
는 또 다른 성격의 배불정책에 해당한다.

Ⅲ. 친정 이후의 유교정치와 배불

1. 배불에 앞장선 신진유신들

성종이 그의 학문적 자질과 정치적 역량을 본격적으로 발휘하기 시작한 것은 그 7년 친정기親政期로 접어들면서부터이다. 그리고 이때로부터 불교정책 또한 왕 자신의 판단에 의해 왕실의 불교를 보호하거나 때로는 정책적 차원에서 억압 배척하는 등 자율적인 입장을 보이고 있다. 성종 7년 1월 대왕대비 윤씨는 왕의 나이와 학문이 이미 성숙했고 정무를 처결하기에 충분하다 하여 6년 동안 계속해 온 섭정을 거두었으며,[32] 그해 5월에는 예종대로부터 유주를 보필한다는 명분을 띠고 정치적 실권을 장악해온 원상제도院相制度 또한 폐지된다.[33] 이로써 독자적인 정책을 펴나갈 수 있게 된 성종은 그 충분한 유학적 자질을 바탕으로 유교진흥과 유교주의적 정치를 강화해 나가기 시작한다. 그가 추진해 나간 주요 유교정치적 업적들로는 다음과 같은 것을 들 수 있다.

성종은 그 7년, 세종에 의해 처음 실시되었다가 세조 때 중단된 사

---

32) 『成宗實錄』卷63, 成宗 7年(1476) 1月 13日.
33) 『成宗實錄』卷67, 成宗 7年(1476) 5月 19日.

가賜暇 독서제를 부활시켜 젊고 총민한 유신들이 독서에만 전념할 수 있도록 배려하였다. 처음에 채수蔡壽 등 6인에게 장기 휴가를 주어 장의사莊義寺에서 독서케 했다. 그 후로도 홍문관원弘文館員들에게 휴가를 주어 3인씩 교대로 산사에 가서 독서케 하였으며, 그 22년에는 용산강 근처의 불사를 아예 홍문관에 주어 독서당이란 현판을 붙이게 하기도 하였다.[34] 유학진흥 및 유교적 인재양성을 위한 성종의 이 같은 배려는 학교교육의 발전을 위한 열의에서 더욱 두드러진다. 성균관 및 사학당과 지방 각 도의 향교에 이르기까지 그 발전을 위해 열성을 보이고 있다. 성균관 내에 존경각尊經閣을 세워 왕실 소장의 경서를 보관 열람케 함으로써(6년) 유학 도서관으로서의 기능을 갖추도록 하는 한편, 일종의 장학재단으로서 양현고養賢庫를 설치하였으며(14년), 각 도의 향교에도 학전學田과 함께 각종 서적을 지급하고(11년, 15년, 20년), 유생들에게는 부역을 면제시켜 주기도 하였다.

한편 성종의 이런 유교정치 가운데 가장 큰 성과는 그 9년에 단순한 장서기관에 불과하던 홍문관을 개편 발전시킨 일이다. 성종은 세조대부터 집현전과 비슷한 기능을 담당해 오던 겸예문관제도兼藝文館制度를 확충 강화시켜 오다가 그 9년에 이르러서는 그것을 개편시켜 홍문관을 보강한 것이다. 이로써 홍문관은 그 직제 기능면 등에서 명실공히 집현전의 후신으로서, 성종의 유교정치에 중요한 역할을 담당한다.

성종의 이와 같은 유학진흥의 노력은 곧 그 자신의 정치적 기반을 구축해가는 작업이기도 하였다. 특히 겸예문관제도의 확충과 홍문관

---

34)『成宗實錄』卷115, 成宗 11年(1480) 3月 20日 및『慵齋叢話』卷9.
　(金庠基,「讀書堂의 由來와 그 變遷」,『鄕土서울』第4號 참조).

의 개편은 재야의 유능한 인재들에게 중앙 정계에 진출할 문호를 넓혀주는 계기가 되었다. 이로써 성종은 신진기예新進氣銳의 유신들을 등용함으로써 그의 정치적 입지를 강화시켜 나갈 수 있었다.

성종대에 중앙에 진출하여 등용된 신진유신들로는 주로 영남지방의 사류들이 많았고, 이는 밀양 출신의 저명한 성리학자 김종직金宗直의 영향력에 기인한 바 크다. 김종직은 세조대에 중앙정계에 진출한 이후 성종대에 들어와 정치적인 영향력이 커짐에 따라 그의 적극적인 천거로 문하생 및 동향인들이 대거 발탁되었던 것이다. 따라서 김종직을 필두로 하는 이들 신진유신들은 같은 유신이면서도 원로훈신들과는 그 체질상의 차이가 있었다. 이 때문에 서로 대립하는 형편이었고, 그것은 배불에 있어서도 마찬가지의 경향을 보여준다.

즉 막대한 공신전과 사전賜田 등을 소유하고 고관대작을 거의 독점하여, 정치적 경제적으로 강자의 위치에 있는 훈신파들은 기득의 특권을 유지하려는 보수적 체질이 강하였고, 그런 만큼 불교에 대한 배척의 태도 또한 그렇게 극렬한 편이 아니었다. 이에 비해 신진유신파들은 지방의 중소 지주地主 출신으로서 관리가 된 후에도 녹봉과 직전職田 이외에 별다른 혜택을 받지 못하는 경제적 약자였다. 그들은 주로 홍문관이나 대간 등 관직을 갖고 있었으며, 학문적으로는 성리학을 주로하고 불교를 철저하게 배척하며, 유교적 왕도정치의 실현을 꿈꾸는 이들이었다.[35]

이들 두 그룹은 정치적으로 서로 날카롭게 대립할 수밖에 없었지만, 혁신적 성향이 강한 신진유신들의 정계 진출과 활발한 언론활동이 성종의 왕권안정과 강화에 크게 기여했던 것만은 분명하다. 그러

---

35) 韓永愚, 「王權의 確立과 制度의 完成」, 앞의 『韓國史』 9, p.224.

나 바로 이 점이 성종의 불교정책에는 어려움을 더하게 한 것도 사실이다. 본래 유학적 소양이 풍부하여 숭유배불적 체질을 지닌 성종은 불교를 점진적으로 억제 배척하면서 유교적 이상정치를 구현하고자 하는 입장이었다. 그는 대왕대비 윤씨 및 모후 인수왕비 등을 중심으로 한 왕실의 불교 때문에도 그와 같은 정책방향을 선택할 수밖에 없었을지도 모른다. 따라서 불교를 급격히 그리고 철저하게 억압 배척하고자 하는 신진유신들은 성종의 이런 불교정책에 대해 불만을 갖지 않을 수 없었고 이 때문에 왕과 신진유신들 간에 적지 않은 충돌이 발생하기도 하였다.[36]

그러나 이는 불교정책의 수행에 있어서 방법상의 문제일 뿐 불교억압과 배척은 진행되게 마련이었다. 그리하여 승니사태 및 도승법정지와 같은 그의 대표적인 배불정책을 포함하여 여러 측면에서 불교억압정책이 계속해서 시행되고 있다. 승니사태와 도승법의 정지는 성종대 배불정책의 핵심이 되는 만큼 장을 달리하여 살펴보겠지만 그 밖의 대체적인 배불의 흐름을 짐작키 위해 몇몇 사례를 예시해 본다.

2. 성종의 완강한 배불 면모

성종의 친정 이후 가장 먼저 눈에 띄는 배불조치는 그 8년 3월에 일체의 창사創寺를 금지시킨 일이다. 이 또한 당시 유신들이 큰 문제로 삼아 온 도첩제 및 그에 따른 무도첩 승려의 단속 등과도 무관하지 않다. 성종의 일체 창사금지의 명이 있기 1년 전에도 유신들은 무도첩 승려의 단속과 아울러 구창구기舊創舊基가 아닌 사사寺社의 신창

---

36) 위와 같음.

을 불허하라고 주장한 바 있다.[37] 그러나 이에 대한 조치는 이듬 해 3월 예조의 계에 따라 처음 내려진다. 예조의 계는, 백성들이 공역을 피해 승이 되는 폐단을 언급한 데 이어 승려가 되는 것을 막는 방법의 일환으로써 "현재의 사사 외에는 비록 고기古基라 하더라도 중창을 못하게 하고 만일 법을 어기고 건축을 하는 자는 치죄함이 어떻겠습니까?"라는 의견에 대해, 왕이 동감하여 이를 받아들인 것이다.[38]

신창의 경우가 아닌 고기古基의 중창 불허는 경국대전의 규정과도 배치된다. 대전에는 '사사는 신창하지 못하며 다만 고기를 중수하는 자는 양종에 고하고 본조(예조)에 알려 계문한다.'고[39] 되어 있기 때문이다. 고기중창의 불허는 결국 창사 금지와 마찬가지의 효과를 갖는 것이 되는데, 며칠 후 성종은 고기탑묘가 현존하는 곳이 많다는 이유로 다시 한 번 일체의 창사를 금지시켰다.[40] 이는 때마침 도천道泉이란 승려가 원자元子를 위한다는 명분으로 청량리 동구의 경엄사鯨嚴寺 고기에 불사의 중창을 계획했던 것이 한 발단이 된다. 그 권문에는 월산대군을 비롯하여 한명회 노사신盧思愼 서거정 등 조정 대신들까지 모두 서명하고 있었다. 이런 사실에 대해 신진 유신들이 강하게 반발함으로써 왕이 일체 창사의 금지를 재확인한 것이다.[41]

성종 8년 12월에는 태조대 이래 전통적으로 사찰에서 설행해 온 왕의 탄일축수재誕日祝壽齋를 파하고 있다.[42] 이 또한 시독관侍讀官 안침安琛, 주계부정朱溪副正 심원深源 등의 강력한 권유에 따른 것이다.

---

37) 『成宗實錄』卷70, 成宗 7年(1476) 8月 26日. 司憲府 大司憲 尹繼謙 등 上疏文.
38) 『成宗實錄』卷78, 成宗 8年(1477) 3月 19日.
39) 『經國大典』禮典 寺社條. "凡寺社勿新創 唯重修古基者 告兩宗 報本曹啓聞".
40) 『成宗實錄』卷78, 成宗 8年(1477) 3月 26日.
41) 같은 책, 成宗 8年(1477) 3月 23日·26日.
42) 『成宗實錄』卷87, 成宗 8年(1477) 12月 4日.

처음에는 성종도 '선왕의 법전을 허물어뜨리면 모든 신료가 다투어 천견을 가지고 고명을 낚으려고 하여 국전國典을 고치려고 함이 한이 없게 될 것'임을 염려하여 응하지 않았던 것이지만, 특히 심원이 적극 간함에 의견을 받아들인 것이다. 물론 탄일축수재의 혁파를 직접적인 배불로 간주할 수는 없다. 그러나 유신들이 상소에서 축수재가 계속 행해짐으로써 파급되는 숭불적 영향 등을 지적하고 있으며 왕이 그런 취지에 동의하고[43] 있는 것으로 미루어, 축수재의 혁파가 억불 분위기와 전혀 무관하다고만 보기도 어렵다.

성종이 축수재에 대해서는 산천 성신제星辰祭만큼도 그 의의를 인정하지 않고 있음이 눈에 띈다. 즉 그 혁파를 명한 이듬해 충훈부忠勳府 유사有司 한명회 등 원로공신들은 탄일축수재가 무익하다하여 파했는데 그렇다면 산천 성신제도 같은 류이니 파해야 하지 않겠느냐고 묻고 있다. 그러면서 "신하가 임금의 수명 연장을 비는 것은 예부터 있어온 일인데 갑자기 혁파하는 것은 불가하지 않겠습니까?"하고 그것을 계속하고자 하는 뜻을 비쳤다. 이에 대해 왕은 전지하여 "산천 성신제는 옛 중국의 삼대부터 행해져 온 것이지만 축수재는 이와 같은 것이 아니다. 비록 나에게 유익한 일이라도 내가 이미 폐지하라고 명하였으니 더 말하지 말라."고 거절하고 있는 것이다.[44]

이에 이어 그 9년에는 도성내 4·8 연등을 금지시켰다. 연등의 비용 낭비 및 남녀 상잡을 이유로 들어 폐풍을 엄금시켜야 한다고 주장한 지평持平 강거효姜居孝의 의견에 따른 조치였다.[45]

---

43)『成宗實錄』卷86, 成宗 8年(1477) 11月 20日·26日
44)『成宗實錄』卷88, 成宗 9年(1478) 1月 10日.
45)『成宗實錄』卷91, 成宗 9年(1478) 4月 5日.

한편 성종은 그 15년 8월에 각 도 관찰사에게 글을 내려 승려의 관부출입을 금지케 하였다. 지방의 승려들이 수령과 마주 앉아 음식을 먹거나 재물을 청하는 등 법금法禁을 가볍게 모욕한다는 이유에서였다.[46] 또 18년 2월에는 승려의 도성출입을 금지시키고 있다. 이는 세종대에 시행되었고 법에도 규정되어 있음을 들어 다시 사헌부로 하여금 단속토록 한 것이다.[47] 부녀들의 니사 왕래 풍조가 다시 일어난 것과 관련하여 승려가 민가에 출입함으로써 추문 등 부작용이 발생한다고 보고 내린 조치이기는 하지만, 새삼스런 승려의 도성출입 금지령은 그만큼 승려들을 압박 위축시켰을 것임에 틀림없다.

이에 앞서 성종 17년 12월에는 임실 지방의 승려 성희性希가 조불造佛하여 경저京邸에서 법회를 열고 대중을 현혹시켰다 하여 사헌부 및 모든 승지들이 성희를 사형에 처하고 시물施物한 관리와 참여자들도 벌할 것을 간한 일이 있다. 이에 성종은 성희의 사형을 면해주고는 있지만 그와 함께 시주자 및 참여자들을 각각 장杖과 태笞로써 다스릴 것을 명한[48] 사실에서도 당시 불교배척의 한 경향을 짐작해 볼 수 있다.

이와 같은 몇몇 사례 외에 승니사태와 도승법 정지와 같은 보다 근본적인 배불정책이 서서히 진행되어 갔음에도 불구하고, 앞서 언급한대로 성종의 왕실불교 보호 및 지원 또한 결코 적지 않았다. 성종 7년의 대왕대비에 의한 용문사 중수, 15년 2월 귀빈 권씨의 안암사 중

---

46) 『成宗實錄』卷169, 成宗 15年(1484) 8月 4日.
47) 『成宗實錄』卷200, 成宗 18年(1487) 2月 3日. 이때 法의 규정이란 『經國大典』
　　刑典 禁制條에 "京城內巫覡居住者 閭閻內僧尼留宿者 論罪"라 했음을 말함인
　　듯하나 승려의 都城出入禁止 조항은 별도로 없다.
48) 『成宗實錄』卷198, 成宗 17年(1486) 12月 10日.

건, 19년 윤 정월 화재를 입은 원각사의 복구, 그해 2월의 해인사 판당板堂 보수를 포함하여 대비들의 불전간행 및 불사에 대한 외호 등은 모두 유신들의 반대를 물리치고 왕실의 숭불을 지원한 예들이다. 대왕대비가 세상을 떠난 후인 성종 14년 8월에는 그 유지를 받들어 원각사 장의사 등 왕실과 관련이 깊은 여러 절들을 보호하도록 예조에 명하기도 하였다.[49] 뿐만 아니라 성종 16년 10월 그해 흉작으로 인해 공신전 별사전과 함께 사사전寺社田의 세를 임시로 반감하는 조치가 있었는데, 여기서도 대왕대비의 부탁이 고려되고 있다. 왕은 승지들과 정무를 의논하는 중에,

> 사사전의 세는 이미 반감토록 처리하였다. 내가 불가의 일에 대해서는 본래 마음이 없었다. 다만 정희왕후께서 나에게 부탁하신 말씀이 아직도 귓가에 남아 있어 차마 갑자기 개혁하지 못하는 것이다.[50]

라고 말하고 있다. 불교에 대해 마음이 없다고 하면서도, 대비의 사거 후까지 그 간곡한 당부에 따라 사사전을 완전히 혁거치 않고 있음을 보여준다. 그러나 역시 성종은 숭유배불적 체질이었음이 분명하다. 왕이 성균관에 친림하여 치도를 강론할 때 김수온이 세조대부터의 영불자佞佛者라 하여 입참을 못하게 했던 일이나,[51] 황해도 향시에서 악질구치惡疾救治의 법을 책문策問한데 대해 불공을 그 대책으로 제시한

49) 『成宗實錄』卷157, 成宗 14年(1483) 8月 16日.
"兩宗內佛堂 圓覺 藏義 津寬 奉先 福世庵 龍門 萬德 寺社 先王別護之所 雜人出入未便 嚴加禁止 違者以制書有違律論".
50) 『成宗實錄』卷158, 成宗 16年(1485) 10月 27日.
51) 『成宗實錄』卷91, 成宗 9年(1478) 4月 3日. 金守溫은 세종·세조 때의 명승 신미의 아우로서 세조의 홍불사업에 적극 협력했던 조정내의 가장 대표적인 신불자였으며, 왕에게 출가의 허락을 구하는 글을 올리기도 하였다.

훈도訓導 권계동權季仝을 평안도 극변極邊으로 귀양 보내게 한 일 등은 유자로서의 성종의 면모를 새삼 엿보게 한다. 특히 권계동의 처벌에 대해서는 왕이 더욱 강경하여 문제를 소극적으로 다루고 있는 유신들을 질책하고 있다. 유신들의 논죄 태도를 못마땅하게 여긴 성종은 어서御書를 내려, 당나라 헌종이 불교를 숭신하여 불사리를 배척하는 불골표佛骨表를 올린 한유를 포상하지 않고 폄출하는 등 중국의 법을 어지럽혔음을 통론한 다음,

> 내가 비록 불선不善하나 치도를 대강 배웠는데 어찌 이를 본받아 행하겠는가. 비록 모두 없애지는 못하더라도 어찌 방자하게 성하게 할 수야 있겠는가. 이제 권계동은 사표가 되어야 할 벼슬아치로서, 국가에 어진 선비를 뽑는 때를 당하여 요순의 도를 진술하지 아니하고 부도浮道의 법을 끌어들여 드날리며 임금에게 부처를 섬기도록 권하고 백성을 속여 인륜을 없애니, 이는 유자의 죄인이다. 마땅히 먼 지방에서 귀양 보내어 여러 사람이 듣고 두려워하게 해야 할 것이다. 그런데 모두 본율의 바른 것만 급하게 여기고 가르침(유교)을 허물어뜨린 죄는 늦추니 어찌 생각하는 바가 없이 그렇게 하겠는가? 깊은 뜻이 있는가 의심스러우니 다시 의논해서 보고하라.

고하여 친히 귀양 보낼 것을 명한 것이다.[52] 성종의 이 같은 완강한 숭유배불적 면모는 그 해(20년) 4월 왕이 인정전에 친림하여 시행한 문과시험의 책문에서도 그대로 드러난다. 5개 항으로 된 책문에는 군사강화, 국가재용, 지방관의 규찰, 예악의 문제와 함께 승도의 혁제방안이 한 항목을 차지하고 있다.[53] 승도의 혁제방안이 과거시험의 책문으로까지 등장하고 있음은 평소 성종의 배불적 관심의 향방을 잘 보

---

52) 『成宗實錄』卷225, 成宗 20年(1489) 2月 19日.
53) 『成宗實錄』卷227, 成宗 20年(1489) 4月 6日.

여준다.

한편 성종 20년경을 전후하여, 이 무렵 유자들의 횡포는 형언하기 어려울 만큼 극렬하게 진행되고 있다. 그것이 반드시 왕의 숭유배불적 면모 때문이라고 단정할 근거는 없지만, 그 영향 또한 전혀 없지는 않았을 것이다. 불교를 억압 배척하기 위한 유신들의 주장은 언제나 있어온 일이지만, 이 무렵의 극렬한 배불상소들 또한 일일이 열거할 수도 없을 정도이다. 이런 배불주장의 여론 속에서 유생 이벽李鼊 등은 인수대비의 발원으로 조성하여 정업원淨業院에 보낸 불상을 가져다 불태워버린 사건까지 발생하고 있다. 성종 20년 5월경의 이 사건은 당시 배불의 한 기류를 극명하게 보여준다. 소불사건에 대해 사성司成 이문흥李文興은 유생들을 처벌하고자 한데 반해, 사성 김률金硉은 "유생으로서 불교를 배격한 일이 무엇이 불가한가?"라고 유생들의 횡포를 비호하고 있다. 이때 주목되는 것은 성종이 보여주는 태도이다. 이 소식을 들은 대비가 소불한 유생들을 국문鞠問할 것을 왕에게 청해 왔을 때, "이 사건은 밖에서 들은 소문이라 해도 유생들을 추국推鞠한다면 대간臺諫들이 반드시 말할 텐데, 하물며 내간內間에서 듣고 유생들을 추국하도록 명한다면 임금으로서 할 정사가 아니다."하여[54] 대비의 요청을 거절한 것이다.

물론 성종이 유신들의 난폭한 행위를 옹호하기만 한 것은 아니다. 부녀자와 유생의 상사上寺를 금한 대전의 규정을 들어 흥덕사에 무리를 지어 상사한 유생들을 국문하기도 하였다. 그러나 유신들은 흥덕사 승려들이 이 일을 대비전에 고하여 내지內旨를 내린 것이라 하여, 오히려 '법의 차례를 무시하고 방자하게 행동한 승려들을 불경죄로 무

---

54) 『成宗實錄』卷228, 成宗 20年(1489) 5月 11日.

섭게 다스릴 것'을 주장하고 나섬으로써 왕을 곤경에 빠뜨리고도 있다.[55] 이런 정도의 상황이었기 때문에 유신들의 불교 및 승려에 대한 폭행은 그 이후로도 자주 발생하고 있다.

세조대부터의 고승으로, 세조 사거 후에도 특히 자성·인수 양대비를 도와 사찰중수와 불전의 국역간행 등 불사를 도왔던 학조學祖의 머리를 부채로 때려 피가 흐르게 한 유생이 있었는가 하면,[56] 종친들과 가까이하며 불사를 대설한 그를 주벌誅罰하여 불교의 근본을 끊어야 한다는 극간極諫과 상소가 계속되기도 한다.[57] 또 성종 24년 3월에는 유생들이 재궁齋宮의 법당에 들어가 불경을 훔치고 불상을 훼손하는 외에 승려를 붙잡아 난타하고 도첩을 빼앗는 폭행까지도 서슴없이 자행하고 있다.[58] 유생들의 이 같은 횡포가 국가의 배불정책과는 직접적인 관계가 없다고 하겠지만, 이런 일들이 당시 배불의 한 경향과 분위기를 방증하고 있음은 분명하다.

55) 같은 책, 成宗 20年(1489) 5月 11日·15日·16日.
56) 같은 책, 成宗 20年(1489) 5月 16日. 史官의 論評.
57) 『成宗實錄』卷290, 成宗 25年(1494) 5月 5日·6日.
58) 『成宗實錄』卷275, 成宗 24年(1493) 3月 7日.

Ⅳ. 승니사태와 도승법 정지

1. 승려추쇄와 강제환속

위에서 보아온 성종의 불교정책은 그것이 특별히 과격하거나 가혹했다고 말하기는 어렵다. 자성·인수대비 등을 중심으로 한 왕실불교의 보호와 지원 혹은 그 영향이 미치는 범위 안에서나마 성종의 대불교정책은 오히려 온건한 편이었다는 인상이다. 그러나 이미 앞에서 본 몇몇 조치들, 예컨대 간경도감의 혁파나 부녀상사의 단속 및 니승사암의 대대적인 철거, 일체 창사의 금지, 탄일축수재의 폐지, 사족부녀의 출가금단 등과 같은 일들이 억승배불의 조치로서 크게 부각되는 것은 그것이 세조대의 흥불정책과는 더욱 큰 대조를 이루기 때문이다. 더구나 이 같은 정책들은 세조 사거 이후 급속하게 세력을 형성해 온 유신들의 과격한 배불의도와 그 여론의 향방 속에서 나오고 있어서, 그 정책의 입안 및 추진과정에서 더욱 강한 배불의 인상을 준다.

승니사태와 도승법의 정지가 성종대의 배불의 핵심이었음은 위에서 언급한 바 있다. 그런데 이런 정책들 또한 성종의 의도와는 달리, 유신들 특히 성종이 그의 정치적 기반형성을 위해 등용했던 신진 유신들의 강경한 주장과 요구에 따라 결행한 것들이다. 왕의 점진적인 억승배불 정책의 방침에 비해 이들 혁신적인 신진유신들의 의욕이 훨씬 더 앞서 간 결과였다. 어쨌든 이런 사정 속에서 승니사태와 도승법 정지라는 성종대의 가장 중점적인 배불정책이 현실화하고 있다. 이 두 가지 사항을 특히 대불교정책의 주안으로 삼은 이유는 어디에 있었을까?

승려들을 대거 환속시키거나 도승의 제도를 엄격하게 실행하면서 내세웠던 가장 현실적인 이유와 명분은, 물론 국가의 노동력 확보를 위한 피역자의 방지 및 사회경제적으로도 무익유해한 유수좌식자遊手坐食者의 제거로 집약된다. 그러나 이 같은 정책을 감행해 간 유교주의자들의 그 이면적인 동기와 의도는 좀 더 다른데 있었다. 그들은 승니사태 및 도승법 엄행의 당위성 뒤에서, 이를 통해 불교를 위축 제거시키고자 시도하고 있음이 역력하게 드러나 보인다. 다시 말해서 기존의 승려들을 어떤 이유로든 환속조치하고 새로 승려가 되는 길도 차단함으로써, 유신들은 결과적으로 불교의 혁파와 함께 자멸을 유도해 나가고자 한 것이다. 따라서 도승법의 엄행 및 정지는 그 가장 확실한 방법일 수가 있었을 것이다.

이제, 실제로 이 같은 승려에 대한 부단한 환속조치의 강구와 그 시행 그리고 이와 병행되어 간 도승법의 엄행 및 정지와 다시 금승법에 이르기까지, 그 전반 과정을 좀더 자세하게 검토해 보기로 한다.

예종 원년(1469) 10월 왕과 유신들은 세조가 정한 『경국대전』의 규정과는 달리 대폭 강화된 도승법을 마련하였고, 성종 원년에 그것을 강원도 지방 일부에서 그대로 시행함으로써 소요가 있었음은 앞서 언급한 바 있다. 뒤늦게 이 사실을 알게 된 대왕대비의 질책과 함께 그 법의 철회 지시로써 더이상의 문제는 없었지만 이는 세조대의 도승정책에 대한 반발이 세조 사거 직후부터 일어나고 있음을 말해준다. 이어 성종 2년 6월 사헌부司憲府 대사헌大司憲 한치형韓致亨 등이 정책에 관한 17조목의 상소를 올리는 가운데 제1조에서 '선왕대의 엄격하지 못한 도승법으로 인해 급격히 증가된 승도를 규제할 새로운 법을 정할 것'을 역설했던 것도 같은 맥락이다.[59] 성종 즉위 초부터 이 같은 승니 증가에 따른 도승법의 개정문제가 유신들을 중심으로 계속 제기되고 있는데, 그 4년 8월 사간원의 상소에서는 특히 사족부녀들의 출가가 심히 많으므로 이를 금지할 것을 촉구하기도 하였다. 대사간 서거정 등의 상소에서는 그것이 다음과 같이 보인다.

> 사사로이 승니가 됨을 금지하기 때문에 국가에서 정전법丁錢法을 만들었으나 법을 무릅쓰고 승이 되는 자가 오히려 많습니다. 하물며 니승이 되는 데는 금제가 없기 때문에 사족의 부녀가 삭발출가하는 자가 매우 많은 것입니다. 그러나 그 실상을 캐어보면 성심으로 귀불하는 자는 한 두 명도 없고 혹 실행失行하여 니승이 된 자가 있고, 혹 형제 친척에 의해 억지로 니승이 된 자도 있으며, 남편이 죽은 후에 명복을 빈다는 핑계를 대면서 사실은 사찰을 돌아다니며 제멋대로 음탕한 짓을 펴기 위해 니승이 된 자도 있습니다.(이하생략)

그는 나름대로 당시 니승尼僧이 되는 사람들에 대한 일종의 성분까지 분석해 보인 다음 그 금단을 촉구한 것이다. 이에 대해 성종이 "사족부녀가 니승이 되는 것을 일체 금단한다."고 예조에 전지했던 것은[60] 위에서 살펴본 바 있다. 그러나 사족부녀의 출가금지 조치에도 불구하고 실제로 그것이 잘 이행되었던 것은 아니다. 그 이후로도 이 문제

---

59) 앞의 註 16).
60) 앞의 註 30)와 같음.

가 자주 거론되고 있기 때문이다.

이와 같이 부녀로서 비구니가 된 위니자爲尼者 문제가 자주 거론되고 있기는 하지만, 승니사태 및 도승법 문제의 주요대상은 거의 승이었다. 그리고 유신들은 언제나 이들을 종교적 이단으로서 뿐만 아니라 사회경제적 소비집단으로 간주함으로써 그 제거의 방법에 골몰하고 있다. 그리하여 성종 6년 5월 천재지변에 대한 왕의 구언求言이 있었을 때, 사헌부 대사헌 이서장李恕長은 상서 중에서 승려의 무위좌식함을 통론痛論하고 "백성 중에 거의 반수가 놀고먹는 자들이다."라고 개탄한다. 여기서 그가 함께 제시하고 있는 의견을 보면 '40세 이하의 승은 도첩 소지의 유무에 관계없이 환속시켜 농업에 종사케 해야 한다.'는 것이다.[61] 이는 기본적으로 도첩제도의 존재 자체마저 부정하는 태도이다. 그러나 성종은 도승법의 의의를 인정하고, 일단 그것에 입각한 엄격한 법 집행을 강조하고 있다.

같은 달(6년 5월) 경연의 강독시에, '진秦에서 구마라집을 국사로 삼았다'는 대목에 이르러 동지사同知事 이승소李承召, 영사 신숙주 등은 왕에게 불교가 국가에 무익함을 역설하였다. 이에 우의정 김질金礩 헌납獻納 윤현손尹顯孫 등이 역시 '도승법을 강화하여 승도가 치성해지지 못하게 해줄 것'을 간하자, 성종은 "도승의 법이 법전에 명확하게 실려 있으니, 그것을 잘 봉행하고 규찰하기에 달렸다."고 말한다. 법의 강화보다는 기존의 법을 제대로 집행함이 중요하다고 보고 있는 것이다. 그러나 유신들은 왕의 생각과는 다르다. 그들은 후위後魏 도무제가 불교혁파를 위해 승을 다 죽였지만 얼마 지나지 않아 다시 승도가 치성했다는 사실과, 승도의 피역위법避役違法 및 부정한 행위 등을 들

61) 『成宗實錄』卷55, 成宗 6年(1475) 5月 13日.

어 도승의 법을 엄하게 할 것을 거듭 강조한 것이다.[62]

도승법의 엄행이든 그 강화든 간에 유자들의 관심은 오직 승려의 사태에 있었던 것으로, 성종 7년 6월에는 김종직 일문으로서 과격한 신진사류의 한 사람인 도승지 현석규玄碩圭는 병역을 펼 수 없음을 이유로 들어 승려들의 철저한 수색 검사를 주장하였다. 때마침 보은사報恩寺(신륵사) 주지직 점탈의 문제가 발생한 것을 계기로 간하는 가운데, 그는 승려가 노동하지 않고 먹는 일과 함께 세금과 역사를 피해 승려가 되는 자가 많음을 지적한데 이어 말한다.

> …이 때문에 정해년(세조 23년)에는 호패법號牌法을 행하여 해당 관사로 하여금 민정을 수괄搜括하였습니다. 그때 승이 된 자가 모두 14만3천 명이었으며, 심산에 숨어 검사해 내지 못한 자가 또 얼마인지 모릅니다. 정해년에서 10년간에 승려가 된 자도 5~60만 명에 밑돌지 아니할 것이며, 이 때문에 병兵의 정수를 채울 수가 없습니다. 지금 산중사찰에 거주하는 승도(1사에) 10명을 밑돌지 아니하니, 만약 병액兵額과 농업에 보낸다면 이들은 모두 강한 장정들인지라…(이하생략)[63]

당시 승려의 숫자를 '5~60만에 밑돌지 않을 것'으로 추산하고 있음은 물론 과장된 것으로 보이지만, 세조 13년(1467)에서 성종 7년(1476)까지 약 10년 동안에 승려 숫자가 상당히 증가된 것은 사실이라 할 수 있다.[64] 그때까지는 아직 무도첩 승려의 수괄이나 환속 등의

---

62) 같은 책, 成宗 6年(1475) 5月 27日.
63) 『成宗實錄』卷68, 成宗 7年(1476) 6月 5日.
64) 세조·성종대의 승려 수에 대해서는 기록에 큰 차이를 보인다. 『成宗實錄』卷111, 10년 11월 경 술조에는 세조 13년 號牒時의 승수를 30만으로 기록하고, 이를 근거로 성종 10년 11월 당시의 승수가 약 40만은 될 것으로 추산하고 있다. 한편 『成宗實錄』卷122, 11年(1480) 10月 26日의 정극인 상소문 중에는 당

조치가 없었기 때문이다. 요컨대 현석규의 주장은 승려들을 수괄하여 병액兵額과 농업에 돌리자는 것이었는데, 실제로 이 같은 주장은 그 이듬 해부터 현실화 한다.

성종은 그 8년 3월 함경·평안도 양계兩界지방의 국방의 긴박성을 고려하여 양계에 있는 모든 사찰의 현재 거승수를 계산하여 문서에 기록하고 그 숫자 이외에 승이 되는 자를 금단케 한데 이어, 다시 예조의 계청에 따라 이 같은 조치를 전국적으로 확대 적용시키고 있다. 즉 전국 제읍 각사의 승들을 관찰사로 하여금 추쇄推刷토록 하여 무도첩자는 환속 정역定役시키고, 유도첩승은 문서에 기록하여 본조(예조)와 본도에 간직하되, 만일 정해진 수 이외에 승이 된 자가 있으면 그 절의 주지, 암주를 논죄하여 환속시킴은 물론 수령 또한 죄로 처리케 한 것이다.[65]

그러나 이 같은 조치가 있었음에도 크게 실효를 거두지 못한 것 같다. 성종 10년 11월 장령 구치곤丘致崐은 평안도 백성 가운데 승이 되는 사람은 타도보다 배나 많음을 밝히고, 찾아내어 군대의 정원에 편입시킬 것을 계청하고 있다. 이에 대해 왕은 "승도는 진실로 다 금지시킬 수 없다. 그러나 그 중에 무도첩자는 이미 다 군대에 편입시켰다"고 말하고 있는데, 구치곤은 그런 조치가 제대로 시행되지 않고 있음을 다시 아뢰고 있다. '비록 군대에 편입하도록은 했지만 수령들이 법을 제대로 준수치 않아 거짓 환속자가 있어서 혹은 관가 안에서 역사하고 군역을 맡지 않는다'는 것이다.[66] 중앙의 지시가 지방에서는 그대

시 승수가 10만 5~6천명이라고 적고 있다.
65) 『成宗實錄』卷78, 成宗 8年(1477) 3月 19日.
66) 『成宗實錄』卷111, 成宗 10年(1479) 11月 29日.

로 이행되지 않거나 변칙적으로 처리되는 사례가 많았음을 보여주는 것이긴 하지만, 어쨌든 이로써 무도첩승의 환속충군이 실행되고 아울러 도승 또한 엄행되었을 것임은 짐작할 수 있다.

그리하여 성종 11년에는 무도첩 승려의 단속이 더욱 강화되고 승려가 눈에 띄게 감소해 감으로서 배불유신들의 기대에 부응해 갔다. 이에 대해서는 성균관 유생들까지도 왕의 업적을 격찬해마지 않고 있다. 때마침, '원각사의 목불木佛이 돌아섰다'는 설을 유포했다는 것과, 흥덕사를 중창하면서 참람僭濫하게도 궁궐을 모방했다는 등의 이유로 학능學能·학전學專을 처참할 것을 요구하는 김경충金敬忠 등 성균관 생원 406인의 상소가 올라온다. 그 상소문에서 유생들은 말한다.

> 생각건대, 주상께서는 요堯·순舜·우禹·탕湯 임금 같은 자품資品으로 세상을 다스려 외외탕탕巍巍蕩蕩하여 천고에 으뜸이십니다. 즉위하시던 처음에 참으로 그 중도를 잡는 것으로 마음을 삼으시고 간사한 것을 버리어 의심하지 않는 것으로 선무先務를 삼으시어 새로 사사를 창건하는 것을 일체 금하시고, 무도첩승을 한결같이 충군充軍하게 하시며, 도성안의 니승 무격의 집을 일체 철거하게 하셨습니다. 그러므로 영이 내리던 날에 갓을 털며 서로 경하하지 않는 이가 없어, 정도가 구름처럼 일어나고 사설이 얼음처럼 녹아 다시 당우唐虞 삼대의 정치를 보겠다고 생각한지 거의 12년…[67]

'무도첩승인無度牒僧人 일령충군一令充軍' 등 성종의 일련의 배불정책에 고무된 유자들의 모습을 볼 수 있다. 그러나 행정력의 한계 등 무도첩승의 완전한 색출과 충군은 거의 불가능한 일이기도 했을 것이다. 이에 유신들은 계속 여론을 환기시키고 거듭 주장을 펴고 있다.

---

67) 『成宗實錄』卷114, 成宗 11年(1480) 5月 28日.

성균관 유생들의 상소가 있던 그 해(11년)10월 신진사류들의 최고 원로격인 정언正言 정극인丁克仁은 천재지변에 따른 왕의 구언求言에 상서하여 거듭 무도첩승의 환속충군을 강조하고 있다. 불교의 발본색원을 서두르는 신진유신들의 한결같은 주장을 다시 한 번 대변한 것 외에 특기할 만한 내용은 없지만, 상소문 가운데 당시 전국의 사찰 수 및 승려 숫자가 밝혀져 있으므로 자료삼아 이를 인용해 본다.

> 양종에 소속된 사사를 헤아려보면 전라도가 2천, 경상도가 3천, 충청도가 1천 5백, 강원도와 황해도가 아울러 1천, 영안도와 평안도가 아울러 1천, 경기·경산이 1천이니 (그 수가) 대략 1만보다 적지 아니하고, 승도의 수는 10만 5~6천보다 적지 않습니다. 신은 원하건대, 도첩이 없는 자를 널리 색출하여 모두 환속시켜서 군액에 충당하소서.[68]

라 하였다. 여기서 잠시 생각해 볼 문제는 당시 10만 5~6천명이었다는 승려수의 현황이다. 앞서 성종 7년 6월 도승지 현석규의 간언 가운데는 세조 13년의 승수를 14만 3천명이라 하였다. 그가 당시 (성종 7년) 승수를 5~60만이라 한 것은 믿지 않더라도[69], 세조 13년으로부터 그때까지 약 10년간에 걸쳐 승려 수는 상당히 증가해 있었을 것임에는 분명하다. 세조 사거 후 특히 성종대에 들어와 유신세력의 급속한 성장으로 약간의 억불조치들이 가해지기는 했지만 승려수를 줄이는 어떤 정책은 아직 나오지 않고 있었다는 점에서 이런 추정이 가능하다.

---

68) 『成宗實錄』卷122, 成宗 11年(1480) 10月 26日.
69) 당시 正軍戶·保數가 5~60만 정도였음을 상기한다면, 승려가 거의 그것에 맞먹는 숫자였다고 볼 수는 없다.(車文燮, 앞의 논문, p.297 주 참조).

그러면 그 동안에 증가된 승려수를 얼마 정도로 잡을 수 있을까. 참고할 만한 자료가 전무하기 때문에 불가능한 일이기는 하지만 편의상 최소한 7천 명 정도의 승려가 증가했다고 가정해본다. 그렇다면 성종 7년(1476) 6월에 15만이던 승려가 정극인의 상서가 있던 그 4년 뒤 성종 11년(1480) 10월에는 10만 5~6천으로 줄어들었다는 것이 된다. 어디까지나 가정이긴 하지만, 이는 4년 동안에 매해 1만 1천여 명씩의 승려가 감소해 왔다는 계산이 나온다. 그것이 과연 사실에 가까운 추측이 될 수 있을지는 의문이다. 더구나 10만 5~6천명은 기록된 유도첩 승려의 수에 한정된 것이었다고 볼 때, 도첩을 발급받아 합법적으로 인정된 승려가 어떻게 1년에 1만 명 이상씩 줄어들게 되었는지는 해석할 길이 없다. 도첩제가 엄격하게 적용됨으로써 새로 승이 되는 자가 전무하고 사망 등의 자연감소가 있었다 하더라도 1만 명 이상의 자연감소는 도저히 이해하기 어려운 숫자이다. 아마 니승을 포함하여, 합법적인 승려라도 환속을 회유하거나 강권한 것은 아닐까 추측해 보지만 이 또한 단정할 만한 근거는 없다.

어쨌든 무도첩승의 강제환속 등 성종 11년을 전후한 시기의 연간 승려 감소추세가 급격했던 것만은 분명하다. 한편 이보다 앞서 성종 8년에 승려 감소현상과 관련하여 왕에게 시강관侍講官이 진언한 말을 통해서는 그 무렵 사정의 일단을 짐작해 볼 수 있다. 성종 8년 3월 예조의 계청에 따라 왕이 전국 제읍 각사의 승들을 관찰사로 하여금 추쇄토록 하여 무도첩자를 환속 정역시키고 정해진 수 이상의 승이 있을 때는 해당 사의 주지를 논죄한다는 등의 조치가 있었는데, 바로 그 달에 고향에 다녀온 시강관 최숙정崔淑精은 왕에게 이렇게 진언하고 있다.

신이 근일에 향리에 돌아갔었는데, 이웃에 모상을 당한 자가 절에 올라가 반승하려 했으나 승이 없어 못했다고 하니, 이로 본다면 승도가 조금은 없어진 듯합니다. 만일 전하께서 대간의 청을 듣지 않는다는 소문을 들으면 이미 환속한 자들이 다시 머리를 깎을 것입니다.[70]

예조의 계청에 따라 승려 추쇄와 무도첩자의 환속 정역을 전국적으로 확대 실시하기 이전에도 이미 이런 작업이 진행되어 왔고, 또 그 효과가 실제로 나타나고 있었음을 알게 한다. 이렇게 볼 때 성종 7년 6월 도승지 현석규의 철저한 승려 수괄주장搜括主張이 나온 이후부터 실제로 무도첩자 중심의 승려 환속조치가 적극 실행되어 오지 않았을까 한다. 이는 대왕대비의 섭정이 끝나고 성종이 그 정치적 기반확보를 위해 신진사류들을 대폭 기용하는 등 친정체제를 구축해간 것과도 시기적으로도 일치하므로 그 개연성은 그만큼 크다고 할 수 있다.

2. 도승법 정지 대신한 금승절목

이와 같이 대략 성종 8년(혹은 7년) 이후부터 본격적인 승려 추쇄와 무도첩자의 환속조치가 강행되어 그 11년경의 승려 수는 급격하게 감소되었고 11년 이후로도 그 것은 계속 강행되었을 것임에 틀림없다. 그러나 성종 14년에 이르러서는 주목할 만한 전혀 의외의 일이 벌어지고 있다. 성종이 무도첩 승려를 동원하여 국가의 대공역에 투입하고 그들에게 대량으로 도첩을 발급받게 한 것이다. 그 과정은 대략 다음과 같다.

---

70) 『成宗實錄』卷78, 成宗 8年(1477) 3月 25日.

즉 성종 13년, 왕은 창경궁을 새로 짓는 대대적인 역사를 계획하고 이듬해 봄부터 공사에 착수하였다. 그러나 자성대비慈聖大妃의 승하 (성종 14년 3월)로 인해 공사가 중단되고 공역은 차질을 빚고 있었다. 이에 왕은 그해 8월 늦어진 공역 기간을 보충하기 위해 무도첩승을 동원하여 부역시킨 다음 도첩을 발급한다는 방침을 정하고, 역승의 급첩절목給牒節目을 논의하여 보고토록 하였다.[71] 이런 논의 과정에서 부터 왕이 유신들의 반발에 부딪쳤음은 물론인데 방침이 확정되고 그 진행이 구체화되자 반발 여론은 더욱 증폭되어 갔다. 대소 제신 및 삼사와 성균관 유생에 이르기까지 왕의 처사를 비난하고 계획의 취소를 요구하는 상소가 연일 빗발친 것이다. 군액 감소의 방지라는 명분을 내세우는 이들은 우선 역승급첩役僧給牒이 국법을 어기고 피역한 자에 대한 우대라는 점에서 불만을 표시하고 있다. 보다 근본적으로는 이로써 승려가 늘어나고 불교가 다시 신장된다는 데 강한 반발과 우려를 나타내고 있었던 것이다.

그러나 왕은 유신들의 들끓는 여론과 반발을 물리치고 계획대로 역승급첩을 시행케 하였다. 이렇게 해서 공역에 동원되어 도첩을 발급받은 수는 성종 14년에 3천여 명, 다시 이듬 해 1천여 명 등 전후 4천여 명의 무도첩승려가 법적인 구제를 받게 된다.[72] 무도첩자를 추쇄하여 환속정역케 해온 성종의 그동안 불교정책에 비추어 볼 때 이는

---

71) 『成宗實錄』卷157, 成宗 14年(1483) 8月 14日.
72) 『成宗實錄』卷163, 成宗 15年(1484) 2月 6日.
　　"司憲府執義 許誠等 上箚子曰…去年令僧徒立限 赴工役 訖受牒而去者 己三千餘矣 今又加役千餘人 凡四千餘人 豈皆無役 而素爲僧者乎". 이 4천여의 숫자는 인수대비의 뜻에 따라 궁궐 신창공사와 동시에 진행한 開慶寺 공역에 투입된 역승 2백 명도 함께 포함된 숫자일 것이다. (『成宗實錄』卷 158, 成宗 14年(1483) 9月 10日).

불교 측의 입장에서나 배불유신들의 입장에서 다 같이 실로 파격적인 일이었다. 이 때문에 승려들은 왕의 억승정책이 완화된 것이 아닐까 하여 자못 기대를 걸었던 것 같고, 이에 반해 유신들은 승려의 역사役事가 시작된 성종 14년 8월경부터 이듬해 2월에 이르기까지 이 문제로 대립하여 계속 격돌하고 있다.[73)]

　여기서 의아로운 것은, 성종이 유신들의 격렬한 반대를 받아가면서 무엇 때문에 굳이 무도첩승들에게 준역급첩准役給牒하는 정책을 밀고 나갔는가 하는 것이다. 유신들의 말을 빌린다면, 공역에 동원할 인원은 각 도의 보병 수군 등 역졸이 충분하며 또 기일을 다투어 급히 이룩해야 할 공사도 아닌 것이다. 그런데도 군액의 감소를 초래할 준역급첩을 시행한 것이다. 이는 생전에 대비의 각별한 요청이 있었던 것도 아니고 성종의 불교에 대한 인식이 바뀌어서는 더욱 아니다. 그렇다면 성종의 의도는 좀 더 다른데 있었다고 볼 수밖에 없다. 즉 아무리 무도첩승을 엄격하게 단속한다 해도 당시의 행정력으로서는 그 완전한 수괄은 불가능한 것이 현실이었다. 따라서 성종은 '기왕에 승려가 된 자는 이를 인정하되, 그럴 바에야 이들에게 일시적이나마 역을 지워 도첩을 주어서 그 수를 정확히 파악하고, 이후 단속을 강화하여 점차 금승禁僧으로 이끌어 가려는 생각이었던 것'으로[74)] 추측해 볼 수 있다. 그렇다면 성종은 성급한 유신들의 생각과는 달리 점진적으로 그의 억승배불정책을 추진해 나가고 있었던 것이라 하겠다.

　성종의 이 같은 승정이 이후 구체적으로 어떤 실효를 거두었는지는

---

73) 성종의 역승급첩에 관한 자세한 진행과정과 유신들의 반발 내용 등에 관해서는, 車文燮, 앞의 논문 참조바람.
74) 車文燮, 앞의 논문 p.313.

알 수 없다. 그러나 그가 계속해서 승려의 제거문제로 고심하고 있었던 것만은 사실이다. 이는 무엇보다도 성종 20년 4월 왕이 친림한 인정전에서의 문과시에 출제된 5개 항의 책문策問 가운데 승도제거의 방안을 묻는 문제가 그 한 항목을 차지하고 있는 것만 보아도 충분히 짐작이 간다. 예의 그 책문을 인용해보면 다음과 같다.

> 이단은 나라의 큰 해충으로서 불교와 도교의 해가 더욱 심하다. 그러나 한명漢明 이래 당시 군주들이 모두 존봉하지 아니함이 없었으나 이따금 그 해가 있음을 알고 바로 잡으려 하기도 하고 다 제거하려 하기도 하였지만, 끝내 이루지 못해 지금까지 만연하여 끊어지지 않고 있음은 무엇 때문인가? 우리나라에서는 본래 도교를 숭상하여 믿는 사람이 없었으니, (그러면) 승니의 무리를 다 제거할 수는 과연 없겠는가. 만약 제거하고자 한다면 그것이 뭇사람들을 놀라게 하고 소란하게 하지 않겠는지 그 대책이 어디에 있겠는가?
> 사대부들은 고금에 널리 통하고 정치하는 방법을 강구하여 오늘의 물음을 기다린 지 오래되었을 것이니, 각자 마음을 다하여 대답해서 내가 근심하여 어진 이를 구하는 뜻에 부응토록 하라.[75]

일종의 국가 종교정책에 관한 문제이기는 하지만, 그것이 승도의 제거대책을 묻고 있는 것이어서 묘한 느낌을 갖게 한다. 이는 왕 뿐만 아니라 유교주의자들의 오랜 관심사이며 동시에 정책적인 해결 과제이기도 했기 때문에 과거시험의 책문으로까지 등장하게 되었을 것이다. 이런 사정 때문인지 이듬해(21년) 1월 성종은 각도의 관찰사에게 하서下書하여, 무도첩자의 추쇄 충군의 법이 정해져 있음에도 관리들이 힘써 거행하지 않음을 질책하고 '이제부터는 무도첩승이 민간에게

---

75) 『成宗實錄』卷227, 成宗 20年(1489) 4월 6日.

마음대로 다니는 자는 곧 바로 붙잡아서 충군하고 빠르게 보고하라.'
고 다시 독려하고 있다.[76]

이후 무도첩자의 의법처리 및 승도제거에 대한 왕의 관심에 부응하
려는 듯 유신들 또한 여러 가지 방안들을 내놓고 있다. 그 중에는 세
조대의 승인호패법僧人號牌法[77]과 유사한 방안도 제시된다. 헌납獻納
최수담崔壽聃은 무도첩자를 다스리는 법이 있기는 하지만 법을 어기
고 승이 된 자가 사망자의 도첩을 대신 소지하거나 혹은 위조 도첩도
쓰기 때문에 적발하기가 어려움을 말하고 '모든 승도의 도첩을 모두
거두어 진위를 자세하게 조사한 다음 목패木牌에다 모습과 나이를 새
겨 차고 다니게 한다면 간사한 술책을 거의 방지할 수 있을 것'이라 한
것이다. 그러나 이는 한갓 소란만 불어 일으키게 될 것이라 하여 채택
되지 않는다. 또 특진관特進官 유자광柳子光은 40세 이하의 승을 모두
충군시킬 것을 주장하지만 왕은 "정전을 납부 받고 도첩을 발급했는
데 다시 충군시키는 것은 불가하다."라고 말한다. 이에 설경說經 신용
개申用漑는 '아예 도첩제도를 먼저 폐지한 뒤에 다시 나이 젊은 승도를
모두 충군시킨다면 승도는 점점 없어질 것'이라는 의견을 내놓고 있지
만, 역시 '법은 가볍게 변경할 수 없다.'는 말로 거부하고 있다.[78]

이 같은 승도제거의 논의는 이후로도 계속되어 대선법大選法(승선僧

---

76) 『成宗實錄』卷236, 成宗 21年(1490) 1月 19日.
77) 조선조에서는 태종 13년에 이어 세조 5년에 제2차의 호패법 시행이 있었고
　　(李光麟, 「號牌考」, 『白樂濬博士還甲記念論叢』, p.554) 이에 세조는 避役爲僧
　　의 단속을 위해 그 7년 승인호패법을 정해 시행하였다. 그러나 빈번한 准役給
　　牒으로 승인호패법은 소기의 성과를 거두지 못하다가, 성종 즉위년에 폐지된
　　다.(李鍾英, 「僧人號牌考」, 『東方學志』第6輯, 1963).
78) 『成宗實錄』卷240, 成宗 21年(1490) 5月 20日.

選)을 혁거하여 승이 되는 길을 막자는 주장도 나오고 있으며[79], 특히 성종 23년에 들어 와서는 1월 초부터 거의 한달 내내 이 문제를 놓고 재론 삼론하고 있다. 그 가운데 사헌부 대사헌 김여석金礪石 등이 상소하여 제시한 내용은 그러한 논란을 종합한 것이라 할 만하다. 그는 승도가 제거되지 않는 이유를 국가의 승려에 대한 후대厚待 때문이라고 보고 대전 가운데 ①도승度僧 ②선시選試 ③계문啓聞한 뒤의 승려 수금囚禁 ④사찰수색의 금지 등 4개 조항을 폐지할 것을 요구하고 있다. 이런 조항들을 고치지 않는 한 승도는 계속 늘어날 수밖에 없다는 것이다.[80] 이런 주장에 이어 홍문관 직제학直提學 김응기金應箕는 근래 정전을 바치고 승이 되는 자가 전일의 배가 된다면서 '이는 백성들 거의가 정역征役의 괴로움을 알고 차라리 파산하고 승이 될지언정 병졸이 되는 것은 원치 않기 때문'이라고 원인을 분석하고, 실정이 이런데도 그 근원을 막지 않을 수 있겠느냐고 묻고 있다. 역시 김여석의 의견에 동조하고 있는 것이다.

이에 성종은 도첩 및 선시제도의 폐지여부를 의논하게 하니, 그것의 폐지를 주장하는 신료들의 숫자가 단연 압도적이었다. 영사 심회沈澮를 비롯하여 17인이 폐지를 말하고, 영의정 노사신盧思愼 등 6명이 반대의견을 냈을 뿐이다. 노사신의 반대 논거는 다음과 같다.

> 도첩법은 역대에 다 있었다. 만약 이 법이 없다면 사람마다 임의로 승이 된다 해도 막을 길이 없을 것이다. 이 법의 본의를 살펴본다면 이는 (함부로) 승이 되는 길을 금하고 없애려는 것이지, 사람을 인도하여 승이 되게 하고 이단의 교를 숭상하게 하려는 것이 아니다. 만

79)『成宗實錄』卷259, 成宗 22年(1491) 11月 29日.
80)『成宗實錄』卷261, 成宗 23年(1492) 1月 19日.

약 후위 태무제太武帝나 당 무종武宗과 같이 세상의 모든 승들을 죽이고 사찰을 다 철거한다면 이 법이 있을 필요가 없을 것이다. 그러나 그렇지 않다면 조종의 옛 법을 가볍게 고칠 수 없다.[81]

노사신의 이 같은 반대 논지는 그 입법취지와 함께 폐지해서는 안될 당위성을 충분하게 설명하고 있지만, 분위기는 단연 폐지 쪽으로 기운 것이다. 이때 성종이 노사신의 의견에 따름으로써 이날 논의는 이것으로 그칠 수 있었다. 그러나 이로부터 10일 후인 1월 29일 이 문제에 대한 논의가 재연된다. 특히 홍문관 부제학 안침安琛 등은 상소에서, '조종의 법은 가볍게 고칠 수 없다.'라는 주장이 고식적이라고 비판하는 한편 '도첩법은 승이 되는 것을 금절하는 길이다'라는 말은 미봉彌縫과 부회附會로써 왕을 보좌하는 신하의 도리가 아니라고 노사신을 정면으로 공박하고, 왕에게 공론을 채택하는 강한 결단을 내리라고 촉구하고 있다. 안침 또한 선시, 계문 후의 수금과 함께 도첩제 폐지를 주장한 것이다. 여론의 흐름을 의식한 때문인지 이날 성종은 영돈녕領敦寧 이상以上 및 의정부 육조 한성부에 이 문제를 다시 의논하도록 명하였다.

이튿날 1월 30일에도 이 문제는 여전히 거론되고 있으며, 특히 '군보軍保(정병正兵을 돕기 위한 조정助丁)가 내는 면포가 연간 30필인데, 도승의 정전이 15필에 불과하여 이로써 종신토록 면역할 수 있으므로 승이 되는 자가 많다.'는 홍문관 부제학 김응기의 분석에 이르러서는 성종도 상당히 수긍한 듯하다. "군보를 기피하여 서로 이끌어 승이 된다면 이는 마땅히 금해야 한다."고 말함으로서, 성종은 이때 중대한 결단을 내린 것 같다. 이로부터 불과 3일후인 2월 3일, 예조에서 다

81) 위와 같음.

음과 같은 4개 항의 금승절목禁僧節目을 보고하고 있는 것이다.

1. 승이 되려면 먼저 본관(수령)에게 부역賦役이 없다는 공문을 받아 본조(예조)에 바치면, 비로소 급첩을 허락할 것.
1. 이미 선시에 뽑힌 승이라도 본조本曹에서 다시 경문을 강하게 하여, 만약 외지 못하면 죄를 주고 시험을 감독했던 승도 아울러 논죄할 것.
1. 선시에 간혹 대강代講하는 폐단이 있을 것이니, 본관의 공문에 아울러 형모刑貌도 기록할 것.
1. 소재지의 관리가 무도첩승을 마음을 써서 쇄출刷出하지 않는 자는 그 이里의 색장色掌 (향리)과 함께 과죄할 것.

그러나 이미 결단을 내린 성종에게 예조의 이 같은 금승절목은 실효성이 없다고 판단한 듯하다. 왕은 전지하여 '이것은 사람들이 승이 되는 것을 금하는 것이 아니라 승을 검거하는 것'이라고 지적하고 우선 도승(첩)법을 정지하도록 하면서 '지금 서북에 사변이 있는데도 군액이 날로 감소하고 있기 때문에 우선 도첩의 발급을 정지하는 것[82]이라고 그 이유를 밝히고 있다.

임시조치적 성격을 띠고는 있지만 도승법의 정지는 태종이나 세종대의 배불정책에서도 볼 수 없었던 일이다. 그만큼 불교계에는 충격적인 조치였다. 그러나 유신들은 일단 왕의 결정에 환영의 뜻을 표하면서도, 그것을 정지하기만 할 것이 아니라 영구히 혁파할 것을 거듭 요청하였다. 어느 정도 배불의사가 관철된 것이기는 하지만, 영구혁파가 아닌 한 언제든지 도승법의 시행은 다시 논의될 수 있다는 점이 그들을 불안하게 하는 요소였다. 여기서 성종은 더이상 그들의 의견과 요

---

82) 『成宗實錄』卷262, 成宗 23年(1492) 2月 3日.

구를 받아들이지 않았으며, 이 조치는 법적효력을 지니며 그해(23년) 11월까지 계속된다. 그러나 유신들의 우려와 예상은 머지않아 적중한다. 인수仁粹·인혜仁惠 양대비의 간곡하면서도 이로理路정연한 언문전지傳旨를 받은 왕이, "이 일은 국가의 대계와 관계되는 것이 아니므로 내가 대비의 뜻을 거스를 수 없다."하여 11월 22일 도승법의 정지를 취소하고 만 것이다.[83]

  그럴 가능성을 이미 충분히 예측하고 영구혁파를 주장해 온 유신들이 이런 사태를 인정하고 그대로 넘어갈 리가 없다. 그리하여 그 다음 날부터 단 하루도 빠짐없이, 하루에 수차례에 걸쳐 사인私人의 입장에서 올리는 상언上言, 약식 상소인 차자箚子, 공식 문서인 상소上疏 등이 빗발치기 시작한다. 조정의 대소 신료 및 성균관 생원에 이르기까지 합사하여 혹은 단독으로 왕의 우유부단함을 공박하는가 하면, 도승법의 폐지는 물론 더욱 강력하게 억불할 것을 주장하였고, 심지어는 '제왕의 정치에 부인이 관여함은 옳지 않다.'고 양대비까지도 공격하고 나선 것이다. 그때마다 성종은 "그대들이 알 바 아니다. 내가 어찌 깊이 헤아려보지 않았겠는가?"하고 불청不聽하고 있지만, 상소는 조금도 줄어들지 않았다. 이에 드디어는 양대비가 자신들의 뜻을 제대로 이해하지 못하는 유신들에게 글을 써서 보이게까지 하고 있다. 역시 언문으로 쓴 글에서 양대비는 유신들의 처사를 다음과 같이 힐책한다.

  우리들은 선왕의 법이 하루아침에 허물어짐을 마음 아파하고, 민심이 또 소란하기 때문에, 대전大典의 법으로도 충분히 추쇄推刷할 만하다고 여겨 대전을 따르도록 청했는데, 오늘날 일이 여기에 이를 줄을 생각하지 못하였다. ⋯ 대전에 따르는 것으로 헌의獻議한 자를

83) 『成宗實錄』卷271, 成宗 23年(1492) 11月 22日.

가리켜 나라를 망하게 하는 신하라고 배척하는데 이르렀으니, 경卿 등은 이를 겁내어 온 것이 아닌가? 선왕의 법을 따르다가 나라를 망하게 한 것이 얼마나 되는가? 태종께서 비록 사사寺社의 전민田民을 혁파하셨다고 하더라도 승도僧徒는 그대로 있고, 세종께서 비록 승도가 서울에 들어오는 것을 허락하지 아니하였다 하더라도 양종兩宗은 그대로 두고 단지 그 법을 어기고 승이 된 것만 규검糾檢할 뿐이었는데, 이제 갑자기 도승의 법을 폐하고 또 승도를 얽어매어 각박함이 지나치기 때문에, 우리들이 이룩되어 있는 법에 따르기를 청한 것이다. 전에 임금(성종)이 어리고 신하가 강하였을 때에 이미 세조께서 (불교를) 중흥해 놓지 않았더라면, 모르기는 하지만 어느 곳으로 돌아갔겠는가? 세조의 옛 신하로서 세조의 조정에 있었으면서, 마침내 세조의 법을 허물어뜨리는 것이겠는가. 우리들이 선왕의 법을 따르기를 청한 것이다.(이하생략)[84]

그러나 유신들은 양대비의 언간諺簡 자체가 정사에 관여하는 일이라 하여 다시 이를 문제 삼는 한편 여전히 도승법의 폐지를 간하는 상소를 잇달아 올림으로써 가히 '조정이 불안할' 정도가 되고 만다. 도승법의 정지를 취소했던 11월 22일 이후 다음달 12월 5일에 이르기까지 10여 일 동안에 상소 계청 등이 무려 50회를 상회할 정도였으니 그 정황을 짐작할 만하다.

이에 자신의 본심에서가 아니라 양대비의 뜻을 존중하여 도승법 정지의 명을 철회했던 성종은 조정이 불안에 휩싸일 정도에 이르자, 12월 5일 마침내 다시 금승절목禁僧節目을 상의할 것을 명하기에 이른다. 그리하여 그 이틀 후 사헌부에서는 6조로 된 금승절목을 만들어 보고하였다. 그러나 성종은 앞서 2월에 예조에서 보고한 내용과 비슷

---

84) 『成宗實錄』卷272, 成宗 23년(1492) 12月 2日.

하다 하여 다만 '무도첩승을 검거할 때 도첩있는 승까지 포집抱執하는 자 역시 제서유위율制書有違律(왕의 교지를 위반한 자를 다스리는 율)로 논하게 한다.'는 1조를 예조안의 금승절목에 추가하여 그대로 시행케 하고 있다.[85]

도승법의 정지가 신규위승의 방지에 주목적이 있다면, 금승절목은 성종이 지적한 대로 기존의 승려에 대한 규찰·검거에 주안이 있다고 할 수 있다. 어쨌든 이와 같이 승려의 추쇄, 도승법의 정지, 그리고 다시 금승절목의 시행으로 이어지면서 승려감소 현상이 가속화했던 것만은 분명하지만 이로 인해 승려 수가 얼마나 줄었는지 그 통계를 구할 만한 자료는 따로 없다. 그러나 성현의 『용재총화』(권8)에서 '이로 말미암아 성중 승도가 감소하여 내외 사찰이 다 비었다.'라 한 것이나, 허봉의 『해동야언』(권2)에 '주와 군에서 추쇄한 무첩자가 머리를 기르고 환속하니 중외의 사찰이 다 비었다.'라 한 표현은[86] 성종대 승니사태의 정황을 적절하게 묘사해주고 있다.

승니사태를 포함한 도승법 정지의 추진과정에서는, 이상과 같이 상당한 대립과 갈등을 보여 주기도 하지만 이는 왕과 유신들의 배불상의 방법론적 차이를 드러낸 것 외에 다름이 아니다. 따라서 과정이야 어떠했든 승니사태와 도승법 정지 및 금승법의 시행은 결국 성종대 배불정책이 도달할 수밖에 없었던 하나의 결론이었다고 말할 수 있다. 이는 성종 자신의 유교주의적 성향과 함께 특히 그가 자신의 정치적 입지를 강화하기 위해 신진 유신들을 대거 등용할 때부터 이미 예견되는 상황이기도 했다.

---

85) 『成宗實錄』卷272, 成宗 23年(1492) 12月 5日.
86) 高橋亨, 李朝佛教 p.216에서 再引用.

불교 인적기반의 완전한 해체 도모

성종 즉위 초 수년간의 불교정책 방향은 왕실의 불교세력과 조정 유신들 간의 대립현실에서부터 찾아볼 수 있다. 유신과 왕실 두 세력 간의 대립은 주로 선왕 세조대의 흥불시책 결과에 대한 철폐 주장과, 그것의 옹호문제와 연관된다. 역시 배불과 흥불의 문제이기도 한 이 대립에서 의지를 관철하는 쪽은 대체로 유신들이다. 세조대 흥불시책의 상징적 기관이라 할 간경도감의 혁파를 비롯하여, 내불당의 궁 밖 이전, 성중 염불소의 중단, 사족 부녀의 출가금지, 성중 니승사암의 철거 등 조치가 시행된 것이다. 물론 왕실불교 측의 숭불의지가 반영된 경우도 없지 않다. 유신들이 강화시켜 놓은 도첩제도의 시행 저지나, 왕실 관련 사찰의 중창 및 경제적 후원, 각종 불사의 설행 등이 그러하다.

성종이 친정에 나선 이후 불교정책은 이전과는 크게 구분되는 진행 방향을 보인다. 왕 자신의 의도가 강하게 드러나는 여러 형태의 배불조치들이 이어진 것이다. 일체 창사의 금지, 임금 탄일의 축수재 혁파, 도성내 4·8연등의 금지 등 조치에서는 불교전통에 대한 단절 의도가 강하게 읽혀지기도 한다. 그러나 가장 결정적인 배불정책은 역시 대대적인 승니사태와 도승법 정지 및 그 완화 형태인 금승절목의 시행이다. 이들 두 가지 시책은 특히 불교의 완전한 인적기반의 해체를 도모하는 것들이어서, 불교로서는 더욱 심각할 수밖에 없었다. 이 같은 성종대의 차별화된 배불정책은 그의 유학진흥 및 유교정치 강화의 한 과정이자 결과로 볼 수 있다.

유학진흥과 유교정치 과정에서 성종이 맨 먼저 실행한 일은 신진기예의 인재 등용이었다. 대부분 영남의 성리학자 김종직의 문하이거나 그의 영향을 받은 이들 신진 유신파는 오래지 않아 성종의 취약한 정치적 입지를 뒷받침하는 세력으로 작용했고, 동시에 왕의 배불정책 수행에도 결정적인 역할을 담당하였다. 성리학을 위주로 하고 불교를 철저하게 배척하여 유교적 왕도정치의 실현을 이념으로 삼는 이들이 성종대 배불정책의 방향 설정과 추진 등 그것을 실질적으로 주도해간 것이다. 학문적이고 보다 이념에 철저한 신진유신들이 배불에 주역이 되고 있음은 이후 조선불교의 향방과도 관련하여 시사하는 바가 적지 않다.

제2장

연산군의 배불책과 파불의 동인

무원칙한 배불의 정책 과정

조선의 국시를 말해주듯 억승배불의 과제는 특히 조선 전기 대부분 왕들의 정책에서 빠짐없이 등장한다. 그리고 이들 불교정책은 각 시대마다 서로 다른 논점과 정치상황 속에서 그 강도를 달리하며 진행되어 왔다. 광포한 왕으로 알려진 연산군의 불교정책 또한 이 같은 전체적인 배불 맥락에서 바라볼 수 있다. 그러나 조선불교의 향방을 결정짓고 있는 이 시대의 정책은 그 과정 자체가 매우 이례적이다. 파격적인 배불이 일정한 논의와 정치과정 없이 거의 우발적인 형태로 드러나기 때문이다.

이런 연산군대의 배불정책과 그 결과는 크게 ①사원전지의 몰수 ②도승금지와 승니축출 ③도회소 철폐와 양종 혁파 ④승과의 폐지 등으로 간단하게 정리할 수 있지만, 그 내용은 가히 파불破佛로 표현해야 할 정도이다. 그러나 이런 불교정책의 경과를 자세히 살펴 볼 때 그것에서는 흔히 연산군의 품성 및 폭정과 관련하여 갖는 선입견과는 상당히 다른 느낌을 받는다. 다시 말하면 재위 말에 발생한 정치적 사건들이 그의 폭정은 물론 배불정책과도 무관하지 않다는 말이다. 그런 뜻에서 유례없는 그의 파불적 시책과 행위들을 단순히 광포한 배불군주의 폭거로만 말하는 것은 적절하지 않을 수도 있다.

이는 연산군의 정상적인 불교정책과 비교할 때 더욱 그러하다. 그는 대략 즉위 10년 초 무렵까지만 해도 여느 왕들과 마찬가지로 일정한 형식을 거치면서 정책적 범주 안에서 배불을 실행하고 있다. 그러나 갑자사화 이후 그것은 논리나 절차가 배제된 채 무원칙한 파불적 행위로 돌변한다. 상상하는 것보다는 온건한 측면이 없지 않은 그의 불교정책이 갑자기 파불로 치닫고 있는 것이다. 이 문제와 관련해서는 좀 더 주의 깊은 검토가 필요해 보인다.

따라서 연산군 10년 4월에 발생한 갑자사화를 분기점으로 삼아 그 이전과 이후의 시기로 나누어, 배불정책의 추진과정 및 그 전개상황을 위의 각 항목별로 살펴보겠다. 여기서는 특히 연산군의 재위 말에 보이는 파불적 조치들의 동인 확인에 중점을 둔다.

I. 갑자사화 이전의 배불책

조선불교사에서 연산군(1494~1506)은 가장 포악한 배불군주로 기록되고 있다. 그러나 그도 재위 10년 이전까지는 다만 흥유배불이라는 기본 방향 아래서 불교정책을 수행해간 왕이었을 뿐이다. 연산군 초기부터 시작되는 이 같은 배불책으로서는 사사전지의 몰수, 도승금지와 승니축출의 두 가지 사실을 들 수 있다. 이 같은 배불책에 관해 먼저 연산군 초로부터 그 10년 이전까지의 경과를 중심으로 살펴보겠지만, 그 연장으로서 갑자사화 이후의 사태 추이에 대해서도 함께 알아본다.

1. 사사전지의 몰수

불교의 양종 및 도회소都會所·도승법度僧法·승과僧科와 같은 제도들은 조선시대 정치 사회적 구조의 산물들이다. 따라서 교단 운영에 있어서 이들 제도가 불가결한 것처럼 경제적 조건도 마찬가지이다. 이는 곧 국가와의 관계 속에서 형성되어온 각 사원의 전지와 노비를 말함이다. 신자들의 시납물施納物 등 여타의 수단도 말할 수 있지만, 현실적으로 각 사원이 보유한 전지와 노비는 불교교단의 가장 중요한 경제적 조건이자 기반이었다.

그 동안 불교교단의 사사전지와 노비는 수차에 걸쳐 국가로부터 강제 축소 당해 왔다. 더구나 세종대의 사사 및 법손노비의 혁파로 연산조 무렵 사원의 노비는 남겨진 것이 별로 없는 형편이었고, 제한된 숫자의 사사에 정해진 전지가 급여되어 있을 뿐이었다. 이제 그러한 사원의 전지마저 연산군 시기에는 거의 완벽하게 몰수당하는 처지가 되고, 이렇게 몰수된 사원의 전지 대부분이 향교 및 학전學田에 이속되고 있는 것이어서 새삼 조선조 숭유배불의 정책적 현실을 실감할 수 있게 한다.

연산군대의 사사전지 문제 또한 어느 시대와 마찬가지로 배불유신들로부터 제기되고 있다. 연산군 즉위 초에 시국에 관해 구언하는 왕의 전지가 내려졌으며, 이에 대해 충청도 도사都事 김일손金馹孫이 무려 26조에 달하는 장문의 상소를 올리는 가운데, 사전을 혁파하여 학전에 충당시킬 것을 주장한 것이 그 처음이다. 그는 학교 진흥을 위해 일찍이 각 주부군현州府郡縣에 학전의 수를 정해두었지만 급여할 토지가 없는 실정임을 들어, 사사의 전지를 그것에 충당시키자는 의견을 내놓고 있다.[87]

즉위 초 왕의 여론 청취 과정에서 유신들이 이 같은 의견을 제기하고 있음은 그다지 새로운 일이 아니다. 그러나 실제로 이런 일이 일부 지방에서는 왕의 재가도 거치지 않은 채 시행되기도 했던 것이 연산군 초반의 사정이었던 것 같다. 즉 연산군 3년 1월 주지가 환속했다며 충청도 황간현黃澗縣에 있는 쌍림사의 전지 20여 결을 고을과 향교에 소속시켰던 것도 바로 그런 사례에 속한다. 그러나 왕은 사찰의

87) 『燕山君日記』卷5, 燕山君 元年(1495) 5月 28日.

전지를 다시 돌려주도록 명하고 있어서 유신들이 불만스러워 함을 볼 수 있다.[88] 이런 일을 통해 아직까지는 연산군이 사사전의 혁파나 몰수를 염두에 두고 있지 않았음을 알 수 있는데, 그것은 몇 달 뒤 강원도 백암사白巖寺의 전지문제를 둘러싼 왕과 유신들의 대립에서도 다시 한 번 확인된다.

이미 흥유쇠불興儒衰佛의 의지를 천명한 바 있는[89] 왕의 하교에 고무되어 있던 유신들은 그 3년 7월, 강원도 백암사에 전지가 많으므로 그것을 학전에 이속시킬 것과 아울러 사사의 시납전까지도 모두 공전으로 편입시킬 것을 강력히 요청하였다. 강원도 감사의 발의로 시작된 백암사 전지문제는 호조를 비롯하여 대간들이 한결같이 그 이속을 주장하였지만 왕은 이를 불허하고 있다.

백암사 전지는 본래 세종·세조대에 왕실의 존경을 받았던 신미가 급여 받았던 것을 다시 고승 학조에게 전한 것이어서 그 결수結數가 막대했던 것 같다. 유신들은 그것을 이속시키지 않으면 학조 뒤에 다시 승에게 전해질 것까지도 염려하고 있다. 그리하여 왕이 일단 불허했음에도 그 혁파를 재삼 강청했던 것이다. 그러나 연산군은 성종이 불교를 배척했지만 사사전지만은 모두 공전으로 소속시키지 않았음을 상기시키면서, 지금 경솔하게 허락할 수는 없다고 거절하고 있다. 이에 유신들은 성종이 미처 거행하지 못한 일이니 왕이 마땅히 처리해야 할 일이며 마침 즉위 초이므로 지금이 적절한 시기라고 맞서고, 국가의 지출이 많음을 명분으로 내세워 사사전의 이속을 간하기도 하였다. 이에 왕은 유신들을 설득하면서,

---

88)『燕山君日記』卷21, 燕山君 3年(1497) 1月 25日.
89)『燕山君日記』卷14, 燕山君 2年(1496) 4月 11日.

도첩이 없는 승려는 외방에 모두 군역을 정했으니, 만약 모두 군역을 정한다면 종말에는 반드시 승이 없게 될 것이다. 승이 없으면 사찰도 없을 것이요, 사찰이 없으면 그 밭은 역시 백성이 경작하게 될 것이다.[90]

라고 말하고 있다. 무조건 사사전을 이속시키려는 유신들의 주장에 비해 왕의 생각은 훨씬 더 합리적이고 논리적이다. 이런 설득에도 불구하고 계속 사사전의 혁파만을 고집하는 유신들에게, 왕은 다시 "승도들이 오도吾道와는 비록 다르지만 그 살아가는 것은 동일한데 지금 만약 그 밭을 갑자기 몰수한다면 어찌 화합의 기운이 상하지 않겠는가?"라고 달래기도 하고, "만약 민전民田이나 학전을 빼앗아 승도들에게 준다면 참으로 불가한 일이다. 그러나 이는 본래가 승전僧田인데 그들에게 준들 무슨 해가 되겠는가?"라고 반문하고도 있다. 우선 유신들은 그 명분과 논리에서부터 왕에게 밀리고 있으면서도 주장을 반복했던 것이지만, 백암사 전지의 이속 문제는 끝내 허락되지 않았다.[91]

이와 같이 즉위 초의 연산군은 사사전지의 혁파 및 학전이나 공전으로의 이속을 전혀 고려하지 않았다. 뿐만 아니라 이듬해(4년)에는, 상원사 승이 민전을 침탈했다 하여 성종 말년에 환원조치된 바 있는 산산제언蒜山提堰(강릉 소재 저수지)의 민전을, 오히려 상원사에 되돌려주는 조치까지 취하고 있다. 상원사 승들이 산산제언의 민전을 침탈했는지의 여부는 속단하기 어렵지만, 연산군은 그것을 간사한 사람

---

90) 『燕山君日記』卷25, 燕山君 3年(1497) 7月 16日.
　　연산군의 이 같은 논리는 그 2년 4월에 홍유쇄불을 하교하면서 무도첩승의 추쇄를 강조한 것과도 완전히 일치되는 바여서 그의 배불정책 방향의 일면을 엿볼 수 있다.
91) 같은 책, 燕山君 3年(1497) 7月 17日·18日.

들의 무고에 의한 것으로 간주하고 상원사에 환급케 한 것이다.[92] 이런 의외의 조치는 그동안 사사전 혁파 요구를 계속 거절당해 온 배불 유신들을 자극하기에 충분한 일이었다.

이에 대간臺諫들이 합사合司하여 그 부당함을 간하는가 하면, 홍문관은 수차례에 걸쳐 글을 올리고, 대신들 또한 극론을 벌이게 된다. 이 문제에 대해서도 왕은 역시 번의하지 않았을 뿐만 아니라 강압적인 태도로써 유신들의 논란을 봉쇄하고 있다. 처음 산산제언을 학열學悅에게 하사했던 세조의 일을 다시 거론하는 등, 사실을 잘못 말하는 자의 죄는 목베임을 당하게 된다고까지 경고하고 있을 정도였다.[93]

사사전지에 대해 이처럼 선대의 관례를 지켜 신중하게 대처해 온 연산군은, 그 후 5년 12월에 모든 사사에 딸린 전지를 빠짐없이 기록하여 보고할 것을 명하고 있다.[94] 이런 명을 내린 동기가 무엇이었는가는 분명치 않다. 그러나 지금까지 지켜온 태도에 어떤 변화가 생긴 것으로는 보이지 않는다. 그 무렵에 중창한 봉은사에 전지가 없음을 감안하여 각도 사사에서 거둔 전세와 세납 소금을 이급移給케 하고, 이어 봉은사에 준 전세가 먼 곳에 있다 하여 가까운 고을로 바꾸어주는 배려까지 하고 있음을[95] 볼 때 더욱 그러하다.

이후 몇 년 동안은 사사전지에 관한 어떤 거론도 없었는데, 연산군 9년에 이르러 그것은 갑작스럽게 방향을 바꾸고 있다. 왕은 그 9년 4월 "사사의 전지·노비 및 수세收稅의 일을 추쇄하라."고 전지를 내린

---

92) 蒜山提堰 민전의 탈점시비 등에 관한 문제는 金甲周, 『朝鮮時代 寺院經濟研究』(同和出版社, 1983), pp.63~73을 참고바람.
93) 『燕山君日記』卷31, 燕山君 4年(1498) 11月 21日·26日.
94) 『燕山君日記』卷35, 燕山君 5年(1499) 12月 10日.
95) 『燕山君日記』卷35, 燕山君 5年(1503) 12月 12日, 卷36, 燕山君 6年(1503) 1月 8日.

것이다.[96] 이는 그보다 며칠 앞서 충청도 지방에서 허웅虛雄이라는 승이 생불을 자처하며 사람들의 중병·폐질을 고침으로서 민간은 물론 고을 수령들까지 그에게 혹하게 되었던 일의 발생과도 무관하지 않아 보인다. 충청도 관찰사의 이 같은 보고를 들은 왕은 혹신惑信한 수령들은 모두 죄를 주어 영구히 서용敍用치 말도록 했을 뿐만 아니라 그 자손들까지 금고禁錮(벼슬에 나아가지 못함)케 하고 허웅은 극형에 처하게 하였다. 이 일은 마침 흉년으로 기근이 극심할 때 발생한 것이어서 다시 조정 안에서 논란이 거듭 된다. 성현 등 여러 유신들과 경연관들은 비단 허웅의 사건만이 아니라 불교 자체의 폐단을 새삼 거론하고, 장령掌令 손중돈孫仲暾은 이를 사사의 전지와 그 수세 문제로까지 연결 짓고 있다. 연산군 9년 4월의 전지는 바로 이런 손중돈의 계에 따라 내려진 것이다.

따라서 이때 왕의 결심은 확고했던 것인지 그 한 달 후에는 획기적인 조치가 하교되고 있다. 즉 사사의 전지와 노비를 학전에 이속시키자는 대간의 청을 받아들여, 왕의 사패賜牌가 있는 능침 경내의 원당 및 사사를 제외하고 모든 사사의 전지와 노비를 추쇄토록 한 것이다.[97] 그리하여 이제 왕패만이 사사의 전지를 지킬 수 있는 유일한 조건이 되고 만 현실에서, 왕실 종친의 힘을 빌어 왕패를 위조하는 절까지도 생겨나고 있었다. 즉 성종의 7자 견성군甄城君의 원당이었던 강화의 수월사水月寺 승 신해信海는 견성군과 함께 왕패와 전교傳敎를 위조하였다가 사실이 탄로나 처벌을 받고 있으며, 이로 인해 왕은 '회암사 같은 절들 외에는 왕패가 있더라도 그 전지를 다 몰수할 것'을 다

---

96) 『燕山君日記』卷49, 燕山君 9年(1503) 4月 28日.
97) 같은 책, 燕山君 9年(1503) 5月 9日.

시 전지하기에 이르고 만다.[98]

이미 이 정도만으로 전국의 사사는 빈사의 지경이 되기에 충분했다 하겠는데, 사사전지의 몰수 문제는 갑자사화 이후 더욱 방종해진 연산군에 의해 다시 최후의 일격이 가해진다. 그 11년 12월 왕은 의정부와 육조의 당상들을 소집하여 사사전의 속공을 논하게 하였다. 이에 영의정 유순 등이 선왕 선후를 위한 사사전 이외는 모두 속공시킬 것을 진언한데 반해, 오히려 왕은 "사사전은 비록 선왕과 선후를 위하여 설치한 것이라 할지라도 또한 없애야 한다."[99]고 전지한 것이다. 이로써 왕패가 있는 사사의 전지는 물론 능사 및 내원당의 그것과 태조 이래 설치되어 온 수륙위전水陸位田에 이르기까지 모든 사사전지는 완전하게 혁파되고 만다. 즉위 후 몇 년 동안 불교에 대한 배려까지 보이면서 사사전지 문제를 하나의 정책으로서 처리해 온 연산군은 그 9년에 자못 강경한 조치를 내린데 이어, 방종 무도함이 극에 달했던 재위 말에는 이처럼 가혹한 배불군주로 돌아서고 있는 것이다.

2. 도승 금지와 승니 축출

사사전의 전폐와 몰수가 불교교단의 경제적 기반을 완전하게 박탈한 것이라면, 도승의 금지와 승니 축출은 교단의 인적 기반 해체를 위한 작업이었다. 이 또한 사사전지의 문제와 마찬가지로 갑자사화의 발생이 한 분기점을 이룬다. 연산군은 적어도 그 이전까지는 '승도를 줄

---

98) 『燕山君日記』卷50, 燕山君 9年(1503) 6月 13日.
99) 『燕山君日記』卷60, 燕山君 11年(1505) 12月 15日. "傳曰 寺社田 雖爲先王先后置之 亦可並革 也".

여나감으로써 불교가 스스로 쇠멸해가도록 하는' 점진적인 배불정책의 방법을 구사해 나갔던 것이다.

승도문제에 관한한 연산군은 처음부터 엄격한 태도를 보여준다. 즉위 초에 성종의 칠칠재 설행의 일로 크게 실망한 조정 유신들은 왕의 시정 초기부터 배불의 방침을 확고하게 다짐받아 둘 의도에서인지, 성종대의 척불사례들을 강조하면서 왕이 그런 정책을 계속 진척시켜 줄 것을 역설하였다. 유신들의 진언 가운데는 특히 ①도승법 및 무도첩승의 환속충군의 문제가 큰 비중을 차지하였고, ②계문 후의 승려 수금과 사찰수색 ③니승출가의 통금 등이 거론되기도 하였다. 그리하여 연산군은 우선 두 가지 사항부터 실천에 옮기고 있다. 즉 즉위 원년 11월 왕은 예조에 다음과 같이 전지를 내린다.

> 대전大典가운데 '승은 계문한 후에 수금한다.' 혹은 '사찰을 수색할 일이 있으면 계문한 후에 한다.'하였다. 그러나 귀양을 보낼 죄 이하는 중외 관리가 바로 처단하는데, 승은 경죄를 범하더라도 반드시 계문한 후에 시행하며 혹 체포당할 죄를 범하여도 사찰에 숨으면 관리가 감히 수색하여 체포하지 못하니 대체에 손상되는 바가 있다. 이제부터는 승인을 수금하는 일과 사찰 수색하는 일은 평민과 같이하여 계문하지 말고 시행하라.[100]

승려의 권익과 사찰의 사회적 위치 보장을 위해 세조가 마련한 『경국대전』 중의 규정이 이로써 효력을 상실하기에 이른 것이다. 이 같은 조치가 취해진 2일 뒤에는 다시 니승의 득도를 통금하는 전지도 내리고 있다.

---

100)『燕山君日記』卷10, 燕山君 元年(1495) 11月 12日.

도승을 금하는 것은 법령에 분명히 있지만 니승은 별도로 금령이 없으므로 마음대로 체발剃髮하는 일이 날마다 늘어서 교화에 누가 되니, 금후로는 통렬히 금지하라. 그 절목을 의논하여 보고하라.[101]

고 한 것이다. 이미 성종 23년에 금승절목이 정해졌고 이는 사실상의 도승법의 정지와도 같은 효력을 지녀왔다. 그런데 이어 연산군대에서 니승의 득도 금지 조치까지 취해진 것이어서, 이제 승과 니승을 막론하고 공식적인 득도자란 있을 수 없게 된 것이다. 이 같은 니승의 득도금지 조치는 연산군 원년 11월에 내려진 것이지만, 한편 이와 함께 20세 이하의 니승에 대한 강제 환속도 거의 동시에 병행되었음이 확인된다.[102] 이는 아마 니승금도尼僧禁度의 절목 가운데 그런 내용이 포함되어 있었던 것이 아닌가 생각된다.

승인 수감 및 사찰 수색에 계문하지 말 것과 니승의 득도금지 조치에 이어, 연산군이 그 2년 4월에는 자신의 흥유쇄불의 의지를 천명하고 있는데, 그는 여기서 무도첩승의 추쇄를 기본방향으로 제시하고 있다. 승도문제에 대한 그의 엄격한 태도가 처음부터 잘 드러나고 있는 것이다. 이처럼 승·니 다같이 공식적으로 출가의 길이 막힌 상태이기 때문에 더이상의 도승이나 승니의 증가는 없었을 것임이 분명하다. 이런 상태에서 승도를 계속해서 추쇄해 나간다면, 이는 곧 왕의 논리대로 불교는 자멸 길을 걸을 수밖에 없을 것이다.

여기서 다시 검토하고 넘어가야 할 것은 연산군이 그 추쇄를 강조하고 있는 무도첩승의 문제이다. 무도첩승 발생의 주요 원인은 근본적으로 국가에서 부과하는 과중한 군역에 있다고 말할 수 있다. 그것

---

101) 같은 책, 燕山君 元年(1495) 11月 14日.
102) 『燕山君日記』卷12, 燕山君 2年(1496) 1月 11日.

을 도피하여 승이 된 자가 곧 무도첩승이다. 그렇다면 엄격한 의미에서 그들의 추쇄를 반드시 배불책으로 간주할 수 있을까하는 데는 의문의 여지도 없지 않다. 그러나 어쨌든 공식적인 출가의 길을 완전히 차단해 버린 상태에서 그들을 추쇄해나가고 있다. 이는 도승의 금지가 분명한 배불조치인 것과 마찬가지로 이 또한 배불의 일단임에는 분명하다. 더구나 무도첩승은 개국 이래 어느 왕대에서나 있어 왔으며, 국가는 국가대로 그들의 존재를 적절하게 이용하거나 혹은 준역급첩准役給牒 등의 방법을 통해 현실을 인정해 온 것임을 고려할 때 더욱 그러하다.

무도첩승에 대한 왕의 강력한 추쇄의지의 표명에도 불구하고, 이 문제 또한 여느 시대의 사정과 크게 다를 바 없었던 것 같다. 서북 양계의 야인 정벌 시 무도첩승을 동원하여 군량미 운반에 사역케 했던 것이나,[103] 색출의 기강이 해이해졌음을 지적하면서 거듭 무도첩승의 환속충군의 상소를 올리고 있는 것[104] 등이 그런 사정을 짐작할 수 있게 한다. 또 연산군 8년 11월 대사간 민휘閔暉가 왕에게 보고한 내용을 통해서는 당시 무도첩승들이 도첩을 소지하고 있는 사례와 함께 그들의 숫자가 적지 않았음을 알 수 있다. 즉 민휘는, 지방의 군사와 보인保人이 모두 정해진 숫자에 차지 않고 날로 쇠잔해지고 있는데 '승도들이 허가도 없이 도첩을 가진 자가 매우 많으니'[105] 8도 감사監司로 하여금 거두어들여 군보에 충당해 줄 것을 청하여 왕의 윤허를 받고 있는 것이다.

---

103) 『燕山君日記』卷34, 燕山君 5年(1499) 8月 10日.
104) 『燕山君日記』卷39, 燕山君 6年(1500) 11月 3日.
105) 『燕山君日記』卷47, 燕山君 8年(1502) 11月 12日. "今僧徒冒持度牒者甚多".

이로써 실제 그들이 얼마나 추쇄되어 군보에 충당되었는지는 알 수 없지만, 아마 큰 실효를 거두지는 못한 것으로 짐작된다. 뿐만 아니라 그 추쇄의 노력에도 불구하고 무도첩승은 계속 생겨나고 있었다는 것도 그 이듬해(9년) 1월 유신들의 계를 통해 알 수 있다. 경연 시, 임금을 알현하고 의견을 상주上奏하는 윤대輪對에서 유신들은 한결같이 '비록 도첩의 법은 이미 폐지되었다고 하지만 젊은 사람들로서 승이 되는 자가 날로 늘어나 군대의 수효가 줄어들고 있음'을 말하고, 더욱 강력한 금지를 촉구한 것이다.[106]

한편, 승도 추쇄와 직접 관계되는 일은 아니지만 유신들의 이 같은 보고가 있던 바로 그 달에 성외 승려들의 도성 출입금지 조치를 내렸으며, 특히 회암사·봉선사 주지 및 니승들의 출입을 엄금케 하였다. 이는 '승려들이 경대부가卿大夫家에 출입하거나 선비들과 교분을 맺고, 혹은 불편한 일이 있으면 니승을 인연하여 말을 통한다.'[107]는 이유에서였다.

이상에서 살펴본 바와 같이 승도추쇄는 왕과 유신들의 의욕과는 달리 별다른 성과가 없었던 것인데, 연산군 10년 정월, 왕은 뜻밖에 "사사전을 추쇄하지 말고 또 해마다 10여명의 도승을 허락하라."는 전지를 내린다. 물론 이 같은 의외의 일이 연산군의 정책변화나 자의에서 나온 것은 아니다. 병중에 있는 인수대비를 위해 정현왕후가 전지함으로써 왕이 마지못해 그에 따른 조치였다.[108] 그러나 사정이야 어떻든 왕의 이 같은 조치로 조정 유신들의 반대여론이 비등했음은 말

---

106)『燕山君日記』卷48, 燕山君 9年(1503) 1月 7日.
107) 같은 책, 燕山君 9年(1503) 1月 18日.
108)『燕山君日記』卷52, 燕山君 10年(1504) 1月 6日.

할 나위가 없다. 앞서 내린 왕의 전지가 철회되는 것은 그로부터 대략 3개월 후의 일이다. 그동안 대간들의 합사 상소를 비롯하여 홍문관 사헌부 사간원 등에서 계속해서 그 철회를 요구하는 상서와 논계를 올렸는데, 이 과정에서는 크게 노한 왕이 사간원 관원 전원을 파직시키는 일까지도 있었다. 그러나 결국 연산군의 의지와 관계없이 내려졌던 이 조치는 인수대비가 세상을 떠나자(10년 4월 27일), 이내 철회되고 만다. 이때 왕은,

> 앞서 해마다 도승 10인씩을 허하였는데, 해마다 도승을 허가해 준다면 승이 되는 자가 반드시 많아질 것이니 승이 희소해지기를 기다려 승 되는 것을 허가하게 하라.[109]

고 뜻을 바꾸어 전지하고 있다. 이처럼 무도첩승의 추쇄가 왕과 유신들의 의욕처럼 이루어지지 못하는 가운데, 본의 아닌 도승허가 문제가 물의를 빚고 있는 동안 큰 사건이 발생하니, 곧 갑자사화甲子士禍이다. 이 갑자사화 이후 연산군의 승정僧政이 돌변하고 있음은 다른 경우와 같다. 이때부터 어떤 정책적 개념에서가 아니라, 전적으로 그의 무도방종과 관련하여 사찰들을 훼파하고 승려들을 축출하기 시작한 것이다.

그 10년 4월 이후의 승니에 관한 대체적인 상황은, 선왕의 후궁들로서 니승이 된 사람들은 모두 장발케 하고(10년 4월), 장의사의 승려들을 다 내쫓는가 하면(동 7월), 정업원·안암사의 니승들을 한치형의 집으로 옮기게 하고(동 7월), 원각사의 승려들을 축출한 것(동 12월) 등을 비롯하여, 성중의 각사를 이전·폐쇄시키고 있다. 이렇게 함

---

109) 『燕山君日記』卷53, 燕山君 10年(1504) 윤4月 8日.

으로써 이산하거나 축출된 승 또한 적지 않았을 것이다. 이런 일들이 이미 정상적인 사고에 의해 행해지고 있는 것은 아니지만, 승니에 대한 더욱 놀라운 폭거는 그 재위 말년인 12년 3월의 다음과 같은 전교 가운데 더욱 적나라하게 드러난다.

> ……승인을 모조리 찾아내어 문서를 작성하여 머물러 두게 할 만한 자는 취처取妻케 하고, 표내標內의 밭을 경작하고 살면서 사냥할 때에 역사를 시키게 하라. 그 나머지는 표내에 있는 내수사의 노가奴家로 분속시키되 만약 도망가는 자가 있으면 그를 허접한 호수戶首를 무거운 죄에 처하고, 알면서 고하지 않는 자도 아울러 치죄하라. 지방의 승도 또한 감사·수령에게 추쇄하기를 영하여 둘 만한 자는 두고 그 나머지는 아울러 표내의 노가에 분속시켜 역사케 하라. 그리고 정업원의 니승도 둘만한 자는 두고 그 나머지와 각처의 니승은 아울러 연방원聯芳院의 방비坊婢로 삼게 하라.[110]

실로 전무후무한 이 같은 폭정 아래서 승려는 대부분이 환속되고, 혹 남아 있는 사람이 있다하더라도 그들이 정상적인 승려로서 존재하기는 어려운 상황이었다. 결국 연산군 초반부터 시행되어 온 도승금지 및 승니추쇄의 정책에 이어 갑자사화 이후 유례없는 승니축출의 폭거에 의해 불교교단의 인적 조직은 단시일 내에 철저하게 해체되고 있었다.

---

110) 『燕山君日記』卷61, 燕山君 12年(1506) 3月 23日.

Ⅱ. 사화 이후의 배불 전개

연산군 초기부터 추진되어 온 사원 전지의 몰수와 도승금지 및 승니축출 문제가 갑자사화 이후 급격히 그 궤를 달리하고 있음은 위에서 살펴 본 바와 같지만, 사화 발생 이후 불교교단은 또 다른 의외의 상황에 직면한다. 선교양종이 혁파된데 이어 승과마저 폐지되고 있음이 곧 그것이다. 불교교단의 존립 자체를 위협하는 이 같은 배불 전개의 경과는 대략 다음과 같다.

1. 도회소의 철폐와 양종혁파

11종이던 불교종파가 태종대에 7종으로 폐합 감축되고 다시 그것이 세종대에 선교양종으로 대폭 축소되어온 일은 단지 불교교단의 외형 축소만이 아니라 여러 가지 목적과 의미가 함축된 불교억압과 배척이었다. 그러나 불교의 수난은 여기서 그치지 않고 있다. 끊임없이 배불책을 강구해 온 유신세력들이 연산군대에 이르러서는 보다 강경한 양종혁파의 주장을 폈고, 그것은 끝내 갑자사화 이후 양종도회소의 철폐로 결말에 이르고 만다.

선교양종 도회소의 철폐는 그대로 양종의 혁파와 같은 것이며, 이는 곧 불교교단의 완전한 와해를 의미하는 것이기도 하다. 그러나 여기에까지 이르는 경과는 그리 분명하지가 않다. 다시 말해서 이는, 갑자사화 이후 연산군의 정치부재 혹은 그의 악정이 자행되는 가운데서 거의 우발적으로 일어나고 있는 사건들의 결말이기 때문이다. 이 같은 결말이 있기까지 유신세력들의 양종철폐 주장이 계속되어 온 만큼 먼저 그것에서부터 검토해 본다.

양종혁파는 승과의 문제와 함께 연산군 초에서부터 유신들에 의해 거론되어왔다. 즉 연산군 3년 7월 왕의 구언求言에 대해 예문관 대교待敎 정희량鄭希良은 10조의 직언을 상소하는 가운데 제8조에서 다음과 같이 벽이단闢異端의 문제를 개진하고 있다.

> 이단을 물리치는 일입니다…승에게 과거를 보이는 법이 국전에 실려 있으며, 대도회에는 아직도 두 종파가 존재하여 화복을 가장해서 인심을 현혹하고 부역을 도피하여 군액이 날로 줄어갈 뿐만 아니라 놀면서 입고 먹고 민생을 해치고 있습니다. 이는 모두가 우리 도를 해치는 명충螟蟲이며 왕정에 큰 좀이옵니다. 바라옵건대 그 근본을 뽑아 삿되고 더러움은 깨끗이 씻어 버리소서. 양종을 철폐하시고 선법選法을 삭제하며 승니를 도태시켜 모두 속으로 돌아오게 하옵시면 나라에는 이정異政이 없고 인간에는 이교異敎가 없어서 이 백성은 지극한 정치의 혜택을 입게 될 것입니다.[111]

정희량의 상소에서 보듯이 유신들은 구체적인 사안에 의해서가 아니라 단지 벽이단의 논리로써 승과와 함께 양종의 혁파를 주장하고 있다. 그러나 이때까지만 해도 왕은 유신들의 주장에 대해 별로 동의했던 것 같지는 않다. 정희량의 직언상소 전반에 대한 반응이기는 하

---

111) 『燕山君日記』卷25, 燕山君 3年(1497) 7月 11日.

지만 "쓸 만한 말이 있고 또한 쓸 수 없는 말이 있다."고 일축하고 있는 정도이다.

그러나 그로부터 6년이 지난 갑자사화 이후 양종문제에 대한 왕의 태도는 놀랄 만큼 달라져 있다. 연산군 10년 7월 그는 '창덕궁의 담장에 성균관이 가까이 있어 국가의 체모가 온전치 못하다.'는 명분을 내세워 성균관을 철거하려 하면서, 이를 위해 먼저 원각사를 철폐하여 그곳에 공자의 신위를 옮기고 그 뒤에 성균관을 철거하고자 하였다. 이때 "성균관을 철거한다면 사섬시司贍寺와 흥덕사도 철거해야 마땅하리라"고 말하고 있다. 불교교단 한 종파의 도회소가 지니는 의미와 비중에 대한 어떤 고려도 이미 찾아볼 수 없는 태도이다. 그리하여 그 며칠 후 돌연히 교종도회소 흥덕사를 원각사로 옮기도록 전지하고 있다. '삿됨과 바름은 유가 다르므로 원각사 불상을 모두 철폐하더라도 성균관을 그곳에 옮길 수는 없다'고 생각하여, 결국 철폐한 흥덕사를 원각사로 옮기게 된 것이다.[112]

이 무렵 연산군은 이미 유전지遊田地를 확보하려는 목책 가설을 위해 장의사 승려들을 내쫓는 등 거리낌 없이 배불을 자행했던 것인데, 이로부터 5개월 후인 연산군 10년 12월의 짤막한 기사는 심상하게 보이지 않는다. 즉,

> 흥천사에 불이 났다. 전년에 불난 흥덕사와 흥천사가 모두 도성안에 있어 양종이라 칭하는데 1년이 못되어 모두 불탔다.[113]

는 『연산군일기』의 기록이다. 원각사로 옮기기 1년 전에 이미 흥덕사

---

112) 『燕山君日記』卷54, 燕山君 10年(1504) 7月 10日·11日.
113) 『燕山君日記』卷56, 燕山君 10年(1504) 12月 9日.

에 화재가 있었고, 이제 선종도회소인 흥천사 또한 불에 타 공교롭게도 양종도회소가 모두 불탔다는 것은 아무래도 석연치 않은 데가 있다. 화재발생의 원인이나 그 피해 정도에 관한 자세한 내용이 생략된 채여서 단언하기는 어렵지만 이는 거의 방화였을 가능성이 더 커 보인다. 흥덕사 화재는 우연이라고 하더라도 연산군 10년 이후인 흥천사 화재에 대해서는 아무래도 그런 심증이 더욱 짙게 느껴진다. 불교 교단을 유지케 하는 양종의 근거지를 아예 철폐시켜 버리고자 하는 배불주의자들의 악의가 그와 같은 횡포로 나타났던 것인지도 모른다. 어쨌든 이렇게 해서 양종도회소로서의 흥덕·흥천 양사가 완전히 폐쇄되고 만 것인데, 이후 양사의 현황이 어떻게 되었는지는 다음의 실록 기사가 보여준다.

    ⓐ 원각사가 도성 복판에 있는데 비록 세조께서 창건하신 것일지라도 역시 한때의 일이요 만세의 법은 아니며 또 나라를 도와 복조를 연장시키는 것도 아니니, 마땅히 그 승도를 내쫓고 절을 비워두었다가 국가에 일이 있으면 사용토록 하는 것이 가하다. (『연산군일기』 권56, 연산군 10년 12월 26일.)

    ⓑ 장악원掌樂院[114]을 원각사에 옮기어 가흥청假興淸 2백, 운평運平 1천, 광희廣熙 1천을 여기에 상사常仕케하여 총율摠律 40인으로 하여금 날마다 가르치게 하라.(『연산군일기』 권57, 연산군 11년 2월 21일.)

    ⓒ 사복시司僕寺 제조提調 강귀손姜龜孫 구수영具壽永이 아뢰었다……전지하기를, 대내양마소大內養馬所는 용구龍廐로, 내사복內司僕은 인구麟廐로, 흥천사는 기구驥廐로, 옛 병조兵曹는 운구

---

114) 세조 때 典樂署를 개칭한 것으로 음악에 관한 업무를 맡아보던 관청. 연산군 때 이를 聯芳院 등의 명칭으로 고쳐 불렀으며 관원을 대폭 늘이고 수많은 기생과 樂手를 두었다. (李弘稙, 『國史大事典』, 대영출판사, 1977).

雲廎로 이름하도록 하라.(『연산군일기』 권58, 연산군 11년 5월 29일.)

위의 기사들을 다시 종합해 보면 다음과 같다. 즉 교종도회소 흥덕사가 옮겨와 있던 원각사는 불과 5개월 후인 연산군 10년 12월 승려들이 모두 축출되고(ⓐ), 이어 이듬해 2월에는 음악을 관장하던 관청이자 기녀들을 두어 왕의 환락을 담당하는 장락원으로 변해버렸다.(ⓑ). 또 연산군 10년 12월에 불에 탔다는 선종도회소 흥천사는 그 이듬 해 5월에는 이미 궁중의 말을 기르는 곳 중에 하나인 기구驥廎가 되어 있다(ⓒ).

이상에서 검토해 온 바와 같이, 양종도회소는 갑자사화를 거치고 난 연산군 10년 4월 이후, 조의朝議의 절차나 특별한 명분도 없이 왕의 비정秕政속에서 돌연히 철폐되고 있다. 도회소의 철폐로 결국 선교양종이 혁파됨으로써 불교교단은 그 외형적 존립 근거지를 완전히 상실하고 만 것인데, 이후 명종 4년(1549) 문정왕후와 보우의 흥불노력으로 양종이 부활될 때까지 불교교단은 서울 근교 청계산으로 들어가 다만 선종이라는 빈 이름 만을 유지하였다.[115] 또한 불교의 존립자체를 위협하는 이 같은 양종의 혁파가 다시 승과의 폐지로 이어질 것임은 당연한 순서이다

2. 승과의 폐지

배불정책하에서 승과제도가 지니는 의미는 선교양종의 그것에 비

---

115) 李能和, 『朝鮮佛敎通史』上, 「淸溪寺; 中宗 4年」, p.448. "自廢朝後 都城寺刹 皆廢爲公府 兩宗托 虛名於外淸溪寺 號爲禪宗".

해 보다 구체적이고 실질적인 것이었다. 이는 유능한 인재의 선발을 통해 양종의 존재를 뒷받침하는 것이었을 뿐만 아니라, 승려의 사회적 지위를 직접적으로 인정 보장하는 국가제도였다는 점에서 더욱 그러하다. 이 때문에 배불주의자들은 양종의 존속 문제보다는 승과제도에 대해 더 큰 불만을 나타내왔고 또 기회 있을 때마다 그 폐지 여론을 환기시켜 왔다.

그러나 일찍이 고려 광종대에서부터 일반 과거제도와 함께 시행되어 온 이 제도는 조선조 초기 태종·세종·성종으로 이어지는 제1단계의 배불기를 거치면서도 그대로 유지되어 왔다. 따라서 승과제도야 말로 특히 배불주의자들에게는 반드시 폐지시켜야 할 제1의 과제가 아닐 수 없었는데, 이제 연산군대에 이르러 드디어 결말을 보게 된다. 갑자사화 이후 선교양종이 혁파되고, 이에 따라 승과의 실시가 사실상 불가능해짐으로써 그것이 자연스럽게 폐지되고만 것이다. 이와 같이 연산조에서 승과가 폐지되고 있지만, 이를 좀 더 자세하게 파악하기 위해서는 승과제도에 대해 그동안 배불유신들이 취해온 태도를 일별할 필요가 있다.

승과의 폐지 여론과 주장은 연산군대에서는 물론, 소급해 올라가면 이미 세종대에서부터 줄곧 있어왔다. 세종대에는 앞서 언급한 바와 같이 이미 7종으로 축소되어 있던 불교종파를 다시 선교양종으로 대폭 정리하는 강경한 조치가 단행되기는 했지만(세종 6년 4월), 승과제도만은 그대로 골격을 유지시키고 있었다. 바로 이 점에 대해 배불유신들은 노골적인 불만을 나타내 보이고 있다. 그들의 불만을 대략, ①종파의 폐합과 사사 및 전지의 속공 등 이단을 물리치는 모든 조치를 단행하면서 왜 유독 취사取士의 규범을 따른 승선의 법만은 존속시켜 잘못된 전조의 법을 혁파하지 못하는가.[116] ②유교의 제도인 모든 문무과를 모방하여 3년마다 승선을 실시함으로써 불자들이 스스로 유석동풍儒釋同風이라고 여기니 있을 수 없는 일이다. 불식不識한 승려들이 어디에 소용이 있다고 굳이 설과設科를 해야 하는가.[117] 등으로 요약된다. 종파 폐합 조치 이전에도 승과에 대한 폐지 여론이 없지 않았지만 세종대에만 해도 유자들은 승과제도가 유교의 취사지규取士之規와 유사하다는 점이 무엇보다도 큰 불만이었던 듯하다.

그러나 성종대에 이르면 또 다른 이유로 다시 승과폐지의 여론이 일어나고 있다. 친정親政이후 성종의 배불시책 주안은 승니의 사태와 도승법의 중지로 요약되는데, 이 같은 결과에 이르는 과정에서 승과폐지 여론은 반드시 야기될 수밖에 없었다. 좀 더 구체적으로 말하면 승도의 제거에 주력해 온 성종대에서는 그것이 기대대로 이루어지지 않자 그 방법 마련에 고심하게 되고,[118] 여기서 승과의 폐지가 한 방안으로 제시되고 있는 것이다.

성종 23년 1월 초부터 거의 한달 내내 승도제거의 문제를 놓고 논란을 벌이고 있는데, 사헌부에서 올린 상소 내용은 그러한 논란을 종합해서 보여준다. 즉 이 상소는 승도가 제거되지 않는 이유를 국가의 승려에 대한 후대 때문이라고 보고, 대전 가운데 ①도승 ②계문후의 승도수금 ③사찰 수색 금지 ④선시選試의 4개항을 제거할 것을 주장하였다. 이에 성종은 도첩과 선시제도의 폐지 여부를 논하게 하고 있다. 이때 영사 심회를 비롯하여 17인이 폐지를 주장하고, 영의정 노

---

116) 『世宗實錄』卷82, 世宗 20年(1438) 7月 6日, 司諫院 上疏.
117) 『世宗實錄』卷85, 世宗 21年(1439) 4月 18日. 成均生員 李永山等 648人 上疏.
118) 심지어는 文科시험의 策問에서 僧徒의 革除방안을 묻고 있을 정도였다.(『成宗實錄』卷227, 成宗 20年(1489) 4月 6日).

사신 등 6인은 반대의견을 내놓았음은 앞장에서 살펴본 바와 같다. 신료들의 찬반 숫자 비율이 말해주듯이 이때에도 승과의 폐지여론은 단연 압도적이었지만, 그러나 성종대에서는 도승법의 중지 정도로 결말을 맺고 선시의 폐지로까지는 이어지지 않았다.

이와 같이 세종대에서부터 대두되어 온 승과폐지 여론과 주장은 연산군대에서도 마찬가지이기는 하지만, 이때의 분위기는 앞서보다 좀 더 적극성을 띠고 있다. 그만큼 폐지주장의 빈도가 높아진 것인데, 이미 성종대에서 도승법을 중지시켰을 정도로 배불책을 지속적으로 추진 성공시켜 온 배불유신들은 양종과 함께 승과제도의 폐지를 마지막 남은 해결과제로 인식하고 있었기 때문일 것이다. 그러나 갑자사화 이후 돌연히 승과가 폐지되기는 하지만, 그 이전까지는 연산군 또한 세종이나 성종이 보였던 신중한 태도와 크게 다르지 않다. 이런 연산군의 태도에서는 그가 승과를 폐지하리라는 어떤 예감도 전혀 가질 수가 없다.

연산군 3년 7월 예문관 대교 정희량이 양종의 혁파와 함께 선시의 폐지를 주장한 것을 필두로, 연산군대에서의 승과 폐지에 관한 상소 및 계 등은 전에 비해 다소 많이 나타나 보인다. 정희량의 상소에 이어 같은 해 8월 경연에서의 손중돈의 계, 6년 12월 인의引義 이암림李巖霖의 계, 9년 정월 신자건愼自建의 계[119] 등에 이어 특히 9년 11월에 들어와서는 왕과 유신들 사이에 승과문제가 더욱 빈번하게 논란되고 있다.

이 무렵 승과에 대한 연산군과 유신들의 견해는 다음과 같은 내용들을 통해 확인된다. 즉 경연에 나간 왕에게 특진관 김응기는 '근래

---

119) 이상 내용은 高橋 亨, 『李朝佛敎』, pp.248~249 참조 바람.

이단을 물리치는 일로써 승에게 도첩을 급여치 않고 또 도성 출입도 못하게 하였으니, 승선마저 혁파할 것'을 진언하였다. 이에 대해 왕은 "조종조의 일을 하루아침에 갑자기 고치는 것은 마음이 편치 못하다. 그러나 그대로 두고 폐하지 않으면 이단을 물리치는 의의가 없는 것이니, 어떻게 처리해야 하겠는가?"하고 오히려 묻고 있으며,[120] 이때 경연에 있던 특진관特進官 송질宋軼이 역시 그 혁파를 부추기고 있다. 유신들의 승과폐지 요구를 받으면서 '조종의 오랜 법'과 그것의 폐기 사이에서 주저하고 있는 연산군의 고민이 역력히 엿보인다.

그러나 연산군의 내심이 전자 쪽에 더 유의하고 있음은 그 이후의 유신들과의 대화에서 분명히 드러난다. 김응기의 계에 이어 그 이튿날에도 장령掌令 이맥李陌이 똑같은 내용을 건의했을 때 "말하기는 쉬우므로 예리한 입과 빠른 혀로 시끄럽게 진계한다."고 힐책하면서 "그러나 말하는 자가 많다고 해서 경솔하게 조종의 법을 고칠 수는 없다."[121]고 못 박고 있다. 이단을 물리친다는 전체적인 정책방향에 따라 승과폐지의 당위성을 인정하면서도 왕은 그 반대의 여론 또한 없지 않음을 강하게 의식하고 있었던 듯한데, 이는 아마 인수대비 등 왕실의 불교세력에 대한 경계심이었을 것이다.

왕의 이런 태도에 아랑곳없이 이맥은 그 뒤로도 반복해서 선시의 부당함을 들고 나오지만, 그때마다 연산군은 "내가 부처를 받들고 절을 짓는다면 대간이 말하는 것도 좋다. 그러나 승을 선발하는 것은 부득이한 일이다. 만일 위魏에서처럼 사문을 다 베이듯 하지 않는다면 이럴 수밖에 없지 않겠는가?"라고 말하여 승과 폐지와 같은 더 이

---

120) 『燕山君日記』卷51, 燕山君 9年(1503) 11月 3日.
121) 같은 책, 燕山君 9年(1503) 11月 4日.

326 제2부 배불의 강화와 고착

상의 배불은 현실적으로 불가능하다는 의사를 비치는가 하면, "승을 선발하는 일은 이미 대신들과 의논하여 결정한 것이다."고 일축하기도 하였다.[122] 그러나 왕과 유신들 사이의 이 같은 논란은 여기서 그치지 않고 계속된다. 집의執義 이계맹李繼孟은 "전하께서 승에게 도첩을 주지 않고 또 승도의 입성을 금지시켜 이단이 거의 없어졌는데, 유독 승이 과거 보는 일만 폐하지 않으십니까?"하고 끝내 납득할 수 없다는 듯, 같은 질문을 반복하고 있다. 이에 왕은 주목할 만한 발언을 하고 있다.

> 승을 뽑는 일은 내가 불도를 좋아해서가 아니다. 선왕과 선후의 기신재忌晨齋를 거행하기 위해서이다. 기신재는 조종 이래로 행하는 일이니 지금 하루아침에 갑자기 폐지할 수 없다.

고 대답하여, 승과 폐지가 불가능한 이유를 조종의 기신재 때문이라고 밝히고 있다. 이에 대해 이계맹이 다시 "기신재는 폐지할 수 없지만 견향사遣香使는 반드시 승을 뽑아 보낼 것이 아닙니다."라고 하자, "이미 정승과 의논한 일이다."라고 역시 일축해버리고 있다.[123] 이로써 보면 연산군은 비록 승과제도를 긍정하고 있는 것은 아니지만, '조종의 오랜 법'이라거나 '기신재의 설행을 위해서'라는 명분 등을 내세우면서 그 폐지까지는 고려치 않고 있었음이 분명하다.

그러나 갑자사화 이후, 매 3년마다의 식년式年 즉 자·묘·오·유년에 실시하던 승선을 실시하지 않음으로써 승과제도는 결과적으로는 폐지되고 마는데, 이는 그보다 앞서 행해진 선교양종의 혁파에 기인한 것

---

122) 같은 책, 燕山君 9年(1503) 11月 6日·9日.
123) 같은 책, 燕山君 9年(1503) 11月 9日.

으로 보아야 할 것이다. 다시 말해서 양종이 혁파되는 연산군 10년 (갑자년)은 과거와 함께 승과를 실시하는 식년에 해당하는 해이다. 그러나 이미 그해 7월에 교종도회소 흥덕사가 철거되어 원각사로 옮겨지고 12월에는 선종도회소 흥천사가 불에 타버린 만큼, 이런 상황에서는 양종의 승과 시행은 현실적으로 불가능했을 것이다.

따라서 승과제도의 폐지를, 계획된 정책의 추진에 의해 이루어진 결과로 보기는 어렵다. 양종의 혁파가 돌연히 발생한 것처럼, 승과의 폐지 또한 양종도회소가 사라지면서 승과를 방치한 우연발생적인 사건에 불과하다 할 것이다. 하지만 그 결과는 마찬가지여서 연산군대에서의 승과 폐지로 기록될 수밖에 없다.

이 같은 사태의 추이에 관해서는 새삼 떠오르는 의문이 없지 않다. 문제는 갑자사화 이전까지 만해도 비교적 이성적으로 진행되어 온 연산군의 배불정책이 그 이후 왜 돌변하여 양종혁파와 함께 승과제도의 폐지라는 결론에까지 이르게 되었는가 하는 것이다.

III. 파불적 정책 추이의 동인

연산군의 폭정은 불교뿐만 아니라 유교와 함께 문화 전반을 황폐화 시키고 있지만 이런 현상이 두드러지게 나타나는 것은 대체로 그 재위 10년경부터이다. 그러나 10년 이전까지 그는 비록 명철한 군주는 아니었지만 그 나름의 정치도 없지 않았다.[124] 따라서 그의 불교정책 또한 흥유배불이라는 기본방향 아래 비교적 신중하게 추진해 나갔다고 말할 수 있다. 여기서 흥유배불의 정책방향이라고는 했지만 연산군이 특별히 유학진흥책이나 유교정치를 폈던 흔적은 찾아볼 수 없다. 다만 불교를 억압배척하는 그 자체로써, 유교를 부지하고 유자들의 성향에 부응해 나가는 그런 정도였다고나 해야 할 것이다. 하지만 그 역시 처음부터 배불자였음에는 틀림없다.

배불군주로서의 연산군의 면모는 그 즉위 초반의 언행에서부터 확인된다. 그는 즉위 2년에 홍문관에 전지하여, 역대 임금 중에는 불교를 믿고서도 연대가 단축된 이도 있고 불교를 숭상하지 않았지만 나라를 장구하게 누린 이도 있었음을 말하면서, 불교를 혹신하고서도

---

124) 연산군 5년 변경에 徒民入實策을 취한 것이나, 6년에 備戎司를 설치하여 野人과 倭人에 대비케 한 것, 그리고 세조 등 3대의 『國朝寶鑑』과 『東國與地勝覽』 수정 편찬 사업 등이 그것이다. (申解淳, 「官僚間의 對立」, 국사편찬위원회 編 『韓國史』 12, p.177 참조).

비참한 최후를 마친 양무제와 같은 임금들의 일을 초서抄書하여 보고토록 대뜸 명하고 있다.[125] 양무제의 숭불과 파멸은 연산군에게 적지 않은 감회를 주었던 것 같다.[126] 홍문관에 전지한 바로 그 다음 달에 유신들에 대해 자신의 그런 감회 토로와 함께 흥유쇠불의 의지를 천명하고 있음이 그것을 말해준다. 그는 승정원에 내린 어서에서 다음과 같이 말한다.

> 내가 대학연의에 적힌 양무제의 일을 보고서 감개하지 않은 적이 없다. 백성의 위에 있는 몸으로 세 번 사신捨身하여 종이 되고, 어복을 벗고 법의를 입으며 서역의 귀신에 혹하다가 마침내 후경侯景에게 핍박을 당하여 대성臺城에서 굶주려 죽었으니, 실로 불력이 있다면 그 화를 면했을 것인데, 멸망하기에 이른 것을 보면 부처란 믿지 못할 것임을 이로써도 알 수 있다. 내가 비록 용암庸暗하지만 어찌 이런 극단에야 이르겠는가? 이는 당시의 거울이요, 천년의 경계인 것이다. 지금 불도들이 민간에 종행縱行하는데, 수령이 금단함이 없는 것을 보면 불씨의 교는 점점 흥하고 공자의 도는 장차 쇠할 것이니, 이것이 어찌 작은 일이겠는가? 나라가 망하지 않으려 한들 되겠는가? 앞으로는 추쇄할 때에 무도첩승을 힘써 추궁하여 나의 뜻에 부응하여 공자의 도를 일으키고 불씨의 교를 쇠하게 하라.[127]

이와 같이 연산군은 즉위 초반부터 배불의 의지와 방향을 확고하게 천명하고 있으며, 왕의 이런 흥유쇠불의 하교에 유신들 또한 크게 고무되고 있다. 성균관 생원 박겸무朴兼武 등은 왕의 하교에 대해 진

---

125) 『燕山君日記』卷14, 燕山君 2年(1496) 윤3月 30日.
126) 연산군은 그 4년에도 홍문관·예문관 관원들을 인정전에 집합시켜 친히 양무제의 숭불문제 등과 함께 숭불을 하고 短命했던 왕과 배불하고 延壽한 왕에 대한 策問을 내어 진술케 한 바 있다. (卷31, 燕山君 4年(1498) 11月 26日).
127) 『燕山君日記』卷14, 燕山君 2年(1496) 4月 11日.

하陳賀의 전箋까지 올리고 있는데, 이때 연산군은 "내가 밝고 지혜롭지 못하므로 이에서 그쳤다. 만약 밝고 지혜롭다면 사문을 모두 죽였을 것이다."라고[128] 자못 자신의 배불 의기를 과시하기도 하였다. 뿐만 아니라 전을 올린 유생으로 하여금 각기 불교의 허탄을 논하는 글을 지어들이도록 명하면서 그 재주와 뜻을 보고 다시 배불을 권장할 것임을 다짐하고도 있다.[129] 유생들의 진하가 그의 배불의지를 더욱 고무시켜주고 있는 것이다.

그러나 재위 말경 그가 폭군으로 돌변하기 전까지는 그의 배불태도에서는 크게 무도함은 찾아볼 수 없다. 이 시기에는 왕의 배불 전지로 인해 오히려 유생들이 그 조야粗野한 자질을 드러내 보이고 있는 형편이었다. 이에 왕은 '승도가 비록 이단일지라도 나의 백성'이며 '불교를 숭봉하지 않으면 곧 배척하는 것임'을 강조하면서, 오히려 무도한 벽불 행위를 단속하는 전지를 내리고 있다. 예조에 내린 왕의 전지는 지극히 온당하다.

> 유생들이 요즘 벽불闢佛의 전지傳늡로 인하여, 절에 가서 승을 구타하기도 하고, 절의 물건을 빼앗기도 하고, 길에서 승을 만나면 구타하여 상하게까지 한다 하니, 심히 불가한 일이다. 유자가 불교를 배척하는 것은 비록 상사常事이지만 배척하는 방법이 어찌 승도를 구타하는데 있겠는가. 이후로는 유생들이 만약 까닭 없이 승인을 때리는 자가 있거나 그것을 잡아 고하지 못하는 자는 죄로 다스리라.[130]

그는 처음부터 자신이 배불군주임을 선명하게 하고는 있지만 그런

---

128) 『燕山君日記』卷15, 燕山君 2年(1496) 5月 4日. "子非明智 故止此耳 若明智 則當盡誅沙門矣".
129) 같은 책, 燕山君 2年(1496) 5月 5日.
130) 같은 책, 燕山君 2年(1496) 5月 8日.

대불교정책 수행의 태도나 방법에 있어서 아직까지는 어떤 무도함도 찾아볼 수 없다. 앞의 Ⅱ항에서 갑자사화 이전 주요 배불내용으로서 살펴 본 ①사사전지의 몰수와 ②도승 금지 및 승니 축출은 대체로 이런 정도의 척불분위기 속에서 진행되어 온 것들이다. 그러나 이런 상황도 연산군 재위 말경에 이르면 급변하여 그 궤도를 크게 벗어나고 있다.

연산군은 그 10년 4월 갑자사화 이후 폭군으로 표변하면서 방종·황음을 극하였고, 그런 태도가 그대로 불교에도 미쳐, 상상하기 어려운 파불까지도 서슴지 않고 있다. 제Ⅲ항에서 살펴본 ③도회소의 철폐와 양종혁파 ④승과의 폐지는 바로 그 결과임은 이미 검토해 온 바와 같다.

그러나 현덕하고 숭불심이 깊었던 그의 조모 인수대비의 재세 중에는 연산군 또한 대비의 신불에 적지 않은 영향을 받고 있었다는 사실도 주목해 둘 만하다. 즉위 초에 부왕 성종의 칠칠재를 진관사·봉선사·정인사 등지에서 수륙재로서 설행하고 있음은 그 좋은 첫 예이다. 그는 조신들의 경악과 빗발치는 반대를 물리치고, 또는 그 과정에서 유생들을 처벌하면서까지[131] 끝내 조종의 관례대로 성종을 위한 수륙재를 베풀고 있다. 그의 이런 태도는 말년의 무도한 배불군주의 모습과 비교해 볼 때 기이한 느낌마저 들게 한다.

그는 또 즉위 원년에 정현왕후(성종 계비)의 뜻을 받들어 부왕의

---

131) 성종을 위한 設齋는 선왕이 철저한 배불주였다는 이유 등으로 처음부터 유신들의 극렬한 반대에 부딪쳤다. 이 일로 인해 그 지나친 언사를 추국당하여 생원 157인이 의금부에 하옥되고 외방으로 쫓겨난 관리가 3인, 과거 응시 자격을 박탈하는 停擧의 처벌을 받은 유생이 21인이었다. (『燕山君日記』卷2, 燕山君 元年(1495) 1月 22日·26日).

추천을 위한 원각사에서의 인경을 적극 지원하는가 하면,[132] 이듬해에는 왕실과 관련이 깊은 장의사 승의 청원을 받아들여 역군을 보내 퇴락한 사우寺宇를 수리케 하였고,[133] 그 3년에는 성종의 선릉을 위한 능사로서 고찰 견성사見性寺(봉은사)를 중창케 하기도 하였다.[134] 이런 불사들을 행할 때마다 유신들의 비난과 거친 반대가 잇달았음은 새삼 더 말할 필요가 없지만 그때마다 그것을 물리치며 불사를 진행시키고 있는 왕의 태도 또한 완강한 모습이다. 이 밖에도 연산군은 새로 창건하여 전토가 없는 봉은사에 각도 사사에서 거두는 세와 납세한 소금을 이급케 한 일도 있었으며,[135] 병환 중에 있는 인수대비의 요청으로 사사전의 추쇄를 금지시키고 불사를 허락하는 등 일시적으로 배불의 고삐를 늦추기도 하였다.[136] 또 연굴사演窟寺의 불상을 땅에 던져 파불한 유생들을 형장 1백 대씩에 처하고, 주모자를 도형徒刑 3년에 처하는 한편, 봉선사 등 12개소의 절과 내불당 및 선·교종 본사에 잡인이 출입하며 폐단을 일으키는 것을 내수사로 하여금 고례古例와 같이 고찰考察토록[137] 하는 등의 사찰에 대한 배려도 자주 보인다.

이와 같이 연산군은 그 초기에는 벽불이라는 기본 정책방향을 취하는 가운데서도 왕실의 불사를 지원하고 유자들의 상도에 어긋난 해불행위에 대해서는 응분의 제재를 가하기도 하였다. 다른 배불군주와도 대차가 없는 것이다. 이런 연산군이 인수대비가 승하한 그 10년 4

132)『燕山君日記』卷6, 연산군 元年(1495) 6月 26日·28日, 卷7, 7月 1日 등.
133)『燕山君日記』卷18, 燕山君 2年(1496) 9月 8日.
134)『燕山君日記』卷25, 燕山君 3年(1497) 7月 18日.
135)『燕山君日記』卷35, 燕山君 5年(1499) 12月 12日.
136)『燕山君日記』卷52, 燕山君 10年(1504) 1月 6日·15日 등.
137)『燕山君日記』卷37, 燕山君 6年(1500) 4月 19日.

월 이후에는 태도가 표변하여 그 스스로 상궤를 벗어난 행동을 일삼고, 그것은 그대로 불교정책에까지도 미치게 된다. 왕의 이 같은 급격한 태도 변화는 외형상으로는, 인수대비의 영향 아래서 불사를 지원하거나 소극적인 배불자세를 보이다가 대비가 승하하자 방종한 배불군주가 되어버린 것으로도 비쳐진다. 그러나 사태의 변화를 좀 더 주의 깊게 살펴볼 때 그것에서는 의외로 유신들 간의 반목대립과 정쟁이 더 큰 요인으로 작용했으리라는 느낌을 받는다.

연산군은 생모 윤비의 폐위·사사賜死 사건이 주제가 되어 발생한 그 10년(1504) 4월의 이른 바 갑자사화로 인해, 거의 이성을 상실한 폭군으로 변하고 있다. 사건 자체를 여기서 상세하게 말할 겨를은 없지만, 이 사화는 당시 훈구세력들인 궁중파와 사림세력을 포함한 부중파府中派간의 권력 장악을 위한 치열한 정치적 암투로 인해 야기되었다는 사실만은 지적해 둘 필요가 있다. 갑자사화에 앞서 이미 연산군 4년(1498) 7월에도 사초史草문제를 직접적인 계기로 하여 무오사화로 불리는 대옥사가 발생하였다. 이 역시 성종대 이래의 훈구파와 사림파간의 정쟁의 산물이라는 점에서는 마찬가지의 성격을 지니는 정치적 사건이었다.[138]

무오사화로 인해 왕의 태도가 눈에 띄게 달라진 것은 별로 찾아볼 수가 없다. 그의 사치와 향락이 더욱 심해진 것은 사실이지만, 연산군에 있어서 그것은 새삼스런 변화는 아닌 것이다. 그러나 그의 생모가 폐위되고 사사했다는 사실을 뒤늦게 알게 된 갑자사화 시의 연산군은, 포악성을 거침없이 드러내 보여준다. 성종의 후궁 엄嚴·정鄭 두 숙

---

138) 戊午·甲子士禍 발생 및 진행경과에 대해서는 앞의 申解淳 論文(『韓國史』 12), pp.163~176 참 조 바람.

의의 참소 때문에 윤비가 폐위 사사되었다 하여 그는 양 숙의를 내정에서 참혹하게 박살하였으며, 그들이 낳은 왕자 안양군安陽君과 봉안군鳳安君으로 하여금 각기 모친을 때리게 하고 그들을 유배시키고 있다. 뿐만 아니라 이에 연루된 수십 명의 조신들을 사형시키거나 부관참시剖棺斬屍 형을 가하였으며, 자신의 이러한 폭행을 책망하는 병환 중의 조모 인수대비를 머리로 받아 얼마 후에 별세케 하는 등의 패륜행위까지도 서슴없이 저질렀던 것이다.[139]

이와 같이 연산군을 폭군으로 표변하게 만든 갑자사화는 인수대비 생전에 발생한 사건이다. 따라서 대비가 세상을 떠난 이후, 그가 더욱 방종무도放縱無道하여 배불훼석排佛毀釋했다 함은 다만 그 시기가 그러했음을 의미할 뿐이다. 여기서 간과할 수 없는 것은 유신들의 반목 대립과 권력장악을 위한 정쟁이 사화를 불러오고, 그것을 계기로 연산군이 폭정과 함께 방종무도가 도를 더하게 되어 그 결과가 배불훼석은 물론 유교의 훼파에까지도 이르고 있다는 점이다. 그런 뜻에서도 연산군 말경의 유례없는 파불행위는 인수대비의 사거 때문만이 아니라, 유신들의 정쟁이 그 가장 중요한 동인이 되었다고 보아야할 것이다.

한편, 연산군 말경의 폭정하에서 진행된 대불 및 대유의 무도한 훼파 행위가 왕의 방종과 황음荒淫에 의한 결과라 할 때,[140] 그 원인에 대해서도 한번 쯤 다시 생각해볼만 하다. 이에 대해서는 연산군의 '천품이 악질'인데다가, 성종이 궁중에서 대비들을 위한 연회나 기악妓樂이 수반되는 종실끼리의 소연小宴을 자주 베풀어 평소에 연악宴樂을

---

139) 위와 같은 책, p.175 ;『燕山君日記』권52, 燕山君 10年(1504) 3月 20日 등.
140) 高橋 亨,『李朝佛敎』, p.245.

보고 듣게 만들어 온 왕자의 교양에서 그 원인을 찾는 흥미로운 분석도 나온 바 있다.[141] 물론 그 개연성은 어느 정도 인정할 수도 있겠다. 그러나 그의 방종과 황음의 원인은 좀 더 다른 각도에서 찾아야할 것으로 생각된다. 누구에게라도 한 인간에 대해, '천품이 악질하다'고 단언하기는 사실상 불가한 일이며, 더구나 성종이 기악을 수반한 연회를 자주 즐김으로서 그것이 왕자의 교양에 영향을 준 것으로 보는 것도, 연산군의 방종 황음에 대한 적절한 원인 설명은 되지 못한다. 성종은 연회를 즐겼던 이상으로 학문을 좋아하여 경연에도 충실했으며, 도덕적인 유교정치를 거의 완성시킨 영명한 군주이기도 했기 때문이다. 그렇다면 연산군의 방종 황음의 원인은 당시 연산군 자신의 주변 사정에서 찾는 것이 더 옳을 것이며, 그럴 경우 지나친 정쟁의 산물인 양대 사화는 바로 그 가장 직접적인 원인이 될 수 있었다고 본다.

연산군 4년의 무오사화戊午士禍 이후 궁중파와 부중파府中派로 갈라진 조신들의 반목과 대립은 더욱 심각했거니와, 그런 과정에서 왕의 방종을 충동질한 것도 실은 궁중파와 결탁된 왕 측근의 일부 유신들이었다.[142] 더구나 그 6년 후에 임사홍 등 궁중파들이 그들의 반대세력을 제거하고 정권을 장악하기 위해 윤비의 폐위·사사사건을 정략적으로 이용함으로써 발생한 것이 곧 갑자사화였다. 여기서 비로소 밝혀진 생모의 비참한 최후의 비밀은 연산군에게는 실로 큰 충격이었을 것이며, 이는 그대로 왕에게 내재된 포악성을 자극하는 중대한 계기가 되었을지 모른다. 그리고 이런 포악성이 다시 방종과 황음으로 더

---

141) 高橋 亨은 『李朝佛教』(pp.255~266)에서 『燃藜室記述』所載의 글을 인용하여 그렇게 분석하고, 그것을 조선조 정치의 태평성대의 폐해적 일면을 증명하는 것이라고 보고 있다.

142) 앞의 책, 『韓國史』 12, p.175.

욱 상승작용을 일으켜 갔다고 보아야 할 것이다. 결국 연산군의 방종 황음은 그의 인격적 요소 외에 권력의 확대를 위해 심각하게 반목 대립해 온 당시 유신들의 정쟁이 그것을 더욱 부추겨 온 것이라고 말할 수 있다.

이렇게 본다면, 특히 연산군 10년 이후 전개되고 있는 최악의 파불 사태는 유신들의 정쟁이 그 주요한 배경과 동인이 된 것으로 생각할 수밖에 없다. 이때는 불교 뿐만 아니라 즉위 초에 그 진흥을 천명했던 유교 또한 그의 폭정 하에 크게 훼파 당하는 입장에 처한다. 그러나 이는 연산군의 배불을 부추기던 유신들 자신의 타락한 정치적 도덕성 이 자초한 또 다른 결과였을 뿐이다.

유신들의 정쟁으로 인한 파불 결과

연산군의 배불은 흔히 그가 조종의 원찰인 원각사를 폐하여 왕의 환락을 담당하는 장악원으로 삼았다거나, 태조비의 능사로서 선종도회소인 흥천사를 양마소養馬所로 만들고, 승니를 축출하여 기방의 방비房婢나 관노 혹은 왕의 사냥을 위한 몰이꾼으로 삼았던 일 등은 폭거로 인상지어진다. 사실이 그러했으므로 극단적인 그의 배불은 가히 파불이라 할 만하지만, 그러나 연산군대의 배불정책 전반이 이 같은 포악무도함 만으로 일관했던 것은 아니다.

이 시대의 배불책과 그 결과는 ①사원전지의 몰수 ②도승금지와 승려축출 ③ 도회소 철폐와 양종혁파 ④승과의 폐지로 크게 요약할 수 있다. 이 4개 항목 가운데 ①②항은 연산군 10년 이전에 이루어진 일들로서 일단의 정책적 방향 아래서 단계적으로 추진된 것들이다. 비교적 정상적인 범위의 배불정책이었다고 말할 수 있다. 그러나 불교의 존립기반을 파괴하고 있는 ③④항은 정책으로서 보다는 연산군이 폭군으로 돌변한 그 10년 이후의 악정과 황음무도함에 따른 결과라고 하겠다. 여기서 그의 재위 말 무렵에 발생하고 있는 파불적 정책의 동인이 과연 무엇인가가 문제인데, 이는 연산군대 최대의 정치적 사건인 갑자사화와 무관하지 않은 것으로 본다.

갑자사화는 보기에 따라서는 하나의 정치적 사건에 불과하다. 그러나 그것이 당시 정치는 물론 사회·종교·문화 등에 끼친 파장은 실로 큰 것이었다. 뿐만 아니라 연산군 자신이 입었을 충격 또한 간단히 말해 버릴 수는 없을 것 같다. 그가 특히 갑자사화 이후 거의 이성을 잃고 폭군으로 돌변하고 있음은 곧 그러한 충격의 반증일 수 있다. 따라서 이후 현저해지는 그의 파불적 정책 또한 재위 말에 나타나는 폭정의 일환이었을 뿐이다.

연산군대의 배불정책은 그 10년까지는 성종조 정책의 연장선에서 이해할 수 있다. 그러나 그 이후의 파불적 추이는 이와는 성격을 달리한다. 유신들의 암투와 정쟁으로 인한 갑자사화가 도화선이 되어 왕의 악정을 증폭시키고 그 연장선에서 불교가 의외의 극심한 타격을 입고 있기 때문이다. 결국 연산군 말의 파불은 당시 유신들의 정쟁과 암투를 가장 큰 동인으로 볼 수 있겠다.

제3장

중종대 배불정책과 그 성격

불교의 완전한 폐쇄 도모

개국으로부터 중종대까지 조선 전기 약 150년 동안에 진행된 불교정책은 크게 두 단계로 구분해 볼 수 있다. 태종·세종·성종대의 억불과 연산군·중종대의 배불이 그것이다. 이 전후 두 단계의 국가 정책으로 불교의 유지기반 상당부분이 와해된 데 이어 불교교단은 마침내 그 존립을 위협받는 상황에까지 이른다. 이 기간 중의 불교정책은 그만큼 불교를 억압 배척하는 내용 거의 모두를 망라해 보여준다.

물론 이들 불교정책이 일시에 시행된 것은 아니다. 위의 단계별 구분이 말해주듯 그것은 시기별로 강도의 차이를 보이며 역활을 분담하는 형태로 이루어져 왔다. 즉 앞 단계에서는 주로 불교의 경제적 인적 기반의 축소와 사회적 활동 조건의 차단에 집중되고 있다. 종파의 폐합 축소, 사사토지와 노비의 감축, 승도의 축출, 공적 사적 불교활동의 제한, 의례를 포함한 불교적 전통의 제거 등 조치가 이에 해당한다. 한편 후자는 앞 단계의 정책을 계속 추진하는 가운데서도 이로부터 더 나아가 불교의 완전한 폐쇄를 도모한다. 미진한 경제적 인적 기반의 철저한 해체는 물론 교단활동의 구심체인 양종의 도회소를 혁파하고 승과 등 국가적인 불교제도들을 폐지하고 있음이 그러하다.

이 같은 불교정책을 억불과 배불 두 단계로 구분해 보는 것은 그 조치 내용의 강도에 근거한다. 앞 단계의 억불은 국가의 현실적 요구 한도 내에서 불교를 억제 압박하는 내용과 형식을 의미한다. 이에 비해 뒤의 배불단계는 국가가 불교의 존재 자체를 인정하지 않으며, 따라서 국가와 불교와의 공적인 관계 또한 단절되는 상황을 말한다. 이처럼 전후 두 단계에 걸쳐 국가는 정책의 강도를 높여가면서 점진적으로 불교를 와해 폐쇄시키는 과정을 밟아왔다고 말할 수 있다.

조선 전기 억불과 배불의 맥락을 이렇게 보았을 때, 그 마지막에 위치하는 중종대의 배불시책들은 좀 더 주의 깊게 살펴 볼 필요가 있다. 그것이 곧 조선불교의 전체적인 윤곽과 위상을 거의 확정 짓고 있으며, 이러한 배불의 고착 상태가 조선시대 말까지 그대로 이어져가기 때문이다. 따라서 급격히 부상하는 사림파士林派 등 중종대의 불교정책에 영향을 끼치고 있는 각 배경세력들의 문제를 비롯하여, 배불의 유형 및 역승급패役僧給牌와 같은 이례적인 사실 등을 함께 검토하면서, 이 시대 배불시책과 그 성격을 파악해 본다.

I. 불교정책의 배경 세력들

중종(1506~1544)은 폭정을 일삼던 연산군이 폐출된 다음 훈구대신들에 의해 추대된 왕이다. 따라서 그의 정치 운영은 연산군대의 폐정을 바로잡는 데서부터 출발할 것임은 당연한 일이다. 그러나 반정反正으로 즉위한 중종의 정치는 처음부터 제약이 뒤따랐고 순탄하지가 못했다. 반정공신 대 비공신계, 훈구파와 사림파간의 대립으로 옥화獄禍가 계속되었고, 이 같은 권력구조의 갈등으로 인해 끝내 체제모순을 근본적으로 시정하는 데까지 이르지는 못하였다. 그러나 중종의 정치가 최소한 앞 왕대의 폐정을 불식하고 국가정책의 방향과 그 운영을 정상궤도 속에서 수행해 간 것만은 틀림없다.

여기서는, 연산군의 폭정 하에서 원칙 없이 훼파 당해온 불교에 대한 정책은 과연 어떻게 진행되어 갔는가 하는 문제가 관심의 대상이다. 중종의 불교정책 수행과 그 결과에 대해서는 뒤에서 자세히 살펴보겠지만 결론부터 말한다면, 그의 불교정책은 전반적인 폐불의 지향이었다. 물론 연산군대에서와는 다른 방법으로 추진해나간 것이기는 하지만 이는 앞 시대의 그것에서 한 걸음 더 나간 배불정책이었다고 할 만 하다.

연산군대의 불교정책은 앞 장에서 살펴본 대로 가히 파불 그대로였다. 이에 이르는 복잡한 과정을 고려하더라도 결과는 동일하다. 정책으로서 보다는 우발적인 폭거가 회복할 수없는 불교파괴의 결과를 초래한 것이다. 여기서 다시 주목하고자 하는 것이 반정 이후의 불교정책인데, 중종은 불교의 현실을 있는 그대로 수긍하는 데서부터 출발하고 있다. 파불을 기정사실로 인정하고 그 위에 새로운 배불조치들을 내놓고 있는 것이다. 즉위 초에 기신재의 복구와 능침사 위전位田의 환급 등 연산군대의 배불책에 대한 부분적인 완화조치는 그런 관점에서라면 다소 뜻밖의 일로 비쳐진다. 그러나 그것이 불교정책의 방향전환을 의미하는 것은 아니다. 왕실 불교와 관련된 이 조치 역시 마침내는 폐지와 속공의 전철을 밟고 있기 때문이다.

이 같은 중종대 불교정책의 방향은 유교국가의 숭유배불적 국시에 비추어 볼 때 당연한 귀결이었다. 그동안 진행해 온 태종·세종·성종대의 억불책들도 기본적으로는 국시로부터 기인하며, 상궤를 크게 벗어난 연산조의 파불적 조치까지도 조선의 국시가 그 당위성을 뒷받침해준다. 따라서 중종대의 불교정책 또한 전체 구도로서는 이 같은 범주 안에서 생각할 수 있다. 그러나 이 시대 불교정책에 관해서는 중종의 유교적 소양과 정치이념을 떠나서 말하기는 어렵다. 군주 개인의 종교적 정치적 성향이 불교정책의 향방에 보다 구체적으로 작용하고 있다는 뜻이다.

일찍부터 유자로서의 소양을 충분하게 쌓아온 중종은 조선시대 어느 군주보다도 유교정치의 이념에 충실했던 인물이다. 반정 훈구대신들에 의해 추대된 그가 즉위 초에는 정치적 입지가 취약할 수밖에 없었다. 그러나 그 10년(1515)경부터 점차 자기 위치를 확보해가는 한편 유교적 이상 정치를 실현하고자 노력하였다. 조광조의 등장과 함께 사림파가 새로운 정치세력으로 부상하여 개혁정치를 추진할 수 있었던 것도 이런 중종의 의지가 투영된 결과였다.[143] 뒤 이은 기묘사화己卯士禍(중종 14년, 1519)로 사림파가 크게 위축되고 훈구파가 다시 정국을 주도하게 된 상황의 반전 속에서도 그의 유교정치 이념이 아무런 변동 없이 추구되어 갔음은 물론이다. 따라서 중종의 이 같은 유교지향의 정치가, 대불교정책에서는 상대적으로 배불의 형태로 나타날 것임은 당연한 일이다.

중종대 불교정책의 배경은 그의 유교적 이상 정치의 구현과정으로서 이해되지만, 그것이 또 다른 측면에서는 훈구파와 사림파의 대립과 경쟁이라는 긴장관계 속에서도 읽혀진다. 불교에 대한 억압과 배척은 유신관료들의 통시적通時的 이념이며 정치 행위의 일단이다. 따라서 이런 일이 조선조에서 특별한 현상은 아니지만, 다만 중종대에서의 훈구·사림파의 정치세력화 및 그 활동 문제와 관련지었을 때 그것은 좀 더 다른 의미로 해석될 수 있다.

궁중과 연결되어 지배세력으로 성장한 훈구파와 취약한 정치적 기반으로 세력확대를 도모하는 사림파 간에는, 대불교 인식과 그 정책 방향에 있어서도 분명한 차이가 드러난다. 훈구파가 전통적 명분을 의식하면서도 다분히 현실적인 대불교 정책을 강구하고 있는데 반해, 사림파는 인습과 옛 제도의 제거라는 관점에서 과격한 정책을 추진하고 있음이 그것이다.[144] 이와 같이 이들 두 세력 간의 대립과 정국주도 경쟁 속에서 불교정책의 양상은 다소 달리 나타날 수밖에 없었다.

___

143) 李秉杰, 「사림세력의 진출과 사화」, 『韓國史』28(국사편찬위원회, 1996), p.196.
144) 이는 이념문제와 함께 훈구·사림 양대세력간의 정치적 계산과 의도에서 나온 일반적 행동경향으로, 반드시 불교정책에 국한하는 문제만은 아니다.(李秉杰, 「사림세력의 활동」 위의 책, p.233~239 참조)

말하자면 훈구·사림파의 상호 긴장관계가 중종대 불교정책의 또 다른 배경이 되고 있는 것이다.

한편 불교정책의 배경을 이루는 또 하나의 요소로서 중종대의 왕실 불교를 들지 않을 수 없다. 조선조 왕실 불교는 그동안 국가의 억불정책에 대해 거의 예외 없이 그 견제자로서 역할 해 왔으며, 불교의 후원자가 되어왔다. 태종의 억불책 수행은 신불자인 부왕 태조에 의해 적지 않은 부담과 제지를 받았으며, 세종대의 막강한 왕실불교세력은 배불군주였던 세종을 마침내 신불자로 돌아서게 하는 데까지 영향을 미쳤다. 또 세조비 정희왕후는 성종대의 강력한 억불책을 그나마 제어하는데 중심적 역할을 하였고, 결과가 파불에까지 이르기는 했지만 연산군대에도 인수대비를 비롯한 왕실불교는 무시할 수 없는 힘으로 존재하였다. 세조와 문정왕후처럼 직접 흥불정책을 공개적으로 추진해나갔던 사례까지를 상기한다면, 왕실불교는 조선시대의 불교보호와 유지에 실로 최후의 보루였던 셈이다.

왕실의 불교는 중종대에도 엄연히 존재하였고, 불교정책에 직접 간접으로 영향을 끼칠 만큼 그 활동 또한 적지 않았다. 중종 즉위 초에 연산군대에 폐지했던 기신재와 수륙재를 다시 설행하고, 수륙사·능침사의 위전을 환급케 한 것도 전적으로 대비 정현왕후의 뜻에 따른 결과였다. 한편 중종은 그 2년(1507)에 대비의 뜻에 따라 도성에 원각사와 양종(흥천·흥덕사) 및 정업원을 복구하고자 전지傳旨한 바 있다. 처음부터 거의 실현 불가능한 이 일은 뜻을 밝힌 지 10여일 만에 계획의 철회로 끝나고만[145] 한 차례의 해프닝에 불과한 것이었지만, 여기서도 왕실 불교의 일면을 확인할 수는 있다.

---

145) 『中宗實錄』卷2, 中宗 2年(1507) 1月 7日 및 19日.

대비는 이와 같이 왕실불교의 구심점으로서 그녀가 사거死去하는 중종 25년(1530)까지 왕실과 관련된 크고 작은 불사들을 주선하고 실행하였다. 이런 대비와 함께 훗날 흥불의 전면에 등장하는 문정왕후가 바로 중종의 비였음을 상기한다면 중종대 왕실 불교세력은 다른 시대에 비해 결코 뒤지지 않는다. 그러함에도 불구하고 중종대의 불교정책이 전체적으로는 폐불의 방향으로 흐르고 있다. 이는 이 시대에서 뿐만 아니라 본래 왕실불교가 미칠 수 있는 영향력의 한계라 할 것이다. 또한 이미 파불의 단계를 거쳐 온 중종대에는 그만큼 한 단계 진전된 불교정책을 펼 수 있는 시대적 분위기와 여건이 성숙되어 있었다는 점도 아울러 고려해야 한다. 그러나 중종대 불교정책 가운데는 분명 왕실불교와 관련된 부분이 적지 않다. 즉 부분적으로는 작용과 반작용의 관계로서 그것이 진행되어 간 것이다. 왕실불교를 이 시대 불교정책에서 배경세력의 하나로 보고자 하는 것도 바로 이때문이다.

　이상과 같이, 이상 정치 구현의 의지가 확고한 군주와, 상호 긴장관계에 있던 훈구·사림파 유신관료들, 그리고 왕실불교는 이 시대 불교정책에서 각기 다른 배경세력으로서 존재하고 있다. 그러나 왕실불교의 영향이 왕과 유신들의 배불의지를 완전히 견제하는데 까지는 미치지 못하였다. 따라서 중종대 불교정책은 이미 예상할 수 있는 순서 그대로 파불적 현실 위에서 다시 불교의 완전한 폐쇄의 길을 걷게 된다.

II. 사림파 부상의 배불적 의미

　배불과 그 정책의 수행에 있어 관학官學 유자儒者와 사림파의 관여
구분이 확연히 드러나지는 않으며, 또 그것이 반드시 필요한 것도 아니
다. 그러나 사림파가 보다 성리학적 이념과 실천윤리에 투철하다는 점
과 이들이 유교적 이상실현을 위한 개혁 정치의 일선에 나섰다는 점에
서, 사림파의 성장과 불교정책의 상관관계는 충분히 인정할 수 있다.

　성리학적 질서에 충실하려는 입장을 지니면서 향촌에서 학문연구
와 교육을 통해 세력확대에 노력해 온 사림파가 중앙정계에 등장하기
시작한 것은 15세기 성종대부터였다. 왕권을 능가할 정도로 권귀화權
貴化하면서 권력을 강화해 온 훈구파의 견제를 위해 성종이 이들 재야
의 사림을 중용한 것이다. 그 등장에서부터 예측되는 바지만 사림파
는 훈구파의 집권 하에서 점차 자신들의 위치를 다지며 정치세력화를
도모하였고, 이로써 두 세력 간의 갈등과 대립은 불가피하였다. 연산
군대에서부터 명종대 초까지의 기간 중에 4대사화四大士禍가 발생한
것도 이런 배경 하에서였으며, 그 피해 측은 언제나 사림파였다. 이는
아직은 사림파가 열세에 있음을 반증하는 것이지만, 동시에 이들 사
림세력의 성장과정을 말해주는 것이기도 하다.

　이처럼 비록 초기의 사림파가 정국을 주도하는 위치에 있지는 못하

였으나 그 존재가 결코 미미한 것만은 아니었다. 성종대에서부터 대간·홍문관 같은 언관직에 집중적으로 진출해 있던 이들 사림파는 주로 언론을 통해 여론을 이끌어갔다. 그리하여 훈구파의 독주를 탄핵하거나 견제하면서 점차 그들의 위치를 강화하고 세력을 확대해 간 것이다. 그 결과 16세기 선조대에 이르러서는 사림파가 중앙정계의 요직에까지 진출하여 공도와 공론을 주창하는 새로운 사림정치시대가 열리게 된다.

중종대 사림파의 동향 역시 훈구세력과의 갈등·대립 그리고 그 성장의 과정 속에서 파악된다. 성종의 사거로 크게 위축되고 연산군대의 무오사화를 거치면서 거의 도태되어 버린 사림파가 정계에 다시 등장할 수 있었던 것은 중종반정 이후였다. 정국공신들이 전조의 폐정을 개혁한다는 명분하에 정국을 운영하는 동안 권력을 독점하고 권위화함에 따라 그 대응세력으로서 사림파가 다시 정계에 나올 수 있었던 것이다.

박원종朴元宗 등 훈구 대신들이 주도한 중종반정은 117명의 공신을 배출하였고, 중종 초기의 정치는 자연히 이들에 의해 운영되었다. 이 같은 공신 중심 지배체제하에서는 소수의 사림 인물들이 개인적인 능력에 의해 정계에 진출해 있었다는 사실 외에 크게 눈에 띄는 것은 없다. 그러나 중종 9년(1514) 이후 사림세력은 중앙정계에서 급속하게 부상하는데 그 요인으로는 대체로 세 가지를 들 수 있다. 즉 ①세력확대를 위한 사림 스스로의 노력 ②일부 대신들의 천거에 의한 사림파 인재의 등용 ③훈구세력의 견제와 왕권 강화를 필요로 하는 왕의 입장이 그것이다.[146]

---

146) 이병걸, 앞의 책, pp.195~196 참고바람.

중종대 사림파의 대표 격인 조광조趙光祖의 정계진출과 그 활동도 이 같은 상황 하에 이루어지고 있다. 그는 중종 10년 당시 이조판서이던 안당安瑭의 천거로 관직에 임명되었다. 그러나 과거를 통해 당당하게 벼슬에 오를 것을 다짐하던 그는 마침 알성시謁聖試가 열림에 이에 급제하였고, 이후 사간원司諫院 정언正言·승지·부제학 등을 거치면서 유학과 문치에 뜻을 둔 중종에게 각별한 대우를 받았다. 이런 조광조를 주축으로, 사림파는 정국공신靖國功臣 중심의 집권체제에서 야기되던 각종 사회적 모순을 시정하고 요순삼대堯舜三代의 유교적 이상주의, 즉 지치至治를 실현하기 위하여 과감한 개혁을 주장하였다.

이상정치의 실현을 위해 사림파가 내세운 명분은 이른바 도학정치道學政治라는 새로운 정치질서의 수립이었다. 곧 군주나 백성 모두가 천명에 따라 생각하고 행동함으로써 지치에 이르고자 했던 것으로, 이러한 이념에 의거하여 그들은 현철군주론賢哲君主論을 제기하는가 하면 그 조건으로서 군자와 소인의 구별을 제시하기도 하였다. 또 그들은 모든 법제를 마땅히 현실에 맞게 고칠 것을 강조하였다. 이는 조종祖宗의 법은 쉽게 고칠 수 없다는 것을 명분으로 기득권을 유지하고자 한, 훈구파의 그것과는 상반된 대응방식이라 할 수 있다.

도학정치의 실현을 위한 사림파의 개혁정치는 특히 언론과 경연 활동에서 두드러진다. 본래 대간·홍문관과 같은 언관직 진출이 현저顯著했던 그들은 활발한 언론 활동과 경연 활동을 전개하여, 훈구파를 견제하는 한편 스스로의 정치적 성장을 도모했던 것이다. 그들의 언론 방향은 전통적 명분의 회복을 목표로 하는 것도 있지만, 주로 인습과 구제의 혁거에 더욱 큰 비중이 있었던 것으로 보인다. 사림파가 추구하고자 한 도학정치의 실현은 결국 전통적 인습 및 구제의 혁거를 통하여, 그리고 그와 연결되어 있는 훈구파의 견제를 통하여 이루어질 수 있는 것이었기 때문이다.[147] 이 밖에도 이상정치를 추구하던 사림파의 활동 가운데 불교적 관심으로서 언급해야 할 몇 가지 사항으로는 소학 교육, 향약鄕約 보급 활동, 서원의 출현 등을 들 수 있겠다. 이런 활동들 또한 어떤 형태로든 당시 불교의 현실에 영향을 끼쳤을 것으로 보기 때문이다.

한편 거짓 공훈자의 삭제 사건을 계기로 발생한 중종 14년의 기묘사화는 사림파에게 큰 타격을 주었다. 조광조 등이 제거됨으로써 불과 수년 만에 개혁정치도 끝나고, 이후 사림파는 크게 위축될 수밖에 없었다. 중종 33년에 기묘사림의 재등용과 신진사림의 정계진출로 사림파의 세력이 다시 점증하기도 했지만 그것은 인종대 이후의 일이다.

사림파에 대한 이상의 고찰을 중종대의 불교정책에 비추어 볼 때 우선 크게 눈에 띄는 점이 있다. 즉 사림파는 중종 10년 조광조의 등장과 함께 급격히 부상하였으며, 바로 그 즈음인 중종 11년에 기신재 폐지, 사찰노비 속공, 도승조 삭제와 같은 중대한 배불책들이 집중적으로 시행되고 있는 것이다. 10년 동안에 걸쳐 중종과 유신들 사이에 공방을 계속해 온 이들 불교문제가, 갑자기 한 해에 모두 해결되고 있음은 결코 우연한 일로 보이지 않는다. 사림파가 주도한 개혁정치의 분위기와 자극 속에서 지금까지 과제로 남아온 불교문제가 폐지·속공·삭제로 끝나지 않았을까 하는 것이다. 그러나 사림파의 개혁정치와 그 영향에서 기인하는 배불조치나 사건들을 구체적으로 열거하기는 어렵다. 다만 그들이 개혁의 일환으로서 전개해 나간 몇몇 활동을 통해, 그것이 불교의 현실에는 부정적으로 작용했을 가능성과 그 흔

147) 같은 책, pp.230~240.

적들을 어느 정도는 추측해 볼 수는 있다.

　가령 사림파들이 성리학의 입문서로서 가족관계 및 행동규범에 관한 실천적인 면을 강하게 지닌 『소학小學』의 교육에 힘쓴 것도 유교적 인간성 및 가치관의 재현이라는 점에서 불교와의 대응관계를 설정할 수 있다. 사친출가辭親出家와 염리세간厭離世間 등 불교적 인간형 및 가치관과는 분명 차이가 있다는 점에서이다. 또, 유자들의 보편적 질서이며 생활규범인 주자가례에 대한 인식과 실천적 수용이 사림파에 의해 더욱 강조되었던 사실도 같은 관점에서 생각할 수 있다. 소학의 실천운동으로써 향약 보급활동 또한 향촌사회의 불교적 여습餘習을 의식하는 가운데 펼쳐진 작업으로 이해 할 수 있다. 이는 종래의 불교적이고 음사적淫祀的인 이족吏族 중심의 향촌 사회를 사족士族 중심의 유교적인 향촌질서체재로 재편하려는데 목적이 있었기 때문이다.[148] 『여씨향약呂氏鄕約』은 중종 12년 이후 향촌에 널리 간행 배포되었고, 그 14년 무렵부터는 촌락만이 아닌 국도에까지 보급되었다. 이 같은 사림파의 새로운 성리학적 사회질서 재편노력이 적극 경주됨으로써 향촌사회의 불교적 여습은 빠르게 제거되어갔을 것으로 본다.

　한편 중종대 말에 서원書院이 처음 출현한 사실도 간과할 수 없다. 중종 38년 유교적 교화와 사묘祠廟 및 유생의 강학을 위해 풍기군수 주세붕周世鵬이 처음 세운 백운동서원白雲洞書院은 당시 폐사화 되어 있던 숙수사宿水寺 폐허지에 설립되었다. 주세붕이 향촌 자치적 기구인 동시에 공공기관으로서의 서원을 폐사지에 세운 것은, 향촌인에게 노동력 동원 등 부담을 주는 대신 한유閑遊한 사원시설의 이용에 따른 경제적인 이점과 숭유억불을 표방하는 이중효과를 노린 것이었

---

148) 李樹煥, 「서원 건립 활동」, 앞의 『韓國史』, p.279.

다.[149] 조선시대에 관리들의 유학을 장려하기 위한 사가독서賜暇讀書가 정해진 사찰에서 이루어지거나 아예 사찰을 독서당으로 만들기도 했던 일이 간혹 보인다. 이러한 사실과 직접 연관되는 것은 아니지만 사림파의 배불의식과 그 구체적인 행동화의 산물이기도한 중종대의 이 최초의 서원 건립이 시사하는 바 또한 적지 않다.

사림파의 활동과 중종대 불교정책의 상관관계를 직접 연결 지어 논하기는 쉽지 않다. 그러나 적어도 그들의 활동이 단순히 불교의 세계관에 대응하는 성리학적 이념의 구현이라는 원론적 차원으로만 해석되지는 않는다. 위에서 확인할 수 있듯이 사림파는 인습과 구제 혁파라는 관점에서 중종의 배불적 정책에도 크게 작용했을 것으로 판단되며, 동시에 도학적 이상을 추구하는 정책 속에서 불교적 가치관의 배제와 그 여습의 제거를 위해 노력을 경주했다고 본다. 불교에 대한 사림파의 이 같은 의지는 그들의 세력이 약화된 중종대 말에도 크게 변함이 없었다. 그것은 우연하게도 뒷날 사림세력의 근거지가 되는 서원의 최초건립이 민생을 위한 경제적 이점과 숭유억불을 동시에 의식하면서 세워지고 있는 데서도 느낄 수 있다.

---

149) 위의 『韓國史』, p.285.

Ⅲ. 배불 유형과 그 성격

불교에 대한 중종의 태도와 시책을 으레 배불로 규정하는 것은 적합하지 않을지도 모른다. 왕실의 신불 전통을 보호하려 했던 일 외에도 그의 치세 중에 사찰 중수와 행향사行香使 파견 등 호불 사실이 간혹 보이며, 대장경을 인간印刊하고 108법사를 모아 3일 동안 경전을 읽게 하는 의외의 사례도[150] 없지 않기 때문이다. 그러나 중종대의 불교정책은 궁극적으로 불교의 완전한 폐쇄를 지향하고 있는 만큼, 전체적으로는 역시 배불로 규정지을 수밖에 없다.

이런 중종대 배불의 유형과 그 성격을 논하기에 앞서, 먼저 그의 치세 전반에 걸쳐 나타나는 불교관련 사실과 조치내용들을 일별할 필요가 있다. 그것을 표로 제시하면 다음과 같다.[151]

---

150) 李能和,『朝鮮佛敎通史』上, p.449.
151) 金煐泰,『한국불교사연표』(신흥출판사, 1976),『中宗實錄』,『國史大事典』(대영출판사, 1977) 에 의거함.

중종대의 불교시책

시 기	불 교 관 련 사 실	비 고
원년(1506) 9월	기신재 설행의 복구	
10월	수륙사·능침사·내원당의 위전 환급	능침사 이외의
	도성내 사원 복구의 금지	노비 속공
	지방의 창사 엄금	
	무도첩승의 환속을 8도에 유시	
	지방승려의 입성금지	
	내원당의 위전 환급	
2년(1507) 1월	원각사·양종·정업원 등을 복구코자 함	대신들의 극간으로 10일 만에 하교철회
?월	정묘 식년의 승과 불실시	연산군 갑자 식년의 승과 불실시
4월	양종의 노비와 토지 내수사에 이속	
3년(1508) 5월	대자사를 중수시킴	
4년(1509) 1월	사사전 가운데 없앨 것과 남길 것을 보고케 함	
4월	도성내 사찰을 모두 폐하여 공해公廨로 사용함	
5년(1510) 3월	각도 폐사의 전지를 향교에 이속시킴	방화혐의 유생들을 추국 처벌
	흥천사 사리각 화재	
7년(1512) 6월	흥천·흥덕 양사의 대종을 내수사로 옮김	
7월	원각사를 헐어 재목을 민간에 나누어 줌	
11월	경주 길가의 동불상을 녹여 무기로 만들게 함	
9년(1514) 3월	각도 사찰의 중창을 엄금함	
8월	원각사 재목을 여러 곳의 영선에 쓰게 함	
10년(1515) 3월	호조 등에서 양종의 위전位田을 국용에 충당할 것을 청함	

11년(1516) 6월	선왕선후의 기신재를 폐지함	
11월	모든 사찰의 노비를 속공시킴	능침사 제외
12월	경국대전의 도승조 삭제 지시	
13년(1518) 4월	남곤에게 음사淫詞 및 불교에 관한 어구가 있는 악장을 고쳐 짓게 함	영산회상을 수만년 사壽萬年詞로, 본사찬·미타찬을 중흥악사中興樂詞로 바꿈
19년(1524) 5월	성균관 진사 오계응 등 170인이 벽불소를 올림	
30년(1535) 8월	영의정 김근사 좌의정 김안로 육조와 더불어 승도의 폐해를 상소함. 신창 사찰을 모두 철폐케 함	
31년(1536) 2월	역승급패役僧給牌 시행함	31년 2월~32년 7월까지 8천여명 승도에게 급패給牌
4월	흥천사 종을 숭례문에, 원각사 종을 흥인문에 옮김	
32년(1537) 2월	도성내 무가巫家 및 신창 사찰 모두 철훼	
33년(1538) 9월	『동국여지승람』소재 이외의 사찰 모두 철훼	
34년(1539) 2월	전라도 승 3천여명을 추쇄하여 군적에 보충함	

　　위의 도표는 대부분 결과로써 드러난 사실과 내용만을 간추려 본 것이지만, 이로써 중종대 불교정책의 대체적인 방향은 가늠해 볼 수 있다. 이제 그 가운데서도 특히 향후 불교의 존립에 중대한 영향을 끼친 몇 가지 배불시책을 중심으로 그 경과를 좀 더 자세히 살펴본다.

1. 기신재의 복구와 폐지

태종·세종·성종대의 억불단계를 거치면서도 그대로 지켜낸 기신재는 선왕선후의 기일에 설행하는 불교의식이다. 조종의 전통으로서 그 비중을 충분히 짐작케 하는 이 기신재가 혁파된 것은 연산군 11년(1505) 12월의 일이었다. 그러던 것이 표에 나타나듯이 중종의 즉위(1506)와 함께 그해 9월에 복구되고 있다. 중종이 즉위 후 맨 먼저 불교에 관해 취한 조치가 바로 기신재의 복구인 셈인데, 이는 왕의 뜻이라기보다 대비 정현왕후의 의사에 따른 결정으로 보는 것이 옳다. 이런 사실은 기신제 복구의 후속적 성격을 띠고 다시 결행한 능침사 등 위전의 환급과, 즉위 이듬해(1507) 대비의 뜻에 따라 원각사와 양종도회소 등 도심내 폐훼된 사찰을 복구하고자 한 데서 충분히 파악할 수 있다.

기신재 복구가 누구의 뜻에서 나왔던 간에, 연산군대에서의 그 혁파를 큰 다행으로 여겨온 유신들로서는 수용하기 어려운 사항이었다. 따라서 기신재는 위전의 환급 문제와 더불어 종종 즉위 벽두부터 가장 큰 논란의 대상이 되었고, 심한 반발과 폐지 주장은 특히 중종 4년 6월부터 9월까지 약 3개월간 그 절정에 달했다. 그러나 중종은 폐지를 요구하며 사직까지 감행한 대간들을 벌주거나 서반(무반)으로 옮기게 하는 등 완강하게 대처하면서 끝내 그것을 받아들이지 않았다.

중종의 이 같은 태도는 그 자신이 말하듯 신불을 위해서가 아님은 물론이다. '조종이 행해오던 일을 지금 폐지할 수 없다.'[152]는 것이 그 이유의 전부이며 한결같은 논리이다. 이로 미루어서도 기신재 복구 등

---

152) 『中宗實錄』卷1, 中宗 元年(1506) 10月 26日.

의 불교조치들이 대비의 영향하에서 나온 것임을 알 수 있다.

이는 즉위 초 미약한 중종의 처지와 정치적 입지를 말해주는 것이기도 하다. 그런 만큼 모후인 대비의 의중이 크게 작용했을 것임도 쉽게 짐작할 수 있다. 그러나 중종 11년 6월에 다시 기신재가 폐지되고 있음은 이런 사실을 간접적으로 뒷받침한다. 이 무렵 중종은 자신의 위치 확보에 나서기 시작하였고, 좀 더 주체적이고 능동적인 입장에서 그 영구적인 폐지를 결정할 수 있었을 것으로 본다. 여기에는 그동안 줄기차게 기신재를 반대해 온 조정 유신들의 여론과 의지가 뒷받침되어 있음은 물론이다.

2. 능침사 등 위전의 환급과 속공

왕실불교와 관련한 능침사·수륙사 및 내원당의 위전 또한 연산군 때 혁파하였고 중종의 즉위로 환급된다. 능침사는 조종의 능을 위한 사찰이며 수륙사는 망자 천도의 의식을 위해 세운 사찰이다. 조선에서 수륙사가 처음 생긴 것은 태조가 건국 후에 전조前朝 왕씨들의 명복을 빌기 위해 관음사·견암사·삼화사의 3사에서[153] 매년 봄·가을로 수륙재를 설행토록하면서 부터이다. 이후 많은 사찰들이 향사차견사 香使差遣寺 또는 수륙사로 지정되어 있었다.

내원당 또한 본래는 궁전 안의 법당을 말하지만 그 소속사원은 전

---

153) 三和寺는 태종 14년에 津寬寺와 上元寺로 추가 대치되고, 봄 설행 일자도 2월 15일에서 정월 15일로 바뀌었다. 이후 수륙재는 조선 왕실의 칠칠 薦魂齋 및 八關齋, 또는 忌日齋로도 설행되면서 연산군 초기까지도 계속되었다. 수륙재 관련 사실은 尹武炳, 「國行水陸齋에 對하여」(『백성욱 박사 송수기념 불교논문집』, 1959), 참고 바람.

국에 산재해 있었다. 수륙사가 그 기능상 국행 수륙재 설행을 위한 사찰인데 비해 능침사와 내원당은 역시 왕실불교와 밀접한 사찰들이다.

능침사 등의 위전환급에 대한 조정의 반응은 기신재를 복구했을 때와 마찬가지였다. 이 문제는 원각사 등 도성내 사원 복구금지 및 지방의 창사 엄금과 무도첩승에 대한 환속유시 등 중종의 불교억압 전교가 나온 이후에 발생한 것이어서, 새로운 유교정치에 대한 기대감에 부풀어 있던 유신들을 크게 실망시켰다. 특히 반정으로 양산된 공신들에게 지급할 토지가 부족하여 공전公田까지 나누어 주어야 할 형편에서 사찰을 위한 토지의 환급은 더욱 현실적인 불만을 야기시켰다.[154]

그러나 능침사 등 위전의 환급에 반대하는 대신들의 이유는 역시 숭유배불적 유자들의 일반론으로 모아진다. 즉 기신재·수륙재의 설행은 그 자체가 유교적 통치이념에 어긋난다. 여기에다 그 위전이 회복됨으로써 불교가 되살아날 명분을 주어 승려 되는 자가 늘어나고 이로 인해 군역자가 감소하는 등 국익을 해치게 된다는 등의 논리이다. 그리하여 이 문제 또한 기신재와 마찬가지로 줄기찬 반대와 철회 요구에 부딪치지 않을 수 없었다.

그 결과 내수사의 불사 관여에 대한 반발, 양종의 완전한 혁파, 도승제도의 폐지 요구 등 또 다른 방면으로까지 여론이 증폭되어 나가다가 마침내 중종 11년 "비록 왕패王牌가 있다 하더라도 능침사를 제외한 모든 사찰의 노비를 속공케하라."[155]는 조치로 끝나게 된다. 노비는 곧 사사 전민인 만큼, 그들을 속공시키고 있음은 해당 사사 위전의

---

154) 『中宗實錄』卷1, 中宗 元年(1506) 10月 26日.
155) 『中宗實錄』卷26, 中宗 11年(1516) 11月 9日. "寺刹奴婢 雖祖宗朝有王牌處 除有陵寢外 皆推刷 屬公".

속공과도 마찬가지의 결과를 초래했을 것이다. 따라서 이런 조치와 함께 수륙재는 더이상 설행되지 않았다. 국초부터 이어온 국가 주관의 수륙재가 중종 11년 이후 완전 폐지에 이른 것이다.

3. 승과제도의 완전한 폐지

조선시대의 승과는 선교양종과 서로 표리의 관계를 이루면서 교단의 존재와 그 구성원의 질적 향상에 기여해온 국가의 불교제도였다. 이 승과 또한 연산군대에 폐지했던 것인데, 그도 즉위 9년 말까지만 해도 '조종의 오랜 법'이라거나 '기신재의 설행을 위해서'라는 등의 명분을 내세우면서 유신들의 승과 폐지 주장을 일축하고 있었다. 그런 연산군이 사화(1504)가 발생했던 바로 그해 갑자 식년에는 뚜렷한 이유 없이 승과를 실시하지 않았다.

이어 중종 즉위 2년(1507), 역시 식년에 해당하는 정묘년에도 승과는 실시되지 않았다. 이로써, 연산조의 폭정에 의하여 한 때 중단했던 승과가 이제 확정적으로 폐지되고 만 것이다.[156] 『중종실록』에는 그 실시 여부에 관한 승과의 기록 자체가 보이지 않는다. 따라서 승과의 폐지를 연산군대로 볼 것인가 중종대로 볼 것인가의 문제도 없지는 않다. 그러나 유신들의 승과 폐지 주장에 대한 연산군의 태도로 보아 그 10년의 승과 불실시를 '일시적인 중단'으로 간주한다면, 그것은 중종대에서 공식 폐지된 것이라고 말할 수 있다.

이렇게 해서 폐지된 승과가 명종대에 양종의 복구와 함께 다시 실시되지만 왕후의 사거로 더이상 계속하지 못하고 영파永罷하고 만다.

---

156) 『朝鮮佛敎通史』下, p.798 ; 金煐泰, 『한국불교사』(경서원, 1997), p.263.

이 예외적인 흥불시기의 사실을 제외한다면, 중종의 승과제도 폐지는 불교와 국가와의 공적인 관계를 단절해 버린 매우 중대한 배불정책의 결행이었다.

4. 도승법의 폐기와 후속처리

승려가 되고자 하는 사람에 대한 국가의 허가와 도첩발급의 제도인 도승법은 억불 및 배불지향의 불교정책에 있어서 가장 빈번하게 논란의 대상이 되어왔다. 그것은 중종대에서도 예외가 아니다. 이미 성종 23년(1492)부터 도승법의 정지와도 동일한 효력을 지니는 금승절목禁僧節目을 정해 시행해 온 만큼 연산군대는 물론 중종대에도 사실상 공식적인 득도자가 거의 존재할 수 없었다.

그러함에도 중종대에서 이 도승법이 계속 논란이 되고 있는 것은 두 가지 이유에서이다. 하나는 이미 사문화된 도승의 법조문을 아예 대전에서 삭제하자는 유신들의 주장 때문이며, 또 하나는 도승법이 삭제된 상황에서도 승도가 더욱 증가하는 현실 때문이었다. 후자의 경우는 도승법(도첩법)의 편법적인 부활이라고나 할 중종대 말의 역승급패役僧給牌 사실에서 다시 언급하겠지만, 전자의 경우를 살펴보면 그것은 이미 중종 4년 9月경부터 논란이 일어나고 있다. 앞에서 언급한 대로 기신재 등의 폐지요구가 불납不納되는 가운데 또 다른 방향으로 문제가 확대되고 있는 것이다.

유신들은 『경국대전』의 새로운 간행에 즈음하여 아예 대전에서 도승조항을 삭제하고자 하였다. 이에 대해 중종은 역시 신중하게 대처하고 있다. '대선大禪에게 취재取才시험을 치게 하고, 승려에게 도첩을 준다든가, 승려들에 대해서는 먼저 보고하고 나중에 가둔다는 등의 일은 조종 때부터 있었던 옛 규정이니 비록 그대로 둔다 하더라도, 시행하지 않는다면 무방한 것.'이라고 말한다. 또 '승려에 관련된 법은 지금 쓰지 않는 것이니 있으나 없으나 상관없다. 그러나 이전부터 그대로 두고 삭제하지 않은 지가 이미 오래 되었으니 지금 와서 삭제할 수는 없다.'는 것이다

유신들과 중종의 이 같은 공방은 그 4년 9월부터 12월 까지 계속되었으나 허락하지 않다가 중종 11년 드디어 삭제가 결정된다. 김안국의 계에 대해 "도승법을 마땅히 삭제했어야 하는데 비록 두더라도 쓰지 않으면 된다고 말했었다. 그 때에는 기신재도 역시 혁파하지 않았기 때문에 삭제하지 않은 것이나, 이제 와서는 기신재는 이미 혁파하고 도승법만 홀로 국전에 실려 있어 매우 불가하다. 다음 인출할 때는 삭제하라."고[157] 지시한 것이다.

중종대의 중심적인 배불정책을 이상과 같이 검토할 때 그것에서는 일단의 공통성이 읽혀진다. 그동안 크게 위축된 불교의 현실에서 그나마 교단의 유지 존속에 큰 명분과 힘이 되어 온 주요 사항과 제도들을 중종 11년 한 해 동안에 집중적으로 폐지한 사실과, 이들이 모두 중종 10년부터 강하게 대두된 사림파의 개혁정치 추진과 맞물려 결행되었다는 점이다.

이미 앞에서 언급하였지만 중종 10년 이후 사림파는 개혁적인 도학정치를 추구하였다. 천명에 따르는 지치至治, 즉 이상사회 실현을 위한 정치를 목표로 하였고, 그러기 위해 삼대의 성치聖治에 도달할 수 있는 현철군주론賢哲君主論을 주장하기도 하였다. 특히 그들은 개혁정

157)『中宗實錄』卷27, 中宗 11년(1516) 12月 16日.

치의 실현과정에서 언론 및 경연을 그 주요 활동수단으로 삼았다. 이 같은 사림파의 개혁정치 수행과 중종 11년의 배불정책 사이에는 상당히 밀접한 상호관련이 있어 보인다. 다시 말하면 사림파의 도학적 이상정치에 신뢰와 지지를 보내고 있던 중종 또한 지치의 구현이라는 측면에서 스스로 현철한 군주로서의 사명감을 느끼며 과감한 배불정책들을 결행했으리라는 것이다. 사림파들의 언론방향이 특히 인습과 구제도의 혁거에 큰 비중을 두고 있었음을 감안할 때 더욱 그러하다.

여기서 중종대 배불시책의 성격문제와 관련하여, 이상의 내용을 포함한 그의 정책 전반을 다시 몇 가지 유형으로 구분해 본다. 그럴 경우 그것은 ①왕실불교의 전통혁파 ②국가와 불교의 공적관계 단절 ③ 폐불적 정리 및 완결의 세 가지로 요약할 수 있으며, 중종대 배불정책의 성격은 이들 각 유형이 그대로 말해준다.

그 첫 번째 유형에서는 조종의 오랜 전통이었던 기신재의 폐지를 가장 먼저 손꼽을 수 있다. 그 밖에 왕패가 있는 사찰의 노비까지 속공시킴으로써 결국 수륙사가 폐지되고 내원당 또한 같은 운명이 될 수밖에 없었던 것도 이에 해당한다. 중종은 왕실 구성원의 일원으로서 즉위 초에는 대비의 영향을 받으면서 그 전통을 지키고자 고심하였다. 그러나 자신의 위치 확보와 함께 유교적 이상 정치의 지향 속에서 마침내는 왕실불교의 전통까지도 혁파하고 있다.

두 번째 유형에는 승과의 폐지와 『경국대전』에서의 도승조 삭제를 들 수 있다. 연산군대에 중단되었던 승과를 중종이 다시 실시하지 않음으로써 이후 그것은 승과의 공식폐지로 굳어진다. 중종의 불교정책은 바로 이런 점에서도 연산군대의 파불을 기정사실화하고 그 위에 더욱 강경한 배불조치를 통해 이를 확정지은 것이라고 말할 수 있다.

도승조의 문제는 비록 사문화된 법조항의 삭제이기는 하지만 그 상징성은 적지 않다. 국가의 법령전에서 이를 삭제함으로써 불교의 피폐한 현실 확정은 물론 혹시 발생할 지도 모르는 그 재흥再興의 가능성까지 아예 봉쇄해 버렸다는 의미에서이다. 유신들의 줄기찬 요구에 응한 것이라 해도 결과에는 변함이 없다. 국가의 불교제도로서 크게 기능해 온 승과를 폐지하고 도승법의 조문을 삭제한 것은, 중종의 결단으로 드디어 불교와 국가의 공적인 관계가 완전히 단절에 이르렀음을 말한다.

세 번째 유형은 연산군대의 파불에 따른 정리와 나머지 미진한 불교철훼 부분에 대한 종결적인 조치이다. 중종이 이미 폐쇄된 양종 및 원각사를 헐어내거나 도성내 사찰을 모두 폐하여 공해公廨로 사용케 한 것은 국도를 중심으로 하는 불교활동의 본거지를 정리한 것으로 볼 수 있다. 양종의 노비와 토지를 내수사에 이속시키고 각도의 폐사 토지를 향교에 준 조치도 동일한 차원에서 이해할 수 있다. 이로써 그는 불교활동을 가능케 하는 경제적 여건을 완전하게 제거하고 있는 것이다. 마찬가지로 전국에서 사찰의 중창을 엄금하고『동국여지승람』소재 이외의 사찰을 모두 철훼한 것은[158] 극도로 위축된 현재 상태 이외의 불교확대 가능성에 대한 봉쇄였다. 그 말년의 대대적인 승도추쇄와 군적에의 보충[159] 역시 마지막 인적 정리라고 말할 수 있다.

이 밖에 분명하게 드러나지는 않지만 풍속교화에 미치는 불교적 영향력에 대한 배제 작업이 있었음도 고려된다. 특히 사림파 등장 이후 소학교육과 주자가례 등으로 이미 유교적 예교질서가 더욱 보편화 해

---

158)『中宗實錄』卷88, 中宗 33年(1538) 9月 26日.
159)『中宗實錄』卷89, 中宗 34年(1539) 2月 23日.

가는 가운데 왕실의 기신재 등이 폐지되고 있어 더욱 그러하다. 좀 더 구체적으로는 처용무處容舞·영산회상靈山會上의 가사를 새로 지은 수만년사壽萬年詞로 대치하는 등 불교 악장樂章의 가사를 유교의 이념에 맞게 고치도록 하고 있는 데서도[160] 그런 노력이 경주되었음을 알 수 있다.

　요컨대 중종대 배불정책은 연산군대의 파불에 이은 폐불적 성격을 지닌다고 말할 수 있다. 특히 승과제도의 폐지와『경국대전』에서의 도승조 삭제 등은 이 같은 성격을 더욱 분명하게 보여준다. 국가와의 마지막 공적관계 단절로 불교교단은 이제 국가와 무관하게 존재하는 제도 밖의 임의집단에 불과하게 된 것이다.

---

160)『中宗實錄』卷32, 中宗 13年(1518) 4月 1日.

IV. 역승급패 시행의 사정

　이상에서 살펴온 대로 중종대 배불시책의 방향은 뚜렷하다. 그것은
불교의 존재를 공적으로는 인정하지 않겠다는 폐불적 시책들이었다.
그러나 이런 정책방향에 비추어 볼 때 오히려 호불적이라 할 매우 이
례적인 시책도 없지 않아 주의를 요한다. 중종 말에 시행된 대규모 역
승급패役僧給牌 사실이 그것이다. 도첩이 없는 승려에게 국가가 일정기
간 부역하게 하고 도첩을 주어 그 자격을 인정하는 역승급패 (혹은 급
첩給牒)는 그 동안에도 자주 도첩법 대신 사용해 온 일이다. 말하자면
무도첩승에 대한 현실인정과 그 구제책으로 역승급패의 방법이 활용
되어 온 것이다.

　역승급패 시행의 첫 사례는 세종 18년(1436) 흥천사 중수공사에
자원해 온 600명의 승려에게 도첩을 발급한 데서부터 찾을 수 있으
며, 그것이 세조대에는 승인호패법僧人號牌法으로 발전하여 시행되기
도 하였다. 흥불정책을 폈던 세조대에도 무도첩승이 문제가 되기는 마
찬가지였다. 이에 태종 때부터 조세 및 국방을 위해 16세 이상 남자
에게 패를 발급했던 호패법을 원용, 승인호패법을 별도로 만들어 시
행한 것이다.[161] 세조대의 무도첩승은 유점사와 회암사 등 주로 사원

---

161) 『世祖實錄』卷25, 世祖 7年(1461) 8月 12日.

의 중수나 간경도감의 영선에 부역한 대가로 무려 6만 3천여 명이 도첩을 받았다. 세조 때의 이 역승급패는 무도첩자에 대한 흥불차원의 구제적 의미가 더 컸던 것으로 볼 수 있다.

역승급패는 성종 14년(1483)에도 있었다. 유교정치의 구현을 위해 왕실의 축수재 폐지와 불교 풍습의 억제 및 무도첩승의 대대적인 추쇄 등 억불정책을 썼던 성종의 역승급패는 유신들의 강한 반발을 받으며 시행되었지만, 그 근본목적은 역시 무도첩승의 수색 포괄과 군적의 보완 및 유역有役인구의 활용에 있었다. 성종 때에는 궁궐의 수리 및 조영과, 능사인 개경사 중수공사에 부역한 4백 명이 도첩을 받았다. 그러나 성종 23년(1492)에는 도첩제의 폐지와 동일한 의미를 지니는 '도승법의 정지'가 단행되기도 하였다.

도승법의 효력이 정지된 가운데서의 역승급패는 중종 말에 다시 시행되고 있다. 도승조 자체를『경국대전』에서 삭제하는 등 배불책을 강행했던 중종대의 마지막 단계에서 역승급패가 실시되고 있음은 새삼스러운 데가 있다. 그러나 이는 무도첩승 문제가 그만큼 방치할 수 없는 상황에 이르렀음을 말해준다.

성종·연산군·중종대로 이어지며 계속된 극심한 배불정책으로 인해 불교가 크게 쇠퇴했음에도 불구하고 무도첩승은 항상 존재하였다. 더구나 중종대에는 이들이 날로 증가하여 그의 치세 후반기에는 더욱 심각한 사회문제로 대두되고 있는 실정이었다. 당시의 이 같은 실태를 엿보게 하는 기사가 실록에는 빈번하게 눈에 띤다.

불교가 오늘보다 더 쇠퇴한 적이 없지만 승도의 번성함은 불교를 숭봉할 때보다 백배나 됩니다. 산간의 사찰은 죄를 짓고 달아난 무뢰인들의 소굴이 되어 있으며, 그들은 사람을 죽이거나 재화를 빼앗고 여막盧幕을 불태우고 분묘를 파헤치기도 합니다.[162]

영의정 김근사가 왕에게 승도부역에 관해 보고하는 가운데 언급하고 있는 당시 불교와 승려들의 실태이다. 이를 통해서도 국가의 배불정책과는 상관없이 승려 수는 오히려 증가되어 갔음을 알 수 있는데, 이때의 승려는 물론 군역 등을 피해 달아난 무도첩승을 말함이다. 이러한 피역 무도첩승의 폐해와 이들에 대한 처리 문제는 중종 중반 무렵부터 자주 거론되었다. 그 결과로서 감사와 수령이라는 지방의 행정체계를 동원하여 무도첩승을 수괄하고 이들을 정군定軍시키는 방안이 시행되기도 했으나 크게 실효를 거두지 못하고 있었다.

도첩제의 폐지가 무도첩자를 양산하는 결과를 가져왔다는 역설적인 측면도 없지는 않다. 그러나 보다 근본적인 원인은 이러한 문제가 사회 경제적인 모순에서 기인하고 있다는 사실이다. 하층민들에게 불리한 토지제도 및 각종 공납·군역제도의 불합리성과 모순이 무도첩승을 증가시키는 주된 요인이 되고 있었다는 뜻이다. 어쨌든 당시 정부로서는 증가해 가는 무도첩승 문제의 처리에 고심할 수밖에 없었고 다시 그 해결방안으로 제시된 것이 곧 역승급패이다. 즉 중종 30년 8월 영의정 김근사金謹思 좌의정 김안로金安老 등 육조에서 승도의 범람과 승폐의 금방책禁防策으로써 승도로 하여금 일정기간 부역케 하고 호패를 주어 신분과 면역을 보장하되 그 후 무도패승無度牌僧은 적발하여 엄중하게 치죄할 것을 건의한 것이다.[163]

이 방안은 좌의정 김안로 등을 중심으로 강구되었다. 김안로는 중

---

162) 『中宗實錄』卷83 32年(1537) 2月 2日.
163) 『中宗實錄』卷80, 30年(1535) 8月 11日.

종 26년부터 그가 사사賜死되는 중종 32년까지 정권을 천단했던 인물이다. 본래 사림파와도 일정한 거리를 유지하면서 관련을 가져 왔던 그는 기묘사화 이후에 훈구계에 가담함으로써 이조판서 등 요직에 보임되는 기회를 얻었던 것인데, 아들이 부마였던 관계로 왕실측과도 관련을 맺고 있었다. 훈구파에 속하면서도 척신이라고도 할 그가 무도첩승 문제의 해결 방안으로써 역승급패를 주장한 것은 물론 호패를 발급해서라도 이들을 제도권 안으로 끌어들여 국가가 관리하려는 의도에서였다. 그러나 이는 '현실적으로 나타난 문제점을 해결하는 가운데 척신들의 정치적 기반을 강화하여 계속적인 집권을 꾀하기 위한 시도'로[164] 비쳐지기도 한다.

이런 김안로를 중심으로한 집권세력이 역승급패와 같은 타협에 가까운 방안을 제시했을 때 유신들이 이에 반대하고 나설 것은 당연한 일이다. 성종대의 역승급첩 때에도 거의 비슷한 이유에서 반대에 직면했었는데, 유신들은 역승급패는 곧 숭불이라는 인식을 갖고 있었다. 이러한 인식은 조정유신들에 비해 현실감각이 떨어지는 젊은 유생들이 특히 강하여 성균관 유생들이 계속 연명連名 상소하는 등 거세게 반발하였다. 이미 역승급패가 시행되고 있는 가운데 올라온 것이기는 하지만 그들의 역승급패에 대한 반대 이유는, ① 급패로 인한 피역 무리의 양산 ② 급패를 행하는 왕권에 대한 민중의 회의 ③ 부역 후 특전에 따른 불형평성 ④ 출가의 조장과 군액의 감축 등으로[165] 요약되는 것들이었다. 그러나 김안로 등은 이 같은 종류의 반대의견을 묵살하였고 왕의 동의를 얻어 중종 31년부터 역승급패의 시행에 들어가

---

164) 『中宗實錄』卷67 25年(1530) 1月 5日.
165) 金宇基, 「16세기 戚臣政治期의 佛敎政策」(『朝鮮史硏究』 제3집, 1994), p.70.

고 있다.

이에 따라 호패를 얻기 위해 부역을 원하는 승도들은 태안반도 서쪽 끝에 위치한 안행량安行梁의 운하공사와 한강 상류지역 견항犬項의 방색防塞공사에 동원되었다. 이들 지역은 조운의 편리를 위해서나 인적·물적 피해를 막기 위해서도 일찍부터 공사의 필요성이 제기되어 온 곳들이다. 조류와 해저의 기복이 심한 안행량의 운하공사와 매년 홍수로 무너져 내려 완공이 좀처럼 어려운 견항의 방색은 다 같이 난공사였지만 2개월의 부역으로 호패를 얻을 수 있다는 이점 때문에 승도들이 쇄도하였다. 그리하여 중종 31년 2월부터 시작하여 만 1년간에 걸쳐 완공된 견항 공사에서는 3천여 명의 승려가 자원 부역하였으며, 이후 중종 32년 2월부터 7월까지 시행된 안행량 공사에서는 5천여 명의 부역승이 동원되었다. 이로써 전후 8천여 명의 승려가 호패를 받았다.

역승급패는 중종 32년 김안로의 사사賜死로 더이상 시행되지 못하고 폐지되는데, 이 제도의 시행은 일단 긍정적인 효과를 거두었던 것으로 보인다. 역승급패 이후 '하삼도下三道에서 머리 깎은 도적이 없어지고 승도들도 호패가 있음을 알게 되었다.'는 등의 기록이 이를 말해 준다. 이런 긍정적인 효과는 피역승을 제도권 안으로 끌어들여 이들을 국가가 관리하려 한 김안로 세력의 의도가 어느 정도 성과를 거둔 것을 의미한다. 그러나 역승급패의 시행이 불교 자체에 끼친 영향에 대해서는 결코 긍정적인 것으로만 판단되지는 않는다. 역을 피하여 산림과 사찰에 은거하며 무뢰인으로 살아온 이들에게 호패가 주어졌다 해서 결코 승려의 질이 높아졌다고는 말할 수 없다. 더구나 역에 동원되어 호패를 발급받은 승려는 이후 오히려 그것이 부역동원의 근거가 되어 국가의 각종 토목공사에 동원되는 결과를 낳기도 하였다.

중종 말의 역승급패 시행은 그동안의 강경한 폐불적 조치들에 비추어 볼 때 다소 완화된 대불교시책임에는 틀림없다. 그러나 그것이 기본적으로 불교에 대한 정책적 변화는 아니다. 당시 집권세력이 피역자로 인한 사회문제를 해결해가는 과정에서 그들의 정치적 기반 강화를 위해 선택한 하나의 방법이었을 뿐이다. 다만 김안로 등 당시 집권자들이 척신세력들이라는 점에서, 어느 정도는 자신들의 존재기반이 되는 왕실불교는 의식하면서 강경책보다는 온건한 방법을 선택했을 가능성은 없지 않다고 본다.

―――

조선 후기 배불상황의 고착

중종대 불교정책은 전체적으로는 유교적 이상정치 구현의 과제가 주된 배경을 이룬다. 그러나 여기에는 훈구·사림파 유신관료들의 상호긴장 관계와 함께 왕실불교의 영향력까지 그 배경세력으로서 작용하고 있다. 대불인식에 있어서 비교적 온건한 훈구파와 강경한 사림파의 정치적 부침浮沈에 따라 배불시책의 강도는 달리 나타난다. 또 이에 대해 왕실불교가 어느 정도 견제적 영향을 미치는 등 중종대 불교정책에는 이들 각 세력의 동향이 그대로 반영되고 있는 것이다.

그러나 배불정책의 추진과정에서 사림파의 정계진출은 하나의 분기점이 된 것임에 틀림없다. 그동안 10여 년에 걸쳐 공방이 계속되어 온 도승조 폐지 등 불교문제들이 이들의 등장과 함께 일시에 결말을 보고 있기 때문이다. 그만큼 성리학적 이념집단으로서의 사림파의 도학적 개혁정치는, 중종대 배불정책 수행에 전위대적 역할을 담당하고 있다. 그런 뜻에서 사림파의 정치적 부상은 그 사실 자체가 곧 배불적 의미를 갖는다고 말할 수 있다.

훈구·사림파 유신관료들이 추진해간 이 시대 배불정책은 크게 ①왕실불교의 전통혁파 ②국가와 불교의 공적인 관계단절 ③폐불적 정리 및 그 완결로 유형화할 수 있다. 이들 유형 속에 포함된 크고 작은 배불내용과 형태들은 결국 불교의 전체적인 윤곽과 위상을 결정짓는다. 이로써 배불상황이 고착되고 그것이 향후 조선불교를 거의 그대로 지배한다는 점에서 중종대 불교정책이 갖는 성격을 확인할 수 있다.

한편 이런 분위기와는 달리 중종 말에 역승급패가 시행된 사실도 주목된다. 이는 극심한 배불 환경 속에서도 무도첩승이 날로 증가하는 역설적인 현실문제를 해결하기 위한 불가피한 조치였다. 따라서 역승급패가 반드시 불교를 위한 시책이라고 말하기는 어렵다. 다만 무도첩승에 대한 강압적인 수괄이나 추쇄와는 달리 불교의 현실을 어느 정도 인정하는 완화조치였으며, 그것이 왕실불교를 의식하는 척신세력에 의해 수행되고 있음은 유의해 볼 만하다.

중종대 배불시책의 성격에 대해서는 ①연산군대의 파불을 계승한 폐불지향의 정책 ②유교적 이상정치를 추구하는 군주의 의지와 사림파의 개혁정치가 상승작용한 정책 ③폐불 속에서도 일정부분 불교의 현실을 인정한 정책으로 나누어 말할 수 있다. 한마디로 그것은 제도상의 폐불과 부분적인 현실 인정이라는 점에서 '제한적인 폐불정책'으로서의 성격을 지닌다 하겠다.

제3부

흥불정책과 교단의 자립활동

제1장 전기 숭불주들의 흥불정책

I. 숭불주 출현의 배경과 요인

II. 숭불주들의 흥불정책 개요

    1. 태조의 흥불정책

    2. 세종의 흥불정책

    3. 세조의 흥불정책

    4. 문정대비의 흥불사업

III. 흥불정책의 특징과 의미

    1. 숭불주별 정책의 의미

    2. 흥불정책의 공통의 특징

제2장 불전언해와 그 사상

I. 불전언해 착수와 그 경과

    1. 정음수용의 역사적 요청

    2. 간경도감 설치와 언해사업

II. 언해자의 법통과 신불사상

    1. 언해승의 소속 종파와 법통

조선의 불교에 대한 정책기조는 개국 이후 국망에 이르기까지 왕조 내내 단한 번도 바뀐 적이 없다. 유교국가의 명분에 따라 억불 및 배불을 공식화하였고, 그러한 정책방향을 일관성 있게 고수하였다. 조선 전기에 몇몇 숭불주들이 출현하여 주목할 만한 흥불사업들을 펴기도 하였지만, 그것이 국가정책의 변화를 의미하지는 않는다. 이 또한 조선의 기본적인 불교정책의 범위 내에서 타협적으로 수행되고 있을 뿐이다. 그러나 이 같은 흥불사업과 정책이 불교교단의 유지 존속에 끼친 영향은 막중하였다.

숭불주들의 흥불정책 외에 또 다른 한편에서 지속된 교단의 다방면에 걸친 활동들을 통해서도 이 시대 불교의 치열한 흥불의지를 읽을 수 있다. 조선 전

　　2. 세조의 언해정책과 신불사상
　　3. 유신들의 언해협력과 불교관
　Ⅲ. 언해 불전으로 본 사상 경향
　　1.『법화경』등 대승경전류
　　2.『선종영가집』등 선서류
　　3.『오대진언』등 다라니류
　Ⅳ. 불전언해 사업의 사상적 이념

제3장 교단의 경제현실과 대응
　Ⅰ. 전기의 경제적 제제와 억압
　　1. 사원전·노비의 감축
　　2. 경제기반의 완전 해체
　Ⅱ. 중기 이후의 경제적 수탈과 잡역
　　1. 공역부과·산성 축성과 수비
　　2. 지역 등 잡역과 잡공
　Ⅲ. 불교교단의 자구적 경제활동
　　1. 상품생산과 상업활동
　　2. 각종 계의 조직과 운영
　　3. 승려의 사유전답 조성

기에 집중된 불전언해도 그 중의 하나이다. 불전언해는 갓 창제된 정음으로 불전을 국역결집함으로써 불교의 사상적 정립 및 그 대중화는 물론 조선불교의 중흥을 도모하는 의욕적인 사업이었다. 또 피폐해진 불교의 경제적 현실에의 대응노력을 포함하여 다양하게 전개한 불교교단의 자구·자립 활동들도 특기할 만하다. 법통수호와 법맥의 계승, 성리학적 이념 속에서의 사상적 대응, 신앙 및 교화를 통한 불교의 민중화 노력, 의승군 활동을 비롯한 능동적이고 적극적인 국가·사회적 현실참여 등이 그러하다.

관음신앙은 불교에서 가장 대중과 친숙한 보편화된 신앙형태이다. 그것은 조선의 유교중심적 종교현실과 상관없이 항상 성행하였다. 국왕과 왕실에서부

제4장 불교의 자립노력과 현실참여

Ⅰ. 산중불교화와 현실과제

Ⅱ. 불교교단의 자립·자활 노력

    1. 법통수호와 법맥계승

    2. 성리학에의 사상적 대응

Ⅲ. 대사회·국가적 현실 참여

    1. 불교대중화와 신앙형태

    2. 대민복지 활동과 민중행

    3. 의승군의 구국활동

Ⅳ. 불교의 새로운 존재방식과 그 의미

제5장 왕실과 일반대중의 관음신앙

Ⅰ. 선초 왕실의 관음신앙 전승

    1. 태조의 불교정책과 관음신앙

    2. 왕실의 관음신앙과 그 불사

Ⅱ. 일반 대중의 관음신앙과 그 성격

    1. 관음관계 전적의 간행 경향

    2. 관음영험담의 유포와 실례

Ⅲ. 조선 말기 묘련사 관음결사

터 일반대중에 이르기까지 상하의 모든 계층으로부터 고르게 환영받았고, 영향을 주고 있다. 이데올로기적인 유교사회에서 충족하기 어려운 종교적 욕구와 희원에 관음신앙이 크게 부응하면서 불교의 인간구제적 기능을 발휘하고 있는 것이다. 조선시대에는 특히 관음영험과 함께 주문·다라니 등 밀교적 관음신앙이 유행하였다. 또 이 같은 다양한 관음 관계 불서들이 전국 각 사찰을 중심으로 간행되고 이들이 언해되기도 하였다.

배불정책을 펴온 국가가 불교교단의 힘을 필요로 하는 현실에서 발생한 도총섭제도는 변형적인 조선의 승직제도라고 말할 수 있다. 임진왜란과 함께 시작된 이 제도는 기본적으로 불교교단을 위해서가 아니라 국가적 편의를 위해 설

1. 묘련사 결사와 필강관음
2. 『제중감로』에 나타난 관음사상

제6장 도총섭 제도의 발생과 확대

I. 조선 전기 승직의 변천
    1. 선초의 고려승직 계승
    2. 양종과 선·교종 판사 제도
II. 도총섭 제도의 발생
III. 총섭직의 확대 운영
    1. 팔도도총섭과 승영총섭
    2. 형태를 달리한 각종 총섭들
IV. 승풍 규정과 도총섭

치된 임시적 성격을 띤 것이었다. 그러나 조선 말까지 지속되면서 여러 가지 형태로 확대해 간 도총섭제도는 불교교단의 외피적 구실을 담당하였다. 불교교단의 유지존속에 이 제도가 일정부분 기여하고 있는 것이다.

제1장

전기 숭불주들의 흥불정책

숭불주의 출현과 흥불정책의 특징

조선불교는 국가의 배불정책 아래서 침묵으로 일관하며 침체와 쇠퇴의 길을
걸어온 무기력한 불교라는 것이 일반적인 인상이다. 불교가 처해 온 현실, 특
히 그 쇠락의 결과는 이 같은 인식을 피할 수 없게 하는 측면이 있다. 그러나
이 점을 인정하더라도 그것이 조선시대 불교 전반에 대한 온당한 이해라고 말
하기는 어렵다. 쇠락에 이르러가는 역사 과정은 물론 그 결과로서 남은 불교
가 지니는 또 다른 의미에 대해서는 거의 간과해 온 측면이 없지 않은 것이다.
이 같은 사실을 감안하면서 조선불교를 다시 살펴 볼 때, 의외의 모습 또한 어
렵지 않게 만날 수 있다. 무엇보다도 줄기찬 흥불의지와 다양한 형태의 자구
자립自救自立의 노력이 그러하며, 그것에서는 오히려 상당한 저력까지도 느낄
수 있다. 이런 조선불교의 또 다른 모습은 어느 한 시기와 특정 사실에만 국한
하지 않는다. 유교국가의 억압과 배척에도 끝까지 교단을 유지해 온 일이나,
다른 시대불교와는 구분되는 조선불교만의 독자성[1] 그 자체도 조선불교가 무
기력하지 만은 않았음을 말해준다.

이 시대 불교의 긍정적 측면임에 분명한 줄기찬 흥불의지와 그 저력은, 조선조
전 시대에서 찾아볼 수 있지만 그것은 전기前期의 불교에서 보다 구체적인 사
실로서 드러난다. 특히 전기의 몇몇 숭불주崇佛主의 출현과 이들이 수행한 일
련의 흥불정책들이 곧 그러하다. 어떤 군주의 숭불이나 흥불정책은 그 개인의
신앙적 성향과 태도에 속하는 문제로서 불교교단의 의지나 집단적 행동과는
구분된다. 그러함에도 불구하고 이를 굳이 조선불교의 흥불의지와 저력으로
보고자 하는 이유는, 이 또한 이 시대 불교의 전체적인 의지 및 역량과 무관하
지 않다는 뜻에서이다.

---

1) 순수 종교의 입장에서 볼 때, 조선불교는 사회적 기능 및 종교현상 등에 있어
신라·고려시대 불교와 크게 구분된다. 특히 정치·사회적 배불을 겪어 온 조선
전기 불교교단이, 후기에는 自治·自律 ·自給的 산중승단으로 존재하며 그 나
름의 사회적 기능을 다하고 있기 때문이다. 이런 조선불교에 대하여 高橋 亨
은, '비록 교리 발달에서는 내용이 空疏하지만 종교사의 성쇠라는 측면에서는
다른 것과 비교할 수 없는 특징을 지니며, 이로써 조선불교는 오히려 독특한
지위를 차지한다.'고 말하고 있다(高橋 亨, 『李朝佛敎』, pp.2~3).

조선불교의 실상 파악은 그 결과로서만이 아니라 그것에 이르는 역사과정까지도 함께 검토할 필요가 있다. 조선 전기의 숭불주와 그들의 흥불정책에 주목하는 것도 이런 이유에서이다. 유교국가에서 숭불주란 아무래도 이질적인 군왕으로, 그들의 신불심이 남달랐음은 물론이다. 그러나 숭불주의 존재, 그리고 그 흥불정책과 특징 등은 단지 신불심만으로 설명하기에는 충분하지가 않다. 따라서 이런 문제들을 좀 더 유기적인 관점에서 검토하면서, 특히 조선 전기불교의 의지와 역량을 파악할 필요가 있다.

I. 숭불주 출현의 배경과 요인

유교국가 조선에서 숭불주라는 단어는 오히려 생소한 느낌을 준다. 그러나 어쨌든 조선 전기에 몇몇 숭불주가 있었고, 이런 사실은 불교 교단으로서는 크게 다행한 일이었다. 이들의 존재를 굳이 숭불주의 출현이라고 말하는 것은 그러한 사실의 의외성 또는 희소성 때문이다. 그러나 논자에 따라서는 조선 전기의 대부분 군주들을 숭불주로 이해하는 경향도 없지 않다. 본격적인 배불정책을 처음 단행했던 태종까지도 그가 수많은 불사를 실천했다는 점을 들어 숭불주로 보기도 한다.

이러한 경향은 특히 조선 전기에서 어렵지 않게 확인되는, 이른바 외유내불外儒內佛·공유사불公儒私佛적 현상 때문으로 볼 수 있다. 유교국가에서의 정책적 명분과는 달리 실제로는 불교가 행해지고 있던 현실로 인해 그런 이해가 발생하고 있는 것이다. 그러나 불사의 설행이 곧 그가 숭불주임을 뜻하는 것은 아니다. 만일 불사의 실천 여부를 근거 삼아 말한다면, 연산군과 중종을 포함하여 조선의 역대 군주 어느 한 사람 숭불주 아님이 없다 할 것이다. 불교를 거의 폐훼시킨 연산군과 중종 때 역시 적지 않은 불사가 설행되고 있기 때문이다.

조선시대 군주들 가운데 진정 숭불주로 불릴 만한 인물을 찾았을 때 그 숫자는 겨우 몇몇에 지나지 않는다. 개국주 태조와 만년의 세종, 세조, 그리고 명종 때 섭정에 나섰던 문정대비가 손꼽힐 정도이다. 이후 조선의 역사에서 이들 만한 숭불주는 찾아볼 수 없으며, 그나마 중기에 정조의 수원 용주사 신창 등 대불조치들에서 어느 정도의 숭불을 말할 수 있을 뿐이다. 여기서 바로 눈에 띄는 것은 유교국가에서 보기 드문 이들 숭불주는 모두가 조선 초·전기의 군주들이란 점이다. 따라서 우선 이 같은 공통성에 유의하면서 숭불주의 출현 배경을 살펴보기로 한다.

조선 전기는 배불과 흥불이 교차하던 시기이다. 불교가 구시대의 가치와 이념으로서 배척되고 경제적 사회적 억압이 강제되는가 하면, 또 다른 한편에서는 그런 불교를 일으켜 세우려는 의지와 함께 상당한 노력이 경주되기도 하였다. 이는 불교가 폄하 배척되는 가운데서도 여전히 그 영향력을 잃지 않고 있음을 말해 준다. 이때 불교의 영향력이란 적지 않은 수의 승려와 두터운 신자층, 교단의 경제적 기반 등 외형적인 것일 수도 있고, 불교적 가치관을 포함하여 상하 대중의 의식을 지배하는 종교 문화적 전통 등 내적인 것일 수도 있다. 이 같은 요소들이 상승 작용했을 때, 그것은 어떤 의미로든 불교의 저력이 되기에 충분했을 것이다.

여러 가지 정황으로 미루어 조선 전기에는 아직 이런 불교의 저력 또는 그 영향력이 발휘되고 있었던 것으로 볼 수 있다. 위에서 언급한 외유내불·공유사불의 현상이 이런 사실을 반증한다. 그런 뜻에서 숭불주 출현 또한 크게 보아 이 시대 불교의 영향력을 그 배경으로 한다고 말할 수 있다. 그러나 이 같은 출현 배경만으로는 숭불주의 존재사실이 충분하게 설명되지 않는다.

여기에는 그것을 가능케 했을, 보다 현실적인 요인이 있었을 것이다. 그것은 대략 다음과 같이 몇 가지로 나누어 생각할 수 있다.

첫째는 숭불주 개인의 남다른 신불성향이다. 즉 불교신앙의 가문에서 성장한 태조는 보우·혜근 같은 고려 말 고승들의 재가문도로서 이름이 보일 만큼 일찍부터 불교와 인연이 깊었고, 왕위에서 물러난 뒤에도 염불삼매로 만년을 보내고 있다. 치세 전기에 강경한 배불정책을 폈던 세종은 그 만년에 이르러 신불국왕으로 돌아섰고, 대군 시절부터 불경을 읽으며 유교에 대한 불교의 우위성을 확신했던 세조는 스스로 '호불주'임을 자임할 만큼[2] 명실상부한 조선 제1의 숭불주였다. 한편 문정대비는 군주가 아니지만, 명종을 대신한 실권자였다는 점에서 같은 범주에 넣을 수 있다. 이런 대비의 신불성향은 무엇보다도 연산군·중종대를 거치면서 거의 절명에 이른 불교의 복구를 주선하고 있는 것에서 충분히 짐작된다. 조선 전기 몇몇 군주들의 숭불주로서의 면모에서는 이처럼 돈독한 개인의 신불성향이 그 바탕을 이루고 있다.

둘째는 왕실불교 세력과의 관계 및 그 영향이다. 태조 당시에 있어서는 왕실불교의 세력이라고 표현하기는 적당치 않으며[3] 세조와 문정대비의 경우는 그것을 굳이 논하지 않아도 좋을 것이다. 다만 세종대 왕실불교 세력이 어떠했는지가 문제이다. 한마디로 세종 당시의 왕실

---

2) 『世祖實錄』卷7, 世祖 3年(1457) 4月 9日. "御思政殿…顧淳曰 爾嚮者論婦女上寺 子好佛之主也 然婦女上寺 所當禁也".

3) 태조가 한양으로 도읍을 옮긴 이듬해 신덕왕후의 追福을 위해 정릉 옆에 흥천사를 창건한 일이나(태조 6년, 1397), 고려 후궁들이 궁중에서 물러나면 尼僧이 되어 여생을 보내던 淨業院을 역시 한양 천도 후 도성 안에 지어 존속케 한 일 등을 통해, 태조대에는 이제 막 왕실불교가 태동하던 단계로 보아야 할 것이다.

은 완전히 신불의 분위기가 압도했다고 말할 수 있다. 세종 2년에 세상을 떠난 모후 원경왕후元敬王后와 세종의 비 소헌왕후昭憲王后의 돈독한 신앙심은 물론, 태종의 후궁 의빈懿嬪 권씨는 후에 니승이 되었고, 세종의 중형 효령대군의 행적은 승려와 다름없을 정도였다. 뿐만 아니라 수양대군·안평대군을 비롯한 왕자 공주들과, 심지어 그 배위配位들에 이르기까지 왕실의 가족 구성원 대부분이 불교를 돈독하게 신앙하고 있었다. 불교가 쇠잔해가는 후대까지도 건재하며 교단에 큰 힘이 되었던 조선조 왕실불교는 실로 이 세종대로부터 그 세력이 크게 형성된 것임을 알게 한다. 배불정책을 펴온 세종이 그 만년에 숭불주로 돌아서는 데는 또 다른 계기도 엿보이지만,[4] 어쨌든 이 같은 왕실불교 세력과의 관계 및 그 영향이 중요한 요인으로 작용했을 것으로 본다. 따라서 세종 또한 왕실불교의 일원으로 점차 숭불주로 변해 갔으리라는 것이다.

셋째는 불교를 통해 왕권을 강화하고자 했던 정치상의 목적이다. 이는 군주에 의한 불사 실천의 외피적外皮的 성격에 관한 문제로서, 숭불주 출현의 요인에 대한 검토와는 거리가 없지 않다. 그러나 역시 유교국가에 있어서 군주의 숭불이 주제가 된다는 뜻에서 함께 그 요인으로 간주할 수 있다.

왕권의 강화가 하나의 과제로 표면화한 것은 주로 세종과 세조대의 일이다. 세종에게는 유교정치의 확립과정에서 그 즉위 20년을 전후하여 강력하게 대두된 신권臣權의 견제가 불가피하였고, 세조 또한 문종·단종대에 확대된 신권을 제거하고 왕권을 강화하는 것이 큰 과제

---

4) 가령 廣平·平原 두 왕자의 연이은 죽음과 소헌왕후의 死去에 따른 심경변화, 불교에 대한 새로운 관심, 明帝의 숭불에 따른 對明 관계 의식 등이 그것이다.

였다. 따라서 세종·세조가 불교사업을 통해 숭불주로서의 모습을 분명히 하고 있는 데는 어느 점 왕권강화라는 현실 정치상의 목적을 함께 고려한 것일 수 있다. 국왕보다는 재상중심 체제의 국가를 지향하는 유교정치의 확립과정에서 드러난 왕권의 한계를, 불교의 전통적인 왕즉불王卽佛 사상 및 불교 대중화에 의한 영향력을 통해 극복하고자[5] 했을 가능성도 없지 않은 것이다.

그러나 세종·세조의 불교를 통한 왕권강화 의도가 반드시 신권견제와 같은 특정사항에만 국한되는 것은 아니다. 그들은 흥불사업이 갖는 종교적 의미를 정치에 활용함으로써[6] 또 다른 차원에서 왕권의 강화를 추구해 갔으리라는 해석도 가능하다. 한편 군주의 숭불 및 불교정책이 정치상의 역학관계 속에서 파악되는 것은 문정대비에 있어서도 위의 예와 유사한 점이 보인다. 다만 이때는 왕권과 신권의 문제가 아닌, 정치권력 강화와 왕실불교와의 문제가 중심이 되는[7] 차이가 있을 뿐이다.

이상의 내용을 다시 요약하면 조선 전기의 숭불주들은 당시 종교적·문화적으로 불교의 영향력이 여전히 살아있는 현실의 배경 속에서 출현하고 있다. 이 같은 배경이 전제되는 가운데 특히 그들 자신의 남다른 신불 성향, 왕실불교 세력과의 관계 및 영향, 왕권강화를 위한 정치적 목적 등이 유교국가의 숭불주 출현에 있어서 보다 구체적인 요인이 된 것으로 볼 수 있다.

---

5) 韓相㟼,『朝鮮初期 世宗·世祖의 佛敎信仰과 臣權 견제』(동국대 석사학위 논문, 1981), p.40~62.
6) 흥불사업에서는 舍利分身·瑞氣 등의 異蹟이 자주 일어났으며, 그때마다 赦令을 내리기도 했던 세조의 경우에서 특히 불교신앙의 정치적 활용 사실을 추측해 볼 수 있다.
7) 金宇基,「16세기 戚臣政治期의 佛敎政策」,『朝鮮史研究』제3집(1994) 참조.

Ⅱ. 숭불주들의 흥불정책 개요

조선 전기에 비록 배불과 흥불의 현상이 교차되고 있었다고는 하지만, 양자가 서로 비교될 정도는 아니다. 비교가 무의미할 만큼 흥불은 그 노력 및 추진기간이나 이룩한 내용면에서 배불의 그것에는 미치지 못한다. 그러나 조선불교의 방향을 결정지은 그 전기 배불정책이 문제로써 관심의 대상이 된다면, 이 시기 흥불사업 또한 주목할 만한 일임에 틀림없다. 그것은 조선불교 전체 상황에 비추어 매우 중요한 의미를 지니며, 이후 불교교단의 유지 존속에도 실제적인 영향을 끼친다는 점에서이다. 숭불주와 배불주를 막론하고 조선 전기에는 군주들에 의한 흥불시책이 적지 않았던 것이지만, 여기서는 앞에서 언급한 숭불주에 한해 그들의 주요 흥불정책을 간략하게 살펴보겠다.

1. 태조의 흥불정책

태조는 즉위 직후인 그 원년 10월에 조계종의 무학無學을 왕사에, 3년 9월에는 천태종의 조구祖丘를 국사에 책봉한다. 그 시기로 볼 때, 이를 반드시 흥불정책이라고 해야 할지는 의문이지만, 그의 대불 태도 및 불교정책의 성격은 여기서부터 충분하게 드러난다. 태조의 재위

(1392~1398) 7년 동안에는 다양한 불사들이 고려시대와도 다름없이 빈번하게 진행되는데 그가 이룩한 흥불사업은 대략 다음과 같다.[8]

① 사탑의 중수 및 창건

2년 3월 연복사演福寺 5층탑을 중창하고 낙성과 함께 문수회文殊會를 개설하였다. '자복방가資福邦家 영리만세永利萬世'를 위함에서였다. 이 무렵에 역시 같은 목적으로 해인사 고탑을 수리하였다. 6년에는 신덕왕후神德王后 강씨의 추복을 위하여 정릉 동편에 70여 칸의 절을 지어 흥천사로 명명하고 조계종의 본사로 삼게 했다. 비슷한 시기에 진관사에 59칸의 수륙사水陸社가 조성되었다.

탑과 사원의 중수 및 창건은 태조의 선위禪位 후에도 계속되고 있다. 정종 원년 흥천사의 3층 사리전 낙성에 이어, 오대산 사자암獅子巖을 중건하여 원찰로 삼았으며, 정종 2년에는 신암사新菴寺를 중창케 하였다. 또 태종대에 와서도 석왕사 서편에 궁을 지은 것을 비롯하여 회암사를 중수하였으며, 3년에는 태조 자신의 옛 저택 동편에 덕안전德安殿을 지어 장차 정사精舍로 삼고자 하였다. 이 덕안전이 뒷날 화엄종(또는 교종)의 흥덕사이다. 이 외에도 그는 원당으로서 흥복사를 지었고 이 절은 세조 10년에 원각사로 개창改創된다.[9] 양주에도 소요사逍遙寺를 창건하였다.[10]

8) 이하 내용은 제1부 2장 「신왕조의 혁신정치와 불교정책」중 태조가 이룩한 흥불사업을 요약함.
9) 『新增東國與地勝覽』卷3, '漢城府 佛宇 圓覺寺'.
10) 李能和, 『朝鮮佛敎通史』下, pp.370~371.

② 소재법석 및 도량의 개설

각종 소재법석消災法席 및 도량은 태조의 불사에서 가장 빈번하게 나타난다. 그 대부분이 한발旱魃·성변星變·천재天災·지괴地怪 등을 기양祈禳하기 위한 것으로 재위 7년 동안에 설행한 소재도량은 실록에서 확인되는 것만 해도 30여 회에 이른다. 소재기양 외에 진병법석鎭兵法席도 자주 볼 수 있다. 태조 4년 사천왕사 등에 사신을 보내 사천왕도량을 연 것을 비롯하여, 다시 6년 9월에는 각도 사사에 사람을 보내 진병법석을 베푼 것 등이 그것이다. 이는 무장 출신으로서 대업을 달성한 태조가 전통적인 불교의 호국신앙을 그대로 계승하고 있음을 보여준다.

③ 축수·추복·반승

왕실의 축수祝壽와 추복追福은 불사에 으레 포함되는 주요 내용들이며 여기에는 흔히 반승이 수반되고 있다. 태조는 자신의 탄생일인 10월 11일에 궁중에서 반승을 베풀고 설법을 듣기도 했는데, 거의 매년 베풀어진 반승 가운데, 많을 때는 1천 5백 명을 반승한 적도 있다. 또 조선祖先을 위한 추복행사로써 기신재忌晨齋가 연중 몇 차례씩 궐 안이나 광명사廣明寺 등지에서 반승과 함께 올려지고 있다. 재위 기간 중 태조가 베푼 반승은 모두 11회에 달한다. 조선의 기신재 외에 태조는 전조의 왕씨들을 추복하는 불사도 정성껏 베풀고 있다. 관음사·견암사·삼화사·진관사 등지에서 매년 춘추로 수륙재를 상설케 하였고, 이 밖에 도성 축조 중에 사망한 역부들을 위해 성문 밖 세 곳에서 수륙재를 베풀기도 하였다.

④ 대장경 인성

대장경에 대한 태조의 관심 또한 각별하였다. 즉위 전에도 이미 대장경을 인성印成한 적이 있는 그는 즉위 2년 3월 연복사 5층탑의 중창에 이어, 같은 해 10월에는 무학을 주강主講으로 삼아 대장경을 읽고 그것을 탑 안에 봉안하고 있다. 해인사 고탑을 중수했을 때도 대장경을 인성하여 안치하였다. 또 인경과 직접 관계는 없는 일이지만, 태조는 27년 5월 대규모 병력을 동원하여 오교 양종 승려들의 송경誦經 고취鼓吹 등 웅장한 의장과 함께 강화도 선원사에 있던 대장경판을 수송하여 지천사支天寺에 옮겨 봉안하기도 하였다.

그는 선위 후에도 정종 원년 1월 해인사에서 사재를 들여 대장경을 인성하였고, 태종 원년 윤3월에도 흥천사에서 대장불사를 설하였다. 실록에는 그의 인경이 12회로 나타나 보이는데, 이 같은 대장경 인성 및 불사가 불법의 홍포와 국리민복을 빌기 위해서였음은, 해인사 고탑에 대장경을 안치할 때 태조가 친제한 '원성대장어제문願成大藏御制文'에 잘 나타나 있다.

2. 세종의 흥불정책

세종의 대불태도는 조선불교의 한 위치를 느낄 수 있게 한다. 동일인이 가혹한 배불군주로서의 행적과 숭불주로서의 면모를 함께 보여 주기 때문이다. 물론 세종의 흥불정책은 그가 숭불주로 돌아선 이후의 만년에 진행된 일들이다. 그러나 치세 전기에도 재래의 관행적인 불사 설행이 적지 않았고, 이들 또한 소극적이나마 흥불의 의미를 갖

는다.[11]

먼저 세종이 불교를 대폭 정리했던 그 26년 4월 이전까지의 불사들부터 살펴보면 대부분이 왕실중심의 행사였다. 그 내용은 조선祖先의 추복 및 기신재, 동일한 의미의 법석 및 정근, 영의정 및 정부가 사찰에서 행한 축수재, 추천사경·구병기도 및 반승·기우 등으로 분류되며 실록 기사를 근거로 했을 때 이들 불사의 설행 횟수는 대략 50여 회로 나타난다.

전통적인 불교의례들인 이들 불사 가운데 불교의 종파 정리가 끝난 6년 4월 이후까지도 여전히 성행한 것은, 선왕先王·선후先后의 기신재였다. 그 밖에 기우도불祈雨禱佛과 구병정근이 자주 눈에 띄며, 기우의 설행 횟수를 실록에서 찾아보면 세종 7년부터 31년까지 총 34회나 된다. 불교정책과는 상관없이 기우법회를 자주 설했음을 알 수 있다. 이는 그만큼 가뭄의 재해로 고심했음을 보여주는 것 외에 별다른 의미는 없는 것이겠다.

한편 구병정근의 예는 세종 25년에 1회, 26년 1회, 28년 4회, 31년 7회, 32년 9회로 집계된다. 세종 만년인 28년과 31년에 구병정근이 많이 베풀어지고 있음은 이때 중궁과 세자의 병환이 그만큼 위중했기 때문이다. 또 32년의 9회는 세종 자신마저 병환으로 몸져눕게된 데 따른 기록이다. 이에 앞서 세종은 효령대군이 한강에서 크게 설행한 한강 수륙재에 행향사行香使를 보내고(세종 14년), 회암사 중수(세종 16년)에는 경제적 후원과 외호를 아끼지 않고 있다. 이는 세종의 불사는 아니지만 불사에 대한 그의 태도를 보여준다. 이런 세종에

---

11) 이하 내용은 제1부 4장 「세종대의 배불계승과 변화」에서 세종의 흥불사업 부분을 요약함.

의해 추진된 주요 흥불시책으로는 다음 몇 가지를 들 수 있다.

① 흥천·흥덕 양사의 중수 및 경찬회 개최

태조가 세운 왕실 원찰이기도 한 흥천사는 세종 11년 2월에도 수리한 적이 있다. 그때의 공사는 명이나 왜의 사신들이 조선에 오면 모두 유람한다는 흥천사의 8각 4층 사리각 및 종루 등이 썩고 파괴된 데 따른 것이다. 그리하여 흥천사 승려들의 연화緣化로써 수리의 경비를 충당케 하고 무도첩승들을 모집하여 부역시킨 다음 도첩을 발급한 바 있다. 이 사리각이 다시 기울어 세종 17년 5월에 왕은 그것을 헐고 다시 고쳐 세우고자 하였다. 당연히 이에 대한 유신들의 반대와 저항은 극심했다. 세종의 공사 발의로부터 착수와 완공(세종 22년 4월)에 이르기까지 무려 5년이 소요된 것만으로도 그 정황을 충분히 짐작할 수 있다. 그러나 이런 와중에서도 역시 태조가 창건한 흥덕사까지도 보수가 함께 이루어진다.

흥천·흥덕 양사가 조종의 원찰이라고는 하지만 이는 결국 선·교 양종의 본사를 중수하는 불사였다는 점에서 좀 더 각별한 의미를 부여할 수 있다. 더구나 그것이 도성 내에서 공식적으로 이루어진 불사인 만큼, 민간이나 지방에까지 흥불의 파급 영향이 컸던 것이다. 그런 뜻에서는 중수의 완공에 따른 경찬회가 세종 22년 6월(사리각 낙성)과 24년 3월(흥천사 낙성) 2회에 걸쳐 유신들의 격렬한 반대를 무릅쓰고 성대하게 설행된 것도 마찬가지이다. 이들 일련의 불사는 크게 표면화되어 있지는 않지만, 중기 이후 세종의 대불태도가 그대로 반영된 흥불사업이었다.

② 전경 불사와 정음불서의 찬술

전경轉經 불사는 세종 28년 3월 소헌왕후가 승하함에 따라 그 5월과 10월 2회에 걸쳐 실시되었으며, 이 또한 유신들의 반대에 부딪힐 수밖에 없었다. 그러나 세조의 명에 의해 집현전集賢殿 수찬修撰 이영서李永瑞와 돈녕부敦寧府 주부主簿 강희안姜希顔 등이 사경한 금자불경 여러 책이 대자암에 옮겨지고 이에 따라 전경법석을 베풀었다. 7일 동안 열린 1차 법석에는 대군·종친들과 함께 2천여 명의 승려가 모인 가운데 7일 동안 계속되었다.

한편 훈민정음을 창제하고 이를 반포한(28년, 1446) 세종은 이어 새로 만든 정음으로 불서를 찬술케 하였다. 이 특기할 만한 사업 또한 왕후를 위한 추천불사의 일환이었다. 이 불서가 곧 수양대군 등에 의해 정음으로 번역된 『석보상절』이며, 이에 세종이 다시 찬송을 짓고 이름하여 『월인천강지곡』이라 하였다. 왕후의 추천을 계기로 이루어진 것이기는 하지만, 우리나라 최초의 정음불서가 불타의 일대기를 적은 『석보상절』임은 세종의 숭불과 관련지어 볼 때, 그 의미를 더욱 새롭게 새길 수 있다. 이 같은 정음불서들이 찬술됨으로서 불전언해의 역사적 서막이 오르게 되었음을 고려한다면 더욱 그러하다.[12]

③ 내불당 재건

내불당은 본래 태종이 29년 창덕궁 안 문소전文昭殿 옆에 별전으로 지은 것이다.[13] 이는 그 해 5월에 태조가 승하함에 태종이 태조의 비

---

12) 釋譜詳節 찬술 및 佛典의 언해에 대해서는 제3부 2장 「불전언해와 그 사상」에서 재론 함.
13) 權相老, 「韓國寺刹全書」, 『退耕堂全書』卷2, p.369. "在京城 昌德宮 宮城內 文

신의왕후神懿王后 한씨韓氏의 위패를 봉안한 문소전 옆에 불당을 짓고 부왕의 빈전으로 사용한 것으로 보인다. 이 내불당이 폐지된 것은 세종 15년 정월의 일이다. 문소전이 경복궁으로 이전함에 따라 내불당도 자연히 철폐된 것이다.

세종은 내불당을 다시 세우고자 그 30년 7월 17일 승정원에 하교하여 의사를 전달하고 있다. 그러나 철폐된 내불당의 재건립은 사원의 보수와는 또 다른 의미를 갖는 만큼, 이에 대한 유신조정의 반발은 흥천사 중수 때보다 더욱 극심할 수밖에 없었다. 내불당 재건 문제를 둘러싸고 유신들과의 대립에서 심지어는 세종이 선위禪位할 뜻을 비치기까지 했을 정도였으니[14] 왕의 고충과 심경을 충분히 짐작할 수 있다. 그러나 이 일은 결국 세종 30년 12월 5일에 완성되어 그 해 12월과 이듬해 정월 두 차례에 걸쳐 경찬회를 베풀고 있다. 내불당의 철폐가 치세 전기의 배불정책과 관련된다면, 이 같은 재건은 당연히 세종의 흥불시책을 상징하는 사업으로 볼 수 있다.

3. 세조의 흥불정책

세조를 조선조 제1의 흥불군주로 평가하는 데는 이의가 있을 수 없다. 그만큼 세조는 불교사상과 불교적 신념 면에서 확고하였고, 그동안 배불정책으로 타격을 입은 불교교단에 제도적 또는 경제적 지원 등을 통해 새로운 활기를 불어넣은 숭불주였다. 이 때문에 유교적 명분과 정통성이 논란되는 왕위찬탈의 문제까지도, 그의 흥불정책과 관

昭殿傍 朝鮮太宗 九年(己丑)創建".
14)『世宗實錄』卷121, 世宗 30년(1448) 8월 4일.

련지어 보는 시각마저 없지 않다.[15] 이런 세조의 흥불정책에 대해서는 약간씩 달리 분류되기도 하지만[16] 대략 다음과 같이 요약할 수 있다.

① 승려의 권익옹호와 불교의 위치보장

개국 이후 계속된 숭유배불 정책과 그 여파는, 이미 천민화 된 승려들을 유생이 사사로이 학대하거나, 관리들이 사원을 함부로 침탈하는 지경에까지 이르고 있었다. 세조는 이처럼 천대받고 침탈당하는 승려와 사원의 보호를 위해 각종 조치를 취하는 한편, 그 법적규정을 『경국대전』에까지 수록케 하고 있다. 즉 관리나 유생이 함부로 사원에 들어갈 수 없음은 물론, 범죄 승려를 다룰 경우에도 관리가 먼저 왕에게 보고한 다음 체포 심문하게 하였으며, 관리의 사원 수색 역시 사전에 허가를 받게 함으로써 관리의 사원 출입을 통제한 것이다. 이런 노력과 함께 사원에 대해서는 공부公賦 이외에 일체 잡역을 면제하는 조치도 취하였다.[17]

또 국역國役 확보 등의 문제와 관련하여 그 엄격한 시행에도 불구하고 항상 논란이 되어온 도첩제도에 대해서도, 세조는 그것을 불교 보호의 측면에서 운영하고 있다. 그 조건을 대폭 완화시켜 양반과 양인良人은 물론 공사公私, 천민도 승려가 될 수 있는 길을 보장한 것이다.[18] 이 도첩제도(도승법)는 선교 양종에서 3년마다 인재를 선발하는

---

15) 세조가 단종을 폐위시키고 왕위를 찬탈한 것은 정치적 목적 외에 그의 평소 신념에 따른 흥불정책을 수행하기 위해서도 불가피했던 것인지도 모른다는 시각이다.(史在東,『佛敎係 國文小說의 形 成過程硏究』, 아세아문화사, 1977, p.14).
16) 金煐泰,『한국불교사』(경서원, 1997), p.260 및 高橋 亨, 앞의 책, p.169. 참조 바람.
17)『世祖實錄』卷7, 世祖 3년(1457) 3월 23일.
18)『世祖實錄』卷21, 世祖 6년(1460) 7월 4일.

선시選試와 함께 역시 『경국대전』에 그 규정을 수록케 하였다. 세조가 관리와 유생의 상사上寺금지 및 범죄승려의 추문推問시 보고 후 실행 조항을 대전에 명기한 것은 승려와 사원의 권익옹호를 위한 정책이었다. 이에 비해 도승·선시법의 대전 수록은 국가제도로서 불교의 위치를 보장하려는 조치에 해당한다.

② 사원중흥의 지원과 각종 불사의 진작

사원의 중수와 창건 및 여러 가지 형태의 경제적 행정적 지원은 모두 사원중흥을 위한 세조의 흥불정책이었다. 그런 뜻에서는 이후 헤아릴 수 없는 각종 불사 역시 이에 해당한다. 세조가 창건하거나 중창한 사찰로는 세종 30년 말에 폐지된 정업원淨業院의 복설(세조 3년), 사거한 의경세자懿敬世子를 위한 정인사正因寺 중창(세조 4년), 장의사의 수륙사 건조(세조 9년), 흥복사 터에 다시 세운 원각사(세조 11년)가 있다. 특히 세조 10년 5월에 착공하여 이듬해 11월 4일에 완공한 원각사는 큰 가람과 대불상 대종 및 10층(속칭 13층) 석탑을 갖춘 대찰로서 세조대 최대의 가람불사였다. 이 밖에도 세조는 해인사·상원사·월정사·청암사·회암사·도갑사·신륵사·쌍봉사 등의 중수와 보수를 지원하고, 속리산 복천사 및 오대산과 금강산의 여러 사찰과 양양 낙산사 등의 명찰을 참배하고 공양하는 등 많은 불사를 일으켰다.[19]

사원의 중흥노력은 이에 대한 경제적 지원으로도 나타난다. 이들 각 사찰에 노비와 전지를 지급하거나 미포米布를 보시하는 일은 물론, 상원사에 산산제언蒜山提堰을 하사하고 낙산사 해안의 금표禁標를 허락했던 사례들도 이에 해당한다. 또 사원이나 승려로 하여금 공물貢

19) 金煐泰, 앞의 책 p.260.

物을 대납케 하는 경우도 불교에 대한 경제적 지원의 일환으로 볼 수 있다.[20] 세조의 법회·설재 등 수많은 불사에 관해서는 생략한다.

③ 경전의 간행 유포와 불전국역 사업

불전의 간행과 국역(언해)은 세조의 흥불정책 및 숭불사업 가운데서도 가장 큰 비중을 둔 역점사업이었던 것으로 보인다. 세조는 23년에 세자의 추복을 위해 금강경을 친서하였으며, 『능엄경』·『법화경』·『금강경』(『오가해』 함허의 『금강경설의』)·『선종영가집』·『증도가』 등을 대조 교정케 하여 주자소에서 각각 100부씩 간행하였다. 또 4년에는 해인사 대장경을 50부 인출하고, 이어 『석보상절』과 『월인천강지곡』을 합편한 『월인석보』를 간행하였다. 이렇게 간행된 불서들은 전국의 명산대찰에 나누어 보관하게 하고, 일본과 유구琉球에도 보내었다.

이와 같이 일찍부터 불경의 간행 유포에 힘써 온 세조는 그 7년 6월 아예 국가의 임시기구로서 간경도감을 설치하고 불경간행을 전담케 하였다. 불서간행 자체가 비난을 받던 당시 상황에서 막대한 인적 물적 자원이 소요되는 간경도감의 설치는 실로 파격적인 조치였다. 이는 그만큼 세조의 결연한 흥불의지가 실린 흥불정책이었다고 할 만하다. 간경도감에서는 한문본 불서를 다수 간행하기도 했지만[21] 불전의 국역간행이라는 새로운 사업에 중점을 두었던 것으로 보인다. 그리하여 조선불교의 금자탑이라 할 언해불전의 태반이 이곳에서 기획, 간행되고 있다. 세조 사후 성종 2년 12월 간경도감이 혁파될 때까지 이

---

20) 安啓賢, 『韓國佛敎史硏究』(同和出版公司, 1982), pp.290~292.
21) 權廷雄, 「世祖代의 佛敎政策」(『震檀學報』 75, 1993), p.215. 여기에 도표로 정리해 보인 간경 도감 간행 한문본 불서는 『華嚴經合論』 120권을 포함하여 총 29종에 달한다.

곳에서 간행해 낸 언해불전은 세조 어역御譯의 『능엄경』·『법화경』을 포함하여 주로 대승경전 및 선서류 등 11종에 이른다.[22]

④ 불교문화·예술의 진흥

조선시대 불교문화와 예술은 예외의 경우가 없지 않지만, 대부분 흥불의 시대 또는 숭불사업과 관련하여 나타나 보인다. 이 부분에 있어서도 세조는 주목할 만한 업적을 남기고 있다. 세조가 그 5년에 지은 영산회상곡靈山會上曲이 『악학궤범』에 수록되어 전하는데 이 곡은 불교음악으로서는 물론 우리나라 아악의 대작으로 꼽는다. 세조의 작품 여부는 불분명하지만 『용재총화』에 실려 전하는 불교무용 연화대무蓮花臺舞 또한 비슷한 시기에 제작된 것 같다. 또 원각사에 조성된 동 5만 근의 대종과 백옥의 불상은 남아있지 않지만, 그 터에 현존하는 대리석 10층 석탑의 구조와 10회會의 아름다운 변상도變相圖 조각은 우리나라 불교사상사의 요집이며 도록으로 평가받는다.[23] 한편 세조에 의한 불교문화·예술의 진흥에는 『석보상절』 찬술을 포함한 『월인석보』의 간행도 빼어 놓을 수 없다. 이들은 모두 정음으로 된 뛰어난 불교문학 작품으로도 손색이 없다.

4. 문정대비의 흥불사업

조선 전기 숭불주 가운데 문정대비는 마지막 흥불의 여주女主에 해당한다고 할 수 있다. 중종의 계비로서 왕의 배불 중에도 신앙심이 두

---

22) 제3부 2장 「불전언해와 그 사상」 참조.
23) 禹貞相, 『朝鮮前期 佛敎思想研究』(동국대학교 출판부, 1985), p.26.

터웠던 문정대비는 12세로 즉위한 명종을 섭정하면서부터 불교보호에 더욱 적극적인 태도를 보인다. 『경국대전』에 명기된 근거를 들어 유생의 상사上寺를 막음으로써 사원을 보호하려 하였고, 유신들의 일반화된 요구인 승려의 사역使役을 제한하기도 하였다. 또한 연산군 10년에 폐지하여 유신들의 독서당으로 사용되고 있던 정업원을 보수케하고, 이를 선왕의 후궁들의 거처인 인수궁仁壽宮에 소속시키고 있다. 니승사찰인 정업원의 부활을[24] 뜻하는 이런 조치를, 사원의 신창으로 받아들이는 유신들이 반발하고 있음은 물론이다.

그런 이후 문정대비가 펼쳐나간 흥불시책은 승려보호 노력이나 몇몇 사찰의 중수와 같은 그런 부분적인 문제와는 완전히 차원을 달리한다. 제한적이나마 그것은 당시 조선의 불교 전체를 조망하고 향후의 해결과제들을 포괄하는 내용들인 것이다. 그러나 이 같은 흥불의 기획과 추진이, 문정대비의 독자적인 판단만으로 이루어진 것으로 보기는 어렵다. 대비의 흥불시책 추진에는 언제나 보우普雨가 함께 하고 있었던 점을 감안해야 한다. 대비의 흥불시책은 크게 다음 두 가지로 묶을 수 있다.

① 선교 양종의 복설

불교교단은 세종의 배불시 선교 양종의 구도로 축소 확정된 것이지만, 이마저 폐지된 것은 연산군 10년(1504)의 일이다. 이로써 불교는 종파가 없는 산중승단으로 존재할 수밖에 없었다. 이는 국가의 공적 제도와는 무관한 임의적 사집단에 불과한 것이다. 이런 상황에서 명종 5년(1550) 12월, 문정대비가 양종의 복설을 전지傳旨함으로써 폐지

24) 『明宗實錄』卷4, 明宗 元年(1546) 7月 26日·28日.

46년 만에 불교는 다시 선교양종 체제를 회복하게 된다. 이때 대비가 양종 복설의 명분으로 삼은 것은 '군역軍役의 괴로움을 피해 승도가 되는 자가 날로 증가하는 폐단을 막고 승도의 통솔을 위해, 『경국대전』에 규정을 정해 놓은 취지대로 양종을 부활시킨다.'는[25] 것이었다.

② 도승법·승과의 실시

선교 양종의 복설로 조선불교는 다시 교단 종교로서의 최소한의 기틀을 갖추게 되었다. 그러나 종파(단)의 폐지 후, 근 50년 만에야 부활한 교단으로서는 그 기능의 후속적인 보완이 필요하였고, 도승법과 승과는 그중 가장 중요하고 시급한 문제였다.

국가로부터 도첩을 받고 승려가 되는 법적 규정인 도승법은 세조 때 『경국대전』에 수록된 이래, 성종 때 그 정지와 금승절목禁僧節目의 시행을 거쳐, 중종 11년에는 아예 대전에서 삭제된 바 있다. 대비가 그 제도를 되살려 다시 시행하고자 함에, 명종은 모후의 그런 의도에 앞장서 호응하였다. 그리하여 도승법은 명종 6년 6월경부터 다시 실시되어, 명종 16년 12월경의 현황을 보면 도첩을 받은 승은 5천여 명에 이르고 있다.[26] 10여 년 동안에 도첩을 받은 승려가 상당히 늘어난 것이지만, 이 수치는 기존의 승려로서 새로 도첩을 받은 인원을 함께 포함한 것으로 생각할 수 있다.

한편 연산군 때 식년시式年試의 불실시에 이어 중종대에 그 폐지가 공식화된 승과 또한 도승법과 마찬가지로 국가의 중요한 불교제도였다. 이 승과는 도승법이 실시된 이듬해에 시행된다. 명종 7년 4월 예

---

25) 『明宗實錄』卷10, 明宗 5년(1550) 12月 15日.
26) 『明宗實錄』卷11, 明宗 6년(1551) 7月 19日·卷27, 16년(1561) 11月 10日.

조 낭관의 입회 아래 봉은·봉선사에서 선시를 치르게 하여 선종 21인·교종 12인을 각각 선발한 것이다. 이때 문정대비는 그 선발 인원의 적음과, 예조의 선시관리에 대한 문제점을 힐책하고 있어,[27] 그 관심의 정도를 짐작케 한다. 문정대비의 사후 양종이 다시 혁파될 때까지 15년간 식년마다 실시된 승과에서는, 보우 이후 또 한 사람의 불교교단 지도자인 휴정이 그 첫 선시에서 등용되었고, 그의 제자 유정도 그 후 승과에서 급제하였다. 그만큼 불교교단은 승과를 통해 유능한 인재들을 배출함으로써 또 다른 힘을 축적해갈 수 있었다.

---

27) 『明宗實錄』卷13, 明宗 7년(1552) 4월 12日.

Ⅲ. 흥불정책의 특징과 의미

1. 숭불주별 정책의 의미

이상에서 살펴온 다양한 흥불사업들은 그것을 추진해 온 숭불주의 대불인식 및 신불성향과 시대상황이 함께 반영된 것으로 볼 수 있다. 따라서 이들 흥불시책에서는 각 숭불주마다 서로 다른 특징이 엿보이며, 그 전체를 통해서는 조선 전기 중의 흥불정책이 지닌 몇 가지 공통적인 특징을 발견할 수 있다. 여기서는 이런 특징에 대한 검토와 함께 그것에 내포된 의미를 살펴본다.

개별적 특징으로서, 먼저 태조의 흥불정책은 고려불교의 계승적 성격을 느끼게 한다. 즉 그의 불교정책 방향은 무엇보다도 즉위 초에 왕사와 국사를 책봉하고 있는 데서 잘 드러난다. 신왕조 조선이 고려의 국가 불교적 제도의 핵심이라 할 왕사·국사제도를 그대로 수용하고 있다는 사실은 충분히 전조前朝 불교의 계승이라 할 만하다. 이는 개국공신들의 대불인식 및 태도와는 큰 차이가 있다. 그러나 숭불주로서 태조의 종교적 신념은 그러한 조정유신들의 성향과는 무관하게 불교정책을 수행하였고, 그 결과로써 무수한 흥불사업을 추진해 간 것이다.

흥불사업의 내용이 사탑의 중수와 창건, 각종 법석 및 도량의 개설, 축수·추복·반승, 또는 대장경 인성과 같은 전통적인 불사에 집중되어 있는 것도 고려조에서와 다를 것이 없다. 이들 불사가 국가의 복과 만세의 이익을 빌기 위해서인 것도 전통적인 신앙의식 그대로이다. 이처럼 태조가 고려불교를 그대로 계승하고자 했더라도, 그러나 그 폐단까지 그대로 묵과했던 것은 아니다. 고질적 폐단이던 연화승緣化僧들의 무리한 구재求財행위를 금지시키고, 사사의 노비·전지 등을 둘러싼 법손상전法孫相傳의 쟁송문제를 근절케 하는 등, 승도들의 폐단 제거와 정화에도 크게 노력하고 있는 것이다.[28] 따라서 그의 흥불정책들은 이 같은 유폐의 시정과 동시에 경주해 간 고려불교의 새로운 계승 노력으로서 의미를 갖는다 하겠다.

세종의 흥불정책에 나타나는 특징은, 불교의 현실적 존재를 인정하고 가능한 범위 내에서 이를 보호하고자 했던 것으로 나타난다. 세종 치세 전기의 억불정책은 부왕 태종의 그것보다 더욱 적극적이고 강경하였다. 11종에서 7종으로 감축된 종파를 다시 선교 양종으로 대폭 정리한 것이나, 도성내 흥천·흥덕사 이외 사원의 폐지 속공, 무도첩 승도의 도성 출입금지 등이 이를 입증한다. 이는 태종대의 억불에서 미진한 부분까지도 완결 짓는 철저한 억불정책인 것이다.

이런 세종이 그 계기가 무엇이든, 숭불주로 돌아선 다음 처음 시도한 흥불사업이 흥천사 중수불사였고 흥덕사의 보수였다. 이때 내세운 명분은 어디까지나 조종의 원찰을 수리 보존한다는 것이었지만, 그 내용 면에서는 불교의 양종체제에 대한 인정과 보호로 비쳐진다. 흥천·흥덕사가 각각 선종과 교종의 본사였던 만큼, 그 중수는 당연히

---

28) 제1부 2장 註 162) 참조.

국가가 인정하는 범위 내에서의 불교보호라는 의미로 해석할 수 있다. 이에 더하여 내불당까지 재건하고 있는 데서는 세종의 불교에 대한 더욱 확고한 의지가 엿보인다. 점차 강도를 더해 가는 조정 유신들의 배불여론 및 정책 제안의 기류와는 달리, 불교의 현실적 존재를 인정하고 보호하고자 하는 그의 의지를 이로써 재확인 할 수 있다.

한편 세종의 훈민정음 창제에 뒤이은 정음불서 찬술은, 또 다른 의미의 흥불정책이라 할 만하다. 여전히 민심에 뿌리박고 있는 불교를 통해 정음을 보급하려는 의도이든, 아니면 정음을 통해 불법을 홍포하고자 하는[29] 의도였든 간에, 그것은 모두 불교를 매개로 하고 있다. 따라서 세종이 정음불서의 찬술을 통해 정음보급과 홍법 두 가지 목적을 함께 기대했다고 볼 때, 이는 갓 창제한 정음의 발전과 관련하여 매우 중요한 의미를 갖는 흥불정책이었음에 틀림없다.

세조의 흥불정책에 있어서는 불교중흥을 향한 그 과단성과 적극성을 특징으로 들 수 있다. 그는 세종의 불교인정과 보호에서 더 나아가, 과감하고 적극적인 흥불사업을 통해 새로운 형태의 불교중흥을 이룩하고자 한 것으로 보인다. 세조는 세종의 불사에 직접 간접으로 참여하면서,[30] 적지 않은 시사示唆와 영향을 받았던 것 같다. 따라서, 본래 불교적 신념이 확고했던 그가 즉위한 다음에는 어떤 불교정책을 구상했을지 추측하기 어렵지 않다. 그는 불교의 현실적인 존재를 인

---

29) 수양대군이 쓴 「釋譜詳節序」에 "…又以正音加譯解하노니 庶幾人人易曉하여 而歸作三寶焉이니라"라고 말하고 있는데서 정음을 통한 弘法의 의도를 읽을 수 있다.

30) 세종의 內佛堂 재건 역시 세조의 청에 따른 것으로 보인다. 실록 기사에서 내불당 공사의 중지를 요구하는 臺諫의 말 가운데, 수양·안평대군의 啓迪으로 왕이 내불당을 중수케 된 것이라며, 그 허물을 두 대군에서 돌리고 있음을 볼 수 있다.(『世宗實錄』卷121, 世宗 30年(1448) 8月 5日).

정하고 소극적으로 보호하려는 데서 그치지 않고, 그 기본 틀 안에서 불교의 중흥을 모색했을 것으로 생각된다. 무엇보다도 그의 과단성과 적극성이 드러나는 흥불정책의 내용들이 이를 말해준다.

세조는 승려의 권익옹호와 불교의 위치보장을 위해 각종 조치를 취하는 한편, 그 법적 규정을 『경국대전』에까지 수록시키고 있는데,[31] 이는 당시의 시대상황과도 관련이 있어 보인다. 다시 말하면 그는 유교국가에서 제한적이나마 불교의 위치를 확고하게 보장할 필요를 느꼈고, 마침 국가와 정치의 대본이 되는 법전을 새롭게 편찬하면서, 그 내용을 대전에 수록케 했으리라는 것이다. 이는 국가와 불교와의 관계 설정이자 동시에 불교에 대한 국가의 법적 보장을 위한 조치로 볼 수 있다. 그런 뜻에서, 세조의 적극적인 사원 중흥 노력과 다양한 불사의 지원 또한 같은 맥락에서 해석할 수 있다.

그러나 세조의 흥불정책에서 가장 특기할 만한 것은, 간경도감의 설치와 불전 국역사업이다. 국가의 공식기관으로서 간경도감이 설치된 것은 물론 세조의 과감한 결단에 의한 것이다. 또한 이곳에서 추진해간 경전간행 및 불전의 국역은 그 사업규모나 참여 인물 및 그들의 위치를[32] 고려할 때 세조 개인의 흥불사업만으로 보기는 어렵다. 그것은 곧 개인차원을 넘어서는 국가적인 대불교사업이었던 셈이다. 세조는 이 같은 국가적인 불교사업을 통해 새로운 형태로 불교중흥을 도모하고 있는 것이다. 이는 특히 불전 국역사업이 갖는 의미로 미루

---

31) 『經國大典』 刑典囚禁條, 禮典 度僧條.
32) 가령 세조 10년 3월, 원각경 간행 시의 雕造官 명단을 보면 都提調를 맡은 의정부 우의정 黃守身 우찬성 朴元亨을 비롯한 六曹의 判書 등 조정 수뇌들 20명의 이름이 열거되어 있다. 간경도감에서 불전언해 및 그 雕造에 참여했던 유신들은 공조판서 金守溫 이조판서 韓繼禧 등 대략 40여 인에 달한다.

어 그렇게 말할 수 있다. 세조가 심혈을 기울여 추진한 불전의 국역은 곧, 정음을 통한 경전의 새로운 결집, 불교의 사상적 중흥, 불교대중화 등으로 그 의미를 부여할 수 있기 때문이다. 간경도감의 불전국역이 말해주듯이, 세조의 과감하고 적극적인 흥불시책이 펼쳐짐으로써 조선불교는 태종·세종대의 배불정책 이후 어느 정도 불교중흥을 말할 수 있게 된 것도 사실이다. 또한 이 같은 불교중흥의 분위기 속에서 불교문화 예술이 진흥될 수 있었음은 자연스러운 귀결이다.

문정대비의 흥불정책이 갖는 특징은 국가제도 안에서 최소한의 불교존립 조건과 그 기능을 회복시킨 것에서 찾을 수 있다. 문정대비에 의한 주요 흥불정책은 양종의 복설과 도승법 및 승과의 실시였다. 이는 이미 국가 제도권에서 제외되고 그 종교성마저 부인되고 있는 불교를, 다시 국가제도로서 그 위치를 인정하고 제한된 범위 내에서 종교활동을 보장하는 것이었다. 주지하듯이 성종·연산군·중종대를 거쳐 오면서 불교는 그 경제적 기반이 거의 해체되고, 사회적 위상 또한 철저하게 천민집단으로 추락해 있었다. 여기에다 양종 본사의 혁파와 승과의 폐지로, 그나마 유지되던 국가와 불교의 공적 관계마저 완전히 단절된 상태였다. 국가와 불교의 공적 관계는 당시 정치사회적 구조와 조건상, 교단으로서의 불교존립에 불가결한 요건이기도 하였다. 그러나 중종대의 배불정책은 이 같은 요건마저 철회해버림으로써 불교는 완전히 국가제도권에서 밀려나 산중불교화의 길을 걸을 수밖에 없었다.

양종이 복설되고 도승법 및 승과가 문정대비의 흥불의지에 따라 다시 시행된 것은 이런 시점에서였다. 이는 국가와 불교 간의 공적 관계 회복인 동시에 불교에 대한 국가의 제도적 인정으로서, 불교는 다시 최소한의 존립조건을 갖추고 기능을 회복하게 된 것이다. 따라서 이를 가능케 한 문정대비의 흥불정책은 세조의 그것과는 또 다른 의미를 갖는다. 세조의 흥불정책이 세종 만년의 흥불에서 크게 도약하여 과감하고 적극적인 불교중흥을 시도한 것이라면, 문정대비의 양종 복설 등은 가히 회사기생적回死起生的 흥불정책이라고 말할 수 있다. 더구나 불과 15년 정도의 이 짧은 흥불 기간 중의 승과에서는, 휴정·유정과 같은 걸출한 인재들이 배출되고 이들과 그 법손들에 의해 조선불교가 유지 존속해갔다. 이 점을 고려할 때, 문정대비의 흥불정책이 갖는 특징과 의미는 새삼 되새겨볼 만하다.

2. 흥불정책 공통의 특징

여기서 다시 숭불주들의 흥불정책 전반에 걸친 공통적인 특징과 의미를 몇 가지로 나누어 살펴본다.

첫째, 불교의례를 통한 신앙전통의 계승이다.

불교의례를 중심으로 하는 불사는 숭불주의 흥불에서는 물론 배불군주들에게서도 흔하게 나타난다. 적어도 불교의례에 관한 한 숭불주와 배불주의 구분은 무의미할 정도이다. 국가나 왕실에서 만이 아니라 조선 전후기를 막론하고 불교의례는 불교의 민중화 과정에서 더욱 활발하게 전개되어 민중 층이 불교신앙의 주체를 형성하는 데 크게 작용하기도 한다.[33] 그만큼 인간과 사회구제적인 관심사와 관련하여, 불교의례와 그 신앙전통은 가볍게 무시될 수 없으며 또 쉽게 단절되지 않는다. 숭불주의 흥불정책에서 불교의례가 큰 비중을 차지하고

---

33) 洪潤植, 『韓國佛敎史의 연구』, 「제3장 朝鮮時代의 眞言集刊行과 儀式의 密敎化」·「제4장 朝鮮後期佛敎의 信仰儀禮와 民衆佛敎」(敎文社, 1988) 참조.

있는 것도 이 같은 현실의 반영으로 볼 수 있다.

태조의 불사 가운데는 천재·지괴 등을 기양하기 위한 각종 소재법석·진병도량·수륙재 등이 빈번하게 나타나며, 세종은 그의 배불·흥불 시기를 막론하고 기신재·축수재·구병정근·기우 등 무수한 불사들을 설행하고 있다. 이는 곧 불교의례를 중심으로 한 신앙전통의 계승이라고 할 만하다. 세조와 문정대비의 경우 불사의례는 생략하였지만, 이들에게 있어서도 불교의례의 실천이 보편화 된 일이었음은 물론이다. 불교의례를 통한 신앙전통의 계승은 특히 다음에서 살펴볼 왕실불교 활동과 관련하여 더욱 주목할 수 있다. 의례불교가 왕실에서 계속 수용되고 또 그것이 대중화함으로써, 조선불교의 계속적인 유지에 중요한 요소가 되었다는 뜻에서이다.

둘째, 왕실 관련 불교사업이 주축을 이룬다.

흥불사업의 대부분은 왕실과 관련이 깊다. 태조가 신덕왕후 강씨의 추복을 위해 능사로서 흥천사를 창건하고, 1천 결의 전지를 급여한 일[34] 등은 조선에서 왕실불교가 형성되는 첫 단계라고 말할 수 있다. 그러나 세종의 흥불에 이르면 불사의 전부가 왕실불교와 관련을 갖거나 혹은 중심이 되어 수행되고 있다. 세종의 공개적인 첫 흥불사업이라 할 흥천사 중수 및 흥덕사의 보수도, 이면의 의도가 무엇이었든 간에 그것은 조종의 원찰 수리라는 명분으로 실행한 것이다. 그런 점에서는 전경轉經 및 최초의 정음불서인 『석보상절』의 찬술도 마찬가지이다. 어디까지나 왕자들이 모후의 추천을 위해 사축私畜 경비로써 행한[35] 왕실의 불사인 것이다. 세종의 내불당 재건 또한 왕실 관련 불사였

---

34) 權近 撰, 「貞陵願堂 曹溪宗本寺興天寺造成記」(『東文選』卷78).
35) 『世宗實錄』卷111, 世宗 28年(1446) 3月 15日.

음은 더 말할 필요가 없겠다.

한편 세조의 흥불사업에서 보이는 대부분 사원들 역시 왕실과 관련이 있거나 왕실의 새로운 원찰로서 중수·창건되고 있다. 그 가운데 특히 원각사의 창건은 왕실불교와의 관련성을 가장 잘 보여준다. 태조가 세운 흥복사 터에 당시 왕실불교의 대표격인 효령대군의 감독 하에 이룩된 세조의 원찰이기 때문이다. 문정왕후의 왕실관련 흥불사업은 이미 폐지된 정업원을 보수하여 후궁들의 거처인 인수궁에 소속시킨 한 가지 사례만으로 대신해 둔다. 정업원은 왕실 여인들이 니승이 되어 여생을 보내는 사원이자 동시에 그들의 노후복지시설이기도 했다. 이는 곧 니승사찰의 부활을 의미하는 것임은 앞에 언급한 바와 같다.

셋째, 고승들의 협찬과 역할이 있었다.

흥불정책은 기본적으로 국왕의 신불성향과 정책적 의지가 수반함으로써 가능한 일이다. 그러나 여기에서 새삼 상기해야 할 것은 이 같은 사업에는 당시 고승들의 협찬과 역할이 컸다는 점이다. 비록 모든 흥불사업에 고승들의 협찬과 역할이 표면화되어 있지는 않지만, 여러 가지 정황을 감안할 때 그것을 흥불정책의 공통적 특징으로 보기에 충분하다.

태조와 왕사 무학은 일찍이 건국과정에서부터 긴밀한 관계를 맺어 왔으며, 태조의 신불심은 무학으로부터 큰 영향을 받고 있다. 왕사 무학의 주청에 따라 죄수들을 사면하거나, 병이 난 측근 신하를 위해 내정內庭에 승도를 모아 예불 기도케 하기도 하고, 금강산의 각 사암들에 공양미를 시여한 일 등, 자주 나타나 보이는 실록 기사들이[36] 이

36) 『太祖實錄』卷5, 太祖 3年(1394) 2月 27日·7月 24日, 卷12 太祖 6年(1397)

를 말해준다. 태조의 흥불정책에, 이런 무학의 협찬과 역할이 없을 리가 없다. 혹은 흥불정책에 구체적인 역할을 담당하지 않았더라도, 그가 왕사로 책봉된 사실만으로 이미 태조의 흥불의지에 있어서 무학의 일정한 역할을 짐작해 볼 수 있다. 또한 만년의 태조와 무학은 거의 지기知己로서 회암사에서 함께 지내기도 했는데, 태조가 태종 초의 배불정책을 일단 중지시킨 일도[37] 무학과의 이런 관계가 작용했을 개연성이 높다.

세종의 신불 및 흥불정책에는 당시의 명승 함허당涵虛堂 기화己和와 준화상濬和尙의 영향이 있었을 것임도 추측된다. 기화는 세종 2년 왕명에 의해 왕실의 원찰인 개성 대자암에 머물면서 대비의 추천법회를 열고 설법하여, 종친들을 크게 감복시킨 바 있다.[38] 또 준화상은 『월인석보』 증수 등에 동참했던 연경사衍慶寺 주지 홍준弘濬으로 보이며, 기화의 문인으로 추정되는 고승이다.[39] 이들에 대한 세종의 신뢰는 세종이 문종과 수양대군에게 명하여 기화의 '설의說誼'를 포함한 『금강경삼가해』를 번역하게 한 사실이나,[40] 두 왕자를 준화상에게 보내 경률을 배우고 입조入朝하여 보고토록 한 일[41] 등을 통해 그 정도를 짐작할 수 있다. 따라서 세종이 숭불자로 돌아서고 흥불사업을 추

12月 3日.

37) 태종 2년 4월의 寺社田 혁거 등 강경한 배불조치는 太上王의 뜻에 따라 4개월 만에 다시 환원 되었다. (『太宗實錄』卷4, 太宗 2年(1402) 8月 4日).

38) 李能和, 『朝鮮佛敎通史』上, p.389.

39) 같은 책 下, p.394.

40) 『金剛經五家解 涵虛說誼』가운데 冶父頌·宗鏡提綱·涵虛說誼를 뽑아 언해한 『金剛經三家解』는 세종 재세 시에 초고가 완성되었으나, 뒤에 교정을 거쳐 성종 13년에 자성대비의 명으로 내수사에서 3백 부가 인출된다.(『金剛經三家解』卷末 韓繼禧·姜希孟의 두 跋文).

41) 앞 李能和의 책, p.395.

진하는 데는 이들의 역할이 없지 않았을 것이다.

세조의 흥불정책에 대한 고승들의 협찬과 역할은 특히 그의 불전 국역사업에서 두드러진다. 불전언해에는 신미·수미·설준·홍준 등 10여명의 승려들이 참여하였다. 사업의 성격상 이들의 협찬 없이는 그 완전한 수행이 불가능했을 것이다. 이들 언해승 가운데서도 김수온의 가형家兄이기도 한 신미의 역할은 가장 돋보인다. 일찍이 출가하여 세종의 총애를 받기도 한 그는 세조가 즉위한 다음에는 왕을 도와 각종 불사를 수행하는 한편, 불전 언해사업 전반에 걸쳐 조언하고 또 상당 부분 언해를 직접 담당하였다.[42]

문정대비의 흥불사업에 보우의 협찬이 있었음은 앞에서 언급한 바 있다. 보우는 대비가 흥불을 위해 고승을 물색할 때, 강원도 감사 정만종鄭萬鍾의 천거로 금강산으로부터 양주 회암사에 와 머물고 있었으며, 뒷날 대비를 도와 흥불사업을 실질적으로 이끌어간 당시 불교계의 지도자였다. 문정대비의 흥불정책 가운데 핵심사업인 양종의 복설·도승법 및 승과의 실시에 있어서 보우의 위치는 협력자 정도로 비쳐지지 않는다. 그 구상과 기획 단계에서부터 방향을 조언하는 등 거의 절대적인 영향을 끼쳤을 것으로 보인다.

이로써 모든 흥불사업에 있어서 고승들의 협찬과 역할이 어느 정도 확인되며, 이는 흥불정책이 숭불주의 신불성향과 정책적 의지만으로 이루어진 것이 아님을 짐작하게 한다. 그런 뜻에서 숭불주의 흥불정책은 당시 승려들의 실질적인 협찬과 역할이 한 데 결합된 이 시대 흥불의지의 결과였다고 말할 수 있다.

넷째, 유교국시 하에서의 흥불정책의 한계이다.

---

42) 같은 책, p.864.

각 숭불주의 개별적 특징을 검토하는 가운데서 이미 느낄 수 있었지만, 흥불정책에서 언제나 전제가 되는 것은 유교국시였다. 태조가 왕사·국사제도를 그대로 계승하고 있음은 그나마 아직은 신왕조의 국가적 이념과 체제가 제대로 확립되지 못한 상태였기 때문에 가능한 일이었을 것이다. 그러나 이후 세종의 흥불정책은 물론 새로운 형태의 불교중흥을 모색했던 세조의 흥불정책도, 유교국시가 전제되어 있음은 마찬가지이다. 더욱이 문정대비의 흥불사업은 유교국가에서 불교의 최소한의 존립기반을 회복시키려는 것이 최대의 목표였다. 이 같은 사실들은 결국 조선시대 숭불주들의 불사는 비록 뚜렷한 흥불의지를 지녔더라도, 그 실제 추진에는 처음부터 한계가 설정되어 있음을 말해준다. 따라서 조선조 제1의 흥불주로 일컬어지는 세조의 흥불정책도 상당 부분 파격적인 내용이 있기는 하지만, 유교국가의 현실적인 한계를 뛰어넘지 못하고 있는 것이다. 그러함에도 불구하고 당시 불교가 처해있던 상황과 입지로 보아, 숭불주들의 흥불정책은 각기 서로 다른 의미를 지니며 그런 불교교단 상황에 크게 활력을 불어넣은 것임에는 틀림없는 일이다.

숭불주와 승려들이 함께 한 흥불의지

배불과 흥불이 크게 교차하는 조선 전기의 현상은 이 시기에도 불교의 영향력이 지속되고 있음을 말해준다. 불교가 아직까지는 적지 않은 수의 승려와 두터운 신자 층 그리고 경제기반의 상당부분을 유지하였고,[43] 상하 대중의 정신세계 또한 불교적 가치관과 문화전통이 크게 지배하고 있었다. 조선 전기 숭불주들의 출현은 일단 이 같은 불교적 배경 속에서 생각해 볼 수 있다. 그러나 숭불주 출현의 요인은 특히 그들의 남다른 불교인식 및 신불심과 왕실불교와의 관계 속에서 찾을 수 있으며, 부분적으로는 신권臣權의 견제를 위한 왕권강화의 정치적 목적도 그 요인의 하나로 추가할 수 있다.

숭불주의 출현과 이들의 정책으로 불교는 새로운 활력을 얻었고 불교의 중흥까지도 기대하는 분위기였다. 만년의 세종과 세조, 그리고 문정대비의 흥불정책과 사업들은 그만큼 교단의 유지와 흥불을 위해서는 불가결한 내용들 거의가 망라되어 있다. 이들의 정책과 사업의 유형 및 특징은 편의상 네 가지 범주로 구분할 수 있다. 즉 ①불교의례를 통한 신앙전통의 계승 ②왕실관련 불교사업의 주축 형성 ③지도적 고승들의 협찬과 역할 ④유교국가에서의 흥불정책의 한계 등이 그것이다. 이들 가운데 조선불교의 위상과 관련하여 특히 주목되는 것은 ③·④항의 특징이 갖는 의미이다.

흥불정책은 숭불주의 정책적 의지와 실천력이 수반됨으로써 가능한 일이었다. 따라서 숭불주를 상정하지 않고는 그것이 불가능한 일임에 틀림없지만, 그러나 이와 관련해서는 당시 교단의 지도적 고승들의 역할 또한 함께 고려해야 한다. 그런 뜻에서 조선 전기 흥불정책 및 사업에는 숭불주들의 신불심과 실천력 그리고 당시 승려들의 시대정신이 한데 결합된 흥불의지의 결과였다고

---

43) 사원의 경제 기반인 田地는 태종·세종대의 정리를 거쳐 연산·중종대에 거의 혁파되었다가, 중종대 일부 환급이 있었다. 명종대 부분적으로 증가 되기도 한 사원전은 문정대비의 서거로 명종 21년 다시 몰수된다. 그러나 사원전의 몰수는 면세지로 공인된 사원전의 혁파를 말하는 것으로, 田稅를 부담하는 사원소유 토지는 그대로 존속하였다.(金甲周,『朝鮮時代寺院經濟研究』(同和出版公司, 1983),「제2장 朝鮮前期 寺院田槪觀」; 宋洙換,「朝鮮前期의 寺院田」(『한국사연구』79, 한국 사학회, 1992), p. 49·55 참조).

말할 수 있다. 한편 유교국시 아래서의 흥불정책이란 처음부터 한계를 지닐 수밖에 없었다. 그러나 한계내의 시책과 사업들이었음에도 그것이 교단에 활력을 불어넣고 어느 정도 불교의 위상을 회복시킨 것 또한 매우 중요한 일이다.

조선불교가 거의 부정적인 모습으로 인식되고 있는 편이지만, 그 역사과정을 살아온 불교인들의 정신은 치열한 것이었다. 불교의 외적 내적 영향력은 숭불주들의 출현 배경이 되었고, 그들이 펼쳐간 흥불정책 및 사업의 이면에는 언제나 흥법을 염원하는 그 시대 승려들의 의지가 함께 했다. 결국 이들의 흥불의지와 노력이 조선 전기 불교의 위상을 대변하며, 이후 더욱 어려움이 가중된 현실적 조건하에서도 불교를 끝까지 유지해갈 수 있었던 저력 또한 그 연장선에서 찾아볼 수 있다.

제2장

불전언해와 그 사상

불전언해의 배경과 사상적 이념

조선 전기에 활발하게 추진된 불전언해 사업은 여러 가지 면에서 특기할 수 있다. 그것이 보여주는 의의는 불서의 대규모적인 국역화에만 국한하지 않는다. 그 시대 불교인들의 흥불의지 등 불교 내적인 문제는 물론 불교 외적인 면에서도 매우 중요한 내용과 가치들을 포함한다. 핵심만을 말하면, 불교와 정음이 당시 주류사회로부터 배척받는 공통의 처지에서 함께 시대의 역경을 극복하고자 한 것이 곧 불전언해라고 보겠다.

불전의 언해가 처음 그리고 집중적으로 이루어진 것은 조선 전기에서의 일이다. 정음의 반포 직후에 불서가 가장 먼저 정음으로 편찬되고, 이어 숭불주 세조가 아예 불서간행을 위해 설치한 간경도감에서 당시의 주요 대승경전과 선서류 대부분을 언해 간행한 것이다. 성종·연산군대의 극심한 배불환경에서도 언해사업은 계속되었다. 이후의 불전언해는 그 추진주체와 내용을 달리하면서 조선 말에 이르기까지 전국 각 사원에서 상당량이 이루어지고 있다. 이들 또한 조선 전기 언해사업으로부터 받은 교훈과 영향이 없지 않았을 것이다.

이 같은 불전언해에 대한 연구는 대체로 『석보상절』을 비롯하여 『월인천강지곡』 『월인석보』 등 초기 정음불서들에 집중되어왔다. 그것도 대부분이 어문학 또는 서지학 분야가 주류를 이루며, 후대의 언해불서라 해도 관심의 방향은 대체로 비슷한 편이다. 이는 불교와 정음의 필연적인 관계를 고려할 때 자연스러운 현상일 수 있다. 그러나 여기에서는 관점을 달리하여 불전언해의 역사적 배경과 함께 그 사상적 측면을 중심과제로 삼는다. 이를 위해 불전언해의 추진과정, 언해자들의 신분과 사상경향, 언해대상 불전의 사상성, 언해 사업 전반에서 엿보이는 사상적 이념 문제 등을 검토한다.

I. 불전언해 착수와 그 경과

1. 정음수용의 역사적 요청

세조의 간경도감刊經都監 설립 이후 본격적으로 전개된 불전의 언해는 그 사업규모나 국문화의 적극성 등으로 볼 때, 국민정신 계도를 겸한 정음보급의 측면에서도 매우 중요한 의미를 지닌다. 당시 불교계는 불교계대로 이 불전언해 사업을 통해 쇠미해진 교세에 새로운 활력을 불어넣고자 했던 것이고 보면, 그 보급이 결코 순탄치 못했던 정음과 불교는 결국 그 입장을 서로 보완하면서 시대의 운명을 함께 개척해 나간 것으로 볼 수 있다. 그러면 정음의 정착기반에 절대적인 기여를 한 불교계의 정음 수용은 그 동기가 어디에 있을까?

불전언해에 불법홍포의 목적이 포함되어 있다 함은 새삼 거론하지 않아도 될 것이다. 그러한 정신면에서 볼 때, 불교계의 정음수용은 정음의 보급을 위한 방편이었다거나 또는 일시의 문화적 현상이었다기보다는 오랜 역사적 요청의 결과로 보아야 할 것이다. 다시 말해서 불교계에는 일찍부터 포교의 목적상 국문자가 필요하였으며, 정음수용은 이러한 배경 속에 나타난 필연적인 결과라는 뜻이다. 여기서 한걸음 더 나아가 어떻게든지 교세를 회복해야만 했던 당시 불교계의 시대적 상황이 그것을 더욱 촉진시켰을 가능성도 크다.

불교계에 쉬운 국문자가 요구되었으리라는 사실은, 고려 초 화엄승 균여대사가 지은 「보현십종원왕가普賢十種願王歌」11수(『균여전』 소재)의 기록 방법 등을 통해서도 짐작할 수 있다.[44] 이들은 모두 한자를 빌어 우리말을 표기한 것으로 이두와는 달리 각 수의 가사 전체가 한자로 기록되었으며 순수한 우리말(신라어)의 음사이다. 균여의 원왕가 이전에 승려의 작품이거나 대부분 불교적 성격의 노래인 신라시대 향가들의 기록들 또한 모두 그러한데, 이 같은 기록형태를 우리는 어떻게 보아야 할까? 이는 어느 점 균여 등 당시 승려들의 국어에 대한 자각의 표현이었을 수도 있다.

불교계에 국문자가 요청되었다는 또 다른 예증으로서는, 고려 대각국사 의천이 '『화엄경』삼본 180권, 『남본열반경』36권, 『묘현妙玄』10권, 『고승전』 10여 부 등 합계 300여 권을 방언으로 번역하여 강설했다.'[45]는 사실을 들 수 있다. 이 모든 문헌이 현재 전하지 않아 자세한 내용은 알 수 없다. 그러나 이것 역시 국문자의 필요성을 절감했던 교계 사정의 일단을 보여주는 것으로 충분하다.

균여대사의 원왕가를 비롯한 모든 향가의 기록방법이나 대각국사의 '번역방언翻譯方言'과 같은 사례는 전법과 교화가 불교의 중요한 사명임에 비추어 결코 우연한 일로 보이지 않는다. 당시 선각들은 상층계급의 교화뿐만 아니라 일반대중의 교화에도 진력했을 것은 물론이다. 따라서 문자를 갖지 못한 대중을 교화하기 위해서도 여러 가지 방

---

44) 均如大師의 '十句章圓通記跋'에 의하면, 唐 智嚴의 十句章에 대한 新羅僧 法融 釋을 均如가 강설했는데 그 필록도 원래 方言本이었다 한다.(佛敎文化硏究所 編, 『韓國佛敎撰述文獻總錄』, p.26 참조).
45) 『大覺國師文集』(建國大學校出版部, 影印本, 1974) 卷20, 庚辰 6月 4日條.

법을 모색을 했을 것이며, 그 결과 이 같은 기록 내지는 방언역을 하게 된 것이 아닐까 한다.

그런 뜻에서 정음 창제 이후 불교계의 적극적이고 능동적인 정음 수용, 즉 대규모의 불전언해는 이처럼 오랜 역사적 요청의 결과라고 말할 수도 있겠다. 물론 이 같은 역사적 요청이 현실로 구현되는 데에는 왕을 비롯한 왕실의 숭불심이 절대적인 요소로 작용하였다. 교계의 의지에 앞서 실제로 이들의 관심과 지원이 불전언해를 가능하게 한 것이다. 이는 최초의 정음불전 자체가 세종의 숭불심에 의해 출현할 수 있었다는 사실만으로도 그렇게 말할 수 있다.

세종이 처음부터 불교에 호의적이거나 숭불한 것은 아니다. 그는 중기까지만 해도 강경한 배불정책을 펴온 군주이다. 그러나 중기 이후 대불인식과 태도의 변화를 거쳐 말년에는 숭불군주의 모습을 확연하게 보여준다. 유신들의 거센 반대와 저항 속에서도 흥천사와 흥덕사의 중수 등 중요한 불사들을 소신껏 실천하고 있는 것도 이 무렵의 일이다.

이런 세종의 숭불심은 훈민정음 반포(1446년) 이후 그 보급에 고심 중이던 정음을 통해서도 드러난다. 놀랍게도 유교국가에서 석가모니의 전기인 『석보상절釋譜詳節』을 맨 처음 정음으로 편찬하게 하고 있음이 그러하다. 세종은 조정 유신들의 반대를 무릅쓰고 서거한 왕후의 추천追薦을 명분으로 『석보상절』의 편찬을 주선, 그 해 12월 부사직 김수온에게 명하여 『석가보釋迦譜』를 증보 편집케 하였다. 이렇게 해서 한문으로 작성된 『석보상절』을 다시 수양대군에게 명하여 다음해 7월 완전히 정음으로 역출해 낸 것이다. 불전언해의 효시라 할 이 정음 『석보상절』에 대하여 다시 세종이 찬송을 짓고 이름하여 『월인천강지곡月印千江之曲』이라 했으며, 뒷날 세조가 이 둘을 합편하여 『월인석보月印釋譜』라 하였다.

위에서 살펴본 바와 같이, 우리나라 최초의 정음불서인 『석보상절』과 『월인천강지곡』은 세종의 불심과 주선이 없었다면 그 편찬이 아마 불가능했을 것이다. 그러나 이들 편찬은 어디까지나 수양 등 대군들을 중심으로 한 왕실 내부의 사적 불사인 것으로 말하고 있다. 이는 『석보상절』과 『월인천강지곡』이 조선의 국시에 반하는 불서라는 점에서, 당시로서는 형식상 그렇게 말할 수밖에 없지 않았을까 추측할 수 있다.[46] 사정이야 어쨌든 이들 최초 정음불서 편찬으로 조선의 불전언해는 그 역사적인 서막이 오르게 된다.

한편 『석보상절』의 편찬이 세종의 불심과 비호에 의해서 이룩된 것임에는 틀림없지만, 이에 못지않게 수양대군의 불심과 역할이 지대했으리라는 것 또한 의심의 여지가 없다. 일찍부터 공공연하게 불교를 숭상함으로서 유신들로부터 지탄을 받아오던 수양대군이 최초의 정음불서 편찬에 주역을 맡게 됨에, 그로서는 불전의 정음화를 두고 다시 의도하는 바가 있었을 것이다. 수양대군이 뒷날 등극하여 간경도감을 설치했다는 사실도 이런 데서부터 그 연유를 생각해 볼 수 있다.

---

46) 『世宗實錄』卷111, 28年(1446) 3月 26日에 "今中宮卽世 兒子輩爲成佛經 子許之 議于政府 皆曰可 子惟我國 連年飢荒 民不聊生 未可公辦 因兒輩私畜與本宮所儲爲之…"라 하였다. 이는 『御製月印釋譜序』에 보이는 "世宗이 謂子ㅎ샤디 薦拔이 無如轉經이니 汝宜選譯釋譜ㅎ라ㅎ시ᄂᆞ 子受慈命ㅎᄉᆞᆼ…"의 記事와는 사뭇 다른 사정을 엿보게 한다. 『月印釋譜』는 이미 世祖가 불법홍보의 뜻을 세우고 설치한 刊經都監에서 간행되어 나온 것이어서 굳이 조정의 눈치를 살필 필요 없이 사실대로 밝혀 말할 수 있었을 것이다.

2. 간경도감 설치와 언해사업

세조가 즉위 7년(1461) 6월 간경도감을 설치하여 각종 불경을 인행하게 하는 한편 본격적인 불전언해에 착수한 것은 조선의 국시나 그동안의 배불 상황으로 볼 때 놀랄 만한 일이다. 이는 주저함 없는 세조의 흥불정책 가운데서도 가장 과감한 결단이었다. 어쨌든 숭불영주의 등극으로 불교는 모처럼의 기연機緣을 맞게 되고, 더욱이 간경도감의 활발한 불경간행과 불전언해 사업은 새삼 불교의 중흥까지도 기대하게 했을 것이다.

불전언해의 산실이 된 간경도감은 세조의 결단으로 설치한 임시 관청이다. 그러나 유교국가에서 불전의 언해 및 간행을 목적으로 이 같은 기관이 설치되기까지의 과정은 간단하지 않다. 그동안 왕실에서는 간혹 불경을 인행印行하는 일이 있었지만 태종이 문교진흥을 위해 세운 주자소鑄字所에서는 그것이 불가능 하였다. 이 때문에 왕실에서는 자연히 사설 출판기관이 필요하였고, 이렇게 해서 설립한 것이 세종대의 책방冊房과 문종대의 정음청正音廳이다. 이 가운데 정음청에서는 불경 이외의 서적도 간행한 것으로 보이지만 두 기관 공히 주요 사업 내용은 불경의 인행이었다. 따라서 이들 존재가 유신들에게 결코 달가울 리 없었으며, 불경인행과 주자소의 활자 및 공장工匠의 유용 시비 등이 계속되었다.

이런 일로 인해 결국 그 설치 연대가 불확실한 책방은 단종 3년(1455)에 폐지되고, 문종 즉위 초에(1451) 책방과는 별도로 궁중에 설치한 정음청은 단종 즉위년(1453)에 폐지되었다. 이로써 세종대의 책방에서 문종대의 정음청으로, 다시 단종대의 책방으로 이어지면서 불경인행을 계속해오던 왕실의 사설출판기관이 완전히 자취를 감추고 만 것이다.[47) 여기서 놀라운 일은 이로부터 불경의 인행이 오히려 주자소에서 이루어지고 있다는 사실이다. 이는 수양대군이 이미 즉위한 이후이기 때문에 가능했을 것이다. 그러나 이 같은 이변은 당연히 유신들의 반발을 불러왔고 이로써 왕과 유신들 사이에는 심상치 않은 분위기까지 발생하고 있다.

이처럼 주자소에서의 불경인행이 다시 문제가 되자 세조는 새로운 방안을 모색하였고 그것이 곧 간경도감의 설치를 나타난다. 즉 세조는 지금까지의 음성적인 불경 인행과는 달리 새로운 국가기관을 두어 공식적으로 불경을 인행함으로써 유신들의 논란과 시비의 여지를 아예 봉쇄하고자 한 것이다. 이런 과정을 거치면서 설치한 간경도감은 그 직제나 규모면에서 옛 책방이나 정음청과는 달랐다.[48) 불경의 출판 기관으로서는 유례가 없었으며, 이곳에서 조선불교의 금자탑이라 할 언해불전의 거의 대부분을 기획 간행한 것이다. 간경도감에서는 불경의 인행도 이루어졌지만, 그 보다는 불전의 언해와 간행이라는 새로운 사업이 중심이었던 것으로 보인다. 이곳에서 언해된 불전들의 수준이나 양으로 보아서도 그렇게 추측할 수 있다. 그 내용을 좀 더 구체적으로 확인하기 위해 우선 간경도감에서 언해 간행한 불전명과 언해

---

47) 冊房 및 正音廳의 존폐 경위와 사업 등 자세한 내용에 대해서는 이승령, 「이조 초기 역대 왕실의 출판정책의 고찰」, 『한글』 제146호(한글학회, 1970) 참고바람.

48) 간경도감에는 都堤調 堤調 使 副使 判官의 직책을 두었다.(『世祖實錄』卷24, 世祖 7年(1461) 6月 17日). 그 규모에 대해서는 화재를 두려워하여 철거시킨 부근의 人家 수가 23호에 달했다는 것과(같은 책 卷27, 8年(1462) 1月 30日), '近百七十餘人'의 役夫에 한 달 비용이 '近二百碩'(『成宗實錄』卷9, 成宗 2年(1471) 1月 21日)이었다는 것으로 미루어 그 대략을 짐작해 볼 수 있다.

자만을 간행순으로 열거해 보면 다음과 같다.[49]

①『능엄경』10권 　　　　: 세조 구결口訣언역
②『묘법연화경』7권 　　 : 세조 구결언역
③『선종영가집』2권 　　 : 세조 구결, 효령대군·신미·해초·홍
　　　　　　　　　　　　　일·효운·혜통·연희 등 언역
④『금강경육조해』1권 　 : 세조 구결, 김수온·한계희·노사신
　　　　　　　　　　　　　등 언역
⑤『반야바라밀다심경』1권 : 효령대군·해초·사지 등 언역
⑥『불설아미타경』1권 　 : 세조 언역
⑦『원각경』12권 　　　　 : 세조 구결, 신미·효령대군·한계희
　　　　　　　　　　　　　등 언역 협찬
⑧『목우자수심결』1권 　 : 신미 언역
⑨『사법어』1권 　　　　　: 신미 언역
⑩『몽산화상법어』1권 　 : 신미 언역
⑪『지장경』3권 　　　　　: 학조 언역

이상 11종의 불전들은 당시 교계에 크게 유통되고 중시했던 불전들이다. 그런 만큼 간경도감에서는 당시 불교의 사상적 경향에 따라 불전을 선정하고 이를 언해 간행한 것이다. 그러나 유교국가에서 이같은 숭불적 사업이 제한 없이 지속될 수는 없었다. 불전언해의 산실로서, 불교의 중흥을 위해서도 역할이 크게 기대를 모았을 간경도감은 숭불주 세조가 승하하자 이내 그 혁파론이 대두된다. 결국 세조비 정희왕후가 세조의 명복을 빌기 위해 사은사謝恩使로 하여금 중국으

---

49) 동국대출판부,『韓國佛敎選述文獻總錄』;江田俊雄,「朝鮮語譯佛典に就いて」,『韓國佛敎史の究』(国書刊行会, 昭和 52年);최현배,『한글갈』(정음사, 1974) 등에서 佛典원본에 대한 懸吐·언해·주석·편집방식·雕板 간행 등 사항을 자세하게 살필 수 있다.

로부터 불경을 구해 오게 한 것이 유신들 간에 큰 문제로 번져 혁파의 주장이 더욱 극렬해지고, 성종 2년(1471) 12월 마침내 간경도감 또한 폐지되고 말았다.

간경도감 폐지 이후 재연된 억불기세 등의 내외 여건은 불전언해 사업의 계속적인 추진을 거의 불가능하게 하였다. 그러나 다행히 성종 13년(1482) 경에 이르러서는 언해사업이 다시 시작되었으며 이는 오로지 왕실의 숭불열과 재시財施에 의해서였다. 따라서 왕실의 독자적인 사업성격을 벗어날 수 없었던 간경도감 폐지 이후의 언해사업은 자연히 그 취약성이 드러나게 마련이었다. 국가의 공공연한 간경도감 설치와 그 불전언해 사업에 비해 아무래도 규모가 축소되었고 그나마 오래 계속해 갈 수도 없었다. 이때 불전을 간행하고 언해를 주선한 왕실의 인물들은 자성대비(정희왕후)와 인수대비(소혜왕후) 그리고 성종계비(정현왕후) 등 3대비였으며, 특히 자성·인수 양 대비의 열의는 놀라울 정도였다.

왕실의 여성불자들에 의해 언해사업이 재개된 이후 연산군대에 이르기까지, 간경도감 미완사업의 후속적 성격으로서 이루어진 『금강경삼가해』 및 『증도가남명계송』을 포함하여 다음 7종의 불전들이 언해 간행 되었다.[50]

①『천수경』1권 　　　　 : 조(학조?)화상 교정
②『금강경삼가해』5권　 : 문종·수양 언역, 학조 교정.
③『증도가남명계송』2권 : 세종이 30여 수 친역, 학조 이어 언역.
④『불정심다라니경』2권 : 학조 언역(?)
⑤『오대진언』1권 　　　 : 학조 언역(?)

---

50) 위와 같음.

⑥『육조법보단경』3권   : 언역자 미상[51]
⑦『진언권공』1권   : 학조 언역(?)

　이상 7종의 언해 간행으로써 조선 전기 불전언해 사업은 일단락된
다. 연산군 2년(1496) 4월 이후의 파불적인 상황에서 언해 사업을 더
이상 계속할 수 없었기 때문이다. 따라서 연산군 2년 인수대비에 의
한『진언권공眞言勸供』의 언해 간행을 마지막으로 왕실이 주동이 된
불전언해 사업은 대단원의 막을 내리고, 그 이후로는 지방사찰을 중
심으로 산발적인 불전언해가 이루어지고 있다.

---

51) 李崇寧은 「仁粹大妃의 諺譯事業과 그 考察의 態度論」(『韓國語文論集』
　　p.208)에서 『六祖法寶壇經』의 체제가 간경도감본 불전등과 大差가 없는 것으
　　로 미루어 草稿는 이미 세조때 거의 탈고되었을 것으로 추정하였다.

Ⅱ. 언해자의 법통과 신불사상

1. 언해승의 소속 종파와 법통

조선 전기의 불전언해는 교단을 대표하는 승려와 불교보호에 나선 왕 및 왕실 그리고 일반신자로서의 숭불유신들이 삼위일체가 되어 펼쳐나간 대흥불 사업이었다. 따라서 불전언해 전반을 살펴볼 때 그것에는 대체로 이들의 흥불의지를 포함한 신불사상과 불교관이 반영되어 있다는 인상을 받는다. 이제 조선 전기 불교의 사상 경향 및 불전언해의 성격 파악을 위해 언해승들의 법통과 언해 성격, 세조의 언해정책과 신불사상, 유신들의 언해활동 및 불교관을 차례로 검토해 본다.

먼저 언해승으로서 2대 주역을 든다면 단연 혜각존자慧覺尊者 신미信眉와 학조대사學祖大師를 꼽을 수 있다. 특히 세종·세조대의 고승 신미는 세조를 도와 호불護佛사업을 이룩하는 한편 직접 언해를 담당하면서 불교계의 활로를 개척하려 했던 발군의 명승이었다.

숭불유신의 대표적 인물이던 김수온金守溫의 친형이기도 한 그는 문종 즉위년(1415) 4월에 '선교양종도총섭밀전정법비지쌍운우복이세원융무애혜각존자禪敎兩宗都摠攝密傳正法悲智雙運祐國利世圓融無碍慧覺尊者'라는 긴 사호를 받았다. 이는 이미 세종 때 신미를 판선교종사判

禪教宗事로 삼으려 했던 계획에 따른 것이었다. 이로 미루어 신미는 선과 교에 모두 통달해 있었던 듯하다. 이처럼 신미가 선과 교 양종을 총섭하는 직책을 품수했지만, 그러나 그는 선종 소속의 승이었음은 의심할 여지가 없다. 이런 사실은 신미가 언해하거나 또는 관여한 불전의 종류와 내용을 통해서도 알 수 있다.

우선 간경도감에서 간행된 여러 불전 가운데 순수 선서라 할『목우자수심결』·『사법어四法語』·『몽산화상법어』등이 그의 단독 언해이며, 『선종영가집』을 효령대군 및 해초海超와 함께 언해·쌍교雙校 하였다. 한편 이에 앞서 신미는 석보상절 편찬에 협력하고 월인석보를 증수했으며『원각경』을 한계희韓繼禧 등과 공역하기도 했다. 불전언해 외에도 그가 관여했던 불서들을 보면 세조의 명에 의하여 함허의『금강경설의』를 교정해서『오가해』에 넣어 한 책을 만들었으며,『선종영가집본』을 대교하는 한편『증도가』의 언기주諺琪註·굉덕주宏德註·조정주祖庭註를 모아 한 책으로 간행하기도 하였다.[52]

이상 신미의 불전언해 및 불전 관여 사실을 통해 그의 교파적 윤곽이 거의 드러나 보이지만, 신미의 법사法嗣에 대해서는 증명할 만한 자료가 없다. 이 문제에 대해 이능화는 신미가 나옹과 관계있는 인물들의 법어를 언해하고 역시 나옹 법손인 함허의『금강경설의』를 교정했다는 사실 등을 들어 그를 임제종에 속하는 함허일파로 보고 있다.[53]

한편 신미가 세조 재위 시 간경도감의 불전언해에서 크게 활약하고 있는데 비해, 학조는 세조 승하 이후 즉 간경도감의 폐지로 언해사업

---

52) 李能和,『朝鮮佛教通史』下, p.687.
53) 위와 같음.

이 겨우 명맥을 유지하던 시대에 대비들을 도와 그 유업을 마무리 짓고 있다.

학덕이 뛰어난 일대의 명승으로서 세조의 경신敬信이 두터웠던 학조의 행적은 세조 이후 성종과 연산군대까지 실록 등에서 간혹 볼 수 있지만 자세하지는 않다. 학조는 주로 대사大師로 불린 듯한데 신미·사지斯智·학열學悅 등과 함께 선종승이었음을 알 수 있겠고,[54] 웅문거필雄文巨筆의 문호이기도 했던 만큼 사양길의 불전언해 사업에 그나마 주축이 되었음을 짐작할 수 있다. 그러나 특이한 점은 학조는 다른 선승들과 달리 기복불공이나 경찬법회의 개설, 사원의 중수, 대장경 인성 등 각종 불사에 주력했던 흔적이 역력하며 이런 경향은 그의 언해활동에서도 엿보인다. 즉 학조의 불전언해의 특색은 어려운 교리체계를 갖고 있는 경전이나 선서보다, 하류의 민심을 쉽게 포섭할 수 있는 진언·다라니류의 언해에 크게 관여하고 있다. 이는 학조가 간경도감 폐지 이후 인수대비 등 왕실여성들의 신불성향에 따른 언해사업을 주관했기 때문인지도 알 수 없지만 행적에서 보는 그의 불사 주력 경향과도 상통하는 바가 있다.

신미와 학조 외에 언해사업에 크게 작용했을 것으로 짐작되는 또 한사람의 고승으로는 묘각왕사 수미가 있다. 수미는 『석보상절』 편찬과 『월인석보』 증수에 협력한 것 외에는 특별히 불전의 언해를 담당했다는 기록은 보이지 않는다. 그러나 신미와 더불어 '이감로문二甘露門'으로 추앙받던 그는 해인사 대장경 인행 시에도 세조의 명에 따라 신

---

54) 世祖 6년(1460) 海印寺 大藏經 印成 時의 발문에 '黃嶽山人臣學祖謹跋'이라고 적혀 있으며(『朝鮮佛敎通史』上, p.447), 李能和도 學祖를 信眉·斯智·學悅과 함께 禪師라 적고 있다.(같은 책 下, p.415).

미 등과 불사를 계획하고 감독하였다. 그런 만큼 불전의 언해에도 그 기획단계에서 어떤 형태로든 참여했을 것으로 보는 것이 옳겠다. 수미의 법통은 벽계정심碧溪正心을 이은 것으로 나타나 있어[55] 태고계의 법통임을 알 수 있다.

이들 외에 『석보상절』의 편찬 및 『월인석보』의 증수자로서 이름이 보이는 설준雪竣·홍준弘濬·지해智海·해초·사지·학열 등을 포함하여, 더 많은 승려들이 불전언해 사업에 참여했던 것 같다. 어쨌든 신미와 학조를 주축으로 한 이들 10여 명의 고승들을 일단 언해승이라 말할 수 있겠는데, 이들의 특징은 그 대부분이 선종 소속의 승려들이었다는 점이다.

여기서 교종 승려의 분포를 보면 『반야심경』 등의 언해에 동참한 해초가 판교종사도대사였고, 『월인석보』 증수에 협력한 설준이 판교종사였다. 해초와 설준 외에 『반야심경』 발문에 보이는 연경사 주지 홍준과 전 속리사俗離寺 주지 연희가 또한 교종에 소속했던 것 같다. 이들이 교종의 승이었으리라는 것은 연경사와 속리사가 다 같이 교종 소속 사찰이기 때문이다.

이렇듯 교종은 대략 10명의 언해승 가운데 3~4명 정도로서, 그 수적인 면에서 약세일 뿐만 아니라 언해활동 범위도 극히 한정되어 있다. 비교적 활동이 큰 해초가 『선종영가집』·『금강경』·『반야심경』 등을 교정 또는 언해한 정도이고, 설준·홍준·연희는 『월인석보』 증수와 『반야심경』 언해 등에서 그 이름이 보일 뿐이다. 이와 같이 선종에 비해 교종 언해승의 수적 약세와 소극적인 언해 참여도는 곧 선초 당시

---

55) 「靈巖郡 月出山 道岬寺 妙覺和尙碑銘」 『朝鮮金石總攬』 卷下 (京仁文化史, 1974), pp.856~857 참조.

교종의 열세를 반영하는 것으로도 해석할 수 있다.

2. 세조의 언해정책과 신불사상

다음은 세조의 불전언해 정책과 함께 신불사상을 살펴보기로 한다. 세조는 불교를 정책적 차원에서 보호하고 진흥시킴으로써 일시나마 교계에 불교중흥의 희망을 안겨준 숭불영주였다. 그는 재위 13년 동안 여러 방면에서 흥불사업을 폈고 그 성과 또한 매우 컸다. 그러나 가장 특기해야 할 부분으로는 대대적인 불전언해 사업을 들 수 있겠다. 조선불교에서 불전신해가 갖는 의미와 가치가 그만큼 지대하기 때문이다.

대군시절부터 불경을 인행하면서 유신들의 반발과 저항을 익히 경험해 온 그가 즉위 후 아예 간경도감을 설치하였음은 앞에서 살펴 본 대로이다. 이는 불경의 인행과 언해사업을 국가의 정책으로서 공식 수행하겠다는 과감한 흥불의지의 결단이었다. 이런 세조의 언해 정책이 갖는 성격에 대해서는 역사상의 교훈에 따른 호국적 간경사업으로 이해하기도 한다. 즉 그의 언해 사업은 중국 역대 숭불왕들의 역경사업을 효칙效則하여 불전을 언해하고 고려시대 군주들의 호국적 간경사업을 계승하여 국역불서를 간행함으로써 국태민안을 기원하겠다는 치국이념이 포함된 것이라는[56] 견해들이다.

그러나 이를 당시 불교의 현실과 흥불의 신념을 지닌 세조 자신의 입장에서 좀 더 적극적으로 해석해 볼 필요도 있다. 그럴 경우, 불전 언해 사업은 무엇보다도 세조의 흥법의지와 염원이 담긴 대흥불 사업

---

56) 史在東, 『佛敎界國文小說의 形成過程硏究』(亞細亞文化史, 1971), p.14 참조.

임을 알 수 있다. 이로써 세조는 불교의 대중화와 조선불교의 중흥을 도모하고 있는 것이다.

언해 정책의 시행기관인 간경도감에서 세조의 어역御譯 및 구결口訣로써 이루어진 능엄·법화·금강·원각 등 대승경들은 일찍부터 한국 불교사상의 형성에 주류가 되어온 불경들이다. 전문적인 승려에 못지 않게 불교에 정통했던 세조는 이들 대승불경들을 언해한 다음 선교겸수 또는 선우위적 경향이 짙은 선초 불교사상의 흐름을 감안, 선 쪽에 비중을 크게 두어 『사법어四法語』 등 적지 않은 양의 선서들을 언해토록 하고 있다. 이 같은 언해의 방향과 내용에서는 일단의 중요한 의도가 읽혀지기도 한다. 그는 결국 이들 일군의 불서들을 국역 결집하여 불교사상을 종합·정리함으로써, 조선불교가 중점적으로 지향해 가야 할 하나의 사상적 정형을 구축하려 한 것이 아닐까 생각되는 것이다.

세조가 불전을 언해 결집함으로써 이를 통해 불교중흥을 시도했다면, 물론 그 배후에는 평소 그가 사사하고 존경하던 학조·신미·학열 등 3화상을 비롯한 당시 고승 및 언해승들의 지도와 의견이 적지 않았을 것이다. 그러나 세조의 불교에 대한 이해 또한 가히 전문가 수준이었으며 흥불사업의 현실적인 능력과 그 적극성 등으로 미루어 볼 때, 그것은 세조 자신의 의지가 주동이 되었을 가능성도 크다. 그러면 과연 세조가 얼마만큼 불법을 깊이 이해하고 있었는가 하는 점이 문제인데, 이는 그가 친히 언해했거나 구결口訣을 정한 불전들을 통해서 간접적이나마 그 정도를 가늠해 볼 수 있다. 이를 위해 우선 세조가 관여한 불전명과 그의 역할을 간행 순으로 일별하면 다음과 같다.

①『석보상절』　　　　：안평대군·김수온 등과 함께 수양대군 편집
　　　　　　　　　　　　　　　　및 언해

　②『월인석보』　　　　：세조 편찬

　③『능엄경』　　　　　：세조 어역

　④『법화경』　　　　　：세조 어역

　⑤『선종영가집』　　　：세조 구결

　⑥『금강경육조해』　　：세조 구결

　⑦『아미타경』　　　　：세조 어역

　⑧『원각경』　　　　　：세조 구결

　⑨『금강경삼가해』　　：세종의 명으로 수양대군 역

　⑩『증도가남명계송』　：세종에 이어 세조 필역

　이만한 불전들을 친히 언해하고 구결을 붙일 정도의 실력이라면 세
조의 불교이해 수준은 불학에 정통한 고승에 비겨도 거의 손색이 없
었을 것이다.[57] 더구나『석보상절』과『월인석보』의 저본底本이 되는 수
많은 경전들에 대한 섭렵과 그 지식의 폭을 고려한다면 더욱 그렇게
생각할 수 있다.

　한편 세조의 폭넓은 불교이해로부터 형성되었을 신불사상과 적극적
인 언해 활동은 불교와 정음을 통한 그의 홍법의지를 새삼 확인할 수
있게 한다. 조선의 유자들에게 있어서, 불교는 언제나 '상고上古의 법이
아닌 오랑캐의 가르침'이며 정음은 '진서眞書가 아닌 속된 언문諺文'일
뿐이다. 불교와 정음이 이처럼 함께 주류사회로부터 인정받지 못하고

---

57) 尹師路는「御譯法華經 上進箋文」에서 세조의 세조의 불법이해와 언해실력을
　　다음과 같이 적고 있다.
　　"分語絶意絶之間 句讀旣正 藪喻合法合之別 科判畢陳 演伽陵之仙音 妙暢密
　　義 敷貝多之眞諦 隱播玄 猷 心譯直據於漢文 口訣曲宣於國諺 雖萬機之畓至
　　恒一志之不分 契理彌深 覃思備至 発揮眇賾 若 瑞景之平高旹…"(世宗王朝國
　　譯藏經 妙法蓮華經 영인본, 동국대학교, 1960, p.2).

배척의 대상이 되고 있었음을 감안할 때 세조의 불전언해 사업의 의도와 목적은 더욱 뚜렷하게 드러난다. 동일한 처지의 불교와 정음이 상호유대와 보완의 관계로써[58] 그 시대의 난관을 함께 극복해 가는 양상이 곧 그것이다. 이는 그대로 백성을 위한 정음의 확산 정착과 일반 대중을 향한 불법 홍포의 염원을 말해준다.

세조가 불전의 언해로 정음의 확산과 정착을 도모하고 동시에 이로써 불법의 홍포를 기대했던 것임은 그의 초기 언해 작업에서부터 찾아볼 수 있다. 가령 수양대군 시절 그는 『석보상절』 서문을 통해 "…또 정음으로 역해譯解를 더하노니, 사람마다 쉽게 깨달아 삼보에 귀의하기를 바란다."[59]라고 하였다. 또 『월인석보』에서는 "닦아온 공덕을 기울여 실제實際에 회향하며, 일체 중생이 함께 보리의 저 언덕에 속히 이르기를 원하노라."[60]라고 적고 있다. 불전의 정음 번역 사실을 밝히면서 자신의 홍법 염원까지 거침없이 선언한 것이다. 이렇게 보았을 때 세조는 그의 신불사상을 바탕으로 정음불전을 통한 불교대중화, 조선불교의 중흥, 그리고 정음의 확산 및 그 정착을 목표로 불전언해 정책을 수행해간 것임이 더욱 분명해진다.

3. 유신들의 언해협력과 불교관

마지막으로, 세조의 불전언해 사업에 대거 동참하여 협력하고 있는

---

58) 훈민정음과 불교는 그 근원적 동기나 수용태도·활용업적 등으로 보아 원래부터 거의 필연적 관계에 있음은 학계에서 이미 論明되어왔다.(姜信沆,「李朝初 佛典諺解 經緯에 대하여」,『國語學研 究』제1호, 프린트本, pp.11~12 ; 史在東, 앞의 책, p.15 참조).
59)「釋譜詳節序」. "…又以正音就加譯解 庶幾人人易曉 而婦依三寶焉".
60)「御製月印釋譜序」. "…以向所修功德 廻向實際 願共一切有情 速至菩提彼岸".

유신들의 언해 역할과 그들의 불교관을 검토할 차례이다.

숭불주 세조의 불전언해 사업을 돕고 있는 조정유신들의 숫자는 결코 적지 않다. 흥미로운 것은 이들 모두를 숭불가로 볼 수 있는가 하는 의문인데, 이를 위해서도 우선 그 면면에 대해 대강의 확인은 필요하다. 언해에 협력 동참한 관료들 가운데 가장 먼저 눈에 띄는 인물은 김수온과 한계희이며, 이들의 역할은 언해승들에 비해도 크게 뒤지지 않는다. 특히 최초의 정음불서『석보상절』을 기획하는 단계에서 실무를 맡기도 했던[61] 김수온은, 불전언해 사업에는 물론 세조의 모든 불사에 거의 빠짐없이 보좌 내지는 동참했던 인물이다.

그는 친형 신미와 함께 세종의 신불에도 영향을 끼친 것으로 지적되는데,[62] 대군시절의 세조와의 관계 또한 매우 각별하였다. 세조가 즉위한 이후에는 왕의 흥불정책 수행에 숭불유신으로서 선봉장 역할을 하였으며, 이로 인해 주위의 빈축을 받는 일도 있었다. 측근 총신으로서 또는 종교적 신념을 함께하는 동지적 불자로서, 세조와 깊은 관계를 맺어온 그가 불전언해 사업에 주요역할을 맡고 있음은 자연스러워 보인다. 불심과 문장을 겸전한 그는『석보상절』편찬 및『월인석보』증수에 참여하는 한편,『금강경』을 함께 언해하고[63]『법화경』·『원각경』·『선종영가집』등의 조조彫造를 담당하였다.

이 같은 불전언해 참여 외에 그는 왕실의 불사와 관련한 많은 기록들을 남기기도 하였다.「인성대장경발印成大藏經跋」·「낙산사동종명」·

---

61)『世宗實錄』卷114, 28年(1446) 12月 2日. "命副司直 金守溫 增修釋迦譜".
62)『世宗實錄』卷123, 31年(1449) 2月 25日.
63) 萬曆 3年版『金剛經』卷末에 실린 '進金剛經·心經箋'과 '跋'에 의하면 한계희가 번역한 다음 孝寧大君·海超 등이 교정하여 印刊했다 했으나,『世祖實錄』卷32, 10年(1464) 2月 8日에는 "命工曹判書 金守溫 仁順府尹 韓繼禧 都承旨 盧思愼 等譯"으로 나타나 있다.

「원각사비문」 등을 포함하여 그의 문집에는 20건 가까운 기록들이 실려 있다. 이들이 또한 김수온의 숭불행적 및 왕실과의 밀접한 친교관계를 말해준다. 이런 김수온이 한때 출가를 결심하기도 했지만 세조의 허락을 받지 못해 뜻을 접은 적도 있다.[64] 조정의 관료로서 유교적 현실과 자신의 불교적 정신세계 속에서 갈등이 없지 않았던 것인지도 모른다. 그러나 그가 유교에 비해 불교가 단연 우월함을 확신하고 있었음은 분명하다. 평소 "『대학』과 『중용』이 법화·화엄의 현묘함에는 미치지 못한다."[65]고 생각해 온 그는 "부처는 삼교三敎에서 가장 존귀하며 만 가지 덕의 주인이다. 이 때문에 역대의 제왕이 혹은 부처를 숭상하고 혹은 신앙함은, 다만 구차한 그런 일이 아니다."[66]라고 말한다.

또 불교적 치도治道에 대해서는, "나라를 다스리는 왕은 불교를 숭봉하여 무위지치無爲之治에 이르러야 함"을 말하는가 하면 "숭불이 국가를 복되게 하고 임금과 부모를 장수하게 한다."[67]고 피력하고 있다. 단지 기복·청원적請願的 숭불이 아닌 군주의 수심修心에 의한 무위의 치도가 복된 국가를 이루는 길이며, 이를 숭불의 요체로 본 것이다. 김수온은 불교적 정신세계를 사는 숭불가였지만 또한 유교국가의 관리였다. 이 같은 불유 양립兩立의 입장을 그는 불교 안에 유교를 포섭하는 관점에서 무난히 병행시켜간 것이라 보겠다.

---

64) 『世祖實錄』卷32, 10年(1464) 3月 15日. 金守溫이 入山修道를 위해 官職을 면해 줄 것을 간청하는 글을 올리자 世祖는 上書 말미에 "道在方便濟世 豈藉 削髮乃修"라고 적어 돌려보내며 끝내 允許하지 않았다.
65) 『世宗實錄』卷127, 30年(1448) 9月 8日.
66) "佛氏爲三敎尊 萬德之王乎 故歷代帝王 或崇或信 非徒苟焉己也"(金守溫, 『拭 疣集』卷2, 「俗離山福 泉寺事蹟」).
67) 「上元寺 重創記」(李能和, 앞의 책 上, p.426).

또 다른 관료 한계희는 김수온의 사거 1년 후인 성종 13년(1482), 그가 60세로 세상을 마칠 때까지 불전언해에 크게 활약했다. 한계희가 참여했던 불전으로는 『금강경』·『반야심경』·『원각경』이 있고, 『반야심경』과 『증도가남명계송』에 발문을 썼다. 『금강경삼가해』에도 그대로 부재되어 있는 「남명계송 발문」은 그가 세상을 떠나던 해에 지은 것이다. 이렇듯 한계희 또한 언해작업에 있어 김수온에 못지않지만, 특히 언해불전 조조관雕造官으로서 그의 활동은 더욱 커서 간경도감에서 간행된 언해불전에는 예외 없이 그의 이름이 보인다. 그는 세조의 불전언해 사업에 일선 시행자로서의 역할을 다한 신불관료였다.

이런 한계희가 불교를 어떻게 이해하고 있었던가 하는 것은 다행히 그가 쓴 「반야심경발문」[68]을 통해 그 요점적인 불교관을 엿볼 수 있다. 이 발문에서 강조하고 있는 문맥으로 본다면 그가 대략이나마 반야사상의 대의에 접근해 있음을 알 수 있다. 이는 한계희가 평소 그와 같은 관점에서 불교를 수용하고 있었거나, 아니면 『금강경』·『반야심경』 등의 언해에 참여함으로써 더욱 확실하게 체득한 불교사상일 것이다. 그것이 전체라고 말할 수는 없겠지만 신불유신으로서, 특히 세조의 언해사업 시행자로서 큰 몫을 담당한 한계희의 불교관은 결국 반야 공사상으로 귀착될 만큼 수준 높은 것이 아니었을까 한다.

위에서 살펴 온 김수온과 한계희는 언해유신 가운데서도 가장 대표적인 인물들이지만 그 외에도 왕실 편에서는 효령·안평 두 대군의 공헌한 바가 적지 않았고, 유신으로서는 윤사로尹師路·황수신黃守身·강희맹姜希孟·노사신盧思慎 등이 크게 협력했다.

효령·안평대군의 숭불 및 언해 참여에 대해서는 이미 알려져 있는

68) 『李朝前期國譯佛書展觀目錄』(佛敎文化硏究所, 東國大學校, 1967), p.22.

바와 같거니와[69] 윤사로 등 유신들의 숭불과 불교관에 대해서는 언급할 만한 자료가 거의 없다. 다만 윤사로가 『묘법연화경』에, 황수신이 『선종영가집』에 각각 전문箋文을 썼으며, 한계희와 함께 강희맹이 「금강경발문」을 쓴 것은[70] 이들의 불교관을 짐작해 보는데 약간의 참고가 될 수 있다. 이들 발문에 나타난 바에 의하면 그들이 천태사상의 기본적 원리인 제법실상諸法實相과 혹은 격외선格外禪 도리, 혹은 반야개공般若皆空의 이치에 어느 정도 득의한 바가 있었던 것으로 보인다.

언해관료는 이들을 포함하여 대략 40여 인을 찾아볼 수 있다. 이들 속에는 의정부 우의정, 우찬성을 비롯한 육조의 판서 등 조정의 수뇌들이 대거 포함되어 있다. 그러나 앞에서 본대로 숭불자들이 다수 있기는 하지만 불전언해 사업에 이름이 오른 관료들 모두가 숭불자는 아니었을 것이다. 어쨌든 당시 교계의 지도자급 고승 및 숭불왕 세조와 이들 관료들이 함께 협력함으로써, 불전언해가 국가적인 대흥불 사업으로서 추진되어 간 것임은 틀림없는 일이다.

---

69) 李能和, 앞의 책, p.565 및 『世宗實錄』卷 125, 31年(1449) 7月 1日.
70) 『반야심경』에 부재된 발문과 동일하다.

Ⅲ. 언해 불전으로 본 사상 경향

　간경도감의 존속과 그 폐지 이후 연산군대까지 언해 간행된 불전은 대략 20종에 달한다. 여기에다 『석보상절』 및 『월인석보』의 저본경底本經까지를 계산에 넣는다고 가정할 경우 언해불전의 종류는 의외로 많은 셈이다. 그러나 방대한 불전의 총수에 비하면 이 또한 결코 많은 것은 아니다. 그렇다면 소위 삼장십이부교三藏十二部敎로 총칭되는 방대한 불전 가운데 특별히 이들을 가려 얼마간의 불전을 언해하게 된 이유는 무엇일까. 이들이 언해 대상으로서 선정되는 데는 위에서 살펴본 언해자들의 불교사상의 영향이 컸을 것임은 물론이다. 뿐만 아니라 그것은 국가정책에 의한 종파통합 등 교단의 현실 상황과도 밀접한 관계가 있었을 것으로 본다.

　여기서, 『석보상절』(이하 '석상')과 『월인석보』(이하 '월석')의 경우는 별도로 먼저 고찰 할 필요가 있을 것 같다. 불전언해 사업을 본격적으로 추진하기 이전에 찬술된 『석상』(세종 29년, 1447) 및 『월석』(세조 5년, 1459)의 간행은 일반 불전언해와는 그 성격이 구분된다는 점에서이다. 즉 이들은 그 다양한 대승경전의 편입 방식이나 그 찬술이념으로 미루어 볼 때, 다분히 새로운 체제의 종합불서적 성격을 띠고 있다.

『석상』및『월석』의 저본 불전은 주로 양나라 승우의『석가보』와 당나라 도선의『석가씨보』외에,『법화경』을 비롯하여『아미타경』『반야심경』등 15종 남짓의 불전에서 인용 혹은 전재轉載하고 있다.[71] 양서는 그 서문들이 밝히고 있는 바와 같이, 명복추천을 동기로 하여 홍법을 목적으로 찬술된 정음불서들임에 틀림없다. 그런데 최초의 정음불서로서『석상』이 지니는 의미도 물론 큰 것이기는 하지만, 그 이후에 편찬된『월석』의 불교적 의미는 이와는 다른 측면에서 주목할 수 있다.

『석상』에서의 의지가 더욱 적극적으로 전개된『월석』에서는 특히 당시 불교의 교학적 조직화 문제에 보다 큰 관심을 두었던 것 같다. 이 점은『월석』을 편찬함에 있어 천태지의의 오시교판五時敎判에 입각하여 다양한 저본경들을 종횡으로 고루 편입 배열해 나가고 있는데서[72] 더욱 그런 인상을 받는다. 그렇다면『석상』에 이은『월석』의 편찬은 결국 선초불교의 한 이념으로써, 종합적 성격의 단일화된 정음불전을 만들어 이를 통해 홍법을 기하려 했던 것일 수도 있다. 그런데 이후 간경도감에서의 불전언해는『석상』및『월석』의 간행에서 드러나는 종합불서로서의 성격과는 완전히 다른 모습이다. 즉『월석』간행 이후의 불전언해는 선교양종으로서의 당시 교단의 사상적 입장을 완연하게 노출시키고 있는 것이다.

간경도감에서부터 성종~연산군대에 간행된 언해불전은, ①대승경

---

71)『석상』은 金英培가「釋譜詳節解題」(東國大,『國語國文學論文集』第9·10輯)에서,『월석』은 李東林이「月印釋譜와 關係佛經의 考察」(『白性郁博士頌壽記念 佛敎學論文集』)에서 각각 그 저 본경을 검색해 보이고 있다.
72)『석보상절』및『월인석보』에 나타나는 교학에 대한 인식은 전적으로 천태의 五時敎判에 따르고 있다. 이는 특정 종파에 대한 선호 때문이 아니라 당시 五時敎判에 따른 불교학 이해의 보편적 경향을 반영함일 것이다.

전류 ②선서류 ③다라니류의 3부문으로 대별된다. 여기서는 이들이 언해본으로 선정되는 주요 배경과 함께 그것에 나타나는 사상적 경향을 좀 더 자세하게 검토해 본다.

1.『법화경』등 대승경전류

대승경전의 언해는『능엄경』·『법화경』·『금강경(육조해六祖解 및 삼가해)』·『반야심경』·『아미타경』·『원각경』등 7종을 들 수 있고, 여기에『지장경』까지를 포함시켜도 무방할 것이다. 그런데 이들 언해 대승경전이 지니는 공통성은, 이들이 우리나라의 불교사상 형성에 주류가 되어 온 불전들이라는 점이다. 즉 이 경들은 그동안 한국불교 각 종파의 소의경전이 되어왔고,[73] 또 통불교적으로 수용하기도 했던 경전들이다. 따라서 이들 경전이 언해 사업 초기에 일단 언해 대상이 되었으리라는 것은 쉽게 추측할 수 있다. 특히『법화경』과 육조해 및 삼가해[74]를 각각 별도로 언해 간행 한『금강경』의 경우, 그 유통과정이나 개판 빈도수[75]로 보더라도 그것이 우선적으로 언해대상이 되었을 것임은 쉽게 짐작할 수 있다.

그러나 한편, 경전의 성격 및 함께 언해하여 실은 소疏의 주석상의

---

73) 李智冠,『韓國佛敎所依經典硏究』(寶蓮閣, 1973), p.26.
74)『金剛經三家解』는 간경도감의 六祖解 간행이후 성종 13년(1482)에야 간행되었다. 그러나 원래 이는『證道歌南明繼頌』과 함께『석보상절』에 편입시키려 하여 世宗 在世時에 그 草稿가 완성되어 있었다.(『金剛經』三家解諺解 學祖跋 참조).
75) 國會圖書館編,『韓國古書目錄』(1968)에 의하면『법화경』이 대략 50종,『금강경』이 39종이나 개판되고 있음을 볼 수 있다.(高翊晉,「法華經界環解의 盛行來歷考」,『佛敎學報』第十二輯, 197 5, p.171 참조).

문제들을 검토해 보면 이들의 언해는 선종 주도의 경향임이 분명하다. 계환戒環의 요해要解가 부재된 『능엄경』·『법화경』과 『금강경』의 경우는 물론, 『아미타경』의 언해만 하더라도 그렇다. 이 경의 언해는 우리나라 정토신앙의 일반적 성향에 의한 것으로 볼 수 있다. 그러나 특히 『아미타경』이 천태계에서도 중요시되어 왔음을 상기할 때,[76] 그 언해 선정 역시 선종 천태계의 발언권이 크게 작용하지 않았을까 짐작된다. 요컨대 『능엄경』·『법화경』·『금강경』·『아미타경』 등은 그 통불교적 성격에도 불구하고, 세부적으로 말하면 선종의 소의경전들이다. 그렇다면 이들이 언해불전으로 선정되는 데는 아무래도 선종이 주도적 위치에서 크게 영향을 미친 것으로 본다.

이에 반해 『반야심경』과 『원각경』의 언해는 교종의 의사가 반영되었으리라는 심증을 갖게 한다. 우선 이 두 경전의 언해 내용을 보면 『반야심경』은 당 법장法藏의 소를, 원각경은 종밀宗密의 약소초略疏鈔를 경 본문과 함께 국역한 것이다. 이들은 다 같이 화엄계통에 속하는 교학승들이었다는 점에 유의할 필요가 있다. 『반야심경』과 『원각경』 역시 『법화경』 등과 마찬가지로 통불교적 불전인 것이 사실이다. 그러나 이 같은 소를 기준으로 한다면 그것은 교종(화엄종)에서 중시해 온 경전들임을 알 수 있다. 따라서 이들 불전의 언해 선정은 어느 정도 교종 측의 입장을 반영하고 있는 것이 된다. 그렇다면 『반야심경』과 『원각경』의 언해는, 선교양종이라는 선초 교단의 체제를 감안한 언해 기획자들의 교종에 대한 일단의 배려가 아니었을까 하는 생

---

76) 『萬德山白蓮寺 第四眞淨國師 湖山錄』'勸誦阿彌陀願文'條에 "……唯小本彌陀經 最爲綱要 辭簡而理明 文約而事備足"이라 하여, 천태결사에서 『彌陀經』을 중시했음을 보여준다.

각도 해 볼 수 있다.

그럼에도 불구하고 대승불전의 언해 전체에서 받는 인상은, 역시 그것이 선종 주도적 경향을 강하게 띠고 있다는 점이다. 이는 결국 선종의 우세를 말함이다. 동시에, 선과 교에 대한 일정한 고려 속에서도 언해 기획자들은 선사상의 보급에 우선적인 의의를 둔 것이 아닐까 한다.

2.『선종영가집』등 선서류

선종 우위적 언해본 선정의 추세는 대승경전의 언해과정에서 이미 나타나지만, 특히 그러한 경향은『선종영가집』등 일군의 선서 언해에서 더욱 두드러진다. 간경도감 언해 선서들로는『선종영가집』·『목우자수심결』·『사법어』·『몽산화상법어』등이 있고,[77]『증도가남명계송』은 간경도감 폐지 후 성종 13년(1482)에 간행된다.[78]

여기서 관심을 끄는 것은 혜각존자 신미의 언해활동이다. 신미는『선종영가집』을 효령대군 등과 함께 국역한 이래, 이들 선서의 언해 모두를 혼자서 담당하고 있다. 나옹계를 이은 선종승으로서 세조와의 관계뿐만 아니라 언해승 가운데서도 가장 두드러진 그의 활동으로 미루어, 이들 언해를 신미가 담당하고 있음은 당연한 일이다. 따라서 이들 선서의 언해본 선정에도 그의 의견이 거의 절대적이었을 것으로 본다.

---

77)『四法語』의 간경도감 간행 여부는 단언하기 어려운 점이 있다(최현배,「한글갈」, p.113).
78) 註 49) 참조.

한편 이들 선서 언해에서 유의해 볼 만한 것은, 우리나라 선승들의 선사상이 계통적으로 비중 있게 취급되고 있다는 점이다. 순수 선서로서 처음 간행된 『선종영가집』에서 함허의 찬병서讚幷序와 설의說義를 한데 모아 한문 그대로 싣고 있을 뿐만 아니라, 이어서 착수된 보조국사 지눌의 『수심결』과 『몽산화상법어약록』에 나옹의 법어를 부재附載하여 언해한 것 등이 그것이다. 이는 보조-나옹-함허로 이어지는 선적 계보를 드러내면서 의식적으로 우리나라 선사상을 고양시키려 했던 것으로 추측할 수 있다.

3. 『오대진언』 등 다라니류

간경도감 폐지 이후의 불전언해는 종래와는 전혀 다른 양상을 보이는데, 다라니류의 정음역正音譯이 곧 그것이다. 물론 간경도감 폐지 11년 후에 『금강경삼가해』와 『증도가남명계송』 같은 대승경전 및 선문 불서가 간행되기도 했다. 그러나 이는 미처 완결을 보지 못한 간경도감 미완사업을 마무리한 것으로 보아야 할 것이므로 언해의 향방과는 무관한 일이다.

다라니류의 언해는 성종 7년(1476)에 간행한 「대비심다라니경(천수경)」을 효시로 하여, 「불정심다라니경」과 「사십이수진언」 등과 오대다라니를 합편한 『오대진언』을 정음으로 음역하여 성종 16년(1485)에 각각 인출하였다. 이어 연산군 2년(1496)에는 시식공양 등 불가의 일용법사日用法事 절차를 기록한 『진언권공』을 언해간행 한다. 불전언해의 뚜렷한 방향전환이라 할 다라니류 언해는 모두 인수대비의 주선에 의한 것이며, 그 언해자가 확실하지는 않지만 대부분 학조대사의 손

을 거쳐 음역되었을 것으로 본다.[79]

불전언해의 이 같은 방향전환은 대개 다음과 같은 사정 때문이었을 것으로 생각할 수 있다. 즉 ①세조와 같은 절대적인 옹호자를 잃은 것과 함께 더구나 간경도감의 폐지로 대규모 언해 사업을 추진할 수 있는 기능과 재정적 후원이 불가능했다는 점 ②따라서 신미 등 고승들이 대부분 산으로 들어가 버리고 오직 학조가 남아 언해 사업을 도왔다는 점 ③이때의 불전언해 사업 추진자가 인수대비였던 만큼 언해불전의 선정이 자연히 여성 취향으로 기울 수밖에 없었으리란 점 등이다. 특히 이 마지막 이유에서는, 인수대비의 신앙적 일면과 변화한 언해사업의 분위기가 느껴진다. 대승교의 및 선사상의 진흥에 관심을 집중시켰던 불전언해 전성의 시점에 비해, 왕의 밝은 산명算命과 마원魔怨의 소진을 기대하는[80] 각종 다라니 혹은 불교의식문 등의 언해 간행이 그런 인상을 갖게 한다. 이는 간경도감 이후의 불전언해가 인적 물적 제약 속에서 이루어지고 있는 사정과도 무관하지 않을 것이다.

---

79) 江田俊雄,「朝鮮佛敎史の硏究」(東京, 國書刊行會, 昭和 52), p.330.
80) 성종 16년에 간행한『佛頂心陀羅尼』(卷上)는『佛頂心療病救産方』(卷中)·『佛頂心救難神驗經』(卷下)의 3권으로 되어 있다. 이 책의 卷末 學祖跋에서 "我仁粹大妃殿下 爲主上殿下 睿算靈長 消殄魔怨 爰命工人…"이라 밝히고 있다. (江田俊雄, 앞의 책, p.333 참조).

Ⅳ. 불전언해 사업의 사상적 이념

조선 전기 불전언해 전반의 사실에서 특히 그 결과 및 포함 내용들에 주목했을 때 그것은 단순히 불전을 국역화하는 사업만이 아니었음을 알 수 있다. 대규모의 불전언해가 일정한 사상적 이념 아래서 기획 추진된 것으로 보이기 때문이다. 불교 자체의 언해 목적과도 관련하여 그 사상적 이념은 ①불교 대중화운동 ②불교의 사상적 중흥 ③선교일체의 교의확립으로 요약할 수 있겠는데, 다시 이를 차례로 살펴 본다.

먼저, 불교대중화 운동의 문제이다.

우리나라 불교대중화 노력은 대체로 원효를 전후한 신라불교에서부터 시작한다. 흥국이민이 불교의 중심과제이던 원광·자장의 시대만 해도 신라는 왕실과 귀족불교에 머물러 서민 대중에게는 가깝게 다가가지 못하고 있었다. 그러나 뒤이어 진평·선덕왕대에 혜숙·혜공·대안·원효로 이어지는 불교대중화의 선구적 실천자들이 출현하면서 신라불교에는 변화가 나타나기 시작한다. 왕실·귀족불교의 경향이 지속되는 가운데서도 일반대중 또한 불교에 친근하게 접할 수 있게 된 것이다. 이후 특히 원효의 교화로 대표되는 불교대중화 운동은 하층민들이 오히려 불교의 주체로 부각될 만큼 완성된 모습을 보여주기에 이른다.

　신라불교의 대중화가 고려시대에 들어서면 또 다른 양상으로 전개된다. 불교와 국민의 생활이 거의 일체화하고 있는 것이다. '우리 국가의 대업이 제불의 호위하시는 힘에 도움 받은 것'임을 천명한 태조 왕건의 훈요訓要 제1조가[81] 시사하듯이, 고려는 불교를 정신적 기반으로 하여 출발한 왕조이다. 따라서 이제 불교대중화는 국가에서 주도하는 것이나 다름없게 되고 그것은 사원과 불탑의 건립, 연등회·팔관회 등 국가적인 불교행사, 수많은 불사의 설행 등으로 나타난다. 이로써 고려시대에는 불교의 대중화라는 개념이 따로 필요 없을 만큼 불교는 대중의 생활 전반에 깊숙이 뿌리를 내릴 수 있었다.

　문제는 이런 불교가 후기로 갈수록 참신성을 잃으면서 변질해 갔다는 점이다. 점증하는 불교의 현실 폐해와 함께 기복양재적祈福禳災的이고 저속한 신앙경향이 상하층에 구분 없이 만연해 간 것이다. 이는 불교와 국가는 물론 일반대중에게도 다 같이 불행한 일이었다. 고려에 이어지는 조선시대의 불교는 그런 점에서 처음부터 정신적 부담과 취약성을 안고 출발한 것이 된다.

　조선은 개국의 혼란이 가시자 급기야 억불정책을 단행하였고, 고려에서와는 정반대의 현상이 일어난다. 이번에는 국가가 앞장서서 이미 완벽하게 구축된 불교대중화의 기반을 파기하는데 주력하고 있는 것이다. 이런 시대상황 속에서 조선 전기불교가 불전언해 사업에 착수하여 놀라운 성과를 이룩해 낸 사실은 여러 가지로 그 의의를 평가할

---

81) 太祖의 訓要十條 가운데 제1·2·6조가 불교에 관한 문제이다. 제1조의 첫 머리에 "我國家大業 必資諸佛護衛之力 故創禪敎寺院 差遣住持 使各治其業…"이라 하고 있다.(『高麗史』卷1, 世家 卷2).

수 있다. 그 가운데 특히 불교대중화 측면에서의 불전언해의 이념은 신라와 고려대에서와는 다른 각도에서 바라볼 수 있다.

신라에 있어서도 그 대상이 귀족 상층부이기는 하지만 경론이 강설되었고, 고려에서는 전무후무한 문화적 위업으로서 두 차례의 대장경 조판과 고려교장의 간행을 보았지만 그것이 곧 불교대중화와 연관된 것이라고는 말하기 어렵다. 반면에 조선 전기의 불전언해는 처음부터 그 입장을 달리하여 출발한 것이다. 『석보상절』 및 『월인석보』의 서문에서도 밝히고 있듯이 불전언해는 전적으로 불교대중화라는 구체적인 이념을 소중하게 의식하는 가운데 시작된 것임을 알 수 있다.

이렇게 보았을 때, 특히 불전언해의 불교대중화 이념은 신라나 고려불교의 경우와는 달리 직접 불전을 통해 서민대중에게 불법을 전하고자 했다는 점에서 더욱 큰 가치와 의의를 갖는다. 신라와 고려시대에도 대중에게 불교를 알릴 만한 문자는 절실하게 필요하였다. 따라서 향가의 기록이나 경전의 방언역方言譯 등 사실은 불교대중화를 향한 그 시대 불교인들의 고심과 노력의 흔적으로 해석할 수 있다. 그러나 신라와 고려의 불교대중화 활동의 주류는 아무래도 불사佛寺 창건과 각종 불교행사 등 주로 의식불교를 통한 교화방법이었다. 이에 비해 조선불교는 때마침 정음이 제정·반포되는 적절한 시기적 조건에 힘입어 언해불전으로써 불교대중화를 시도할 수 있게 된다. 이는 불교 포교의 획기적인 변화며 발전임에 틀림없다.

더구나 이들 불전의 교학적 수준을 감안한다면 불교 대중화운동의 질적인 면에 있어서도 불전언해는 일대혁신을 가져온 것이라고 할 만하다. 불전의 언해로 불교대중화에 얼마만큼의 성과를 이루었는가 하는 것은 별도의 문제이다. 그러나 문자(한자)를 소유하지 못한 서민대중에게까지도 수준 높은 불교의 진리에 접근할 수 있도록 길을 터놓았다는 점에서, 불교대중화 이념으로서의 조선 전기 불전언해는 충분히 그 가치를 평가할 수 있다.

불전언해 사업의 두 번째 이념으로써 불교의 사상적 중흥이란 어떤 것일까.

조선불교는 숭유배불정책에 따른 유례없는 수난 속에서도 그 전기와 중기 두 차례에 걸쳐 흥불을 도모하였다. 즉 세조대의 불교보호정책과 언해불전 간행이라는 전혀 새로운 불교진흥사업을 통해 교세를 회복하고자 했던 것이 그 첫 번째이다. 또 명종대 문정대비가 섭정하는 동안 보우가 중용되어, 폐지되어 있던 선교양종을 다시 세우고 승과를 부활시키는 등 불교를 크게 일으키려했던 노력이 두 번째였다.

대략 세조대 13년과 문정대비 섭정기 15년 동안의 짧은 기간 중에 불교중흥을 위한 다방면의 시도와 노력이 경주되었고 그 성과는 결코 작지 않았다. 그러나 이들 다양한 노력과 성과 가운데서도 세조대의 불전언해 사업이 특히 주목되는 바, 이는 쉬운 정음불서를 통한 불교대중화의 시도였다는 점 때문이다. 그러나 불전언해가 함축하는 이념은 여기에서만 그치지 않는다. 다시 말하면 언해 사업에서는 불전의 정음 번역이나 불교대중화 운동 그 이상의 이념을 발견할 수 있다는 뜻인데, 불교의 사상적 중흥이 곧 그것이다.

조선 초기부터 국가가 강행한 불교의 종파폐합은 11종에서 7종으로, 그것은 다시 선교양종으로 축소 정리된 바 있다. 이처럼 불교교단이 대폭 축소되어온 현실에서 불교의 중흥을 도모할 경우, 그것이 승려의 권익보장이나 사원 중수 불사의 설행 등 외적인 교세회복 노력만으로는 충분하지 못했을 것이다. 이에 불교의 사상체계 확립과 같은 내적인 노력 또한 불가피했을 것으로, 때마침 세조가 주도해 간 불전언해사업은 이를 위한 좋은 기회가 되었다고 본다. 그리하여 그동안 조선의 불교사상 형성에 주류를 이루어 온 주요 대승경전과 영향을 크게 미쳐온 몇몇 선문헌들로써 일군의 국역불서를 결집해 낸 것이다.

불전의 국역결집으로 당시 불교사상을 대변하고, 또 이로써 조선 불교가 지향해 나갈 이념적 방향을 제시함으로써 사상적 불교중흥을 이루고자 했음은 특히 언해불전에 곁들여진 주석본에 더욱 뚜렷하다. 불전언해가 단순히 불서의 번역이나 불교대중화만을 염두에 두고 행해진 것이었다면 굳이 경전의 주석까지는 언해하지 않아도 충분했을 것이다. 그러나 불전에 반드시 주석까지도 언해가 되고 있다는 사실은 경전에 못지않게 주석 또는 그 저자에 그만큼 비중을 둔 것임을 짐작 할 수 있다. 이렇게 본다면 당시 언해 기획자들은 일정한 원칙 없이 주석본을 언해하지는 않았을 것이다. 다시 말하면 조선 전기 불교사상의 관점에서 그것을 선정하고 언해했으리라고 보는 것이다. 여기서 일단 경전과 함께 언해된 다음의 주석들을 살펴보자.

①『능엄경』　　　 : 계환요해戒環要解
②『법화경』　　　 : 　　 〃
③『선종영가집』　 : 석벽행정주石壁行靖注·진수정원과晉水淨源科·
　　　　　　　　　 함허서涵虛序 및 설의說誼(한문만 게재)
④『금강경』　　　 : 혜능구결慧能口訣
⑤『반야심경』　　 : 법장약소法藏略疏
⑥『아미타경』　　 : 천태지자대사설天台智者大師說(한문만 게재)
⑦『원각경』　　　 : 종밀약소초宗密略疏鈔
⑧『금강경(삼가해)』: 야보송冶父頌·종경제강宗鏡提綱·함허설의涵虛說誼

⑨『증도가남명계송』　　　: 소재 주註 저자불명[82]

위에 열거한 주석본들의 사상적 문제는 이들의 저본 경전과 일차적인 관련이 있다. 이 문제는 앞에서 대략 언급했으므로 재론하지 않는다. 다만 이 같은 주석본들은 일단 선초불교의 사상적 경향을 나타내 주는 것이거나, 아니면 앞으로 지향해 갈 일종의 지표로서 선정된 것이라고 보아야 할 것이다. 요컨대 불전언해는 세조대의 불교진흥책 가운데서도 핵심을 이루는 것이었고, 쇠미해진 조선불교를 중흥하고자 한 첫 번째 시도의 요체였다고 말할 수 있다. 불전언해가 불교대중화 문제와 함께 조선불교의 사상적 중흥이라는 보다 높은 차원의 이념을 담고 있기 때문이다.

마지막으로, 불전언해 사업의 사상적 이념으로써 선교일체의 교의확립 문제이다.

선교양종의 교의확립 의도는 그 언해과정에 분명히 노출되어 있으며, 그것은 언해불전의 선정에서부터 확인할 수 있다. 선문불서의 언해 등 선종 우위의 경향은 당시 추세의 반영으로 보겠지만, 불전언해 기획자들이 교종에 대해서도 일정하게 고려하고 있음은 확실하다. 『반야심경』 및 『원각경』의 언해가 교종에 대한 배려였으리라는 것은 앞에서 말한 바와 같다. 여기에 간경도감의 언해 사업 이전에 이룩된 것으로 『석보상절』과 『월인석보』에 포함된 여러 경전들이 또한 모두

---

82) 證道歌에는 세조가 중국에서 親히 購得했다는 彦琪註를 비롯하여 宏庭註가 있는데 諺解本에 실린 註가 누구의 것인지는 밝혀져 있지 않다. 高麗大藏經追加補遺板에 수록되어 있는「證道歌事實」도 彦琪註를 참고한 南明繼頌의 註譯인 것으로 미루어(高翊晉,「高麗大藏經補遺板所收'證道歌事實'의 著者에 대하여」韓國佛敎學 第1輯, 韓國佛敎學會, 1975, p.77) 여기 실린 註는 彦琪의 것일 가능성이 크지만 확단하기에는 정밀한 對校가 필요하다.

교에 속하는 불전들이라는 사실도 감안해야한다.[83] 언해 기획자들은 이와 같이 선종과 교종의 안배 위에서 불전을 언해함으로써 각기 그 교의를 확립시키려 했던 것이다. 그러나 양종에 대한 안배의 흔적에도 불구하고, 역시 불전언해 전반에 나타나는 선종 편중의 경향은 선교양종의 교의확립이라는 관점에서 어떻게 설명될 수가 있을까.

앞에서 언급했듯이, 조선불교는 그 초기에 국가정책에 의해 선교양종으로 정비된 바 있다. 그러나 이 같은 외형 변동에 상관없이 사상적으로는 불교 내부에서 이미 선교통합적 흐름을 형성해오고 있었다. 그 연원을 가깝게는 고려불교에서부터 찾을 수 있다. 즉 의천의 교관겸수敎觀兼修적 사상 전개와 천태종 개창, 뒤이어 선종을 중흥시킨 지눌의 정혜쌍수定慧雙修의 선사상 제창 등에서 그것을 엿볼 수 있다. 이 같은 선교겸행의 경향이 고려 말 무렵에 이르면, 다시 교를 선적으로 해석하는 다분히 선중심의 선교일체화 형태로 나타난다. 조선시대의 불교는 바로 이런 선교사상의 흐름을 잇고 있는 것이다.

조선 전기 불전언해에서 나타나는 선종편중의 경향은 일단 이 같은 맥락에서 바라볼 수 있다. 그렇다면 불전언해의 사상적 이념으로써 선교일체는 역사적 추이에 따른 교의확립의 한 방법론적인 문제에 해당한다. 따라서 불전언해 상에서의 선 우세 경향을 반드시 사상적 편중 또는 안배의 불균형으로 바라볼 이유는 없다. 선교일체의 교의 확립은 그런 관점에서 선교 겸행과 융섭의 현실적 표현으로 이해할 수 있겠다.

---

83) 『釋譜詳節』의 底本經은 金英培, 「釋譜詳節解題」(『국어군문학논문집』 제9·10집, 동국대학교 국문학과, 1975)를 『月印釋譜』의 저본경은 李東林, 「月印釋譜와 관계불경의 考察」(『백성욱 박사 송수기념 불교학논문집』, 1975, pp.738~739)을 각각 참고할 수 있다. 이들 兩書에 인용 또는 轉載된 저본경은 특히 초기불교의 경전들이 대부분을 차지하며, 대승불교의 경전 및 중국의 僞撰佛經에 이르기까지 그 종류 또한 다양하고 방대하다.

불교중흥을 위한 불전의 국역결집

조선 전기의 대규모 불전언해는 의욕적인 흥불사업이자 정음보급책의 일환이기도 했다. 이 같은 불전언해는 불교중흥에 대한 불교인들의 염원과 당시 정음의 보급이 큰 과제이던 시대 사정이 서로 맞물린 가운데, 국왕과 승려와 숭불적 조정 유신들이 함께 이루어낸 결과였다. 정음을 창제한 세종의 불심과 첫 정음불서 편찬의 주선, 숭불주 세조의 간경도감 설치와 언해 추진, 여기에 다수의 언해승과 조정 유신들의 적극적인 참여와 역할이 컸다. 세조대 이후 왕실의 여성불자들이 지원한 불전의 언해는 사정이 크게 다르지만, 이 역시 간경도감의 후속적 성격을 띠고 추진해 왔다.

불전언해 사업에서 세조의 주도와 지원이 절대적이었음은 물론이다. 그러나 언해승들의 역할 또한 매우 비중이 컸을 것으로, 특히 신미·학조·학열·수미와 같은 고승들은 언해의 기획단계에서부터 지도와 영향을 준 것으로 보인다. 언해에 참여한 대략 10여 명의 승려 가운데 선종계통이 6~7명 교종은 3~4명 정도이며, 이런 분포는 언해 대상 불전의 선정과 실제 작업 내용에서도 드러난다. 선종법통의 승려들이 언해를 통해 특히 지눌(『목우자수심결』) - 나옹(『몽산화상법어약록』) - 함허(『금강경삼가해』·『선종영가집』서 및 설의)로 이어지는 선적 계보를 드러내면서 의식적으로 한국의 선사상을 고양시키고자 한 것도 주목되는 일이다. 그러나 교종의 입장이 배제된 것은 아니다. 통불교적 성격의 대승경전을 포함하여 교종적 불전에 대한 안배가 뚜렷하다.

요컨대 조선 전기의 불전언해는 당시 불교사상에 입각한 새로운 형태의 불전 국역결집이었다고 할 만하다. 따라서 이 같은 불전언해 전체의 사상적 이념은 곧 불교중흥인 것으로 단정할 수 있다. 이를 세부적으로 말하면, 일반대중까지도 수준 높은 불교교리에 접할 수 있도록 그 길을 마련해놓았다는 뜻에서 그것은 불교대중화 운동이었다. 동시에 굳이 불전의 주석본까지 함께 언해하고 있는 사실에서는 조선불교의 사상적 중흥의 의도가 추정되며, 교단 내적인 선교일체의 교의확립 또한 불전언해의 또 다른 이념으로서 파악된다.

제3장

교단의 경제현실과 대응

억불정책이 빚은 경제적 상황과 자구활동

불교는 전래 이후 이 땅에서 각별한 대우를 받으며 특권적 지위를 누려왔다. 우선 삼국 및 통일신라시대의 왕실·귀족불교적 경향이나, 고려일대의 국가불교적 각종 제도 등이 이를 잘 말해준다. 그 가운데서도 가장 현실적이고 구체적인 특권이라면, 사원 및 교단의 경제적 조건과 풍요를 들 수 있다. 특히 불교가 국교의 위치에 있던 고려시대를 기준으로 말한다면, 불교의 경제는 전지와 노비를 비롯하여 생산 식화殖貨활동 등 그 규모와 경영에 있어서 국가 경제에 직접 영향을 끼칠 만큼 막대한 것이었다.

그러나 국가의 제도적 지원과 보호 아래서 가능했던 이 같은 경제적 특권과 풍요는 조선왕조 개창 이후 새로운 현실을 맞게 된다. 성리학을 국가의 새 지도이념으로 하는 조선에서 불교의 특권이 그대로 인정될 수는 없었으며, 따라서 가장 먼저 구체화한 억불의 형태는 불교에 대한 경제적 제재로 나타나고 있다. 그 결과, 억불정책이 본격화한 태종대(1400~1418)에서부터 시작하여 중종대(1506~1544)에 이르는 조선 전기에 이미 불교교단의 경제적 기반 상당부분이 해체되고, 이후 불교는 정치 사회적인 배척과 함께, 특히 극도의 경제적 피폐 속에서, 자구 자활의 길을 모색하지 않을 수 없었다.

조선불교의 경제적 현실의 변화 추이와 그에 대응해간 불교교단의 자구적 경제 활동은, 조선불교의 새로운 존재방식이라는 점에서 일단 눈길을 끈다. 따라서 먼저 조선 전기의 억불정책 가운데서도 특히 사원의 전지 및 노비의 감축·정비 과정을 요약한 다음, 중기 이후 사원에 대한 각종 경제적 수탈과 승려들에게 부과된 잡역들에 관해 살펴본다. 이어 극도로 악화된 조선 중기 이후 불교교단의 경제 현실 속에서, 당시 승려들의 다양한 자구적 경제활동 내용과 함께 그것이 가져온 성과를 살펴보겠다.

이 같은 검토에서 유의하고자 하는 것은 크게 두 가지 문제이다. 하나는 조선시대 불교에 대한 경제적 제재와 억압이 갖는 성격이며, 또 하나는 그러한 시대적 악조건을 견디며 이를 극복해간 당시 불교인들의 자구적 경제활동과 그 결과가 갖는 의미이다. 경제문제가 주제이기는 하지만, 이들 두 가지 문제에서는 조선불교의 또 다른 모습을 확인할 수 있다.

I. 전기의 경제적 제제와 억압

1. 사원전·노비의 감축

조선 개국 초, 불교의 경제 내용 및 규모를 정확하게 밝히기는 어렵지만, 고려 불교의 경제상황을 통해 그 대강은 유추할 수 있다. 고려시대의 불교는 ①사원전과 노비 ②왕실 귀족 등 신자 층의 각종 시납물施納物 ③사원의 생산활동과 그 상업적 유통 ④각종 보寶를 통한 식화 등으로 교단의 경제를 형성해 왔다.[84]

이들 가운데 불교경제의 주요 기반은, 노동력으로서의 막대한 수의 노비와, 특히 사원의 광대한 전지였다. 물론 고려 말의 전제개혁 과정에서 부분적으로 사원전에도 변화가 없지 않았다. 충렬왕·충선왕·창왕대에 불법으로 점유해 온 사원의 전지가 회수되고,[85] 공양왕 3년(391) 5월의 과전법科田法 시행에 따라 사원전 또한 원래 규정된 결수結數로 복귀한 것이다.[86] 그러나 이런 변화에도 불구하고 사원전은 여전히 광대하여, 여타의 경제 조건들과 함께 불교는 특수 경제권을 형

---

84) 李載昌, 「高麗 寺院經濟의 硏究」 『韓國佛敎寺院經濟硏究』(불교시대사, 1993), pp.57~98.
85) 『高麗史』卷84, 刑法志 職制.
86) 千寬宇, 『近世朝鮮史硏究』(一潮閣, 1982), p.161.

성할 정도였다.

조선의 불교교단은 사원전을 중심으로 하는 이 같은 고려 말 불교의 경제적 내용들을 그대로 이어받고 있다.[87] 여전히 경제적 특권집단으로서 출발하고 있는 것이다. 그러나 개국 초의 정치·사회적 여건과 개혁의 분위기는, 사원의 전지와 노비 문제를 그대로 두고 넘어갈 것으로 기대하기는 어려웠고, 그것은 드디어 태종대에 이르러 그 구체적인 정비 작업으로 나타난다.

사원전 및 노비의 정비에 앞서 조선왕조 개창 이후 맨 먼저 제기된 것은 과도한 불사 경비의 지출 문제였다. 사탑 창건 및 각종 법회 등 불사 설행에 따른 과다한 국고의 소모가 논란의 대상이 되기는 고려 말에서 부터이다. 이때의 불사는 그 대부분이 국왕이 직접 주관하거나 참여함으로서 국가의 재정을 소모하는 일이어서 문제가 되었던 것인데, 조선왕조의 개창과 함께 이 문제가 다시 거론되고 있는 것도 고려 말의 상황 그대로이다. 따라서 태조가 즉위(1392년 7월 17일)한지 불과 3일 만에 사헌부에서 올린 주청의 한 내용으로서 '불신佛神을 섬기는 급하지 않은 비용의 혁거革去'가 그대로 받아 들여져 시행되고 있다.[88]

그러나 이 같은 조치의 실제 시행 여부는 분명하지 않으며, 엄격하게 시행되었다 하더라도 그것이 불교의 경제활동에 크게 영향을 끼칠

---

87) 조선 개국 초 사원전의 경우, 그 전체 규모는 분명하지 않다. 다만 『太宗實錄』卷3 (2年 2月 5日)에 경기에만 사원전이 4680結이었다는 기록으로 보아, 개국 초 전국 사원전의 누계는 수만 결에 달했을 것으로 추정할 수 있다. (千寬宇, 위의 책, p.194 註 참조).

88) 사헌부의 10개 조 上奏 가운데 7조에서 '佛神不急之費幷皆革去'를, 9조에서 '汰僧侶'를 논하고 있 는바, 전자가 받아들여 진 것이다.(『太祖實錄』卷1, 太祖元年(1392) 7月 20日).

정도였다고 볼 수는 없다. 다만 개국공신 및 조정의 유신들과는 달리, 그 자신 독실한 신불자로서 오히려 고려불교를 계승 발전시키고자 했던 태조대에 불신의 비용을 혁거토록 한 조치가 갖는 상징적 의미가 주목된다 하겠다. 이는 장차 새 왕조의 불교교단에 대한 경제적 제재와 압박을 예견할 수 있게 하는 최초의 사태이기 때문이다.

개국 초의 이 같은 분위기를 거쳐, 조선조 최초의 배불군주로 손꼽히는 태종의 즉위는 곧바로 불교에 대한 본격적인 경제적 제재와 억압으로 이어진다. 즉 사원전 및 노비의 감축 정비 작업이 시작된 것이다. 그 첫 번째 조치는 태종 2년(1402) 4월 서운관書雲觀의 상언上言에 따라 밀기密記에 적힌 70사와 그 밖에 상주 승 100명 이상의 사원을 제외한 모든 사사의 수조지收租地를 폐하고, 그 수조를 영구히 군자에 충당토록 할 것과, 그 노비는 각사各司와 주·군에 나누어 소속케 한 일이다.[89] 불교교단으로서는 충격적인 이 최초의 조치는 그러나 부왕 태조의 요구로 시행 4개월 만에 철회된다.[90] 동북면에서 돌아왔지만 환궁치 않고 회암사에 머물고 있던 부왕의 마음을 돌리기 위해 태종은 그의 최초의 경제적 억불책을 일시 철회한 것이다.

그것이 일시적 철회임은 태종 5년에 이르러 폐사전의 속공에[91] 이어 다시 강경한 억불정책이 본격적으로 단행되고 있는 데서 짐작할 수 있다. 즉 태종 5년 11월부터 대략 7년 말까지, 사원전 및 노비의 혁거와 사원 및 거주 승려 수의 감축 외에 당시의 종파들까지도 병합 축소시키는 등 대대적인 억불시책을 단행하고 있음이 그것이다. 이 기

---

89) 『太宗實錄』卷3, 太宗 2年(1402) 4月 22日.
90) 『太宗實錄』卷1, 太宗 2年(1402) 8월 4日.
91) 『太宗實錄』卷10, 太宗 5年(1405) 8월 29日.

간 중에 단계별로 진행된 경제적 억불 내용을 요약하면 다음과 같다.

　1) 제1차 조치 : 사원전·노비의 감축(태종 5년 11월의 의정부 상서)[92]
　　① 개경·서울에 각 종파마다 1사, 각 도의 목과 부에 선종·교종
　　　계열 각 1사, 군현에 선·교종 가운데 1사씩 만 둘 것.[93]
　　② 위의 각 사 가운데, 거승 수 100명의 사에는 노비 20명, 5명
　　　에는 10명, 10명 이하에는 2명씩으로 노비 수를 제한하고,
　　　그 밖에 사원 노비는 모두 관공에 분속시킴
　　③ 연경사·흥천사·화엄사·신광사神光寺·석왕사·낙산사·성등
　　　사·진관사·상 원사·견암사·관음굴·송광사·반야사·만의
　　　사·감로사 등, 사는 종전대로 유지시킴.

　사원 및 노비의 수를 제한 감축시킨 이 같은 1차 조치는 사원의 전
지까지도 소멸하는 결과를 초래한다. 이로써 많은 사원전이 국가에
귀속되고 있는 것이다.

　2) 제2차 조치 : 각 사의 속전·노비·거승 수의 제한(태종 6년 3월,
의정부 계 청)[94]
　의정부의 계청에 따라 정해진 내용을 도표로 보면 다음과 같다.

---

92) 『太宗實錄』卷10, 太宗 5年(1405) 11월 21日.
93) 이 조치의 결과로서 남겨진 사원수는 未詳하다. 그러나 그것을 378寺로 비정
　하고, 고려시대의 '三千神補'를 근거삼아, 약 10분의 1로 감축된 것으로 추산
　하고 있는 논문을 참고할 수 있다.(裵象鉉, 『高麗後期寺院田硏究』(國學資料
　院, 1998), p.322 및 각주 참조).
94) 『太宗實錄』卷11, 太宗 6年(1406) 3月 27日.

지역단위	종명	배정사원	속전	노비	거승
개경·서울	오교양종	각1사	200결	100구	100원
		그 밖의 각사	100결	50구	50원
각도수관지	선·교종	1사	100결	50구	( )원
각관	읍내		자복사	20결	10구
	읍외		각사	60결	30구

위 도표에 보이 듯 실록기사에는 각 도 수관지首官地 선·교종 1사
의 거승수가 배정되어 있지 않은데, 이는 기록의 누락일 것이다. 노비
수의 대비로 보아 50원員으로 배정 할 수 있겠다.

3) 종파의 폐합 및 소속 사의 잔류(태종 6년 3월~7년 12월, 의정
부 계서)[95]
　　① 태종 6년 3월, 전국에 합류 및 잔류시킬 사원수를 다음과 같
　　　이 제한함.
　　　조계종·총지종 합류 70사
　　　천태소자종·법사종 합류 43사
　　　화엄종·도문종 합류 43사
　　　중도종·신인종 합류 30사
　　　자은종 류 36사
　　　남산종 류 10사
　　　시흥종 류 10사

---

95) 『太宗實錄』卷11, 太宗 6년(1406) 3月 27日 ; 같은 책 卷11, 太宗 7年(1407)
　　12月 2日.

즉 11종에 242사 만을 법정 사원으로 인정하고 나머지 사원의 전지와 노비를 몰수, 토지는 군자에 노비는 관공에 소속케 한 것이다.

② 태종 7년 12월의 의정부 계서에 종파가 폐합되어 나타난다. 즉 조계종·천태종·화엄종·자은종·중신종·총남종·시흥종의 7종이 그것이다. 태종 6년의 11 종명과 대조해 볼 때 그 폐합 관계를 알 수 있다.

이상에서 태종대에 단행된 경제적 억불시책의 대략을 요약해 보았지만 이것만으로는 사원전 및 노비의 감축 수를 알 수 없다. 다만 태종 6년 4월 정액定額 이외의 노비를 거두어 각사各司에 분속시켰을 때, 군기감軍器監에 4,000구口, 내자시內資寺와 내섬시內贍寺에 각 2,000구, 예빈시禮賓寺 복흥고福興庫에 각각 300구씩 할당한 것을[96] 보면, 이때 이관된 사원노비 수는 합계 8,600구에 이른다. 한편 속공된 사원전의 결수 역시 알 수 없지만 감축 노비의 수를 통해 유추해 볼 수는 있다. 즉 앞의 잔류사찰에 보이는 노비 1구에 대하여 전2결을 배정하는 예를 기준으로 계산한다면, 속공된 토지의 결수는 최소한 17,200결이 된다(8,600구×2결). 이 수는 뒷날 세종대의 사원전 합계로 나타나 보이는 11,100결과 비교하면 그 1.5배 이상이 된다.

이런 가정에서 보면, 결국 태종대의 사원전 몰수는 조선 초기 사원전 전체의 약 60%에 달하는 것이다.[97] 정확한 숫자는 아니지만, 대략 전국 사원전의 60%에 해당하는 17,200결과 노비 8,600명을 국가가

96) 『太宗實錄』卷11, 太宗 6年(1406) 4月 1日.
97) 李載昌, 앞의 책, 1993, pp.187~188.

감축 속공시킨 태종대의 이 경제적 제재만으로도, 불교교단에는 큰 타격이 되었을 것임에 틀림없다.

그러나 이 같은 타격은, 세종대의 또 한 차례 파격적인 종파폐합과 함께 다시 이어지고 있다. 태종의 억불정책을 계승하여 그것을 더욱 강화해 간 세종은 26년(1424) 4월에 예조의 계청에 따라 7종을 선교 양종으로 대폭 폐합하고, 잔류 사사 및 전지와 거승 수 또한 대대적으로 감축 정비하였다.[98] 이렇게 진행된 억불정책의 결과를 요약하면 다음 표와 같다.

종파폐합		잔류사	급여전지	거승수	경중도회소
조계종 ─┐ 천태종 ─┼─선종 총지종 ─┘		18사	4,250결	1970명	흥천사
화엄종 ─┐ 자은종 ─┤ 중신종 ─┼─ 교종 시흥종 ─┘		18사	3,700결	1800명	흥덕사
합계		36사	7,950결	3770명	

위 표에서 보이는 전지 7,950결은 종파폐합 이전의 전국 사원전이 총 11,100여 결이었음을[99] 상기할 때, 그것의 약 30%가 다시 감축된 것임을 알 수 있다. 결국 태종-세종대에 전국의 사원전은 대략 2만 결 이상이 혁파된 것이다.

---

98) 『世宗實錄』卷24, 世宗 6年(1424) 4月 5日.
99) 『世宗實錄』卷23, 世宗 6年(1424) 2月 7日. 대사헌 河演의 上疏 내용 중에 보임.

2. 경제기반의 완전 해체

이후 세조대(1455~1468)로부터 중종대(1506~1544)까지, 사원전의 감축 정비문제는 일진일퇴를 거듭하고 있다. 즉 흥불주 세조가 즉위한 후에는 그의 외호에 힘입어 사원의 전지가 적지 않게 증가하였으나, 다시 연산군대에 이르러 전국의 사원전은 그 전부를 몰수당하게 된다. 연산군은 그 11년 12월 비록 선대의 왕이나 왕후와 관련이 있는 왕패王牌사찰이라하더라도 그 전지 모두를 몰수하게 하였다.[100] 이로써 연산군의 철저한 배불시책 하에서 불교의 경제적 기반은 완전하게 해체당하고 만다. 그러나 중종이 즉위하여 연산군의 폭정 이전으로 복구하는 과정에서, 사원전의 몰수도 약간 완화되고 또 부분적으로 전지가 환급되기도 하였다. 수륙사의 재위전齋位田 및 능침사의 위전位田, 그리고 왕패사찰의 전지에 한해 몰수를 면제하거나 환급이 이루어진 것이다. 이어 명종대(1545~1567)에 다시 문정대비와 보우의 노력으로 한때 흥불의 시기를 맞았기 때문에 얼마가량 사원전이 증가했을 것이지만, 대체로 중종대의 상황에서 큰 차이는 없었던 것으로 보이며, 그런 상태에서 임진란을 겪어야 했다.

임진란 이후 선조 37년부터 양전量田사업이 있었고 그 후 다시 현종 4년(1663)에 양전사업이 행해졌는데, 이때 전국 사원의 위전과 노비는 또다시 전부 환수되고 말았다.[101] 현종 이후에는 전혀 관급官給전지에 관한 기록은 찾아볼 수 없다. 조선사원의 관급전지는 연산군대에 일단 전부 몰수되었다가 중종대에 약간 환급되었고 다시 현종 4

---

100) 『燕山君日記』卷60, 燕山君 11年(1505) 12月 15日.
101) 『顯宗改修實錄』卷10, 顯宗 4年(1663) 12月 2日.

년을 최후로, 전부 관수官收된 것이라 하겠다.[102]

이상에서 살펴 본 조선 전기의 사원전 및 노비감축과 정비 과정에 서는 조선의 대불교정책 추이와 함께 그 대체적인 성격이 드러난다. 태종대의 대폭적인 사원전 및 노비의 혁거속공 조치는 불교교단에 큰 타격을 준 것임에 틀림없다. 그러나 태종대의 그것은 억불 자체보다도 군국적 수요의 증대 및 중앙집권체제의 기반조성에 따른 경제문제의 해결책과도 관련하여 고려 이래의 경제적 특권집단에 대한 제재의 성 격이 더 짙은 것으로 이해된다.[103] 경제문제 이외의 억불조치들이 없 었던 것은 아니지만, 불교교단 운영의 골격 및 그 조건들을 대부분 인 정하고 있다는 점에서도 그렇게 생각할 수 있다. 다시 말하면 사원전 및 노비의 정비가 반드시 배불정책 일방으로써만 단행된 것만은 아니 란 뜻이다.

이 같은 정책의 성격은 세종대의 종파폐합 및 사원전과 노비의 감 축 경우에도 마찬가지로 적용할 수 있을 것 같다. 다만 유교국가의 확 립에 더욱 열성을 쏟았던 세종은 부왕 태종의 그런 대불교정책 노선 을 좀 더 강화해 간 것이라 하겠다. 그러나 연산군 이후의 사원전 및 노비의 몰수는 불교의 경제적 기반을 완전하게 해체시키고 있다는 점 에서 왕조 초기의 그것과는 성격이 크게 구분된다. 이때는 이미 국가 의 현실적 요구 한도를 넘어서서 불교의 존재 자체를 인정하지 않는

---

102) 李載昌, 앞의 책, p.193 : 그러나 현종대 이후 사원의 기록 가운데 여전히 사 원의 位田 및 승려 의 私有 전답 내용이 散見되고 있어, 현종 4년 이후 사원전 이 완전히 혁파된 것이라고 단언하기는 어렵다.(金甲周, 『朝鮮時代寺院經濟研 究』, pp.140~145참조).

103) 태종이 왕권강화 및 중앙 집권 체제의 확립 과정에서 官制개혁, 號牌法 실 시를 비롯, 특히 功臣田·別賜田 등의 감축 및 閑良官의 科田삭감 등 조취를 취 하고 있는데서 그렇게 이해할 수 있다. (김갑주, 같은 책, p.31 참조).

단계로 이행하고 있음을 보여준다. 이는 경제적 기반의 해체 이외에 양종·승과 및 도승법의 폐지 등 불교의 공적 제도기반 전부를 와해시키고 있는 데서도 알 수 있다. 요컨대 조선 전기의 사원전 및 노비의 감축 정비는 초기에는 억불보다는 국가의 경제적 현실문제 해결의 방향에서 시작된 것으로 볼 수 있다. 그리고 그것이 점차 강도를 더해가다가 마침내 연산군·중종대 이후로는 유교국가의 강화 및 특히 사림파의 성장과 함께 불교의 존재기반 자체를 와해시키는 단계에까지 이르고 있는 것이다.

Ⅱ. 중기 이후의 경제적 수탈과 잡역

1. 공역부과·산성축성과 수비

명종대 약 15년 정도의 흥불기간이 끝나면서, 능침사·수륙사 등 위전의 보유사원을 제외한 대부분 사원은 경제적 어려움을 면할 수 없었다. 더구나 임진왜란을 겪는 동안 그런 상태는 더욱 악화되어 갔다. 전란으로 인한 국가 경제의 피폐로 신자 층의 시납마저 기대할 수 없게 된 것이다. 이 같은 처지에 더하여, 중기 이후 불교교단은 국가로 부터의 제도적인 경제적 수탈 외에 각종 형태의 공역과 잡역에 시달려야 했다. 이는 교단이나 승려의 신분문제에 있어서 다 같이 큰 부담과 질곡이 되었다.

불교교단에 대한 경제적 수탈은 과중한 국가 공역의 부과 등 여러 가지로 나타나지만, 그 대표적인 예로는 산성의 축성 및 수비를 들 수 있다. 임진왜란 중 의승군이 왜적과 직접 접전하는 일 외에도, 전국 각지에서 산성을 수축하고 전쟁물자를 비축 공급하는 등 헌신적인 호국활동을 전개했음은[104] 주지하는 일이다. 의승군 활동은 정묘·병자

---

104) 禹貞相, 「朝鮮佛教의 護國思想에 대하여」, 『朝鮮前期佛教思想研究』(동국대 출판부, 1985) ; 安啓賢, 「朝鮮前期의 僧軍」, 『韓國佛教思想史研究』, 附編

호란 시에도 마찬가지였으며, 이는 일단 불교의 호국정신의 발로로 간주할 수 있다. 그러나 전란 이후에도, 산성을 축성하고 수비의 임무와 함께 불교교단이 그 비용까지 부담해야하는 상황은, 분명 불교에 대한 국가의 경제적 수탈이라 하지 않을 수 없다.

승려들에 의해 축성된 대표적인 산성은 인조 2년(1624)에 시작하여 3년 만에 완성한 남한산성과, 숙종 37년(1706) 4월에 착공하여 10월에 공사를 마친 북한산성을 들 수 있다. 남한산성은 축성 직후부터 승군의 본거지가 되어 조정에서는 그 수비의 임무까지 불교교단에 떠맡겼다. 즉 1년에 6회의 교대로 승군을 소집하여 수비를 맡도록 한 것이다. 그 영제營制와 규모는 도총섭都總攝 1명, 중군장中軍將 1명, 교련관敎鍊官 1명, 초관哨官 3명, 원거승군原居僧軍 138명, 그리고 8도에서 소집되어 온 의승 356명 등이었다.[105] 이처럼 의승군의 편제로 수비되던 남한산성이 인조 14년 병자호란 때 큰 기능과 역할을 보임에 따라, 조정은 국도 방위에 있어 산성의 중요성을 절감하고, 숙종 37년에 이르러 역시 승려를 동원하여 북한산성을 축성케 하였다. 이 북한산성의 의승군 또한 영제에 약간의 차이를 제외하고는 남한산성과 규모가 비슷하여 각도에서 소집되어 온 의승 350명으로 구성되어 있었다. 그리고 북한산성의 의승 역시 1년에 6회씩 교체하였으므로 한번 소집되어 오면 2개월씩 근무토록 하고 있었다.[106]

의승군이 산성수비를 전담하게 됨으로써 불교교단이 입는 피해는 막심하였다. 우선 남·북한 양성의 승군 700여명의 인원을 채우기 위

(동국대 출판부, 1983).

105) 李能和, 『朝鮮佛敎通史』上, p.829.

106) 같은 책, pp.832~833.

해 전국 각 사원의 규모에 따라 인원을 할당하여 차출하는 데는 여러 가지 무리와 부작용이 뒤따랐다. 이에 더하여 차출된 승려들이 거주하는 사원으로부터 산성까지 오고가는데 드는 적지 않은 비용과, 근무 기간 중의 식량과 의류 등 일체의 비용을 자담해야 했다. 이 때문에 그 경비 마련을 위해 사원의 집기나 재산을 팔아야하는 절이 생기기도 하고, 심지어는 사찰에서 경비를 조달할 수 없어 출신 속가의 재산까지 파는 경우도 있었을 정도여서,[107] 당시 어려운 사원경제의 실정과 불교교단에 대한 국가의 경제적 수탈상을 충분히 짐작할 수 있다.

의승군의 남·북한산성 수비제도에 따른 이 같은 폐단으로 불교교단 내에 원성이 높아지고 또 참상에 대한 지방관헌들의 주청도 있게 되어, 이 제도는 마침내 영조 31년 8월 수정이 일부 가해진다.[108] 곧 '제번징전除番徵錢'의 제도가 그것이다. 이는 2개월마다 윤번으로 소집되어 오던 것을 대신 돈을 냄으로써 면제시켜 주고, 국가에서는 그들이 낸 번전番錢으로 두 산성에 상주할 승려를 고용하여 산성을 수비케 하는 제도였다. 그러나 이로써 윤번의 번거로움과 절을 비우고 와서 고생하는 폐단은 없앨 수 있게 되었지만, 1인당 연간 40냥이라는 번전의 납부는 당시 사원이나 승려의 재력으로는 감당하기 어려운 것이었다. 따라서 해를 거듭할수록 사원경제의 어려움이 누적되자 이를 계기로 다시 2차적인 조치가 취해진다. 정조 9년 2월 번전액을 1인당 20냥씩으로 반감해 준 것이다.[109] 비록 이런 완화 조치가 있었지만 이로써 경제적 수탈 행위가 본질적으로 변한 것은 아니며, 불교교단에

---

107) 李載昌, 앞의 책, p.183 및 각주 참조.
108) 『英祖實錄』卷85, 英祖 31年(1755) 8月 14日.
109) 『正祖實錄』卷19, 正朝 9年(1785) 2月 1日.

대한 국가의 이 같은 수탈은 1894년 갑오경장 때까지 지속되었다.

2. 지역 등 잡역·잡공

승군의 남·북한산성 수비의 임무가 전란과 관련한 경제수탈이었다면, 각종 잡역·잡공의 부과는 조선사회의 사원 및 승려에 대한 천대에서 온 또 다른 경제적 억압이었다. 이에 관해서는 조선 중기 이후 각 사원에 발급된 완문完文이나 전령傳令 또는 실록이나 기타 사원 소유문서 등에 보이는 자료를 토대로 그 실상을 파악해 볼 수 있다. 중기 이후 사원의 황폐화를 재촉하고 승려 수의 급감 현상까지 초래했던 각종 잡역·잡공 가운데, 폐해가 극심했던 것으로는 특히 지역紙役을 들 수 있다.

사원에 대한 지역의 부과는, 임진·병진 양대 전란을 거치면서 관제 지官製紙 체계인 조지서造紙署의 기능이 붕괴된 데다, 종전 후 사대事大 조공품으로서 막대한 분량의 지물을 필요로 했던 국가 사정에서부터 기인한다. 대명사대對明事大를 지속해 온 조선은 임진란이 끝난 후, 승려를 모집하여 필요한 지물을 제조케 하는 임시적 조치를 취하기도 했지만,[110] 사원의 지역이 본격화 한 것은 병자란 이후부터였다. 인조 14년 호란에서의 패배로 조선은 대청사대對淸事大가 불가피하였고, 이에 청은 조공 가운데 특히 막대한 분량의 지물 조공을 요구하였다. 따라서 국가는 공식적인 동지冬至·정조正朝·성절聖節의 삼절사三節使에 백금지白錦紙 6천 권, 세폐대호지歲幣大好紙 2천 권, 소호지小好紙 3

---

110) 『宣祖實錄』卷78, 宣祖 29年(1596) 8月 13日 ; 같은 책 卷113, 宣祖 32年(1599) 5月 26日.

천 권, 도합 1만 1천 권(후에는 9천 권)을 매년 청에 조공해야 했다. 그러나 청과의 사대외교에 있어 정사正使보다는 별사別使의 종류와 횟수가 훨씬 많았고, 이에 따라 세폐방물지歲幣方物紙도 정상적인 경우에 비해 몇 배나 많은 것이 현실이었다.[111] 이런 상황에서 대동법大同法의 전국적인 실시와 관련하여 막대한 양의 지물 조달이 어려웠던 조정에서는 차츰 사원에 지역을 부과하기 시작한 것이다.

사원에 대한 국가의 지역부과와 관련해서는 크게 두 가지 이유를 생각할 수 있다. 하나는 사원 자체가 제지에 적합한 입지조건과 함께 훌륭한 제지 기능을 보유하고 있었다는 점이다. 대부분 산간에 위치한 사원에서는 지물의 원료인 닥나무 재배가 유리하였고, 물 또한 맑아 품질 좋은 지물 생산의 조건을 구비하고 있었다. 여기에 불경의 제작 등 자체 수요를 위해, 사원에서는 일찍부터 지물을 생산해 온 관계로 제지기술 또한 뛰어났다. 또 다른 하나는 이미 도첩제와 승인호패법이 폐지된 상황에서 승려는 일종의 국법을 범한 존재인 동시에 무위도식하는 유휴노동력으로 간주되었다는 점이다. 승려 및 사원의 존재와 그 필요성을 현실적으로 인정하면서도, 억불의 조선사회에서 특히 유신 관료 및 양반 사이에 이 같은 인식이 보편화되어 있었다. 따라서 조정에서는 큰 부담을 느끼지 않고 사원에 지역을 전가할 수 있었을 것이다.

양대 전란 이후 사원은 국가 수요의 지물 생산만을 떠맡은 것이 아니다. 지방 관아나, 감監·병兵·수영水營의 군내에서 필요한 지물 또한 사원에서 생산 조달해야 했다. 지방관아와 군내에서는 특정 사찰

---

111) 金順圭, 「조선후기 사찰紙役의 변화」, 『청람사학』 3(한국교원대 청람사학회, 2000), p.273.

을 속사屬寺로 삼아 지물을 지속적으로 조달 받았는데, 이러한 속사
는 지물의 산지였던 영·호남에 주로 분포해 있었다. 한 예로 현종 때
경상도 지방의 속사 수를 보면 관가소속 3사, 서울 아내衙內 소속 3
사, 감영監營 소속 20사, 좌병영左兵營 소속 18사로[112] 지방 각 병영의
속사가 전체의 약 80% 정도를 차지하고 있었다. 이 같은 비율은 호남
의 사원들도 거의 비슷했을 것으로 보이며, 여타 지방의 사찰들까지
도 지물紙物 생산에 동원되었음을 엿볼 수 있다.[113] 여기에 관아나 영
문 외에 심지어 서원이나 향교 등도 특정 사찰을 속사로 삼아 지물을
상납 받고 있어서 전국 사원은 가히 국가 및 지방관아 수요의 지물생
산소가 되어있는 형편이었다.

　문제는 지역紙役을 감당해야 하는 이들 대부분 사원과 승려들이 극
심한 고충과 함께 경제적 부담까지 안게 되었다는 점이다. 그것은 적
절한 대가 없이 지물을 생산 상납해야만 했기 때문이다. 국가의 지역
은 비록 헐값이기는 해도 그 값을 책정하여 지급하고 있었는데, 대체
로 시가의 3분의 1 정도였던 것으로 보인다.[114] 그러나 지방관아 및 군
내의 역役은 지방 사정에 따라 다르기는 했으나 대부분 값의 책정이
없는 상납이었다. 서원 및 향교 또한 소량의 피저皮楮를 지급하고 다
량의 지물을 수거해 가거나, 아예 무가로 상납 받는 것이 상례였다.[115]
사정이 이러했던 만큼 지역을 부과 받은 사원들은 그 몸의 괴로움과
경영의 어려움으로 승려들이 도피하여 폐사가 속출할 수밖에 없었

---

112)『顯宗改修實錄』卷2, 顯宗 1年(1660) 3月 28日.
113) 관서·관동지방 사찰들도 紙物생산에 동원되고 있음이 그것이다. (『正祖實
　　 錄』卷16, 正祖 7年 (1783) 10月 29日 ;「妙香山萬合寺扁額」(『朝鮮寺刹史料』下
　　 권, pp.207~208).
114)『備邊司謄錄』제169冊, 正祖 10年(1786) 7月 24日.
115) 金順圭, 앞의 논문, p.276.

다.[116] 이렇게 보았을 때, 결국 국가 및 지방관아의 사원에 대한 지역의 부과는 억불과 승려 천대인 동시에 불교교단에 대한 가혹한 경제수탈이었다고 말하지 않을 수 없다. 국가가 필요로 하는 지물 생산의 불가피성을 감안하더라도, 그것은 양민에 대한 적정한 역으로 보기는 어렵다.

한편 국가 및 지방 관아로부터의 지역 부과 외에도, 사원이 져야했던 각종 잡역·잡공이 또한 사원의 경제사정을 더욱 어렵게 하고 불교교단의 황폐화를 가속화 시켰던 사실도 지적할 수 있다. 여기서 그 구체적인 상황을 자세히 살피는 번거로움을 피해 사원의 잡역·잡공 항목만을 대강 열거해 본다.[117]

그것은 곧 ①관용 메주 공급 및 산과山果·산채山菜 등 기타 소산물의 봉납 ②관리들의 행차에 대한 영접공찬迎接供饌 및 담여擔輿 ③양반사대부 접대와 응역應役 ④관청 및 아전 등에 바치는 관례적인 '정채情債'와 '정납情納' ⑤향교·서원·향청鄕廳 하급관리들의 각종 물품 징색徵索 등으로, 일일이 다 열거를 할 수 없을 정도이다. 고려시대에 사회적·경제적 대우와 특권을 누려온 불교와 승려는, 특히 조선 중기 이후 이처럼 경제적 수탈의 대상이 되고, 각종 잡역을 감당하면서 사회의 최하위 천민집단으로 몰락해 있었다.

---

116) 『顯宗實錄』卷18, 顯宗 11年(1670) 10月 7日 ;「默庵集」後卷, 廢紙上疏, pp.10~23.
117) 鄭光鎬,「李朝後期寺院雜役考」,『史學論志』2(한양대 사학과, 1974) 참조.

III. 불교교단의 자구적 경제활동

연산군~중종대의 폐불 상황을 거쳐, 명종 21년(1566) 그동안 흥불을 뒷받침해 온 문정왕후가 사거死去하자, 사원경제의 기반이 되는 사원전 및 노비는 다시 모두 몰수당하게 된다.[118] 이에 더하여 왜란·호란이 끝난 후에는 축성築城 및 그 수비守備와 지역紙役 등 혹심한 경제적 수탈을 감당하면서, 온갖 잡역·잡공과 사회적 천대에 시달려야 했던 조선불교 교단으로서, 이제 가장 심각한 현실문제는 불교의 존립 그 자체였다. 따라서 갖가지 형태의 배불에 나름대로 대응하는[119] 한편 특히 경제적 자구책을 모색하지 않을 수 없었는데, 중기 이후 승려 및 사원들의 자구적 경제활동은 의외로 다양하고 또 적극적인 모습으로 나타난다. 그 결과 조선 후기에는 어느 정도 사원경제의 자립을 이룩하게 된다. 불교교단의 자구적 경제활동은 크게, ①승려들의 상품생산과 상업활동 ②각종 계契의 조직과 운영 ③승려의 사유전답 조성과 사원에의 기증 세 가지로 분류할 수 있는데, 이를 차례로 살펴

---

118) 사원전 몰수는 면세지로 공인된 사원 전지의 革罷屬公을 말함이다. 田稅를 부담하는 일반 民田과 마찬가지의 私有地로서 사원 소유의 토지는, 그 규모는 알 수 없으나 그대로 존속하였다.(千寬宇, 앞의 책, p.195. ; 宋洙煥, 「朝鮮前期의 寺院田」, 『한국사연구』79(한국사학회, 1992), p.49, p.55 참조).
119) 배불상황 전반에 걸친 대응 노력에 대해서는 다음 제3장에서 세부적으로 참고할 수 있다.

본다.

1. 승려들의 상품생산과 상업활동

상품의 생산은 고려시대 사원에서도 있어 온 일이다. 풍부한 전지와 노동력을 보유하고 있던 사원에서는, 일부의 경우이기는 하지만 일찍부터 농산과 축산·양조·염분 등에 이르기까지 다양하게 생산과 그 유통에 관여하였고,[120] 이 같은 일은 부의 축적을 위해 국법을 어기는 영리행위로써 비난 받아 왔다. 그러나 조선시대 승려들의 생산활동은 이와는 구분해 볼 수 있다. 즉 승려들의 생계유지를 위한 것이었던 만큼, 그것은 당시 불교 경제의 정황으로 볼 때 불가피한 선택이었다 할 것이다. 그리고 이 같은 생산은 그 규모가 확대되고 상품화하면서, 승려의 상업활동이 중기 이후 조선불교의 경제에도 일정부분 기여한 것이 사실이다.

사원이 생산하는 상품의 종류도 다양했던 것으로 나타난다. 그 한 예로써 공어물供御物의 진상을 담당했던 남한산성 내 사원들의 경우, 백지白紙, 산나물, 무우나물 등을 생산하였고, 소와 말을 목축하기도 하였다. 그 밖에 전국 각지의 사원생산품을 보면 고사리·도라지 등 각종 산나물, 으름·머루·홍시 등 산과일과 잣·버섯·청밀淸蜜 등이 있어, 이들은 모두 산사의 특산물이라 할 만한 것들이었다. 이 생산물들이 사원 승려들의 수요에 충당되어 자급자족해 갔을 것이며, 차츰 진상품 또는 상품으로 생산되어 사원의 부업이 됨으로써 사원경제에

---

120) 『高麗史』卷5, 顯宗 18年(1027) 6月 14日 ; 『高麗史』 志39, 刑法2 禁令, 仁宗 9年(1131) 6月條 ; 같은 책 志33, 食法2 鹽法, 忠宣王 元年(1309) 2月條 등.

도 기여했던 것으로 보인다.

그러나 상품생산으로써 더욱 구체적인 예는, 마혜麻鞋·망혜芒鞋·승혜繩鞋 등 미투리 산업과 지물 생산활동을 들 수 있다. 미투리 생산과 상업 활동 사례는 강원도 평강 부석사의 경우가 가장 뚜렷하다. 임진란 이후부터 본격화 한 것으로 보이는 대가람 부석사의 미투리 생산은 부업적인 가내 수공업 단계를 넘어서 대량의 상품으로서 생산되어, 그것이 무혜貿鞋 상인들을 통해 활발하게 거래되고 있다.[121]

한편 지물생산紙物生産 또한 승려들의 경제활동 가운데 한 주요 부분이었다. 특히 병자호란 이후, 국가의 막대한 지물 수요와 지방관아 및 군문 등에서 필요로 하는 지물의 공급을 위해 전국의 사원이 지물 생산소로서의 역할을 담당했지만, 그 대부분 무가無價 상납이어서 사원경제가 더욱 피폐해지고 승려의 도피로 폐사가 속출했다 함은 앞항에서 언급한 대로이다. 그러나 이 같은 상황에서 영조 30년(1754) 지지紙地의 후시後市[122] 무역이 허용된 것을 기회로, 일부 사원이 사상私商들과 연결되어 지물을 상품으로써 판매하는 경우가 간혹 있었던 것이다. 후시무역의 허용 이전까지 지지는 관(공인)이라는 독점수요자만 존재했기 때문에 일방적으로 수탈을 당하는 입장에서 벗어나지 못했지만, 무역의 허용으로 일부 사찰은 공인들에게 일방적으로 늑매勒

---

121) 金甲周, 앞의 책, pp.116~122.
122) 국경에서 상인들에 의해 사적으로 행해지던 무역시장. 사신 행렬이 국경을 출입할 때 의주나 개성 상인 등이, 역관이나 지방의 관리와 결탁하거나 몰래 행렬에 끼어들어 청국 상인과 교역을 하게 되면서부터 17세기 중엽부터 만주 鳳凰城 柵門에서 후시가 열렸으며, 압록강의 中江에서도 후시가 열렸다. 후시무역은 17세기 말엽 크게 확대되었으며, 조선정부도 세금을 징수하며 국경의 후시무역을 사실상 묵인 했다. (『한국고중세사사전』, 한국사사전편찬회, 2007, 가람기획).

買당하는 입장에서 벗어나 제지업으로 자본의 업을 삼기도 하였다.[123] 또한 이로 인해 일부 승려들은 지역을 부담해야 하는 삼남지방의 사찰에서 벗어나 무역이 용이한 국경지대로 도피하여 직접 무역에 종사하는 경우까지 생겨났을 정도이다.[124]

물론, 승려들의 상품생산과 상업활동이 종교로서의 불교의 본질과는 거리가 먼 일이다. 그러나 이는 존폐를 염려해야 하는 불교교단의 경제적 현실을 고려할 때, 당시 사원과 승려들이 고갈된 사원경제를 일으키고자 한 자구적 노력의 일단으로 보아야 할 것이다.

2. 각종 계의 조직과 운영

자립경제 활동이라는 점에서 흥미로운 것은 조선 후기 각 사원의 활발한 각종 계契조직과 그 운영이다. 뜻을 함께 하는 사람들이 일정 기간 일정한 액수의 금전이나 곡물을 출자하여, 그 이식으로 상호부조하거나 공동의 목적을 달성하기 위한 모임을 계라 할 때, 사원계는 일단 불교인들이 보사補寺 및 신앙활동을 목적으로 조직한 모임임을 짐작할 수 있다.

현재 남아 있는 각종 문헌과 사적기·비문 등에서 조선 후기 사원계에 관한 자료는 대량 55종이 조사되고 있다. 그 가운데 명종 19년 (1564)경 사명당 송운松雲의 갑회문甲會文이 가장 앞선 조선 전기의 것이며, 여타의 사원계는 모두 17세기 이후 조선 후기의 자료들이다.[125]

---

123) 金順圭, 앞의 논문, pp.279~281 참조.
124) 李能和, 『朝鮮佛教通史』下, 北道沿郡, 在家僧村, pp.835~836.
125) 韓相吉, 「朝鮮後期寺刹契의 연구」, 『불교사연구』 제2집(중앙승가대 불교사학연구소, 1998), p.166.

이들 자료를 통해 나타나는 사원계의 종류는 매우 다양하여 갑계甲契·도종계都宗契·사종계私宗契·미타계·지장계·나한계·칠성계·염불계·누룩계 등 20여 종이나 되며, 큰 사찰에서는 10여 종 이상의 사원계가 동시에 조직되어 있었던 것으로 짐작된다.[126] 이들 중 갑계·도종계·사종계(문중계) 등이 승려들을 그 구성원으로 하여 조직된 것임에 비해, 미타계·지장계·칠성계 등은 신도들을 위주로 하고 있다. 또 승속이 함께하는 계도 있었다. 그러나 명칭과 구성이 어떤 형태였든 간에 사원계의 목적은 보사補寺에 있었으며, 그 명칭이 말해주듯 일정한 내용의 신앙활동을 지속해 가기 위한 것들이었다.

이 같은 조선 후기 사원계 가운데, 자구적 경제활동이라는 점과 보사행위의 정도에 있어서 가장 주목되는 것은 승려들로 구성된 각 사원의 갑계이다. 갑계란 동갑의 승려들을 구성원으로 한다는 뜻이지만, 승려수가 적은 사원의 경우 어느 정도 연차年差가 있는 승려들로 함께 계를 구성하는 경우도 있었다. 현재 유가사瑜伽寺·쌍계사·범어사·통도사 등의 갑계보사비甲契補寺碑가 전해짐으로써 갑계 구성원들의 활발한 보사활동 내용을 짐작할 수 있다.

그러나 이 갑계가 처음부터 불교의 자립경제를 목적으로 결성된 것은 아니었다. 사명당의 갑회문[127]에서는 계원 간의 친목도모와 도반으로서 우의를 돈독히 함에 목적을 둔 것으로 보이며, 이어 18세기 후반의 갑계들은 친목의 단계를 넘어서 계원들이 계금을 내어 사원을 보수하는 일이 주목적인 것으로 나타난다. 그리고 실제로 갑계활동이 활발했던 것은 19세기 후반의 일로써 당시의 보사 내용은, 헌답과 금

---

126) 金甲周, 앞의 책, p.131.
127)『四溟堂集』권6,『韓國佛敎全書』2(동국대출판부, 1987), p.65.

전의 납사納寺가 주가 되고 있다.[128] 불교의 자립경제 구축이라는 관점에서, 조선 후기 사원계 가운데서도 특히 19세기 후반의 승려갑계 활동은 그만큼 큰 비중을 차지하고 있다.

3. 승려의 사유전답 조성

조선 전기까지는 승려가 사찰과는 별도로 전답을 사유했다는 확실한 기록은 찾을 수 없다. 그러나 17세기 무렵에 이르면 승려의 전답 사유가 공적으로 인정되고 있음을 알게 하는 자료가 효종 8년(1657년) 잡령에[129] 보인다. 즉, 전답을 사유한 승려의 사망 후 그 전토는 여러 족속에 귀속된다는 승려 사유전답의 상속규정이다.

승려가 전답을 사유할 수 있게 된 배경으로는, 무엇보다도 17세기 이후부터 민간경제가 크게 신장하여 사유재산제도가 강화된 사실을 들 수 있다. 민간경제가 신장함에 따라 승려개인의 사유재산이 형성되어 갔으며, 그들의 사유전답 역시 사원전답과는 별도로 유지되어 간 것이다. 그러면 승려가 어떤 방법으로 전답을 사유할 수 있게 되었는가가 의문인데, 그것은 ①승려자신의 황무지 개간 ②상업활동 등으로 얻은 재화에 의한 전지의 매입 ③부모 및 법사로부터의 전답 상속 ④ 출가 이전에 소유했던 전답의 유지 등으로 구분해 볼 수 있다.[130]

그런데 이들 승려의 사유전답 조성은 그것이 승려개인의 사유재산 인정이라는 관점에서 보다는, 이를 통한 조선 후기 사원경제의 자구

---

128) 李載昌, 「朝鮮時代 僧侶甲契의 연구」, 앞의 책, pp.226~231.
129) 『新補受教輯錄』 戶典. "有田畓僧人 身死之後 田土歸諸族屬…".
130) 金甲周, 앞의 책, pp.15~153.

활동에 적지 않게 기여하고 있었다는 점에서 의미를 말할 수 있다. 승려들이 각자 사유재산을 갖게 되면 그의 사망 후에는 그 중 얼마를 사중에 기진하고, 나머지 중의 일부를 자기 자신의 제위전祭位田 명목으로 역시 사중에 들여놓고, 나머지를 법손에게 상속하는 것이 관례가 되어 있었기 때문이다. 또한 그들 중에는 사원의 경제적 참상을 보다 못해 생존 시에 재산을 사중에 기증하여 보사행위를 하는 승려들도 적지 않았는데, 각 사찰에 아직까지 남아있는 보사비 등이 그것을 말해주고 있다.[131]

요컨대, 조선 후기 불교교단은 이와 같이 상품생산 및 상업활동, 각종 계의 조직과 운영 및 사유전답의 조성 등 노력을 통해 자구적 생활방도의 모색과 함께 불교의 자립경제 기반을 구축해간 것이다.

불교의 자구·자립경제의 구축 의미

조선불교의 경제현실은 왕조 초기에서부터 단계적으로 열악·피폐화하고 있다. 불교에 대한 국가의 경제적 억압이 그만큼 강도를 달리하며 오래 지속되어 온 것이다. 중기 이후 불교교단의 다양한 자구적 경제활동은 바로 이 같은 어려운 현실에의 대응노력으로써 불교의 새로운 존재방식을 보여준다.

조선 전기, 특히 그 초반의 대대적인 사원전 정리 및 노비 감축과 같은 불교경제에 대한 제재와 억압은, 불교로서는 처음 경험하는 심각한 사태였다. 그러나 국가의 이 같은 강제적인 정책수행이 단순히 불교억압에만 목적이 있었다고 말하기에는 어려운 측면도 있다. 피해결과는 동일한 것이었지만, 이는 억불 자

------

131) 李載昌, 앞의 책, p.195.

체보다도, 중앙집권적 체제의 기반 조성과 군국적 수요증대에 따른 국가 경제 문제의 해결책의 일환이기도 했다는 점에서이다. 이는 곧 고려 이래의 경제적 특권 집단에 대한 제재의 성격이 더욱 큰 것으로, 억불은 오히려 부차적인 문제였던 것으로 볼 수 있다.

그러나 그런 정책이 전기의 연산군·중종대에 와서는, 유교국가의 강화 및 특히 사림파의 성장과 함께 불교의 존재기반을 와해시키는 단계에까지 이르고 있어 문제가 더욱 심각해진다. 이후로도 억불 배불은 경제문제를 포함하여 조선 후기까지도 광범하게 진행된다. 여기서 불교교단은 자구적 경제활동에 나서지 않을 수 없게 되는데, 그 대표적인 예가 승려들의 생산 및 상업활동, 사원의 각종 계 조직과 운영, 그리고 승려의 사유전답 조성 등이었다.

이렇게 해서 불교의 경제적 자립이 어느 정도 가능하게 된 것은 19세기 후반의 일이지만, 그것을 고려불교는 물론 조선 전기 교단이 누리던 경제 여건에 비교할 수는 없다. 다시 말하면 이는 최소한 필요조건을 마련하는 정도의 자립경제 기반이었다. 그러함에도 불구하고 교단의 자립노력과 활동에 대해서는 경제적 성과 그 이상의 의미를 부여할 수 있다. 억불정책이 기본적으로 국가경제에 기생하는 불교를 그 길로부터 차단하는 데서부터 시작되었다고 볼 때 더욱 그러하다. 불충분하지만 최소한의 자립경제 기반이 구축됨으로서 불교교단은 비로소 국가경제의 종속으로부터 벗어나 자율적으로 활동할 수 있게 된 것이다. 이는 분명 경제적 소득 이외의 성과였다.

제4장

불교의 자립노력과 현실참여

배불상황 속의 자립노력과 현실참여

불교에 대한 조선의 정책적 억압과 사상적 배척을 일률적으로 말하기는 어렵다. 각 시기 또는 단계에 따라 그 강도와 성격을 달리하는 불교억압과 배척이 진행되었기 때문이다. 그러나 정도의 차이가 있을 뿐, 왕조 전 기간 동안 배불원칙에는 변함이 없었다. 거의 5세기 동안, 강고한 배불의 정책 기조와 방향을 그대로 이어간 것이다.

이런 조선에서도 숭불군주와 왕실 등을 중심으로 신불세력이 존재하였고, 이들의 역할과 그 영향은 결코 적지 않았다. 이 시대 불교가 비록 짧게나마 몇 차례 흥불의 시기를 경험할 수 있었던 것도, 오로지 이들 신불세력의 불교 지지와 의욕적인 활동의 결과였다. 하지만 성리학적 이념의 유교국가에서 이들의 역할은 제한적일 수밖에 없었다.

더이상의 흥불을 기대할 수 없게 된 중종대 전·후 시기에 이르면, 교단의 경제적·인적 기반의 해체는 물론 불교의 존재 자체까지 부인하는 배불양상이 구체적으로 자리 잡는다. 불교의 위축과 쇠퇴가 불가피한 현실 조건이, 조선전기에 이미 확정되고 있는 것이다. 따라서 이후의 불교교단은 그 스스로의 유지 존속이 중요한 과제가 되는데, 이런 현실에서 크게 눈에 띄는 것이 곧 불교의 자립노력과 현실참여 활동이다.

대내적인 자구 자립의 노력과 대외적인 현실참여로 구분해 볼 수 있는 이 같은 활동은, 물론 조선의 특정 시기에만 국한하는 현상은 아니다. 그러나 불교가 국가와의 관계 및 관리로부터 멀어지고 산중불교화하면서부터, 그것은 더욱 적극적이고 다양한 모습으로 나타난다. 이는 곧 불교의 새로운 존재방식이라 할 만한 것으로써, 이를 통해서 조선불교의 강한 호법의지와 함께 오히려 종교적 참신성까지도 엿볼 수 있다. 배불상황 속에서 지속해 간 다양한 자립노력과 현실참여 활동은 조선불교의 불가피한 선택이기도 했다. 그러나 불교의 그런 노력과 활동은 배불현실의 극복 그 이상의 의미를 말하기에 충분하다.

I. 산중불교화와 현실과제

　조선시대 불교의 교단적 특징은 '산승시대의 불교' 또는 '산중승단
의 불교'로 표현되기도 한다.[132] 국가의 배불정책에 의해 활동의 중심
무대가 되어 온 국도國都에서 밀려나, 산중승단 형태의 불교로써 자
립·자활의 길을 걸어왔다는 뜻에서이다. 이 같은 조선불교가 직면해
있고 또 해결해 나가야 했던 현실적 과제는, 역시 산중불교화의 문제
와 직결되어 있다. 앞에서 이미 부분적으로 언급해 왔지만, 여기서는
특히 불교의 산중승단화 과정을 중심으로 조선 전기 배불정책의 큰
흐름부터 간단히 살펴두기로 한다.

　불교억압에 대한 논의와 그 정책적 건의는 개국 벽두부터 있어 왔
다. 그러나 태조 개인의 신불 및 개국 초의 사정 등으로 인해 태조 당
시에는 불교교단에 별다른 변화는 보이지 않는다. 하지만 태종대로부
터 시작하는 본격적인 배불정책은 처음부터 의외로 강경하게 진행되
었다. 그 내용은 크게 ①종파·사원수의 감축 및 그 토지와 노비의 혁
거 ②왕사·국사제도의 폐지 ③도첩법의 엄격한 실시 ④창사創寺·조
불造佛·설회設會 등 경비소모가 큰 불사의 일체금지 ⑤능사陵寺 제도
의 폐지 등으로 요약된다. 이 같은 첫 단계 배불조치에서부터 불교교

---

132) 金煐泰, 『한국불교사』, pp.238~239.

단은 큰 타격을 받고 있다.

　그러나 배불의 광범한 대상이나 그 파급 영향에도 불구하고, 그것은 국가의 경제적 현실 타개책으로써의 성격이 더 짙다. 무엇보다도 대대적인 사원토지의 감축 및 노비의 속공 등 주요 배불의 내용이, 불교에 대한 경제적 제재 형태로 나타나고 있는 것이다. 그런데 문제는 이런 과정에서 11종에 달하던 종파가 7종으로 폐합되고 있는 현실이다. 종파의 폐합·축소와 같은 일은 이후 산중불교의 출현문제와도 매우 밀접하게 관련된다. 불교 각 종파의 특성을 고려하지 않은 이들의 강제 폐합과, 활동의 제약이 불교교단의 축소로 이어지고 있다는 점에서이다.

　7종으로 폐합된 종파를 다시 선교 양종으로 대폭 축소시킨 세종대의 배불정책 또한 같은 맥락에서 파악할 수 있다. 사원·승려·토지 및 노비의 대폭적인 감축으로부터 시작된 세종대의 배불정책 역시 이와 표리의 관계를 이루는 종파의 파격적인 축소로 이어져 간다. 이로 인해 불교의 경제적·인적 기반 상당부분이 혁거되고[133] 교학사상 및 그 활동의 다양성도 거의 사라지게 된다. 국가의 현실적 요구와 행정편의에 따라 강행된 종파폐합의 정책은 이후 불교교단의 향방을 어느 정도 가늠해 볼 수 있게 한다. 그 연장선에서 이미 산중불교의 출현이 예견되는 것이다.

　한편 이 시기의 배불정책 가운데 승려의 입성금령入城禁令 또한 산중승단 형성의 한 과정으로 볼 수 있다. 이 조치는 원래 무도첩승의

---

133) 양종에 배정된 恒居僧이 3,770명으로 그 감축된 숫자는 밝혀져 있지 않지만, 사원 토지의 경우 僧宗 전에 11,100결이었던 것이 종파 축소에 따라 선교 양종에 도합 7,950만결이 分給되었다. 전국 사원 토지의 약 30%가 감축된 숫자이다.

단속을 위해 내려진 것이었다. 그러나 세종대 이후 이 금령이 점차 확대 실시되면서 산중불교화의 경향이 더욱 가속화했을 것임은 추측하기 어렵지 않다.

태종·세종대의 배불정책에서부터 어느 정도 엿보이는 산중불교화의 추세는 성종대의 배불정책을 거치는 동안 거듭 확인된다. 유학 진흥과, 유교의 이상정치 구현에 진력했던 성종은 본래 숭유배불적 성향이 강한 군주였다. 여기에 과격한 배불론자들인 당시의 신진사류들까지 가세하여, 이 시기의 배불정책은 더욱 강도 높게 진행되었다. 그것은 특히 성종 7년(1476) 왕의 친정 이후, 여러 방면에 걸쳐 불교에 대한 핍박으로 나타난다. 그 중에서도 지속적으로 진행해 간 대규모의 승니 축출과『경국대전』에 명시된 도승법의 정지[134]는 성종대 억불정책의 핵심을 이룬다.

이 두 가지 조치는 기존 승려에 대한 강제 축출과 병행하여 새로 승려가 되는 길까지 법적으로 차단하려는 것이었다. 불교의 자멸을 유도하는 이런 정책들은 신진사류들의 강경한 요구와 정책 입안에 따라 결행된 것으로 이 점은 특히 유의할 필요가 있다. 즉 사림세력의 성장이 불교계의 수난으로 직결되고, 또 그것이 산중승단의 출현에도 무시할 수 없는 한 배경이 되고 있는 것이다.

이 같은 배불정책으로 피폐해진 불교교단이 다시 연산군대에 이르러서는 그 존립 자체를 위협받는 처지에 놓인다. 연산군 10여 년간에 걸친 폭정 하에서의 불교박해는 가히 '파불破佛'이라 할 만한 것이었

---

134) 임시조치적 성격을 띤 度僧法의 정지는 성종 23년 2월부터 11월까지 적용되다가 이후로는 無度牒僧 축출에 중점을 둔 '禁僧節目'의 시행으로 다소 완화된다. 이는 仁粹·仁惠 양 대비의 간곡한 요청에 따른 것이다.

다. 특히 선종 도회소(본사)인 흥천사와, 교종 도회소인 흥덕사를 폐하여 공해公廨로 삼은 일은 불교교단에 결정적인 타격을 주었다. 교단의 근거지인 양종의 본사가 없어진 상태에서 승과 또한 실시되지 않았음은 물론이다.

연산군대에는 이 외에도 조종의 원찰이던 원각사를 폐하여 장악원으로 삼고, 승니를 환속시켰으며, 그 중에 니승들은 궁비宮妃나 궁방의 여비女婢로 삼는 등 파불적 조치들이 계속되었다. 불교정책이라고 말할 수 없는 이 같은 박해는 연산군의 무도와 횡포로 인한 수난이라 해야겠지만, 어쨌든 그 결과는 마침내 불교를 산중으로 들어가지 않을 수 없게 하였다. 그리하여 도성 안에서 근거지를 잃고 공적 활동의 여건을 봉쇄당한 선교 양종은, 광주 청계사로 물러나 다만 이름뿐인 양종을 유지해갈 수밖에 없었다.

이와 같이, 산중승단의 시대는 사실상 연산군 말경부터 시작되고, 그것은 다시 중종대의 배불정책을 통해 돌이킬 수 없는 현실로 고정된다. 사림세력의 정계 진출과 그 영향력이 막대했던 중종대에는 연산군대의 배불에 비해 더욱 철저하고 완벽을 기하는 모습이다. 연산군대의 배불이 원칙 없는 파불의 형태였다면, 중종대의 그것은 철저한 폐불정책으로서의 성격을 띤다. 이미 폐사된 흥천·흥덕 양사의 대종과 경주의 동불로 총통銃筒을 주조케 하고 있는 일이나,『경국대전』에서 아예 도승조를 삭제하고 있는 데서도 그런 성격이 그러난다.

이보다 앞서 중종 2년(1507) 기묘 식년式年에 승과를 실시하지 않음으로써, 연산군대 이후 승과의 폐지를 공식화하고 있음을 더욱 뒷받침 해준다. 승과의 폐지는 국가와 불교와의 공적인 관계단절을 의미하며, 동시에 선교 양종이 국가로부터 인정되지 않고 있음을 말해준다.[135) 이로써 이후 불교교단은 무종파의 산중승단으로서 존재할 수밖에 없었다.

중종대에 산중승단이 현실로 고정됨으로서, 조선 전기의 억불정책은 일단의 결론에 이른 상태라고 말할 수 있다. 또한 이는 향후 산중불교로서의 조선 불교의 존재 방식을 결정짓는 일이기도 하였다. 물론 중종대 승과의 폐지 이후 40여 년이 지난 명종 5년(1550)에, 문정대비의 흥불지원에 힘입어 선교양종이 복구되고 이듬해에는 승과가 부활하기도 하였다. 그러나 그 존속 기간은 15년에 불과했다. 명종 20년,(1656) 대비의 사거와 함께 불교는 다시 산중승단의 형태로 되돌아가지 않을 수 없었으며, 이는 중종대에 이미 내려진 결론에로의 복귀였다.

이상에서 살펴온 바와 같이 산중승단은 태종·세종대의 배불정책에서부터 그 출현이 예견되고, 이후 그것은 성종대의 배불과 연산군대의 파불을 거쳐, 중종대의 폐불정책에 이르러 구체적인 현실로 나타난다. 국가 정책에 의한 타율적 결과이기는 하지만 이는 조선불교로서는 받아들일 수밖에 없는 상황의 변화이고 추세였다. 따라서 이로부터 보다 중요한 일은 이 같은 현실을 전제로 한 교단의 유지와 불교 존속의 문제였다.

조선불교의 현실과제는 산중불교화의 과정, 즉 전기의 억불정책 속에 이미 드러나 있다. 다시 말하면 억압과 배척의 대상으로써 제한·봉쇄당하고 조치되어 온 내용들이 그대로 불교가 직면해 있는 현실이

---

135) 각 宗에서 주관하는 宗選에 합격한 자에 한해 국가 시행의 大選에 응시할 수 있게 되어 있는 僧 科는, 국가와 불교(각 종파)와의 공적·직접적인 관계를 가장 잘 반영하는 제도라고 말할 수 있 다.

었으며, 동시에 해결해야 할 과제이기도 했다. 전기 조선불교의 입지를 고려할 때 그것은 대략 다음과 같이 말할 수 있다. 즉 ①종파 통합 및 무종無宗 상황에서의 법통수호와 법맥계승 ②국가 관련 및 종속에서 벗어난 불교의 경제적 자립 ③성리학적 지배이념에 대한 사상 대응 ④불교 본래의 기능과 역할로서의 교화활동 ⑤국가·사회적 현실참여 등이 그것이다. 실제로 조선시대 불교의 자립 노력과 참여활동은 바로 이 같은 과제들의 해결에 집중되고 있다. 이 가운데 불교의 경제현실과 그 대응에 관해서는 앞장에서 상술하였다. 따라서 ②의 문제를 제외한 나머지 부분을 Ⅱ와 Ⅲ으로 크게 구분하여 해당 내용을 항목별로 검토해 본다.

Ⅱ. 불교교단의 자립·자활 노력

1. 법통수호와 법맥계승

조선불교의 자구·자립 노력과 활동이 다만 산중승단 출현 이후에 비로소 시작된 것은 아니다. 제한적일 수밖에 없었지만 태종대에서부터 나름대로 대응노력이 있었으며,[136] 산중불교화 이후 그것은 여러 방면에 걸쳐 다양한 모습으로 경주되고 있다.

연산군 말경부터 시작된 산중승단의 불교는, 명종대 한 차례의 짧은 흥불기간에 도성을 중심으로 의욕적인 활동을 펼치기도 했지만, 문정대비의 사거로 이내 다시 산간으로 돌아와 자활의 길을 모색해야 했다. 이런 시대의 산승들에게 가장 중요한 과제로 인식되었던 것은 법통수호와 법맥계승의 문제였다고 볼 수 있다. 오랜 억불정책으로 교의 맥과 선가의 법통은 희미해진 지 이미 오래이다. 더구나 무종의 산중승단이라고 하지만 교보다는 선가가 주류를 이루던 현실에서, 법통의 상실은 이들에게 더욱 심각한 문제가 아닐 수 없었을 것이다. 이럴

---

136) 태종 6년 2월 정부의 사원·노비·토지의 삭감에 대해, 조계종 승 省敏 등 수백의 승려가 申聞鼓를 치며 대불교정책의 시정을 요구하였으며, 세종 元年 및 3년에는 妙香山의 승려 9명이 압록강을 건너 明都에 잠입하여 국내의 불교박해 사실과 이에 대한 구원을 호소한 일도 자구적 노력의 일환으로 볼 수 있다.

즈음에, 임진란을 전후하여 불교계를 영도해 간 청허휴정에 의해 새롭게 산승가통山僧家統이 수립된다. 이후 그 법통이 문하와 법손들에게 이어짐으로서, 조선 중·후기 산중승단은 확고한 법맥의 구축으로 새로운 활력을 얻고 있다.

그러나 산중승단의 정체성 확보 노력이라 할 이 같은 법통수립 및 법맥계승에는 다소 복잡한 문제가 얽혀 있는 것도 사실이다. 그것은 우선 휴정이 세운 선대의 법통이 그 문하들에 의해 재조직되고 있음을 지적할 수 있다. 법통의 흐름이 휴정이 세운 원칙에서 벗어나는 것은 아니지만, 법조法祖 문제에 있어서 상당한 개변改變이 나타나고 있는 것이다. 휴정 이후 그 문파에서 새롭게 내세우고 있는 이른바 태고법통설太古法統說이 그것이다. 이런 사정을 좀 더 깊게 파악하기 위해 우선 휴정이 밝혀놓은 선대의 법통부터 살펴보자. 휴정은 『삼로행적三老行蹟』 발문에서 다음과 같이 선대의 법맥을 명시하고 있다.

> 법으로 계파(법통)를 논한다면, 벽송碧松은 할아버지요, 부용芙蓉은 아버지이며, 경성敬聖은 숙부이다.[137]

짧지만, 이는 휴정 스스로 밝힌 자가自家의 계보로서는 유일한 문증文證이다. 그러나 여기에는 벽송 이상의 선대에 대한 언급이 없다. 다행히 이 문제는 휴정이 지은 법조法祖 벽송행적碧松行蹟을 통해 보완해 볼 수 있다. 행적은 먼저, 벽송이 조증대사祖證大師에게서 삭발하고, 연희교사衍熙敎師를 찾아가 원돈교의를 문학問學한 다음, 정심선사正心禪師를 만나서는 '조사서래祖師西來의 밀지密旨를 격발擊發하여 현묘玄妙를 구진俱振하고 깨달음에 이익이 많았다.'고 적고 있다. 이

---

137) 休靜, 『三老行蹟』 休靜謹跋, 『韓國佛敎全書』7(東國大學校出版部, 1987), p.757.

러한 사실 뿐이라면 벽송은 정심의 법을 이은 것으로 이해할 수도 있다. 그러나 이어지는 기록은 또 다른 사실을 전하고 있다.

> 정덕正德 무진戊辰(중종 3년 : 1508) 가을에 금강산 묘길상암으로 들어가 대혜어록을 보다가 구자무불성화狗子無佛性話에 의착疑着하여 오래지 않아 칠통을 깨뜨렸으며, 또 고봉어록을 보다가 '양재타방颺在他方'이라는 구절에 이르러 전해前解를 돈락頓落시켰다. 그러므로 스승이 평생 발휘한 바는 고봉과 대혜의 종풍이었다. 대혜화상은 육조의 17대 적손이며, 고봉화상은 임제의 18대 적손이다. 스승께서는 해외의 사람이면서도 5백 년 전의 종파를 은밀히 이었다. 마치 정자와 주자가 공자·맹자의 천년 뒤에 태어났지만, 그 학통을 원승遠承한 것과 같으니, 유학儒學이나 석도釋道가 도를 이어 전함에는 곧 한가지이다.[138]

이와 같이 휴정은 그의 법조가 '평생을 발휘한 것이 고봉과 대혜의 종풍이었으며, 그 5백 년 전의 종파(법통)를 밀사密嗣'했음을 밝히고 있다. 따라서 이 기록대로라면, 벽송이 정심淨心의 법맥을 이었다고 보기는 어렵다. 그는 멀리 6조 혜능의 17대 적손이며 동시에 임제 12대 손인 대혜종고大慧宗杲(1089~1163)와, 임제 18대 적손인 고봉원묘高峰原妙(1238~1295)의 법을 계승한 것으로 밖에 볼 수 없다.[139]

언제라고 단정하기는 어렵지만, 극심한 불법의 사태 속에서. 선교를 막론하고 승가는 어느새 그 가통과 종맥을 잃고 있었다. 벽송의 선대가 모호한 것도 이 때문이다. 이에 휴정은 이미 법통이 사라져버린 산중승단에, 대혜와 고봉을 원조遠祖로 삼아 벽송을 법조로 하는 임제

---

138) 같은 책, p.752.
139) 金煐泰, 「朝鮮禪家의 法統考」, 『佛敎學報』22(東國大 佛敎文化硏究院, 1985), p.333.

가풍의 새 법통을 수립해 놓은 것이다.

그러나 이런 법통은 휴정이 입적한 뒤, 그 문하들에 의해 다시 새로운 모습으로 나타난다. 앞서 언급한 태고법통설이 등장하고 있음이 그것이다. 이는 즉, 휴정이 ①석옥청공石屋淸珙 → ②태고보우太古普愚 → ③환암혼수幻庵混修 → ④구곡각운龜谷覺雲 → ⑤벽계정심碧溪淨心 → ⑥벽송지엄碧松智嚴 → ⑦부용영관芙蓉靈觀으로 전승된 법맥을 이은 것으로 되어 있다. 요컨대 벽송은 정심으로부터 법을 이은 것이며, 그 법통은 임제 18대인 석옥청공의 법을 받고 귀국한 태고로부터 시작된다는 주장이다.

동일한 임제의 법맥임에는 틀림없지만, 휴정이 세운 법통에 이처럼 개변을 가하고 이유는 무엇일까. 여기에는 모호한 선대先代를 확정 짓는다는 의미가 있을 것이다. 그러나 이를 좀 더 구체적으로 말하면 조선 전기 불교계를 주도해 온 나옹계에 대응하려는 움직임으로 보기도 한다. 나옹계란, ①평산처림平山處林(임제 18대) → ②나옹혜근懶翁惠勤 → ③무학자초無學自超 → ④함허기화涵虛己和로 이어져 온 법맥으로 조선 전기에는 이들 법맥이 주축을 이루어 왔다. 그러나 임진왜란을 거치며 특히 의승군 활동으로 사회적 위상이 새삼 높아진 '휴정-유정문파'들은 이제 조선 전기 나옹계의 '무학-함허문파'에 못지않은 자부심을 갖게 된다. 따라서 태고법통설은 휴정문파의 이 같은 성장과 자부심에서 나온 것이라는 해석도[140] 충분히 가능하다.

이런 태고법통설은 휴정의 스승 부용영관의 또 다른 문하인 부휴浮休와 그로부터 이어지며 병자호란 때 크게 활약했던 벽암碧嚴 문파까지도 함께 포섭하면서, 조선 중기 이후 더욱 확고하게 자리 잡아갔

---

140) 高翊晉, 「碧松智嚴의 新資料와 法統問題」, 같은 책, p.211.

다. 조선 중기에는 이 밖에도 멀리 법안종계法眼宗系와 연결된 휴정의 법계나, 지눌 → 나옹으로 이어지는 법계까지도 눈에 띤다.[141] 전혀 신빙성이 없지만, 이런 법통설이 제기되고 있는 사실 자체가 산중승단의 법통·법맥에 대한 높은 관심을 반증한다. 어쨌든 큰 흐름으로서는 휴정이 임제의 종풍을 세우고, 이후 그 문하들이 법통의 상승계보를 확립해가는 가운데, 조선 중·후기의 산중승단은 새로운 자활의 힘을 응집시킬 수 있었다.

2. 성리학에의 사상적 대응

고려 말에서부터 고조되어 온 배불여론이, 조선에 들어와 정치적 배불로 구체화하고 있음은 여말선초의 사상적·정치적 경향을 그대로 말해준다. 따라서 불교교단의 입장에서는, 국가의 대불교 정책 또는 그 이념 배경으로써의 성리학에 대해 어떤 형태로든 대응이 필요한 실정이었다. 그러나 조선조 전 시대를 통틀어 보더라도 이 같은 활동은 거의 미미한 정도이며, 조선불교의 입지를 고려할 때 이는 어느 정도 수긍할 수 있다. 당시 불교의 처지에서, 국가정책이나 성리학에 대해 강경하고 적극적인 대응이란 결코 쉽지 않았을 것이다.

그러나 불교의 열악한 위치나 시대적 상황 속에서도 불교교단이 침묵만을 지킨 것은 아니다. 드물기는 하지만 호법의 의지로서 유학 측의 논리에 맞선 일련의 사상적 대응노력이 없지 않았다. 이 같은 사상적 대응 활동은 맨 먼저 세종대의 명승 함허의 『현정론顯正論』에서부

---

141) 조선 중기에 제기된 각종 법통·법맥에 관한 자세한 내용은 제4부 6장에서 再論함.

터 나타난다. 『현정론』은 그 제명이 시사하는 대로 파사현정破邪顯正, 즉 배불의 성리학적 사론邪論을 논파하고 불교의 바른 뜻을 드러내고 자 한 것이다. 따라서 유교 또는 성리학 측에서 배불의 논리로 삼아 흔히 거론하는 주제들은 14개 항으로[142] 구분하고, 문답의 형식을 통해 이들 각 항을 논변하고 있다. 그러나 유교 측의 이해를 위한 불교의 진의眞義 설명에 더 주력하고 있는 『현정론』의 논조는, 제명과는 달리 매우 온건한 편이다. 뿐만 아니라 이런 논조의 전체적인 취지는 마침내 불교와 유교의 가치적 상통성 및 융회로 모아지고 있다.

이 점에 있어서는, 조선 초기의 저술로서 저자가 밝혀져 있지 않은 『유석질의론儒釋質疑論』 또한 거의 동일한 경향을 보여준다. 19개 항의 질의응답 형식으로 배불론에 대응하여 불교의 진면목을 밝히고 있는 『유석질의론』 역시 유·불·도 3교의 독자성과 귀일성, 특히 유·불 상통성의 논변이 큰 비중을 차지한다. 『유석질의론』은 『현정론』의 3배가 될 만큼 기술이 훨씬 풍부하고 자세한 편이지만, 비슷한 내용과 체제로 미루어 이 또한 함허의 저술로 추정하고 있다.[143] 어쨌든 거의 같은 시기에 나온 두 가지 책은 그 저술의도와 목적 면에서 완전히 서로 일치한다. 즉 불교와 유교가 그 형식과 논리에는 서로 다름이 있지만, 궁극적 원리는 상통함을 강조함으로써, 불유융회의 입장을 천

---

142) 14개 항은, ①충 ②효 ③不食肉 ④不酒 ⑤인과응보 ⑥윤회 ⑦화장 ⑧삼세 ⑨夷狄無道 ⑩불교의 재앙 초래 ⑪출가자의 무위도식 ⑫승려의 타락 ⑬불교의 무효용에 관해 儒者측의 부당한 주장을 지적해 논한다. ⑭에서는 佛·儒·老莊 사상을 질의 응답하고 있다.
143) 撰者名이 기록되어 있지 않은 『유석질의론』을 함허의 저술로 본 것은 權相老이며(『佛敎』 제146·7 합집, p.58), 이에 따라 『韓國佛敎撰述文獻總錄』에도 이 책이 함허편에 실려 있다.

명하고 있는 것이다.[144]

이 때문에 함허 저술의 '논리들이 유교의 성리학적 이론을 정면으로 비판하지는 못하였으며, 불교와 유교의 화해와 절충에 지나지 않는다.'고[145] 지적되기도 한다. 그러나 호법적 노력이라는 관점에서는, 함허의 그러한 논리전개에는 나름의 이유가 없지 않았을 것으로 본다. 즉, 당시 불교의 존재의미는 성리학적 이데올로기와의 연관 속에서 그나마 겨우 인정될 수 있었던 상황을 감안해야 한다. 따라서 함허의 저술의도와 목적은, 성리학에 대한 비판보다는 불교와의 상통성과 그 융회의 가능성 모색에 더 큰 관심을 기울였다고 이해하는 편이 옳겠다.

불·유의 상통과 융회의 논리는 명종대 보우의 일정설一正說에서도 발견되며, 휴정의 저술에서도 엿보인다. 조선 전기 마지막 흥불 시도의 주역이었고 그런 만큼 유교 측으로부터 혹독한 비난을 한 몸에 받았던 보우는, 불교와 유교의 상통과 융회의 요소를 '일정一正'의 개념으로써 설명하고 있다. 즉 우주의 근본으로서의 '일一'[이理]과, 인간의 근본인 '심心'[정正]은 이름은 다르지만 뜻에 있어서는 동일하다는 것이 일정설의 논지이다.[146] 간략하게 정리되어 있는 보우의 일정설을 체계화 된 이론으로 보기는 어렵다. 그러나 성리학의 천인합일天人合一 사

---

144) 韓鍾萬,「麗末鮮初의 排佛·護佛思想」,『韓國佛敎思想史』(崇山朴吉眞博士華甲記念事業會, 1975 참조.
145) 宋錫球,「朝鮮期의 儒佛對論」,『韓國의 儒佛思想』(思社硏, 1986), p.383. ;『현정론』의 논리에 대해서는 이와 다른 해석도 없지 않다. '『현정론』은 원리적인 유불일치론에 근거하여 불교의 진리성을 확보하면서, 동시에 실천면에서는 차별을 전제로 불교의 우월성을 주장하는 방식으로 전개되어 있다.'는 견해가 그것이다.(박해당,『기화의 불교사상 연구』, 서울대 대학원 박사학위 논문, 1996).
146) 普愚,「一正」,『懶庵雜著』(『韓國佛敎全書』7, p.581).

상과 이기론理氣論을, 불교의 입장에서 일정의 논리로 전개하여 불·유의 종합과 융회를 모색하고 있음은, 분명 성리학에 대한 그의 독창적 사상 대응이라 할 만하다. 이런 보우 시대 이후 임진란 전후 시기의 불교계를 영도했던 휴정의 경우, 유교에 대한 직접적인 사상대응이 뚜렷하게 드러나는 것은 없다. 다만 그의 저술 가운데 불·유·도의 요체를 기술해 모은 『삼가귀감三家龜鑑』[147]이 있는 것으로 미루어, 불교와 유교의 일치 및 회통을 간접적으로 강조하려는 저술의도를 추측해 볼 뿐이다.

한편 국가의 배불정책 및 유학에 대해 불교 측에서 강경한 항소抗疏로 대응논리를 편 드문 사례도 있어 크게 눈길을 끈다. 현종 2년(1661), 니승들의 거처인 인수·자비 양원의 철폐 등 조정의 불교사태가 절정을 이룬 시점에서 백곡처능白谷處能이 올린 「간폐석교소諫廢釋敎疏」[148]가 그것이다. 8천여 자에 달하는 이 장문의 소는 국가의 배불에 대해 정연한 논리로 그 부당성을 지적하고 시정을 촉구함은 물론, 유교 측의 논리에 대해서도 지금까지와는 사뭇 다른 당당한 태도를 보여준다. 그러나 처능은 불교와 유교 두 사상이 진리성에 있어서는 서로 회통될 수 있음을 굳이 부인하지는 않는다. 「간폐석교소」는 5백년간에 걸친 조선시대 배불사에서 정당하게 불교의 입장과 견해를 밝힌 유일의 항소이며, 기념비적 문장으로 평가받고 있다.

불교와 유교의 상통·융회를 시도하는 온건한 입장이든, 「간폐석교소」와 같이 강직하고 당당한 논리이든, 그것이 당시 국가나 성리학자

---

147) 『三家龜鑑』은 休靜의 主著 『禪家龜鑑』에 유교와 도교의 龜鑑을 첨부한 형태로 간행된 것이다.(같은 책 7, pp.616~625).
148) 處能, 『大覺登階集』卷2 (같은 책 8, pp. 335~343).

들에게 얼마나 긍정적으로 수용되었는지는 논증하기 어렵다. 그러나 성리학적 이념 하의 유교국가에서 이 같은 사상적 대응들은 그것이 어느 쪽이든 조선시대 불교인들의 호법의지의 발로임은 분명하다.

Ⅲ. 대사회·국가적 현실 참여

1. 불교대중화와 신앙형태

국가의 불교에 대한 제도적 보호와 경제적 지원은, 왕권의 신성화나 국가 기업基業의 연장을 불력에 기대함과 동시에, 불교를 통해 민중을 보다 효과적으로 지배하려는 의도가 포함된 것으로 볼 수 있다. 국가로부터 절대적인 보호와 지원을 받으면서 국가의 의도에 크게 부응해 간 고려불교의 예가 그것을 충분하게 말해준다.

그러나 조선시대에는 국가와 불교 양자의 상호의존과 보완의 관계가 원칙적으로 배제되어 있는 상태였다. 국가가 굳이 불력에 기대하거나 불교를 통한 민중의 지배를 필요로 하지 않게 된 것이다. 따라서 조선조의 배불정책은 불교에 대한 기왕의 보호와 지원 장치의 철폐는 물론, 아예 불교의 모든 활동 자체를 차단 봉쇄하려는 데까지 이르고 있다. 끊임없이 반복되었던 부녀상사의 금령이나 법회·설재 등 각종 불사의 금지도 이에 해당한다. 개인의 신앙적 욕구와 불교의 자연스러운 교화활동에까지 국가가 직접 개입하여 통제와 억압을 가한 것이다.[149]

---

149) 성종대 正因寺 주지 雪俊은 設齋로 부녀를 上寺케 한 죄로 杖80대의 벌을 받았고, 전라도 임실 지방의 승려 性嵩는 불상을 조성하고 경찬회를 베풀었다

그러나 이런 상황에서도 불교의 교화활동 노력이 결코 약화된 것으로 보이지는 않는다. 그 좋은 예의 하나로는 조선시대 불서 간행과 그 유포를 통한 신앙 경향을 들 수 있다. 간경도감을 설치한 세조의 대대적인 불서간행과 인수대비 등이 추진해 간 그 후속사업은 조선 전기의 숭불주와 왕실이 주도한 불사였으므로 논외로 하더라도, 불서간행 불사는 조선 중·후기에도 여전히 왕성하게 이루어지고 있다. 각 지방 사찰을 중심으로 신도들의 재시財施에 의해 민중의 신앙을 반영하는 각종 불서들이 끊임없이 간행·유포되어 온 것이다.[150]

불교의 대중화 및 생활화에도 크게 기여했을 것임에 분명한 이 같은 불서간행은 불교의 인간 구제적 기능이 민중을 대상으로 여전히 발휘되고 있음을 말해주며, 다른 한편으로는 유교가 갖는 종교적 한계성의 반증일 수도 있다. 불서간행을 포함하여 불교의 교화활동 내용은 조선시대 민중의 신앙 경향에서 보다 잘 드러나는데, 대체로 다음의 몇 가지 신앙 형태들이 그러하였다.

① 정토신앙

아미타 염불을 통해 사후의 왕생을 기대하는 정토신앙은, 그 타력성과 단순함에 의해 민중과의 친화력이 다른 어떤 신앙보다 크다. 신라시대에 순수 왕생정토사상으로 유지되던 이 신앙은 고려 전기에 자성미타自性彌陀와 유심정토唯心淨土라는 선지禪旨를 겸한 선·정일치 사

하여 絞殺刑의 위기에까지 몰리기도 하는 정도였다.
150) 佛敎文化硏究院, 『韓國佛敎撰述文獻總錄』資料部(東國對出版部, 1976) 및 朴相國 編, 『全國寺 刹所藏木板集』, 附錄 「有刊記佛書本板本目錄」(文化財管理局, 1987)의 刊記 등을 통해 각종 불서의 간행 경향 또는 일반대중의 참여 정도를 짐작해 볼 수 있다.

상이 대두된 이래, 조선시대에 이르러서는 그 경향이 더욱 현저해 진다. 세종대 함허가 염불향사念佛香社를 조직한 것은 선사의 염불 권장이라는 점에서 일단 주목되지만, 그것은 자성미타 유심정토를 지향한 것인 만큼 불교대중화와는 다소 거리가 먼 것일 수 있다. 산중 승단에서도 수행방편의 일환으로 염불이 권장되기도 하였다. 그러나 이 또한 선승들에 의한 염불수용의 단계에 그쳤을 뿐, 대중적 확대로까지 이어지지는 못했다. 조사선을 정통으로 하는 선가중심의 염불권장과 이를 통한 불교대중화에는 그만큼 거리가 있었던 것이라 하겠다.

휴정의 염불 행적과 그의 저술 『선가귀감』 등에 나타나는 정토사상은 의외로 순수 정토신앙에 근접함을 보여준다. 그러나 조선 중기 선승들에 의한 몇몇 정토관계 저술들은 역시 불교 대중화보다는 선지를 여의지 않는 염불에 관심을 두고 있다. 보우(?~1565)의 『관념요록觀念要錄』, 성총性聰(1631~1700)의 『정토보서淨土寶書』편집, 쾌선快善(1693~1764)의 『청택법보은문請擇法報恩文』과 「염불환향곡念佛還鄕曲」 등은 주로 정토신앙의 선적 수용을 설하고 있는 것이다.[151] 따라서 중기의 정토신앙 역시 대중과의 친화력에도 불구하고 그다지 활발하지 못한 편이었으며, 본격적인 정토신앙의 대중화는 조선 말기의 염불만일회念佛萬日會 결성 등과 함께 성행하였다. 그러나 이 같은 사실이 조선 말기 이전에 미타염불신앙이 전혀 없었음을 말함이 아님은 물론이다.

② 밀교신앙

밀교 또한 대중성에 있어서는 정토에 못지않다. 한국에서의 밀교신

---

151) 李智冠,「著書를 통해 본 朝鮮朝의 淨土思想」,『韓國淨土思想研究』(東國大 佛教文化研究院, 1985), pp. 201~210 참조.

앙은 그 상징적 수행체계를 통해 즉신성불卽身成佛을 목표로 하는 교의보다는, 진언·다라니와 같은 주문을 욈으로써 소재·치병 등을 희구하는 현세이익적 성향을 강하게 보여 왔다. 조선시대에 선·교사상이 퇴조를 보일 때에도 유독 밀교가 두드러지는 것도 이 같은 신앙적 특성 때문이라 하겠는데, 그 신앙은 시대나 계층의 구별 없이 유행하였다. 성종 때 인수대비가 왕의 소진원마消盡怨魔를 위해『오대진언집五大眞言集』을 간행한 것을[152] 비롯하여, 중기 이후로 갈수록 승속이 함께 협력하는 가운데 수많은 진언집·다라니·의식집이 개판 간행되고 있음이 그것을 말해준다.

태종·세종·중종과 명종·선조·현종 등이 배불을 펴는 가운데 재·소재도량·기양 등 법회를 실행하고 있는 것도 밀교신앙 유행의 일면으로 볼 수 있다. 이들 법회는 으레 밀교의식이 중심이 되고 있기 때문이다. 그러나 조선시대 밀교신앙은 특히 민중과의 결합 속에서 더욱 확고해져 갔다. 조선 중·후기에는 불교의례 등을 통해 민중이 불교신앙의 주체를 형성하게 되며,[153] 이 과정에서 밀교신앙이 민중에 가장 폭넓게 작용하고 있는 것이다.

③ 미륵신앙

미래 구원불로서의 미륵불에 대한 신앙은 상생과 하생 두 가지 형태로 구분 된다. 미륵정토에 가서 태어나기를 바라는 것이 상생신앙이며 미륵불의 출현을 고대하는 것이 하생신앙이다. 조선 중기 이후 크게 성행한 것은 하생신앙이었다. 일반적으로 사회가 불안정하고 기존

---

152) 위의 註 80)과 같음.
153) 洪潤植,『韓國佛敎史의 硏究』(敎文社, 1988), p.308.

의 신념체계가 흔들릴 때, 주로 구세주를 기대하는 미륵하생신앙이 유행하고 있음에[154] 비추어, 당쟁과 전란 등으로 사회적 갈등과 혼란이 심화되고 있던 이 시기에 미륵신앙이 고조되고 있음은 이상한 일이 아니다.

이 신앙은 간혹 종교적 차원을 벗어나 기존 질서 및 체제의 변혁을 시도하는 정치 사회적 운동의 형태로 나타나기도 한다. 삼국시대 말에 궁예의 사례가 말해 주듯이, 미륵불임을 자처하는 사람들이 출현하고 이에 동조하는 민중이 세력화하고 있는 것이다. 숙종 때 여환呂還이라는 승려가 미륵시대의 도래를 예언하며 황해·강원·경기도 일대의 여러 촌락에서 무당·아전 등 하층민을 상대로 민중봉기를 선동했던 것도[155] 이런 경우에 해당한다. 미륵신앙은 이 밖에도 득남·치병·구복·수호 등 여러 방면에 걸쳐 주술적 성격을 띠면서, 조선 중·후기 사회에 민간신앙의 형태로 전개되기도 하였다. 현재에도 전국에 산재하는 미륵불상과 그 여러 가지 형태[156]가 이를 사실적으로 뒷받침해 주고 있다.

④ 기타 신앙 및 도교·민속과의 습합

관음과 지장신앙 또는 시왕·칠성·산신신앙 내지는 도교 및 민속과의 습합에 이르기까지, 조선시대의 불교신앙 형태는 매우 다양하다. 대승불교의 신앙에 있어서 가장 보편성을 지니는 관음신앙의 경우, 그것이 정토와 밀교신앙 속에서 드러나는가 하면 화엄이나 법화사상을 통해 표출되기도 한다. 조선시대의 관음신앙은 밀교의 다라니나

---

154) 柳炳德, 「日帝下의 彌勒下生信仰」, 『韓國彌勒思想硏究』(東國大出版部, 1987), p.206.
155) 『肅宗實錄』卷19, 肅宗 14年 8月 1日.
156) 金三龍, 『韓國彌勒信仰의 硏究』(同和出版公社, 1983), pp.185~190.

공덕·영험담 등을 통해 거의 전 시대에 걸쳐 유행하였다. 그러나 관음 관계 전적의 간행으로 보는 한, 그것이 중기에 집중되어 있음은[157] 매우 이채롭다. 역시 이 시기의 정치적 불안 및 사회혼란과 관련이 있지 않을까 한다.

지장·시왕신앙 등은 사십구재나 수륙재·예수재豫修齋 등을 포함하는 망자천도亡者薦度 의례와 깊이 연관된다. 조선시대에는 불교 유풍流風의 인위적인 제거 강행에도 불구하고, 최소한 망자천도에 관한 한 불교와 민중은 그 의례를 중심으로 여전히 밀착되어 있다. 이런 점에서 지장·시왕신앙의 유형 또한 조선 중기 이후에도 예외가 아니었을 것이다.

그 밖에 도교 및 민속과 습합된 불교신앙의 형태도 어느 시기나 예외 없이 나타난다. 위의 시왕신앙도 도교적인 사상과 결부되어 있지만 칠성신앙은 더욱 그 색채가 짙은 민간신앙에 속한다. 수명과 생산 또는 복덕을 바라는 민간의 칠성신앙이나 산악숭배에서 출발하는 애니미즘적인 산신신앙은 불교와 습합되어 현재까지도 불교 안에서 여전히 한 위치를 차지하고 있다.[158] 또한 안택·백중·동지 등 민간전승의 세시풍습들도 불교신앙 속에 흡수되거나 밀착된 형태로 지속되어 내

---

157) 제3부 5장을 참고할 것.
158) 현대의 사찰에도 대부분 산신각 또는 산신단이 있어 그 신앙이 지속된다. 이 같은 한국불교의 산신신앙에 대한 최근의 연구경향은 황경·생태 등 미래문화로서의 그 전개 가능성까지 보여주고 있어 시사하는 바 크다. 산신을 생태학적 전통에서 바라 본 유동식과, 환경의 상징으로서 산신을 주목하고 이를 생태공경의 문화로 해석한 데이비드 메이슨의 다음 연구를 참고할 수 있다. 柳東植, 「한국의 토착신앙과 민중의 불교수용 형태」, 『연세논총』12(연세대학원, 1975), pp.22~25. ; 데이비드 메이슨, 신동욱 옮김, 『산신』(한림출판사, 2000).

려오고 있다.[159]

이상과 같은 불교신앙의 여러 형태들은 그대로 조선시대의 사회상과 불교적 현실을 잘 보여준다. 당시의 유교적 가치규범과 사회불안 속에서 민중은 종교적 욕구에 관한 한 불교 안에서 그것을 해소코자 하였다. 불교 또한 그런 민중의 다분히 주술적이고 기복적인 요구까지도 함께 수용하면서 교화활동을 통한 불교의 유지를 도모해간 것이다.

2. 대민복지 활동과 민중행

종교가 민중을 떠나서는 그 존재의미를 갖지 못한다는 뜻에서, 조선불교의 대민복지활동과 다양한 민중행은 특히 주목해야 한다. 민중과의 결속 및 연대의 강화에 크게 기여했을 것으로 생각되는 조선시대 승려들의 대민복지의 실천과 민중구제의 행은 대략, ①무명승無名僧의 유행遊行과 교화 ②선구적인 대민복지활동 ③의료활동과 빈민구제 ④불교의 민중화 등으로 묶을 수 있다. 다음은 조선의 전 시대에 걸쳐 다양한 형태로 드러나고 있는 그 실제 사례들이다.

① 무명승의 유행과 교화

민중과 함께한 승려들은 배불정책 초기에서부터 발견된다. 태종·세종대의 승려로서 장원심長遠心과 자비慈悲 두 사람이 그들이다. 성현의『용재총화』(권6)는 장원심의 인품을 자세하게 전하고 있는데, 태종 때 흥천사에서 베풀어진 기우재와 관련하여 실록기사에도 그에 대한 언급이 보인다. '…일부러 미친척하고, 굶주린 자를 위해 빌어 먹이고

---

159) 柳東植,『韓國巫敎의 歷史와 構造』(연세대출판부, 1975), pp.258~272.

헐벗은 자에게 제 옷을 입히며 병든 이를 힘써 구완하였다. 장사 지낼 사람이 없는 시체를 장사지내며, 길을 닦고 다리를 놓는 등, 가지 않는 곳이 없이 두루 다니면서 사람 돕는 일만 하므로 아이들에 이르기까지 그의 이름을 모르는 이가 없었다.'[160] 는 것이다.

비슷한 시기의 자비 역시 장원심과 거의 흡사한 모습으로 『용재총화』(권7)에 실려 전한다. 금강산·오대산에서 10년을 수행하고 법화경을 1백 번이나 독송했다는 그는 부서진 갓과 헤진 옷을 입고 날마다 서울 거리로 돌아다니면서 밥을 얻어먹었다 한다. 이들은 수행승연修行僧然하는 권위의식을 버리고 민중과 직접 함께 하는 삶 속에서 불교를 실천하려 했던 것인지도 모른다.

이 밖에도 풍가豊歌에 맞추어 자신이 지은 노래를 부르며 불법을 전하고 돌아다닌 '닭중[계승鷄僧]'으로 불리던 승려의 모습도 보이며, 경기도 파주의 승려 신수信修는 익살과 흉내로 대중과 어울리며 탐욕을 꾸짖고 효행을 훈계하기도 하였다.

무명 유행승으로만 보기에는 그 행적이 너무 뚜렷한 성종·연산군대 몇몇 승려들도 민중교화의 실천자들이었다는 점에서 여기에 함께 포함시킬 수 있다. 성종 때 전라도 임실 지방의 승려 성희性熹는 불상을 조성하고 대중과 함께 성대한 경찬회를 베풀었다. 이로 인해 그는 교살형의 위기에 까지 몰렸다가 간신히 죽음을 면했지만 그 불사에 시주한 사람은 장杖 80대, 그리고 참여자는 태笞 40대에 각각 처해지고 있다.[161] 승려의 설회設會가 교살형의 대상이 되고 불사의 시주·동참자가 장과 태로 과죄科罪되는 그런 시대에 성희는 그것을 두려워하

---

160) 『太宗實錄』卷11, 太宗 6年(1406) 윤7月 6日.
161) 『成宗實錄』卷198, 成宗 17年(1486) 12月 10日.

지 않고 대중 교화에 나서고 있었던 것이다.

처벌을 두려워하지 않고 민중교화에 진력하는 승려는 불교박해가 최악에 이른 연산군 때에도 존재하였다. 민중의 존경이 커서 따르는 이들이 1천여 명을 헤아릴 정도였다는 육행陸行이 그런 승려였다. 화를 입을 것을 염려하여 교화행을 만류하는 사람들에게, 육행은 "먼저 깨달은 사람이 뒷사람을 깨우치고, 먼저 안 사람이 뒷사람에게 알려주는 것뿐이다. 화와 복이야 하늘에 달린 것을 내가 어떻게 하겠소?"라고 응답하고 있다.[162] 역시 연산군 때 뛰어난 의승이기도 했던 충청도의 허웅虛雄도 사람들의 온갖 병을 고쳐주는 한편 그들에게 설법하여 마음의 아픔까지도 함께 치료해 주던 유행 교화승이었다. 이런 허웅에 대해서도 관찰사는 극형을 건의하는 글을 올리고 있다.[163]

② 선구적 대민복지 활동

불교의 자선사업이나 사회복지 차원의 활동이 매우 빈약했던 역사적 사실에 비추어 태종·세종대에 전개된 승려들의 대민복지 활동은 매우 이채롭다. 민가의 초가지붕 개량사업을 조직적으로 추진해 간 해선海宣의 선구적인 대민복지활동이 바로 그런 사례이다.

태종 6년(1406), 해선은 당시 대부분이 초가인 신도 한양의 민가 지붕을 모두 기와로 바꿀 뜻을 세우고 조정에 이를 정식 건의 하였다. '도성의 초가가 미관상으로도 좋지 않으며 일이 수고로울 뿐만 아니라 항상 화재의 위험이 크기 때문에 별요別窯를 설치하여 기와 굽는 일을 자신에게 맡긴다면 기와를 구워 팔아서 10년 이내에 성안의 민가

---

162) 李能和, 『朝鮮佛敎通史』上, p.226.
163) 『燕山君日記』卷49, 燕山君 9年(1503) 4月 23日·25日.

를 모두 와가瓦家로 만들 수 있다'는 것이 그 요지이다. 이 같은 해선의 건의와 함께 그에 대한 조치 내용이 실록에 자세하게 기록되어 있다. 즉 해선의 건의를 받아들인 조정에서는 그 해 정월에 별요를 설치하여 관원을 배치하고 해선으로 하여금 장인을 뽑아 그 일을 돕도록 조치한 것이다.[164]

신도의 미관을 고려하고 사람들의 수고를 덜며 화재의 예방을 위해서도 민가의 지붕을 전부 기와로 개량하겠다는 해선의 사회복지적 결심은 일시적인 것이 아니었다. 그것은 이 사업의 추진과정에서 더욱 잘 드러난다. 태종 6년부터 시작된 이 대대적인 사업은 몇 년 안에 성내 민가의 과반수를 기와로 덮을 만큼 활발하게 진행되어 큰 성과를 올리고 있다. 그러나 계속되는 흉년으로 경비 마련이 어려워 일시 사업을 중단하였고, 그것은 다시 태종 16년에 속개되지만 역시 부진하였다.

이에 해선은 세종 6년(1425)에 이르러 다시 효과적인 사업 추진을 위한 새로운 방안을 제시하고 있다. 국가로부터 면포 3천 필을 대여받아 이를 기금으로 삼고 자신이 승려들을 통솔하여 별요를 계속 운영토록 하자는 것과, 그렇게 하면 자신이 세상을 떠난 후에라도 사업이 계속되어 머지않아 성안의 모든 민가를 개량할 수 있으리라는 내용이다. 이 같은 제언에 이어 해선은 자신의 모은 곡식 1천 석을 내놓아 '삼색지보三色之寶'의 자본으로 삼고 있다. 기와 굽는 일에는 화목火木·공급供給·공역工役의 세 가지 비용이 요소가 되므로, 기금의 명칭을 삼색지보라 한 것이다. 호조를 통해 올린 이 제안은 세종에 의해 그대로 받아들여짐으로써 해선은 계속해서 민가의 지붕개량사업을 추진할 수가 있었던 것으로 짐작되지만, 그 이후 활동 성과에 대해서

164)『太宗實錄』卷11, 太宗 6年(1406) 1月 28日.

는 더이상 자세한 기록을 찾아볼 수 없다.

대민복지활동에 일생을 바친 해선의 행적은, 국가의 미온적이고 지속성이 결여된 사회복지정책의 태도에 대해 오히려 불교인이 그것을 촉구하고 관철시켜간 보기 드문 사례이다. 그는 승려로서 민가 지붕개량의 큰 뜻을 세우고 그것을 조직적으로 추진시켜간 대민복지활동의 선구자인 셈이다. 뿐만 아니라 이 같은 승려들의 노력으로 인해, 적어도 세종 중기 이후의 불교 대민복지사업은 상당히 활성화되고 있었던 것으로 보인다. 세종 17년(1437) 전국의 선교 양종 소속 각 사원전 8095결[165] 가운데 무려 810결을 따로 떼어내어 이를 별요別窰·활인원活人院·귀후소歸厚所 등 승려들이 참여하여 활동하고 있던 복지기관에 이전시켜, 그곳 간사승幹事僧들의 생활비에 충당케 했다는 기록[166]이 그런 사실을 잘 말해준다. 불교가 탄압받던 시기에 대민복지를 위한 불교의 기여가 두드러지고 있음은 다소 기이하게 느껴지기도 한다. 그러나 해선이 필생의 서원으로 추진해 간 민가의 지붕개량 사업이나, 이후 승려들의 사회복지적 기여는 불교의 대사회·국가적 현실 참여의 일환으로서 충분히 그 의미를 평가할 만하다.

③ 의료활동과 빈민구제

의료활동과 빈민구제 역시 대민복지에 속하지만, 이 유형에 있어서는 특히 세종 때 화엄종 승려 탄선坦宣의 활동이 가장 크게 눈에 띤다. 이미 개국 초에 전염병이 유행할 때 헌신적인 의료활동으로 이름

---

165) 세종 6년에 종파폐합과 함께 선교양종에 남겨진 토지가 도합 7,950結이었던 것에 (註93 참조) 비해 이는 그동안 약간의 토지 증가가 있었음을 보여주는 수치이다.
166) 『世宗實錄』卷79, 世宗 19年(1437) 11月 10日.

이 높았던 탄선이 세종 때에는 국가적 차원의 민중의료사업에 진력하였다. 즉 도성의 성곽 수축공사가 진행되던 세종 4년, 그는 도성의 동·서에 설치된 구료소救療所에서 승려 3백 명을 거느리고 공사에 동원된 축성군의 질병 및 부상을 치료해주는 등 대대적인 의료활동을 펼치고 있다. 탄선이 승려 3백 명과 함께 의료활동에 나서고 있음은 이들이 국가 공역에 동원되어 일단의 임무를 수행한 것으로 보인다. 그러나 승려가 국가의 공역에 투입되어야 했던 현실과는 별도로, 탄선과 승려들의 의료활동을 민중의 고통을 덜어주려는 종교적 실천행으로 간주하는데 인색할 필요는 없을 것 같다. 그들이 힘든 노역을 감당해가는 민중과 함께 하면서, 전염병을 두려워하지 않고 헌신적으로 환자를 돌보고 부상자를 치료하고 있음은, 바로 민중에 대한 그들의 자비심의 발현이었을 것이기 때문이다.

탄선은 의료사업 외에 빈민구제활동에도 크게 헌신하였다. 세종 4년 9월 도성 안에 굶주리는 사람이 많이 발생함에 따라 조정에서는 흥복사에 구료소를 별도로 설치하고, 역시 탄선에게 그 일을 맡겨 빈민들을 돌보게 한 것이다.[167] 탄선이 주로 국가 공역에 동원된 민중을 대상으로 의료활동을 펼친데 비해, 다른 한편에서는 평소 경중京中에 한증소汗蒸所를 설치해 놓고 빈민들의 치료에 나섰던 승려들도 있었다.

승려들이 한증소에서 빈민을 치료한 예는 세종대에 특히 많이 나타나 보인다. 그 가운데 천우天祐·을유乙乳 등은 가장 대표적인 한증승들이었다. 대선사로 호칭되고 있는 것으로 미루어 이들은 선종의 승려로서 상당히 이름이 있는 인물들이었던 것 같다. 그런 대선사들이 당시의 대중요법이라 할 한증과 목욕으로써 가난한 병자들을 치료하

---

167) 앞의 책, 卷15 世宗 4年(1422) 1月 15日 ; 卷17, 4年(1422) 9月 10日.

면서 역시 민중과 함께하는 모습을 보여주고 있다. 천우·을유 등의 한증치료 활동 또한 일정한 기금을 바탕으로 국가와의 연계 속에서 지속적으로 전개해 간 민중의료사업이었다. 즉 천우 등은 세종 9년(1427) 국가에 청원하여 미곡 50석과 면포 50필을 대부받아 그것으로 한증보汗蒸寶를 설치하고 그 이자로써 빈민의 질병치료를 위한 한증소를 운영해간 것이다.[168] 이와 같이 승려들이 앞장서서 민중의 의료복지에 관심과 열성을 기울임에 따라, 조정에서도 의원을 파견하여 이들의 빈민을 위한 의료사업을 지원하기도 하였다.

④ 불교의 민중화 노력

서민을 위하는 불교, 대중 속에 생동하는 불교를 불교의 민중화라고 한다면 그런 노력은 주로 조선 중·후기의 이름 있는 고승들에게서 찾아볼 수 있다. 영허해일映虛海日(1541~1609)은 산중불교 시대의 전형적인 수행승이지만, 그의 『영허집映虛集』에 수록된 '부설거사전浮雪居士傳'은 그런 시대 상황 속에서 더욱 상징하는 바가 크다. 부설거사전은 영허의 고향인 호남 지방에 민간설화로써 오랫동안 전해오는 한 재가성도자在家成道者의 일화를 적은 것이다. 그러나 이는 영허의 안목을 통해 다시 탄생한 불교전기 소설로 볼 수 있다. 신라 진덕여왕대 사람으로 본래 불국사 승려였다는[169] 부설거사의 일화들은 여기서 생략하겠지만, 그는 한마디로 재속성자의 모델이다. 승려로서 파계하고 처자를 거느린 몸이 되기는 했지만 세속에 있으면서도 정진을

---

168) 앞의 책, 卷36, 世宗 9年(1427) 4月 24日.
169) 진덕여왕대의 부설이 이로부터 1백 년 가량 후인 경덕왕 10년(751)에 창건된 불국사(『삼국유사』5, 효선9, 大城二世父母)의 승려였다는 것도 사실로서 부합하지 않는다.

게을리 하지 않아 마침내 성도하여 옛 도반들을 일깨우는 속세의 선지식인 것이다. 해일은 부설거사를 통해 "중생을 위한 길이라면 그것이 속세의 재가생활인들 어떠하랴."고 말하고 있다. 그는 자신의 민중에 대한 자비를 이렇게 표현하고 있으며, 부설거사의 재가성도를 통해 불교의 민중화를 찬미하고 있는 셈이다.

대중 속에 생동하는 불교라는 점에서 진묵일옥眞默一玉(1563~1633)의 행적과 일화들은 더욱 극적인 데가 있다. 그의 행적은 자세하게 전해지지 않는다. 다만『동사열전』에 실린 행장과, 은사隱士 김기종金箕鍾이 구전되어 오던 진묵대사의 일화와 기적 등 약 20화를 모아 초의선사로 하여금 찬술케 한『진묵대사유적고震默大師遺蹟攷』(1850년 간행)가 있어서 그 행적의 대강을 알 수 있다. 불·유에 함께 노닌 사상가이기도 했던 그는 기성불교의 신성과 권위, 계율주의를 타파해 보이고 있다. 그리하여 서민의 벗으로서 파격적인 숱한 화제를 남기며 민중 속에 불교를 심어간 것이다.

이 밖에 불교의 민중화는, 평양성 산골마을에서 머슴이 되어 양을 치며 수심修心에 전력하고, 성 밖에 나가 숯과 물을 팔아 걸인들을 보살폈던 편양언기鞭羊彦機(1581~1644)나, 헐벗고 굶주린 사람들을 끝없이 구제하고 걸인과도 한 이불을 덮고 잠을 자기도 했던 정암즉원晶岩卽圓(1738~1794)에게서도 그 편린을 엿볼 수 있다.

3. 의승군의 구국활동

임진왜란 중 의승군의 구국활동은 조선불교의 대사회·국가적 현실참여로써 뿐만 아니라 가장 비중이 큰 한국불교의 호국적 사실史實로 특기되고 있다. 불교의 호국은 오늘날에 이르러서는 큰 비판과 반성의 대상이 되고 있는 분위기인 것도 사실이다. 그러나 조선불교에 있어서 의승군 활동은 거의 선택여부를 논란할 여지가 없는 구국적 현실참 여였음이 분명해 보인다. 그리고 이 같은 현실참여를 통해 불교교단의 존립과 유지에 큰 힘을 얻을 수 있었던 것 또한 부인할 수 없다. 그런 뜻에서, 의승군 활동에 대해서는 가치 판단으로서가 아니라, 일단 사실 그대로를 파악하는 것도 필요한 일이다.

조선시대의 의승군 활동은 임진왜란에만 국한한 것은 아니다. 정 묘·병자호란 때에도 그 활동이 보이며, 남한산성(1624년 축성)과 북 한산성(1711년 축성)의 축조 및 그 계속된 수비 또한 승군이 주임무를 담당하였다. 그러나 호국의 정신성은 물론 조직규모나 활동내용 나아가 실제 성과에 이르기까지, 임진왜란 당시의 의승군 활동은 한국 불교의 대표적인 호국사례임에 틀림없다.

임진왜란은 선조 25년(1592) 4월 왜군의 동래성 침략으로부터 시작하고, 정유재란(1597)을 포함하여 7년 동안이나 길게 이어진다. 이 왜란에 참여한 전국의 의승군 수는 대략 5천여 명이었을 것으로 추산한다. 이들은 직접 전투를 수행하거나 또는 후방지원을 담당하는 등 준관군의 형태로 활동하였다. 우선 의승군의 크고 작은 참전과 그 전적을 선조 26년 서울이 수복되어 왕이 환도하는 그 해 7월까지로 한정하여 간추려 보면 다음과 같다.[170]

---

170) 李章熙,『壬辰倭亂僧軍考』,『李弘稙博士回甲記念 韓國史學論叢』, 1969 ; 安 啓賢,「朝鮮前期의 僧軍」,『韓國佛敎思想史硏究』附篇(東國大出版部, 1983) ; 禹貞相,『朝鮮佛敎의 護國思想에 대하여』,『朝鮮前期佛敎思想硏究』(東國大 出版部, 1985) 참조.

① 영규靈圭 군軍·조헌趙憲 군, 청주성 수복 (선조 25년 8월)

② 영규 군·조헌 군, 금산 전투. 전멸 (선조 25년 8월)

③ 신열信悅 군, 진주성 방어전 때 단성에서 전투 (선조 25년 10월)

④ 휴정·유정 군, 평양성 탈환 전투 참전 (선조 26년 1월)

⑤ 처영處英 군, 행주산성 전투 참전 (선조 26년 1월)

⑥ 의능義能·삼혜三惠 수군, 제포薺浦 공격에 참전 (선조 26년 7월)

⑦ 유정 군, 진주성 방어전 참전 (선조 26년 6월)

⑧ 도총섭 휴정, 1백 명의 승군과 환도하는 대가大駕수행 (선조 26년 7월)

이 밖에도 의승군 활동은 전국 일원에서 끊임없이 계속되었지만 이들이 직접 전투에 나선 기간은 그리 길지 않았다. 대략 임진년 6월부터 도성을 수복하는 다음 해 4월까지를 주로 적진에 나가 크게 활약하며 전과를 올린 기간으로 볼 수 있다. 이 기간 외에는 주로 군량비축과 수송, 산성수축 등 각종 후방지원을 주요 임무로 하였다.

한편 7년간에 걸친 지루한 왜란이 끝나고, 그 상처가 가시기도 전에 다시 정묘호란과 병자호란이 일어났을 때에도 의승군 활동이 이어지고 있다. 전쟁의 성격상 임진왜란 때의 의승군 활동에 비해 크게 눈에 띄지는 않지만, 이때의 의승군 규모나 활약 또한 간과할 수 없을 정도이다. 정묘호란 때에 활동한 의승장은 명조明照였다. 휴정~유정 계의 법맥을 잇고 있는 그는 인조 5년(1627) 후금이 내침했을 때, 조정으로부터 팔도의승병대장에 임명되어 4천여 명의 의승군을 거느리고 안주安州에서 항전하여 큰 공을 세웠다.[171] 다시 인조 14년에 청군이 침입했을 때에는 의승장 각성覺性의 활동이 돋보인다. 임진왜란 때

---

171) 『虛白堂大師碑銘』, 『朝鮮金石總覽』下, p.914 ; 『虛白集』 盧夢修 序(『韓國佛敎全書』 8, p.380)

해전을 지원하기도 했던 그는 인조 2년(1624) 승군의 남한산성 축성 시에는 8도도총섭으로서 역사를 감독하여 3년 만에 축성을 완성한 바 있다. 역시 휴정의 동문 부휴浮休의 제자인 각성은 축성을 완료한 뒤 화엄사에 있던 중 병자호란이 일어나자 의승군을 모으기 시작하였다. 그리하여 주로 남방 각지에서 모여든 3천여 명의 의승군을 '항마군'이라 이름하고 스스로 의승대장이 되었다. 각성은 이 의승군을 이끌고 북상하던 중 청과의 굴욕적인 강화가 성립되었다는 소식을 듣고 진군을 중지하였다.[172]

이상에서 대강 살펴온 바와 같이, 조선시대 왜란과 호란 중 의승군의 구국활동은 전 불교교단이 관심과 역량을 총집결시켰을 만큼 가장 비중이 컸던 대사회·국가적 현실참여 활동이었다. 그 결과로서 임진왜란 이후 불교에 대한 국가 사회의 인식이 새로워지고 불교의 위상 또한 어느 정도 높아진 것도 사실이다. 그런 뜻에서 조선 후기 불교교단의 존속과 유지에는 특히 이 임진왜란 중의 구국활동과 그 기여의 결과가 상당한 영향을 미친 것으로 볼 수 있다. 그러나 국가적 현실참여의 일환이었던 의승군 활동은 어디까지나 불교 외적인 활동이었다. 그것 자체가 국가와 불교의 관계 또는 조선불교를 개선 향상시킬 수 있는 본질적인 불교활동은 아니었다.

---

172) 「華嚴寺碧巖大師碑銘」, 『朝鮮金石總攬』下, p.918 ; 「法住寺碧巖大師碑銘」, 같은 책, p.923.

IV. 불교의 새로운 존재방식과 그 의미

　혹독하게 진행된 배불정책 아래서 조선불교가 경주해 온 대내외적인 자립·자활노력과 현실참여 활동은 역경의 시대상황 극복을 위한 최선의 방법이었다. 결과적으로 조선불교는 이 같은 노력과 활동으로 끝까지 교단을 유지하며 불교의 명맥을 이어갈 수 있었던 것이지만, 이 시대 불교의 존재방식에 대해서는 좀 더 새로운 관점에서의 해석도 가능하다. 이제 조선불교가 걸어온 특징적인 몇 가지 존재방식과 그것에 함축되어 있는 의미를 찾아보기로 한다.

　조선불교의 존재방식 가운데 가장 먼저 눈에 띄는 특징은 산중불교의 모습이다.

　조선불교가 산중승단으로 축소된 것은 국가정책에 의한 타율적 결과였다. 국초에 11종이던 종파가 선교 양종으로 대폭 통폐합되는 일련의 과정을 거쳐 마침내 양종의 본사마저 잃게 되자 불교교단은 부득이 산중으로 물러날 수밖에 없었던 것이다. 산중불교의 현실은 국도를 중심으로 그 기능을 발휘하고 활동해 온 그 동안의 불교와는 여러 가지 측면에서 다를 수밖에 없다. 국가와의 공적인 관계단절로 그 행정적 관리 및 보호권 밖에서 존재해야 함은 물론, 대사회적 불교활동이 불가능하게 되고 자유로운 포교의 길마저 봉쇄된 상태였다. 따라서 가능한 것은 오직 산간총림불교로서의 운영방식이 있었을 뿐이다. 그러나 이 같은 산간총림의 불교에도 전혀 의미가 없는 것은 아니다. 좀 더 적극적으로 말하면 이로써 조선불교는 비로소 순수한 수행승단으로서의 새로운 면모를 지니게 된 것에도 유의할 수 있다.

이 점과 관련하여 우리는 고려 중기에 지눌이 침체된 선법의 중흥과 불교계의 쇄신을 위해 "명리를 버리고 산림에 은둔하여 함께 예불·전경轉經하고 울력하며 습정균혜習定均慧에 힘쓸 것"[173]을 역설했던 사실을 상기할 필요가 있다. 주지하듯이 지눌 당시의 고려불교계는 귀족 문벌세력과 밀착된 승려들이 종파적 이익을 도모하거나 심지어는 반무신 항쟁에까지 나서는 등, 수행의 기풍이 흐려지고 속화현상이 만연하고 있었다. 지눌은 그런 불교계를 신랄하게 비판하면서 수행을 본분으로 하는 산간총림의 불교를 제창하였고, 그것이 곧 고려 중기 이후 선법을 크게 진작시킨 정혜결사 운동이었다.

조선시대의 산중승단을 지눌의 이 같은 정혜결사에 그대로 대입하기는 어렵다. 우선 산중승단의 형성은 조선불교의 자발적 의사에 따라 이루어진 결과가 아니기 때문이다. 그러나 사정은 다르지만, 이는 조선불교로 하여금 순수한 수행승단으로서 새로운 면모를 지니게 하는 한 계기가 되었음은 분명하다. 무엇보다도 무종無宗의 산중승단에서 법통과 법맥계승을 통해 선불교적 정체성을 확보하는 한편 그 전통을 강화해가고 있음이 그것을 잘 말해준다. 그런 뜻에서 조선시대 산중승단, 즉 산간 총림의 존재방식은 그 형성과정과는 별개의 문제

---

173) 知訥, 『定慧結社文』(『韓國佛教全書』 4, p.698).
  "當捨名利 隱遁山林 結爲同社 常以習定均慧爲務 禮佛轉經以至於執勞運力 各隨所任而營之".

로서 매우 중요한 의미를 부여할 수 있다. 반면에 이로 인해 교학이 쇠퇴하고 불교의 은둔화 경향이 심화되어간 것은 불가피한 일이었지만, 이는 조선불교가 안게 된 또 다른 과제였다.

이 장에서는 기술을 생략하였지만, 산중승단에 이어 조선불교의 존재방식으로써 교단의 자립경제 활동 또한 당연히 눈여겨 볼 만한 부분이다. 불교의 자립경제활동역시 어렵게 이룩해 온 경제적 성과 그 이상의 의의를 갖는다. 배불정책이 국가경제에 기생하는 불교를 그 길로부터 차단하는 데서부터 시작되었던 것임을 감안할 때 더욱 그러하다. 불충분하나마 최소한의 자립경제 기반이 갖추어짐으로써 불교교단이 비로소 국가경제의 종속으로부터 벗어나 자율적으로 활동할 수 있게 되었고, 이는 분명 경제적 소득 이외의 성과라고 말할 수 있다. 그것은 불교교단의 자치 자율적 존재 방식의 문제와 관련하여 더욱 새로운 의미를 지닐 수 있다.

경제문제와 마찬가지로, 불교에 대한 국가의 각종 보호제도와 지원체계의 철폐 또한 조선불교의 존재방식을 결정짓는 중요한 요소로 작용하였다. 국가와의 공식적인 관계가 모두 단절된 이후 더욱 선명하게 드러나는 민중과의 유대와 결속 또한 충분히 검토되어야 할 조선불교의 또 다른 모습이다.

불교가 국가의 절대적인 보호와 지원을 받던 시대에는, 불교의 발전과 번영에도 불구하고 불교와 민중의 관계가 진정 가까웠다고 말하기는 어렵다. 국가에 대한 보은으로서 불교가 왕권의 신성화나 기업基業의 연장과 같은 국가적 기대에 부응하는 동안 민중은 그만큼 불교의 관심으로부터 소외되어 온 감이 없지 않다. 그런 불교와 민중과의 관계는 역설적이게도 배불정책으로 인해 불교가 활력을 잃고 침체에 빠져 있을 때 새삼 밀접해지고 있다. 이는 배불정책 이후 불교의 민중에 대한 관심이 증대된 결과로서보다는 불교 본래의 인간구제적 기능에 대한 민중의 변함없는 신뢰와 기대가 가져온 현상으로 이해할 수 있다. 성리학적 윤리규범의 준수를 종용하는 사회에서 충족시킬 수 없는 종교적 욕구를 민중은 여전히 불교 안에서 해결하고자 했던 것이다.

불교와 민중과의 관계는 무엇보다도 불교의 각종 신앙 및 의례를 통해 더욱 밀착되어 갔다. 신앙의례 특히 밀교적인 성격을 띤 의식이 중심을 이루었고 그것은 주로 추천·소재·기복·치병 등 민중의 소망과 관련된 것들이었다. 미륵신앙이나 민속과 습합된 십왕·칠성·산신신앙 등도 이런 범주에서 크게 벗어나지 않는다. 선불교적 전통이나 교의적 관점에서 볼 때, 이 같은 신앙 및 의례들이 높은 종교적 경지나 수준으로 평가될 수 없음은 물론이다. 그러나 이러한 신앙내용들이 민중의 요구와 함께 불교 안에 폭넓게 수용되었음이 사실이며, 그런 뜻에서 조선시대에는 민중이 불교신앙의 주체를 형성한 시대라고 말할 수도 있다.[174]

한편 불교와 민중과의 이런 같은 관계는 이 시대 승려들의 대민복지 활동이나 다양한 민중행을 통해서도 더욱 긴밀하였다. 무명의 유행승이나 이름 있는 고승을 막론하고 조선시대의 승려들에게서 민중행이 두드러지는 것은 역시 배불의 시대상황과 관련이 깊은 것으로

---

174) 민중 주체적인 조선불교의 현실이 반드시 긍정적인 면으로만 평가되지는 않는다. 민중의 요구에 부응하는 신앙현상들이 불교의 본질과 교화정신에 부합하는 것이 아니라면 더욱 그러하다. 다만 여기에서는 배불시대 불교의 특수한 상황을 전제로 민중과 불교와의 관계, 민중 중심의 불교신앙을 바라볼 필요가 있다.

생각할 수 있다. 민중과의 깊은 유대와 결속을 이루고 있는 조선불교의 이 같은 존재방식은 앞 시대의 불교에서는 쉽게 찾아볼 수 없다. 공교롭게도 국가의 배불이 그 계기가 된 것이기는 하지만, 민중과 함께한 불교로서의 그 의미는 조선불교의 새로운 일면으로 보아야할 것이다.

이상에서 검토해 온 모습들 외에도, 조선불교는 의승군의 적극적인 구국활동이나 선·교사상 및 신앙의 종합화 등을 통해서도 그 독특한 존재방식을 보여준다. 전자는 불교정신과 이념상의 문제성에도 불구하고 당시 불교가 선택할 수밖에 없었던 상황윤리적 의미로, 후자는 불교의 시대 현실에 대한 가장 효율적인 사상 및 신앙활동의 의미로 각각 해석할 수 있다.

순수 수행승단과 민중불교 시대의 개막

조선시대의 배불은 역사적 업인의 과보로 표현해 말할 수 있다. 왕조의 교체와 정치이념의 변동 등 불교외적 조건의 환경 변화를 감안하더라도, 그 원인의 상당부분은 이미 고려불교에서부터 잉태·누적되어 왔고, 그것이 조선불교의 배불현실로 나타난 것이다. 이런 역사의 인과관계 속에서 조선불교가 시대현실의 극복을 위해 경주해 온 자활의 노력과 현실참여 활동에 관해서는 좀더 새롭게 이해하고 적극적으로 평가해야 할 필요가 있다. 배불의 수난을 겪으며 침체 쇠퇴해 온 것만이 이 시대 불교의 전체 모습은 아니기 때문이다. 국가의 정책적 억압과 배척 아래서 펼쳐온 대내적인 다양한 자립 자활노력과 대외적인 현실참여 활동은 그 자체로서 조선불교가 선택한 최선의 방도였다. 또한 불교교단을 끝까지 유지해 갈 수 있었던 저력도 바로 이런 노력과 활동으로부터 나오고 있다. 어느 면 불교의 본질과는 괴리가 있는 자구 자활의 노력과 활동의 결과가 조선불교의 유지 존속을 가능케 한 셈이다. 그러나 이 같은 과정 및 결과에 대해서는 이 시대 불교의 새로운 존재방식이라는 점에서 충분히 긍정적으로 바라볼 수 있다.

그 가운데 특히 ①타율적이기는 하지만 산간총림불교가 갖는 순수 수행승단으로서의 전환 ②피폐한 경제환경 속에서 자립경제기반 구축활동을 통해 얻게 된 불교 교단의 자율성 ③사회와 국가를 위한 다양하고 적극적인 현실참여 활동 ④민중과의 유대와 결속이 가져온 진정한 기층 민중불교시대의 개막 등은 다른 시대의 불교에서는 찾아볼 수 없는 내용들이다.

이 같은 존재방식과 그 의미는 조선불교에 대한 인식을 새롭게 하기에 충분하다. 그런 뜻에서 조선불교는 역사적 과보의 무거운 현실조건들 속에서 새로운 불교의 전개를 위해, 의지와 역량을 다해 노력해간 적극적이고 능동적인 불교로서 재평가해 볼 수 있다. 물론 조선의 불교가 이로써 국가의 영향력으로부터 완전히 탈피하여 자율·자립의 집단을 이루었다고 말하기는 어렵다. 여전히 불교와 관련한 각종 제도 및 관행이 유효하게 작용하였고, 불교교단이 그로부터 끝내 자유로울 수 있는 입장은 아니었다.

제5장
왕실과 일반대중의 관음신앙

유교국가 조선에서의 관음신앙

다양한 방식의 신앙행위를 통한 인간구제적 기능과 역할을 종교성이라 할 때, 그것은 조선불교에서도 예외가 아니다. 시대의 조건과 상황에 의해 그 위상과 입지가 극도로 열악했지만 조선불교의 종교성에 어떤 변화는 보이지 않는다. 오히려 조선의 정치 사회적 변동으로 말미암아 불교의 종교성이 더욱 깊게 인식되고 유효하게 작용할 수 있었던 측면도 없지 않다.

조선이 구현하고자 한 왕조는 성리학적 이념에 입각한 이상적인 유교국가였다. 그러나 이 같은 목표를 향한 정치체제나 유교적 가치규범 및 예교禮教 질서가 인간의 종교적 희구까지 충족시켜 주지는 못하였다. 기본적으로 유교가 지닌 종교로서의 약점과 한계성을 고려할 때 이 점은 더욱 명백하다. 따라서 오랫동안 불교전통에 익숙해 있던 대다수 사람들에게 불교적 종교성에 대한 요구와 기대는 불가피했을 것이다. 외유내불外儒內佛과 같은 조선시대 특유의 현상도 이 같은 실정의 반영으로 볼 수 있다.

유교국가에서 불교의 종교성은 인간구제의 기능은 물론 교단유지의 문제 등과 관련하여 시사하는 바가 크며, 그것은 이 시대 관음신앙을 통해서도 확인할 수 있다. 불교의 다양한 신앙 가운데서도 특히 관음신앙은 언제 어디서나 폭넓게 환영받아 온 가장 보편적인 신앙형태이기 때문에 더욱 그러하다. 삼국시대에서부터 시작된 관음신앙은 조선시대에 들어와서도 여전히 성행하고 있다. 이 신앙은 승려와 일반 대중 그리고 왕실에 이르기까지 고르게 나타난다. 조선조 최초의 배불군주 태종에게서까지도 관음신앙의 흔적을 찾아볼 수 있을 정도이다.

조선불교의 종교성을 전제로, 먼저 선초 왕실의 관음신앙 전통을 살핀 다음 관음불서 간행과 영험담 유포 등 일반 대중 속의 관음신앙 성격을 분석해 본다. 이어 검토하고자 하는 것은 재가자들이 주도해 간 조선 말의 묘련사 관음결사이다. 이는 일반적인 관음신앙과는 달리 그 형식과 내용면에서 매우 독특한 양상을 띠고 있어 특히 주목해 볼 만하다.

I. 선초 왕실의 관음신앙 전승

1. 태조의 불교정책과 관음신앙

역성혁명으로 조선을 창업한 태조와 신진관료파들은 정치적으로는 상호공감과 유대가 굳건하였다. 그러나 종교적으로는 그 인식과 입장에 상당한 차이가 드러난다. 유교주의적 관료들이 개국 벽두부터 강경한 척불책들을 내놓고 있는 것과는 달리, 태조는 급격한 척불을 용인하지 않고 오히려 전대의 불교를 계승하려는 듯한 대불태도를 견지하였다. 이는 당시 불교의 사회 종교적 영향력에 대한 고려 외에 태조 자신의 신불심 때문으로도 볼 수 있다.

태조는 잠저潛邸시절부터 태고보우·나옹혜근·환암혼수 등 여말의 고승들과 재가문도나 신자로서 깊은 인연을 맺고 있었을 만큼 독실한 신불자였다. 그의 창업에 신조神照와 무학자초 같은 불교세력의 실질적인 동참이 있었던 것도 우연한 일만은 아닐 것이다. 이 같은 고승들과의 관계와 협력 그리고 태조의 두터운 신불심은 곧 가문의 불교신앙에서부터 찾을 수 있다. 여기서 태조의 가문이 특히 관음신앙과 결부되어 있음이 눈에 띄는데, 그의 조부 도조度祖의 출생에 관해서는 다음과 같은 신앙 영험담이 전한다.

익조翼祖가 부인 손씨를 잃은 다음 최씨 부인(貞妃, 貞淑王后)을 얻었는데, 몇 년이 지나도록 아들이 없었다. 그리하여 최씨와 함께 낙산 관음굴에서 기도하니 꿈에 한 납의승衲衣僧이 와서 말하기를 "반드시 귀한 아들을 낳을 것이니 마땅히 '선래善來'라고 이름하여라."하였다. 얼마 지나지 않아 임신하여 의주에서 과연 아들을 낳았고, 선래라 이름하였다. 이분이 곧 도조이다.[175]

태조의 조부 도조가 이렇게 관음의 영험으로 출생했다는 것이다.[176] 가문이 이처럼 관음신앙과 결부되어 있기 때문인지 태조의 신불에는 관음신앙의 흔적이 뚜렷하다. 우선 태조의 관음신앙 사실을 『조선왕조실록』 기사만을 통해 차례로 열거해보면 다음과 같다.

태조원년 11월 15일   내탕內帑을 내어 관음굴에서 반승飯僧함.(『태조실록』권1)

3년 10월 19일   관음굴에 행차함.(〃권6)

4년 2월 24일   임금이 관음굴·견암사·삼화사에서 수륙재를 설하여 매년 봄과 가을에 항례로 삼을 것을 명함.(〃권7)

5년 2월 9일   임금이 현비와 함께 관음굴에 행차함. 불사를 보고 다음날 돌아옴.(〃권9)

정종원년 3월 13일   태상왕이 좌우 내관을 거느리고 관음굴에 행차함. 능엄법석을 보고 다음날 돌아옴.(『정종

---

175) 『太祖實錄』卷1, (總序).
  "翼祖夫人孫氏卒 再配崔氏…居數歲無子 與崔氏禱于洛山觀音窟 夜夢有一衲衣僧來告曰 必生貴子 當 名以善來 未幾有娠 果生子於宜州 名曰善來 是爲度祖".

176) 『璿源系譜』(震檀學會編, 韓國史年表, p.349)에 의하면 翼祖妃 崔氏의 所生은 8男이고 그중 제4男이 度祖이다. 그렇다면 崔氏는 度祖를 낳기 전에도 3명의 아들을 낳은 것이 되므로, 실록기사와는 相異하다. 그러나 사정이야 어떻든 실록기사로 미루어 度祖의 出生이 관음신앙과 결부되어 있는 것만은 분명히 알 수 있다.

실록』권1)

　원년　3월 13일　태상왕이 혼자 말을 타고 관음굴에 행차
　　　　　　　　　함.(〃)

　원년　8월 26일　태상왕이 낙산사에서 능엄법회를 설하고 다
　　　　　　　　　음날 돌아옴.(〃)

　원년 12월　1일　태상왕이 성거산 관음굴에 행차함.(〃권2)

　2년　1월　1일　태상왕이 관음굴에서 돌아오심에 임금이 백
　　　　　　　　　관을 거느리고 태상왕전에 나아가 상수上壽
　　　　　　　　　함.(〃권3)

　2년 10월 24일　태상왕이 정근법석을 설하고 옷을 벗어 부처
　　　　　　　　　께 바침. 장차 오대산과 낙산사에 행차하시려
　　　　　　　　　함.(〃)

　위 기록들에서 태조의 관음신앙이 주로 관음굴을 중심으로 이루
어지고 있음을 알 수 있는데 이 관음굴은 강원도 낙산이 아닌 경기
도 개풍군 영풍면 천마산天摩山(혹은 성거산聖居山)의 관음사를 말한
다.[177] 고려 원종 11년(1270)에 법인국사法印國師가 창건했다는 이 관
음굴은 일찍이 태조가 동북면東北面 도원수로 있을 때 중건한 바 있으
며, 즉위 2년에 다시 수선 확장한 절이다.[178] 이 절 외에도 경기도 양
주군 도봉산 천축사 서편에 있던 관음사 또한 태조의 기도처였다고
전해지고 있지만,[179] 그는 주로 천마산 관음굴을 그 신앙의 근본도량
으로 삼았던 것 같다. 실록기사를 통해서 볼 때 태조의 많은 신불행
적과 관련하여 그가 친히 불사에 참여하고 또 가장 빈번하게 찾았던
곳이 바로 이 천마산 관음굴로 나타나고 있기 때문이다.

---

177) 權相老編,『韓國寺刹全書』上卷, pp.104~105. 觀音窟條 참조.
178) 같은 책, p.93. 觀音寺條.
179) 같은 책, p.100. 觀音庵條.

태조는 즉위하면서부터 이곳에서 반승·기도·법석 등 불사를 행하는가하면, 견암사見岩寺·삼화사三和寺와 함께 이 관음굴에서 매년 춘추로 수륙재를 베풀어 고려왕조의 왕씨王氏들을 위해 천혼하고 있다. 또 아들들이 왕위 계승문제를 둘러싸고 서로 골육상쟁을 벌임에, 제2자 영안대군永安大君 방과芳果에게 왕위를 물려주고 난 뒤부터는 태조의 관음굴 행차가 더욱 눈에 띄게 잦아진다. 위에서 보듯이 퇴위한 바로 그 해만 하더라도 태조는 네 차례나 관음굴에 나아가고 있다. 아마 괴로운 심정을 오직 관세음보살의 대비에 의탁하려했던 것인지도 모른다. 더구나 수행자를 물리치고 홀로 관음굴을 찾아 나서고 있는 데서는 그의 인간적인 고뇌가 전해지기도 한다. 그가 또 낙산사에 친행하여 능엄법회를 여는 등 관심을 기울이고 있음은 이곳이 신라시대부터 유명한 관음도량이기도 하지만, 낙산 관음굴이 그의 조상 때부터 인연이 깊은 곳이라는 사실과도 무관하지 않을 것 같다. 퇴위를 해서도, 자식들의 상쟁을 보면서 참담했을 태조로서는 특히 그 조부의 출생내력이 깃든 낙산 관음보살에게 간구하고 싶은 심정이 컷을 것이다.

조정의 거센 척불여론 속에서도 태조가 고려대 불교의 대체적인 틀을 그대로 고수해 간 것은 위에서 언급한대로 그의 개인적인 신불성향의 작용일 수도 있다. 그러나 태조가 행한 불사와 그 내용이 관음신앙만을 근거로 한 것이 아님은 물론이다. 당시 일반의 무교적 풍습과도 더불어 소재·기양·기재천회忌齋薦會·기불병유祈佛病愈 등 불교 안에서도 밀교적 성격을 띤 불사가 많았고, 또 법화경 청강 및 대장경 인출과 사원의 중수 등 교학적 소양을 쌓거나 불법홍포를 위한 지원 노력도 적지 않았다.

위에서 태조의 전반적인 신불 가운데 관음신앙의 사실만을 대략 더듬어 보았지만, 그것이 태조의 대불교 정책에 어떤 영향을 주었다고 단정할 수는 없다. 그러나 요컨대 태조의 불교정책에 적지 않은 영향을 끼쳤을 그의 신불성향을 구성하는데 있어서 관음신앙은 매우 큰 비중을 차지하고 있지 않을까 한다. 가문의 오랜 관음신앙이 태조를 통해 전승되고 있음이 그러하고, 특히 관음굴과 관련한 태조의 신불 행적이 그런 사실을 뒷받침해주고 있다.

2. 왕실의 관음신앙과 그 불사

태조 이후, 왕실의 불교신앙이 끊임없이 지속되어 온 것과 마찬가지로 관음신앙 또한 면면한 흐름을 엿볼 수 있다. 주로 정종·태종·세종·세조대의 관음관계 불사와 신앙사례를 통해 볼 때, 그것은 태조의 관음신앙을 그대로 계승하는 형태이거나 혹은 당시 신앙 경향의 한 반영으로서 나타나기도 한다. 이에 더하여 관음영험을 직접 체험하기까지 했던 세조의 경우 등을 고려하면, 관음신앙은 선초 왕실의 신불에 있어 상당히 중요한 신앙 내용이었음을 알 수 있다.

태조에 이어 왕위에 오른 정종은 불과 2년을 재위했으므로 특기할 만한 불교정책은 볼 수 없지만 태조의 신불영향을 크게 받았던 것만은 분명하다. 그는 퇴위 후 더욱 불교를 독신했던 부왕의 뜻을 잘 받들어, 법석·반승·기재·전경·기양 등 많은 불사를 설행함으로써 척불 여론에 관계없이 여전히 숭불의 세를 유지해갔다. 정종 즉위 직후 태조가 관음굴에 자주 친행하고 있음은 위에서 본 바와 같지만, 정종의 비(정안왕후定安王后)는 뒷날 범왕·제석 등과 함께 관음보살상을 친히 수놓아 기원사에 봉납했음도[180] 눈에 띈다. 이는 태조의 명복을 빌기 위해서였다는데, 이 같은 일상적인 신심에서도 선초 왕실의 관음신앙의 작은 일면을 읽을 수 있다.

태종은 본격적인 척불을 단행한 최초의 척불군주였다. 그러나 명목이야 어떻든 태종대에 실행된 불사 또한 사탑의 경영을 비롯하여 소재·기우·구병정근·수륙재·연등·기신 등 이루 다 헤아릴 수 없을 정도인데, 그 가운데 관음신앙의 흔적 또한 역력하다. 태조 이래 매년 항례가 된 관음굴 등에서의 수륙재 설행 외에, 태종의 관음관계 불사는 주로 부왕을 위해 창건한 개경사開慶寺를 중심으로 찾아볼 수 있다.

개경사는 원래 태조 능의 재궁齋宮을 태종이 개경사라 이름하여 조계종에 속하게 하고 노비와 전지를 내림으로써 시작된 절이다.[181] 이로부터 개경사에서는 태종 당대는 물론, 적어도 이 절이 1차 이건移建 되는 단종 원년(1454)까지는 왕실의 기재忌齋를 비롯하여 기도·반승·인경·법석·전경 등 국행불사들이 끊임없이 설행되었다. 비록 스스로의 신불심에서 창건한 절은 아니라 할지라도, 부왕을 위해 태종은 이곳 개경사에 자주 친행하여 법회를 베푸는 등 관심을 기울였다. 그 즉위 12년 9월에도 절의 경영을 살펴보기 위해 개경사에 나아가고 있는데, 그는 이때 시신侍臣들에게,

일찍이 태조께서 관음상을 그리게 하시어 나에게 주셨는데 내가 그것을 잘 간직하고 있다. 이제 절 북쪽에 소실小室을 지어 그것을 봉

---

180) 禹貞相, 「圓覺寺塔婆의 思想的研究」, 『朝鮮前期佛教思想研究』(東國大學校出版部, 1985), p.15 참조.
181) 『太宗實錄』卷16, 太宗 8年(1408) 7月 29日. "賜山陵齋宮 名開慶寺 屬曹溪宗 定屬奴婢一百五十口 田地三百結".

안하고자 하니 그대들은 이상하게 여기지 말라.[182]

라고 말하고 있다. 여기서 새삼 태조의 관음신앙의 면모를 다시 확인
하게 되지만, 태종은 그런 부왕에게서 관음화상을 받아 오래도록 간
직해 왔음을 알 수 있다. 이 관음화상을 봉안할 소실이 조영되었다는
기록은 그 후 별도로 나타나지는 않는다. 그러나 그 13년 5월에 태종
이 사간원의 만류에도 불구하고 개경사 관음전 법석에 굳이 참석하려
했던 기록[183]이 보인다. 이때 법석이 베풀어졌다는 관음전은 태종의
뜻에 따라 지은 바로 그 작은 전당이었을 것이다.

한편 이에 앞서 관음전당을 마련할 뜻을 비쳤던 그 한 달 후인 12
년 10월에 태종은 개경사 주지 성민省敏의 건의에 따라 경주 백률사
의 전단관음상旃檀觀音像을 개경사로 옮겨 봉안케 한 일이 있다.[184] 이
때 옮겨 모신 전단관음상은 『삼국유사』에 전하는 대로 유서 깊고 영
이가 많았던 바로 그 백률사관음이었는지도 모른다. 그런데 개경사
주지가 그런 관음상의 이안移安을 건의했다면 거기에도 그럴 만한 이
유가 있었을 것이다. 말하자면 개경사가 태조의 명복을 비는 능사인
만큼 그의 생전 신앙을 받들어 이곳을 관음도량으로 가꾸고자 했을
가능성이 크다.

어떻든 태종은 개경사에 관음전을 지어 태조로부터 받은 관음화상
을 봉안하고 이어 유서 깊은 백률사 전단관음상까지 옮겨 와 모신 것

---

182)『太宗實錄』卷24, 太宗 12年(1412) 9月 12日.
183)『太宗實錄』卷25, 太宗 13年(1413) 5月 19日.
　　"上欲往觀開慶寺觀音殿法席 司諫院上疏曰…今殿下 以至誠所感 歸功於佛 賞
以米布 加以土田 且於 健元陵齋宮之畔 營立佛宇 仍設法席 殿下欲往觀之 臣
等竊有憾焉…上曰 業已擇祭時矣 爾等毋更巧 言 若遇雨水 或有他故則 不往矣
豈以爾等之言 而停此行乎 諫臣乃退 是日以雨而止".
184)『太宗實錄』卷24, 太宗 12年(1412) 10月 18日.

으로 짐작된다. 만일 그렇다면 태종은 부왕이 준 관음화상 외에 천여년의 세월을 두고 많은 영응靈應으로 크게 신앙 받아 온 백률사 관음상까지 함께 봉안케 함으로써, 부왕을 위한 재궁으로서의 개경사를 하나의 관음도량으로 삼고자했던 것으로도 볼 수 있다.[185]

물론 이런 사실들을 그대로 태종의 관음신앙이라고 말하기는 어려운 점이 있다. 관음관계 뿐만 아니라 그 재위 기간 중에 수많은 불사를 행하고 있음에도 태종은 결국 신불자는 아니었기 때문이다. 따라서 태종은 태조로부터 관음신앙에 접했음이 분명하지만, 이를 자신의 신앙이라고 하기보다 부왕을 위하는 마음에서 일련의 관음관계 불사를 추진했던 것이라 하겠다.

신심의 여부에 관계없이 태종이 이처럼 개경사에 관음화상과 백률사 전단관음상을 봉안한 이후, 이곳이 관음도량으로서의 구실을 하고 있음은 그 다음 세종대의 불사를 통해서도 알 수 있다. 세종의 개경사에 대한 보호 및 경제적 지원과 함께 왕실의 관음기도가 이곳에서 올려지고 있는 것이다. 즉 세종 2년 5월에 태종비(원경왕후)가 병이 듦에 세종은 환관으로 하여금 개경사 관음께 기도하고 반승케 하였으며, 그 4년에 태종이 편치 못했을 때도 판도총제부사判都摠制府事 이화영李和英에게 명하여 개경사에서 관음정근을 올리게 하였다.[186] 이루 미루어 볼 때, 개경사는 선초 왕실의 관음신앙 전승에도 구심적 역할을 담당하고 있는 셈인데, 세종대 왕실의 관음신앙이 이로써 다한 것은 아니다. 세종 24년 정월에도 다음과 같은 기록이 보인다.

---

185) 金煐泰,「朝鮮 太宗朝의 佛事와 斥佛」,『東洋學』第18輯(檀國大學校 東洋學研究所, 1988), p.143.
186)『世宗實錄』卷 8, 世宗 2年(1420) 5月 29日 ; 같은 책 卷16, 世宗 4年(1422) 5月 4日.

주상이 승정원에 말하였다. "정경공주貞慶公主가 자신의 원찰인 관음굴이 퇴락하여 승 홍조洪照로 하여금 수리케 하고자 그를 주지로 임명해줄 것을 청하니 그대들이 의논해보라." 이에 좌승지 이승손李承孫 우승지 조극관趙克寬이 마땅히 그 청에 따를 것임을 아뢰고 곧 이조에 명하여 홍조를 관음굴의 주지로 삼았다.[187]

왕실의 관음신앙 전승 사실을 보여주는 또 하나의 좋은 예라 할 수 있다. 세종의 정경공주가 조부 태조가 즐겨 찾던 바로 그 관음굴을 원찰로 삼고 있음은 매우 자연스러워 보인다. 이처럼 태종 및 왕대비의 구병을 위해 개경사에서 관음께 기도하거나 정경공주가 관음굴을 원찰로 삼고 있는 것으로 보아, 대비 공주 등 왕실 여성불자들의 신불은 특히 관음신앙이 위주가 되었던 것이 아닌가 한다.

세종대에 내불당에서 왕대비의 원력으로 법화경 금자사경 불사를 행한 것을 비롯하여, 태종의 제4자 성녕대군誠寧大君의 분암墳庵으로 태종 18년에 세운 대자암大慈庵에서도, 왕실의 대대적인 지원 아래 설재와 법화법석 등 불사들을 빈번하게 설행하였다. 그 절 이름이 대자암이었던 것과도 관련하여 세종대의 『법화경』 사경 및 법화법석 또한 관음신앙과 함께 이해할 수 있다. 『법화경』은 우리나라에서 가장 많이 개판 간행된 경전으로,[188] 그것은 특히 관음신앙과 결부되어 더욱 널리 유통되어 왔다. 대자암에서는 또 문종이 그 즉위년 4월에도 선왕 세종의 추복을 위해 큰 불사를 베풀고, 이어 『법화경』·『범망경』·『능가경』·『미타경』·『지장경』·『십육관경』·『기신론』 등과 함께 『관음

---

187) 『世宗實錄』卷 95, 世宗 24年 2月 11日.
188) 文化財管理局,「有刊記佛書木板目錄」,『全國寺刹所藏木板集』附錄(1987), pp.472~473에는 現存 木版本 法華經 132種(그중 129種이 朝鮮朝 開刊)이 조사되어 있다. 우리나라 刊行佛書中 단연 首位임을 보여준다.

경』1권을 니금泥金으로 사경케 한 일[189]도 있었다.

　한편 유교입국의 국시와 배불여론에 관계없이 획기적인 흥불정책을 과감하게 펼쳤던 세조의 불사에 대해서는 여기서 다 거론하지 않겠지만, 세조는 직접 관음영험을 체험했던 신불왕으로도 유명하다.[190] 희대의 숭불왕이었던 그가 특별히 관음신앙을 깊게 가졌는지에 대해서는 단언하기 어렵다. 그러나 세조는 즉위 7년(1461) 5월의 꿈에 관음·지장보살의 영이靈異를 보고, 두 보살상을 조성하여 흥천사에 봉안하고 있다.[191] 또 12년(1466)에 낙산사에 친행하여 왕대비·왕세자와 더불어 관음상을 예배했을 때 사리 분신分身에서 오색광채가 밝게 비침에 크게 서원을 세우고, 그 절을 왕세자의 자복사資福寺로 삼았다는 기록[192]도 보인다. 이런 기록 외에도 특히 다음과 같은 종교적 신이의 체험은 세조의 관음신앙이 더욱 지극했을 것임을 짐작하게 한다.

　세조가 즉위 8년(1462) 10월에 경기도 지평현砥平縣 미지산彌智山 상원사上元寺에 갔을 때 체험했다는 관음영험은 조선시대의 관음신앙, 특히 왕실에서의 관음신앙으로서 매우 특이한 경우이다. 이 일에 대한 기록으로 최항崔恒 찬『관음현상기觀音現相記』가 현존한다. 그 내용을 요약해 본다.

　　왕이 중궁과 세자를 대동하고 순수하던 중, 효령대군의 원찰이기도 한 지평현 미지산 상원사로 향하였다. 전날 천둥번개가 치고 우박비

---

189)『文宗實錄』卷 1, 文宗 卽位年(1450) 4月 10日.
190) 世祖는 관음영험 외에도 圓覺寺 造營 時 및 이곳에 塔을 세울 때와 轉經法席을 設했을 때 등 여러 차례에 걸쳐 靈異를 체험하고 있다. 이에 대해서는 金守溫撰,「圓覺寺碑銘序」및『世祖實錄』10,11,12年 所載記事 참조.
191) 韓繼禧撰,「興天寺新鑄鐘銘并」(李能和,『朝鮮佛敎通史』上, p.412).
192) 金守溫撰,「落山寺新鑄鐘銘序」(같은 책, pp.427~428).

가 쏟아지면서 어둡게 흐리던 하늘은 맑게 개어 있었다. 왕의 행차가 상원사에서 몇 리쯤 떨어진 산길에 이르렀을 때 갑자기 종고鐘鼓와 범패소리가 웅장하게 들려왔다. 절에는 왕의 중백주仲伯父인 효령대군이 머물고 있었으므로 대군께서 왕의 행차를 맞이하기 위해 그 절 승려들로 하여금 작법케 하는 것이려니 하고 왕은 생각하였다. 그러나 막상 절에 당도해보니, 종고와 범패를 울리며 작법하는 사람은 아무도 없었다. 조용한 절 안으로 들어서자 다시 청아한 범패소리가 들려왔는데, 역시 인근에 승려는 아무도 없었다. 그것은 바로 범왕성중이 기이한 상서를 나툰 것이었다.

그때, 왕의 행차를 수행하던 장상將相과 군민軍民들은 모두 절위에 상서로운 구름이 솟아 노란빛깔로 하늘에 닿아서 백의의 관세음보살상으로 변하는 모습을 보았다. 관세음보살은 키가 삼장 남짓하고 천의天衣의 길이는 그보다 일장 가량이 더 길었는데, 관음보살의 백의에서는 계속 상서로운 빛을 발하며 허공에 가득 퍼져 산천초목을 모두 금빛으로 변하게 하였다. 일행이 모두 이 광경을 보고 놀라고 감탄하며 우러러 예배하였다. 이 관음의 영이는 상원사 바로 인근의 반야암에 모여있던 많은 승속과 그 산에서 30리 쯤 떨어진 천녕현川寧縣의 백성들까지도 다 함께 보았는데, 모두 찬탄해 마지않으며 정례하였다.

이 같은 세조의 관음영험은 왕실에서는 물론 일반에게도 상당히 큰 영향을 주었고 나라 밖에까지도 알려지게 되었던 것 같다. 세조는 관음영험으로 조정의 백관으로부터 축하를 받고, 하교하여 무거운 범죄자를 제외한 모든 죄인을 특사하는 한편,[193] 자신의 관음영험 내용을 그림으로 그리게 하여 널리 유포[194]하였다. 또 그 뒤 상원사의 승

---

193) 『世祖實錄』卷29, 世祖 8年(1462) 11月 5日 ; 『觀音現相記』末.
194) 崔恒撰, 『觀音現相記』末 "…上命圖畵 遍布國界".

은 세조의 관음현신의 땅에 불전을 세웠으며,[195] 일본 승 도은道闇이 왔을 때 세조는 그에게 여래如來·관음현상觀音現相 두 가지 그림을 내려 주기도 하였다.[196]

태조·정종·세종·세조대의 왕실을 중심으로 한 관음신앙과 그 불사를 이상과 같이 살펴볼 때, 선초 왕실은 배불상황의 한편에서는 여전히 신불을 행하였고 그 가운데 관음신앙이 상당히 큰 비중으로 전승되어 왔음을 알 수 있다.

---

195) 『世祖實錄』卷31, 世祖 9年(1463) 9月 27日.
196) 『世祖實錄』卷41, 世祖 13年(1467) 3月 7日.

II. 일반대중의 관음신앙과 그 성격

1. 관음관계 전적의 간행 경향

배불정책으로 인해 불교가 중기 이후부터는 사회적으로 그 위치가 크게 약화되었음에도 불구하고 신불의 경향은 여전하였다. 그러는 가운데 주로 왕실을 중심으로 빈번하게 설행되던 각종 불사들은 명종대를 제외한 중기 이후부터는 눈에 띄게 줄어든다. 그러나 조선일대를 통해 불교전적들이 놀랄 만큼 성하게 간행·유포되고 있는데, 이는 곧 불교신앙이 사회적으로 여전히 지속되었음을 말해준다.

불교전적의 간행은 곧 그 시대의 신앙경향을 반영한다. 따라서 조선시대 불교전적 가운데 관음관계 불서의 간행을 검토해보면, 당시 민간에 수용된 관음신앙의 경향과 그 성격을 파악할 수 있다. 이를 위해, 먼저 기왕의 조사자료들[197]을 토대로 조선에서 간행한 불서들 가운데 관음관계의 현존본 만을 도표로 보이면 다음과 같다.(서명은 가나다순).

---

197) 佛敎文化硏究所編, 『韓國佛敎撰述文獻總錄』(東國大學校出版部, 1976) ; 『古書目錄』(東國大學校 中央圖書館, 1981) ; 朴相國編, 『全國寺刹所藏本板集』(文化財管理局 發行, 1987) 등.

〈표1〉 조선시대 간행 관음관계 전적

서 명	간 행 년 도	책·권수	개 간 장 소	비 고
감로법회	고종19년(1882)	1 책	미상	
고왕관세음경	인조 5년(1631) 숙종37년(1711) 경종 1년(1721) 정조19년(1795) 을사(?) 고종18년(1881) 간행미상	1 권	경상도 상주 봉이암 〃 가야산 해인사 〃 고성 운흥사 경기도 양주 불암사 경상도 진양 청암사 경기도 삼각산 삼성암 3회	천수경 등 합본 불설몽수경합본
관음경	숙종23년(1697)	1 권	황해도 해주 신흥사	보문품 언해본
관세음보살영험약초	숙종38년(1712) 간행미상	1 책	경상도 김해 감로암 3회	
관세음보살예문	영락년간 성종19년(1486) 간행미상	1 권	미상 〃 4회	(1403~1424)
관세음보살육자대 명왕다라니신주경	순종 2년(1908)	1 권	서빈정사	한·언문
관세음보살 지경영험전	정조19년(1795)	1 권	경기도 양주 불암사	언해본
관음현상기	정조 8년(1462)	1 책	미상	
백의관음예문	간기미상	1 책	미상	백의해 고사본
불정심관세음보살 대다라니경	간기미상 중종31년(1536) 명종16년(1561) 선조 2년(1569) 인조 9년(1631) 인조14년(1636) 인조20년(1642) 인조22년(1644) 숙종37년(1711) 고종 7년(1870) 고종13년(1876) 〃 (1876) 고종18년(1881) 간기미상	3 권 (1 권)	미상 경상도 안음 영각사 평안도 상원 해탈사 전라도 동복 안심사 경상도 상주 봉불암 〃 양산 통도사 〃 동래 범어사 〃 전라도 순창 신광사 미상 경기도 양주 보광사 〃 보정사 〃 삼각산 삼성암 2회	성종16년본 복각본 한·언본 〃·중간 한·언본 범·한·언문 부 불설몽수경
성관자재구 수육자선정	명종15년(1560) 선조 1년(1568)	1 책	숙천부 관북 전라도 순창 취암사	
수구다라니경	선조 2년(1569) 영조 5년(1729) 철종 5년(1854) 고종 6년(1869) 간기미상 간기미상	1 권	충청도 은진 쌍계사 평안도 묘향산 보현사 경기도 양주 불암사 〃 보광사 〃 망월사 1회	언·한 병기 언음석 언음석

영험약초	명종 5년(1550) 숙종42년(1716) 경종 1년(1721) 영조 8년(1732) 영조38년(1762)	1 책	경상도 풍기 철암 〃 동래 범어사 전라도 무등산 증심사 황해도 수양산 신흥사 충청도 덕산 가야사	오대진언에 대한 영 험 기록·언해본
오대진언수구경	선조37년(1604) 간기미상	1 권	충청도 서산 강당사 〃 덕산 개심사	범·언·한병기
오대진언집	성종16년(1485) 〃 (1485) 중종26년(1531) 중종30년(1535) 중종33년(1538) 명종 5년(1550) 인조12년(1634) 간기미상 간기미상	1 권	미상 청계사 경상도 진주 철굴 황해도 자비산 심원사 전라도 담양 용선사 경상도 풍기 철암 충청도 은진 쌍계사 경상도 가야산 해인사 강원도 설악산 신흥사	인수대비간 수영험약초 중간 〃 수영험약초 중간
옥과현성덕산 관음사사적	영조 5년(1729)	1 책	전라도 옥과 관음사	
지경영험전 (지송영험전)	간기미상	28장	미상	언해본
지경녕험뎐	간기미상	66장	미상	언해사본
지험기	숙종12년(1686)	1 책	전라도 낙안 증흥사	금강경·법화경 화엄경·관음경 등의 지송·영험집
진언집(불정심다라 니·정본능엄주)	선조 2년(1569) 효종 9종(1658) 숙종14년(1688) 숙종20년(1694) 영조 9년(1733) 정조 1년(1777) 정조24년(1800) 순조26년(1826)	1 권 〜 2 권	전라도 동복 안심사 강원 도호부 신흥사 평안도 묘향산 불영대 전라도 금구 금산사 경상도 양산 통도사 전라도 화순 만연사 경기도 양주 망월사 전라도 동복 유마사	언·한·범병기 〃 〃 언·한·범병기 〃
천수천안관자재보살 광대원만무애대비심 다라니(천수경·천수 다라니·대비심다라 니·화천수)	성종 7년(1476) 성종12년(1481) 성종15년(1484) 연 산 군 2 년 (1496) 효종 9년(1658) 숙종42년(1716) 영조 4년(1728) 〃 (1728) 영조22년(1746) 영조38년(1762) 철종 8년(1857) 고종18년(1881)	1 권	미상 〃 〃 공산 원통암 미상 경상도 문경 봉암사 〃 김해 감로사 고산 운산사 평안도 묘향산 보현사 충청도 덕산 가야산 〃 경상도 경주 봉은사 미상	 언음석 사십이수진언음석 언음석 부 영험략초 언음 석·한문해설 언음석 부 영험략초 한 ·언·범병기 〃 언음석 고왕관세음경 등 합철

대비심다라니	간기미상		4회	부 영험약초 언해. 한·언·범병기
행원미타급관음예문	성종 1년(1483)	1 책	미상	
묘법연화경	정종 1년(1399) ⌇ 고종13년(1876)	7 권	전국일원	개간 및 중간 129회
묘법연화경홍·전서	숙종11년(1658)	1 책	함경도 함흥 천불산	
법화영험전	중종29년(1534) 중종39년(1544) 명종 5년(1550) 효종 3년(1652) 정조19년(1795)	1 권	전라도 고창 문수사 함경도 안변 석왕사 경상도 풍기 철암 전라도 보성 개흥사 경기도 양주 불암사	

이상은 조선시대 간행으로 현존하는 관음관계 불서들을 대략 정리해 본 것이다. 개간 횟수가 무려 129회에 달하는『법화경』과『법화영험전』등은, 물론 관음관계 불서로만 볼 수 없지만 그것에 관음신앙이 포함되어 있다는 의미에서 함께 수록해두었다. 그러나『법화경』및 그 영험전을 제외하더라도, 조선시대의 관음관계 불서를 보다 면밀히 조사한다면 그 양은 이보다 훨씬 더 상회할 것임이 틀림없다.

한편 현재 전국 각 사찰 및 박물관 등에 소장되어 있는 조선시대의 관음관계 불서 목판집을 조사해보면 〈표1〉에 나타나 보이지 않는 간행본도 상당수에 달한다.[198] 참고로 특히 불서명 및 내용에 있어 〈표1〉과 종류가 다른 몇 가지만을 문화재관리국 발행의『전국사찰소장본판집』에서 찾아보면 〈표2〉와 같다.

---

198) 가령,『高王觀世音經』의 경우 〈表1〉에는 9종의 간행본이 나타나 있다. 그러나『全國寺刹所藏本 板集』에 조사되어 있는 佛巖寺(2板)·松廣寺(3板)·南長寺(4板)·通度寺(3板) 소장의 이 經 木板 刊行本이 '刊記未詳 3회'로 처리된 바로 그 책들인지는 불분명하다. 다른 佛書들도 이 같은 例가 많다.

〈표2〉 전국사찰 소장 관음관계 불서목판(발췌)

서 명	개 판 연 대	판수	소 장 처	비 고
성관자재구수육자선정	광해군13년(1621)	5	충남 개심사	가야사 개판
원통궁전(탑형)	미상	1	〃 마곡사	
불설일체여래대광명왕다라니	고종 7년(1903)	1	충북 온양 박물관	동학사 개판
불명심관세음보살노다라니	미상	1	전북 전북대	
천수범자	영조38년(1762)	1	전남 선암사	해천사 개판
관음상	미상	1	〃	
해수관음상	선조39년(1606)	1	〃 송광사	
정본관자재보살여의윤주	미상	1	〃	
관음영과	미상	10	전남 화엄사	
관음영참	〃	6	〃	
불정심구난신험경	영조26년(1750)	2	경북 남장사	
불설몽수경	〃		〃	
성불대수구다라니	순조27년(1827)	2	경남 쌍계사	
〃	헌종14년(1848)	2	〃 용문사	
해수관음상	숙종 4년(1678)	1	〃 통도사	반용사 개판
천수심경	영조15년(1739)	6	〃	운흥사 유판
화엄경관자재보살소설법문별행소	인조20년(1642)	39	〃 해인사	
송고왕관세음경감응	경종 1년(1721)	4	〃 운흥사	

이로써 조선시대 관음관계 전적의 대강은 정리한 셈이다. 종류 선별 등 세부적으로 총망라된 것은 아니지만[199] 이 정도로만으로도 조선시대 관음불서의 대략적인 윤곽은 짐작해 볼 수 있다.

이제 여기서 발견되는 특징을 몇 가지로 구분하면, 관음관계 불서는 ①시대적으로 조선 중·후기에 많이 간행하였다. ②관판官版 간행은 볼 수 없고 거의 전부가 사찰에서 개판 간행한 것들이다. ③밀교계통의 관음불서들이 압도적이다. ④이들 대부분이 언해간행 되었다, 등으로 요약할 수 있다. 이런 특징들은 한마디로 조선조 배불정책 및 그 시대적 상황과도 밀접하게 관련되어 있다 할 수 있는데, 이를 좀 더

---

199) 『眞言集』이라는 題名아래 몇종의 陀羅尼經이 合綴되어 있거나 『五大眞言集』에도 靈驗略秒가 附 載되어 있는 경우 등.

자세히 검토해 본다.

먼저, 관음불서들이 조선 중·후기에 많이 간행되고 있다는 사실은 그 전기의 불서간행 경향과 비교해 볼 때 그 사정을 더욱 분명히 알 수 있다. 조선 전기 간행의 불서들은 교학상으로 매우 중요한 대승경전 및 그 주석서와 선서류들이 대부분을 차지한다. 이들 불서는 세종과 특히 세조대에 간경도감을 중심으로 불교중흥의 의지를 담아 인출 또는 언해간행 한 것들이다.[200] 그러나 세조 사거 후 오래지 않아 간경도감이 폐지되고 나서는, 이런 사업을 공식적으로는 더이상 추진하지 못하였다.[201] 따라서 성종대로부터 중·후기로 내려갈수록 불서간행사업은 그 규모가 대폭 축소되고, 그것도 전기 대승불서 및 선서들의 간행보다는 다라니·진언집류 등의 간행이 주류가 될 수밖에 없었던 것으로 보인다.

다음으로 관음불서들이 관판간행은 찾아볼 수 없고 그 거의 전부가 각 사찰에서 간행되고 있는 것도 위의 사정과 같은 맥락에서 바라볼 수 있다. 강경한 배불 상황에서라면 관주도의 불서간행은 사실상 기대할 수 없다. 이런 사정으로 인해 불서간행은 이후 전국 각 사찰을 중심으로 이루어지고, 그 재원 또한 승려 자신들이나 혹은 일반 신도들의 희사에 의존하고 있다. 이를 확인시켜 주듯 이들 사찰간행 불서 대부분은 특히 대중성이 높은 신앙위주의 불서들이다. '부모 추선보은의 공덕 또는 적선초복積善招福의 이익'[202]을 위해 간행되고 있는 것

---

200) 제3부 2장,「불전언해와 그 사상」에서 참고할 수 있다.
201) 刊經都監 폐지 后 燕山君 2년에 이르기까지 千手經·金剛經三家解·證道歌 南明繼頌·佛頂心陀羅 尼經·五大眞言·六祖法寶檀經·眞言勤供 등 7種의 佛書들이 諺解간행되지만 이는 慈聖·仁粹大 妃 등 王室 여성불자들의 주선과 후원으로 이루어진 것이다.
202) 江田俊雄,「佛書刊行より見た李朝時代佛教」,『朝鮮佛教史の研究』(國書刊

이다.

또 밀교계통 관음불서들이 압도적으로 많은 것은 밀교가 그만큼 성행하고 있는 것과도 직접 관련된다. 배불정책으로 인해 불교전반이 타격을 입고 있는 조선에서도 왕실의 불교관 등에 연유하여 밀교는 의연한 발전을 누려왔으며,[203] 이런 밀교신앙에서 관음이 차지하는 비중은 매우 크다. 밀교신앙의 성황세를 가늠해 볼 수 있게 하는 진언집 및 다라니경류의 개간 사례 가운데 특히 관세음보살을 중심으로 하는 내용의 진언 및 다라니가 가장 많은 것은[204] 그런 사실을 잘 말해 준다. 그러나 엄밀한 의미에서 조선시대 관음관계 불서 대부분이 밀교계통의 것임은 그것이 관음신앙으로써 이기보다는 밀교신앙이라고 말해야 할 것이다. 밀교의 주술적 신앙의 일방으로써 관음이 원용되고 있다는 뜻에서이다.

마지막으로 관음관계 불서들이 언해 간행되었음은 곧 관음신앙의 대중화 모습을 보여주는 것이라 할 수 있다. '근기의 이둔利鈍이나 신분의 귀천을 막론하고 오직 지송持誦함으로써 복을 얻을 수 있는' 관음신앙은 대중성이 높은 만큼 또한 그것을 반드시 대중의 언어와 문자로 간행해야 할 필요가 있었을 것이다.[205] 그리하여 밀교적 경향과 함께 각종 관음관계 다라니의 언해본들이 쏟아져 나오게 된 것이라 하겠다. 한편 이러한 불서들의 언해에는 은연중에 불법홍포의 의지까지도 포함하고 있음이 엿보인다.[206] 그런 의미에서, 언해간행 된 관음

行會, 昭和 52年), p.412.
203) 徐潤吉, 「朝鮮朝密敎思想硏究」(『佛敎學報』 20輯, 1983), p.116.
204) 같은 책, pp.122~124, 眞言集·陀羅尼經類 目錄 참조바람.
205) 成宗 16년(1485) 刊『五大眞言』卷末의 學祖跋文 참조.
206) 위와 같음.

불서들은 황폐해진 조선불교와 그런 불교의 큰 지지 기반이기도 했던 일반대중을 함께 묶어주는데 중요한 구실을 담당했다는 점도 인정할 수 있다.

이상의 몇 가지 특징들을 종합하여 다시 다음과 같이 말할 수 있다. 조선시대 관음관계 불서들은, 불교와 국가의 공식적인 관계가 거의 단절되어 있던 중기 이후에 주로 사찰을 중심으로 승려 및 일반 신도들의 희사에 의해 간행된다. 그리고 그것은 기복·양재 등 특히 현실이익적 희구와 관련하여 밀교의 성황 속에서 진언집·다라니경류가 주류를 이룬다. 특히 대중성이 큰 이들 관음불서들 대부분을 언해간행 함으로써 민간에 더욱 폭넓게 수용되었으며, 이로써 한글 관음불서들은 불교대중화를 통한 불법홍포에도 적지 않게 기여했던 것으로 본다.

2. 관음영험담의 유포와 실례

영험담은 종교체험의 극치이자 신앙적 이상이기도 하다. 종교 신앙에는 으레 이 같은 영험담이 수반되거나 요구되게 마련이며, 특히 인간의 현실구제와 가장 밀접한 관음신앙에서는 다른 어느 경우보다도 그것이 두드러진다. 조선시대에 몇 차례 영험전류 불서들이 간행되고 있지만 그 대부분이 관음영험에 관한 것이라는 사실도 이를 뒷받침해준다.

우선 앞의 〈표1〉을 근거로 영험전류 불서들의 간행 횟수를 보면 다음과 같이 나타난다.

① 『관세음보살영험약초觀世音菩薩靈驗略秒』 ː 4회
② 『관세음보살지송영험전觀世音菩薩持誦靈驗傳』 ː 1회
③ 『영험약초靈驗略秒』 ː 7회
④ 『지험기持驗記』 ː 1회
⑤ 『지경영험전持經靈驗傳』 ː 2회
⑥ 『법화영험전法華靈驗傳』 ː 5회

　이 가운데 ①은 관음영험과 의식절차집 ②는 관세음지송의 영험담 ③은 관세음보살을 신앙 중심으로 하는 오대진언에 대한 영험기록이다. ④는 『금강경』·『법화경』·『화엄경』·『관음경』의 지송 영험집이며 ⑤에는 뎐설인과곡傳說因果曲·디옥도숑地獄道頌·아귀도숑餓鬼道頌·인도숑人道頌·텬도숑天道頌…『지장보살본원경』 등과 함께 「관세음보살지송영험전」이 들어있고[207] ⑥ 또한 1백여 편의 법화 영험담 속에 관음 관계 영험설화 15편이 포함되어 있다. 이를 통해 조선시대 영험전류 불서들은 관음영험담이 주류를 이루고 있음이 확인되며, 이는 민간에 관음영험담이 그만큼 널리 유포되어 있었음을 말해준다.

　여기서 민간의 관음신앙 성격을 파악하기 위해서, 조선시대에 어떤 영험담들이 유포되고 있었는지 그 상황을 좀더 살펴본다.

　조선시대 관음영험전의 대표적인 것으로는 위의 ②『관세음보살지송영험전』(양주 천보산 불암사개판, 현재 판본완존)과 ④지험기 중 『관세음보살지험기觀世音菩薩持驗紀』(낙안樂安 금화산金華山 징광사澄光寺 개판)를 들 수 있다. 불암사 승 지형智瑩이 찬집하여 정조 19년(1795)에 언해 간행한 『관세음보살지송영험전』에는 관음에 관한 영험설화 26편이 실려 있으며, 그보다 1백여 년 앞선 숙종 12년(1686)에

---

207) 佛敎文化硏究所編, 『韓國佛敎撰述文獻總錄』, pp.262~263.

백암성총栢庵性聰이 편록한 『관세음보살지험기』에는 59편의 관음영험 설화가 실려 있다. 그런데 앞 26편의 관음영험담들은 모두 지험기의 59편 중에 들어 있는 내용들이다. 따라서 이는 지형이 기왕의 한문으로 된 관음영험담 중에서 26편을 골라 한글로 간행했음이 분명하다. 성총이나 지형이 이처럼 관음영험담을 찬집 간행하고 있음은 다 같이 법난의 시대에 무엇보다도 대중에게 크게 위안이 될 수 있는 신앙서를 널리 보급함으로써 불법을 호지하려는 의도가 컸을 것으로 보는데, 특히 지형의 영험전 언해 간행이 더욱 그렇게 느껴진다.

그런데 이들 양본의 『관음영험전』은 시대배경이 중국 육조六朝로부터 청대淸代까지 여러 왕조에 걸쳐 있으며, 그 주인공 또한 모두 중국인이다. 우리나라의 관음신앙이 삼국시대로부터 있어 온 만큼 한국인의 관음영험담 또한 적지 않음에도 불구하고, 성총과 지형이 중국 관음영험담만을 찬집했음은 무슨 이유에서 일까? 그들이 한국인의 관음영험설화를 내세우지 않고 중국 것을 가져와 실은 것은 아마 관음신앙과 그 영험을 보편적인 신앙일반의 사실로서 인식하고 있었기 때문인지도 모른다. 그러나 이는 당시 정신세계나 사상계 전반이 중국을 추종하고 선호하던 시대 분위기와도 무관하지 않았을 것이다. 다시 말해서 그들은 중국 여러 왕조에 걸친 명현들의 신앙담을 애써 수집 소개함으로써 그 신빙성과 권위를 더하게 하고자 했던 것이 아닐까 한다.

비록 한국인의 관음영험담은 아니지만, 어떻든 그것이 조선시대에 민간에 널리 유포되었음은 엄연한 사실이다. 그렇다면 그것들은 조선시대 관음신앙에 있어 하나의 모범이 되었을 것이다. 여기서 지형의 『관세음보살지송영험전』을 통해 그것에 나타나는 영험내용 및 그 주

인공들의 신분 분포 등을 다음과 같이 도표로서 분류해 본다.[208]

〈표3〉 관음영험 내용 및 주인공의 신분 분포

영 험 내 용	편 수	주 인 공			비 고
		승	남	여	
질병이 나음	10	5	4		
아들을 얻음	3		4		관리 1
수난을 면함	2	1	1		관리 1
적난을 면함	2	1	1		관리 1
죽음을 면함	5		1	1	관리 1
장수를 얻음	2	2			
처형을 면함	1		1		
화난을 면함	1		1		
극락에 왕생함	1			1	
살생을 금함	2		2		왕 1·관리 1
계	26	9	15	2	왕 1·관리 5

위의 도표로 보았을 때, 사람들이 관음신앙을 통해 성취하고자 하는 현실적 이익은 질병 쾌유가 단연 수위를 차지하고 있으며, 득남에 대한 관심도 높은 편이다. 또한 적난賊難 등 여러 가지 난에서 구함을 받거나 죽음을 면하고 장수를 얻는 등, 인간의 재액 모면과 소원성취가 그 내용의 대부분이다. 극락왕생의 영험은 오직 여자 1인이 입고 있는데, 이는 사후 문제에 대한 관심보다는 생활 속에서 현실의 이익을 더 희구했던 관음신앙 경향의 일단을 보여주는 것으로 해석된다.

한편 관음영험을 입고 있는 주인공의 신분 분포는 승려가 9명, 일반인 17명(남 15 ·여 2)인데, 일반인 중에 왕(송나라 문제) 및 관리

208) 이 分類는 金贊鎔, 『朝鮮時代에 流布된 觀音靈驗說話-觀世音菩薩持誦靈驗傳을 中心으로-』(東國大 大學院 碩士學位論文, 1978)를 참고한 것임.

등 지배계층의 인물이 6명이나 포함되어 있는 것도 주목할 만하다. 관음신앙은 이렇듯 승속의 구분이 없으며, 신분의 귀천에 관계없이 모든 대중에게 폭넓게 수용되고 있음을 보여준다. 일반 대중에게 관음신앙이 크게 어필하는 것은, 우선 현실적 이익신앙이라는 점과 함께 그것이 누구나 쉽게 몰입할 수 있는 타력신앙이라는 점 때문일 것이다.

다시, 이들이 어떻게 관음신앙을 통해 영험을 입고 있는가를 살펴보자. 26명의 주인공 가운데 관음칭명이 16명, 관음경 독송 5명, 천수대비주 3명, 반야심경 1명, 기타 1명으로 나타난다. 대부분이 오직 지성으로 관세음보살 명호를 칭념하고 있으며, 천수대비주는 물론 『관음경』(『법화경』 보문품)이나 『반야심경』 까지도 오직 '독송'함으로써 영험을 입고 있다. 전적인 타력신앙 그대로이다.

조선시대에 이 같은 내용과 성격의 관음영험담들이 민간에 널리 유포되면서 그들 또한 이와 비슷한 유형의 관음신앙으로 현실적 이익을 희구했을 것임은 추측하기 어렵지 않다. 다만 동일한 타력적 관음신앙이면서도 조선시대 사람들은 중국인들과는 달리 다라니와 진언을 특히 많이 지송했던 것으로 보인다. 조선조 밀교의 성행 및 그에 따른 밀교계 관음불서 간행 추세를 고려할 때 그런 추측이 가능하다.

지금까지 지형의 『관세음보살지송영험전』을 중심으로 조선시대 관음영험담의 내용과 성격을 살펴보았지만, 그러나 비단 이 같은 중국의 영험담만 유포된 것으로 볼 수는 없다. 영험전류로 별도로 찬집 간행되지는 않았지만, 구전으로써 또는 다른 기록에 삽입되어 있는 형태로써 민간에 유포되어온 관음영험담 또한 적지 않기 때문이다.

세조의 관음영험기록인 『관음현상기』 는 이미 앞에서 살펴보았지만, 그 외에 전남 옥과현玉果縣 성덕산聖德山 관음사 사적事蹟에 포함된 영험담도 오랫동안 구전되어온 영험설화 가운데 하나이다. 조선시대의 소설『심청전』의 소재가 되었음이 분명한[209] 이 관음사 사적 영험담의 시대배경은 멀리 백제로까지 소급한다.[210] 그러나 그것이 조선시대에 들어와서 사적으로 기록되고(영조 5년, 1729) 있음은 그 동안에 성덕聖德 처녀의 관음영험담이 계속 구전되어 왔음을 뜻한다. 여기서 성덕산 관음사 사적의 줄거리는 생략하지만,[211] 다만 배불의 조선 사회 구조 속에서 그런 관음영험설화가 불교신앙의 영험담으로서 제대로 기록되지 않고 유교의 근본사상인 효를 주제로 한 심청전으로 변형되어 민간에 유포되었다는 사실만을 지적해 두고자 한다.

관음영험담은 그 밖에 조선 말기에 이르러서도 나타나고 있다. 이들은 특히 시대적으로도 가깝고 또 직접 알 만한 실존인물들의 신앙 체험이기도 해서 더욱 사실감과 구체성을 느낄 수가 있다. 그 대표적인 사례 몇 가지를 요지만 간단히 소개해 본다.[212]

○ 흥선대원군의 고왕관음경 독송 영험
고종(1863~1907) 당시 대원군李昰應은 그의 며느리 민중전閔中殿과 끊임없이 서로 반목하였다. 그러던 중 민중전에 의해 청나라 군사들에게 잡혀 중국 천진의 보정부保定府라는 곳에서 4년간을 갇혀 귀양살이를 하게 되었다. 이 보정부라는 곳은 특히 물이 나쁘고

---

209) 金起東, 「韓國의 佛教文學論」, 『韓國佛教文學研究』上(韓國文學研究所, 1988), pp.23~25.
210) 金煐泰, 「觀音思想」, 『百濟佛教思想研究』(東國大學校出版部, 1985), pp.151~158.
211) 朝鮮總督府編, 『朝鮮寺刹使料』下권, '聖德山觀音寺事蹟', pp.244~248 참조 바람.
212) 以下 관음영험담은 金大隱, 『觀音經講話』(불교보급사, 1973)에서 발췌요약함.

탁할 뿐만 아니라 독사와 지네 등 독충이 많은 곳이었다. 그래서 대원군은 늘 지성으로 『고왕관세음경』을 주야로 독송하여 10만 독讀을 외웠다. 그러던 중 한 우물을 파니 뜻밖에 좋은 물줄기를 얻어 안심하고 물을 마실 수가 있었고, 독사·지네 등 독충들의 해도 입지 않고 4년간을 무사히 보내고 귀국할 수가 있었다. 또 그가 보정부에 있을 때 어느 날 인근에 큰불이 나서 그의 처소까지도 위태롭게 되었는데, 문이 굳게 닫혀 피신할 수도 없었다. 대원군은 체념한 채 오직 『고왕관세음경』만을 독송했더니 갑자기 바람이 반대편으로 불기 시작하여 그의 처소에는 불이 붙지 않아 위기를 모면할 수가 있었다.

(『관음경강화』 pp.135~136)

○ 옥천사 해수관음기도 득남 영험

일제시대까지 생존했던 조선 말기의 문장가이자 시인인 매하梅下 최영년崔永年은 그의 부친이 관음기도를 올려 태어난 사람이다. 매하의 부친은 늦도록 자식이 없어 서울 자하문 밖 옥천암玉泉庵의 해수관음께 득남을 빌어 3·7일 기도를 올렸다. 뛰어난 문장가가 될 아들 하나 얻기를 지극하게 빌며 기도를 마치던 날이었다. 새벽녘 꿈에 한 귀부인이 나타나 옥동자玉童子와 석동자石童子를 양손에 들고 어느 것을 원하느냐고 물었다. 그는 옥동자를 원했으나 귀부인은 "옥동자는 네 복에 지나치니 이 석동자를 가지고 가라. 이 석동자만 해도 네가 소원하는 천하에 이름을 떨칠 문장가 아들을 낳을 것이다"하며 석동자를 주었다.

석동자를 받고 다소 서운해 하다가 깨어보니 꿈이었다. 옥동자든 석동자든 아들만 점지해주신다면 얼마나 좋을까하고 집으로 돌아왔다. 그날로부터 부인에게 태기가 있어, 10달 후 아들이 태어났는데, 꿈에서 받은 석동자와 얼굴과 모습이 꼭 같았다. 이 아이가 석동자니까 장차 병도 없고 수명장원하고 문장 또한 뛰어나리라고 믿었는데, 과연 어려서부터 총명하여 신동이란 말을 들었고 장성해서는 문장과 시로써 이름을 크게 떨쳤다.(이 영험담은 김대은金大隱스님이 매하에게서 직접 들은 것이라 한다).

(『관음경강화』 pp.66~67)

○ 관세음보살의 몽중 중매 영험

순조(1907~1910)때의 일이다. 경기도 고양군 신도면의 한 동네에 나이 30이 넘은 윤덕삼이란 노총각이 있었다. 그는 70세가 넘은 양친을 모시고 나무장수를 하며 근근히 살아가는 처지였지만 마음씨가 착하고 효성 또한 지극하였다. 그러나 3대 독자로 아직 장가도 들지 못해 혹시 후손이 끊어지는 것이 아닐까가 늘 걱정이었다. 어느날 윤총각은 나무를 팔기 위해 평소 지나다니던 세검정 앞길을 가다가 문득 건너편 옥천암의 돌부처님(해수관음상) 앞에서 많은 사람들이 모여 기도하는 것을 보게 되었다. 여기서 한 할머니로부터 이 절 관세음보살님의 영험을 듣고 그는 크게 감동한다. 그 다음 날부터 윤총각은 이 앞을 지날 때마다 '장가를 들어 자손을 보고 부자되어 나무장수를 면하게 해주소서'하고 수 없이 절하고 축원하였다. 그러다가 절하는 것만으로는 정성이 부족한 하여 점심으로 먹을 도시락을 나뭇짐에서 꺼내 보살에게 바치고 다시 절하였다. 그러던 어느날 밤이었다. 윤총각의 꿈에 한 노부인이 나타나 말하기를 "나는 해수관세음을 모시고 있는 옥천암에서 온 보살이다. 너의 정성이 기특하여 도움 될 말을 일러주려고 왔다. 네가 내일 첫새벽 닭이 울 때 나뭇짐을 지고 떠나 날이 밝기 전에 자하문 문밖에 가서 기다리고 있어라. 거기서 문이 열려 첫 번째 나오는 여자가 있으면, 가는 길을 묻고 안내를 자처하여 놓치지 마라라. 그 여자는 장안에 사는 심낭자인데, 너를 찾아 갈 터이니 잘 보살펴주라. 그러면 네 소원을 이루리라"하였다.

꿈에서 깨어난 윤총각은 첫 닭이 울기가 무섭게 꿈에 본 노부인의 말대로 30리 길을 달려 자하문 밖으로 갔다. 이윽고 먼동이 트자 문이 열리고 한 여자가 문을 나오더니 세검정 쪽으로 내려가는 것이었다. 윤총각은 짐도 버리고 그 여자를 뒤쫓아 가서 꿈에서 시킨 대로 했더니, 그녀는 부드러운 말로 윤도령이란 총각을 찾아 간다고 하였다. 오히려 이상하게 여긴 윤총각이 그 사연을 물으니, 그녀의 꿈 또한 윤총각과 꼭 같았다. 두 사람은 이야기를 주고받으며 나란히 내려와 해수관음이 계신 곳까지 이르렀다. 윤총각의 권유로 관음께 예배드리기 위해 가깝게 왔을 때 심낭자는 깜짝 놀랐다. 꿈에 본 노부인의 얼굴이 이 관음보살의 얼굴과 꼭 같았기 때문이다. 심낭자는 명문대가의 규수로 열여덟 살에 어떤 양반집으로 출가하였으나, 행례 즉시 소박을 당하여 친정으로 쫓겨 와 10년 동안을 살았다. 그러나 친정살이만 하기도 어려워 집을 떠날 것을 결심하고 마지막 밤을 보내는데 꿈에 한 노부인이 나타나 "네가 다른 문으로 나가지 말고 반드시 자하문으로 나가되, 문이 열리거든 첫 번째 만나는 윤도령이라는 남자를 따라가면 행복하게 살리라"했다는 것이다. 이렇게 해서 두 사람은 예를 올리고 부부가 되어 잘 살았다.(그 후손이 지금도 살아있어 옥천암 해수관음보살의 지극한 신도로서 5대째 예경하고 다니며 선조의 이야기를 전하고 있다는데, 이 영험담 또한 김대은스님의 견문기이다.)

(『관음경강화』 pp.169~177)

조선시대에는 중국 여러 왕조의 승려 및 지배계층을 포함한 대부분 일반인들의 관음영험담이 민간에 널리 유포되어 있었으리라고 생각되지만, 그 밖에 이상의 몇몇 사례에서도 보듯이 한국인 자신들의 영험담 또한 적지 않다. 그러나 조선시대 사람들이 입고 있는 관음영험 또한 현실적 이익을 추구하는 성향에 있어 중국의 그것과 별 차이가 없으며, 그 신앙의 영위에 있어서도 밀교계 관음주력의 성행 외에 크게 다른 특징은 없었던 것 같다. 그런 의미에서 『관세음보살지송영험전』에 실린 영험담이든 조선시대 사람들의 영험담이든, 그것은 종교신앙 일반의 사실로서 관음영험담임에는 틀림이 없다. 어떻든 이 같은 영험담의 유포로 일반대중은 그들이 희구하는 바 인간의 온갖 현실고를 관음신앙을 통해 해결하고자 했을 것이며, 이로써 조선불교는 불교대로 대중의 지지기반을 더욱 넓혀 갈 수 있었던 것이라 하겠다.

Ⅲ. 조선 말기 묘련사 관음결사

1. 묘련사 결사와 필강관음

조선 말기 고종 9년(1872) 무렵에 관음신앙을 중심으로 하는 독특한 결사가 형성되었음을 알 수 있는데, 곧 묘련사결사妙蓮社結社가 그것이다.[213] 이 묘련사결사는 몇몇 거사들에 의해 조직 운영되고 있으며, 더구나 관세음보살의 신묘력을 입어 법문을 이어 받고 또 관음의 필강筆降으로 그 내용을 기록하여 한 경을 이룩하는 등 신비적인 색채를 매우 강하게 띠고 있다.

우리나라 불교에 있어서 결사형태의 수행 혹은 신앙활동은 일반적으로 고승들에 의해 주도되어왔던 것이 상례이다. 가장 대표적인 예로 고려 중기 보조지눌의 수선사修禪社와 원묘요세圓妙了世의 백련결사白蓮結社를 들 수 있으며, 조선 초기에만 해도 함허기화涵虛己和에 의해 미타불호를 칭념하는 염불향사念佛香社 등이 있었다.[214] 그런데

---

213) 李能和編,『朝鮮佛敎通史』下, 蓮社法侶 筆降觀音, p.813.
214) 李載昌,「朝鮮時代 禪師의 念佛觀」,『韓國淨土思想硏究』(佛敎文化硏究院編, 1985), p.245 ; 李智冠,「著書를 통해본 朝鮮朝의 淨土思」, 같은 책, pp.228~230에는 조선시대의 念佛結社 거의가 조사 되어 있는데, 그 주도자들 대부분이 僧侶이다.

이 묘련사결사의 경우는 승려가 아닌 거사들이 주도하고 있으며, 그 신앙(설법) 내용이나 조직적인 활동기간 그리고 참여 인원 면에서도 상당히 성황세를 이루었다.

조선시대 거사들의 불교활동은 물론 이 묘련사결사에서만 볼 수 있는 일은 아니다. 승단 밖의 사회에서 거사들의 불교활동이 적지 않았던 것이다. 조선 후기에 해당하는 정조~고종대(1766~1907)의 기간 중에만 해도 추사 김정희, 이건창李建昌, 월창거사月窓居士 김대현金大鉉 등 대표적인 거사들의 활동을 들 수 있다.[215] 이들의 불교활동 및 찬술불서의 영향 등으로 미루어 보더라도 조선 후기 거사불교의 존재는 높게 평가할 수 있다.

묘련사결사는 시기적으로 볼 때, 바로 이런 조선 후기에 일어난 거사불교 활동의 일단이었다. 그러나 지명도가 높은 추사나 월창거사와는 달리 묘련사 결사자들의 신분이나 행적에 대한 자세한 내용은 후술하게 될 『제중감로濟衆甘露』에 나타나는 몇 가지 사실을 제외하고는 거의 알려진 것이 없다. 다만 추사가 당시 선학에 대한 비판적인 견해를 개진하고[216] 월창거사가 선을 대중화하려는 의도로서 『선학입문』을 저술하는 등[217] 주로 불교의 선사상을 중심과제로 삼아 활동했다면, 묘련사결사에 나선 거사들은 관음신앙을 통해 대중불교 운동을 전개했다는 사실만을 짐작할 수 있을 뿐이다.

한편 이러한 묘련사결사에 대해 과연 어떤 평가를 내려야 할는지

---

215) 李永子, 「近代居士佛敎思想」, 『崇山 朴吉眞博士古稀記念 韓國近代宗敎思想史』(1984), p.224.

216) 秋史의 '證答白坡書'는 그가 白坡亘璇의 禪學說에 대한 견해를 15條의 論說로 반박한 것이다. 이에 관한 연구논문은 李鍾益博士의 「證答白坡書를 통해 본 金秋史의 佛敎觀」, 『佛敎學報 12輯』(1975)이 있다.

217) 李永子, 위의 논문 참조 바람.

다소 어려운 문제가 따르는 것도 사실이다. 그들의 결사활동 중심이 관음신앙인 것은 분명하지만, 그 집단의 활동 성격은 다분히 도가적이라고나 할 그런 인상을 주기 때문이다. 묘련사결사의 소의경所依經이라고도 할 수 있는『제중감로』의 연기문緣起文, 그리고 그 서문이 써진 배경들을 검토해 보면 그들 결사가 어떤 성격을 띠고 있는지를 쉽게 짐작할 수 있다.

즉 고종 15년(1878) 인가印伽거사가 쓴『제중감로』의 연기에 의하면, 이 결사는 고종 9년(1872) 한성의 묘련사 법려法侶들이 삼각산 감로암에서 정진회를 베풀면서부터 시작한다. 그들은 관음정근에 전념하면서 보살의 서응을 기대했는데 드디어 관세음보살의 감응이 나타나 정진회의 법주(보월거사普月居士 정관正觀)로 하여금 법을 펴 설하도록 명하였다는 것이다. 그리하여 그 해 겨울부터 고종 12년(1875) 여름까지 4년 미만에 걸쳐, 감로암·해인장자가海印長子家·담연단湛然壇·보련정실寶蓮淨室·여시관如是觀·삼각산 삼성암·진국사鎭國寺 등 7처에서 개단하여 11회의 법연을 갖고 관음보살이 시현하는 법을 이어 받는 한편 필강에 의해 이를 하나의 경(『제중감로』)으로 완성한 것이라 한다.

또 이 경이 관음의 필강으로 이루어진 것처럼, 그것을 간행하려할 즈음에는 다시 부우제군孚佑帝君 여순양呂純陽이 무상단無相壇에 강림하여 서문을 지어주었다고도 한다. 여순양은 당 말의 인물로, 처음에는 연명술 등 선도를 배우다가 나중에 호북성 황룡산에서 황룡회기黃龍誨機를 만나 법요를 문답하고 그의 제자가 된 여동빈 바로 그 사람이다.[218] 회기가 황룡산에 주석하여 교화를 편 시기가 당 천우天祐

218) 李能和, 앞의 책, p.915, 蓮社法侶筆降觀音·附呂純陽.

(904~907) 중이므로[219] 여순양은 곧 이때 회기의 제자가 된 것이다. 그러나 그는 선사보다는 학선學仙의 무리로 더 널리 알려져 있었던 인물이다. 세상에서는 그를 팔선八仙의 한 사람이라 불렀다는데,[220] 그런 여순양이 갑자기 시대적으로 거의 1천년이나 떨어진 조선 말기에 관음결사를 행하는 곳에 이르러 붓 끝에 내려와 서문을 썼다는 것이다.

불교신앙의 역사에 있어 영응靈應의 현상은 충분히 인정되는 바이며 특히 관음신앙에서 그것은 조금도 이상할 것이 없을 정도이다. 그러나 묘련사결사에 여순양이 강림하여 붓을 움직여 서문을 지었다는 사실까지도 신앙적 영이의 현상과 동일하게 받아들일 수 있을는지는 의문이다. 여기에 이르러서는 오히려 도가 내지 샤머니즘적 색채까지도 느껴진다. 그들은 후에 '음즐지문陰隲之文'과 '감응지설感應之說'만을 좇아 『중향집衆香集』·『남궁계적궁지南宮桂籍宮志』·『각세진경覺世眞經』·『삼성보전三聖寶典』·『과화존신過化存神』 등 서[221]를 간행 유포시키는 등 마침내는 학선의 도류道流로 변하고 말았다.[222] 이로 미루어 묘련사결사의 집단적 성격에 대해서는 한마디로 단언하기 쉽지 않다.

이와 같이 묘련사결사에 대한 평가에는 다소 문제가 따르지만 그들이 처음에 정진회를 개설한 것은 관음염불을 전념하기 위함이었다. 그렇다면 그것은 대중적인 관음신앙 운동이었으며, 또한 이로써 관음신앙은 조선 말기까지도 여전히 대중 속에 큰 힘으로 자리 잡고 있었음

呂純陽의 法系는 靑原行思系 德山宣鑑→巖頭全割→玄泉山彦→黃龍誨機→呂洞賓으로 이어져 온다. 『景德傳燈錄』제24권(『大正藏』51, pp.404~405)에는 黃龍誨機의 法嗣 9명이 실려 있는데, 呂 洞賓의 行錄는 기록되어 있지 않다.

219) 『禪學大辭典』, p.136·C.
220) 諸橋轍次著, 『大漢和辭典』卷2(昭和 59년), p.912.
221) 이들은 모두 道家書들인데 그 內容은 未考.
222) 李能和, 앞의 책, pp.914~915.

을 분명히 알 수 있다.

2.『제중감로』에 나타난 관음사상

불서간행 및 영험담 유포 등의 사실로 미루어볼 때 조선에서 관음신앙이 성행했음에도 이 시대에 찬술된 본격적인 관음 관계 불서는 거의 없는 편이다. 앞의 〈표1〉〈표2〉에 나타나는『관음현상기』·『관세음보살지송영험전』등 몇몇 영험전류와 찬자 미상의『관음예문』·『관음영참』등이 있지만, 본격적인 관음 관계 저술로 보기는 어렵다. 또 우성해와 그의 아들 보구에 대한 관음영험의 기록인『수월연水月緣』이 있지만[223] 단편의 종교소설류에 불과한 것이다. 그 밖에는『조선사찰사료』에 성덕산 관음사 사적을 비롯하여 몇몇 관음사찰의 창건 및 중수기가 보일 뿐이다.[224]

그런 점에서 묘련사에서 이룩한『제중감로』는 조선시대의 본격적인 관음관계 찬술불서로서 거의 유일한 문헌인 셈이다.『제중감로』가 이룩되는 배경에 관해 약간의 문제성을 느끼게 됨은 앞서 언급한 바 있다. 그러나 그것을 조선시대 유일의 관음관계 찬술문헌으로 보았을 때 그 가치는 매우 크다 할 수 있으며, 여기서 일단 그 내용을 좀 더 검토하지 않을 수 없다.

제중감로의 본래 제명은『관세음보살묘응시현제중감로觀世音菩薩妙

---

223) 같은 책, pp.1235~1240 참조.
224) 朝鮮總督府編,『朝鮮寺刹史料』下卷 所載의 관음관계 문헌으로는 다음과 같은 것들이 있다.
天磨山觀音寺重建碑(pp.12~24) ; 冠岳觀音寺重建碑(p.109) ; 寶陀山觀音寺叛建記(p.190) ; 聖德山 觀音寺事蹟(pp.244~248).

應示現濟衆甘露』이다.[225] 이 책은 묘련사결사의 법주인 보월거사 정관이 관세음보살의 감응을 입고, 그 시현된 법을 이어 받아 필강으로 기록한 것[226]이라 함은 앞서 말한 바와 같다. 전 10품 4권으로 되어 있으며 법주 정관이 펴 설한 내용을 1·2권은 보광거사普光居士와 인담거사印潭居士가, 3·4권은 해월거사海月居士와 현허거사玄虛居士가 각각 모은 것이다.

10품의 제목부터 열거해보면, 1) 고해자우품苦海慈雨品 2) 십종원신품十種圓信品 3) 보광연화품普光蓮花品 4) 일체원통품一切圓通品 5) 여시게찬품如是偈讚品 6) 묘현수기품妙現授記品 7) 반본환원품返本還源品 8) 무진방편품無盡方便品 9) 불가사의품不可思議品 10) 전불가설품轉不可說品으로 되어 있다. 이들 각 품의 내용을 간략하게 살펴보겠다.

1) 고해자우품苦海慈雨品

감로법주가 보살의 신묘력을 이어 진여법계를 밝히고, 원진공적圓眞空寂과 정법원교正法圓敎를 믿어 수행해야 함을 설한 내용이다.

여기서 원진공적은 제불의 체이며 돈점현밀頓漸顯密은 제불의 용이니, 그런 제불의 진체와 묘용이 곧 정법원교라 한다. 그런데 산과 내와 하늘과 땅이 모두 본래 그대로의 원진공적이건만 아집과 아견으로 인해 천당과 지옥에 나고 여러 형태의 생을 받으니 이는 다 일념의 차이 때문이라 한다. 따라서 일념에 만 가지 생각을 놓아 버리면 그것이 곧 극락토이며 안양계이니 자재로운 체용과 진묘가 본래 그러하다는 것이다. 그러므로 성불을 원하는 이는 시방에 상주하는 자존慈尊께 법

---

225) 東國大學校 圖書館所藏本(刊記未詳)을 참고로 함.
226) 『韓國佛敎撰述文獻總錄』 p.236에는 『濟衆甘露』의 撰述者가 承宣으로 되어 있으나 착오이다.

계중생을 널리 제도하겠다는 서원을 세우고 영원토록 피곤해 하고 싫어함이 없어야 하며, 그 피렴被厭함이 없는 상태를 곧 대비보문大悲普門이라 한다.

항상 고해에 있으면서도 각해覺海를 떠나지 않는 이는 보살이며 각해에 있으면서도 고해를 탐락貪樂하는 자가 중생이니, 악도를 두려워 말고, 복보를 탐착치 말며, 돈점현밀의 가르침을 받들고 방편을 따라 입문하여 원진공적의 법을 믿을 것[227]을 설하고 있다.

2) 십종원신품十種圓信品

보살의 신묘력으로 수기원신삼매隨機圓信三昧에 들었다가 이로부터 일어난 감로법주가 대중들에게 대비행문을 익히려면 원신공덕을 닦을 것과 함께 ①무상보리심 ②영명진묘심靈明眞妙心 ③본연공경심本然恭敬心을 일으킬 것을 설한다. 그런 다음 원진공적에 들어가는 문으로서 ①원견불신圓見佛信 ②원제중신圓濟衆信 ③원청법신圓聽法信 ④원무외신圓無畏信 ⑤원방생신圓放生信 ⑥원계살신圓戒殺信 ⑦원관월신圓觀月信 ⑧원종연신圓種蓮信 ⑨원정토신圓淨土信 ⑩원공덕신圓功德信의 열 가지 원신圓信을 제시하고 있다.

이들 하나하나가 모두 정법正法·정행正行을 가르치고 있어 주목되는데 가령 ②원제중신의 경우, 육도중생은 모두 제불의 사랑하는 자식임을 전제하고 이 마음을 체득해 교화하는 사람이 보살위에 든 자이며, 이 법을 듣고 그대로 설하는 사람이 대장부라 한다. 제불보살이 세상에 출현한 것도 저들 중생의 일대사一大事를 위함에서이다. 따라

---

227) 『濟衆甘露』卷1, 苦海慈雨品 第1, 3張左.
  "常在苦海而不離覺海者菩薩 常在覺海而貪樂苦海者衆生 莫恐怖於惡途 莫貪着於福報 奉頓漸顯密之 敎 隨方便而入門 信圓眞空寂之法…".

서 그들을 구제하려는 대자심과 대비행을 오로지 다할 때만 공덕도 법의 성취도 그 의미와 가치가 있는 것임을 일깨우고 있다.[228] 그 밖에도 ④원무외신에서는 무외법신의 성취를 위한 보문행·대비행·보현행이 설해지고, ⑧원종연신에서는 미타의 연화세계에서 문법득기聞法得記할 수 있는 연종蓮種의 뿌리를 북돋우고 윤택케 하는 요소로서 신信·원願·비悲·지智를 강조하는 등 화엄·정토 등 불교의 제 사상을 포괄적으로 나타내 보인다.

3) 보광연화품普光蓮華品

대중의 청정한 복업과 쌍융雙融한 비원悲願으로 정진의 바다에 무수한 금련金蓮이 함께 광명을 놓고 보배장엄으로 가득 차, 청정한 대중이 모두 묘력을 입고 있는 가운데 감로법주가 연화에 비유하여 대심중생이 평등진여 법해에 들어가는 법을 설한 것이다. 여기서는 먼저 아상의 산을 무너뜨리고 애욕의 근원을 다한 다음, 행주좌와에 있어 정광淨光에 불매不昧하고 호오역순好惡逆順에 항상 정광을 발할 것을 설한다.

4) 일체원통품一切圓通品

중생을 제도하기 위한 10종의 원통법문을 설한 다음, 정진불자들의 청을 받고 그것을 수지하여 법문에 들어가는 방법과 봉행하여 법문을 증득하는 방법을 보인다.

---

228) 같은 책, 卷1, 十種圓信品 第2, 8張左.
　　"六途之衆生 諸佛愛子 體此心而敎化者 位入菩薩 聽此法而如說者 名謂大丈夫 諸佛之出興於世者 菩薩之眷戀於此者 爲彼衆生一大事也…捨此一事 片無功德 捨此一捨 法無成就 捨此而雖 歷劫轉經 難 成大器 捨此而雖 終身修行 只結好緣己矣".

10종 원통법문이란 ①보각몽국普覺夢國 ②선찰법해善察法海 ③대행원왕大行願王 ④광시대비廣施大悲 ⑤불염고해不厭苦海 ⑥상주각안常住覺岸 ⑦관묘지력觀妙之力 ⑧개방편문開方便門 ⑨현명진체玄冥眞體 ⑩정달실상正達實相이다. 여기서는 잘못된 현실집착을 일깨우는가 하면(①보각몽국)229) 제불 보살의 행을 널리 고르게 닦을 것을 권하고(③대행원왕),230) 궁극적으로는 모든 존재가 보살의 화신이며 일체의 일들이 여래의 부리시는 바임을 깨달아 그 참모습을 바로 통달할 것(⑩정달실상)231) 등에 대해 말한다.

5) 여시게찬품如是偈贊品

　　법음이 내리기를 기다리는 정진불자들에게 체원體圓·용원用圓·체진體眞·용진用眞 여시如是 등을 설하고, 그런 여시진경如是之境의 비悲와 여시지처如是之處의 지智와 여시지소如是之所의 망忘과 여시지능如是之能의 방放이어야만 '여시여시'함을 드러내고 있다.

　　여기서 여시는 모든 중생이 본래 덕상을 갖추었으니 별도로 자처·타처를 삼지말고 다만 불보살의 법신이 허공과도 다름이 없음을 믿고 그 법용 또한 허공과 다름이 없음을 믿을 것이 전제된 여시이다. 마지막에 다시 정진불자들이 중생을 위해 전법륜을 청한데 대하여 긴 여

---

229) 같은 책, 卷1, 一切圓通品 第4, 23張左.
　　"三世諸佛本無夢 六途衆生自成夢 妄起三毒無始夢 經世經刼誰惺夢…".
230) 같은 책, 25張右.
　　"凡大小修行人 若欲成就大知慧身 對諸佛前 發大誓願 立志堅固然後 可名佛子 普修普賢十種行海 亦 修地藏無盡願海 彌陀之六八願 樂師之十二大行 前聖之難行 後聖之苦行——隨學 ——修習…".
231) 같은 책, 32張左.
　　"有情無情 摠是菩薩之化身 大事小事 無非如來之所使 何相非眞如 何物非眞如…六塵境界妙意無窮 六根山頭妙用無盡 門門如是如來之門 境境是如來之境…".

시의 게송偈을 거듭 설하고 있다.

6) 묘현수기품妙現授記品

보살의 묘력으로 정진해에 든 감로법주가 대중의 근기에 따라 기별記莂의 게송을 설한 내용이다. 별게莂偈를 받고 있는 인원은 모두 143인으로, 그 이름(법명)으로 미루어 보면 대략 남자가 53명 여자가 90명으로 나타난다.[232] 이들 모두가 한 사람 한 사람씩 각기 다른 별게를 받고 있다.

7) 반본환원품返本還源品

불자 보문이 자리에서 일어나 감로법주에게 합장 공경하고, ①어떤 것이 자재한 참감로이며 ②어떤 방편으로 자기 관음을 친견할 수 있으며 ③어느 곳으로부터 속히 화엄·법화의 씨앗을 구할 것인가를 물은데 대해 대답한 내용이다.

감로법주는 ①의 물음에 대해, 불신이 원만하기 허공과 같아 본래 거래가 없지만 다만 중생을 위해 세상에 출현하여 무량묘법으로 중생의 열뇌를 식혀 청량계에 들게하니, 이 같은 마음을 체득하여 원신원해圓信圓解하고 즉문즉행卽聞卽行하면 자재한 감로가 항상 법계를 적시고 모든 중생이 이런 이익을 입을 것이라고 말한다. 이어 10종의 감로를 설하고 있다. 나머지 물음에 대해 ②는 '이 법은 평등하여 별다른 방편이 없다'는 말로,[233] ③에 대해서는 사람이 북을 치는데 비유하

---

232) 일반적인 관례에 따라 法名이 2字인 경우 남성으로, 3字인 경우 여성으로 보고 계산한 것이므로 정확한 숫자는 未詳이다.

233) 같은 책, 卷2, 返本還源品 第7, 36張左.
"所謂甘露者 菩薩之百千法山妙德妙用也 佛子 是法平等 別無方便 亦無入處 念頭便是 直下承當".

면서 '마음·부처·중생 이 셋은 차별이 없다'는 말로[234] 간략하게 대신하고 있다.

8)무진방편품無盡方便品

불자 성담이 대중 가운데서 일어나 시방 삼보전에 예배하고 감로법주에게 말하기를 환원지법還源之法을 듣고서도 보살지혜의 경지에 증입하지 못했으니 ①어떻게 보살도를 수지해야하며 ②어떻게 보살행을 널리 닦아야하며 ③중생을 제도할 방편은 어떤 것인지를 물은데 대한 답설이다.

이에 대해 감로법주는 ①10종 병으로 인해 보살도를 수지할 줄 모르며, ②10종 미迷로 인해 보살행을 닦을 줄 모르고, ③10종 망妄으로 인하여 중생을 구제하는 방편으로서 본래 갖추어진 10원願을 궁구하지 않았기 때문에 제법에 증입하지 못하는 것이라고 말한다. 그리고 그것들을 차례로 설하는 가운데 한결같이 원신원해圓信圓解를 주제로 하여 정신·정행을 강조한다.

9) 불가사의품不可思議品

먼저 법주가 이른 바 구법求法·청법聽法·문법問法·염불念佛·관불觀佛·멱불覓佛·견불見佛하는 정진불자 들에게 법을 알고 그러한지 법에 매昧하면서 그러한지를 묻고, 그 바르고 그름을 분별해 설하고 있다.

그때 대중은 "혜안이 없어 진성을 미실하여 온전히 법과 불에 매한 채 다만 망식으로 법을 의문하지만 본말을 알지 못하고, 불을 보고자

---

234) 같은 책, 38張左~39張右.
　　"汝等擊法鼓時 鼓鳴歟 人鳴歟 聲在鼓耶 聲在椎耶 聲在人耶…人枯權者 合於心佛及衆生 三無着別 也".

하면서도 진과 망을 변별치 못하고 전도와 착란으로 진겁을 지나면서 생사윤전을 면치 못하니 가히 연민자."라고[235] 고백한다. 그런 다음 어떻게 법을 알고 진리에 계합하여 수승행을 얻을 것이며, 어떻게 회향하는 것이 본래 법에 합치하여 원통무애의 경지에 들어갈 수 있는가를 물은데 대해 법주가 상세히 대답한 내용이 주류를 이룬다. 이 품은 상·하로 나누어 무수한 비유를 통해 광장설을 펴고 있음이 특색이다.

10) 전불가사의품轉不可思議品

진법원교가 관세음보살의 명을 이어 이미 가르쳐졌지만 아직 무애불지에 증입하기 어려운 대중들이 최후의 부사의해탈경에 들 수 있는 일행총지一行總持를 개시해 주기를 생각하고 있을 때, 감로법주가 미밀微密하게 펴 보이는 답송들이다.

먼저 송을 설한 다음, "구구句句에 무량삼매가 포함되어 있고 자자字字에 해탈경계가 원적하여 언설이 없는 가운데 묘의가 부사의하고 참으로 참구하는 가운데 영지靈知가 부사의하여 제불의 대지大智가 시방에 걸림이 없고 모든 조사의 현관玄關이 일념에 두루 통해 있으므로 이 법을 참구하고 생각하라."[236]고 설한다. 그런 다음 다시 상당수의 후송後頌으로 법문을 총결하고 있다.

---

235) 같은 책, 卷3, 不可思議品 第9·上 25張左.
 "竊念我等 生無慧眼 迷失眞性 全昧佛法 但以妄識 疑問法而 不知本末 欲見佛而 不辨眞妄 種種顚倒 錯亂 修行從經塵劫於生死中 未免輪轉 是名可憐愍者…".
236) 같은 책, 卷4, 轉不思議品 第10, 17張右.
 "精進佛子於意云何 無量三昧包含於句句 解脫境界圓寂於字字 無言說中妙意不思議 眞參究中靈知不 思議 諸佛大智無碍十方 諸祖玄關圓通一念 余等參念此法…".

이상에서『제중감로』각 품의 내용을 간략하게 살펴보았지만, 여기에서 엿보이는 관음신앙 및 그 사상내용은 전항에서 이 책의 연기를 살필 때와는 사뭇 다른 인상이다. 각 품에서 법문이 설해지는 배경이나 법주와 대중과의 관계 등에서는 역시 일상적으로 쉽게 납득키 어려운 신비적 요소가 짙게 깔려 있는 것도 사실이다. 그러나 그것이 어떻든『제중감로』의 법문은 놀랄 만큼 체계가 정연하고 사상내용 또한 불교 일반의 가르침에서 조금도 벗어나지 않는 정법·정신·정행의 수행이 강조되어 있다. 따라서 여기에 나타나는 관음신앙 및 그 사상을 전체적으로 볼 때 다음 몇 가지로 그 특성을 말할 수 있겠다.

①관음신앙을 통해 불법전반을 망라하고 있으며, 그것을 '정법원교 正法圓敎'라 칭하고 있다. 이는 서품격인 고해자우품에서 언명하고 있는데, 각품의 법문은 계속 이 정법원교가 전제되어 있다. 제불의 체로서의 원진공적과 용으로서의 돈점현밀이 모두 이것에 내포되어 있어, 정법원교는 불교 전반의 사상과 수행방편을 총섭한 것이라 할 만하다.

②모든 경의 사상을 포섭하는 가운데서도 특히 법화·화엄을 중심으로 삼고 있다.『제중감로』전편에는 인과·이상·법성·신불·자심수행 등 사상이 흐르고 있다. 그런 가운데, 제2 십종원신품에서 제불의 출현이 중생의 문제를 위한 그 일대사에 있음을 밝히고(법화) 아울러 보현행을 강조(화엄)하고 있는 것이나, 제7 반본환원품에서와 같이 화엄·법화의 씨앗을 구하는 문제가 정식 제기되고 있는 것 등이 그러하다. 또 제6 묘현수기품은 마치 법화경의 제6 수기품을 연상케 한다.

③현실이익적 관음신앙이 아닌, 내세적 미타정토를 희구하는 관음사상이다. 관음신앙의 역사에서 흔히 접할 수 있는 현실이익 추구의

경향은 표면상 어디에도 나타나 보이지 않는다. 오히려 제1 고해자우
품에서는 악도를 두려워하지 말고 복보福報를 탐착하지 말 것을 설하
고 있을 정도이다. 그러면서 제10 십종원신품에서는 미타의 연화세계
에서 법문을 듣고 수기를 받을 수 있는 연종蓮種의 뿌리를 북돋울 원
종연신圓種蓮信을 설하고 있다.

④선과 정토 결합의 경향이 짙으며, 도가적 성향도 포함되어 있다.
위에서 언급한 바와 같이 미타 연화정토에 대한 이상이 강하게 드러
나 있는데, 그것을 모두 제불의 본지와 자심의 청정평등한 법 가운데
증입해 갈 것을 설하고 있다. 선정결합禪淨結合의 경향이 두드러지는
것이다(제3 보광연화품, 제4 일체원통품, 제5 여시게찬품, 제10 전불
사의품 등). 이는 정토·밀교·선이 서로 밀접한 교섭관계를 보여 온 조
선시대의 신앙추세[237]와도 관련이 클 것이며, 여기에다 결사 주도자들
의 성향을 반영한 듯 도가적 색채까지 가미되어 나타나 있다.

⑤밀교적 주력신앙이 아닌 수행위주의 실천적 관음신앙이다.『제중
감로』전반에 밀교적 요소 또한 전혀 보이지 않는다. 다만 관음의 신
묘력을 입은 법주에 대한 귀경의 마음은 불·보살에 대한 그것과 조금
도 다름이 없으며, 그의 설법에 따라 대중 전체가 정신·정행의 수행
과 실천을 지향해 가고 있음을 볼 뿐이다.

『제중감로』에 나타나는 관음신앙 및 그 사상을 이상과 같이 검토해
보았을 때, 전체적으로 그것은 조선 말기에 대중성이 큰 관음신앙을
통해 불교전반을 이해하고 또 직접 실천 수행하려했던 매우 의의가
큰 불교 결사운동이었다고 할 만하다. 일반적으로 관음신앙은 현실적

---

237) 徐閏吉,「朝鮮朝 密敎思想硏究」,『佛敎學報』第20輯 (1983), pp.138~140
참조.

이익 희구의 경향을 띠고 수용되어 왔음에 반해 『제중감로』에 나타나는 관음신앙 및 그 사상은 관음의 원법에 대한 믿음과 수행을 통해 보다 궁극적인 인간구제를 시도하고 있다. 따라서 묘련사 관음결사의 특성은 관음신앙을 통해 불교전반에 대한 이해와 실천을 완성하려 했다고 말할 수 있으며, 이는 곧 관음신앙의 전개에 새로운 지평을 보여주는 것으로 평가해 볼만 하다.

관음신앙의 대중적 확산

조선시대의 관음신앙에 관한 이상의 검토 내용을 다시 그 특징 및 성격을 중심으로 정리해 말하면 다음과 같다.

첫째, 조선조 왕실의 관음신앙은 태조 이성계로부터 시작하여 이후 역대왕실로 계속 이어져 왔고, 그것은 선초의 불교정책에도 간접적이나마 일정부분 영향을 끼친다. 배불상황의 한편에서 진행된 왕실의 각종 불사나 불교에 대한 지원이 관음신앙을 매개로 하여 상당수 이루어지고 있는 것이다.

둘째, 관음신앙은 왕실에서보다 민간에 더욱 폭넓게 수용되어 왔다. 조선시대 관음관계 불서들을 보면 불교가 국가 정책적 관심권에서 완전히 벗어나 있던 중기 이후에 주로 사찰을 중심으로 승려 및 일반신도들의 재정적 후원에 의해 간행된다. 그 가운데 밀교적 관음신앙으로서의 다라니·진언류 불서가 많고 또 그 대다수가 언해 간행되었다. 이는 곧 관음신앙의 폭넓은 대중화 모습과 함께 현실이익적 신앙성격을 반영하는 것이라 할 수 있다.

셋째, 민간의 관음신앙 경향은 그 시대에 유포된 관음영험담을 통해서도 나타난다. 관음영험담은 그 대부분이 중국의 것이기는 하지만 조선시대인들의 영험 내용 또한 적지 않았을 것이다. 어느 것이든 이들 영험담은 현실적 이익을 추구하는 성향이 짙다. 따라서 대중은 그들의 괴로운 현실문제의 해결을 관음신앙 속에서 구하고, 이를 통해 불교는 불교대로 대중의 지지기반을 넓혀갈 수 있었다.

넷째, 조선 말에 거사들의 주도로 조직, 운영된 묘련사 관음결사는 몇 가지 면에서 주목된다. 결사 주도자들이 거사이며 그 법주는 거의 부처님처럼 귀경歸敬 받고 있다는 점, 이들의 짙은 도가적 성향, 결사의 소의경전이라 할 『제중감로』의 찬술 등이 그러하다. 관음원법觀音圓法을 중심주제로 하는 『제중감로』는 법화·화엄과 선사상까지도 포섭하면서 실천적 수행을 지향하고 있다.

관음염불에 전념하기 위한 이들의 정진회는 정법·정신·정행의 수행에 비중을 둠으로써 종래 현세·현실 이익희구적 관음신앙과는 크게 대조된다. 그런 뜻에서 묘련사 결사는 조선말에 일어난 새로운 행태의 대중적 관음신앙 운동으로 평가할 수 있다. 다만 이 결사가 4년 미만의 기간으로 짧게 끝나고 만 것은, 불교보다는 오히려 도가에 경도한 결사 주도자들의 종교적 성향과 한계 때문이었을 것으로 본다.

제6장
도총섭 제도의 발생과 확대

임진란 이후의 변형적인 승직제도

전래 이후 교단의 형성 발전과 함께 한국불교에는 각종 불교제도들이 시행되어 왔다. 불교제도는 물론 교단의 대내적 기능과 역할 수행을 위해 설치된 것이지만, 이들 제도의 대부분은 국가의 대불교정책 방향 및 일정한 의도 아래서 발생 변천하고 또 소멸해 갔다. 이 같은 사실은 한국불교의 승직제도를 통해서도 확인할 수 있다.

삼국시대 불교 초전기에 성립되어 근세까지도 지속되어온 승직제도 또한 교단의 질서와 체계적인 운영을 위한 대내적 목적의 제도임에 틀림없다. 그러나 그것은 기본적으로 승려 및 교단의 활동을 국가가 행정적으로 관장하기 위해 설치한 제도이기도 했다. 즉 불교교단의 자체적 필요와 요구에 따른 것이기보다는 불교통제를 위한 국가의 세속적 목적의 제도라는 측면이 더욱 크다. 이 같은 사실은 승직제도 성립 이후 그 운영 및 변천과, 특히 도총섭都摠攝을 포함한 조선시대의 승직제도가 잘 말해주고 있다.

흔히 조선시대 불교의 승직 범위에 도총섭을 포함시키지만 그것을 승직으로 간주하는 데는 몇 가지 문제도 없지 않다. 우선 도총섭 제도는 그 출발부터가 기존의 승직제도와는 개념을 달리한다. 더욱이 그 주요기능과 역할에 있어서 이는 결코 불교적인 것으로 보기는 어렵다. 그러함에도 불구하고 조선 후기 불교계에는 물론 국가 사회적 측면에 이르기까지, 도총섭과 그 제도의 영향이 컸던 것 또한 사실이다.

이 장에서는 먼저 도총섭 제도 운영의 배경으로서 조선 전기의 승직제도가 국가의 배불정책 하에서 어떤 변천의 과정을 겪어 왔는가를 살피고자 한다. 이어 도총섭 제도가 발생하는 계기와 그 의미를 검토한 다음, 임진란 이후 교단의 주요활동과 관련하여 도총섭 제도의 확대과정 및 그 유형들을 정리해 본다. 도총섭 제도의 발생과 운영, 그 확대 실시와 유형들을 통해 불교 안에서 그것이 갖는 성격을 밝혀 보기 위함이다.

I. 조선 전기 승직의 변천

1. 선초의 고려승직 계승

조선의 개국 직후 태조는 불교의 기본적인 틀은 전대의 그것을 그대로 유지 계승하고자 하였다. 무엇보다도 다양한 배불책들이 계속 제기되는 가운데서도 고려불교의 제도에 따라 왕사와 국사를 책봉했던 사실이 이를 잘 말해준다. 그는 즉위 원년(1392) 10월에 조계종의 무학을 왕사로 삼고, 그 3년(1394) 9월에는 천태종의 조구를 국사로 책봉하고 있다.[238]

숭유억불의 국시에도 불구하고 조선 개국초에 왕사와 국사가 책봉되고 있음은 고려불교의 전통과 함께 승직제도가 그대로 계승되고 있음을 보여준다. 여기서 왕사와 국사를 승직으로 간주할 수 있는가 하는 점은 문제로 삼을 수도 있다. 그러나 이들은 한 시대를 대표할 만한 고승으로서, 국가가 제도적으로 마련해 놓은 최고의 승위에 책봉되고 있었던 만큼 왕사·국사 또한 승직제도의 범위에 포함시켜도 무방할 것이다. 더구나 이들의 실질적인 담당활동이 거의 없었던 고려 전기

---

238) 『太祖實錄』卷2, 太祖 元年(1392) 10月 9日 ; 같은 책 卷6, 太祖 3年(1394) 9月 8日.

와는 달리 원의 간섭기 무렵부터는 국사(국존·국통) 또는 왕사가 주지 임명 등 승정을 직접 관장하기도 했던 사실을[239] 감안할 수도 있다.

태조의 왕사·국사 책봉은 승직제도와는 별개의 문제로 생각한다 하더라도, 조선 초에 승직제도가 그대로 계승되었음은 승록사僧錄司의 존재와 그 기능을 통해서도 확인된다. 승록사는 불교관련 제반 업무 및 행정을 위한 최고 중앙관부로서 고려 때부터 시행해 온 승직제도이다. 좌·우 양가로 구성되어 있던 승록사는 시기에 따라 승직명에 약간씩의 변천이 있었으나, 대체로 양가에 각기 도승록·승록·부승록·승정僧正·승사僧史의 직위를 두었고 이들을 통괄하는 직책으로서 양가도승록 또는 양가도승통이 있었다.[240] 또 중앙승관 조직인 승록사와는 별도로 지방에도 승관이 존재했던 흔적이 보이는데[241] 중앙 승록사와 연계를 갖고 그 지시에 의해 각 지방의 불교 업무 및 행정을 담당했을 것으로 추정된다. 이 같은 승록사에 관한 문제가 조선 개국 초에는 별도로 거론되지 않는다. 그러나 세종 대에 가서 그 폐지가 언급되고 있는 것으로 보아 그 이전까지는 승록사의 기능이 그대로 유지되었음을 알 수 있다.

이상과 같이 조선에 들어와서도 한동안 유지되었던 고려의 승직제도는 태종대의 본격적인 배불정책으로부터 영향을 받기 시작한다. 태종은 그 5년(1405) 11월 사사 토지 및 노비의 혁거와 함께 사사·거주승려·노비의 수를 대폭 감소시켰는데, 그 결과로서 태종 7년(1407)

---

239) 許興植,「國師·王師制度와 그 機能」,『高麗佛敎史硏究』(一潮閣, 1986), pp.410~412.
240) 위의 책,「불교계의 조직과 행정제도」, pp.343~346.
241) 拙稿, 승관조직과 승관제도,「고려전기의 종교와 사상」,『韓國史』16(국사편찬위원회, 1994), p.86.

12월에는 본래 11종이던 종파가 7종으로 병합 축소된다.

불교 교단에 대한 경제적인 제한 조치가 이처럼 종파축소의 결과를 가져온 것이지만 그러나 아직은 그것이 승직제도에까지 영향을 주지는 않고 있다. 물론 태조 4년에 국사 조구가 입적하였고, 또 태종 5년에 왕사 무학이 입적하였으나, 뒤이어 왕사·국사의 책봉이 없었던 것도 승직제도 변화의 일단으로 볼 수 있다. 그러나 보다 구체적인 승직제도의 변화는 태종의 종파 병합에 뒤이은 세종의 대폭적인 종파 축소와 함께 나타난다.

세종 6년(1424) 4월, 태종대의 7종은 다시 한 번 크게 통폐합되어 선교 양종으로 축소되기에 이른다. 이 또한 사원·승려·토지 및 노비의 숫자를 감축시켜 이를 국가 경제에 편입 활용하려는 목적에서 단행한 조치였다. 그런데 이 같은 조치의 단행에 앞서 예조에서 올린 불교교단의 정비 방안 가운데는 승직제도의 대 변동을 예고하는 다음과 같은 내용이 포함되어 있었다. 즉,

> "승록사를 혁파하고, 서울에 있는 흥천사를 선종도회소로 흥덕사를 교종도회소로 하여 나이와 덕행이 함께 높은 자를 뽑아 양종의 행수行首·장무掌務로 삼아서 승중僧中의 일을 살피게 할 것을 청합니다."[242]

라고 하였다. 이는 7종이던 불교의 종파들을 다시 폐합시켜 선·교 양종체제로 전환함에 따라, ① 기존의 승직기구인 승록사를 혁파하고 ② 선·교종에 각기 도회소(총본사)을 설치하여 ③ 종무를 관장할 행수·장무를 선발 임명하자는 방안이다. 세종 6년 4월 선·교 양종으로

---

242) 『世宗實錄』卷24, 世宗 6年(1424) 4月 5日.

의 종파폐합은 물론 예조의 불교교단 정비에 대한 건의가 그대로 채택된 결과이다. 따라서 실록에 별도의 기사가 보이지는 않지만 종파폐합을 단행함과 동시에 흥천사에 선종 도회소가[243] 흥덕사에 교종 도회소가[244] 설치되고, 이 양종 도회소에는 국가에서 임명한 행수가 머물며 각기 종무를 관장했을 것임이 분명하다.

2. 양종체제와 선·교종 판사 제도

양종 도회소의 설치와 함께 이때부터 양종의 행수는 선종판사禪宗判事 또는 교종판사敎宗判事로 불렸다. '판사'란 국가 주요기관의 수장으로서 고려시대부터 널리 사용해온 명칭이다. 조선 시대에도 그 초기에는 도평의사사을 비롯하여 삼사, 중추원, 봉상시奉常寺, 중전시中殿寺 등의 장관을 판사라 하였으며 그 품질은 1품에서 3품까지였다.[245] 이 같은 전형적인 관료직의 명칭을 불교의 최고 승직에도 그대로 사용하게 된 것으로, 국가제도로서의 승직제도가 갖는 성격의 일면을 여기서도 짐작할 수 있다.

이처럼 세종 6년에 종파폐합과 함께 양종판사에 의해 교단의 업무가 관장되는 승직제도상의 큰 변화가 있었던 것이지만 그러나 이로써

---

243) 흥천사는 태조가 神德王后 康氏를 위해 정릉의 원당으로 창건한 사찰로서, 이미 태조에 의해 조계종 본사로 지정되어 修禪을 恒規로 삼아오던 절이다. 權近撰, '貞陵願堂 曹溪宗本寺 興天寺 造成記'(『東文選』卷78).

244) 태조는 태종 3년에 동부 연희방(지금의 혜화동 근처)에 있던 자신의 舊邸 동편에 新殿(德安殿)을 지어 장차 精舍로 삼고자 하였다. 이 덕안전이 화엄종의 사찰이 되었다가 세종 때 교종의 본사가 된다. 權近撰, 「德安殿記」(『朝鮮佛教通史』上 , p.374).

245) 張三植 編,『大漢韓辭典』(省文社, 1968), p.165.

그동안 승직제도의 근간이 되어온 승록사가 완전히 혁파되지는 않은 것 같다. 예조가 건의한 방안대로라면 승록사가 폐지되고 대신 양종 도회소가 설치된 것으로 볼 수 있다. 그러나 승록사가 그 이후로도 상당기간 존속했던 것임은 세종 11년 4월 사헌부의 보고를 통해 확인된다. 즉 사헌부에서 출가자의 증가문제와 관련하여 그 조건의 강화와 제재를 왕에게 아뢰는 가운데 '양반자제로서 출가를 원하는 자는 부모와 친족이 사유를 갖추어 승록사와 예조에 보고하고, 예조에서는 보고를 받고 뜻을 파악한 다음에…'[246] 라고 말하고 있다. 따라서 이는 선·교 양종의 도회소가 설치되고 각 종의 판사가 업무를 관장하게 된 이후에도 상당 기간 승록사의 일부 기능이 계속된 것으로 보아야 할 것이다.

한편 승직제도가 크게 변동하기는 했지만, 그것은 여전히 승과 및 법계와의 연계 속에서 운영되고 있다. 일찍이 고려 광종대에서부터 시행해 온 승과와 법계는 조선 초기에도 각 종에서 선·교 두 그룹으로 구분하여 그대로 실시하였고, 세종 6년 이후 역시 선·교 양종에서 각각 승과를 실시하고 이에 따른 법계를 주었다.

승과는 먼저 종파의 예비시험인 종선宗選을 거쳐 국가가 시행하는 대선大選에 나아가게 되며, 이에 합격하면 양종 공히 대선의 법계가 주어졌다. 법계의 단계는 시대마다 약간씩의 차이가 있었지만 조선 전기에는 대체로 선종은 대선→중덕→선사→대선사의 순으로, 교종은 대선→중덕→대덕→대사의 순으로 진급하였다.[247] 이런 법계의 대선

---

246) 『世宗實錄』卷44, 世宗 11年(1429) 4月 16日.
247) 이 법계는 고려시대의 그것과는 차이가 있는데, 각 시대에 따라 변화가 있었음을 여러 자료에서 확인할 수 있다. (高橋 亨, 『李朝佛敎』, p.993 ; 金煐泰, 『한국불교사』, pp.224~225 참조).

사에 오른 사람 중에서 흥천사의 주지로 임명되면 특별히 도대선사都
大禪師라는 법계와 함께 선종판사의 승직을 주었고, 대사 중에서 흥덕
사의 주지가 되면 도대사都大師라는 법계와 함께 교종판사의 승직을
준 것이다.[248] 즉 양종 각기 최고의 법계를 가진 사람 중에서 선종 도
회소인 흥천사와 교종 도회소인 흥덕사의 주지로 임명되었고, 그는 별
도의 법계가 가급加給되는[249] 동시에 해당 종파를 관장하는 판사가 되
었던 것이다.

이와 같이 승직 제도는 승과 및 법계와 서로 밀접한 관계 속에서
운영되어 왔는데, 승과의 실시과정에는 승직자의 구체적인 역할도 드
러나고 있어 좋은 참고가 된다. 즉 3년에 한 번씩 문무과의 식년인
자·묘·오·유년에 실시했던 승과는, 선종에서는 『경덕전등록』과 『선
문염송』, 교종에서는 『화엄경』과 『십지론』을 시험과목으로 하여 각각
30명씩 선발하였다. 이런 승과에서 선교 양종의 각 판사가 업무를 관
장하고 전법사傳法師 1인과 학식이 높은 승려 10명이 증의證義로서
배석한 가운데 시험을 통해 합격자를 뽑았다.[250] 또 이때 국가에서는
내직별감을 파견하여 감독케 하였는데, 성종 때부터는 이 정부의 감
독관이 예조의 낭청郎廳으로 교체[251]되기도 하였다. 승과에서 역할을
맡고 있는 전법사와 증의는 상설 승직은 아니다. 시험이 있을 때마다
임명하는 임시직책이었다.

한편 양종 소속 사찰의 주지 임명에 관해 일별해 보는 것도 당시 승

248) 高橋 亨, 위 같은 곳.
249) 고려시대에 법계의 除授는 왕이나 국가로부터 「除·加·授·特授」되었던 것임
　　이 碑文에서 드러나는데, 이는 조선에서도 동일하였다.
250) 李能和, 『朝鮮佛敎通史』下, p.942.
251) 成俔, 『慵齋叢話』卷9 ; 『成宗實錄』卷261, 成宗 23年(1492) 1月 16日·17日.

직제도의 이해에 도움이 될 수 있다. 승과에 합격하면 양종 공히 대선의 법계를 받고 이어 중덕으로 진급함은 앞서 언급한 바와 같다. 그런데 이 중덕 법계에서부터 주요 사찰의 주지가 될 수 있는 자격이 부여된다. 곧 중덕 법계자 중에서 주지를 선발 임명한 것이다. 그 임명절차를 보면, 어떤 사찰에 주지의 결원이 생기면 그 사찰의 본사(도회소)에서 중덕의 법계에 있는 자 중에서 3명의 후보자를 선발하여 문서로 예조에 추천한다. 예조에서 이를 검토한 후 의견서를 첨부하여 다시 이조로 보내면, 이조에서 왕의 재가를 얻어 1인을 주지로 임명하였으며, 그 임기는 30개월이었다.[252]

종파의 폐합으로 불교교단이 크게 축소되기는 했지만 조선 초기에는 양종 도회소가 설치되고, 각 종의 판사를 정점으로 하는 중앙 승직자와 각 사찰의 주지로 이어지는 승직제도가 원활하게 운영되고 있었음은 이상을 통해 짐작 할 수 있다. 승직제도상의 첫 변화였던 이 양종판사제는 세종 6년으로부터 80년간 지속되다가 연산군 때의 배불정책으로 인해 중단되고 만다. 연산군이 그 10년(1504)에 세조의 원찰인 도성내의 대원각사와 흥천·흥덕 양사를 철폐하여 이들을 모두 관공의 건물로 삼았던 것인데, 이는 곧 선교 양종의 폐지나 다름없는 배불조치였다. 이후 양종은 청계산으로 옮겨가지만 유명무실할 수밖에 없었고, 이로써 승과의 실시가 불가능했음은 물론 법계와 승직도 자연히 없어지고 말았다. 이처럼 선교양종·승과·법계·승직이 모두 없어지거나 중단된 상태로 대략 50년이 지난 다음 그것을 다시 시행한 것은 명종대의 일이다.

명종 5년(1550) 당시 수렴청정하던 문정대비가 보우를 맞아들여

---

252) 『經國大典』 3, 「禮典」 度僧조 및 『慵齋叢話』 卷9.

봉은사와 봉선사에 각각 선·교 양종을 복설復設함으로써 조선 불교는 모처럼 다시 새로운 계기를 맞게 된다. 우선 양종을 복설한 대비는 이어 명종 6년 6월에 보우를 판선종사判禪宗事 도대선사 봉은사 주지로, 수진守眞을 판교종사判教宗事 도대사 봉선사 주지로 삼았다. 이는 곧 승직제도의 부활인 셈인데, 이듬해에는 양종의 승과도 다시 실시되었다.

명종대 문정대비와 보우의 불교중흥 노력으로 승직제도가 세종대의 제도 그대로 복구된 것이다. 다만 이때는 양종의 도회소가 흥천·흥덕사에서 각각 봉은사와 봉선사로 교체된 점이 차이가 있다. 또 한 가지 양종의 판사를 판선종사와 판교종사라 한 것도 눈에 띤다.[253] 그러나 특히 주목되는 것은 승직제도의 복구 이후 1인이 선교 양종의 판사를 겸임하는 경우가 있었다는 점이다. 즉 청허휴정이 명종 11년 (1556)에 먼저 판교종사가 되고 이어 판선종사가 됨으로써 양종겸판의 직책을 맡고 있음이[254] 그것이다. 이는 당시 양종이 복구되기는 했지만 선·교종이 구분이 그렇게 명확하지 않았던 사정이나 휴정과 같은 탁월한 인물의 능력과 관련된 현상으로 볼 수 있다. 그러나 승직제도 자체로서는 그 퇴조의 현실을 반영함일 것이다. 엄연히 선·교로 나뉘어 양종이 존재하는 상황에서 1인이 그것을 총괄하고 있다는 점에서이다.

오랜 중단 끝에 모처럼 복구되어 교단의 운영에 활력소가 되었던

---

253) 선종판사를 '판선종사'라 한 사례는, 세조 2년에 수미대사가 '판선종사'로서 왕명을 받들어 영암 월출산 도갑사를 중수했다는 기록(「妙覺和尙碑文」)에서도 보인다. 일찍부터 두 명칭이 함께 사용되었으며, 이는 교종판사의 경우도 마찬가지이다.
254) 「淸虛堂 休靜大師碑」, 『朝鮮金石總攬』下, p. 853.

이 승직 제도는 그러나 오래 지속하지 못하였다. 명종 20년(1565) 문정대비의 서거로 양종과 승과가 다시 폐지됨에 따라 복구된 양종판사 제도 또한 함께 폐지될 수밖에 없었다. 양종판사 중심의 승직제도는 세종 6년에 시작되어 80년간 지속되었다가 연산군 10년부터 대략 50년가량 중단되고, 다시 명종 대에 15년 정도 유지되다가 명종 20년 이후 공식적으로 완전히 사라지고 만 것이다.

Ⅱ. 도총섭 제도의 발생

승직제도 폐지 이후 산중승단으로 되돌아 간 불교에서 특기할 만한 활동 가운데 하나는 산승가풍을 확립하고 이를 지켜나간 일이었다. 이 같은 활동은 주로 선승들을 중심으로 이루어지고 있다. 즉 휴정이 임제의 종풍과 가통을 새롭게 확립시킨 이래 그 문하와 법손들이 법맥을 상전하며 조선 중·후기 불교를 주도해간 것이다. 그런데 이런 산중승단 시대에도 기왕에 승과에 합격하여 법계를 받았거나 승직에 임명되었던 사람은 계속해서 그 법계와 승직으로 호칭되기도 하였다.[255] 물론 이때 선종판사 또는 교종판사 등의 호칭은 승려들 사이에 관례상 그렇게 불렸을 뿐, 산중승단의 관리와는 무관했다.

이와 같이 별도의 승직체제 없이 새로운 종풍과 가통 속에서 산중승단으로 유지되어 가던 불교계에 다시 국가차원의 관리체계가 수립된 것은 임진란이 일어난 직후 도총섭제도가 시행되면서부터이다. 주지하듯이 임진왜란은 선조 25년(1592) 4월에 발생하여 한 달이 채 못 되어 서울이 함락될 만큼 전황이 급박하게 진행되었다. 그러나 개전 초기에 관군의 항전이 실패를 거듭하고 있었던 것과는 대조적으로 지방의 의병과 의승군 활동은 매우 활발하였다. 그 해 7월 의주에서

---

255) 高橋 亨, 앞의 책, pp.994~995.

피난 중이던 선조가 묘향산의 휴정을 불러 국난의 타개를 부탁하면서
팔도십육종도총섭八道十六宗都摠攝의 직함을 내렸던 것으로,[256] 조선불
교의 도총섭 제도가 이로부터 시작된다.

　의승군이 전국적인 규모로 조직되었을 것임은 이미 선조가 휴정에
게 내린 팔도십육종도총섭의 직함을 통해서도 알 수 있다. 즉 이는 중
앙에 도총섭을 두고 그 아래로는 전국 8도에 각각 선교양종 1명씩
16명의 총섭을 두는 조직체계이다. 이 같은 조직을 갖춘 도총섭 제도
가 전국에 걸쳐 시행된 것은 선조 26년(1593) 8월부터였다. 그런데
이에 앞서 각 도의 총섭을 임명할 때 그 명칭을 판사로 할 계획이었으
나 여론에 의해 총섭으로 바뀌었음이 비변사의 보고에서 드러난다.
즉 처음에는 '8도 각처의 선종과 교종에 각각 판사 1인씩을 임명하여
이 16인을 (승군의) 주관자로 삼을 것'을 건의하여 왕의 재가까지 받
은 상태였다. 그러나 '판사라는 이름이 마치 선종과 교종을 설립하는
것 같아 후환이 없지 않을까' 염려하는 유신들의 의견에 따라 총섭으
로 고쳐 시행한 것이다.[257] 뿐만 아니라 각 도에 반드시 2명씩의 총섭
이 임명된 것도 아니다. 이 역시 선교양종의 복구를 방불케 한다는 이
유 때문이었다.[258] 도총섭 제도의 시행을 앞두고 유신들이 예민하게
반응하고 있음이 엿보이지만 이것이 승직이 아님은 물론이다. 조정으
로부터 임명되어 직첩을 받았던 도총섭과 총섭은 '영군토적지승領軍討
賊之僧'을 가리키는 명칭일 뿐이다.[259] 승군을 통솔하며 적을 토벌하는

256)『宣祖修正實錄』卷26, 宣祖 25年(1592) 7月 1日 ;「淸虛堂 休靜大師碑」.
257)『宣祖實錄』卷40, 宣祖 26年(1593) 7月 20日 및 卷41, 宣祖 26年 8月 7日.
258) 安啓賢,「朝鮮前期의 僧軍」,『한국불교 사상사 연구』附篇(동국대학교 출판
　　부, 1983), pp.386～392.
259)『宣祖實錄』卷48, 宣祖 27年(1594) 2月 27日. "領軍討賊之僧 可稱爲摠攝".

승장들인 것이다.

그러나 이 총섭이란 칭호는 조선 중기보다 훨씬 앞 시대에서 간혹 고승들에게 사용한 적이 있으며, 물론 이 경우는 불교를 관장하는 직책을 가리키는 말이었다. 총섭을 중심으로 하는 승직제도가 처음 보이는 것은 중국 원의 지원 14년(1299)이며,[260] 우리나라에서는 여말선초의 고승들에게서 도총섭 칭호가 사용된 몇몇 사례가 보인다.

즉, 고려 공민왕 20년(1371), 나옹을 왕사로 책봉하면서 내린 호가 '대조계종사선교도총섭근수본지중흥조풍복국우세보제존자大曹溪宗師禪敎都摠攝勤修本智重興祖風福國祐世普濟尊者'였으며,[261] 우왕 원년(1374) 왕이 찬영을 가지사 주지로 임명하면서는 '선교도총섭정지원명묘변무애현오국일도대선사禪敎都摠攝淨智圓明妙辨無礙玄悟國一都大禪師'를 특가特加하고 있다.[262] 또 조선 태조 2년(1393)에 찬영의 비문을 지은 선궤의 직함은 '전내원당판조계종사선교도총섭자흥혜조국일도대선사겸승록사사前內願堂判曹溪宗事禪敎都摠攝慈興慧照國一都大禪師兼僧錄司事'였다.[263] 한편 문종 원년(1451)에는 세종·세조대의 명승 신미에게 '선교양종도총섭밀전정법비지쌍운우국이세원융무의혜각존자禪敎兩宗都摠攝密傳正法悲智雙運祐國利世圓融無疑慧覺尊者'라는[264] 호를 내린 적이 있다.

대표적인 위 몇몇 사례에서 보듯이 고려 말의 선교도총섭은 왕사 또는 왕사로 책봉되기 전의 고승에게 내린 존호였다. 또 태조 2년에

---

260)『元史』卷9, 本紀, 至元 14年(1277) 2月 28日. "詔以僧亢吉益怜 眞加加瓦 並 爲江南摠攝 掌釋敎".
261)『牧隱集』卷14,「普濟尊者諡禪覺塔銘並序」.
262)「億政寺大智國師智鑑圓明塔碑」,『朝鮮金石總覽』下, pp.715~719.
263) 위와 같음.
264)『文宗實錄』卷2, 文宗 卽位年(1450) 7月 6日.

보이는 도총섭은 판승록사사 즉 최고위 승직자에게 주어진 경우이다. 세종·세조대의 명승 신미에게 내린 선교양종도총섭은 이미 세종이 그를 판선교종사로 삼으려 했던 계획에 따라 사호된 것이다.[265] 따라서 여말에서와는 달리 존호 자체가 승직명으로써 이해되는 측면이 없지 않지만, 양종이 별립 체제로 운영되었음을 고려한다면 그것은 실제 기능 보다는 상징적 의미가 더 큰 것으로 생각된다.

이와 같이 여말선초에 간혹 사용해 온 도총섭의 명칭이 왜란을 맞은 조선 중기에 다시 본격적으로 사용된 것이다. 이때의 도총섭은 어디까지나 불교계의 참전을 촉구하기 위한 승장을 뜻하는 것인 만큼 승직과는 무관한 명칭임은 물론이다. 그러나 준국가제도인 이 도총섭제의 시행이 조선불교에서 갖는 의미는 결코 작지 않다. 무엇보다도 이를 계기로 국가가 불교의 존재를 다시 공적으로 인정하는 결과를 가져왔기 때문이다. 더욱이 종전 후 배불상황 속의 불교교단이 더욱 확대된 도총섭제도를 통해 나름대로 교단의 체제를 유지해 갈 수 있었다는 점에서, 그것에는 변형적이나마 승직제도로서의 의미를 부여할 수도 있다.

---

265) 같은 책, 文宗 卽位年(1450) 7月 9日·17日.

Ⅲ. 총섭직의 확대 운영

1. 팔도도총섭과 승영총섭

도총섭 제도 시행의 직접 계기가 된 임진왜란은 전후 7년간이나 계속되었다. 이 기간 중에 도총섭–총섭의 지휘체계를 근간으로 하는 전국 각 지방의 승군이 때로는 독자적으로 때로는 관군·의병과 합동으로 전투를 수행하여 육해전에서 큰 전적을 올렸음은 이미 널리 알려진 일이다. 그러나 임진란 중 승군 활동이 반드시 전투에만 국한된 것은 아니다. 전쟁이 소강상태에 있던 기간이나 비전투 지역에서는 농사를 짓거나 땔감을 비축하고 군량을 운송하는 등 활동을 계속해 왔다. 그 가운데서도 전국 각 주요지역의 산성축조와 그 보수 작업은 비전투 시 승군의 가장 뚜렷한 활동이었다.

임진란 중에는 물론 종전 이후로도 전국 도처에서 계속된 축성사업은 대부분 승군의 동원으로 이루어진 국가의 대역사였다. 이런 축성사업에 승군을 동원한 것은 총섭제도로써 지휘체계가 잘 갖추어진 승군의 조직 및 그 우수한 노동력을 활용하기 위함이었다. 바꾸어 말하면 국가는 도총섭·총섭·부총섭 또는 승장 등의 직첩을 주면서, 유휴 노동력으로 간주하던 승군을 국가 목적에 적절히 이용하고자 한 것이다. 이렇게 해서 선조 26년(1593) 4월 황해도 해주 산성의 수축으로부터 시작하여 전쟁 종식 이후인 선조 38년(1605)의 죽산성 축성에 이르기까지, 승군에 의해 보수·축조되거나 조력을 받아 이룩된 전국 각 군사요충지의 산성은 19개소에 달한다.[266] 승군의 새로운 주 활동 분야가 된 이 같은 축성사업은 종전 후 더욱 본격화하였고, 이로써 그동안 제1대 도총섭 휴정, 제2대 의엄義嚴 (혹은 유정)으로[267] 이어져 온 도총섭 제도는 이제 새로운 형태를 보이며 계속되어 갔다.

임진란 이후 승군이 동원된 가장 큰 규모의 축성공사는 남한산성의 축성이다. 후금의 침략에 대비, 인조 2년(1624) 7월에 착공하여 인조 4년(1626)에 완공을 본 이 공사에는 각성과 응상應祥 등이 승군을 이끌고 참여하였다. 이때 역사를 감독했던 각성에게는 남한산성 승군의 초대 총섭을 겸한 팔도도총섭의 직첩이 주어졌다.[268] 한편 남한산성의 축성과 함께 성 안에 9사寺의 승영 사찰을 신축하거나 기존의 사찰을 증축하기도 했는데 이는 승군의 산성 수비를 위한 조치였다.

그리하여 산성 수비 승군의 본부인 개원사開元寺 승영僧營은 승군 총섭 1인·중군 1인·교련관 1인·초관 3인·10사 원거승原居僧 138인·각 도의 윤번輪番 의승 356인으로 편제를 갖추고,[269] 이후 산성

266) 呂恩暻,「朝鮮後期 山城의 僧軍摠攝」,『大邱史學』제32집(大邱史學會, 1987), pp.52~53.
267) 의엄은 휴정의 뒤를 이어 선조 28년 3월 도총섭의 직첩을 받았지만(선조실록 권61, 선조 28년 3월 갑술) 전국적인 불교교단의 지지와 호응을 받지 못하였다. 대신 휴정이 歸山한 선조 26년 10월 이후 실질적인 도총섭의 역할을 해온 것은 유정이었다. 그가 직첩을 받았다는 기록은 없지만 교단과 국가의 현실적인 인정을 받으며 계속 도총섭의 임무를 수행한 것이다. (安啓賢, 앞의 책, pp.387~389 참조).
268)「碧巖大禪師行狀」,『大覺登階集』下 ;『正祖實錄』卷8, 正祖 3年(1779) 8月 2日.
269) 李能和,『朝鮮佛教通史』下, p. 829.

의 수비까지도 승군이 담당하였다. 이 남한산성의 승군총섭이 곧 8도도총섭을 겸임했던 것으로, 여기서 총섭제도가 새롭게 전개되어 감을 볼 수 있다. 승군의 동원 및 산성 승영의 운영은 그 후 숙종 37년(1711) 4월에 착공하여 같은 해 10월에 완공을 본 북한산성의 경우에도 그대로 적용된다. 다만 중흥사에 본부를 둔 북한산성 승영은 승대장 1인·중군 1인·좌우별장 1인·각사승장 1인 및 의승군 530인등으로 구성된 승군 편제가 남한산성의 그것과는 다소 차이가 있으며, 승군 총섭을 승대장으로 호칭하고 있는 것도 달라진 점이다. 북한산성에는 승군을 동원하여 공역을 감독했던 성능性能이 초대 승대장에 임명되어 역시 팔도도총섭을 겸임하였다.[270]

임진란시 승군의 동원과 지휘를 위해 시행한 도총섭제도는, 위에서 보아온 바와 같이 종전 후에는 축성 및 그 수비를 주임무로 하여 계속 유지되고 있다. 이처럼 각 도의 총섭 대신 남·북한산성의 양대 승영에 총섭이 임명되고 그가 8도의 도총섭을 겸임하여 전국의 사찰과 승려를 관장케 하고 있음은, 마치 선교 양종시대에 흥천·흥덕사 주지의 선·교종판사 겸임을 연상케 하기도 한다. 그러나 이 같은 총섭제도의 운영은 역시 국가의 승군을 동원하기 위한 것일 뿐이다.

이런 총섭제도는 남북한 산성에서만 그친 것이 아니다. 인조대 이후 18세기에 이르기까지 경상도의 가산산성架山山城·경기도의 대흥산성大興山城을 비롯하여 전국 주요산성의 축성과 보수에도 여전히 승군을 동원하였고, 역시 그 수비를 위해 승영으로 지정된 각 사찰에 총섭·승장을 임명하였다. 영조 33년(1757)에 편찬한 『여지도서輿地圖書』에는 승영사찰·총섭·승장의 관계가 확실하게 나타나는 산성·읍

---

270) 「僧聖能錄」, 『北漢志』 ; 위 같은 책, p.833.

성·관액關阨만 해도 무려 37개 지역 97사에 이를 정도인데,[271] 이들 사찰의 주지 또한 총섭 또는 승장으로 불리운 것이다.

2. 형태를 달리한 각종 총섭들

산성승영 외에도 총섭제도는 그 형태를 달리하면서 계속 확대되어 갔다. 사고史庫의 수호를 위한 총섭의 임명도 그 중의 하나이다. 인조대를 전후하여 봉화(태백산)·무주(적상산)·강화(정족산)·강릉(오대산)에 사고를 짓고 역대의 실록을 보관해왔는데, 이곳에 각각 사고 수호사찰을 두고 총섭을 임명하였다. 즉 봉화 각황사, 무주 적상산성(성내 승영 사찰은 상원사 등 3개소), 강화 전등사, 강릉 월정사를 사고 수호사찰로 지정하고 이들 4개 사찰의 주지를 총섭이라 한 것이다.[272]

또한 왕실의 원당 및 기타 조정에서 중시한 사찰의 주지에게도 총섭의 직책이 주어졌다. 원당 사찰로는 선희궁의 원당인 법주사·예종의 원당인 유점사·어의궁의 원당인 파계사·명예궁의 원당인 송광사 등을 들 수 있다. 또 안변의 석왕사는 태조의 제전祭殿이 있는 사찰로서 역시 주지를 총섭이라 하였다. 이 밖에도 19세기 이후로도 대장경의 인쇄와 간행과 관련하여 경판을 소장하고 있는 해인사 주지가 총섭이 되고, 승려들의 갑계甲契 등으로 사세가 크게 성장해 있던 범어사의 주지도 총섭으로 불리었다.[273]

한편 정조대에는 임진란 의승장들을 추상追賞하여 일종의 사액사

---

271) 呂恩晛, 앞 논문, pp.67~72 참조.
272) 高橋 亨, 앞의 책, pp.997~998 ; 呂恩晛, 위 논문, pp.72~76 참조.
273) 高橋 亨, 앞 같은 곳 ; 呂恩晛, 「朝鮮後期 大寺刹의 摠攝」, 『교남사학』3(교남 사학회, 1987), pp. 338~340 참조.

당賜額祠堂이라 할 삼사三祠가 세워지고 이곳에는 지금까지와는 완연하게 다른 형태의 총섭이 임명되고 있다. 삼사란 경상도 밀양과 전라도 해남의 각 표충사, 그리고 평안도 안변의 수충사酬忠祠를 말함이다. 밀양 표충사는 병자호란 이전에 이미 세워져 관급제수하던 사당이었다. 영조 14년(1738)에 이를 중창한 것으로 휴정·유정·영규 삼사三師를 제향祭享하였다. 휴정·유정·처영을 제향한 해남 표충사는 정조 12년(1788)에, 안변 수충사는 휴정·유정의 제향을 위해 정조 18년(1794)에 각각 세워졌다.

밀양 표충사에는 불교계의 여망있는 중진 가운데서 예조로부터 첩문을 받은 원장·도총섭·도유사가 사司의 일을 관장하였고, 또 별도로 도승통을 두었다. 표충사 원장은 '종정'으로도 호칭되면서 불교교단의 대표자로서 존경을 받았고, 도총섭은 아울러 전국의 승려를 통솔하고 승풍을 규정하였다.[274] 정조대의 표충·수충 양사의 승직 또한 밀양 표충사의 예에 따랐다. 이처럼 산성총섭의 군사적 기능이 약화된 18세기 말경 국가가 사찰과 승려가 밀집한 경상·전라·평안도에 3사을 세우고 총섭제도를 확대 운영하고 있음은, 관의 취재와 함께 불교계 자체의 기구를 통하여 승풍을 규정케 하려는 정책의 소산으로 이해할 수 있다.[275]

정조대 총섭제도의 확대로서 또 한 가지 특이한 예는 신창한 수원 용주사의 사격을 높여 주지에게 도총섭의 직책을 준 일이다. 용주사는 정조가 그 14년(1790)에 망부인 장헌세자莊獻世子를 위하여 묘소

---

274) 取如, 『括虛集』卷2, '表忠祠都摠攝案錄重修序'(『韓國佛教全書』 10 pp.312~313).
275) 呂恩暻, 「朝鮮後期 大寺利의 摠攝」, pp.332~335 참조.

현륭원顯隆園을 장산으로 옮기고 이곳에 능사로서 창건한 절이다. 정조는 용주사의 창건과 함께 남한산성의 도총섭 보경을 주지로 삼고 도총섭으로 칭하였으며, 그 아래 도승통을 둔 것이다.[276] 이후 용주사 도총섭은 8도의 사찰 및 승군을 통솔하는 북한산성의 도총섭에 윤번으로 취임하는 것을 상례화 하였다. 이는 그만큼 국왕의 정치권력을 배경으로 세워진 용주사의 정치적 성격을 보여주는 것이기도 하다.

임진란시 승군을 지휘 관장하기 위해 임명한 팔도도총섭 및 각 도 16종총섭 외에, 이상에서 살펴온 총섭을 다시 유형별로 묶어보면 다음과 같다. 즉 그들은 ①축성 및 수비를 위한 남·북한산성 총섭 겸 팔도도총섭 ②각 산성 승영사찰의 총섭 및 승장 ③사고 수호사찰 총섭 ④왕실의 원당 및 주요사찰 총섭 ⑤표충·수충사 도총섭 ⑥능사로서의 용주사 총섭 등으로 대별된다. 이 같은 유형들 자체가 임진란으로 인해 시작된 도총섭 제도가 종전 후에도 그 시기와 목적에 따라 다양하게 확대되어 왔음을 잘 말해준다. 그러나 도총섭·총섭의 임무 및 기능을 감안할 때, 그 제도의 확대 운영은 대부분이 승려들의 노동력을 국가가 철저하게 이용하려는데 그 목적을 둔 것이다. 위의 유형들 가운데 18세기 후반에 확대된 ④⑤⑥의 경우는 다소 예외적 측면이 있기는 하지만 이 또한 국가 목적에 부응시키기 위한 것임에는 크게 다름이 없다.

---

276) 李能和, 앞의 책, p.832.

Ⅳ. 승풍 규정과 도총섭

도총섭 및 총섭은 위에서 살펴본 바와 같이 임란 시에는 전투에 임하는 승군의 통솔이 주 임무였다. 이들은 승장으로서의 기능이 최우선이었다. 8도도총섭 및 16종총섭이라는 직책도 결국 이러한 기능을 보다 효과적으로 달성하기 위한 전국 일원의 조직체계를 말함일 뿐이다. 임란 이후 승군이 산성의 축조 및 그 수비에 동원되면서 주어진 총섭 및 도총섭 또한 이 새로운 임무를 관장하기 위한 것임은 물론이다. 역시 승장의 군사적인 기능 그대로이다.

조정은 승려에게 총섭의 직책을 주고는 있지만 그것이 불교교단을 위한 승직으로서 기능하기를 원한 것은 아니다. 총섭제도의 기능을 어디까지나 국가의 군사적 목적에만 한정시키고자 한 것이다. 이 같은 의도는 본래 8도에 각각 2인의 선교종 판사를 임명하여 승군의 주관자로 삼으려 했던 계획을 양종의 복구를 방불케 한다는 이유로 취소하고 총섭으로 명칭을 바꾸었던 일이나, 그나마 각 도마다 반드시 2인씩의 총섭을 임명치 않았던 사실에서도 짐작할 수 있다. 따라서 임란 및 전쟁 종식 후의 총섭은 전투 수행의 독려와 축성 등의 관역을 주 활동으로 삼을 수밖에 없었다.

그러나 산성 총섭의 군사적 성격이 약화되는 18세기 이후 확대 운영된 총섭제도는, 분명 종전과는 다른 의미에서 승직으로서의 일부 기능이 나타나 보이기 시작한다. 가령 사고 수호사찰인 강화 전등사의 총섭이 '들어오면 사각史閣을 수호하고 나가서는 모든 절을 다스려 바르게 한다.'[277]라고 한 기록도 그 한 예가 될 수 있다. 제찰諸刹을 이정釐正한다는 데에서 사고를 수호하는 총섭이 한편으로는 관내 사찰과 승려들을 통제했음을 알게 한다. 또 '종정'으로 호칭되기도 했던 표충사의 원장이 불교교단의 대표로서 존경을 받았던 것이나, 도총섭이 전국 승려를 통솔하고 승풍 규정의 임무를 수행하고 있는 데에서는 총섭제도에 부여된 승직의 기능이 좀 더 확대되고 있음을 보여준다.

승풍규정과 관련된 승직문제로서는, 특이한 사례이기는 하지만 이미 18세기 초에 전라도 선암사의 호암약휴護巖若休가 받은 도승통을 들지 않을 수 없다. 호암은 숙종 29년(1703)에 예조로부터 첩문을 받고 전라도 도승통의 승직에 임하여 도내 각 사찰의 승풍을 규정한 바 있다. 선암사를 수반 사찰로 하는 규정소糾正所는 금구 금산사를 우도규정소로 광양 옥룡사를 좌도규정소로 하여 각각 간사승을 두고 승려 규정의 업무를 수행하였다. 이 제도는 숙종 29년부터 철종 10년 까지 약 150년간이나 존속하였다. 해남 표충사의 도총섭보다 앞서 설치되어 도총섭의 통제는 받지 않고 별도로 활동했던 선암사 도승통은 도내 각 사찰로부터 심한 반발을 받음에 따라 철종 10년(1859)에 폐지하였다.[278] 선암사의 도승통은 예조의 인정을 받아 창설된 공식 승직으로서 도내 각 사찰을 관할하여 자율적으로 승풍을 규정해 갔

---

277) 『傳燈寺本末寺志』, p.49, 「史閣都摠攝案册」(乾隆 十二年 丁卯二月 日記)(亞細亞文化社, 1978). "入則守護史閣 出則釐正諸刹".

278) 高橋 亨, 위의 책, pp.1000~1002 ; 「昇平仙巖寺重刱主護巖堂若休大師傳」, 『朝鮮佛敎界』 제2호(1917), pp.47~50.

다는 점에서 어느 정도 승직의 고유한 기능을 행사한 사례로 삼을 만하다.

그런데 불교의 이 같은 자율적 규제활동이 총섭제도의 확대 운영 이후 전 불교교단을 대상으로 실시되고 있어 주목되는데 조선 후기에 보이는 이른바 5규정소가 그것이다. 즉 승려의 해이해진 기강을 바로잡고 전국의 사찰을 관할하여 불교업무를 처리하기 위해 5개 사찰에 규정소를 설치 운영한 것이다. 5개사는 남한산성의 개원사, 북한산성의 중흥사, 수원 용주사, 그리고 일찍이 선교양종의 도회소였던 봉은사와 봉선사이다. 개원사·중흥사·용주사는 국가에서 임명한 실권을 가진 도총섭이 있는 사찰이며, 봉은사·봉선사는 그 주지가 관례상 교단 내에서는 선종판사·교종판사로 불리우던 사찰이다. 국가와의 관련이나 실제 역할 및 위상에 있어 중앙의 대표격인 이들 5개사의 도총섭과 주지(선·교종판사) 5명이 임원이 되어 불교교단에 관한 업무 일체를 관장하는 5규정소 제도의 설치는, 조선 후기 승직제도 문제와 관련하여 매우 중요한 의미를 갖는다.

그러나 이 제도의 설치에 대한 국가의 인정 여부와 그 시기는 분명하지 않으며, 규정소 운영 및 업무내용 또한 알려진 것은 그리 많지 않다. 이들 5명의 임원은 규정도회소에 합석하여 종무를 의논 처리하였으며, 별도로 정해진 도회소는 없었다고 한다. 또 5규정소는 각기 관할 구역이 정해져 있었다. 즉 봉은사는 강원도, 봉선사는 함경도, 개원사는 충청도와 경상도, 중흥사는 황해도와 평안도, 용주사는 전라도의 사찰을 각각 관리하였으며, 경기도의 사찰은 5규정소의 공동 관할 구역으로 하였다. 이밖에 성동의 수락산 흥국사와 성서의 안현산 봉원사에는 공원소公員所를 두었다. 여기에는 사무원이 주재하여

규정소의 서무를 보았으며, 5규정소에 이들 두 공원소를 합해 7규정소라 하기도 했다.[279]

한편 일부 도에는 도규정소가 있었는데 경상도규정소가 칠곡 가산 산성의 천주사天柱寺였고, 순천 송광사는 전라좌도규정소, 금구 금산사는 전라우도규정소였다. 전라도의 좌우도 규정소는 이미 앞에서 본 선암사 도승통에 의한 업무가 그대로 위의 용주사 도총섭의 업무와 계통을 이루었을 것임이 분명해 보인다. 이밖에 다른 도에도 도규정소가 있었던 것으로 보이지만 자세한 것을 알 수 없다.

이런 5규정소 제도의 국가 인정 여부와 그 설치시기도 밝혀져 있지 않지만, 규정소 임원들이 국가로부터 임명을 받은 도총섭들이거나 비중 있는 봉은·봉선사의 주지들이었음은 어느 정도 시사 하는 바가 없지 않다. 즉 위에서 언급한 선암사 도승통의 예를 보더라도, 이 제도는 예조의 인가 또는 내락을 받은 공적인 제도로서 출발했을 가능성이 크다. 그리고 그 시기는 용주사가 창건된 정조 14년(1790) 직후로 추정해 볼 수 있다. 국왕의 정치권력을 배경으로 세워진 용주사의 도총섭이 규정소의 주요 임원이라는 점과, 정조대에 불교 자체적인 승풍규정의 정책이 표충사의 도총섭 제도를 통해 강화되고 있음을 아울러 고려할 때 더욱 그런 추정이 가능하다.

어쨌든 전국 각도의 사찰을 대상으로 승풍을 규정하고 불교 업무를 자체적으로 처리하기 위한 5규정소 제도의 설치는 불교교단의 자율적 위상과 기능이 그만큼 향상되었음을 보여준다. 동시에 이는 18세기 후반부터 도총섭이 제한적이나마 승직으로서의 기능을 점차 크게 발휘해 나간 것이라고 말할 수 있겠다.

---

279) 李能和, 위의 책, pp.825~826.

불교와 국가 사이의 공적 매개체 역할

조선시대의 승직은 국가정책 속에서 많은 변화를 겪어 왔다. 국사·왕사 및 승록사 등 고려의 승직제도가 그대로 유지되던 선초의 시기를 거쳐 태종·세종대에는 대폭적인 종파폐합에 따라 선교양종 판사제도로 축소된다. 그러나 이 제도 또한 연산군대의 파불로 중단되고 명종대의 짧은 흥불시기에 복구되었다가 다시 영구히 폐지되고 말았다.

이로써 공식적인 승직제도가 사라진 것이지만, 임진란 발발을 계기로 새롭게 도총섭제도가 시행된다. 승군의 참전 고취와 효율적인 승단 통솔을 위해 임명한 도총섭을 승직으로 간주하는 데는 부적합한 면이 없지 않다. 그러나 이 제도는 전쟁이 끝난 이후 더욱 다양한 형태로 확대 운영 되면서, 조선 말기까지 교단 내에서 실질적으로 기능하고 있어 준승직제도로 간주할 수 있다. 이 같은 도총섭제도에 대해서는 다음의 몇 가지 성격을 통해 그 의미를 규정할 수 있다.

첫째, 불교와 국가 사이의 공적 매개체로서의 역할이다. 배불정책으로 인해 산중에서 임의집단으로 존속하던 불교가 승직제에 준하는 국가제도를 통해 다시 국가와 공적관계를 유지할 수 있었다는 점에서이다.

둘째, 국가에의 예속성과 비교단성非敎團性이다. 조선 전기의 승직제도 운영이 그나마 교단 내적인 필요에 상응하는 것이었음에 비해 도총섭 제도는 오직 국가의 이익과 목적을 위해 타율적으로 운영되고 있다. 철저하게 국가에 예속된 이 제도의 운영에서는 그만큼 비교단성이 현저하다.

셋째, 교단의 유지에 끼친 외피적外皮的 역할이다. 승직제도로서는 변형·왜곡된 형태이지만 도총섭제도와 함께 불교는 끝까지 교단을 유지해갈 수 있었다. 특히 18세기 이후 도총섭이 중심이 된 5규정소의 설치로 불교교단이 자율적 기능을 발휘하고 있는데서 이 제도의 외피적 성격을 말할 수 있다.

넷째, 승직의 범람과 그 의미의 쇠퇴이다. 정조대 이후 총섭제도가 확대 운영되면서 총섭은 매우 흔한 호칭이 되었고, 도총섭·총섭·원장·종정·도승통 또는 관례적인 선교종 판사에 이르기까지 많은 직명들이 혼재하였다. 승직의 범람은 제도의 권위와 그 의미의 쇠퇴를 말해준다. 동시에 이는 어느 점, 조선 말기에 있어서 불교교단의 국가제도로 부터의 탈피를 반증하는 현상으로 해석하는 것도 가능하다.

제4부
조선불교의 인물과 사상

제1장 역사적 전환기의 두 지성 - 자초·기화

Ⅰ. 역사적 전환기의 스승과 제자
　　1. 무학 자초
　　2. 함허 기화
Ⅱ. 당대 지성의 역할과 면모
　　1. 자초 - 변혁의 새시대를 위한 역할
　　2. 기화 - 불유공존의 패러다임 제시

제2장 효령대군의 신불과 불교외호

Ⅰ. 왕실불교와 대군의 불문 귀의
Ⅱ. 배불 기류 속의 불사 주도
Ⅲ. 원각사 창건의 총주관
Ⅳ. 불전언해 사업의 협찬
Ⅴ. 종실 최고 어른의 신불 권위

한 시대와 사회현실의 특징은 곧 그 시대를 살았던 인간의 의지와 활동을 통해 구체적으로 표출된다. 이는 조선불교의 현실에도 그대로 적용해 말할 수 있다. 배불과 흥불이 교차하는 이 시대의 현상 역시 유교국가의 건설을 목표로 하는 국가의 권력집단과, 오랜 불교적 가치와 문화를 수호하려는 불교집단 간의 대응의지와 활동의 결과라 할 것이다 그런 의미에서 조명이 필요한 조선불교의 인물들이 적지 않지만 특히 호법과 흥불의 관점에서 다음 몇몇 인물들을 주목할 수 있다.

변혁과 전환의 시기이던 고려 말 조선 초에 무학 자초와 그의 제자 함허당 기화는 가장 능동적이고 선명한 행적을 보여주는 대표적인 고승들이다. 왕사 자초는 역성혁명의 대전환기에 불교적 안목의 경륜과 교화로써 새왕조의 국가 건설에 주체적으로 참여한다. 또 기화는 이미 도도하게 진행되고 있는 배불의 시대조류 속에서 불교의 존재 당위성과 불유공존의 새로운 패러다임을 제시하였다. 이들 스승과 제자는 역사적 전환기에 있어서 불교의 두 거목이자 지

제3장 보우의 선교사상과 불유융합 조화론

Ⅰ. 흥불사업과 그 사상 기반

Ⅱ. 선교일원의 무애사상

   1. 화엄을 정점으로 제 교학 포섭

   2. 돈교의 일선·일선의 돈교

Ⅲ. 불교와 유교의 융합 조화론

   1. 불유간의 종교적 소통과 교감

   2. '일정설'의 불유무이관

제4장 유정의 구국활동과 교단내 평가

Ⅰ. 조선불교와 임진란 의승군

Ⅱ. 유정의 구국활동과 그 면모

   1. 의승장으로서의 활약

   2. 경세가적 식견과 면모

   3. 도일 강화외교 활동

Ⅲ. 유정에 대한 인식과 평가

성인으로서의 뚜렷한 면모를 보여준다.

세종대에서 성종대까지 조선 초기를 살았던 효령대군의 신불활동은 남다른 점이 있다. 왕실의 유력한 신불대군으로서, 그의 호법·흥불의 역할은 결코 적지 않다. 조선불교의 유지에 왕실불교의 기여가 막중했다면, 대체로 여성이 주축을 이룬 왕실의 불교에서 효령대군의 위상은 더욱 이채롭다. 그는 권력에서 벗어나 있었지만 왕의 형과 숙부 또는 종실 최고 어른의 위치에서 평생을 불교 옹호에 힘썼다.

왕조실록 등의 기록에서 보우는 흔히 요승妖僧으로 비난받고 있다. 그러나 이는 조선불교에서 마지막 흥불사업을 주도하고 목숨을 바친 불교지도자에 대한 폄하와 악의에서 나온 표현이라 하겠다. 괄목할 만한 이 시기의 흥불사업은 보우의 선·교사상 및 불유융합과 조화의 종교사상에 기반 한다. 그는 단지 불교 자체의 중흥만을 목표로 삼은 것이 아니다. 불교와 유교가 융화하여 상생하고 조화롭게 공존하는 세상을 염원하였다. 이 같은 개방적인 사상과 진정

　　1. 사법제자로서 유정의 위치

　　2. 긍정적 평가와 동참

　　3. 교단지도자의 대외활동 찬양

　　4. 수행자의 본분회귀 권유

제5장 처능의 배불 항론 「간폐석교소」

　Ⅰ. 처능의 행적과 사상

　　1. 각성의 사법·유학 문사에 조예

　　2. 합일적 선교관·우열적 불유관

　Ⅱ. 배불에 대한 항론 제기

　　1. 왜란·호란 중 불교의 구국 기여

　　2. 현종대 배불재연과 항론

　Ⅲ. 「간폐석교소」의 내용

　　1. 광범·논리정연한 호법논서

　　2. 폐불사유에 대한 반박 요점

　Ⅳ. 항론의 역사적 의미

한 염원으로 보우는 흥불사업을 이룩하였고 마침내 순교한 것이다.

사명대사 유정의 구국활동에 대해서는 그 의미를 재삼 재론할 필요가 없겠다. 거의 전 교단이 함께 한 의승군 활동에서 유정의 역할과 업적은 독보적이지만, 그의 구국활동은 단지 의승군 활동에만 국한하지 않는다. 탁월한 경세가 또는 외교가로서도 충분히 주목받을 만하다. 구국이라고는 하지만 불교외적 일일 수밖에 없는 이런 활동에 매진하는 유정을 교단 내에서는 어떻게 바라본 것일까. 이에 대해서는 다소 부정적인 인식과 평가도 없지는 않다. 그러나 이는 스승 휴정의 법을 잇는 교단의 지도자로서 유정에 대한 염려와 또 다른 기대의 표현이기도 했다.

배불 그리고 법난을 겪는 불교인들의 대응방식은 시기마다 차이가 있지만 조선 중기의 백곡 처능은 불교인의 호법적 기개를 보여준 대장부였다. 그는 임진·병자 양란 이후 재연된 배불정책에 홀로 맞선 인물이다. 원리적 또는 현실적인 면에서 배불의 부당성을 이로정연하게 논하는 장문의 상소를 국왕에게

제6장 조선 후기 선문과 경허의 법통관

Ⅰ. 휴정의 법통 확립과 그 가풍
　1. 벽송이 원사한 임제법통
　2. 산중불교 현실 반영의 가풍
Ⅱ. 편양파의 태고법통설 제기
　1. 태고법통의 확립과정
　2. 경허의 태고법통 환성법맥
Ⅲ. 근대 선의 중흥조 경허의 생애
Ⅳ. 경허 법맥과 법통관의 특징
　1. 환성의 7세·9세 법계 문제
　2. 무사자오인의 선문법통 존중

올리고 있는 것이다. 그런 뜻에서 처능은 그의 「간폐석교소」와 함께 조선불교
사에서 불후의 이름을 얻고 있다 할 것이다.

조선 후기의 불교 교학과 선은 의외로 활발했던 면이 있다. 그러나 오랜 배불
의 역경 속에서, 교단의 유지 존속이 무엇보다 주요한 과제였던 조선불교에서,
선과 교학의 새로운 발전을 말하기는 어렵다. 근세불교 선문의 중흥조로 추앙
받는 경허의 위치는 그런 의미에서 더욱 각별하다. 그로 인해 근세에 선풍이
새삼 크게 진작하기 때문이다. 강학자로 출발한 그는 문득 사교입선捨敎入禪
하여 혼자서 화두를 깨쳤으며, 청허 휴정의 12세손, 환성 지안喚惺志安의 7세
손으로 법맥을 잇고 있다. 무사자오無師自悟한 경허는 사자상승師資相承의 원칙
에 구애받지 않는다. 그러나 조선 선문의 전통에 대해서는 역시 그것을 존중
하는 입장으로, 이는 곧 경허의 법맥·법통관의 특징을 보여준다.

제1장

역사적 전환기의 두 지성 – 자초·기화

여말선초 불교계의 두 거목

고려 말 조선 초는 변혁과 전환의 시기로 특징지을 수 있다. 고려가 무너지고 조선이 건국되는 정치·사회적 변화의 큰 회오리와, 불교에서 유교로의 지배이념이 교체되는 종교·사상적 전환이 그것을 압축해서 보여준다. 이 같은 역사적 상황을 주도해 간 세력은 여말의 신흥사대부 출신 신진관료들이다. 대체로 성리학 신봉자인 이들은 권문세력과 막대한 토지를 소유하고 있던 불교를 함께 배격하면서, 사전私田을 개혁하는 등 새로운 경제질서를 수립해 갔다.

이 같은 과정에서 특히 관심을 갖게 하는 것은 새왕조의 창업과정에 불교 측의 참여가 있었다는 사실이다. 천태종의 신조神照와 조구祖丘 조계종의 자초自超가 그들이다. 고려 말의 경제 정치 종교 등 구질서를 파괴하고 새로운 시대를 열고자 하는 성리학 그룹이 변혁을 주도하는 가운데, 불교계 일각에서나마 이에 동조 협력하고 있음은 분명 의외의 일이다. 변혁의 새 시대가 이미 불교에서 유교로의 종교사상적 전환을 예고하는 것이었다 할 때 더욱 그러하다.

이런 여말선초에 뚜렷한 소신의 행적을 보여주는 대표적인 고승으로는 자초와 함께 그의 제자 기화己和를 들 수 있다. 자초는 유교국가로 출발한 조선왕조의 처음이자 마지막 왕사로서 활동하면서 태조의 정교를 크게 돕고 있다. 이와는 달리 기화는 태종대로부터 시작하여 세종대에 들어와 더욱 강경하게 진행된 배불의 상황 속에서 학문과 불교의 사상활동으로 명성을 떨쳤다. 따라서 이들의 행적은 한 시대의 뛰어난 선사나 고승의 모습과 역할에서만 그치지 않는다. 자초는 역성혁명의 대전환기에 불교적 안목의 경륜과 교화로써 새 왕조의 국가건설에 주체적으로 참여하고 있다. 또한 기화는 이미 도도하게 진행되고 있는 배불의 시대조류 속에서, 불교의 존재 당위성과 불유공존의 새로운 패러다임을 제시하고 있는 것이다.

이들 스승과 제자는 역사적 전환기에 있어서 불교의 두 거목이자 지성이었다고 말하기에 충분하다. 자초와 기화의 행적과 활동을 통해 변혁과 전환의 시기에 보여준 불교인의 시대정신과 함께 그 지성적 역할과 면모를 확인해 본다.

I. 역사적 전환기의 스승과 제자

1. 무학 자초

무학 자초(1327~1405)는 고려 충숙왕 14년 삼기현三岐縣(지금의 합천군)에서 태어나 18세에 조계산 송광사에서 출가하였다. 소지선사 小止禪師에게서 구족계를 받고 혜명국사慧明國師에게 법을 물어 참구한 뒤, 원의 연경으로 가서 인도의 고승 지공指空과 원에 체류 중이던 나옹을 만났으며, 그 후 귀국하여 나옹의 법을 이어 받았다.[1] 이 사법 嗣法 사실과 함께 이후의 행적으로 미루어, 자초는 서천 지공의 선법 선양 및 고려 말의 임제선 수입과 진작에 일익을 담당했음을 알 수 있다. 그러나 자초의 활동에서 이보다 더 큰 비중을 차지하는 것은 이성계의 새 왕조 창업과 개창 초기의 국가 건설에 참여한 일이다.

자초가 새 왕조의 창업에 관여한 사실은 태조와 맺어진 각별한 인연에서부터 찾아볼 수 있다. 태조는 나옹의 재가문생在家門生이기도 했던 만큼[2] 일찍부터 자초와도 상당한 관계를 맺고 있었을 것으로 보

---

1) 卞季良,「妙嚴尊者塔銘」,『朝鮮金石總覽』下, p.1280.
2)「寧邊 安心寺 指空懶翁石鐘碑」의 裏面에 나옹화상의 門生名目 가운데 優婆塞로서 이성계의 이름이 있다.(『朝鮮金石總覽』上, p.522).

인다. 자초가 스승 나옹과 함께 태조의 부친 이자춘의 묘터를 정해주었다는 설도[3] 두 사람의 이런 관계를 짐작케 한다. 그러나 더욱 주목되는 것은, 태조의 해몽을 요구받고 그가 장차 왕위에 오를 것임을 예언한 일이다.[4] 비록 해몽이라는 계기를 통해서이기는 하지만 이는 자초가 태조의 창업의지를 파악하고 그것을 찬동 격려한 것으로 해석할 수 있다. 그만큼 두터운 두 사람의 신뢰 관계 속에서 태조는 자초를 스승으로 여겼고 자초는 태조에게 정신적인 지주가 되었다. 이런 사실은 조선 개국 직후 자초가 태조의 왕사로 책봉되고 있는 데서도 확인할 수 있다.

공양왕 3년(1392) 7월 17일 개혁파 관료들의 추천을 받아들여 새 왕으로 즉위한 태조는 그 해 10월 자초를 왕사로 삼고, 그로부터 2년 후에는 천태종의 조구祖丘를 국사로 삼았다.[5] 성리학을 국시로 하는 새 왕조에서 태조가 불교세력 및 국가 불교제도의 상징이라 할 왕사와 국사를 책봉하고 있음은 개국 공신들과는 성향을 달리하는 그의 신불심과 대불 태도의 일단을 말해준다. 그러나 자초를 왕사로 삼은 것은 무엇보다도 불교계에서 차지하는 자초의 위치와 함께 태조와 자초와의 특별한 관계를 고려한 결과라 할 것이다.

나이 55세에 왕사로 책봉된 이후 자초는 국가 및 왕실의 불사와 법회를 주관하고 선법禪法을 설하는 한편 개국 초의 국가적 현실문제에도 참여하여 왕사로서 태조의 정교를 크게 돕고 있다. 그 가운데서도

---

3) 車天輅, 『五山說林草稿』(『大東野乘』卷5).
4) 休靜, '雪峰山釋王寺記', 『淸虛堂集』, (『한글대장경』151) ; 李能和, 『朝鮮佛敎通史』下, pp.531~533.
5) 『太祖實錄』卷2, 太祖 1年(1392) 10月 9日 ; 같은 책 卷6, 太祖 3年(1394) 9月 8日.

국도의 선정과 한양천도 사업에 있어서 자초의 역할과 기여는 지대했던 것 같다.

새 왕조의 시급한 현안 가운데 하나였던 천도문제는 태조 즉위 다음 달인 8월 왕명으로부터 시작하여 1394년 10월 채 궁궐을 짓기도 전에 태조가 한양으로 옮김으로써 불과 2년여 만에 완료된 사업이었다. 이 역사적인 중대사업의 추진과정에서 자초의 역할은 매우 컸을 것으로 보이지만, 정작 『태조실록』등 정사正史에서 자초와 관련된 기록은 미미한 편이다. 국도를 한양으로 확정하기에 앞서 태조와 함께 계룡산 신도내新都內를 답사한 뒤 '잘 모르겠다[불능지不能知]'고 대답했다는 것,[6] 무악毋岳의 지세에 대해 신료들의 찬반의견이 분분하자 태조가 장막帳幕으로 자초를 초치하여 자문을 구한 일,[7] 한양의 지세를 살핀 다음 도읍을 정할 만하다고 대답한 사실[8] 정도가 간략하게 기록되어 있을 뿐이다.

그러나 정사의 기록과는 달리 자초와 관련한 수많은 야사와 설화들은 조선건국을 비롯하여 한양천도 및 궁궐터의 결정들에 관한 자초의 활동을 풍부하게 전하고 있다. 한양천도에 자초의 역할이 거의 절대적이었음을 말하는 이들 야사·설화는 훗날 윤색이 더해진 것이겠지만, 그러나 이들을 전혀 무의미한 것으로만 볼 수는 없다. 그것이 일정 부분은 역사적 사실을 말하는 것으로 보아도 좋을 것 같다.

천도사업의 주역으로는 정도전이 가장 첫 손에 꼽힌다. 그는 개국 일등공신이자 태조의 최측근 참모로서 천도사업에 주도적 역할을 담

---

6) 『太祖實錄』卷3, 太祖 2年(1393) 2月 11日.
7) 『太祖實錄』卷6, 太祖 3年(1394) 8月 12日.
8) 『太祖實錄』卷6, 太祖 3年(1394) 8월 15일.

당하였다. 따라서 정도전이 공식적인 천도논의의 주역이라 한다면, 태조의 왕사인 자초는 비공식적인 의논 상대자였다고 볼 수 있다. 다시 말하면 정도전이 양지에서 한양천도를 주도했다면, 자초는 음지에서 태조에게 조언하고 지도하며 한양천도에 기여한 셈이다.[9] 정사의 천도 관련 기록에서 자초의 역할이 제대로 드러나지 않는 이유는 이런 사정에서 찾을 수 있다. 즉 자초는 태조의 사적인 자문역을 맡았던 것이며, 거기다가 자초를 정적으로 간주하는 유신들의 반감과 폄시가 천도사업에 관한 그의 역할을 의도적으로 축소해서 기록했으리라는 것이다.

기록이 어떠하든 천도 이후에도 국도건설을 위한 자초의 활동과 노력은 계속되었으며, 후대의 정사와 기타 사료 및 다양한 설화들을 통해 이런 사실을 유추할 수 있다. 궁궐의 공사와 도성의 축성에는 전국의 장정과 함께 적지 않은 승도들이 동원되었다.[10] 공역에 동원된 승도들은 왕사였던 자초의 지휘를 받았을 것으로 추측된다. 이런 과정에서 자초는 남소문南小門을 건립하고,[11] 서강西江 연안 와우산臥牛山에 광흥창廣興倉 터를 정했으며[12] 태조의 능침으로써 건원릉 터를 지점한 사실[13] 등을 확인할 수 있다. 그는 또 관악산의 지세를 누르기 위하여 삼막사·사자암·호압사 등을 창건 또는 중창하고, 한양 도성을 지키기 위해 동쪽에 청련사 서쪽에 백련사 남쪽에 삼막사 북쪽에 승가사 등 4개 사찰을 비롯하여 다수의 비보裨補 사찰을 정하기도 하였

---

9) 최창조, 「서울 천도 논의의 주역들과 무학대사」, 『多寶』10호(대한불교진흥원, 1994), p.27.
10) 『太祖實錄』卷6, 太祖 3年(1394) 12月 4日.
11) 『英祖實錄』卷3, 英祖 1年(1725) 1月 11日.
12) 『英祖實錄』卷33, 英祖 9年(1733) 3月 14日.
13) 『宣祖實錄』卷131, 宣祖 33年(1600) 11月 9日.

다.[14] 이는 고려 초 도선道詵의 비보사탑 사상의 계승이라 할 만한 것으로 자초의 호국불교적 활동을 엿볼 수 있다.

이와 같이 왕조의 창업과 한양천도 국도건설 등 국가의 핵심사업에 크게 기여함으로써 자초는 개국원훈으로서 추앙되지만,[15] 한편 왕실의 화합을 위한 그의 역할 또한 빼어놓을 수 없다. 즉 1·2차 왕자의 난을 겪으면서 크게 상심한 태조가 도성을 떠나 고향인 안변 함흥 등 동북면과 소요산 및 회암사에 머물 때, 태조를 설득시켜 환궁케 하고 있음이 곧 그것이다. 부왕의 마음을 돌이키려고 고심하던 태종이 여러 차례 신하들을 보내 환궁을 권했지만 이루지 못한 일을, 마침내 자초가 이루어낸 것이다. 자초는 말년에 태조와 태종 부자 사이를 조정하여 왕실의 안정에도 크게 기여하고 있는 것이다.[16]

자초의 이상과 같은 다양한 행적들은 왕사로서 그가 국가 현실에 깊게 참여하고 있음을 보여준다. 따라서 이런 자초의 활동이 불교계에 끼친 영향 또한 작지 않았다. 이로써 자초를 중심으로 하는 일단의 불교세력이 형성되고, 그것이 개국 초 불교의 위상 유지와 배불 기세의 저지에 실질적인 힘으로 작용한 것이다. 다음 사례는 이 같은 사실을 더욱 구체적으로 뒷받침해 준다.

고려불교를 거의 그대로 계승하고자 했던 태조와는 달리, 태종이 즉위하면서부터는 왕과 신진관료들의 대불인식과 이해가 일치하는 가운데 강경한 배불정책이 논의되고, 태종 2년 4월 드디어 그 첫 조

---

14) 『奉恩本末寺誌』「京山의 寺刹」.
15) 『正祖實錄』卷34, 正祖 16年(1792) 윤4月 24日 ; 그러나 개국 공신 명단에 승려로서는 유일하게 위화도 回軍 때 공이 컸던 神照가 올라 있을 뿐이다.
16) 태조가 도성을 떠나 있던 3년 9개월간 그의 환궁을 위한 태종의 노력과 함흥 차사 설화 및 자초의 역할에 대해서는 黃仁奎, 『無學大師 硏究』(혜안, 1999), pp.267~274 참고 바람.

치가 단행된다. 서운관의 상소에 따라 사사의 수조收租를 군자軍資에 소속시키고 사원전을 혁파하는 등 강력한 경제 제재와 함께 도첩제의 엄격한 시행 및 부녀상사 금지와 같은 불교압박의 조치들을 내린 것이다. 그러나 이 첫 조치는 태조의 요구로 불과 4개월 만에 환원되고 있다. 당시 태조는 회암사에 머물면서 자초에게 계를 받고 불사에만 전념하던 중이었다. 부왕의 마음을 돌리기에 고심하던 태종이 회암사에 나아가 헌수獻壽하는 자리에서 태조가 왕의 배불에 대한 불편한 심기를 내보이며 그 철회를 요구함에 무조건 그에 따른 것이다.[17] 이와 같이 태종의 첫 번째 배불조치가 무위로 끝나고 만 것은 직접적으로는 태조의 요구 때문이었다. 그러나 그것에서는 분명 왕사 자초의 보이지 않는 영향이 없지 않았을 것으로 판단한 수 있다.

물론 이런 일로 배불의 기본적인 정책기조가 바뀐 것은 아니다. 그것은 다만 태조와 왕사 자초 같은 신불세력이 존재함으로써 유보되고 있는 실정이었다. 이 점은 자초의 입적과 함께 이내 본격적인 배불정책이 강행되고 있는데서 더욱 분명해진다. 태종 5년(1405) 9월 세수 78세로 자초가 입적하자, 11월부터는 사사혁거와 종파축소 등 강경한 배불정책이 재개된 것이다.[18] 이렇게 보았을 때, 새 왕조 창업과 국가건설에 기여했던 자초의 활동은 개국 초 불교의 위상확보 및 교단수호에도 실로 큰 영향을 끼쳤음을 알 수 있다. 자초의 이 같은 활동에 이어 다시 그의 제자 기화가 또 다른 차원에서 사상적 호법활동을 전개해 갔음은 결코 우연한 일이 아니다. 이 또한 스승의 호법정신을 계승하고 있는 것으로 볼 수 있다.

---

17) 『太宗實錄』卷4, 太宗 2年(1402) 8月 4日.
18) 『太宗實錄』卷10, 太宗 5年(1405) 11月 21日.

2. 험허 기화

함허 기화(1376~1433)는 고려 우왕 2년 중원(지금의 충주)에서 태어나 어려서부터 학업을 시작하여 경經·사史·자子·집集에 깊이 통달하였다. 소년시절에 성균관에 들어가 유학을 닦다가 태조 5년(1396) 21세 때 관악산 의상암에 출가하였다. 성균관에 재학 중이던 청년 유생으로서 장차 세속적 영달의 가능성이 컸던 그의 출가는 한 친구의 죽음이 계기가 되었다. 성균관에서 함께 공부하던 친우의 죽음에 접하여 무상을 느끼고 출가한 것이다.[19] 기화는 출가 후 1년이 지나 회암사로 가서 왕사 자초의 법문을 듣고 그의 제자가 된다. 이때부터 그는 간화수선에 주력했던 것으로 보이는데, 회암사를 떠나 한동안 유력하다가, 태종 4년(1404) 29세 때 봄에 다시 돌아와 3년 용맹정진하던 중 깨달음을 체험한다. 어느 날 뜰을 거닐다가,

> 가고 가다가 문득 머리 돌려보니 산골이 구름 속에 서있네
> (行行忽回首 山骨立雲中)

라고 읊고 있다. 또 하루는 손을 씻다가 물통을 내려놓으면서

> 오직 이 일 하나가 진실할 뿐 나머지 다른 일은 참된 것이 아니다
> (唯此一事實 餘二則非眞)

라고 심경을 토로하였다. 이는 곧 스스로가 깨달음의 소식을 드러내 보인 것이다. 이로써 기화는 여말선초 임제선맥의 한 계승자로서 확고한 위치에 서게 된다. 즉 조선 중기 이후 크게 부상하는 태고보우의

---

19) 「涵虛行狀」, 『涵虛語錄』, 『韓國佛教全書』7, p.250 下.

계통과는 또 다른 법맥으로서, 서천 지공 – 나옹 혜근 – 무학 자초 – 함허 기화로 이어지는 법맥계보를 이루고 있는 것이다.

스승 자초가 입적한 후 태종 6년(1406) 31세 때 여름, 기화는 회암사를 떠나 문경의 공덕산功德山 대승사에 들어가 4년을 머물면서 반야의 강석을 세 차례 열었다. 이후 개성의 천마산天摩山 관음굴·불희사佛禧寺 등 여러 곳을 유력하면서 교화와 종풍 진작에 힘쓰다가 태종 14년(1414) 39세 때에는 황해도 평산平山의 자모산慈母山 연봉사烟峰寺로 갔다. 이곳에서 방을 정하여 함허당涵虛堂이라 이름하고 3년 동안 정진하였다. 이어 태종 17년(1417)부터 2년 동안 세 번에 걸쳐 『금강경오가해』강석을 연 이후로는 경계에 얽매이지 않고 오고가며 수행함에 모든 사람들이 다 존경하여 '우리 선지식'이라고 하였다.

세종 2년(1420) 45세때 가을에는 오대산에 들어가 오대제성五臺諸聖과 나옹화상의 진영에 공양하였다. 그날 저녁 꿈에 한 신승으로부터 기화己和라는 법명과 득통得通이라는 법호를 받았다. 그동안의 법명 수이守伊와 법호 무준無準은 이렇게 해서 기화 득통으로 바뀌게 된다. 이후 기화는 월정사에서 평생을 마치고자 하였으나 이미 그의 도풍이 널리 퍼져, 이를 들은 세종의 부름을 받는다. 그리하여 세종 3년(1421) 가을부터 4년 동안 왕실의 원찰인 개성의 대자사에 머물게 된다. 이곳에서 대비의 추천대법회를 베풀었을 때는 왕실·종친들에게 설법하여 모든 사람들을 크게 열복悅服시켰다. 기화가 왕명을 받아 대자사에 머문 일은 당시 불교계에서의 그의 명성과 위치를 말해준다 하겠는데, 그가 왕실과 직접 관계를 갖게 되고 추천설법 등으로 왕실 종친들에게 감화를 준 사실은 이후 불교의 전개에 어떤 형태로든 영향을 끼쳤을 것으로 생각할 수 있다.

세종 6년(1424) 49세 때 가을, 상서하여 대자사를 떠난 기화는 길상·공덕·운악산 등지로 유력하다가 세종 13년(1431) 56세 때 가을 희양산曦陽山 봉암사로 들어갔다. 이곳에서 퇴락한 가람을 중수하고 교화를 펴던 중 세종15년(1433) 4월 1일 58세로 입적하였다.

선승으로서 평생을 수행정진하고 대중을 교화하는 가운데 여섯 차례나 금강경 강석을 열고 왕실과도 관계를 가지며 감화를 끼쳐 온 이상의 간략한 행적에서 기화의 활동 대략을 살필 수 있다. 그러나 이보다 더 주목해야할 것은 그의 저술을 통한 사상 활동이다.

행장에 따르면 기화는 경론주소 등 저술이 많았으나 대부분이 흩어져 없어졌다 한다. 현존하는 것으로는 『금강경오가해설의』2권, 『금강경륜관』1권, 『원각경설의』3권, 『선종영가집설의』2권, 『현정론顯正論』1권과 함께 그의 법어·가송·시문을 모은 『함허당득통화상어록』1권이 있다.[20] 현재 남아 전하는 것만으로도 그의 저술은 적은 편이 아닌데, 이는 선사인 기화가 반야 등 교학에도 큰 관심을 기울였음을 보여준다. 또 『함허어록』에는 정토수행자로서의 그의 면모가 엿보이기도 한다. 그는 '미타경찬' '미타찬' '안양찬'을 지었으며, 정토수행을 위해 도반과 함께 염불향사念佛香社를 결성한 것으로도 보인다.[21] 이처럼 저술을 통해 자신의 반야사상 및 미타정토관을 분명하게 밝히고 있는 그는 전통적인 선사상의 입장에서 교학을 수용하고 정토신앙까지도 함께 포섭함으로써 선·교·정 회통을 이루고자 한 것으로 보인다.

---

20) 『涵虛語錄』에 「涵虛堂得通和尙行狀」이 附載되어 있는데, 門人 埜夫가 이 행장을 지을 당시에는 『般若懺文』2帙이 더 있었던 것으로 되어 있다.
21) '送魂下語' 『涵虛語錄』, 『韓國佛敎全書』7, p.231 下.
"我今料得 師兄平昔所作 朝夕念大乘經 發願回向 亦因山僧 結念佛香社 專想彌陀 專念寶号 於戒雖然是緩 於乘決定是急".

성리학적 지식을 쌓았던 그가, 출가 이후 불교사상과 교학의 탐구에 진력했을 것임은 자연스러운 일이다. 그러나 교학연구의 계기나 경론을 주석하는 저술의 과정은 분명하게 드러나지 않는다. 다만 그가 30여세에 반야의 강석을 열었고 태종 17년(1417)부터 2년 동안 세 차례나 『금강경오가해』강석을 열었던 것으로 미루어 40여세 무렵에 『금강경오가해설의』를 지은 것으로 추측할 수 있다. 『원각경설의』의 경우는 책의 저자가 '희양산봉암사사문득통'으로 명기되어 있기 때문에, 그가 희양산에 머물던 만년의 저작임을 알 수 있다. 한편 당시의 배불론에 맞서 불교의 정의를 드러내보이고자 한 그의 『현정론』은 특히 주목되는 저술이다. 배불의 부당함을 지적하고 불교의 존재 당위성을 밝히는 호불론을 전개함으로써 그 시대의 당면문제에 대한 적극적인 해결의지를 보이고 있으며, 나아가 유불도 삼교의 조화 가능성까지도 모색하고 있다는 점에서이다. 이 책은 그가 대자사에 머물던 시기에 쓴 것이 아닐까 추측해 볼 수 있다. 이 시기에 유교지식인들과 많이 접했을 것이며, 이들이 가지고 있는 배불론에 대응하여 불교를 올바르게 인식시킬 필요에서 『현정론』을 저술한 것으로 생각해 볼 수 있기 때문이다.[22]

이처럼 기화는 임제선맥의 계승자로서 선수행과 교화에 전념하는 일 못지않게 사상적 활동에 주력해왔다. 즉 그는 불교 내적으로는 선과 교의 실질적인 회통을 추구하고, 외적으로는 배불논리에 능동적으로 대응하는 한편 유불도 3교의 회통까지도 모색하는 사상활동을 폭넓게 펼쳐온 것이다. 기화의 적지 않은 저술들이 곧 그것을 입증해준다.

---

22) 朴海鐙, 『己和의 佛敎思想 硏究』(서울대학교 박사학위논문, 1996), p.17.

Ⅱ. 당대 지성의 역할과 면모

1. 자초 - 변혁의 새 시대를 위한 역할

자초는 나옹 혜근을 잇는 법맥 계승자로서 여말선초의 대표적인 선사의 위치에 있는 고승이다. 그러나 그는 뛰어난 선사로서보다는 변혁과 전환의 시대에 능동적이고 주체적으로 행동하며 살았던 한 주역으로서 더욱 크게 인상지어진다. 태조 이성계의 정신적 지주로서 조선 건국에 적극 참여하였고, 또 조선조 최초이자 마지막 왕사로서 국가와 불교교단의 현실에 다 같이 큰 영향을 끼쳤던 사실들이 그만큼 자초의 주요 이미지로 자리 잡아 온 것이다. 그의 생애에서 가장 큰 비중과 의미를 지닌다 할 이 같은 삶과 활동들을 그대로 자초의 시대에 대한 인식과 행동의 지향성을 말해준다. 따라서 이런 자초의 행적에서는 당대 지성으로서 그의 면모를 어렵지 않게 발견할 수 있다.

자초의 지성적 면모는 우선 그가 낡은 시대의 변혁을 갈망하면서 그 실현을 위해 주체적으로 행동하고 있는 데서부터 읽을 수 있다. 낡은 시대, 즉 고려조에 대한 자초의 실망은 스승 혜근이 흥법의 대도량으로써 회암사 중창불사를 진행하던 도중에 조정에 의해 축출되어 신륵사에서 입적한 사실과도[23] 무관해 보이지 않는다. 다음과 같은 자초의 행적에서 더욱 그렇게 추측할 수 있다.

> 나옹이 세상을 떠나자 스님은 여러 곳의 산으로 유력하였는데, 자취를 숨기고 이름을 감추어 사람들이 알지 못하게 하려는 뜻에서였다. 전조의 말기에 명리名利로써 스님을 불러 왕사로 책봉하려 하였으나 모두 나가지 않았다. 그러다가 마침내 임신년의 만남이 있었으니, 스님의 거취가 어찌 우연한 일이라 하겠는가.[24]

새 왕조가 수립된 1392년 자초가 이성계의 왕사가 되었음을 말하는 기사이지만, 여기에 그 이전 자초의 행적과 태도가 잘 드러나 있다. 나옹의 입적 이후 산중에 은둔하여 자취를 숨기고 지내는 동안, 그는 현실을 판단하고 새로운 시대의 도래를 대망하고 있었던 것 같다. 그렇기 때문에 조정의 여러 차례 왕사책봉 제의도 거절했을 것이다.[25]

유력기遊歷期에 자초가 낡은 시대의 변혁을 위해 어떤 의지를 키워가고 있었는지 그 과정은 밝혀져 있지 않다. 다만 그가 찾았던 구월

---

23) 『高麗史節要』卷30, 辛禑 2年(1376) 4月條. "放僧懶翁于密城郡 時懶翁於楊州檜巖寺 設文殊會 中 外士女無貴賤 爭賫布帛果餠施與 猶恐不及 寺門塡咽故放之 行至驪興神勒寺死";
覺宏, 「懶翁和尙行狀」, 『懶翁和尙語錄』(『韓國佛敎全書』6, p.708.), "…至丙辰春 修營己畢 四月 十五日 大設落成會 上遺具官柳之璘 爲行香使 京外四衆雲臻輻輳 莫知其數 會臺評以謂檜巖 密邇京 邑四 衆往還晝夜絡繹或至廢業 於是有旨移住瑩原寺 逼迫上道 師適疾作 輿出三門 至南池邊 自導輿 者 還從涅槃門出 大衆咸疑 失聲號哭…".
24) 「妙嚴尊者塔碑銘」, 『朝鮮金石總覽』下.
25) 당시 조정의 제의를 받아들이지 않은 것은 자초만이 아니었다. 자초의 도반인 智泉과, 그의 師僧으로 추정되는 復丘의 문도 龜谷覺雲도 우왕 3년(1383)에 왕사·국사 책봉 제의를 받았으나 나아가지 않았다. 이들 또한 자초와 연관하여 신왕조 창업을 기대하는 불교계 개혁세력이었을 가능성이 있다. (黃仁奎, 앞의 책, p.190 참조).

산 향산사, 금강산 방장사, 천보산 회암사, 대덕산 적석사, 황매산 영암사, 설봉산 등[26] 가운데 설봉산에서의 행적이 그 의지의 향방을 대략 짐작해 볼 수 있게 한다. 이를 전해주는 것은 청허의 「설봉산석왕기雪峰山釋王記」에서이다. 즉 설봉산 토굴에서 이름을 감추고 9년 동안 수행해 오던 자초가 우왕 10년(1384) 해몽을 듣기 위해 토굴로 찾아온 이성계를 만나 장차 왕업을 일으킬 조짐이 있음을 알려주며 그것을 적극 격려했다는 비교적 상세한 내용이 실려 있다.[27]

앞 장에서도 언급한 바와 같이 설봉산에서의 만남 이전에도 두 사람은 서로 관계를 맺고 있었을 것으로 보이며, 자초는 이런 이성계를 통해 새로운 세상의 구현을 기대했던 것이 아닌가 한다. 물론 사료적 가치가 떨어지는 「석왕사기」의 내용을 액면 그대로 다 받아들이기는 어렵지만, 거의 비슷한 내용이 실록에도 언급되고[28] 있는 것으로 미루어 이는 거의 역사적 사실일 가능성이 크다. 그런 뜻에서 구왕조와의 관계를 거절하고 설봉산 토굴에서 은둔하던 자초가 이성계를 만나 왕조창업을 격려하고 있음은 낡은 시대의 변혁과 새 시대를 대망하는 자초 스스로의 적극적인 의지의 표출이었다고 말해도 좋을 것이다. 이처럼 자초가 보여주는 능동적이고 주체적인 행동에서 당대 지성으로서 그의 면모를 확인할 수 있다.

조선왕조의 개창은 여말의 신진관료파와 구신세력간의 격돌에서 신진관료파들의 승리를 의미하는 만큼, 그에 대한 시각과 평가가 반

---

26) 春山人 提殊, 「隱身菴事蹟」, 『朝鮮寺刹史料』上, p.530.
27) 앞의 註 4)와 같음.
28) 『正祖實錄』卷32, 正祖 15年(1791) 4月 17日. "書御製碑于安邊釋王寺…寺在安邊雪峰山 太祖夢 興王之徵 就神僧無學於土窟中 釋其義 及卽位 建寺土窟之址 名曰釋王 有太祖手植松梨…".

드시 일치하지는 않는다. 그러나 일단 긍정적인 입장에서 말한다면, 그것은 여말의 미진한 개혁을 완수하여 유교이념에 입각한 중앙집권적 관료국가를 건설하는데 목적이 있었다.[29] 그런 관점에서 자초는 그 불교계 측 개혁성향의 대표적인 인물로 간주할 수 있다.[30] 그리하여 그는 이성계의 왕조창업을 격려·종용했을 뿐만 아니라 개국과 함께 왕사가 되어 한양천도 등 새로운 국가 건설에도 적극 참여한 것이다. 이 역시 참여와 행동의 지성을 보여주고 있다고 할 만한데 자초의 지성적 면모는 이에서 그치지 않는다.

변혁의 새 시대를 여는데 직접 동참했던 그는 개국 이후의 사회 인심의 안정과 화합에도 크게 관심을 기울이고 있다. 그것은 먼저 군주의 마음가짐을 공개적으로 당부하는 데서부터 나타난다. 태조 원년 (1392) 10월 왕사로 책봉되어 법좌에 오른 자초는 불전에 향을 올려 국리민복과 왕의 만수무강을 축원하고 법을 설한 후에, 다시 왕에게 다음과 같이 고하고 있다.

> 유교에서는 인이라 말하고 불교에서는 자비라고 말하지만 그 用用은 한가지입니다. 백성을 보호하되 그들을 마치 어린아이와 같이 여겨야만 참으로 백성의 부모가 될 수 있으며, 지극히 어진 마음과 크게 자비한 마음으로 나라에 임한다면, 자연히 성수聖壽가 끝이 없고 자손들은 길이 무성하며 또한 사직이 편안할 것입니다.[31]

---

29) 韓永愚, 「朝鮮王朝의 政治經濟基盤」, 『韓國史』9(국사편찬위원회 編, 1981).
30) 불교계 측 개혁성향의 인물로는 자초 외에도 천태종의 神照를 들 수 있으며, 그 밖에 조선 개국 이후 국사에 책봉된 천태종의 祖丘 또한 어떤 형태로든 이성계의 왕조창업에 관련이 있지 않았을까 추측할 수 있다.
31) 「妙嚴尊者塔碑銘」. "復於上日 儒曰仁 釋曰慈 其用一也 保民如赤子 乃可爲民父母 以至仁大慈 莅邦國 自然 聖壽無疆 金枝永茂 社稷康寧矣".

이어 자초는 왕조 창업과정에서 야기된 반목과 증오의 현실에 대해서도 포용과 아량을 베풀 것을 아울러 권하고 있다.

지금 개국의 초기에 형법에 빠진 자가 한두 사람이 아닙니다. 원하옵건대 전하께서 이들을 모두 똑같이 사랑하시고 죄를 사면하여, 모든 신하와 백성이 함께 인수仁壽의 지경에 이를 수 있게 하신다면 이는 우리나라의 무궁한 복이 될 것입니다.[32]

자초는 스스로 새 시대를 갈망했던 터이지만, 그것은 고려의 왕통을 고수하려는 구세력과 신진관료 세력 간의 격렬한 투쟁을 겪고서야 이룩할 수 있었던 역성혁명을 통해서였다. 따라서 형법에 걸려드는 사람들이 양산될 수밖에 없었던 것이 또한 현실이었다. 이에 대해 자초는 용서와 화해를 강조하여 시대정신의 통합을 시도하였고, 태조도 그 뜻에 따라 나라의 모든 죄수들을 사면하고 있다.

자초가 태조에게 유교의 지인至仁과 불교의 대자大慈의 마음가짐으로 백성을 보살필 것을 당부하고, 아울러 왕조 창업 과정에서 발생한 죄수들의 사면을 권하고 있음은 분명 정도전 등 개국의 핵심인물들과는 다른 모습이다. 그는 유교와 불교정신의 공통성 내지 조화를 의미하는 지인·대자를 백성을 사랑하는 군주의 마음가짐으로써 제시하고 있으며, 용서와 화해를 새 시대의 출발점으로 삼을 것을 촉구하고 있는 것이다. 바로 이런 점에서 당대 지성으로서 자초의 면모가 더욱 빛난다고 하겠다.

자초의 비문은, 그가 성품이 고상하고 질박하여 꾸미는 것을 좋아하지 아니하고 자신을 낮추어 항상 겸손하고 검소하게 생활하였으며,

---

32) 같은 碑銘. "今當開國之初 陷於刑法者非一 願殿下 一視同仁 悉皆宥之 俾諸臣民 共臻仁壽之域 此我國家無疆之福也 上聞而嘉之 卽宥中外罪囚".

특히 천진한 어린아이와도 같은 영아행嬰兒行을 강조하고 스스로도 그렇게 실천했음을 전하고 있다.[33] 이는 왕조 창업을 종용하고 왕사로서 역할하면서, 변혁의 새 시대를 열어간 자초의 또 다른 지성적 면모였다고 말해도 좋을 것이다.

2. 기화 – 불유공존의 패러다임 제시

자초가 왕조 교체와 불유전환의 초입에서 참여와 행동하는 지성을 보였다면, 그의 제자 함허 기화는 스승과는 구분되는 지성적 역할과 면모를 보여준다. 자초의 시대와는 달리 기화의 시대는 이미 배불정책이 강화되어 가는 추세에 있었다. 이 같은 상황변화 속에서 기화는 불교 자체의 사상적 회통 노력 외에 특히 불유간의 이념과 실천문제를 중심으로 하는 사상활동을 통해 그 지성을 발휘하고 있다.

기화는 예사롭지 않은 그의 출가에서부터 지성적 인상을 지닌다. 그의 행장 가운데 출가의 동기를 전하는 부분을 살펴보자.

> 나이 21세가 되었을 때 함께 성균관에 있던 친우의 죽음을 보고 세상의 무상함을 알았으며 이 몸이 허환虛幻임을 깊이 살펴 생각하였다. 이에 (범부와 보살의) 두 가지 생사로부터 벗어나기를 서원하였으며, 일승열반을 구하고 도를 널리 펴서 사은四恩에 보답하고, 덕을 길러 삼계의 중생을 도우려는 뜻을 세워 곧 출가하기를 구하였다.[34]

---

33) 같은 碑銘. "師性尚質 不喜文飾 自奉甚菲 餘輒施捨 嘗自言曰 八萬行中 嬰兒行第一 凡所施爲 無不相若者".
34) 『涵虛語錄』, 『韓國佛教全書』7, p.250 下.
"年至二十有一 見同館友生之亡 知世無常 親身虛幻 誓出二種生死 志求一乘涅槃 弘道以報四恩 育德以資三有 卽求出家".

친우의 죽음을 보고 세상과 이 몸의 무상함을 알게 된 것이 곧 출가의 동기였음을 말하는 기록이다. 이는 옛 고승들 거의 대부분이 특별한 동기 없이도 자연스럽게 동진童眞으로 출가하는 사례들과는 비교되는 모습이다. 세상과 인간의 무상에 대한 깊은 인식을 동기로 하는 기화의 출가는 그만큼 치열했을 것임을 느끼게 한다. 그러나 자초의 『현정론』에는 그의 출가와도 관련이 있을 것으로 추측되는 또 다른 내용이 눈에 띤다. 편의상, 그 내용을 요약하여 인용해 본다.

> 내가 출가하기 전 해월이라는 승려가 나에게서 『논어』를 배운 일이 있었다. 어느 날 해월이 묻기를 '인이란 천지만물을 자기와 하나로 하는 것이라면, 어떻게 노인의 봉양을 위해 닭이나 돼지를 죽여 그 고기를 먹을 수 있다고 말하는가?'하였으나 질문에 답하지 못하였다. 여러 경전經傳을 찾아보았으나 살생이 이치에 맞는다는 이론은 없었으며, 널리 지식이 많은 선배들에게 물어도 시원하게 의심을 풀어주는 이가 없어 오래도록 이 의심을 품어왔다. 그러던 중 삼각산 승가사에서 한 노선사로부터 불교의 불살생계에 대해서 듣고 이것이야말로 참으로 어진 사람의 행이며 인도仁道를 깊이 체득한 이의 말임을 알았다. 이로부터 유교와 불교의 차이를 다시는 의심치 않았으며, 이에 시를 지었다.

> 평소 경사經史와 정주학程朱學에서 헐뜯음만 들으면서
> 불교의 가르침이 옳은지 그른지도 알지 못했네.
> 반복하여 가만히 생각한 지 몇 해이더니
> 비로소 진실을 깨달아 도리어 불교에 귀의한다.[35]

위의 내용으로 미루어 기화는 유교의 경전·사서와 성리학적 지식

---

35) 己和, 『顯正論』, 『韓國佛敎全書』7, p.220 上.
   "素聞經史程朱毀 未識浮圖是與非 反復潛思年己遠 始知眞實却歸依".

을 쌓아왔지만 처음 불교에 대해서는 거의 무지했음을 알 수 있다. 그런 기화가 해월의 질문을 받고 유학에 대해 몇 해를 두고 의심해보다가 한 노승으로부터 불살생계를 듣고 유학적 이상이라 할 인인仁人·인도仁道의 참 뜻을 불교에서 발견할 수 있었다. 이에 비로소 진실을 깨닫고 도리어 유학자들이 비판해 온 그 불교에 귀의하게 되었다는 스스로의 술회이다.

이를 기화의 유교와 불교에 관한 비교탐구의 과정이었다고 한다면, 그의 출가 동기는 더욱 분명해진다. 그는 오랜 회의와 사색 끝에 불교가 인을 실천하는 참된 가르침임을 알게 되었고, 이에 더하여 친우의 죽음을 보고 세상과 인생에 무상함을 느껴 마침내 출가한 것으로 생각할 수 있다. 기화의 이 같은 출가의 결행은 그 동기의 치열함과 함께 확신에 찬 지성인다운 태도를 그대로 말해준다. 성균관 학생으로서 유학을 배워온 그가 당시 성리학적 지식인들의 불교에 대한 편견과 맹목적인 비판의 경향에 추종하기를 거부하고 스스로 참된 가르침을 선택하고 있음은 분명 의식 있는 지성인다운 결단으로 보겠다.

유학과 불교에 대한 차이점과 공통성을 인식하면서 진리의 충족을 위해 불교에 귀의 출가한 기화는 이후 수선修禪에 전념하는 한편 교학의 연구에도 큰 노력을 기울인다. 기화의 교학연구와 경론 주석 등 저술을 통해 드러나는 그의 문제의식과 그 해결을 향한 사상적 노력은 다양한 분야에 걸쳐 있지만 대략 두 가지 방면으로 크게 구분해 볼 수 있다. 하나는 불교 자체의 대내적 문제로서 서로 대립을 보이고 있는 교학과 선종의 전통 여기에 타력주의적 정토신앙의 문제까지를 회통하려는 것이다. 또 다른 하나는 대외적인 문제로서 당시 배불론에 맞서 호불론을 전개하고 나아가 불교의 관점에서 유불도 삼교를 회통·융회하고자한 것이었다. 전자가 이미 선종중심의 경향을 보이고 있는 조선 초 불교계의 현실을[36] 말하는 것이라면, 후자는 고려 말 이후 줄곧 제기되어 온 배불론에 대한 불교 측의 대응이 절실하다는 판단에서 기인한 것이라 하겠다.

불교의 내적 문제로서 선과 교에 관한 그의 사상적 논리는 주로 『금강경오가해설의』·『원각경설의』에서 찾아볼 수 있다. 기화는 궁극의 경지에 도달하는데 선의 방법이 가장 우월함을 인정하지만 교학또한 마찬가지로 유용한 방법임을 인정하여 이를 함께 수용하는 태도를 분명히 하고 있다. 이 같은 입장은 선사인 그가 경전을 주석하고있는 데서도 잘 나타나 있다. 그런 관점에서 기화는 '지눌의 선교 회통정신을 이어 받아 궁극적으로는 선불교라고 하는 종파적인 입장마저도 떠나는 경지를 지향한 것'이라[37] 말 할 수 있다. 정토신앙에 대해서도 그는 기본적으로 자성미타自性彌陀·유심정토唯心淨土라는 선종적 관점에서 받아들이지만 역시 그것은 교학과 마찬가지로 불교의 가르침의 하나로 충분히 인정한다. 다소 불분명하지만 기화는 염불향사念佛香社를 결성하여 정토를 수행한 듯한 행적도 엿보이는 만큼, 기화의 정토신앙 인정은 단순히 선종적 관점의 정토 수용과는 차이를 갖는다고 말할 수 있다.

불교의 내적문제로서 이 같은 선·교·정토의 실질적인 회통은 그의지성적 통찰의 결론이라 하겠지만, 그러나 대외적인 문제 해결을 위한논리적 지향과 정신에서 기화의 면모는 다시 한 번 돋보인다. 즉『현정

---

36) 종파가 폐합 축소되기 이전 11宗의 시대에도 조계종은 단연 불교계의 주류를 이루었으며, 세종 6년(1424)의 대폭적인 종파 축소로 선·교 양종 시대가되면서부터 선종중심의 경향이 더욱 뚜렷해져 갔다.
37) 朴海鐺, 앞의 논문 p.90, 172.

론』을 통해 호불론을 전개하는 가운데서도 결국 유불일치 및 삼교회통과 융회를 추구하고 있음이 그것이다.

『현정론』은 기본적으로 유학자들의 불교비판에 대한 반론으로서 그들의 오해와 무지를 일깨워 올바름을 드러내고자 한 기화의 대표적인 저술이다. 그는 당시의 일반적인 배불론을 불효·불충·인과응보·삼세윤회 등 14개 항으로 나누어 각각 반박과 역비판의 논리를 전개하고 있다. 14개항은 크게 묶어 ①불교의 교리적 진리성 문제 ②계율 등 불교적인 실천에 관한 사항 ③불교 관련 역사적 사실에 관한 사항의 세 분야로 구분해 볼 수 있는데, 기화의 전체적인 사상체계와 관련하여 중요한 의미를 갖는 것은 ①과 ②에 속하는 항목들이다.[38] 이들에 대한 기화의 자세한 논증 내용은 기왕의 연구논문들에 미루거니와,[39] 요컨대 『현정론』에서 기화는 배불론의 부당성을 논박하고 불교의 존재 당위성을 분명하게 밝히고 있다. 기화는 그것을 불교와 유교, 또는 도교까지 포함하여 그 원리적 동일성 위에서 제시하기도 하고 현상적 차별성의 관점에서 강조하기도 한다. 일방적으로 불교옹호론을 펴거나 삼교일치를 말함으로써 불교의 존재의미를 인정받고자 하는 것이 아니라, 유불도 삼교의 동일성과 차별성을 정연하게 논증하는 가운데 상호간의 철학과 세계관의 갈등 해소와 융회의 길을 추구하고

---

38) 같은 논문, p.116 참조.
39) 다음의 논문들을 참고할 수 있다. 韓鍾萬, 「함허의 삼교회통론」, 『불교와 유교의 현실관』(원광대출판국, 1981) ; 「한국의 유불도삼교 회통론」, 『여산유병덕박사화갑기념 한국철학종교사상사』(원광대종교문제 연구소, 1990) ; 宋天恩, 「기화의 사상」, 『숭산박길진박사화갑기념 한국불교사상사』(원광대출판국, 1976) ; 金容祚, 「기화와 그의 현정론」, 『경상대논문집(인문계편)』21(경상대학교, 1982) ; 楊憲圭, 『기화의 사상에 관한 연구』(전북대 대학원 철학박사학위논문, 1995) ; 朴海鐺, 『기화의 불교사상 연구』(서울대 대학원 철학박사학위논문, 1996).

있는 것이다.

고려 말 이후 점차 배불론이 거세어지고 그것이 배불정책으로 강행되는 상황에서도, 이에 정면 대응하는 불교인은 없었던 것이 여말선초의 불교계 현실이었다. 신문고를 울려 가혹한 배불조치의 선처를 기대하거나, 압록강을 건너가 명제明帝에게 조선불교의 심각한 사태를 호소하는 승려들의 움직임도 없지는 않았다.[40] 그러나 그것이 시대의 도도한 배불기류에의 적합한 대응이었다고 말하기는 어렵다. 바로 그런 점에서 기화의 대외적 사상 대응은 크게 주목해야한다. 그는 아무도 나서지 않는 배불논리에 맞서 당당하게 그 부당성을 논박하고 불교의 존재 당위성을 논증한 최초의 불교인이었기 때문이다.

기화의 관심은 불교옹호라는 자기 방어적 테두리 속에만 머물지 않았다. 그는 서로 다른 철학·세계관의 대립과 충돌을 경험하면서 조화와 공존을 모색하는데 까지 사상적 관심을 확장해 간 것이다. 원리적 동일성과 현상적 차별성을 전제로 제시하고 있는 그의 유불일치 및 삼교회통과 융회론은 그런 의미에서 시대의 불행한 사상적 갈등을 해소하고 궁극적인 진리를 향해 함께 가는 길을 열어 보인 것이라 말할 수 있다. 즉 종교·철학적 충돌이 불가피한 시대적 상황을 깊이 인식하고 조화와 공존의 새로운 패러다임을 구축해 보인 것이다. 바로 이런 점에서, 기화는 당대 지성으로서 평가 받기에 모자람이 없다.

---

40) 『太宗實錄』卷11, 太宗 6年(1406) 2月 26日 ; 『世宗實錄』卷6, 世宗 元年 (1419) 12月 10日, 3年(1421) 5月 19日.

스승과 제자의 시대정신과 지성

조선의 창업을 주도한 중심세력은 여말에 새롭게 부상한 신흥사대부들이지만 여기에 소수이나마 불교인들이 참여 동조하고 있음은 그 의외성 때문에 더욱 눈길을 끈다. 자초로 대표되는 불교세력의 왕조창업 참여는 성리학 그룹인 개혁론자들과 그 의지를 함께한 것이었다고 말하기는 어렵다. 이는 태조 이성계에 대한 지지와 기대에서 우러난 행동으로 보아야 할 것이다. 어쨌든 그를 통해 기대했던 시대의 변혁이 이루어진 만큼 결과는 동일하다. 이에 자초는 왕조 개창 이후 초기의 국가건설에도 적극 나서서 태조를 돕고 있다. 그는 또 왕사로서 유교와 불교정신의 공통성 내지 조화라고 할 지인至仁과 대자大慈를 어버이 된 군주의 마음가짐으로 제시하고, 용서와 화해를 새 시대의 출발점으로 삼을 것을 촉구하기도 하였다.

그러나 새로운 시대에 대한 인식과 과제는 입장에 따라 당연히 다를 수밖에 없다. 즉 성리학적 신진관료그룹과 불교계의 입장이 서로 일치하지 않은 것이다. 구가치와 질서를 타파하고 새로운 이념과 사상으로 국가사회를 이룩하려는 것이 전자들의 과제였다면, 후자에게는 오히려 그것이 문제가 된다. 불교계로서는 정치 사회적 변혁을 인정하더라도 그것을 전적으로 수용할 수는 없었다. 다시 말해 유교국가의 배불에 대응하면서 어떻게 불교의 가치를 지켜내고 스스로 그 정체성을 확보할 것인가가 불교의 큰 과제였다.

이처럼 성리학세력과 불교계의 갈등과 충돌이 불가피하게 전개되고 있는 현실에서 불교의 입장을 제시하고 적절하게 시대의 정신을 제시한 인물이 곧 기화이다. 이미 진행되고 있는 배불정책의 기류 속에서도 세종과 왕실 등에 감화의 영향을 끼치고 있던 그는 특히 불유대립의 현실타개에 남다른 지성적 면모를 보여준다. 그의 불유일치 및 삼교회통과 융회론은 시대의 불행한 사상적 갈등을 해소하고 궁극적 진리를 향해 함께 가는 길을 열어 보이고 있는 것이다.

왕조가 교체되는 정치사회적 변혁과 국가 지배종교로서 불교와 유교가 교체되는 종교 사상적 전환의 시기를 살다간 자초와 기화는, 분명 여말선초 불교계의 두 거목이자 지성이었다. 이들 스승과 제자의 시대정신과 그 지성적 활동은 불교 안에서만 의미를 지니는 것은 아니다. 변혁의 새로운 시대를 여는데 주체적이고 능동적으로 참여했던 자초나, 종교 사상적으로 충동할 수밖에 없는 시대현실을 향해 조화와 공존의 새로운 길을 제시해간 기화는 각기 그 시대의 선도자였고 지성이었다.

제2장

효령대군의 신불과 불교외호

왕실불교의 신앙전통 계승

태종의 제2자 효령대군의 신불행적에 관해서는 실록 등의 기록에 비교적 풍부하게 전해진다. 왕조 초기에 유교국가의 기반 구축을 위한 다양한 논의와 정책들이 진행되는 가운데, 왕실 내부의 일이기는 하지만 효령대군의 불문 귀의와 이후 불사에만 전념하고 있는 그의 모습은 다소 의외로 비쳐진다. 특히 그가 조선의 첫 배불군주이던 태종의 효심 깊은 왕자였기 때문에 더욱 그러하다.

효령대군의 신불은 물론 그 자신의 삶의 방식문제에 속한다. 왕위 계승에 관심을 두었던 그는 그 일이 불가함을 깨닫자 문득 불문에 귀의할 것을 결심하였고, 이후 오직 신불자의 모습으로 일관하고 있다. 여기서 효령대군이 다른 길이 아닌 시대적으로 배척받고 있던 불문을 선택하고 있는 데는 왕실 신앙전통의 영향이 컸을 것이다. 국가의 정책과는 무관하게 왕실불교는 항상 존재하였고 그것은 굳은 전통이 되어왔다. 따라서 평생을 건 삶의 방식을 결단해야 하는 상황에서 그가 신불의 길을 선택하고 있음은 크게 이상한 일이 아니다. 결국 효령대군은 왕실의 신앙전통에 자연스럽게 합류하고 있으며, 그 자신이 왕실불교의 한 중요한 계승자가 되고 있다.

효령대군의 삶에서 불교는 가장 중심적인 가치가 되었지만 그는 유교에 대해서도 매우 호의적인 입장이었다. 당시 지식인 계층 대부분이 그러했듯이 그는 유학을 널리 닦았고 윤리 도덕적 품성 또한 남달랐다. 따라서 유불 문제에 있어서 효령은 상호 장점을 인정하고 이를 함께 수용하는 유불동일원儒佛同一源의 태도를 보이고 있다.[41] 말하자면 효령에게 불교는 평생 의지할 수 있는 삶의 길이었고, 유교 또한 그에게는 반드시 있어야 할 현실생활의 도리였다.

효령의 종교신앙적 관점이 무엇이든, 국가와 사회로부터 억압·배척 받던 불교의 입장에서 중요한 것은 왕실대군의 신불사실이다. 그의 돈독한 신불활동은 어려운 교단의 유지와 불교외호에 그만큼 큰 힘이 되었다. 더구나 왕실불교의 구성원 대부분이 대비나 중궁 등 여성불자들이었음을 상기한다면 그의 신불과 역할은 또 다른 의미에서 불교교단 내외에 적지 않은 영향을 미친 것으로 볼 수 있다. 조선왕실의 신불자들 가운데서도 특히 효령대군의 신불활동에 주목하는 것도 이 때문이다.

---

41) 『孝寧大君事蹟淸權輯遺』(淸權祠, 1980) 제1부 總說(pp.13~16)에서는 '효령대군의 행적이 五倫五常과 四諦八正의 상호장점을 취하였음'을 들어, '儒學의 바탕에서 儒學으로 자란 대군으로서 托佛晦跡의 困迫한 경지의 필연적인 추구 과정에서 儒佛心法의 同一源을 이념으로 하였음은 의심의 여지가 없다'고 논하고 있다.

I. 왕실불교와 대군의 불문 귀의

태조로부터 정종을 거쳐 부왕 태종대까지의 재위 연간은 효령대군 (1396~1486)의 유소년·청년기에 해당한다. 이 시기에 대군과 불교와의 관계를 말해주는 뚜렷한 행적이나 기록은 거의 나타나는 것이 없다. 왕궁의 일상생활도 그러했겠지만 개국 이후 급격하게 변화해 온 종교적 환경을 고려할 때 특히 젊은 왕자와 불교가 직접 연관될 만한 가능성은 그렇게 많아 보이지 않는다. 그러나 태종18년(1418) 무렵, 장차 효령을 신불대군으로서 특징짓게 하는 첫 단서가 눈에 띤다. 비록 단편적이기는 하지만 그가 불문에 귀의하게 된 계기를 다음의 행적에서 엿볼 수 있다.

> 처음에 양녕이 미친 체하고 방랑하니, 효령대군이 장차 그가 폐위될 것이라 짐작하고 깊이 들어앉아 삼가고 꿇어앉아 글을 읽었다. 이는 양녕이 폐위되면 다음 차례로 세자가 될 것이라고 생각했기 때문이다. 양녕이 지나가다 들어와서 발로 차면서 말하기를 "어리석다. 너는 충녕에게 성덕이 있는 것을 알지 못하느냐?"하였다. 효령이 크게 깨닫고 곧 뒷문으로 나가 절로 뛰어가서는, 두 손으로 북 하나를 하루 종일 두드렸다.[42]

---

42) 『燃藜室記述』卷2, 太宗朝故事本末.

세종은 나면서부터 성덕聖德이 있었다. 양녕대군이 마음속으로 알고 장차 세자 자리를 양보할 생각으로 병을 핑계하고 거짓 미친 체하였다. …양녕이 어둠을 타서 효령의 침소에 가니 촛불을 켜고 홀로 있었다. 가만히 말하기를 '자네는 내 병이 귀신이 내린 재앙인 것을 아는가?' 물었다. 효령이 합장을 하면서 '이 밖에 도리가 없습니다.'하니 양녕이 턱을 끄덕하고 나갔다. 효령이 이튿날 새벽까지 합장하고 벽을 향해 앉아 있으니, 궁인이 그 상황을 태종대왕께 고하였다. 왕께서 매우 놀라시고 몸소 납시어 그 연고를 물으니, 효령이 아뢰기를 "지난밤 꿈에 불佛이 신에게 가르치기를 '너는 바로 나의 제자이다.'라고 하기에 이로써 마음을 정하였습니다."라고 하였다.[43]

세자의 폐위·책봉을 전후하여 내심 기대를 가졌던 효령대군이 이내 상황을 깨닫고 평정심을 되찾는 모습이 잘 드러나 보이는 기록들이다. 인간이 가질 수 있는 지극히 일반적인 욕망과 정서를 읽을 수 있지만, 여기서 눈길을 끄는 것은 불교에 의탁하여 자취를 감추고자 한 그의 탁불회적托佛晦跡의 결심과, 불교적 수심修心의 모습이다. 옛날과 오늘에 상관없이 인간이 자신의 감정을 처리하는 방식을 저마다 다를 수밖에 없다. 효령대군은 불문에 귀의하는 모습으로 그것을 보여주고 있다. 이는 왕위에 대한 젊은 욕망 그리고 그 기대의 좌절을 불심으로 승화시켜간 것이라 해도 좋겠다. 문제는 당시의 시대상황과 종교적 현실에 비추어 대군이 불문에 귀의한다는 것이 그렇게 쉽게 선택할 만한 길이었으며, 또한 그 일이 자연스럽게 이해될 수 있었겠는가 하는 점이다.

효령은 소년·청년기를 지나는 동안 이미 유교국가와 불교와의 상충적인 관계 및 급격하게 하락해가는 불교의 위상을 지켜보아왔다. 더구

---

43) 『清權輯遺』, pp.49~51, '托佛晦跡'.

나 부왕 태종의 강경한 배불정책이 갖는 의미와, 또 이로 인한 불교교단의 충격 및 타격에 대해서도 충분히 감지하고 있었을 것이다. 불교에 대한 국가의 정책방향이 말해주고 있지만 억승배불의 분위기는 이미 사회 상층부에서도 일반화되고 있었다. 가까운 사례의 하나로 가령 효령대군의 외조부 민제閔霽에게서만 해도 '척이단斥異端'의 면모가 잘 드러나 보인다. '화공으로 하여금, 노복이 막대기로 개를 시켜 중과 무당을 쫓는 그림을 벽에 그리게 하여 두고 보았다.'[44]는 데서 불교에 대한 당시 사대부들의 심정적 혐오가 어떠했는지를 어렵지 않게 짐작할 수 있다.

이 같은 시대조류와 사회적 분위기 속에서, 왕자의 불문 귀의는 돌발적인 사태일 수도 있다. 그러나 이 문제는 다시 왕실의 오랜 신앙전통과 여전히 지속되는 불교의 문화적 영향력, 그리고 효령대군 개인의 성향을 함께 고려하면서 음미해 보아야 한다.

개국 당시부터 여론의 대세였던 배불은 역시 독실한 신불자이기도 했던 태조의 윤허를 얻지 못함으로써 실제적인 진척을 거의 보지 못하고 있었다. 그러던 것이 태종대에 이르면 군신간의 배불의지와 이해가 일치하여 상호 동조하는 가운데 강경한 정책의 단행으로 나타난다. 따라서 조선조의 첫 배불군주로 손꼽히는 태종의 왕자가 불문에 귀의했다 함은 범상한 일이 아님은 분명하다. 그 계기가 어떤 것이었든 효령의 불문귀의가 사실인 이상 그 배경으로서는 우선 왕실의 신앙전통과 왕실불교의 존재를 떠올리지 않을 수 없다.

왕실의 신앙전통이란 삼한 이래 각 시대마다 왕실에 깊숙이 뿌리내려 온 불교신앙을 말함이다. 고려시대 왕실의 신앙전통은 오히려 지나

---

44) 『燃藜室記述』卷1, 定宗朝故事本末.

친 감이 있을 정도였으며, 유교국가로서 건국한 조선왕조에 와서도 그런 전통은 그 후기까지도 크게 변함이 없이 지속되었다. 이 같은 오랜 불교신앙 전통 속에서 이른바 왕실불교가 하나의 실체로서 기능하였고, 특히 조선시대에 그 존재는 오히려 더욱 뚜렷하였다.

효령대군의 불문귀의와 관련하여 왕실의 신앙전통 및 왕실불교를 말한다면 맨 먼저 대군의 조부인 태조의 숭불심을 빼어 놓을 수 없다. 태조의 선대에서도 조부 도조度祖가 관음기도의 영험을 입어 탄생하였으며, 부친 환조桓祖 또한 신승으로도 불리는 무학대사와 일찍부터 교유했던 것으로 알려져 온다.[45] 유교의 이념 하에 조선을 건국한 태조가 천태종의 조구를 국사로 삼고 조계종의 무학을 왕사로 삼았으며, 왕위에서 물러난 뒤에는 염불삼매로 만년을 보냈다는 것도 이런 가계의 신앙전통을 단적으로 말해주고 있다.

태종이 조선조의 첫 배불군주로 손꼽히기도 하지만, 그 또한 대불 태도와 행적에서는 또 다른 모습을 보여주기도 한다. 부왕의 추복을 위해 유신들의 반발을 무릅쓰고 건원릉 곁에 개경사를 세우고, 요절한 왕자 성녕을 위해서는 대자암을 세우는가 하면, 간혹 사찰에 토지와 노비를 내리기도 한다. 또 금으로 법화경을 사경케 하거나, 중궁이 병을 얻었을 때는 그 쾌유를 위해 왕자들과 함께 법당에서 약사정근을 올리고, 연비燃臂까지 행하는 일도 있었다. 이런 모습의 태종은 말하자면 국가정책의 수행에 있어서는 혹독한 배불군주로, 왕실의 신앙전통 속에서는 오히려 호불 군주로서의 면모마저 보임으로써 양면성

---

45) 같은 책, 太祖朝故事本末. 그러나 이 같은 이야기는 야사로만 알려져 올 뿐 正史類의 기록에서는 찾아 볼 수 없다.

을 느끼게 한다.[46]

효령대군이 모후의 병환에 지극한 효성을 다했다 함은 익히 알려진 일이다. 약사정근을 올리는 법당에서 함께 팔을 불태우며 모후의 쾌유를 불전에 빌었던 것도 물론이다. 국가의 배불정책이 강행되고 있는 현실과는 무관하게 왕실에서는 이처럼 오랜 불교신앙의 전통이 그대로 행해지고 있다. 왕실불교라는 실체는 이 같은 신앙전통 속의 인맥과 그들의 불교적 활동을 말함이다. 그것은 대부분 왕대비나 중궁 등 왕실의 여성들이 주축을 이루며, 대군왕자들과 공주 또는 그들의 배위들이 포함된다. 이만하면 왕실불교의 세력을 상정하기에 충분하다 하겠는데, 왕실 측 인물들의 신앙활동인 만큼 왕실불교는 실로 막대한 영향력을 지니고 있었다.

효령대군은 이 같은 왕실의 신앙전통 속에서 불교를 경험하면서 유·소년기를 보내고 청년기에 들어와 있었다. 23세 무렵의 효령은 앞서 언급한대로 양녕의 왕세자 폐위문제와 관련하여 내심 뜻하는 바 없지 않았을 것이다. 다만 현실적 판단에 따라 그 욕망을 접는 과정에서, 그가 불문에 귀의하는 길을 선택한 것은 자연스러워 보인다. 이 같은 결심은 왕실의 신앙전통과 더불어 왕실불교를 은연중에 익혀온 대군 자신의 불교적 성향의 결과라고 보겠다.

아우 충녕이 왕세자로 책봉되기 이전에 효령대군은 이미 불문에 귀의하기로 마음을 정한 것이지만, 이후 그의 일상에서 어떤 특이한 점

---

46) 太宗에 대해서는, 적지 않은 佛事의 예를 들어 그를 好佛君主로 이해한 시각이 없지 않다(李能和,『朝鮮佛教通史』下, p.557 ; 金甲周,『朝鮮時代寺院經濟硏究』(동화출판공사), pp.31~32). 그만큼 태종의 對佛태도에 양면성이 엿보이지만, 그러나 崇佛의 경우는 대체로 왕실불교의 오랜 전통에 따르고 있는 정도라 하겠다.

은 눈에 띄지 않는다. 조선의 동불상을 모셔가기 위해 중국의 사신 황엄黃儼이 왔을 때 왕의 뜻에 따라 영의정 등과 함께 벽제관에 나가 사신을 영접하는가 하면, 헌릉의 모든 일을 돌보고 제사에 행향사行香使를 맡는 등, 왕의 형님이자 왕실의 일원으로서 그 위격에 합당한 역할을 다하는 모습이 보일 뿐이다. 다만 그런 가운데서도 그의 정신 세계는 불교에 점차 심취해 간 듯한데, 이 무렵 성균관생원 등이 올린 상소문에서 대군의 그런 인상을 그려 볼 수 있다.

> …사실師室이라는 늙은 비구니가 있사온데 문자를 조금 아는 것으로 헛된 말을 지어서 무식한 부녀들을 우롱하여 허망한 경지로 끌어넣으니, 이에 사남士男·사녀士女들이 휩쓸려 귀의하고 있습니다. 그들은 모두 "효령대군은 생불生佛이다.""승 사실은 생불이다."라고 말하면서, 남자는 승이 되기를 원하고 여인은 비구니가 되기를 원하여 나라의 풍습이 한심스럽습니다.[47)

효령대군과 함께 비난 받고 있는 사실니師室尼에 대해서는 지중추원사知中樞院事 정인지鄭麟趾 등의 상소에 다음과 같이 보인다.

> 신들이 듣자옵건대, 성이 구丘라고 하는 비구니가 간사한 지혜와 교묘한 말로써 문자를 쓰며 요망하게 속이는 일을 다하여 부녀들을 미혹한다 하니, 이야말로 마땅히 멀리 내쫓아야 할 요물입니다. 근년에 궁중을 인연하여 여러 가지로 속이고 꾀어 의빈懿嬪이 머리를 깎고 승복을 입기까지 하였으니, 이는 만세에 이어 갈 궁중의 궤범이 아니옵니다.…엎디어 바라옵건대 전하께옵서는 늙은 비구니를 밖으로 쫓아 보내어 근본을 끊고, 또 빈으로 하여금 옛 모습으로 돌아오게 하여 궁중을 바르게 하옵소서.[48)

---

47) 『世宗實錄』卷10, 世宗 2年(1420) 윤1月 24日.
48) 『世宗實錄』卷94, 世宗 23年(1441) 12月 9日. 知中樞院司 정인지 상소문.

그 시기와 내용으로 보아 구丘씨 성의 비구니는 곧 사실니를 말하고 있음이 분명하다. 이런 비구니의 감화로 태종의 의빈이 머리를 깎고 출가해버릴 정도였다면, 불교의 척멸을 최대 과제로 삼고 있던 유자들로서는 충격을 받기에 충분했을 것이다. 사정이 어떠했든 사실니는 위 상소가 보여주듯이 사람들로부터 생불처럼 추앙받고 있었던 것인데, 효령 역시 그러했다는 사실이다.

당시 사람들이 효령을 생불로 여기고 있었다면 사실니와 마찬가지로 대군 또한 뛰어난 설법과 감화력을 보여주었다는 것일까? 대군이 불문에 귀의한 연조로 보나 기타 상황으로 미루어 생각할 때 그렇게 말하기는 어렵다. 그러함에도 불구하고 사람들이 '효령대군은 생불이다.'라고 말했다면 이는 당시의 배불정책과 그 예견되는 추이에 절망하며 더욱 위축되어가던 불교인들의 간절한 소망이 담긴 기대의 표현으로 보아야 할 것이다. 억승배불의 국가정책이 구체적으로 드러나고 더욱 강경한 배불이 예측되는 현실에서, 불교인들이 기댈 수 있는 언덕은 거의 없는 형편이었다. 이때 왕의 실형인 효령대군의 공공연한 불문 귀의 사실은 그들에게는 적지 않은 위안과 의지가 되었을 것이다. '효령은 생불이다.'라는 여론은 그만큼 당시 불교교단과 대중의 효령에 대한 큰 여망을 말해주는 것일지도 모른다.

II. 배불 기류 속의 불사 주도

관제 개혁과 각종 문물제도의 정비 등 태종이 닦아 온 국가의 기반은 세종대에 들어와 더욱 확고하게 발전 정착해갔다. 세종의 치적은 내치·외교·문화 등 여러 방면에서 그 성과를 논할 수 있지만, 유교국가의 확립을 위한 숭유배불정책 또한 특기할 만하다. 특히 세종 치세 전기의 대불교정책은 그 범위와 내용 등에 있어서, 태종대의 그것보다 훨씬 강도 높게 진행되었다.

바로 이럴 즈음에 또 다른 관심을 불러일으키는 일이 곧 효령대군의 신불활동이다. 이미 불문에 귀의해 있던 그는 마치 불교인들의 기대에 부응이라도 하듯 비난의 여론에도 개의치 않고 소신껏 신불활동을 펴고 있다. 이는 세종의 배불정책으로 더욱 위축되어 가던 불교 교단에 그나마 고무적인 일이 되었을 것이다. 세종 중기 무렵 효령이 주도한 불사로써 가장 눈에 띄고 파장 또한 컸던 것으로는 한강 수륙재와 양주 회암사 중수를 들 수 있다. 세종 14년 2월에 설행되었던 한강 수륙재의 그 성황과 여파는 대단했던 것 같다. 실록에서는 그 성대한 정황을 다음과 같이 기록하고 있다.

효령대군 보補가 한강에서 7일 간에 걸쳐 수륙재를 설행하였다. 왕이 향을 내리고, 반승飯僧이 1천여 명에 이르렀으며 시미施米가 강속 물고기들에게까지도 미쳤다. 날마다 번幡과 당幢이 강을 덮고 북과 종소리가 하늘을 뒤흔드는 가운데, 양반·선비·서민과 부녀들이 구름같이 모여들었다.[49]

마치 불교가 전성을 구가하던 고려시대의 어느 불사를 보는 듯한 대수륙재가 배불의 조선에서 열리고 있는 것이다. 효령이 수륙재를 대설한 특별한 이유에 대해서는 밝혀져 있지 않다. 그는 세종 6년의 대폭적인 불교정리 이후 더욱 위축되어 있는 불교교단과 함께 일반의 불심을 고양시키기 위해 대대적인 불사를 베풀었는지도 모를 일이다. 실제로 이 한강 수륙재는 대군이 세종 16년에 일으켰던 회암사 중수 및 경찬회 등과 함께 불사의 재흥과 승세僧勢 회복에 한 계기가 되었던 것임은, 후일 유신들의 배불 상소에서도 자주 지적되고 있다.

이런 성격을 띤 효령의 수륙재 설행에 대해 유신들이 그냥 지나칠 리는 없다. 그것의 제지를 요청하기도 하고 왕의 강향降香을 문제 삼는가 하면, 그 여파를 막기 위해서는 차제에 수륙재는 물론 승과僧科·인경印經·조불造佛·설회設會 등 모든 불사를 일체 금단시킬 것을 계청하고 있다.[50] 그러나 세종은 그와 같은 건의들을 묵살하고 윤허하지 않았다.

뿐만 아니라 다시 그 16년 4월에 대군이 회암사를 중수코자 함에 내탕內帑의 쌀과 베를 내어 이를 지원하고 있다. 이 불사는 형식상으로는 회암사 승려들이 원경왕후의 수불繡佛이 봉안된 불전이 기울어 위험하므로 이를 수리코자 한 것으로 되어있다. 또 실제로 승려들이

---

49)『世宗實錄』卷55, 世宗 14年(1432) 2月 14日.
50) 같은 책, 2月 14日, 3月 5日 등.

권선모금하기도 했으며, 이에 왕실 종친들을 비롯한 일반의 호응이 컸던 것도 사실이다. 따라서 이 일 역시 비난과 논란의 대상이 되었음은 물론이다.

유신들은 불전의 수리 반대에만 그친 것이 아니다. 이어서 나타날 낙성법회·전경轉經 등 불사까지 예측하면서 그것에 참여하는 종실 및 왕의 후원 태도를 들어 그 영향을 염려하고 있다. 유생들까지 합세한 가운데 유신들의 회암사 수리 반대가 극심했던 것이지만 그러나 중수 불사는 예정대로 이루어지고, 다시 이듬해 이곳에서는 역시 효령대군이 주선한 경찬회가 베풀어진다. 유신들이 염려했던 바 대로 계속 또 다른 불사가 수반되고 있는 것인데, 여기서도 세종은 대군과 그의 불사를 비호하는 태도를 보여준다.

즉 세종 17년 3월 사헌부의 지평持平이 상소하여, '효령대군이 불사를 금한다는 원전元典 소재의 금제를 어기고, 이제 회암사에서 불사를 설한다 하니 아마도 국법이 이로부터 무너질 것'이라고 비난하였다. 이에 대해 세종은 "중수 시에 내탕미를 내어 도운 바 있거니와, 중수가 이루어져 경찬회를 설행하는 것은 당연한 일로써, 관사에서 금할 바가 아니다."라고 일축하고 있다. 왕과 유신들 사이에 이 같은 논란이 거듭되었지만 결국 사헌부에 전지하여 "회암사 경찬회를 금지시키지 말라."고까지 못 박음으로써 경찬회 또한 성대하게 베풀어 질 수 있었다.

이처럼 유신들의 비난과 방해 속에서도 효령은 계속 불사를 주도하고, 왕은 그런 효령의 숭불과 불사를 조력 외호하고 있다. 불교계와 민중들로부터 생불로 여겨져 온 효령대군은 그렇다 하더라도, 이 같은 세종의 모습 또한 중기 이후 그의 불교에 대한 태도 변화를 말해준다.

세종의 대불인식과 태도변화는 중기 이후 만년에 이르기까지 그의 불사들에서 더욱 확연하게 드러난다.

세종이 추진한 주요 불사는 ①사리각 중수 등의 흥천사 불사 ②소헌왕후 추천을 위한 전경 및 정음불서 찬술 ③내불당 재건 등으로 대별할 수 있다.[51] 그리고 이런 불사들은 한결같이 유신들의 거센 반발과 저항 속에서 추진해 갈 수밖에 없었다. 바로 이 과정에서 보이는 세종은 효령에게 크게 의지하고 있었음을 느끼게 한다. 다시 말하면 세종은 심경 변화 이후 새삼스러운 그의 불심을 형님대군에게 기대어 펴간 것이라고도 말할 수 있겠는데 그런 흔적은 흥천사 불사에서 가장 뚜렷하다.

태조가 세운 조종의 원찰 흥천사는 세종 11년에도 수리한 적이 있다. 그러나 이 절의 8면 4층의 사리각이 크게 기울자, 세종 17년 5월 왕은 그것을 헐고 다시 짓고자 하였다. 하지만 이 일이 불사라는 이유에서 그 경비 및 주관의 문제가 처음부터 논란의 대상이 된다. 먼저 거론된 것은 왕의 교서와 권문勸文을 내어 경비를 염출하고 효령대군에게 그 경영을 일임하는 방안과, 관급으로써 일을 추진하는 방안이었다. 그러나 전자는 이를 빌미로 승도들이 민간의 재물을 점탈할 우려가 있다는 것이며, 후자는 불사를 관급으로 추진할 경우 승도들이 새로 절을 세우는 유폐遺弊를 초래할 것이라 하여 논란이 계속된 것이다.

논란 끝에 결국 후자로 결정되었지만, 흥천사 공사의 실제 착공은 그 발의 후 2년 뒤에서야 이루어진다. 기본적으로 모든 불사를 반대 저지하려는 조정 유신들과의 논쟁이 그만큼 지루하게 이어진 것이다.

---

51) 제3부 1장 「전기 숭불주들의 흥불정책」 참조.

어쨌든 흥천사 사리각 중수는 세종 19년 7월에 시작되고, 이와 함께 흥덕사의 보수까지도 겸행하게 된다. 이 불사에서 효령의 역할이 전면에 드러나지는 않는다. 그러나 그 형식이야 어떠했든, 대군이 이 불사를 주관해간 것임은 거의 의심의 여지가 없다.

두 절이 조종의 원찰이기는 하지만 그 중수의 의미는 좀 더 유의할 만한 점이 있다. 이는 곧 선·교 양종의 본사를 국가 혹은 효령대군이 나서서 중수하는 불사였다는 점에서이다. 이 때문인지 공사가 진행되는 동안에도 그 정파停罷를 요구하는 유신들의 계청과 상소가 쇄도하였다. 그러나 유신들과는 달리 이 같은 불사에 대한 일반의 호응은 대단했고, 이는 또 다른 시비의 문제가 되고 있다. 흥천사 중수불사의 파장은 여기서 그치지 않는다. 세종 21년 4월 중수가 계속되는 동안 흥천사에서는 안거회가 대설되었고, 그것이 효령이 주장한 바라 하여, 도성 내 불사설행은 곧 불교중흥의 기틀이 될 것이라며 유신들의 강력한 정파 요청이 연일 계속된 것이다. 그러나 왕은 역시 유신들의 계청을 받아들이지 않았다. 이에 사헌부가 나서서 흥천사 승려 40여명을 구속 국문함으로써, 이 문제는 왕과 대간들 사이의 심각한 대립으로까지 치닫고 있다.

세종은 효령대군이 불사를 주장했다는 것은 사실무근이라 하고, 앞으로 흥천·흥덕 양사에 추문推問할 일이 있으면 즉시 보고하여 교지를 받을 것과 사졸이 함부로 사원 경내에 들어가지 못하도록 하는 조치를 사간원·사헌부 등에 내린다. 이렇게 되자 이는 다시 효령의 불사주장 시비와 함께 효령에 의해 흥천사에 초치되어 온 행호行乎에 대한 대대적인 탄핵으로 비화한다.

행호는 일찍이 효령대군의 후원으로 백련결사의 요람인 강진의 만덕산 백련사를 중창한 천태종의 고승이다. 이런 행호에 대한 탄핵은 종친과 일반에 영향을 끼치고 있는 요승 행호의 목을 베라고 극간하는 데까지 이르는데, 종친이란 물론 효령대군을 지칭함이다. 그러나 대군의 경신이 두터운 행호에 대해 세종은 끝까지 유신들의 강청을 물리치고 그에게 예우를 다하고 있으며,[52] 흥천사 불사는 마침내 세종 24년 3월 경찬회를 끝으로 모든 불사를 마무리 지을 수 있었다.

이처럼 효령대군은 극심한 배불의 기류 속에서 각종 불사를 주도하면서 불교계와 민중들에게는 가히 '생불'로서 그들의 여망에 부응하였다. 또한 세종은 그런 효령대군과 상보적인 관계를 이루면서 불교에 대한 심경 변화 이후의 불심을 펴가고 있다. 뿐만 아니라 이 같은 분위기의 여세가 세조대에 이르러서는 보다 적극적인 흥불로 전개되어 간 것이라 하겠다.

---

52) 『世宗實錄』卷85, 世宗 21年(1439) 4月 18日 ; 5月 12日.

Ⅲ. 원각사 창건의 총주관

    원각사는 숭불영주 세조가 창건한 도성 내의 대사찰로서 이 절의 창건에서 효령대군의 역할 또한 빼놓을 수 없다. 대군시절부터 백부 효령과 함께 왕실불교의 실제적 역할을 도맡아 온 세조(수양대군)는 평소 불교와 유교의 사상적 심천深淺과 그 우월성을 하늘과 땅에 비교하며[53] 자신의 종교적 소신을 공언해 온 신불자였다. 이런 세조가 어린 조카 단종을 몰아내고 왕위에 오른 것이지만, 물론 이로써 조선조 유교정치의 기본 구조가 바뀐 것은 아니다. 그러나 세조는 그동안의 배불정책으로부터 과감하게 방향을 수정하여 불교보호 등 흥불에 진력하였다. 그 결과 불교계는 활력과 희망을 되찾고 새로운 불교중흥까지도 기대하게 된다.

    세조 재위기간(1455~1468)중의 흥불호법사업은 크게 나누어 ① 승려의 법적 권익옹호와 불교의 국가·사회적 위치 보장 ②사원중흥의 지원과 각종 불사의 진작 ③경전의 간행 유포와 불전국역사업 ④ 불교문화·예술의 진흥 등으로[54] 요약할 수 있다. 이 같은 사업들은 그 자체로서 불교교단에 큰 힘이 되었던 것이지만 그보다 흥불정책으

---

53) 『世宗實錄』卷122, 世宗 30年(1448) 12月 5日. "釋氏之道過孔不啻霄壤".
54) 註 51)과 같음.

로써 교단 내외에 끼친 파급영향 또한 막대한 것이었다.

세조의 흥불정책과 그 사업은 매우 다양하였고 또 적극적으로 진행되었다. 그 가운데서도 전국 유수 사원에 대한 중건 및 새로운 사원의 창건을 비롯하여 삼보숭봉의 각종 불사는 그의 신불심이 얼마나 돈독했던가를 잘 엿보게 한다. 그는 원각사와 정인사 창건을 비롯하여, 해인사·상원사·월정사·청학사·회암사·도갑사·신륵사·쌍봉사·표훈사 등 사찰의 중수와 보수를 지원하였다. 또 속리산 복천사및 오대산과 금강산의 여러 사찰과 양양 낙산사 등의 명찰을 찾아 삼보에 공양하는 등 많은 불사를 일으켰다. 이처럼 세조가 일으킨 많은 불사 가운데서도 특히 효령대군과 관련이 깊은 것이 원각사의 창건이다.

원각사는 조선 초기에 드물게 도성 내에 세운 사찰일 뿐만 아니라 효령대군의 두터운 신불을 계기로 창건된 조종의 원찰이었다. 현재 서울 종로 탑골공원 일대가 바로 그 절터로 사적 제354호로 지정되어 있어 당시 가람의 위치를 그대로 알 수 있게 하며, 지금은 유백색 대리석으로 쌓은 독특한 구조의 아름다운 10층 석탑이 홀로 남아 원각사의 옛 위상을 증언해주고 있다.

이 절은 본래 고려 때부터 있었으며 태조가 중창하여 흥복사라 하였다. 선초에 국행기우제 및 왕실의 각종 설재가 이 절에서 행해졌고, 특히 세종 4년에는 빈민구제를 위한 진재賑齋와 굶주리는 사람이나 걸인을 구호하기 위한 구료소가 설치되어[55] 사회적으로도 중요한 기능과 역할을 담당했던 곳이다. 태조가 지은 사찰로 이처럼 서민대중

---

55) 『世宗實錄』卷16, 世宗 4年(1442) 8月 3日, '置賑齋所於城中興福寺', 9月 10日, '命設救療所於興福寺'.

을 위한 공관으로서도 활용되었던 흥복사는 그동안 악학도감樂學都
監으로 사용되는 등 거의 폐사 상태에 있었다. 다만 사람들은 이곳을
큰절[대사大寺]로 불렀다는데, 다시 세조가 그것을 일신 중창하여 원
각사라고 고쳐 부른 것이다.

그런데 이 절을 중창 하게 된 계기가 다름 아닌 효령대군의 두터운
신불이라는 점에서 특히 눈길을 끈다. 그 사정이 『세조실록』에 다음과
같이 실려 있다.

> 영순군永順君 이부李溥에게 명하여 승정원에 전지하기를, "근일에
> 효령대군이 회암사에서 원각법회를 베푸니 여래가 그 모습을 드러
> 내고 감로가 내렸다. 황색가사를 입은 승 3인이 탑을 둘러싸고 정
> 근하는데 그 빛이 번개와 같고, 또 빛이 대낮처럼 환하였으며 채색
> 의 안개가 공중에 가득하였다. 사리분신舍利分身이 수백 매枚였는데
> 곧 그 사리를 함원전含元殿에 공양하니 또 분신이 수십 매였다. 이
> 와 같은 기이한 상서는 실로 만나기 어려운 일이므로 다시 흥복사를
> 세워서 원각사로 삼고자 한다."하였다. 승정원에서 아뢰기를 "지당하
> 신 말씀입니다."하고 이어서 하례를 행할 것을 청하니 임금이 그대
> 로 따랐다. …하교하여 강도 이외의 죄를 용서하여 주게 하고… "효
> 령대군 보補가 부처를 받드는데 매우 돈실하여 어릴 때부터 늙기에
> 이르도록 더욱 열심인데, 회암사를 원찰로 삼고 항상 왕래하면서 재
> 를 베풀더니, 이때에 이르러 여래가 현상現相하였고 신승이 탑을 둘
> 러쌌었다. 다른 사람들은 모두 보지 못하였으나 오로지 보補만이
> 이를 보았다고 스스로 말하였다."고 하였다.[56]

원각사 창건이 효령대군의 영응상서靈應祥瑞로 말미암은 것임을 보
여주는 이 같은 기사에 이어, 실록에는 이튿날 세조가 흥복사에 거동

---

56) 『世祖實錄』卷33, 世祖 10年(1464) 5月 2日.

하여 왕세자와 효령대군 그리고 여러 대군 및 영의정을 비롯한 조정 대신들과 원각사 창건의 일에 관해 의논했음을 적고 있다. 이날 효령 대군은 다른 대군 및 몇몇 대신들과 함께 원각사 조성도감造成都監의 도제조都提調가 된다. 여러 가지 정황으로 미루어 이는 효령대군이 종친의 어른으로서 실제로 불사를 총 주관하게 되었음을 의미한다. 세조가 효령대군의 불심에 나툰 여래의 모습과 사리분신 등 신비한 상서에 감동하여 원각사 창건을 결심한 만큼 대군이 도제조로서 불사를 주관함은 당연한 일이었다. 이렇게 시작된 원각사 조성불사는 관련 실록기사들로 미루어 볼 때 세조 10년 6월 초에 착공하여 세조 14년까지도 계속된 듯하다.

가람의 전체 규모나 자세한 구조는 알 수 없지만 실록과 비문 등 산견되는 기록에서 그 대략은 짐작해 볼 수 있다. 즉 절을 짓기 위해 매입하여 철거한 민가 수가 200여 호, 장將 13인을 포함한 군인 부역자 수가 2,100여 인, 기지의 주위가 2,000여 보였다. 여기에 법당인 대광명전, 선당禪堂, 적광문, 반야문, 해탈문, 향적료香積寮, 법뇌각法雷閣, 장랑長廊 및 행랑行廊, 그리고 절의 동남 편에는 왕의 임행 시 사용할 어실御室을 따로 갖추었고, 법당지붕에 소요된 청기와가 8만 장이었다 한다. 또한 법당에는 백옥의 불상이 봉안되고 전국에서 모아온 동 5만 근으로 대종을 주조하였으며(세조10년), 백색 대리석으로 3층 기단에 10층 탑신으로 된 석탑을 세웠다.(세조13년~14년).[57]

---

57) 李相佰, 「圓覺寺始末考」, 『鄕土서울』제2집(서울市史편찬위원회, 1958), pp.79~80;『淸權輯遺』, pp.129~130, '圓覺寺御製誠文' 註;『世祖實錄』 卷35, 世祖 11年(1465) 4月 17日;『成宗實錄』卷43, 成宗 5年(1474) 6月 15日 등 참조.

대종을 주조할 때는 역시 그 일을 감독했던 효령대군과 형님인 양녕대군과의 사이에 있었던 다음과 같은 한 토막의 일화도 전해진다.

> 효령이 하루는 양녕대군에게 "제가 원각사의 종을 부어 만드는데, 모든 것이 다 갖추어졌으나 다만 인부들에게 먹일 술과 국수가 부족하오니 형님께서 좀 도와주십시오."하였다. 이에 양녕이 "아우가 나를 대시주로 삼지 않는다면 그렇게 하겠다."고 대답했다. 그 날이 되자 양녕이 술과 국수를 각각 50개의 그릇에 갖추어 보냈다. 이에 효령은 그 그릇 1백 개를 모두 종 머리에 함께 부어 만들고 양녕대군을 '대시주'라고 적었다.[58]

불교에 무관심한 형님까지도 선업의 불사에 동참시키고자 하는 효령의 기지와 아우의 뜻을 짐작하고 짐짓 백 개의 그릇에 음식을 담아 보낸 양녕의 태도에서 따뜻한 형제애가 느껴지는 일화이다.

어쨌든 원각사 조성공사는 효령대군의 총 지휘와 감독으로 이루어진다. 여기서 특히 흥미로운 것은 불사의 진행 중에 신비한 상서가 여러 차례 나타나고 있다는 사실이다. 즉 세조 10년 6월 19일에 '원각사 상공에 꽃비가 내리고 신이로운 향내음이 허공에 가득 찼다.'한 것을 비롯하여 '사리분신과 함께 오색서기가 가득차차 진하陳賀하였다.' '백옥불상 조성을 마치고 함원전에서 점안點眼법회를 열었을 때 허공에 서기가 일었다.'는 등 조탑造塔 또는 경찬법회 시에도 상서가 끊임없이 나타나고 있다.[59] 원각사 창건의 동기 자체가 상서에 있었지만, 그 신비한 종교신앙적 영이靈異의 현상이 이제 원각사 공사 중에도 계속

---

58) 『淸權輯遺』'圓覺寺大鐘', pp.133~134.
59) 禹貞相, 「圓覺寺塔婆의 思想的 연구」, 『朝鮮前期佛敎思想研究』(동국대학교 출판부, 1985), p.23 참고.

되고 있는 것이다. 효령대군과 세조는 비교할 데 없이 불심이 두터운 불자들이다. 따라서 대군은 물론 세조 또한 그의 깊은 불심을 통해 자주 신비한 종교체험을 하고 있다.

Ⅳ. 불전언해 사업의 협찬

흥불을 위한 정책들을 과감하게 펼쳐나간 세조의 다양한 흥불사업 가운데서도 가장 주목되는 것이 불전언해 사업임은 이미 언급한 바 있다. 불교 전적의 정음 번역을 말하는 불전의 언해는 세종 28년 (1446) 9월 훈민정음의 창제 반포에 이어 그 해 12월에 석존의 일대기인 『석보상절』을 정음으로 찬술하면서부터 시작된다. 불교가 억압 배척되고 있던 당시 상황이나 정음이 대부분 유신관료 및 양반 가문에서 환영받지 못하던 현실을 고려할 때, 정음반포 직후 맨 먼저 『석보상절』이 언해되고 있음은 매우 놀라운 일이다.

바로 이 『석보상절』언해의 주역을 맡았던 세조가 즉위하여 불전언해에 적극 나서고 있음은 그의 또 다른 흥불신념을 말해준다. 세조의 불전언해 사업은 즉위 7년(1461)에 간경도감을 설치하고 있는 데서부터 그 적극성과 과감함이 잘 드러난다. 유교국가에서 불경의 간행 및 언해를 전담할 국가기관이 설치되고 있음은 그 사실 자체가 의외이다. 세조의 신불 및 강한 흥불정책의 의지가 아니라면 상상하기 어려운 일인 것이다. 어쨌든 간경도감 설치 이후 이곳에서의 불경 인행과 함께 당시의 주요 불서 대부분이 언해 간행되었다. 효령대군의 관련사실을 알아보기 위해 이때 언해된 불전을 그 구결자口訣者 및 언해자와 함께 열거해보면 다음과 같다.

① 『능업경』10권(세조 8년, 1462) : 세조 구결·언해
② 『법화경』7권(세조 9년, 1463) : 세조 구결·언해
③ 『아미타경』1권(세조 10년, 1464) : 세조 언해
④ 『선종영가집』2권(세조 10년, 1464) : 세조 구결, 효령대군 신미 해초 홍일 등 언해
⑤ 『금강경』1권(세조 10년, 1464) : 세조 구결, 김수온 한계희 노사신 등 언해, 효령대군, 해초 홍일 등 교정
⑥ 『반야심경』1권(세조 10년, 1464) : 효령대군 해초 사지 등 언해
⑦ 『원각경』10권(세조 11년, 1465) : 세조 구결, 신미 효령대군 한계희 강희맹 등 언해
⑧ 『목우자수심결』1권(세조 13년, 1467) : 신미 언해
⑨ 『4법어』1권(세조 13년, 1467) : 신미 언해
⑩ 『몽산화상법어』1권(간경도감 간행?) : 신미 언해
⑪ 『지장경』3권(간행년도 미상) : 학조 언해

위에서 언급한대로 간경도감 중심의 불전언해는 세조의 신불심과 강력한 정책의지로써 추진한 대흥불 사업이었다. 따라서 그것은 불교 사상을 주제로 하는 내용면에서 뿐만 아니라 번역에 따른 언해자 또는 언어적인 문제, 간행업무 추진과 경비문제 등 여러 가지 요소가 복합되어 있는 대규모 국가사업인 만큼 많은 협력과 참여자가 필요하였다. (자세하게 논할 겨를은 없지만) 여기서 가장 중요한 요소라 할 언해자 문제를 보면 그것은 크게 세 그룹으로 구분된다. 세조·효령대군과 같은 왕실 측 인물, 선·교종 소속의 승려들, 그리고 신불 유신관료가 그들이다. 이처럼 불전언해는 세조가 주도하고 선·교종의 유능한 승려들과 유신관료들이 함께 참여하고 협력하는 가운데 이루어진 홍

불사업이었다고 말할 수 있는데, 이 부분에서도 역시 효령대군의 역할이 적지 않았음을 알 수 있다.

일찍이 부사직 김수온과 함께 『석보상절』을 찬술했던 세조는 불교 사상에 대한 이해나 정음의 실력 면에서 가히 전문가였다고 말할 수 있다. 간경도감의 언해불전에서 확인되듯이 그는 『능엄경』과 『법화경』을 단독으로 구결·언해하였고, 그 밖에 『아미타경』·『선종영가집』·『능엄경』·『원각경』에도 구결 혹은 언해하고 있을 정도이다. 이 같은 세조의 언해활동에는 미치지 못하지만 여기서 왕실 측 인물로서 유독 효령대군이 이 사업에 참여하여 직접 언해를 담당했던 사실 또한 주목할 만하다. 효령대군이 『선종영가집』·『금강경』·『반야심경』·『원각경』언해에 동참하고 있음을 보면, 그의 불교사상에 대한 조예나 정음 실력 역시 범상치 않았음을 짐작케 한다.

특히 불전언해 사업이 전체적으로 불교의 중흥을 도모하는 것이었다 할 때, 이 사업에서의 대군의 역할이 부분적인 언해 참여 정도에서 그친 것으로 보이지는 않는다. 다시 말하면 그는 직접 언해를 담당하는 일 외에, 언해사업 전반에 걸쳐 보다 큰 역할을 수행했을 것으로 본다. 왕의 백부로서의 위치나 그의 깊은 숭불심, 그리고 세조의 여타 흥불사업에서의 역할 등에 비추어 그렇게 생각할 수 있다. 요컨대 효령대군은 불교중흥사업인 불전언해를 추진함에 있어 종친의 어른으로서 세조를 대신하여 업무의 기획과 진행 등 사업전반을 관장해 갔을 가능성이 크다.

이 같은 효령대군의 역할은 각 언해불전이 이룩되는 과정에서도 어느 정도 짐작되며, 특히 『원각경』의 언해 상황에서는 그의 역할은 물론 그 사업의 의도가 새삼 부각된다.

『원각경』언해는 세조의 발원과 대군의 감독으로 이룩된 원각사 창건과도 깊은 관련을 갖고 있다. 이에 관해『왕조실록』세조 11년 3월 9일 기사에는 '효령대군 보가 일찍부터 교정해오던『원각경』을 이제 끝마쳤다.'라고 했고,『원각경』을 번역한 공으로 한계희韓繼禧를 이조판서, 강희맹姜希孟을 인순부윤仁順府尹에 임명했다고 하였다. 또 같은 해 4월 기사에는 '원각사 경찬회에서 왕이 어정구결御定口訣하여 번역한『원각수다라요의경』을 피람披覽하였다.[60]'라고 적고 있다. 이로써 『원각경』언해는 원각사 창건과 때를 같이하며 세조가 구결을 정하고 효령대군을 비롯한 한계희·강희맹 등이 함께 언해한 후 최종적으로 다시 대군의 교정을 거쳐 완성된 것임을 알 수 있다. 이 같은 일련의 작업들이 모두 효령대군의 평소 원각법회 개설과 서응(?) 그리고 원각사의 창건과 무관하지 않은 것이다.

『원각경』은 석존이 문수·보현 등 52보살들과의 문답을 통하여 대원각의 묘리와 그 관행觀行을 설하고 있는 경이다. 이 경은 교와 선의 사상적 경향을 동시에 함축하고 있어 불교계에서는 전통적으로 매우 중시해왔으며, 그것은 현재에도 불교전문강원 사교四敎 과목의 하나로 학습하고 있다. 세조와 효령대군이 함께 원각사를 창건하면서 이 경을 구결·언해하고 최후 교정에 이르기까지 크게 관심을 기울이고 있음은 결코 우연한 일이 아니다. 이는 불교 내적으로 교선일치는 물론 종파적 암류暗流를 원각사상으로 통합하고, 한 걸음 더 나아가 국민정신의 통일까지도 함께 희구했던 것으로[61] 볼 수 있다. 그런 의미에서 불교중흥과 국가의 안녕을 희구하는 세조와 효령대군의 염원이 원

---

60)『世祖實錄』卷35, 世祖 11年(1465) 4月 7日.
61) 禹貞相, 앞의 논문, p.22.

각사의 창건과 『원각경』언해로 드러난 것이라 말한다면, 세조는 물론 불전언해사업에서의 대군의 위치와 역할 비중은 더욱 뚜렷하다.

불전언해 사업에서의 효령대군의 이 같은 역할과도 관련하여 한 가지 새로운 사실은 대군이 이 사업에 매월당 김시습을 불러들이고 있는 점이다. 주지하듯이 김시습은 세조의 찬위에 울분하여 세상을 등지고 출가한 인물이다. 출가 후 설잠雪岑으로 불리운 그는 세조 4년 (1458) 계룡산 동학사에 머물면서 세조에 저항하다 죽임을 당한 조상치와 사육신死六臣을 위해 초혼제사를 지내기도 하였고, 이듬 해 회암사에서는 『원각경』을 읽으며 선리를 닦는 등 전국의 산사를 주유하며 지내고 있었다. 그런 설잠이 효령대군과 처음 만난 것은 그가 경주 금오산 용장사 부근에서 머물다가 잠시 상경했던 세조 9년 가을이었다. 『매월당전집』속집 권2 '내불당內佛堂' 제목 하에는 이렇게 적혀 있다.

> 계미년(세조 9년) 가을에 책을 사려고 서울에 왔다. 그때 주상이 『연화경』을 번역하고 있었는데, 효령대군은 내가 글을 안다고 주상에게 허락을 받아 내불당에서 열흘간 교정을 보게 하였다. 그 일로 인해서 내불당을 창건한 연유를 읊는다.

위 글에 책을 사기 위해 서울에 왔다고 했지만 아마 효령대군의 청을 받고 상경했을 것으로 보인다. 그리하여 『법화경』언해에도 동참했던 것으로, 설잠은 당시 세조의 불전언해에 대하여 예찬의 시와 함께 다음과 같은 칭송의 글을 남기기도 하였다.

> 한나라의 가섭마등·축법란과 당나라의 현장은 일개 필부였다.
> 등·란은 본래 호인胡人이었고 현장은 다만 불경을 해석하는 승으로

서 한때의 자랑거리가 된 데 불과하다. 이들이 어떻게 우리 전하처럼 문치와 무공이 역대의 제왕보다 뛰어나면서도 정무를 다스리는 여가를 선용하여 백성을 제도할 목적으로 직접 불경을 번역해서 어리석은 백성을 고육 시키는 것과 같겠는가. 참으로 천고의 제왕에게서는 듣지 못한 일이다.[62]

그 뒤 다시 금오산으로 내려가 칩거하던 설잠은 세조 11년 3월 그믐날 왕의 명을 받고 다시 서울에 올라온다. 이때의 상경은 원각사 낙성법회에 참석하기 위해서였는데 당시 승려들이 낙성법회에 설잠이 없을 수 없다고 하여 세조가 그를 부른 것으로 되어 있다. 낙성회에서 설잠은 '원각사 찬시'를 지어 효령대군에게 바쳤다. 대군이 이를 세조에게 바침에 세조는 설잠을 만나보고자 대궐로 초대하였다. 그는 병을 핑계로 사양하고 내려가려 했으나, 효령대군의 만류로 서울에서 여름 한철을 체류하게 된다.

세조와 설잠의 직접 만남은 끝내 이루어지지 않았다. 그러나 잠시나마 세조의 언해불전에 교정을 보고 원각사 낙성법회에도 참여했던 일 등이 모두 효령대군의 주선과 추천에 의해 이루어지고 있다. 더구나 낙성법회 시 설잠이 승려로서 신분이 인정되는 계권戒券, 즉 도첩을 받고는 부처님의 가호와 함께 임금의 은혜와 천만년의 복록을 기원하고 있음을[63] 보면, 모순되지만 세조정권에 대한 그의 화해와 인정부분이 엿보이기도 한다. 불전언해에의 참여를 권하고 세조와 설잠의 화해를 주선하는 효령대군의 진지한 노력을 새삼 짐작해 볼 수 있게 하는 대목들이다.

---

62) 金時習, 『梅月堂全集』속집 卷2, '新譯蓮經'.
63) 같은 책, '受戒券'.

V. 종실 최고 어른의 신불 권위

효령대군이 만년에 접어드는 성종대는 조선 전기 배불의 대체적인 윤곽이 거의 드러나는 시기에 해당한다. 그러나 이 시대에도 왕실불교는 여전히 존재하였고, 그 역할은 고립무원의 불교교단 유지에 큰 힘이 되고 있었다. 이때 왕실불교 세력으로는 특히 여성들이 주축을 이루었다. 즉 세조비 자성대비慈聖大妃를 비롯하여 덕종비 인수대비, 성종의 계비 정현왕후, 그리고 종실 대군들의 부인 등이 그들이다. 이들은 일단의 불교세력을 형성하고 유교정치의 강화에 따른 배불의 심화를 막고자 그나마 노력을 다하고 있다. 바로 이런 시기에 효령대군은 종실의 최고 어른으로서 상하의 존경과 예우를 받고 있었다. 또한 평생을 그래왔던 것처럼 그는 여전히 돈독한 신불자로서 불자들에게는 큰 의지처가 되었다. 그러나 배불정책이 강경해진 시대 분위기 때문인지, 성종대 대군의 행적에서 특기할 만한 신불모습은 보이지 않는다. 다만 그가 여전히 불교에 대한 관심을 기울이고 있었음은 성종 13년 강진군 만덕사에 전답을 시납하고 있는 데서 확인할 수 있다.

본래 신라 때 창건된 만덕사는 고려 후기에 천태종의 원묘국사가 백련결사를 결성하면서 보조국사의 정혜결사와 함께 고려 후기 불교의 양대 산맥을 이루었던 곳이다. 이처럼 유서 깊은 결사도량이 왜구의 침입으로 폐허가 된 채 방치되어 오다가 사우를 일신하고 다시 중창된 것은 세종대 천태종의 행호에 의해서였다. 세종 12년(1430)부터 7년간에 걸친 이 대대적인 중창불사는 오로지 효령대군의 대시주로 이루어진 것으로, 행호에 대한 효령대군의 경신이 그만큼 각별하였다. 이 때문에 당시 유신들은 행호를 요승으로 몰아 그의 목을 베라고 주장할 만큼 탄핵이 극에 달하기도 했음은 위에서 언급한 바와 같다. 유신들의 이 같은 극간에도 아랑곳없이 행호를 끝까지 옹호하고 만덕사를 중창했을 만큼, 자신의 원찰이기도 한 이 절에 대한 효령대군의 관심은 남달랐을 것이다. 성종 13년(1482)에 이르러서도 다시 만덕사에 전답을 시주하고 있음이 그것을 말해준다. 만덕사에 전답을 시주한 다음 성종 13년 7월 20일 대군이 직접 쓴 시승문施僧文은 다음과 같다.

> 전라도 강진에 있는 밭과 논 아울러 10결은 곧 이 지방의 만덕사에다 조종장년祖宗長年의 수륙재를 받들기 위하여 길이 시주한 것이다. 세대가 오래되어 장차 수륙보水陸寶가 폐지되어 나의 본뜻을 잃었다면, 나의 사물私物을 헛되이 버릴 수는 없는 것이다. 이것을 곧 자손昆子孫 중에서 찾아내어 갈아 먹으며 나의 뜻에 맞게 하면 매우 다행이겠다.[64]

수륙재는 태조 때부터 국가적으로 설행해왔고, 국행수륙재 외에도 왕실의 중궁 등이 종종 사재를 들여 설행하는 일이 있어왔다. 위 시승문의 내용으로 보아 효령대군도 자신의 원찰인 만덕사에서 조종의 영세永世를 기원하기 위해 수륙재를 베풀고 있었음을 보여주며, 그 항구적인 설행을 위해 아예 만덕사에 영구히 전답을 시납한 것이다. 왕

---

64) 『淸權輯遺』p.151. '施僧文'

실은 물론 민간에서의 불교적인 풍습 및 상·제례 의식까지 금지 철폐케 하던 배불상황에 비추어 볼 때, 이 시승문은 효령대군이 그 말년까지도 여전히 불교에 의지하여 조종의 영원함을 기원했던 것임을 알게 한다.

한편 승려들이 효령대군의 권위를 빌어 불사를 도모하고자 한 흔적도 이 시기 대군에 대한 불교인들의 심정적 정황을 엿보게 한다. 즉 성종 15년의 왕조실록 기사가 그것이다. 화장사華莊寺 주지승 지성至誠이 권선문을 지으면서 그 권문 말미에 태조·태종을 차례로 쓰고 효령대군의 도서圖書를 그 아래 찍어서 이 위조 권문을 사용하려다가 발각되어 과죄 당하고 있음이 그것이다.[65] 만년의 효령대군에게서 크게 드러나는 신불활동은 보이지 않으며, 그는 종친의 어른으로서 큰 존경과 예우를 받고 있었다. 권선문 위조 사건은 불교인들이 이런 신불 대군의 명성과 권위에 기대서라도 어려운 불사를 이루고자 했던 당시의 정황을 말해준다.

그동안 왕의 실형으로서 또는 숙부이자 종실의 웃어른으로서 효령대군의 신불활동과 그 역할이 갖는 의미는 매우 큰 것이었다. 그가 주도하거나 참여한 불사들은 단순한 불사 그 이상으로 파급 영향을 끼쳤고, 억압과 배척에 시달리던 불교인들에게 그는 큰 심적 위안과 의지가 되었다. 이런 대군의 위상과 신불자로서의 행적에 대하여 효령대군 졸년卒年의 실록 기사는 다음과 같이 적혀있다.

효령대군 이보가 졸하니 조회를 거두고 조제弔祭하고 예장禮葬하기를 전례와 같이 하였다… 이보가 부처를 좋아하여 승들을 많이 모

---

65) 『成宗實錄』卷163, 成宗 12年(1481) 2月 12日.

아 불경을 강하였는데, 세조의 돌보아 줌이 지극히 융숭하여 상을 내림이 헤아릴 수 없을 정도로 많았다. 궁중에서 곡연을 할 때면 일찍이 참여하지 않은 적이 없어 혹 밤중에 물러가기도 하였는데, 세조가 촛불을 잡고 배웅하였으며, 원각사를 창건함에 미쳐서는 그 일을 맡아 보도록 명하였다.

임금(성종)이 즉위하여서는 이보가 나이 많고 종실의 웃어른 이라 하여 예우함이 더욱 융숭하였으며, 여러 번 그의 집에 거동하여 잔치를 베풀고 그를 영화롭게 하였다… 이보는 불교를 혹신하여 승려들의 집합장소가 되었으며 무릇 내외의 사찰은 반드시 앞장서서 그를 내세웠다. 세조가 불교를 숭신하여 승려들로 하여금 거리낌 없이 제멋대로 다닐 수 있게 하였으니, 반드시 이보의 권유가 아니라 할 수 없다.[66]

선초 불교교단의 큰 외호자

불교의 존속 자체를 위협하던 배불 억압 속에서도 조선불교는 역경을 견디며 끝까지 교단을 지켜왔다. 여기에는 불교의 종교 신앙적 우월성 및 굳건한 문화전통과 일반대중의 변함없는 지지 등 여러 가지 요인이 있지만, 이 가운데서도 특히 중요한 것은 곧 왕실불교의 존재와 그 역할이다. 몇몇 숭불주를 비롯하여 왕실 내 신불자들의 각종 흥불사업과 불교외호 노력이 조선불교의 유지에 실질적인 뒷받침이 된 것이다. 태종의 제2자 효령대군의 신불활동 또한 이점에 있어서는 예외가 아니다.

평생을 뚜렷한 신불자로 살았던 효령대군의 불교활동은, ①왕실불교에서 주축으로서의 역할 ②한강 수륙재 등 불사설행 ③사원 창건 및 중창 ④불전언

66)『成宗實錄』卷191, 成宗 17年(1486) 5月 11日.

해 사업 협찬 ⑤불상·불탑 조성 ⑥사찰에 대한 경제적 지원 등으로 나타난다. 이들 활동 가운데는 세조의 불사를 돕는 내용들도 포함되어 있어, 그의 흥불사업 자체가 획기적이었다고 말하기는 어려울지도 모른다. 그러나 효령대군이 이 같은 신불활동과 역할을 평생 동안 이어가고 있음에 주목해야 한다. 그는 대군으로서 또는 종실의 웃어른으로서 평생을 한결같이 신불해온 만큼, 그런 대군의 삶 자체가 끼친 영향 또한 간과할 수 없다.

효령대군의 불교입문 동기가 처음부터 신불 및 흥불을 위해서는 아니었다. 왕위 계승 전후의 사정 속에서 그는 불가피하게 신불을 결심한 측면이 있지만, 중요한 것은 그가 불문에 들었다는 사실이다. 이는 왕실불교의 전통 외에도 효령대군 자신의 성향을 함께 말해준다. 왕위에 대한 포부가 없지 않았던 그는 결국 불문에 귀의함으로써 자신이 취할 수 있는 가장 적절한 방법으로 탁불회적託佛晦跡의 길을 걸어간 것이다. 이후 효령대군의 신불은 그 스스로를 구원하는 길이었으며 동시에 불교교단으로서는 또 한사람의 소중한 외호자를 얻는 결과가 되었다.

조선불교의 유지문제와 관련하여 왕실불교의 기여를 거론할 때 이런 효령대군의 신불을 빼어 놓을 수는 없다. 그는 모든 불사에서 숭불주에 못지않는 활동을 펴왔고, 그것은 당시의 불교에 직·간접으로 큰 힘이 되었다. 숭불주나 왕실의 대비 등과는 다른, 왕의 형과 숙부 또는 종실의 어른으로서 독특한 위치에서 그가 행해온 신불과 불교외호 활동은, 조선불교의 유지에 반드시 필요했던 또 다른 역할이었다.

제3장

보우의 불교사상과 불유융합 조화론

불교중흥에 나선 보우의 사상체계

조선에서는 세조와 명종대에 의욕적인 흥불사업들이 추진되었고, 이로써 조선불교는 그 중흥을 기대할 만큼 크게 고무되기도 하였다. 그러나 전후 두 차례의 흥불사업이 단지 숭불주의 지원이나 비호만으로 쉽게 얻은 결과는 아니다. 이는 이 시대 불교인들의 호법護法의지와 악조건하에서의 분투노력으로 이루어 낸 결실이기도 했다. 이 같은 정황은 특히 문정대비와 보우대사가 주동이 된 명종대 흥불사업의 전반과정이 극명하게 보여준다.

문정대비와 보우의 만남에서 매개체가 된 것은 이들의 남다른 불심과 흥불의 지였다. 그런 만큼 정치적 실권을 행사하던 대비가 불가능에 가까운 흥불의 현실적 조건들을 마련하였고, 그 기반 위에서 보우는 실질적으로 사업을 관장하면서 자신의 뜻을 펼칠 수 있었다. 그러나 이미 불교가 거의 제거된 유교천하에서 공식적이고 공개적인 흥불활동이 그대로 묵과될 리는 없었다. 대비를 향한 불만까지 더하여, 유신들의 끊임없는 비난과 적대적인 여론 공격이 보우에게로 집중되었다. 이런 사태에서 예감되듯이, 대비가 세상을 떠난 후 그는 이내 유배되고 마침내는 죽임까지 당하고 있다.

흥불의 전면에 나서면서 보우는 이내 자신의 죽음을 내다보았던 것 같다. 그렇다면 그의 이 같은 행위의 저력은 어디서 나왔으며, 그 근원은 무엇이었을까. 이에 대해서는 문정대비의 비호 외에 보우 자신의 불교중흥에 대한 신념과 그 내용을 구성하는 사상체계였다고 상정해 볼 수 있다. 여기서 사상체계란 곧 그의 선·교관에 나타나는 일심적 불교사상과 불교와 유교 나아가 도교에 이르기까지의 융화 조화적인 종교사상을 말함이다. 이 같은 신념과 사상적 바탕 위에서 보우는 자신을 던지며 흥불사업을 수행해간 것이다.

보우의 불교중흥이란 배불 수난의 불교를 다시 일으키고자 함만은 아니었으며, 이는 불교와 유교가 공존하는 조화로운 세상의 구현과도 무관해 보이지 않는다. 흥불신념과 그 활동의 근원이었다 할 보우의 불교사상과 함께, 불·유 관계를 중심으로 한 그의 종교사상에 주목하고자 하는 것도 이런 이유에서이다.

I. 흥불사업과 그 사상 기반

조선 중기의 허응 보우虛應普雨(?~1566)가 역사에 등장하는 것은 명종 4년(1549)부터이다. 이후 그는 문정대비의 지원을 받으며 명종 5년부터 그 20년까지 흥불사업을 실질적으로 주도함으로써 여러 기록들에 그 이름이 빈번하게 거론되고 있다. 그러나 『명종실록』등에서 보이는 보우는 한결같이 부정적인 모습뿐이다. 이는 그의 인품과 행위에 대한 당시 유자들의 끊임없는 질시와 악의적 평가의 소산이다. 유교천하에서 시류를 거스르며 흥불의 전면에 나선 그가, 유신들의 증오와 공격의 표적이 되었을 것임을 상상하기 어렵지 않다. 보우를 부정적인 인상으로 고착시키고 있는 실록 등 악평의 기록들은 그 자체가 불교수난의 시대에 소신대로 행동하며 살다 간 보우의 의롭고 고난에 찬 생애[67]를 반증한다.

---

67) 기존의 연구들을 참고할 때 보우의 생애는 대략 다음과 같이 정리할 수 있다.
 ·중종 초(1~4년, 1506~1509)출생·동왕 9년(1524)경 금강산 마하연에서 삭발 수계·이후 砥平 용문사로 가서 23세까지 불서와 유서를 널리 섭렵함·23세 무렵에 다시 금강산으로 가서 여러 사암에 머물며 6년 동안 수도에 전념 함.
 ·명종 3년(1548) 문정왕후에게 천거되어 성종의 능찰 봉은사 주지로 임명됨. 동왕 6년(1551) '判禪宗事都大禪師 奉恩寺 住持' 직첩을 받음. 이후 흥불사업에 진력함. 동왕 20년(1565) 6월 제주도에 유배되었다가 8월말~9월초에 피살. 56~59년의 생애를 마침.

보우를 향한 유자들의 비난과 증오감에는 그들의 교조주의적 완고함과 배타성이 그대로 드러나 있다. 실록 중의 이루 다 헤아릴 수 없는 보우관련 기사에서 그는 거의 예외없이 '간사불측지인奸詐不測之人' '간활지적奸猾之賊' 또는 '적승賊僧' '요승妖僧' 등으로 지목되고 있으며, 그 말년에는 극형에 처할 것을 요구하는 '청주보우소請誅普雨疏'가 봇물을 이룬다. 유자들 일방의 이 같은 노골적인 증오와 적개심은 명망 높은 도학자 이율곡의 글에서도 예외가 아니다. 명종 20년에 쓴 '논요승보우소論妖僧普雨疏'에서 그 또한 "보우의 일은 온 나라가 함께 분하게 여기며 그의 살을 찢어 죽이고자 한다."라고 여과 없이 극언하고 있을 정도이다.[68]

당시 여론주도층이자 지배세력이기도 한 유신들의 보우에 대한 이 같은 극단적 여론의 기류는 이미 그의 최후까지도 충분히 예견해 보게 한다. 그리고 그것은 실제로 명종 20년(1565) 6월 문정대비가 세상을 떠나자 이내 제주에 유배되고, 끝내는 제주 목사 변협의 장살杖殺로[69] 현실화하고 있다. 이처럼 끊임없이 보우를 괴롭혀왔던 유자들의 여론 핍박과 그것이 몰아온 참혹한 결말의 원인은 다른 데 있지 않다. 한 마디로 그가 흥불에 앞장 선 장본인이며 불교교단의 지도자였기 때문이다. 불교의 완전한 절멸을 목표로 삼아 온 유자들은 흥불활동의 근원지인 문정대비에 대한 반감까지 함께 실어 보우를 제거하고자 한 것이다. 그들에게는 유교주의적 정치이념의 명분과 실리를 위한

---

68) "今玆普雨之事 擧國同憤 欲磔其肉"(李能和『朝鮮佛敎通史』卷下,「普雨興佛敎普法雨」p.802).
69) 『燃藜室記述』卷11에는 '제주 목사 변협이 杖殺하였다'고 했고, 『於于野譚』卷 2에서는 '변협이 武夫들을 시켜 날마다 주먹으로 치게 함으로써 마침내 拳下에 죽었다'고 적고 있다.

희생의 제물이 필요했던 것인지도 모른다. 이렇게 본다면 보우는 불가항력적인 배불의 대세에 홀로 맞섰고, 결국 불교중흥을 위해 목숨을 바친 조선불교 유일의 순교자였다.

본격적인 흥불에 나서기 훨씬 앞선 중종 33년(1538), 보우는 승도들이 구타당하거나 옥에 갇히고, 경기·전라도 지방의 사찰들이 무더기로 철훼되는 참상을[70] 겪기도 하였다. 그가 남긴 시에는 이런 불교의 수난을 통탄하며 피눈물로 베수건을 적시던 당시의 처참한 심정이 잘 나타나 있다.[71] 선교양종의 폐지 등 불교교단의 기반을 해체시키는 주요 정책적 배불조치들이 이미 완료된 상태에서, 다시 그 절멸을 재촉하듯 빈발하는 법난을 지켜보면서 그는 무엇을 생각했던 것일까. 보우가 불교를 다시 일으키고자 하는 의지와 서원을 세웠다면 아마 이 무렵부터였을 것이다.

어쨌든 보우는 이런 과정 속에서 불교중흥의 염원을 간직해왔고[72] 뒷날 문정왕후의 지원을 얻어 흥불사업에 나서게 되지만, 그가 유교천하에서 자신의 행위가 불러올 결말을 전혀 예상하지 못했다고 보기는 어렵다. 시대의 대세를 거스르며 더구나 제도적인 흥불사업을 공공연하게 펼쳐가는 승려를 용인하고 묵과할 사회가 아님은 보우 스스

---

70) 『中宗實錄』卷88, 中宗 33年(1538) 9月 19日·26日·28日 참조.
71) 普雨, 『虛應堂集』卷上,(『韓國佛敎全書』7, p.536 中~下. 이하 『韓佛全』이라 함).
「戊戌之秋九月旣望驚聞 聖上以三五之德 燒燬諸方佛寺 不覺血淚沾巾 憾其獨不蒙至治之澤 泣成數 律 以示諸友云」
"釋風衰薄莫斯年 血淚潛潛滿葛巾 雲裏有山何托處 塵中無處可容身
普天盡是唐虞地 率土誰非堯舜臣 慚愧吾儕偏尠福 大平還作不平人".
72) 兩宗이 復設된 이듬해(명종 6년) 선종판사로 임명된 후 보우가 쓴 「禪宗判事繼名錄」에서도, 그는 스스로 "비록 세상의 헛된 이름은 잊었다 하더라도 서원은 넓고 뜻은 멀어 항상 祖室의 넘어진 자리 부축하기를 염원한지도 이미 오래되었다"고 술회하고 있다. (『虛應堂集』卷下, 『韓佛全』7, p.550 中).

로가 더 잘 알고 있었을 것이다. 그렇다면 그는 이미 자신의 죽음까지도 각오하고 불교중흥에 나섰다고 볼 수있다.[73]

이처럼 보우가 죽음을 무릅쓰고 추진해 간 흥불사업에 관해서는 선교양종의 복설復設, 도승법의 부활, 승과법 시행의 세 가지로 크게 구분해 살필 수 있다. 물론 이들 항목은 문정대비가 명종 5년(1550) 12월 15일 조정의 우의정에게 내린 비망기備忘記에 포함되어 있는 내용 그대로이다. 따라서 보우는 판선종사도대선사봉은사주지判禪宗事 都大禪師奉恩寺住持의 직첩을 받은 명종 6년(1551) 6월 20일 이후부터 이들 흥불사업의 계획을 수립하고 그것을 실질적으로 관장하는 역할을 수행한 것이 된다. 여기서 명종 6년부터 20년까지 보우가 추진한 흥불사업의 구체적인 성과를 정리해보면 다음과 같다.

① 선교양종을 복설, 봉은사와 봉선사를 각각 양종의 본사로 삼고 전국 사찰을 정비 관할함. 이로써 양종의 체제 아래 근 4백개 사찰을 국가공인의 정찰淨刹로 하여 보호받게 하는[74] 등 불교의 제도적 위상을 확보함.

② 도승법에 따라 수차례의 경시經試를 실시,[75] 4천여 명의 승려에게 도첩을 주 어 법적으로 신분을 보장 받게 함.

③ 명종 7년부터 식년式年에 해당하는 매 3년마다 승과를 시행함. 5회에 걸쳐 150여명의 인재를 발굴, 각 사찰에 주지 등으로 파견

---

73) 그 시점에 대해서는, 보우에 이어 判事職을 맡았던 休靜이 명종 12년 겨울에 양종판사직을 버리고 금강산으로 돌아감으로써 청평사에 머물던 보우가 부득이 다시 나와 職을 맡으면서 부터일 것이라는 견해도 있다. (金煐泰,「허응당집 해제」,『大覺國師文集』外, P.47, 동국역경원, 19 94).

74)「禪宗判事繼名錄」에는 兩宗 복설 2년 만에 淨刹로 지정된 숫자를 3백여 寺로 말하고 있으나,『明宗實錄』卷13, 7년(1552) 1월 27日에는 '持音과 住持가 있는 절이 99寺에서 395寺로 늘어나게 되었다'고 적혀있다.

75) 도첩을 받기 위한 經試에서는『금강경』·『능엄경』·『반야심경』을 암송하게 하였다.

하여 활동하게 함. 임자년 승과에서 서산휴정을, 신유년 승과에서 사명유정을 발굴.

④ 청평사·회암사·묘향산 보현사·봉은사를 중창함.

이상이 대략 보우가 수행한 흥불사업의 성과들이지만, 그러나 보우의 역할에 대해서는 관점을 달리하여 좀 더 검토해 볼 필요가 있다. 즉 보우가 판선종사의 직첩을 받기 3년 전에 이미 문정대비에게 천거되어 봉은사 주지로 재임하던 사실과 관련해서이다. 문정대비와 보우가 처음 만나게 된 과정은 분명하지가 않아 강원감사江原監司 정만종鄭萬鐘이 천거하였다는 설과, 내수사內需司를 통해 안내되었다는 설 두 가지가 있다. 어느 편이 사실인가의 문제는 접어 두더라도 두 가지 모두 대비가 흥불을 도모하여 그것을 주관할 만한 명승名僧을 구하고 있었음은 기록들의 내용이 일치한다.[76] 어쨌든 대비는 흥불사업을 위한 인재를 찾고 있었고 결국은 보우가 그 적임자로서 천거된 것이다. 그런데 이에 앞서 대비와 보우가 서로 연을 맺고 있었음을 알게 하는 것이 곧 봉은사 주지 임명이다. 『허응당집虛應堂集』에 이에 관한 내용이 실려 있다. 즉 보우는 명종 3년 9월에 함흥을 떠나 양주 천보산 회암사에 이르러 병으로 수개월간 머물렀다. 그때 봉은사 주지이던 명

---

76) 보우 천거의 두 가지 설과 문정왕후의 흥불도모에 대한 내용은 다음 ①·② 기록들에서 볼 수 있다.
  ① 柳成龍 『西厓雜記』, "初宮中崇佛事 監司鄭萬鐘 引進妖僧大張佛法 以奉恩寺爲禪宗 以奉先寺 爲敎宗"; 李能和, 『朝鮮佛敎通史』卷下, 「明宗復禪科明心宗」, "中宗薨明宗立 時年尙幼 母 后尹氏攝政 謀興佛敎 詔求名僧 時江原監司鄭萬鐘疏薦禪僧普雨".
  ②『明宗實錄』卷13, 明宗 7년(1552) 5月 29日. "大妃欲興佛道 顧無主張之僧 廣問博訪未得其人 妖僧普雨陰知其意 自金剛山來 住陵寢寺僞爲高僧之迹 內需司以名聞之宮中 以爲生佛".

곡明谷이[77] 노환으로 사임하고 보우를 후임으로 천거함에, 문정대비로부터 주지로 부임하라는 명을[78] 받은 것이다.

비록 직접 대면이 아니었더라도, 보우와 문정대비와의 첫 만남이 이렇게 이루어졌다면 이후 대비의 흥불 도모에는 보우가 그 구상 단계에서부터 관여했을 가능성이 매우 크다. 보우 천거의 두 가지 설 가운데 보다 사실에 가까운 것으로 보이는 내수사 천거설을 가정할 때 더욱 그러하다. 보우와 대비 사이의 흥불에 관한 교감은 이곳 내수사를 통해 훨씬 더 긴밀하게 이루어졌을 것이다.[79] 좀 더 구체적으로 말하면 위에서 본 흥불사업들은 처음부터 보우의 구상과 조언에 따라 그 윤곽이 정해진 것이 아닐까 하는 것이다. 흥불을 도모하면서 대비는 자신의 판단에 앞서 교단 내에 믿을 만한 인물의 의견과 조언을 필요로 했으리라는 점에서도 그렇게 생각할 수 있다. 만일 이런 추정이 가능하다면 불교중흥사업에 있어서 보우의 영향력과 실제 역할은 드러나 있는 면보다 훨씬 더 막중한 것이 된다.

흥불사업에서 보우의 이 같은 역할 비중과 함께 또 한 가지 주목할 것은 그의 사상 경향이다. 한 사람의 사상은 곧 그의 삶과 활동의 방

---

77) 金東華는 『於干野談』에 보이는 智行을 보우의 恩師로 추정하였으며(『護國大聖四溟大師研究』, 동국대불교문화연구소, 1970, p.100), 李種益도 '明谷은 용문사 재적 智行道人으로 곧 보우의 恩師라고 推認'한다. (「普雨大師의 重興佛事」, 『虛應堂普雨大師研究』, 보우사상연구회, 1993, p.173 脚註 참조).

78) 관련 내용이 실록에는 명종 4년에 가서 보인다. 보우가 內命으로 봉은사 주지가 되어 愚民을 현혹하니 요승 보우를 斬할 것을 청하는 성균관 생원들의 上疏에서이다. 이에 대해 명종은 자신이 '숭불하는 것이 아니며, 다만 대비가 陵寢을 위해 그 수호자를 선택한 것'임을 말하고 있다. (『明宗實錄』卷1, 明宗 4年(1549) 9月 20日).

79) 內需司와 보우의 밀접한 관계 및 영향력에 대해서는 知經筵事 任權이 '且聞僧人普雨 總攝內需司云 臣恐有政出多門之弊也'(『明宗實錄』卷11, 明宗 6年(1551) 8月 23日)라 한데서도 확인된다.

향성을 보여주기 때문이다. 그런 관점에서 보우가 지향했던 불교중흥
은 곧 그의 선교사상의 반영인 것으로 이해할 수 있다. 그는 양종의
복설復設을 통해 선종과 교종의 독자성 및 균형 있는 발전으로 불교
교단의 일체화를 구현하고자 했다. 이는 일원一元과 무애無碍의 특징
으로 드러나는 그의 선교사상과도 상통하는 바가 있다.

이처럼 불교중흥 사업이 보우의 불교사상으로써 선교관의 반영이
라면, 불교와 유교를 함께 포괄하는 그의 종교사상 또한 불교중흥과
무관하지 않다. 보우에게 있어서는 불교와 유교가 서로 다투고 대립
해야 할 갈등의 관계로 존재하지 않는다. 그것은 근본에 있어서 하나
로 열린 세계이며 바른 세계이다. 따라서 그의 불교중흥의 이념과 노
력은 반드시 불교만을 위한 일일 수 없다. 두 종교가 하나인 근원의
원리로서 공존하며 조화와 상생의 세상을 이루기 위해서도 흥불은 불
가결한 일이었다.

보우의 불교 및 종교사상은 곧 그가 도달한 깨달음의 세계이며 구
현하고자 하는 불교와 모든 종교의 궁극적 존재방식이라고 말할 수
있다. 바로 이 같은 사상이 확립됨으로써, 보우는 이를 기반으로 불교
중흥을 추구하고 흥불사업을 수행해 간 것이라 하겠다.

II. 선교일원의 무애사상

1. 화엄을 정점으로 제 교학 포섭

보우의 중심적 불교사상은 그의 교학 및 수선修禪을 통해 형성 되었을 것이지만 그에게 있어서 선과 교는 하나로 포괄되는 사상체계이다. 그러므로 선과 교의 별립別立이 인정되지만, 그것은 대립을 의미하지 않는다. 본질적으로 하나인 양자의 상호 조응照應과 기능적 보완으로써의 별립인 것이다. 이 같은 불교사상은 그의 행적과 저술들에서 찾아볼 수 있다.

『허응당집』에 의하면, 그는 15세 무렵에 금강산 마하연에서 삭발수계한 뒤, 지평砥平 용문사와 금강산 소재의 여러 사암에 머물면서 수학 수선했음이 확인된다. 그러나 그 과정이나 선·교종 계열 등은 확실하지가 않다. 이는 그가 출생하기도 전인 연산군 10년(1504)에 이미 선교양종 및 승과가 사실상 폐지되어 종파가 없는 산중승단으로 유지되고 있던 당시 상황을 고려하면 당연한 일이다. 보우가 양종이 복설되면서 선종판사에 임명된 일 등으로 미루어, 굳이 계열을 구분한다면 그가 선종계열의 출신임은 확실해 보인다. 그러나 출가 후 그는 산중승단 불교의 경향에 따라 교학과 선을 함께 공부했을 것이며,[80] 이럴 경우 그 순서는 자연히 교학에서부터 시작했을 것이다. 따라서 먼저 그의 교관부터 살펴보겠다.

여기서, 우선 그가 어떤 경전들을 공부하면서 교관을 수립했을까가 관심으로 떠오르지만 역시 체계적인 수학 내용은 알 수 없다. 다만 그는 경전을 폭넓게 섭렵한 다음 수준 높은 유학에 까지도 나아갔을 만큼 학문의 세계가 호한하고 경전에 대한 가치 인식이 뚜렷하였다. 그의 저서 가운데 다음과 같은 술회들에서도 엿보인다.

> '나는 일찍이 대장경을 다 보았고, 이제는 창가에 앉아 주역을 읽는다.' (『허응당집』하 권)
> '경전은 곧 성불의 정로正路이니 그 공덕을 반드시 돌이켜 생각해야 한다.' (『나암잡저』, 「천부소薦父疏」)

보우가 대장경을 다 읽었으며, 경전의 가르침이 부처를 이루는 바른 길이라고 말하고 있는데서 그의 교학에 대한 이력과 확신을 짐작할 수 있다. 이 같은 보우의 교학사상은 특히 그의 화엄에 대한 이해에서 확인 된다. 그의 저술에서는 유독 화엄에 관한 내용이 자주 보이는데 『허응당집』하권에는 「화엄부사의묘체송華嚴不思議妙體頌」·「화엄부사의묘용송華嚴不思議妙用頌」·「화엄부사의묘창송華嚴不思議妙唱頌」·「화엄부사의체용인과총송華嚴不思議體用因果摠頌」의 화엄관계 시 4수가 있다. 또 『나암잡저』에도 「화성오백응진탱급화엄경점안법회소畫成五百應眞幀及華嚴經點眼法會疏」와 「화엄경후발華嚴經後跋」이 실려 있어서 화엄에 대한 그의 깊은 관심과 이해를 잘 보여준다. 화엄경 중 세주묘엄품世主妙嚴品을 서사 봉안한 후 쓴 「화엄경후발」에서 그는,

---

80) 조선 중기부터 修禪·講學·念佛을 함께 닦는 三門修業의 家風이 형성되어, 이 같은 경향은 조선 후기에 까지도 그대로 이어진다.

크도다. 돈교頓教인 화엄이여. 그 본체는 본래로 생긴 것이 아니므
로 처음과 끝이 없고, 그 작용은 실로 멸하는 것이 아니므로 이룩됨
과 무너짐이 없다. 그러므로 이것은 중교衆教의 근본이 되고 만법萬
法의 으뜸이 된다.[81]

라고 말한다. 그는 화엄을 돈교로 파악하고, 여기서 설하는 본체와 작
용은 생멸·시종·성괴가 없는 것으로 보아 화엄교법이야 말로 모든 교
의 근본이요 모든 법의 으뜸이라고 평가하고 있는 것이다. 그는,

이것을 확충해나가면 만물이 모두 비로자나불의 진체요 이것을 미
루어 실천하면 걸음마다 모두가 보현의 묘행이 된다. 그러므로 이것
을 듣는 이는 부처가 되지 못할 이 없으며 범부들도 이것을 기뻐하
며 따르면 곧 범부를 뛰어넘게 될 것이다. 천하의 어떤 일이나 어떤
모습도 이 경의 대본大本과 대용大用이 아님이 없다.[82]

라고 하여, 화엄돈교의 수승함을 다시 강조하고 있다. 화엄에 대한 보
우의 이 같은 이해와 평가는 「화엄경점안법회소華嚴經點眼法會疏」에서
도 마찬가지로 나타난다. 소문에서는,

삼가 생각하면 대방광불화엄경과 천태산의 오백 응진應真들은 일승
돈교一乘頓教와 사과성문四果聲聞으로서, 나타내 보이신 참 마음은
높은 산을 처음으로 비추는 해와 같고, 비밀하게 나타내는 묘한 힘
은 마치 깊은 못에 두루 잠긴 달과 같습니다. 십현문十玄門이 원만하

---

81) 『懶庵雜著』, 「華嚴經後跋」(『韓佛全』7, p.579 中).
   "大哉華嚴之爲頓教也 體本不生而無始與終 用實非滅而無成且壞 是爲衆教之
   本而萬法之宗也".
82) 같은 책, (『韓佛全』7, p.579 下).
   "由是而擴而充之 則物物盡是毘盧之眞體 推而行之 則步步皆爲普賢之妙行故
   若有聞者 無不成佛 凡能隨喜 卽得超凡 天下之一事一相 無非此經之大本大用
   也".

고 육신통을 갖추었으니, 그 가르친 이치는 헤아릴 수 없고 그 수행한 과업은 알기 어려워, 비유하면 마치 중중한 제석천의 그물과 같고 역력曆曆한 해인海印과 같습니다. 그러므로 조금이라도 묘한 게송을 들으면 곧 정각을 이룰 것이요, 잠깐이라도 참 위의를 우러르면 모두가 큰 은혜를 입으니, 그야말로 뭇 가르침의 강종綱宗이요 또한 온갖 중생의 부모임을 알 수 있을 것입니다.[83]

라 하였다. 역시 화엄교법을 일승돈교로 인식하고 있으며, 따라서 헤아릴 수 없는 이치를 갖춘 그 게송 일구一句에 의해서도 정각을 이룰 수 있을 만큼, 그것은 뭇 가르침의 강종綱宗이라고 보고 있는 것이다. 경전 자체를 부처를 이루는 정로라고 생각하는 보우가, 그 중에서도 화엄을 모든 교의 근본[중교지본衆敎之本]·모든 법의 으뜸[만법지종萬法之宗]·뭇 가르침의 강종[중교지강종衆敎之綱宗]이라고 여기고 있음은 조금도 이상한 일이 아니다. 그는 화엄을 가리켜 돈교 또는 일승돈교라 하고, 혹은 '원돈지묘전圓頓之妙典'[84]이라고 말하기도 한다. 이는 중국의 천태지의나 현수법장의 교판에서 보는 화엄과는 차이가 있어 주목된다. 그는 지의와 법장의 교판을 한데 아우르는 형태로써, 화엄을 최상의 단계로 여겨 일승돈교 혹은 원돈지묘전으로 표현한 것이 아닐까 한다.

보우는 이처럼 화엄을 최상의 정점으로 삼고 있지만, 이로써 교학체계의 다양한 기능을 무시하는 것은 아니다. 경전의 응병여약적應病

---

83) 같은 책, 「畵成五百應眞幀及華嚴經點眼法會疏」(『韓佛全』7, p.588 下).
　　"恭惟大方廣佛華嚴經 天台山五百應眞 一乘頓敎 四果聲聞 現示眞心 如日初
　　照於高岳 密現妙力 似月遍落乎深潭 十玄門圓 六神通具 敎理莫測 行果難知
　　比帝網之重重 如海印之曆曆 是故纔聞妙偈而便成正覺 暫仰眞儀而皆蒙丕恩
　　斯可謂衆敎之綱宗 亦可見群靈之父母".
84) 같은 책, 「畵成應眞幀及華嚴經點眼法會疏」(『韓佛全』7, p.589 上).

與藥的 기능과 중생의 근기에 따른 권실權實·돈점頓漸의 가르침을 자세하게 설명하는가 하면,[85] 그의 교관은 칭명염불에 의한 왕생의 정토교학과 의식진언 등 밀교사상까지도 포섭 수용하고 있다.[86] 그러나 이들 또한 궁극적으로는 화엄의 원융무애한 이치로서, 귀결 회통해 보여준다. 이 밖에도 진망이심眞妄二心·미오득실迷悟得失·심경불이心境不二·법성불신法性佛身 등[87] 비록 간략하기는 하지만 그의 교관은 곳곳에서 드러나는데, 이들에서 눈길을 끄는 것은 화엄과 선이 함께 용해되어 있는 모습이다. 그는 교학 중에서도 특히 화엄을 선적으로 수용하고 선을 화엄으로 표현하고 있다는 인상을 준다. 이와 관련하여 보우의 선관과 함께 선교일원의 무애사상을 살펴본다.

2. 돈교의 일선·일선의 돈교

보우의 선관에서 독자적인 뚜렷한 선지禪旨를 말하기는 어렵다.[88] 그러나 그가 선사인 만큼, 많은 시와 문을 통해 그의 선풍은 어느 정도 짐작할 수 있다.

높은 산 천년동안 이어온 큰 가람에
조서詔書 받들고 향 품에 넣고 불감佛龕에 오르니
일천 잎새 보련宝蓮은 묘한 모습으로 피어나고
몇 마디 소리 맑은 경쇠 현묘한 이야기 하소연 하네.

---

85) 같은 책, 「寫經跋」(『韓佛全』7, p.577 下).
86) 『勸念要錄』및 『水月道場 空花佛事如幻賓主夢中問答』.
87) 같은 책, 「示小師法語」(『韓佛全』7, pp.576~7).
88) 韓鐘萬, 「朝鮮朝前期의 佛敎哲學」, 『韓國哲學研究』中卷(韓國哲學會編, 1977), p.72.

구름은 새벽 불전 침범하여 첫 눈으로 날리고
바람은 향로 연기 끌어 가 이미 산 아지랑이 되었네.
이것들 또한 십분 비밀 누설이 되었거늘
산승이 왜 다시 입을 나불거리겠는가.[89]

보우가 봉은사 주지가 된 다음날 계송으로 지어보인 개당법어開堂
法語이다. 두두물물이 그대로 참 법이요 눈앞의 모든 현상이 진설법
이다. 선사는 말 밖의 소식으로써 선을 설해보이고 있다. 그러나 그는
'무념에 이름'을 선 참구의 목표로 제시하면서 "사념을 제거함에 사념
을 떠나지 말아야 하고, 바른 생각에 돌아옴에 정지正知를 얻겠다는
생각을 말아야 한다."고 그 참구방법을 일러주기도 한다. 모든 분별을
떠난 그 마음에 그대로 맡겨두면 거울처럼 만상을 다 비추어 보게 된
다는 것이다.[90] 마음의 당체는 본래 고요하여 사념도 없고 정념도 없
기 때문이다. 그리하여 이러한 취지를 그는 다시 산중 선객들에게 다
음과 같이 내보인다.

마음은 본래 허명虛明하여 먼지 일어나지 않으니
수련한다는 생각 품자마자 삼천리나 멀어 진다
경대鏡臺 아닌 옛 거울은 그 빛 항상 비추며
깨달음의 보리 본래 없으니 바탕 스스로 둥글다
은근히 굽어보고 우러르며 걷고 앉아있는 곳
밝고 밝게 담소하며 보고 듣는 언저리
미혹한 사람은 정신 불러 모은다지만

---

89) 『虛應堂集』卷下, 「入院後翌日…開堂法要 以偈示之」(『韓佛全』7, p.548 中).
"喬山千載大伽藍 奉詔懷香上佛龕 千葉宝蓮開妙相 數聲淸磬訴玄談 雲侵曉
殿初飛雪 風引爐煙已作 嵐 此亦十分成漏洩 山僧何便說喃喃".
90) 같은 책, 「示參玄禪客」(『韓佛全』7, p.571 中).

아는 사람은 알고 있다 이것이 최상선最上禪임을.[91]

산중 선객에게 보인 위의 시는 보우가 육조혜능의 오도송에 공감하고 있음이다. 또한 이로써 그는 참선자에 대한 지도방법을 삼고 있다. 마음은 본래로 허명하니 별도의 깨달음이란 있을 수 없다. 그러므로 모든 일상 그대로를 최상승선이라고 보고 있는 것이다. 본유자성本有自性을 돈오한 최상승선의 경지를 보여주는 보우의 이 같은 선관에서는 마조도일의 '평상심시도平常心是道'를 연상할 수 있다. 선이 대체로 그러하듯이 보우의 선에서도 항상 주제가 되는 것은 마음이다. 그는 일심과 그 미오에 대해 이렇게 읊기도 한다.

삼계가 별달리 없다
다만 마음이 만든 것일 뿐
모든 허망한 경계는 다 생각에서 나온다.

생각이 스스로 나지 않으면
모든 경계는 그 자체가 없다
생각이 무엇인가 돌이켜보면
생각 또한 스스로 공적하다

미혹하여도 잃은 것 없고
깨쳤다 해도 얻을 것 없다
머무는 곳 없는 이 참 마음은
늘지도 줄지도 않는다.[92]

---

91) 같은 책, 「示山中禪客」(『韓佛全』7, p.576 下~p.572 上).
   "心本虛明沒惹塵 纔懷修鍊隔三千 非臺古鏡光常照 無樹菩提體自圓 隱隱附仰
   行坐裡 昭昭談笑視廳 邊 迷人喚作精神會 識者還知最上禪".
92) "三界無別法 但是一心作 一切諸妄境 皆因動念生
   念若不自生 諸境卽無體 返窮其動念 念亦自空寂

일체 만법이 마음에서 생겨나고 마음에서 사라지지만 그 마음 자체도 공적하여 잃을 것도 얻을 것도 없다는 일심공적一心空寂·일심무애一心無礙의 경지를 말함이다. 일심이 공적하므로 무애이며, 깨침의 득실이 없으므로 무애이다. 이 같은 선관에서는 삼계유심·만법유식의 화엄적 교관도 배어난다. 마음을 통해 선과 교를 함께 보여주고 있는 것이다. 이로써 그의 교관과 선관은 자연스럽게 선교일원의 무애사상으로 이어질 수 있다.

선과 교의 결합, 나아가 그 일원의 문제는 보우 당시뿐만 아니라 일찍이 고려 시대에도 추구되어 왔다. 대각국사 의천의 이른 바 주교종선적主教從禪的 교관겸수나, 보조국사 지눌의 주선종교적主禪從教的 선사상 체계가 그러하다. 그러나 선교 심천의 논쟁과 우열의 대립은 배불의 시대에도 여전히 계속 되고 있다. 불교중흥을 염원하며 어렵게 양종을 복설하는 등 흥불사업에 진력하고 있던 보우에게 이는 사상적으로나 현실에 있어서 심각한 문제가 아닐 수 없었을 것이다. 바로 이런 상황에서 보우는 선교일원의 무애사상을 보여주고 있는 것인데, 이는 의천의 교관겸수나 지눌의 교를 수용한 선사상과는 분명 차별성을 갖는다. 주교종선 또는 주선종교가 아닌 일원적 관점의 원융무애한 선교회통이기 때문이다. 이런 보우의 눈에 선교 심천을 논쟁하는 사람들은 어떻게 비쳐지고 있었던 것일까.

> 사십구년 부처님의 설법이
> 백번 정련한 구슬처럼 오래 볼수록 새롭네.
> 음광飲光이 미소하니 선의 등불은 밝고
> 경희慶喜가 많이 들었으니 교의 바다 빛난다.

卽知迷無失 又知悟無得 是無住眞心 不增亦不滅".

묵묵히 비추어 보는 마음 강론 할 수 있다면 자성의 근본을 알고
떠들썩한 강론에 묵묵히 따라가면 마음의 진여 깨닫노라.
아! 지엽말단만 좇는 머리 빈 나그네들,
교는 얕고 선은 깊다고 함부로 지껄이네.[93]

묵관黙觀의 마음을 강론하고[교], 강론 속에서 묵관黙觀함은[선] 다
같이 본성·심진여를 깨닫는 길이다. 두 길이 하나임을 모르고 얕고
깊음을 논쟁하는 사람들이야 말로 말단만을 쫓아가는 빈 머리들이라
고 일갈함이다. 보우는 선교 양종의 장무掌務들에게 다시 그 뜻을 일
깨워 다음과 같이 이른다.

지극한 도는 종래로 너와 내가 없건만
어찌하여 그대들은 종능宗能을 다투는가.
두 절에 은총 내린 일 임금님의 덕화이며
아난과 가섭은 같은 스승 아래 일불승이라.
교가 곧 선이고 선이 곧 교이며
얼음이 원래 물이요 물이 원래 얼음이라.
선과 교 진실로 둘이 없음을 알고자 하는가.
수미산 최상층을 보아 두어라.[94]

얼음과 물은 서로 다른 모양을 하고 있지만 본질은 동일하다. 선도
교도 함께 일불승을 지향하는 것, 둘일 수가 없다. 간곡하고 적절한
일깨움이지만 그러함에도 그 시대에 우열과 높고 낮음을 다투는 사람

---

93) 같은 책, 「奇鑑禪人竝答禪敎深淺之問」(『韓佛全』7, p.539 下).
　"四十九年金口說 如珠百鍊久來新 飮光微笑禪燈明 慶喜多聞敎海彬 講得黙
　觀知本性 黙從喧講悟心 眞 吘嗟逐末虛頭客 敎淺禪深妄指陳".
94) 같은 책, 「示兩宗掌務」(『韓佛全』7, p.562 下).
　"至道從來無彼我 柰何君輩鬪宗能 先恩兩寺皆王化 難葉同師一佛乘 敎卽是
　禪禪卽敎 氷應元水水元 氷 欲知禪敎眞無二 看取須彌最上層".

들이 그렇게 많았던 것일까. 보우가 '양종에서 대선에 합격한 무리들이 서로 높고 낮다는 마음을 일으켜 마치 북방의 호胡와 남방의 월越처럼 사이가 벌어지게 되었다는 말을 듣고' 장편의 게송으로 이들을 타이르고 있는 데서도[95] 그 정황을 읽을 수 있다.

선과 교가 둘이 없는 하나의 길임은 보우의 확고한 선관이다. 선과 교는 원래 그러하며, 원래 그러하기 때문에 서로 걸림이 없다. 일원무애의 선사상인 것이다. 보우는 그것을 이렇게 보여준다.

> 말을 통해 참 도를 얻고
> 법을 보아 종지를 밝힌다.
> 어찌 보고 듣는 인연 떠나서
> 따로 불도의 진수를 구하랴.
>
> 선은 부처님의 마음
> 교는 부처님의 말씀
> 마음과 말씀이 다를 수 없거늘
> 선과 교 언제 둘이 있었던가.
>
> 국집하면 미혹치 않을 이 없고
> 통하면 깨닫지 못할 이 없다.
> 미와 오는 사람에 달린 것
> 말과 침묵에 있지 않다.[96]

부처님의 마음과 말씀이 곧 선과 교이다. 즉 말씀의 마음이고 마음

---

95) 같은 책, 「聞兩宗大選輩…長篇一偈以寄焉」(『韓佛全』7, p.562 下 ~ p.563 中).
96) 위와 같음 (『韓佛全』7, p.563 上).
   "因言證道眞 見法明宗旨 豈離見聞緣 向外求佛髓
   禪是諸佛心 敎是諸佛語 心口必不違 禪敎何曾二
   局之無不迷 通知無不悟 迷於在於人 不在語黙裡".

의 말씀인 것이다. 이 같은 '선시불심禪是佛心, 교시불어教是佛語'는 보우가 처음 밝히는 견해가 아니다. 선과 교의 근원이 같다는 의미로 불가에서 익히 사용해온 말이다. 그러나 보우가 이 말을 썼을 때 그 뜻은 좀 더 다르다. 다음의 글이 그것을 부연해 준다.

> 부처님이 보리수의 도량에 앉아 바른 깨달음을 이루시고 돈교를 설법하시니, 범인이 곧 성인인 종宗이다. 이 종문이 서천에 넘쳤고 벽안사碧眼師가 소림의 방에 앉아 상근을 기다려 일선一禪을 전수하였으니 곧 심즉불心即佛의 종지라…그러므로 교는 온전히 일선의 돈교이며 선은 원래 돈교의 일선이다. 이렇게 선과 교가 원만하게 융합하니 말과 침묵이 자유자재하다. 이로 말미암아 선하禪河와 교해教海는 서로 사무쳐 통하는 것이다.[97]

부처님의 깨달음과 설법의 돈교, 그것은 그냥 선과 교가 아니다. 둘이 아닌 선과 교이다. 온전히 일선의 돈교이며 원래 돈교의 일선이기 때문이다. 보우는 교와 선이 일체이며 일원인 선교 원융의 정곡을 이렇게 드러내 보이고 있는 것이다. 또한 앞에서 보우가 화엄을 일승돈교 혹은 원돈지묘전圓頓之妙典으로 표현하고 있음을 보았었다. 그 돈교의 일선, 그리고 일선의 돈교가 그의 법어에서는 다시 다음과 같이 서로 사무쳐 통하고 있다.

> 그대들은 왜 '한 생각 생기지 않으면 그것이 곧 부처다.'라는 말에 단박 깨치지 못하는가. 만일 이 뜻만 깨달으면 지위와 점차를 따르지

---

97) 같은 책, 「敎宗判事錄名篇」(『韓佛全』7, p.550 上~中).
　　"黃面老坐菩提道場 而成正覺 說頓敎 卽凡是聖之宗 洋溢乎西乾 碧眼師居小林之室 而待上根 傳一禪 是心卽佛之旨 充塞乎東震 … 敎是全一禪之頓敎 禪是元頓敎之一禪 禪敎圓融 語黙自在 由是禪 河敎海交澈".

않고도 바로 묘각에 오를 것이니라.[98]

이에 이르러서는 선의 도리가 화엄으로 설해지고 화엄의 교의가 선적으로 설명되고 있음이 확연하다. 화엄돈교의 일선과 일선의 화엄돈교가 교철交徹하고 있다. 보우의 선교일원의 무애사상은 이와 같이 선의 화엄적 수용이며 돈교의 선적 전개라고 하겠다.

---

98) 『懶庵雜著』, 「示小師法語」(『韓佛全』7, p.577 上)
  "和尚常示衆云 汝等諸人 何不頓悟 一念不生 卽名爲佛乎 若悟此旨 不從地位
  漸次 便登妙覺去也".

Ⅲ. 불교와 유교의 융합 조화론

1. 불유간의 종교적 소통과 교감

보우가 세상의 이목에 노출된 이후 유교 측으로부터 끊임없이 비난과 공격을 받아 왔음은 위에서 살핀 바 있다. 보우에 대한 이 같은 공격의 일면은 그가 불승이기 때문이다. 유교주의자들의 불교 자체에 대한 정서적 종교적 반감이며 배격인 것이다. 또 다른 면에서는 그가 권력에 의지하여 감히 흥불을 도모하는 권승·요승으로 비쳐지면서 나온 철저한 배척이다. 이는 보우 개인에 대한 배척이지만 상당 부분 정치적 성격의 공격까지도 포함된 것으로 볼 수 있다.

그러나 정작 비난과 공격의 대상이 되고 있던 보우에게서는 이 같은 현실과는 상반된 또 다른 모습을 발견할 수 있다. 유교 인사들과 의외로 폭넓게 교류하고 있음이 그것이다. 이에 대해서는 두 가지 측면에서 그 원인을 생각해 볼 수 있다. 하나는 승려로서 학식이 풍부하고 시와 문에 능했던 보우와 유교인사들의 문우文友로서의 친교이며, 또 하나는 불교와 유교 지성들의 만남이라 할 종교적 소통과 교감이다. 이 가운데 무게의 중심은 후자보다는 전자에 있었다 하겠지만, 그러나 이 경우에도 상호 종교적 교감은 없지 않다. 보우의 시문들에서 그런 사실들 또한 간혹 눈에 띄기 때문이다.

그 원인과 동기가 어떠했든 간에 보우와 친교를 맺고 있던 유교인 사들의 면면은 다양하고 그 숫자도 많은 편이다. 『명종실록』에는 보우를 지지하는 성향의 인물로서 당대 제일의 권문세가 윤원형尹元衡과 우의정 상진尙震을 비롯하여, 윤춘년尹春年·정만종鄭萬鍾·박한종朴漢宗·박민헌朴民獻·진복창陳復昌 등 유신관리들의 이름이 나타난다. 또 『허응당집』에는 이들을 포함하여 저명한 유학자 송인宋寅·황여헌黃汝獻 등 30여 명에 달하는 사류들과 교유한 시가 실려 있다.[99]

보우의 유신관리나 유학자 및 문사들과의 교류는 그 시대에 더욱 극성스러웠던 배불이라는 상황을 고려하지 않는다면, 그다지 특별한 일이 아닐지도 모른다. 보우는 그만큼 서로 다른 신분과 종교를 인정하고 또 그것을 뛰어 넘으면서, 유교 인사들과도 자연스럽고 두텁게 교제하고 있는 것이다.

> 사람들이 유儒다 석釋이다 하는 것은 정에 의한 편견이며
> 부질없이 동쪽이니 서쪽이니 하는 것은 망상으로 생긴 것이네.
> 산 소식 한강 땅에 전하기 어려운데
> 서울 기별 쉽게 구름 속 산중에 보내 오셨네.
> 도는 우리 도가 아니지만 마음에는 서로 간격 없으니
> 옥음玉音 담긴 편지 두터운 기약 새어나가지 말게 하소서.[100]

이열지 진사가 보내온 시에 대한 보우의 답시이다. 또 춘천부사 윤

---

99) 朴暎基, 「普雨大師의 儒佛思想」, 『虛應堂普雨大師研究』(보우사상연구회編, 1993), p.258.
100) 『虛應堂集』卷上, 「次李上舍悅之來韻」(『韓佛全』7, p.537 下).
　　"人名儒釋由情見 空點東西逐妄知 林下信難傳漢水 洛中奇易送雲嵋 道非吾道
　　心無隔 毋玉音書泄厚 期"

춘년과 나눈 시에도 평상한 불유간의 교제와 그 진솔함이 그대로 비쳐져 보인다. 그는 그윽한 정을 담아 보낸 부사의 시에 답하면서 옛 도연명과 혜원의 여산유풍廬山遺風을 상기시키고 있다.[101] 종교적 격의를 찾아볼 수 없는 인간과 인간의 순수한 만남이며 지적 교감이다. 그것은 종교적 이데올로기로부터 자유로운 사람들만이 서로 가능한 일일 것이다. 이 때문에 보우는 '베개를 함께 베고 잠을 잘 만큼' 절친한 사이였던 감사 정만종에게 보내는 시에서는 "유교와 불교가 비록 나뉘어 있지만 도는 다르지 않다. 예부터 승의 벗은 명유名儒였다."고도[102] 말한다.

유교 측으로부터 많은 비난과 직접적인 배척을 받아온 보우의 유교 인사들과의 교류는 이처럼 넓고 깊은 것이었다. 역설적이게도, 유교 측에서 가장 크게 미움을 샀던 그가 조선시대 어느 고승에게서도 찾아보기 어려운 불유간의 폭넓은 친교를 이루고 서로 소통해온 셈이다. 보우의 이 같은 행적은 그의 뛰어난 문명이나 인품 또는 당시의 정치적인 역학관계 등으로만 설명하기에는 충분하지가 않다. 그것은 곧 불교와 유교의 융합과 조화를 추구하는 보우의 종교사상에서 기인하는 것으로 생각되기 때문이다.

대장경을 '간진看盡'한 다음 화엄의 원융무애사상과 높은 선적 경지를 갖춘 보우는, 불유관계를 이해하는 종교사상에 있어서도 그 깊이와 유연성을 함께 보여준다. 이는 그가 원융무애적 불교사상 외에도

---

101) 『虛應堂集』卷下,「次春川府使韻」(『韓佛全』7, p.568 上).
  또 다른 詩(和六言八章)에서는 佛儒間의 좋은 사귐으로서 동진의 고승 支遁과 명사 許詢, 당의 문장가 韓愈와 고승 大顚을 회고하고도 있다. '支許當時相善 韓顚千古流輝'(『韓佛全』7, p.545 下).
102) 『虛應堂集』卷上,「禪餘述懷奉鄭使華棗溪閣下」(『韓佛全』7, p.546 中).
  "儒釋雖分道不殊 古來僧友盡名儒".

그만큼 풍부한 유학적 지식과 소양을 지녔기 때문에 가능했을 것이다. 보우의 유학에 대한 조예는 그의 유학서들의 섭렵이 잘 말해준다. 『허응당집』에는 보우 스스로의 술회를 통해 그가 읽는 유학 경전들이 간혹 언급되고 있다. 이에 따르면 보우는 유서들 중에서도 주로 『주역』과 『중용』을 애독했던 것 같다. 그는 "때로는 한가로이 『주역』「계사전繫辭傳」을 읽으며 공자를 스승삼고, 고요히 『장자』의 「제물편齊物篇」을 보면서 장자를 벗 삼는다."[103] 하였다. 그의 관심이 유학은 물론 노장학에까지 이르고 있었음을 엿보게 한다.

보우는, 불교와 유교는 물론 도교에 이르기까지 그 학문적 온축蘊蓄이 있었기 때문에 유교인사들과 깊게 교유하고 종교적으로도 은근히 교감할 수가 있었던 것이다. 그러나 당시 불가와 유가의 관계나 현실은 이와는 전혀 동떨어진 것이었다. 유교의 불교에 대한 대부분의 인식은 공존하기를 철저하게 거부하는 것이었고, 이는 이념적으로도 그러했고 현실에서도 그렇게 나타났다. 약자로서 수난을 감내할 수밖에 없는 것이 불교의 처지였다. 따라서 자연히 유자들을 향한 승려들의 대응 또한 곱지 못했을 것임은 물론이다. 보우는 이 같은 상황에서 불가가 지녀야할 자세와 태도에 대해서도 간곡하게 일깨우고 있다.

> 지극한 도는 본래부터 오직 하나인데
> 사람들이 오랑캐와 중하中夏를 나누고 동과 서를 한정하네.
> 임금을 위해 불교를 배척하는 것이 진정한 선비의 일이라 하지만
> 부처님 받들고 선비도 높이는 것이 바로 불가의 가풍이로다.
> 하물며 주인으로서 저 손님을 공경하여 대한다면
> 어느 손이 함부로 우리 몸을 훼손하겠는가.

---

103) 『虛應堂集』卷下, 「洗心亭書懷二首」(『韓佛全』7, p.574 上).

원컨대 부엌에서 공양 마련하는 불자들이여
　　　알뜰히 끓인 차 마련하여 우리들의 절 빛내주시오.[104)

　　절에 온 한 선비가 승려에 대한 무시가 심하여, 그에게 제대로 음식 대접도 하지 않는 광경을 보고 쓴 시이다. 유자들이 어떻게 행동하든 불자는 본래 불교의 가풍대로 사람에게 공손을 다하라는 타이름이다. 또 그는, 승려가 유자들을 대함에 있어서 서로 다른 도의 차이와 신분의 계층이 다름을 알고 먼저 예우하고 존중하라고 말하기도 한다. "내가 그를 존중하면 어찌 그가 성내겠는가. 평상시에도 그들을 우러러 대접하고 자기 몸을 다 잊으라."고[105) 가르치고 있는 것이다.
　　이 같은 타이름과 가르침은 결코 자기보호를 위한 약자의 논리나 태도로 읽히지 않는다. 이는 인간 자체를 존중하는 불교적 포용이며, 서로 다른 차이를 인정하고 존중할 줄 아는 불교인 스스로의 지성과 품격에 관한 문제이다. 불교를 배척하고 승려들에게 심하게 거친 유자에게도 포용과 존중으로 대할 것을 일깨우는 보우의 정신이 곧 그러하다. 이 같은 정신적 깊이와 유연함은 앞에서도 언급한대로 보우의 원융무애한 불교사상에 기반함은 물론이다. 그러나 유교에 대한 그의 인식 또한 이 같은 정신과 무관하지 않다. 보우에게 유교는 불교와 대립하여 갈등하는 대상이 아니다. 양교는 근본에 있어서 서로 다르지 않기 때문이다. 보우는 그것을 다음과 같이 논하고 있다.

　　　무릇 세상에는 도교와 불교[노불老佛]에 빠져 임금과 아비를 저버리

---

104) 같은 책, 「有一儒到寺 排佛甚勤 慢僧如土 凡諸執勞 供億之輩 心皆解弛 不欲敬奉 以偈示之」(『韓佛全』7, p.549 上).
　　　"至道由來惟一矣 人分夷夏限西東 爲君排釋眞儒士 戴佛尊儒是釋風 況以主能恭彼客 有何賓譭毁吾 躬 願諸丹竃修齋輩 勤辦茶湯耀梵宮".
105) 같은 책, 「示待儒士諸禪」(『韓佛全』7, p.548 下).

는 사람들이 있다. 그들은 다만 허무를 일삼고, 군신과 부자의 도가
곧 대본大本의 대용大用임을 알지 못한다. 또 공맹을 스승으로 하
여 인의를 종으로 삼는 사람들은 오직 충서忠恕만 존중할 뿐, 진공
적멸의 진리가 대용의 대본임을 알지 못한다. 이 두 가지 부류의 사
람들은 모두 도의 바탕[체體]과 작용[용用]에 미혹하고 또 성인이 혹
은 권도權道를 혹은 상도常道를 취하되 서로 연결되어 서로 흥기하
며 돕는 소이를 모른다. 바로 지정지대至正至大가 무이無二의 대원大
源인 것이다. 바로 그 무이無二의 도가 나뉘어 한쪽은 유교 한쪽은
불교가 된 것이니, 우열이 없는 성인임에도 이에 선과 후를 두어 오
랑캐의 도라 하고 중하中夏의 도라 말하고 있다. 승려들은 유애有愛
를 원적怨敵으로 여겨 각각 그것들을 막아 금하고, 유사들은 윤리
를 무시하는 것을 금수로 여겨 힘써 그것을 배격한다. 이처럼 감정
에 따라 자신을 지키고 남을 공격하여 밀치고 배척하며, 법의 같고
다름을 따져 있다 없다 하여 한편으로는 옳고 한편으로는 그르다고
들 말하니 누가 저 무이無二의 도리를 알겠는가.[106]

보우는 체용불이의 관계로써 불교와 유교를 해석하고 있는 것이다.
불교의 진공적멸의 진리는 대본으로서 체이며, 유교에서의 군신부자
의 도는 대용으로서 용이다. 그러나 이 체와 용은 별개의 것이 아니
다. 대본의 대용이며 대용의 대본이기 때문이다. 체와 용은 하나인 도
의 서로 다른 모습이다. 즉 그것은 함께 지극히 크고 지극히 바른 무
이의 대원인 것이다. 그러함에도 불자와 유자들은 이 체와 용의 관계

---

106)『虛應堂集』卷上,「次華法師軸韻 幷序」(『韓佛全』7, p.538 下).
　　"夫世有淫老佛而舍君父者 從事虛無 而不知其君臣父子之道 是大本之大用 師
　　孔孟而宗仁義者 但尊 忠恕 而不知其眞空寂滅之理 是大用之大本 之二者 皆
　　迷道之體用 而又不知聖之所以或權或常 而接 武相興以扶持 夫至正至大 無二
　　之大源也 肆其無二之道 逐析而一儒一釋 無優劣之聖 乃先後而日夷 日夏 於
　　是方袍野客 以有愛爲怨敵 各自遮禁 靑衿高士 以無倫爲禽獸 力常排鬪 情隨
　　函矢而推擠 法 逐同異以有無 一是一非 孰知夫無二也".

에 미혹하여 서로 자신의 도에만 국집하여 선후·우열·옳고 그름을 따지며 다툰다. 이는 근본에 있어서 불교와 유교가 무이임을 모르기 때문이라는 것이 보우의 논지이다.

2. '일정설'의 불유무이관

보우는 불유무이佛儒無二로써 양교의 관계를 인식하고 있다. 그러나 이에 대한 설명은 여기에서 다한 것이 아니다. 『허응당집』에는 불교와 유교를 설명하는 시와 글이 여러 곳에 실려 있다. 그는 본래 두 구역이 없는 불유의 모습을 물과 얼음으로 비유해 말하기도 하고,[107] 유교의 상도와 불교의 권도가 일치함을 주먹과 손바닥으로 설명하는[108] 등 진지한 관심을 기울이고 있다. 그러나 이 같은 불유관계의 원리를 가장 독창적인 사상에 담아 제시하고 있는 것은 그의 '일정설一正說'이다. 이는 한 지인에게 '일정'이란 호를 지어주면서 일과 정을 논한 그다지 길지 않은 글로, 여기에는 우주와 인간에 관한 그의 독특한 시각과 해석이 담겨 있다. 그 주요 부분만을 옮겨 본다.

> 일一이란 이도 삼도 아니며 성실무망誠實無妄함을 말하는 것으로, 이는 곧 하늘의 이치[천리天理] 이다. 그 이치는 깊고 아득하여, 아무 조짐은 없으나 만상을 벌여 놓으니, 어느 것 하나라도 이를 갖추지 아니함이 없다. 그러나 그 본체는 일一 뿐이어서 원래 이니 삼이니 하는 어떤 것이 아니다. …이것이 이른 바 하늘의 이치는 상일常一하여 성실무망하다고 하는 이유이다.
> 정正이란 치우치지도 않고 삿되지도 않아서 순수무잡純粹無雜함을

---

107) 『虛應堂集』卷下, 「次李上舍韻」(『韓佛全』7, p.552 中).
108) 『虛應堂集』卷上, 「儒釋常權一致」(『韓佛全』7, p.535 上).

말하는 것이니 이는 곧 사람의 마음[인심人心]이다. 그 마음은 고요
하여 생각함이 없지만 천지만물의 이치를 갖추지 아니함이 없다.
(그러므로) 신령하여 어둡지 않아서 천지만물의 일에 모두 응하지
아니함이 없으며, 원래 한 생각도 사심으로 치우치거나 삿됨이 없
다…이것이 사람의 마음은 본정本正하여 순수무잡하다고 하는 까
닭이다.

이치[이理]라 하고 마음[심心]이라 하여 비록 그 이름과 말은 다르지
만, 그것은 하늘과 사람의 이치이며, 일과 정의 뜻으로서 다른 것이
아니다. 그러므로 하늘이 곧 사람이요 사람이 곧 하늘이며, 일이 곧
정이요 정이 곧 일이다. 몸은 곧 천지天地의 몸이요 사람의 마음은
곧 천지의 마음이며 사람의 기운은 곧 천지의 기운이다.… 이것이
이른 바 천지만물은 본래 나와 한 몸이므로, 내 마음이 바르면 천지
의 마음도 바르고 내 기운이 순하면 천지의 기운도 순하다는 것이
다.[109]

우주적인 원리 즉 하늘의 이치를 일一로, 인간의 본성 즉 인간의 마
음을 정正으로, 개념화 하고 있는 이 글에서 보우가 말하고자 하는 것
은 간명하다. 요컨대 그것은 일과 정의 묘합이다. 천리는 그대로 인심
이며 인심은 그대로 천리이다. 그러므로 우주적인 원리는 무한한 현
상으로 전개하면서도 상일성常一性을 그대로 간직하고 있으며, 인간의

---

109) 『懶庵雜著』, 「一正」(『韓佛全』7, p.581 中~下).
"一者非二非三而誠實無妄之謂也 天之理也 其理沖漠無朕而萬象森然 無物不
具 然其爲體則一而己矣 未始有物以二之三之也…此天理之所以爲常一而誠實
無妄者也.
正者不偏不邪而純粹無雜之謂也 人之心也 其心寂然無思 而天地萬物之理 無
所不該 靈然不昧 而天 地萬物之事 無所不應 而未曾有一念之私以偏之邪之
也…此人心之所以爲本正而純粹無雜者也.
曰理曰心 雖有名言之有殊 其天人之理 一正之義 則未嘗有異故 天卽人人卽
天 一卽正正卽一 而人 之體卽天地之體人之心卽天地之心 人之氣卽天地之氣
也…是所謂天地萬物 本吾一體 吾之心正卽天 地心亦正 吾之氣順則天地氣亦
順者也".

본성은 그 무한한 현상을 자유롭게 수용하면서도 본정성本正性을 잃지 않는다는 것이다. 우주·인생의 근본과 그 존재 양상을 이처럼 통합적으로 파악하고 있는 일정사상一正思想은 분명 진여일심과 무애법계의 화엄적 세계관을 기반으로 하고 있다고 말할 만하다. 그러나 보우는 그것을 천리와 인심이라는 유교적 언어로써 논리를 전개하며, 마침내 그 주요한 관념체계를 통합하고 있다. 즉 당시 유학의 궁극적 과제이기도 했던 이기론 및 천과 인의 완전한 합일을 이루어 보이고 있는 것이다.[110] 이로써 보우의 일정사상을 통해 그 근본에서 하나로 융합된 불교와 유교의 무이를 다시 확인할 수 있다.

한국불교에서 이 같은 불유의 관계 설정 및 회통론은 물론 보우보다 훨씬 이전 시대에도 있었다. 그 처음은 고려 때 수선사修禪社 제2세 진각국사眞覺國師 혜심慧諶에게서 찾아볼 수 있다. 그는 중국 찬술 위경僞經들에서 보이는 '유동儒童보살·가섭迦葉보살' 등을 근거로 들어 불교와 유교의 동일성을 말하고 있다. 즉 유동보살이 중국의 공자가 되었고 가섭보살이 노자가 되었으므로 결국 불교나 유교가 같다고 본 것이다.[111] 성리학이 본격적으로 전래하기 이전 불교가 홀로 사상계를 지배하던 시대에, 더구나 위경에 속하는 경전을 근거로 한 불유동일성 주장에서, 특별한 사상적 의미를 말하기는 어렵다.

---

110) 이 같은 天人合一사상은 儒學的 관념으로서 만이 아닌 그대로 보우 자신의 깨달음의 세계이기도 하다. 주체로서의 我와 객체로서의 山의 관계를 묻는 覺明禪人에게 그는 자상한 설명과 함께 "주관과 객관으로 생기는 허다한 情을 포기하면 문득 六根六塵의 바탕이 동일 경지를 얻는다. (直抱能所情多許 便得根塵體一般)"고 일깨우고 있다. 즉 天地萬物 本悟一體의 세계 그대로이다. (『虛應堂集』卷下, '示覺明禪人 幷序', 『韓佛全』7, p.571 中~上).

111) 慧諶, 「答崔參政洪胤」, 『眞覺國師語錄』(『韓佛全』6, p.46 下~p.47 上) ; 제1부 1장 註 40) 참조.

그러나 사상과 현실 면에서 불교가 비판·억압되는 조선시대에 이에 대한 불교 측의 대응은 불가피했던 것으로, 그것은 조선 초에 함허기화涵虛己和의『현정론顯正論』으로부터 시작된다.『현정론』은 그 제명이 말해주듯이 불교를 비판하는 유교 측의 잘못된 이해를 시정시키는데 중점을 두고 있다. 따라서『현정론』은 배불의 부당함을 논박하고 불교의 존재 당위성을 밝히는 가운데서 불교와 유교, 나아가 도교까지 포함하여 불유도 삼교의 윤리 및 원리적 동일성을 논한다. 선초 불교에서 또 다른 호법 논서인『유석질의론儒釋質疑論』은『현정론』과 취지를 함께하면서도 좀 더 구체적인 비교와 논리로 불유도 삼교 일치의 사상을 더욱 확장 시키고 있다.

이상과 같이 불유일치와 회통 시도의 사상적 흐름을 이어, 배불과 흥불이 교차하는 시점에서 그것을 다시 점화하고 있는 것이 보우의 불유융합론이다. 보우가『현정론』등 조선 초의 불유회통적 사상과 그 노력에 영향을 받고 있었을 것이지만, 그에게 호법 또는 불유회통의 저술은 별도로 없다. 그러나 보우의 불유관계 사상 가운데 특히 앞에 언급한 '일정설一正說'은 유교의 천인합일사상을 불교입장의 논리로 종합하고 있어, 기화의『현정론』및『유석질의론』과는 구분된다. 이같은 '일정설'은 불유 덕목의 논리적인 비교 합일의 차원을 넘어 불유융합을 위한 독창적인 철학적 개념을 설정하고 있다는 점에서,[112] 한국사상에 있어서 그 중요한 의의를 말할 수 있다.

보우가 불유무이와 융합의 이론을 이와 같이 자신의 독자적인 철학적 사상위에서 전개하고 있는 것처럼, 유교의 배불 논리에 대한 대

---

112) 金龍祚,「虛應堂 普雨의 佛敎復興運動」, 위의『虛應堂普雨大師硏究』, pp.109~112 참조.

응 또한 이로理路 정연하고 확신에 차 있다. 그는 불교의 선교양종이 일어남을 몹시 싫어하여 이를 문제 삼는 한 선비에게 답하는 글에서, 우선 불교와 유교는 동반하여 성쇠를 보여 왔음을 역사적 사실을 들어 설명하고 있다. 불교가 성했던 당·송 시대에는 유교와 도교도 성했지만 폐불의 삼무三武시대에는 유교 또한 쇠했다는 것이다. 그는 "유교는 흥하고 불교는 망한 시대는 아직 없었고, 또 서쪽은 밝은데 동쪽은 어두운 촛불도 없었다. 성쇠의 이치가 왜 이와 같은가. 오직 이夷와 중하中夏가 원래 하나의 태극太極이기 때문이다."라고 하여 우주의 이치가 본래 그러함을 일깨워 준다. 따라서 "불교가 성하기에 유교가 쇠한다하고, 유교가 성하면 불학이 일어날 까닭이 없다."라고 하지만 이 같은 논리 또한 예부터 늙은 유생들이 읽어 온 상투적인 글일 뿐이라고 일축한다. 이어서 보우는,

> 성함이 있으면 쇠함이 있는 것은 운수運數의 항상 하는 원칙이며
> 혹 들어 올리고 혹 멈추어 쉬는 것은 사람의 덕이다.
> 그런 까닭에 나는 알고 있나니, 불교와 유교는
> 세상의 흥망에 따라 고개를 들기도 하고 물속에 빠지기도 하는 것.
> 그대가 만일 우리 불도를 행하지 못하게 하려 한다면
> 모름지기 천지의 소식을 변화시켜 바꾸어야 할 것이다.[113]

라고 단호하게 결론지어 말하고 있다. 불유를 무이적 관계로 파악하고, 양자의 융합과 조화를 추구하는 종교사상은 이에 이르러 다시 한번 그 취지가 명료하게 드러난다. 보우가 지닌 융합과 조화의 종교사

---

113) 『虛應堂集』卷下, 「有一儒士…把筆依韻奉酬」(『韓佛全』7, p.556 下).
　　"有盛有衰數之常 或擧或息人之德 是故吾知佛與儒 隨世興亡同攂溺 君欲使吾道不行 須變乾坤易消息".

상은 곧 공존과 상생을 지향함이다. 그는 불교와 유교 나아가 도교에 이르기까지 모든 종교가 공존해야 할 당위성과 가치를 인정한다. 시대와 인심에 따라 성쇠와 흥망은 있을지라도 인간의 의지와 노력에 따라 공존이 가능하고, 또한 그것이 모든 종교가 상생하는 길이라고 말하고 있는 것이다. 요컨대 보우의 무이적 불유관계와 그 융합 조화의 길은 이 같은 가치의 공존과 상생을 전제로 하고 있다.

─────

순교자의 불유공존과 상생의 염원

불교의 중흥을 염원해온 조선 중기 불교교단의 지도자 보우는, 불심 깊은 문정대비의 결단과 지원 아래 흥불 사업에 진력함으로써 그 뜻을 이루고자 하였다. 그러나 이 같은 활동으로 인해 그는 유교주의자들의 손에 죽임을 당한다. 보우는 이미 그것을 예상했던 것으로 보이며 마침내 순교한 것이다. 이처럼 보우가 목숨을 내걸고 추진해 간 흥불 사업의 신념과 저력의 근원은 그의 사상에서부터 찾을 수 있다. 즉 보우의 교와 선을 포괄하는 불교사상과 불·유 융합 및 조화의 종교사상이 그가 추구하던 불교중흥의 사상적 기반이 되었다는 말이다.

보우의 불교사상에서 교와 선은 분리되지 않는다. 화엄교법을 일승돈교一乘頓敎·원돈묘법圓頓妙法으로 파악하고 있는 그의 교관은, 다시 그대로 본래 고요한 마음을 중심으로 하는 선관으로 전개된다. 보우에게 있어서 교는 온전히 일선一禪의 돈교이며 선은 원래 돈교의 일선이다. 이는 선교일치의 차원을 넘어선다. 그것은 본래 일원一元으로서 원융무애한 양면 그대로이다. 선과 교에 대한 이 같은 인식을 기반으로 그는 선교 양종을 복립復立하여 각기 독자성 있는 발전을 통해 하나의 불교로서 중흥을 이룩하고자 한 것이다.

한편 불교와 유교를 포괄하여 양교를 무이無二의 관계로 파악하는 보우의 종교사상 또한 그가 추구한 불교중흥의 한 이념으로 작용한다. 보우의 불유무이적 종교사상은 그가 살았던 시대의 역반영逆反映으로도 보인다. 선교일원의 원융무애한 불교사상을 구축해 온 그가 불유대립과 갈등의 현실을 타개하고자 고심했을 것임은 당연한 일이다. 보우가 유서들을 섭렵하며 유학에 대한 인식의 지평을 넓히고 있는 일이나, 유교의 지식인들과 폭넓게 교류하면서 종교적 교감과 소통을 도모하고 있음은 곧 그의 유연한 불유관을 말해준다. 보우는 불교와 유교가 둘이 아님을 체와 용의 관계로 해석하고, 이 두 가지가 별개가 아닌 참 진리의 서로 다른 모습임을 강조한다. 또 이 같은 무이적無二的 불유관계를 그는 독특한 일정一正사상을 통해 모든 종교의 융합과 조화의 논리로 전개하고 있다.

보우가 숭유배불의 사회에서 흥불사업에 과감하게 투신할 수 있었던 것도 이상과 같은 사상적 기반이 확고했기 때문으로 볼 수 있다. 그가 염원했던 불교 중흥이란 단지 조선 불교를 다시 일으켜 세우는 일만이었을까? 불교의 회복과 함께 모든 종교가 공존하고 상생하는 융합과 조화의 큰 세상을 구현하는 일, 그것이 보우의 진정한 염원이 아니었을까 한다.

제4장

유정의 구국활동과 교단 내 평가

민중의 영웅에 대한 교단의 시각

한국불교에서 호국은 대체로 모든 시대마다 공통의 가치였으며 당위적 관심의 주제였다. 이 때문에 호국은 한국불교의 역사적 성격의 하나로 거론되기도 한다. 물론 호국불교에 대한 오늘의 인식이 반드시 일치하지는 않는다. 논자에 따라서 그것을 구국애민의 소중한 전통으로 찬양하는가 하면, 반대로 불교정신을 왜곡시켜 온 굴절의 역사로서 비판하기도[114] 한다. 그러나 한국불교의 호국성과 그 전통은 이미 경험적 사실로 존재한다. 긍정적이든 부정적이든 오늘의 인식과는 별개의 문제로, 호국불교는 부인할 수 없는 한국불교의 한 역사과정이다.

조선시대 임진왜란 중의 의승군 활동은 이 같은 한국불교의 호국사실과 전통을 가장 극명하게 보여주는 대표적인 사례이며, 그 활동의 중심인물로는 당연히 서산 휴정(1520~1604)과 그의 제자 사명 유정(1544~1610)이 손꼽힌다. 그러나 의승군 활동 전반을 주도하고 끝까지 그 임무를 완수한 이는 유정이다. 왜란이 발발한 선조 25년(1592) 여름부터 활동에 나선 유정은 이후 전쟁이 끝날 때까지 전투와 후방 임무 등 의승군 활동을 실질적으로 관장하고 통솔하였다. 그는 이 기간 중에 강화조건을 담판하기 위해 네 차례나 왜군의 진영을 왕래하고, 왕에게 세 차례의 글을 올려 전쟁의 재발방지 및 시국책에 관해 자신의 의견을 개진하고도 있다. 또 종전 후에도 다시 왕명을 받고 일본으로 건너가 강화외교를 펼치고 조선의 포로들을 데리고 귀환하기도 하였다.

의승군의 구국활동에서 이처럼 독보적인 역할과 업적을 남긴 유정에 대해서는 그동안 여러 측면에서 조명이 있어왔다. 그것은 유정의 생애와 불교사상, 임진왜란에서의 군사·외교적 활동, 인간상과 문학세계, 한국불교사에서의 위치 등 비교적 다양한 편이다. 이에 더하여 또 다른 관심에서라면 무려 14년여를 불교 외적인 활동에만 전념해온 그에 대한 교단 내의 시선에도 주목할 수 있다. 후일의 평가로서 유정은 교계 안팎에서 '호국대성' '민중의 영웅' 등으로 추앙되기도 하지만, 당시 교단 내에서 그에 대한 인식과 평가는 과연 어떠했을까 하는 것이다.

유정 자신에게 구국활동은 어떤 의미였을까. 그는 마치 구도수행이듯 긴 세월을 그 길에서 매진하고 있는 모습이지만, 불교 안에서는 그것을 어떻게 바라보고 있을까. 유정이 남긴 저술과 그와 동시대 선후배 승려들의 자료를 통해 이같은 문제들을 검토해 본다.

---

114) 한국불교의 호국성에 대한 근본적인 문제 제기와 강한 비판에 대해서는, 休庵, 『한국불교의 새 얼굴』(서울:대원정사, 1987), pp.265~279를 참고할 수 있다.

I. 조선불교와 임진란 의승군

　　임진왜란 중 의승군 활동은 우선 그 동기와 참여 규모, 적극적인 호국의지와 성과 등 여러 측면에서 여타의 호국 사례들과는 크게 대비된다. 의승군 활동은 그만큼 한국의 호국불교를 상징하는 일대 사건임에 분명하다. 여기서 특히 유념해야 할 일은 의승군 활동이 극심한 배불의 시대 조건 속에서 전개되고 있다는 사실이다. 그러나 이는 앞에서 언급한 대로 한국불교의 호국성과 그 정신의 맥락에서 이해할수 있다.[115] 그런 뜻에서 먼저 조선전기의 불교계 현실과 함께 의승군 활동의 출발 및 경과의 대략을 살펴본다. 유정의 구국활동 또한 전체적으로는 이 같은 조선불교의 현실상황과 그 동향 속에서 파악되기때문이다.

　　조선불교는 국초부터 강행해 온 배불정책 아래서, 계속 축소·쇠퇴의 길을 걸어왔다. 그 결과로서 중종대 무렵에 이미 경제적·인적 기반거의 대부분을 상실했고, 승려의 신분이 천민으로 분류될 만큼 불교

---

115) 한국 호국불교의 대표적인 상징으로는 고려시대 두 차례의 대장경 雕造 사업과 함께 조선시대의 의승군 활동을 들 수 있다. 불교국가라 할 고려에서 대장경이 만들어지는 시대 여건에 비해 조선의 의승군은 극도의 배불정책이 진행되는 가운데서 일어난다. 이처럼 대조되는 외적 상황과 조건 때문에도 후자에 대한 호국성은 더욱 관심의 대상이 된다.

의 사회적 위상 또한 철저하게 추락한 상태였다. 더이상 재기를 상상할 수도 없는 그런 시점에서 다시 한 차례 흥불의 시기가 있었지만 유교국가에서 그것은 어차피 한계가 정해진 일이었다.

이 같은 수난의 과정 속에서, 국가와는 무관한 임의집단으로서 불교가 산중승단의 형태로 겨우 유지되어가던 무렵, 조선은 전에 없던 위기의 국면을 맞는다. 선조 25년(1592) 임진왜란이 발발한 것이다. 이는 산중의 승려들에게도 큰 충격이었으며 외면할 수 없는 국난이었다. 그러나 더욱 문제인 것은 이 같은 국난에 직면한 조정의 대응이다. 그동안 조정에서는 일본의 조선 침략을 어느 정도 예측하고 있었지만 파쟁과 정론政論의 분열로 실효성 있는 대책을 세우지 못한 상태였고, 그 결과는 처음부터 비참한 패퇴로 드러난다. 그해 4월 14일 부산포에 대거 침입한 왜군이 거침없이 북상하여 5월 3일에 벌써 서울까지 점령하고 만 것이다. 개전 19일 만에 왜적에게 도성이 함락 당할 만큼 조정과 관군은 무력하였고 속수무책이었다.

전황이 이처럼 급박한 가운데 이미 몽진길에 오른 선조는 개성·평양을 거쳐 6월 22일 의주에 당도하였고, 이곳에서 왕과 조정은 이제 명나라의 원군이 오기만을 기다릴 수밖에 없었다. 이런 상황에서 그나마 위안과 희망을 갖게 한 것은 8도 전역에서 일어난 의병·의승군의 활약과 이순신 등 수군의 승전소식이었다. 의승군 활동이 이미 시작된 것인데, 왜란에서 적군과 접전을 벌인 최초의 의승군은 공주 갑사의 청련암에 있던 영규靈圭와 그가 거느린 8백 명의 의승군들이다. 이들 8백 의승군은 그해 8월 조헌의 7백 의병과 합세하여, 왜적에게 점령당해 있던 청주성을 수복한다. 왜란 발발 이후 의승군에 의한 첫

승전이었다.[116]

이에 앞서 의승군이 최초로 일어난 시점은 선조 25년 5월경으로 보인다. 몽진길에 올라 평양에 머물고 있던 왕에게 당시의 병력현황을 밝히는 비변사의 보고 가운데 5~6백 명의 승군을 언급하고 있는데서[117] 그렇게 추정할 수 있다. 이와 같이 5월부터 산발적으로 시작된 의승군 활동이 전국적인 규모로 확대된 것은, 같은 해 7월 선조가 의주 행재소行在所에서 묘향산에 있던 휴정을 초지招旨한 이후부터이다. 세란世亂을 구해줄 것을 기대하는 왕에게 휴정은 승군을 일으켜 나라를 구할 것을 다짐하였고, 이에 선조는 그에게 '팔도십육종선교도총섭八道十六宗禪敎都總攝'의 직을 내려 모든 승군을 관장하게 하였다.[118]

이로써 거의 전 승단이 참여하는 전국적인 의승군 조직이 활동에 나서게 된 것인데, 선조가 휴정에게 내린 '팔도십육종선교도총섭' 직함을 통해서도 그 내용을 엿볼 수 있다. 즉 중앙에 도총섭을 두고 그 아래로 전국 8도에 선·교종 각각 1명씩 16명의 총섭을 두는 조직체계인 것이다. 이때의 도총섭·총섭은 '영군토적지승領軍討賊之僧'의[119] 의미로 사용된 것이지만 이 제도의 시행을 두고 조정 유신들 간에 논란이 일어나기도 하였다. 이를 선·교 양종의 복구 또는 새로운 설립으로 받아들이거나 그 가능성을 미리 염려하며 예민하게 반응하고 있는 것이다. 결과적으로 조정의 사전 논의 등 그 과정으로 볼 때, 의승

---

116) 禹貞相, 『朝鮮前期 佛敎思想硏究』(서울: 동국대학교 출판부, 1985), pp.276~280 참조.
117) 『宣祖實錄』卷26, 宣祖 25年(1592) 5月 27日. "來赴諸寺僧軍五六百".
118) 李廷龜, 「西山淸虛堂大師碑銘」, 『朝鮮金石總覽』下, p.854.
119) 『宣祖實錄』卷48, 宣祖 27年(1594) 2月 27日.

군의 전국적인 조직과 활동은 국가의 계획과 요청으로 이루어진 거사라고 말할 수 있다. 조정은 정책적으로 배척·외면해 온 불교를 필요에 의해 다시 활용하고자 한 셈이다. 그러나 이에 대한 승단 지도자의 충의忠義어린 다짐은 가감 없는 불교의 호국성을 그대로 엿보게 한다.

왕을 뵙고 돌아온 휴정은 전국 사찰에 격문을 보내 궐기할 것을 호소하는 한편 그 자신 73세의 노령으로 의승군 1,500명을 모아 평안도 순안順安 법흥사에 주둔하였다. 이를 전후하여 유정은 강원도에서, 의엄義嚴은 황해도에서, 처영處英은 호남 지리산에서 봉기하였고 영규는 이미 충청도에서 활약하며 청주성을 탈환하고 있다. 휴정의 뛰어난 고제高弟인 이들 외에도 각지에서 의승군을 이끌고 나선 휴정 문하의 의승장이 적지 않았다. 또한 이들을 따라 구국의 대열에 참여한 의승군의 숫자는 대략 5천여 명으로 추산되지만[120] 그 정확한 통계는 알 수 없다. 다만 의승군의 합세로 큰 전과를 올릴 수 있었던 청주성 탈환과 평양성 수복 그리고 행주대첩 등의 사례가 입증하듯 의승군의 역할과 활약이 의외로 컸던 것임은 분명하다.

그러나 의승군이 직접 전투에 나선 기간은 그리 길지 않았다. 대략 임진년 6월부터 도성을 수복하는 다음해 4월까지를 주로 적진에 나가 크게 활약하며 전과를 올린 기간으로 볼 수 있다. 이 기간 중에도 명나라 원군이 도착하고 관군이 기능을 회복하면서부터는 의승군의 기능에도 상당한 변화가 있었다.[121] 의승군 주력을 제외하고는 군량의

120) 의승군의 총숫자를 5천여 명으로 추산하는 근거는 다음과 같다. 즉 선조 25 년 5월 비변사 보고에서 보이는 승군 5~600명, 휴정의 순안 법흥사에 모인 1,500명, 유정이 관동지방에서 모은 5~800명, 처영의 전라도 지방 1,000여 명, 영규가 충청도에서 이끈 800여 명, 기타 숫자 미상의 산성 축성 승군 등이다.
121) 李章熙, 「壬辰倭亂中 義僧軍 활동에 대하여」, 『사명당유정』(서울: 지식사업사, 2000), p.144.

수송이나 땔감 마련에 종사하였고, 더욱이 사실상 휴전 상태가 오래 지속되면서부터는 장기전 대비의 임무를 수행한 것이다. 그리하여 주둔지 내에서 둔전屯田을 개간하거나 경작에 힘써 군량을 비축하고 혹은 화포를 교습하고 활과 화살을 만드는 일도 있었다. 이 같은 비전투 시 후방업무 가운데서도 특히 전국 각 요충지의 산성 수축에는 의승군 대부분이 동원되고 유능한 의승장 거의가 축성의 책임을 맡아 수행하였다.

한편 이런 기간 중에, 여러 지역에서 의승군 조직이 해체되는 경우도 적지 않아 왜란 7년 동안 모든 의승군 활동이 한결같이 지속된 것으로 보기는 어렵다. 그러나 특히 유정의 경우, 그는 전투와 휴전 시를 막론하고 적진과 후방에서 의승군을 이끌며 끝까지 구국의 소임을 다하고 있다. 이는 스승 휴정을 이은 의승군 지도자로서 그의 굳건한 구국 의지와 한결같은 애민정신의 발로라 해야 할 것이다.

Ⅱ. 유정의 구국활동과 그 면모

유정의 구국정신과 그 행적을 제외하고 조선시대 의승군 활동의 호국성을 온전히 말하기는 어렵다. 전국 의승군을 실질적으로 이끌어간 그의 비중은 그만큼 크다. 그러나 유정의 역할은 단순히 의승군 활동을 주도한 것에서 그치지 않는다. 그는 때로 경세가적經世家的 안목으로 시대와 국가가 지향해가야 할 바른 길을 제시하고, 때로는 조정의 관리들도 쉽게 나서지 못하는 도일 강화 외교의 임무까지도 흔쾌하게 맡아 수행하고 있다. 오늘날 유정이 '호국대성'으로 특징 지워지고 있음은 결코 과장이 아닌 것이다. 여기에서는 유정의 이상과 같은 면모들을 항목화하여 차례로 살펴본다.

1. 의승장으로서의 활약

유정이 전국을 휩쓴 왜란을 직접 만난 것은 금강산 유점사의 산내 암자에서였다. 어느 날 갑자기 왜적의 유점사 침입 소식을 듣고 급히 산을 내려간 그는 태연하게 왜장과의 필담을 통해 묶여있던 승려들을 구하고 횡포를 멈추게 할 수 있었다. 이런 유정의 위엄과 감화력은 왜장이 부하들과 함께 물러나면서 금강산 입구에 '도를 아는 고승이 있으니 모든 장병은 이 산문에 들어가지 말라'고 써 붙였다는 데서도 짐작할 수 있다. 이렇게 금강산의 여러 절들을 왜란으로부터 벗어나게 한 유정은 다시 산문을 나서 고성에 주둔하고 있던 왜군의 진지를 찾았다. 이곳에서도 필담으로 백성을 괴롭히지 말 것을 요구하였다. 방문을 마치고 돌아 나오던 유정은 왜장들의 만류로 사흘 동안 적진에 머물며 극진한 예우와 대접을 받았으며, 이후 고성은 물론 영동 일대의 아홉 군郡이 왜적의 살상에서 벗어날 수가 있었다.[122]

다시 금강산으로 돌아온 유정은 이미 왕이 의주까지 피난해 있을 만큼 위급한 국난의 현실을 외면하고 있을 수만은 없었다. 이에 금강산 일대 여러 사암에서 승려 150여 명을 모은 다음 다시 산문 밖으로 나가 더 많은 의승군을 모집하여 춘천이나 원주의 왜적들을 공략할 계획을 세웠다. 마침 그 무렵 의주 행재소에서 왕으로부터 국난극복의 부탁과 함께 팔도선교도총섭의 직을 받은 서산대사 휴정이 전국 승려의 총궐기를 호소하는 격문을 보내온다. 이에 계획을 변경하여 의승군을 이끌고 스승이 있는 순안 법흥사로 향하였다. 행군하는 동안 뜻을 함께하는 승려들이 점차 늘어났다. 법흥사에 도착한 10월에 유정의 의승군 수는 8백 명 혹은 5백 명 등으로 기록마다 차이가 있어 분명하지는 않지만 대략 5백 명 정도였던 것 같다. 이렇게 해서 의승군의 본거지가 된 법흥사 진영에 집결된 의승군 총 수는 휴정이 스스로 모집한 1천 5백 명과 합하여 수천 명에[123] 이르렀다. 유정이 도

---

122) 柳夢寅,「松雲事蹟」,『於于野談』; 許筠 撰,「海印寺 四溟大師石藏碑銘」,『朝鮮金石總覽』下, 825. "…卽飛錫入高城 則賊將三人具加禮遇 師以書勸其勿嗜殺 則三將皆拱手受戒 挽三日設供 出城祖之九郡之 得免處劉者 蓋師之功也".

123)『宣祖實錄』卷31, 宣祖 25年(1592) 10月 8日. "聞僧軍所聚者幾千名"; 惟政,「甲午九月 討賊保民事疏」,『韓國佛敎全書』8, p.91 上.

착하기 이전 법흥사 주둔 의승군은 고령인 휴정을 대신하여 황해도에서 봉기한 의승장으로 역시 휴정의 제자인 의엄이 통솔하고 있었다.[124]

유정이 법흥사에 합류한 이후 휴정은 실전의 모든 책임을 유정에게 맡기고 도제찰사와 도원수의 승인 하에 그를 '의승도대장義僧都大將'으로 삼았다. 그리하여 그는 곧 2천여 의승군을 지휘하여 대동강을 건너가 왜군이 점령해 있는 평양성 인근에 주둔했다. 이들은 자체적으로 왜군을 공격하여 평양성을 수복하려는 움직임을 보이기도 했지만, 명나라 원군의 도착을 기다려 관군 및 명군과 합세하여 진병進兵해야 한다는 주장에 따라 작전은 선조 26년(1593) 정월 초에야 개시되었다. 1·2차로 구분되는 평양성 수복 전투에서 조선과 명나라군의 1차 전투는 실패하였으나 2차 전투에서 대승을 거두었다. 의승군은 명군과 전열을 함께하여 모란봉의 적진을 공격하였다. 이 2차의 대접전에는 이여송李如松이 지휘하는 명군과 함께 유정의 의승군이 참여, 용맹을 떨치며 왜적 2천 명을 베어 평양성 탈환에 결정적인 공을 세웠다.[125] 이때의 상황은 명나라 경략經略 송응창宋應昌을 비롯하여 제독 이여송 이하 모든 장수들이, 서산대사에게 앞을 다투어 첩지牒紙를 보내 경의를 표했고 시를 지어 찬양했다는 기록을 통해서도 미루어 짐작할 수 있다.

한편 그해 2월 의승장 처영의 의승군과 관군은, 권율 장군의 지휘 하에 행주산성에서 적군과 싸워 대승을 거둔다. 이 시기에 유정은 어디에서 어떤 활동을 하고 있었는지 불분명한데, 도원수의 관군과 함

---

124) 『宣祖修正實錄』卷26, 宣祖 25年(1592) 7月 1日.
125) 南公轍 撰, 「四溟大師紀績碑」, 『朝鮮金石總覽』下, p.1250.

께 적군의 뒤를 쫓아 서울이 멀지 않은 어느 지역에서 활동했을 것으로 추측된다. 그해 3월 노원평蘆原坪 및 우관동 일대와 수락산 부근에서 벌어진 왜군과의 치열한 전투 등이 그것이다. 이들 전투에서는 관군과 함께 유정이 거느린 의승군이 크게 활약하여 승리를 거두었다. 노원평·우관동 전투가 끝난 뒤인 3월 27일 선조는 특별히 의승도대장 유정을 '선교양종판사'로 임명하였다. 이는 은연 중 국가가 불교의 양종을 다시 인정하는 조치이기도하여 주목되는데, 이어 다음 달에는 '절충장군행호분위상호군折衝將軍行虎賁衛上護軍'의 교지를 내렸다.[126] 그동안의 전공을 인정하여 승려를 당상직堂上職에 오르게 하는 파격적인 조치였다.

이어 선조 26년 4월 서울이 수복되고 10월에 왕이 환도할 때, 서산대사 휴정이 의승군 1백 명을 인솔하여 어가御駕를 호위하였다. 이 임무를 마지막으로 의승군의 실무 책임을 유정과 처영에게 넘기고 휴정이 묘향산으로 돌아감에, 이때부터 유정은 전국 의승군을 실질적으로 통솔하고 활동을 관장하였다. 이에 앞서 유정은 남쪽으로 퇴각하는 왜군을 추격하며 6월에는 영남 의령에 주둔하였고 7월에는 전라도 남원성으로 이동해 있다가 다시 의령으로 돌아왔다. 이 기간 중에도 왜군과 대치·접전하는 일도 있었지만 이후 사실상 장기 휴전상태여서 유정도 그 대비에 들어갔다. 의승군을 거느리고 의령 부근에서 보리를 심거나 경상우도 총섭으로 하여금 각 사찰에서 군량 비축을 위해 경작에 힘쓰게 하고, 해인사에서는 활과 화살을 만들게 하는[127] 일도 있었다. 또한 이 무렵 유정은 의승군을 지휘하여 합천의 악견산

---

126) 『宣祖實錄』卷36, 宣祖 26年(1593) 3月 27日 및 4月 12日.
127) 『宣祖實錄』卷48, 宣祖 27年(1594) 2月 20日.

성악견山城·이숭산성李崇山城 수축을 전담하였으며, 훗날 가야산의 용기산성龍起山城과 팔공산성八公山城 및 금오산성金烏山城을 쌓는 것도 그가 이끄는 의승군들이었다. 그는 선조 29년 9월에도 조정의 조치에 따라 정예 의승군 60명을 거느리고 광주 남한산성으로 들어가 성을 수축하고 그 방어의 책임을 맡기도 하였다.

한편 휴전상태가 장기화하는 동안 명·일 측에서는 전쟁 종식을 위한 강화를 추진하였으나 별다른 진전을 보지 못하고 있었다. 이런 상황에서 도원수 권율과 명나라 제독 유정劉挺이 의승도대장 유정을 강화사로 삼아 당시 울산 서생포西生浦에 진을 치고 있던 가등청정加藤淸正에게 보내 회담하게 하였다. 이로 인해 유정은 선조 27년 4월 12일, 7월 10일, 12월 23일, 선조 30년 3월 18일 등 전후 4회에 걸쳐 왜군의 진영에 들어갔는데,[128] 마지막 회담은 가등청정의 요청에 따른 것이었다.

적진에 들어간 유정은 그동안 명·일간에 은밀히 추진해온 강화조건이 '조선 8도중 4도를 일본에 할양할 것' '왕자 1인을 일본에 보내 영주시킬 것' 등이 포함된 5개 항임을 처음 알아낸다. 그리하여 조선으로서는 용납하기 어려운 이 같은 강화조건이 이루어질 수 없는 이유를 일일이 지적해 말함은 물론, 이 내용을 도원수와 명제독에게 보고하여 강화의 저지 필요성을 설파하였다. 뿐만 아니라 왜군의 진영을 왕래 하면서 탐지한 정세 및 자신의 견해를 담은 여러 차례의 「탐정기探情記」를 남기고, 왕에게 상소하여 자신의 소신과 주장을 개진하기도

---

128) 4회에 걸친 淸正營中에서의 활동에 대해서는 金煐泰, 「四溟堂 惟政의 國難打開 활동」, 『四溟松雲大師 유정의 再照明』논문집Ⅱ(한국불교학회, 1996), pp.24~30 참조.

하였다. 이런 일들은 굳이 말한다면 의승장으로서의 역할과는 구분된다. 그러나 이 또한 유정이기 때문에 가능했던 매우 중요한 구국활동의 일환이었다.

2. 경세가적 식견과 면모

출가 수행인의 입장에서라면 의승군 활동은 결국 세속사일 뿐이다. 그러나 불교적 본령이 아닌 이 같은 세속사에 처해서도 유정이 보여주는 우국충정의 태도와 그 철저함은 분명 남다른 데가 있다. 위에서 살펴 본 의승장으로서의 활약들에서도 확인되지만 그것이 더욱 돋보이는 것은 유정이 적진을 왕래하면서 남긴 세 가지 기록과[129] 왕에게 올린 세 차례의 소疏[130]에서이다. 이들 기록이 모두 그의 우국충정은 물론 그 시대와 상황을 바라보는 안목과 뛰어난 식견을 잘 보여준다. 그러나 그 중에서도 특히 남한산성에 주둔하면서 선조에게 올린 「을미상소언사乙未上疏言事」[131]에는 가히 경세가적인 유정의 면모가 유감없이 드러난다. 유정이 그 동안의 경험을 바탕으로 시국에 대한 진단 및 그 방책을 위한 자신의 견해를 폭넓게 제시한 것인데, 우선 이 소

---

129) 宣祖 27년(1594). 유정이 淸正의 營中에 왕래하면서 남긴 세차례의 기록은 ① 「甲午四月入淸正營中 探情記」 ② 「甲午七月再入淸正營中 探情記」 ③ 「甲午十二月復入淸正營中 探情記」로 이들 모두 『奮忠紓難錄』에 실려 있다.

130) 유정의 三大疏는 두 번의 전진 왕래 후 上京하여 올린 ① 「甲午九月馳進京師上疏言討賊保民事疏」(선조 27년 9월), 장기 휴전 상태 중에 시국의 폐단 및 국난의 타개책을 밝힌 ② 「乙未上疏言事」(선조 28년 9월), 네 번째 淸正營中에 다녀온 후 올린 ③ 「丁酉疏」(宣祖 30년(1597) 4월)이다. ① ②는 『奮忠紓難錄』에, ③은 『宣祖實錄』卷87에 그 요지가 실려 있다.

131) 「乙未上疏言事」, 『奮忠紓難錄』, 『韓國佛敎全書』8, pp.97上~98下.

의 요점만을 간추려 보면[132] 다음과 같다.

① 지방관들의 탐욕과 태만 비리가 문제이므로 수령守令의 선임을 중히 하고 출척黜陟하는 법을 엄하게 해야 한다. 모든 정치는 백성을 아끼고 기르는 것을 급선무로 하여, 탐욕·무치한 무리들이 남은 백성을 혹독하게 다루지 못하도록 해야 한다.

② 명·일간에 지속되고 있는 강화의 고식적인 계책에 매달려 우리의 변방수비 태세를 소홀히 해서는 안 된다. 그러므로 중신重臣 1인을 뽑아 강력한 권한을 위임하여 신속하고 효율적인 병력강화를 도모할 일이다.

③ 민력을 기르고 군정을 닦는 것은 모두 사람을 얻는 데 있다. 크고 작은 장수를 얻는데 있어서는 신분이나 문벌 배경에 관계없이 능력에 따라 두루 인재를 등 용하며, 항상 널리 백성의 여론을 들어야 한다.

④ 나라의 기강과 정령政令을 바르게 세워 실천해야 한다. 정령이 수시로 바뀌면 백성이 이를 믿지 못하니 위엄과 신뢰가 있는 기강과 정령으로 민력을 기르고 군정을 닦아야 한다.

⑤ 백성에게 농우農牛는 먹고 사는 일의 근본이 된다. 열 집·한 고을에 한 마리의 농우도 보기 어려운 현실에서, 수령과 항간의 이익을 좇는 무리들이 살우殺牛를 공공연하게 자행하니 통탄할 일이다. 살우의 금법을 널리 펴서 살인죄보다 엄하게 해야 할 것이다.

⑥ 산성의 수비는 나라의 먼 장래를 위한 일인 만큼 내실이 필요하다. 비축을 위해 둔전屯田의 방책을 세우고 군사를 주관하는 자가 경작과 수성守城의 임무를 함께 완수케 해야 한다. 그렇게 하지 않으면 항상 백성들이 동원되어 괴롭힘을 당하고 생업을 잃게 된다.

⑦ 사찰의 승려들이 갖가지 침탈과 학대에 시달리고 있다. 저들도

---

132) 조영록, 『사명당 평전』(서울: 한길사, 2009), pp.301~307 '을미년에 상소하여 국사를 말함' 부분 참조.

백성이다. 안전한 곳에 모아 살게 하며, 장정들은 병술을 익혀 적을 치게 하고, 노병자老病者는 군수軍需를 돕다가 위급한 변란이 발생하면 그들 또한 함께 힘쓰도록 하고, 법 밖의 잡역에 혹사하지 않게 해야 한다.

유정이 제시하고 있는 이상의 내용을 다시 차례대로 요약하면 지방관의 선임과 관련한 바른 정치(①), 자주국방 시책(②), 차별 없는 능력 본위의 인재등용(③), 국가 기강과 신뢰할 수 있는 정령(④), 백성 보호를 위한 시폐의 시정(⑤⑥⑦) 등으로 말 할 수 있다. 여기서 자주국방의 시책은 유정이 적진을 왕래하면서 직접 파악하고 경험한 사실들에 기초한 견해들이다. 명·일간의 지지부진한 강화의 결과에 기대하지 말고 오히려 이런 기회에 효율적으로 병력을 강화하여 스스로 수비의 방책에 힘쓰자는 내용이다. 이 같은 주장이 「을미소」에 이어 2년 후에 다시 올린 그의 「정유소」에서는 더욱 구체화된 내용으로 개진되고 있다. 왜군의 재침을 예견·판단하고 주체적이고 능동적인 자주 국방의 필요성을 역설한 것이다.

또 지방관의 선임 및 백성의 보호와 관련한 주장들은 유정의 현실 인식을 잘 보여준다. '국가의 기반은 백성에 있고 백성은 먹을 것을 하늘로 삼는다는 것'이 그의 확고한 신념이었다. 그런 백성이 왜적의 칼날 아래 죽어가는 국난의 현실에서 지방수령들까지 탐착과 비리로 민생을 도탄에 빠지게 하는 실상을 지적하면서, 그 모든 사태의 출발점을 잘못된 관원의 등용에서 찾고 있다. 이와 관련하여 인재등용에 관한 유정의 기본관점은 가히 혁신적이라 할 만하다. 그는 백정이나 창고지기를 막론하고 누구나 능력이 있다면 그에 상응하는 직책을 맡길 수 있는 사회를 추구했다. 봉건질서의 신분체계가 공고했던 시대에,

의승장이라고는 하지만 승려의 신분으로서 이런 견해를 왕에게 직접적으로 진언하고 있음은, 그의 개혁적 경세가로서의 모습을 단적으로 보여준다.

한편 백성의 보호를 위한 시폐 시정의 차원에서, 승려들이 겪는 참상을 밝히고 그들에 대한 배려를 요구하고 있는 것도 눈여겨보아야 할 대목이다. 이는 승려들이 목숨을 던져 국난극복에 앞장서고 있는 가운데서도, 불교와 승려들을 침탈·학대하는 국가와 관리들의 관행적 인식과 그 가혹한 현실에 대한 지적이다. 의승도대장으로서 불교계의 지도자이기도한 유정의 입장에서 그것은 당연히 제기할 만한 문제였다. 따라서 그는 불교교단의 의승군 활동을 인정하고 역시 백성인 승려들에게도 법적인 보호가 필요하다는 당연한 요구를 맨 마지막에 첨부하고 있는 것이다.

이 같은 견해와 주장들에서 이미 유정의 경세가적 식견과 면모가 뚜렷하지만, 그러나 「을미소」 한 편의 내용만으로 그 전모를 말하기에는 충분하지 않다. 이 문제는 다시 그의 적진왕래 등 행적과 함께 특히 종전 이후 1604년 8월부터 이듬해 5월까지의 도일 강화 외교활동을 통해 보다 폭넓게 살필 수 있다.

3. 도일 강화외교 활동

유정의 4차에 걸친 서생포 적진 왕래는 그 자체가 주목할 만한 대일 외교활동이었다. 이때 유정이 거둔 구국적 외교성과는 ①조선의 영토할양을 전제로 한 명일 간의 강화교섭 저지 ②가등청정과 소서행장小西行長 사이의 갈등 조장으로 적진의 분열 유도 ③적정탐문을 통한 군사적 방비책 대비 및 조일간의 평화교섭 가능성 모색 등으로 요약할 수 있다.[133] 그러나 유정의 대일외교 활동의 진면목은 종전 후 그가 조정의 명을 받고 도일하여 덕천가강德川家康과 외교담판을 벌여, 양국의 관계 정상화에 획기적인 초석을 마련하고 있는 데서 새삼 확인할 수 있다.

왜란이 끝난 다음 해인 선조 32년(1599)부터 일본은 조선과의 화친을 원하여 여러 차례 대마도주對馬島主 종의지宗義智 등을 보내왔다. 그러나 조선에서는 이에 응하여 쉽게 결정을 내리지 못하고 있었다. 그것은 대명 외교상의 문제, 일본에 대한 원한과 불신, 적진 일본에 가는 것을 두려워하는 중신들의 '원수와 화친을 맺을 수 없다.'는 대의명분론, 파쟁으로 인한 조정 내 의견불일치 등의 사정 때문이었다. 이와 같이 화친문제를 놓고 5~6년을 끌던 중 선조 37년(1604) 일본은 다시 왜사倭史 귤지정橘智正을 보내왔다. 그는 새로운 권력자로 등장한 덕천가강의 명이라면서 강화를 강청하고, 응하지 않으면 다시 임진란과 같은 전쟁이 발생할지도 모른다는 뜻을 전하였다. 이에 조정에서는 우선 왜사를 만나 진의를 파악하게 한 다음 적정을 살피게 한다는 명분으로 유정을 대마도까지 파견하기로 결정하고 급히 그를 불렀다.

종전 후에도 이내 산사로 돌아가지 못하고 전후의 뒷수습에 매달려야 했던 유정은 부산성釜山城 수축을 마지막으로 선조 34년(1601)에야 내은산內隱山으로 들어갈 수 있었다. 그런 유정이 다시 나라의 부름을 받은 것이다. 그때 유정은 환갑의 나이로 오대산에서 안거하고 있었다. 스승 서산대사가 입적入寂했다는 부음을 듣고 서둘러 묘향산

---

133) 金榮作, 「四溟堂과 加藤淸正 회담의 成果와 意義」『사명당 유정』-그 인간과 사상과 활동-(지식산업사, 2000), pp.253~254 참조.

으로 가던 중에 왕명을 받게 된 그는 부득이 발길을 서울로 향하였다. 서울에 올라온 유정은 전후 사정을 파악한 다음 왕명에 따라 3월 중순경부터 5월에 이르는 동안 부산을 오가며 몇 차례 왜사를 만났다. 그런 다음 그 해 8월 20일 절형장군折衝將軍 손문욱孫文彧을 비롯하여 통역관 및 문하의 몇몇 승려와 함께 대마도를 향해 부산 다대포를 출발하였다.

대마도에 도착한 유정은 양국 화친 추진의 일본 측 관계자들인 대마도주 종의지와 평조신平調信, 일본 승려 현소玄蘇 등을 만났으나 그 자세한 외교행적은 알 수 없다. 다만 대마도 측에서 후일 조선에 가지고 온 서한으로 미루어 그간 유정이 대마도 측과는 물론 일본과 화친의 필요성에 동의한 것으로 보이며, 이때 대마도에 갇혀있는 조선인 포로의 송환을 요구했던 것 같다. 이곳에서 3개월 동안 머문 유정은 같은 해 11월경에 일본 본국으로 떠났다. 그가 당시 조정의 명을 어기고 대마도에서 일본까지 가게 된 배경과 동기는 후일 종의지와 평조신이 조선의 예조판서에게 보낸 서한이 실록에 실려 있어 그 대강을 짐작할 수 있다.

> 대마도와 화친이 되었다고 하더라도 본국과 화친하지 않으면 후환이 있을까 우려하여(대마도주가) 일본의 덕천가강에게 편지를 보냈다. 덕천가강이…송운대사를 인도하여 일본 서울에 오면 성의를 다하겠다 하였으므로 (유정이) 일본에 건너갔다.[134]

곧 유정은 대마도주가 애초부터 계획한 공작과 덕천가강의 요청에 의해 일본에 간 것으로 되어있다. 그러나 유정이 대마도에서 일본 본

---

134) 『宣祖實錄』卷187, 宣祖 38年(1605) 5月 12日.

국까지 건너가게 된 것이 반드시 일본 측의 공작이나 요청 때문만은 아니었을 것으로 보인다. 임란 기간 중 이미 유정은 가등청정과 2차 회담을 마친 후 왕에게 올린 상소문 「토적보민사소討賊保民事疏」에서 국난극복을 위한 대책으로써 ①각도 군사·군비를 총집결하여 일전一戰에 나설 것 ②임시적 교린交隣으로 철병을 유도할 것의 두 가지 의견을 제시한 바 있다. 여기서 ②의 계책을 결정할 경우, 필요하면 자신이 사신을 따라 교린을 논할 수 있음을 언급하였다. 이 같은 점으로 보아 유정은 덕천가강의 요청에 따른 대마도주의 공작적 권유를 오히려 그 자신의 정략을 실현할 호기로 파악하고 적극적으로 받아들였던 것이 아닌가 한다.[135] 또 이때 일본 본국에까지 들어가기로 결심한 유정의 목적은 그가 후일 왜승 현소와 종의지의 가신인 유천柳川 등에게 보낸 서한에서도 확인할 수 있다. 즉 그의 본국행은 일본 국정을 탐문하고, 신의에 입각한 화평교섭의 가능성을 타진하며, 포로가 된 백성을 데리고 돌아옴으로써 선사先師의 뜻을 받들어 널리 생령을 구제하려는데 목적이 있었던 것이다.

유정이 대마도를 떠나 일본 본국의 경도에 도착한 것은 12월 27일이었다. 그는 경도에서 일본의 여러 고승들과 불법의 종지를 논하고 설보화상說寶和尙이라하여[136] 더욱 존경과 예우를 다하는 각계의 인사들에게 불법을 강설하거나 시문을 써주는 등 큰 감화를 주었다. 이렇게 상당 기간을 보내다가 선조 38년(1605) 3월 5일 유정은 덕천가

---

135) 金榮作 ,「四溟堂의 도일 平和外交活動」, 위의 책, p.298.
136) 說寶和尙은, 조선에 보배가 있는가를 묻는 加藤에게 유정이 "우리나라에 다른 보배는 없고 오직 당신의 머리가 보배다."라고 대답함으로써 붙은 유정의 별칭이다. 유정이 가등의 진영에 들어갔을 때 나누었다는 이 이야기는 허균 『石藏碑銘』, 柳夢寅『於于野談』, 李睟光『芝峰類說』 등 여러 문헌에 실려 있으며 내용의 표현에 약간씩의 차이가 보인다.

강의 요청에 따라 그의 본거지인 복견성伏見城에 들어가 손문욱 등과 함께 덕천을 회견하고 조일 강화에 관하여 논의하였다. 여기서 유정과 덕천은 화의성립의 필요성에 공감하고 포로의 송환문제 등을 논의했던 것인데, 덕천은 유정과의 이 회담에 대해 대단히 만족했던 것 같다. 이는 그가 회담을 주선해온 종의지·현소·유천에게 봉록을 더하고 상을 내리는 등 후사하고 있는 데서도 알 수 있다. 현재 유정과 덕천가강의 회담내용 전문은 발견되지 않고 있으나 일본 측 여러 자료들은 "이 회견에서 일·조간의 화의가 정해졌다."고[137] 기록하고 있다.

이와 같이, 조정의 명령 범위를 뛰어넘어 독자적인 판단에 따라 일본 본국에까지 들어가 덕천가강과 성공적인 강화회담을 마친 유정은 4월초 일본을 떠나 5월에 부산에 도착하였고, 6월 초에 왕에게 그 동안의 활동을 보고하였다. 유정의 귀국과 관련하여, 「송운대사석장비松雲大師石藏碑」에는 "남녀 포로 1,500여 명을 찾아내어 스스로 준비한 양곡을 주고 바다를 건너 데리고 돌아왔다."고 적고 있다. 또 『선조수정실록』(권39, 38년 4월조)과 조경남趙慶男의 『난중잡록亂中雜錄』에는 그 숫자가 3,000여 명으로 되어 있으며, 유성룡의 『서애별집西崖別集』에는 1,000여 명으로 적혀있다. 그러나 이 같은 송환포로의 숫자들이 역사적 사실을 정확하게 표현한 기록으로 보기는 어렵다.

유정의 도일 외교활동이 낳은 가장 큰 결실은 역시 임진란의 원한을 풀고 두 나라의 국교를 정상화하여 선린우호관계 확립의 터전을 마련했다는 점이다. 그런 관점에서, 유정의 3,000여 명 포로쇄환설捕虜刷還說은 과장된 표현이기는 하지만 그것이 어느 정도 역사적 사

---

137) 東京大學 大日本史料編纂所, 『大日本史料』제12편 제3권, 1606년 3월 5일, p.7 이하.

실을 반영한다고 말할 수 있다. 즉 유정의 도일 외교활동을 계기로 3,000명 가까운 포로가 실제로 송환되어 왔고, 유정은 그 실현에 직접 간접으로 크게 공헌하였기 때문이다.

포로의 송환은 덕천가강의 약속에도 불구하고 유정의 귀국 시 그대로 이행되지 않았다. 이에 대해 유정은 귀국 후 일본에서 자신을 덕천가강에게 안내하고 회견에도 동석했던 일본승 현소·원광 등에게 서한을 보내 덕천이 약속을 이행하도록 촉구해 줄 것을 부탁하고 있다. 유정에게 있어 도일외교를 포함하여 모든 활동은 언제나 '선사先師의 뜻을 받들어 널리 생령을 구제하는 일'이었다. 즉 스승 휴정의 간곡한 뜻에 따라 국난극복에 참여하고 도일 평화외교에도 나서 온 것이다. 그런 유정으로서는 널리 생령을 구제하는 가장 구체적인 일은 곧 포로의 송환이었을 터이다. 그러나 그 뜻을 이루지 못하고 귀국함에 그는 책임을 다하고자 끝가지 노력하고 있는 것이다.

어쨌든 종전 후 일본 측의 포로송환 내용을 보면 유정의 역할에 의해 그의 귀국 무렵인 1605년 5월에 대마도에서 송환된 포로가 1,390명, 그 2년 후인 1607년 1월 여우길呂佑吉을 정사로 하는 이른 바 제1차 통신사 파견으로 조일간의 국교정상화가 이루어짐에 따라 일본 본국에서 추가로 송환된 포로가 1,249명, 도합 2,639명이었다. 이는 곧 3,000명에 육박하는 숫자로써, 유정이 귀국 시에 포로 3,000여 명을 데리고 돌아왔다는 기록은 바로 이런 사실에 대한 대략적인 기술로 볼 수 있다.[138] 유정이 직접 포로를 데리고 돌아온 것

---

138) 金榮作, 위의 글 pp.305~306 참조. 유정 일행에 의한 포로 쇄환수에 대해 米谷均, 「17세기 日朝關係에서의 朝鮮被虜人의 送還」, 『사명당 유정』, pp.330~339에서는 1,390명(또는 1,391명)이 가장 타당한 것으로 보고 이를 詳論하고 있다.

은 아니지만, 이는 결국 그의 도일 외교활동이 가져온 결과라고 말해도 좋을 것이다.

스승의 입적 소식을 듣고 급히 묘향산으로 향하던 유정이, 왕명을 받고 상경해야 했음은 앞에 언급했거니와, 당시 조정의 사정을 기록한 『실록』의 사관은 스스로 다음과 같이 적어 탄식한 바 있다.

> 조종의 계책이 비루하다. 종묘사직의 원수를 갚지 못하고 군사를 제대로 훈련시키지 못하였는데 하는 일 없이 세월만 보내고 있다. 조정에 얼마나 지모智謀가 없으면 왜적의 사신 하나를 감당하지 못하여 서로 돌아보며 어쩔 줄 몰라 하는가. 승려가 아니고서는 국가의 긴급한 대책을 맡길 사람이 없었는가. 조정의 각 부서와 여러 신료들이 도리어 유정 한 사람의 지모에 못 미쳐 그를 화급하게 불러올림으로써 왜적을 방어할 장책長策으로 삼는단 말인가. 평상시에는 묘당에 높이 앉아 있다가 이같이 급한 일을 당해서는 아무도 계책을 내지 못하니, 나라를 구할 계책을 가진 자가 오직 유정 한 사람뿐이던가! 아아, 통탄할 일이로다.[139]

종전 후 양국의 화친문제를 둘러싸고 벽두에서부터 난관에 부딪친 조정은 문제해결의 적임자로 유정을 선택할 수밖에 없었다. 이미 유정은 서생포의 적진을 드나들며 가등청정과 담판하여 상황을 유리하게 이끌음으로써 그 담대한 풍모와 외교적 능력이 검증된 바 있다. 뿐만 아니라 그가 승려라는 사실이 대명 외교상의 문제에 있어서도 부담을 덜 수 있었기 때문에, 조정에서는 유정을 적임자로 판단하였다. 그러나 내심 탐탁지 않게 여기는 승려에게 국가의 중대임무를 맡겨야하는 현실 앞에서, 조정 중신들의 심기는 불편할 수밖에 없었을 것이다. 위

---

139)『宣祖實錄』卷171, 宣祖 37年(1604) 2月 24日.

사관의 한탄 섞인 기록은 곧 이런 상황들에 대한 자조적인 심기가 그대로 묻어난다.

이 같은 사정 속에서 유정은 왕명에 따라 대마도로 건너갔고 그곳에서 다시 일본 본국에까지 들어가 덕천가강을 만나 조일강화문제를 성공적으로 매듭짓고 돌아 온 것이다. 당시 어느 시인은 유정의 이런 도일 외교역할을 두고 다음과 같이 읊었다.

> 묘당에 삼로(三老, 삼정승)가 있다고 말하지 마라.
> 나라의 안위가 모두 한 명의 승려 돌아오는 데 달려있네.[140]

승려의 몸으로 의승군도대장이 되어 구국의 선봉에 서고, 왜란이 끝난 뒤에는 다시 전후문제 수습과 평화의 안착을 위해 도일 외교활동을 펼친 유정은 나라의 안위를 혼자 떠맡아 해결해야 했다. 그의 도일활동에서는 경세가뿐만 아니라 탁월한 외교가로서도 그 면모가 더욱 뚜렷하다. 유정은 진정 역량을 고루 갖춘 실천하는 지성이자 세간과 출세간의 정신지도자였다.

---

140) "莫道廟堂三老在 安危都付一僧歸" 본래 『日月錄』에 있었다는 이 無名詩는 이긍익의 『燃藜室記述』 제17권에 실려 있다.

Ⅲ. 유정에 대한 인식과 평가

1. 사법제자로서 유정의 위치

특정 인물에 대한 인식이나 평가는 그를 바라보는 개인과 집단의 성향 또는 시대의 분위기를 반영한다. 이는 사명당 유정의 경우에도 예외가 아니다. 유정에 대한 평가는 조선시대 주류사회의 의식과 기류를 보여주는 것으로 대부분 다음과 같이 나타난다. 즉, 유정에 대한 유자들의 인식은, '①의병을 일으켜 큰 공을 세웠다 ②적진을 왕래하며 적정을 탐지하였다 ③일본에 사신으로 가서 많은 포로를 쇄환하였다 ④많은 성을 쌓고 종묘와 궁궐까지 수리하였다'는 정도에서 거의 고정되어 있다. 주로 업적을 중심으로 유정을 바라보고 평가한 것이다. 이는 또 다른 분류에서 보이는 '①언변술(외교술) ②정보통 ③승장으로서 전투능력 ④승도를 통솔하는 능력(축성 등 노역의 지휘감독)'과도[141] 크게 다르지 않다.

그 밖에 유자들은 불교 내에서 좌선자들로부터 유정이 그 교에 순수하지 못하다고 간혹 논란되는 사실을 상기시키면서, 그것은 유정이

---

141) 李晋吾, 「四溟堂 惟政의 敵陣往來記 및 三大疏 考察」, 앞의 한국불교학회 논문집Ⅱ, pp.98~101 참조.

'우리 도(유교)에 가깝기 때문'이라고 해석하기도 한다.[142] 유정의 행적을 유교적 정신과 행위로 평가하고 있는 것이다. 이 같은 인식과 평가들은 유교주의자들이 유정에게서 기대하는 부분 또는 자신들의 관심 부분에만 시선을 고정시킨 결과이다. 다시 말하면 조선의 사대부나 유신 관리들은 그들이 기대하는 내용 외에, 불교의 고승인 유정의 또 다른 역량과 면모에 대해서는 굳이 주목하지 않고 있는 것이다.

그렇다면 불교 내부에서는 유정을 어떻게 인식하고 평가했던 것일까. 그는 의승군 활동을 주도하였고 유독 장기간에 걸쳐 구국에 헌신하면서 큰 업적을 이루어 왔다. 그러나 앞서 언급한 대로 의승군 내지 구국활동이란 수행승에게는 본령이 아닌 세속사일 뿐이다. 유정은 바로 그 길에서 14년여 동안 매진하며 승려로서는 유례가 없는 행적들을 보여 온 것이다. 그런 유정이 승단의 동문 내지 선후배 승려들에게는 어떻게 비쳐지고 또 평가 받고 있었던가는 분명 흥미로운 문제이다. 따라서 위에서 살펴온 유정의 활동과 업적을 전제로 그에 대한 교단 내부의 시선과 대체적인 평가를 검토해 본다.

이를 위해서는 먼저 살펴보아야 할 문제가 있다. 구국활동과 관계없이 수행자·선승으로서 유정이 갖는 교단 내 위상에 관해서이다. 구체적으로 말하면 당시 불교의 한 존재 방식으로서 중시되던 선문의 법맥 상에서 유정이 어떤 비중과 위치에 있었는가 하는 것이다. 유정의 스승인 서산 휴정이 불교의 피폐한 현실 속에서 종통宗統을 수립

---

142) 尹鳳朝,「奮忠紓難錄」跋,『韓國佛敎全書』8, p.107下 .
"世言釋家有二敎 其主坐禪者 或以師不純於其敎而微有軒輊 師則誠有是矣 惟其不純於彼敎 所以有近於吾道 苟非然也 香火而尸祝師者 不獨在叢林 而乃在朝人之間者 又何也".

하여 조선 중기의 산중승단을 새롭게 열어간 것이라[143] 할 때, 법맥과 그 계승은 매우 중요한 의미를 갖는다. 그것은 곧 불교의 정통성을 담보하고 대표하는 일이기도 했기 때문이다.

휴정의 새로운 종통 수립과 사자상승師資相承의 사법嗣法관계, 그리고 조선 후기에 나타나는 법맥 변화 등의 문제는 결코 간단하지 않다. 이들 문제를 여기서 재론할 필요는 없겠으며, 다만 분명한 것은 유정이 휴정의 사법제자라는 사실이다. 이는 스승 휴정의 인정은 물론 동문들인 선수善修·태능太能·언기彦機·인오印悟 등과 그 후대들의 한결같은 인식에서도[144] 재삼 확인할 수 있다. 휴정은 유정에게 특별히 임제정맥臨濟正脈의 법을 부촉하고, 선의 지침서로써『선교결禪敎訣』을 지어 그에게 주기도 하였다. 또 제자의 선적 경지를 인정하고 있는 다음과 같은 시는 휴정과 유정의 사법 관계를 더욱 확신할 수 있게 한다.

> 사문의 뛰어난 안목, 그 빛이 온 세상을 비추네.
> 우뚝함은 칼을 쥔 왕과 같고 빈 모습은 경대의 거울 같구나.
> 구름 밖 용을 잡으러 가고 허공에서 봉황을 잡아오기도 하네.
> 도에 통달하여 살활殺活이 자유로우니 온 천지가 또한 티끌이로다.[145]

---

143) 서산 휴정은 家統으로 본다면 碧松을 初祖로 하고 大慧·高峰을 遠祖로 하는 西山宗이라고도 볼 수 있는 山僧佛敎의 開宗 완성자로 평가되기도 한다.(김영태,『한국불교사』, p.281).

144) 이철헌,「四溟堂 惟政의 先代法脈」,『사명당 유정』(서울: 지식산업사, 2000), pp.80~82 참조.

145) 休靜,「贈惟政大師」,『淸虛集』卷1,『韓國佛敎全書』7, p.672下.
"一隻沙門眼 光明照八垓 卓如王秉劍 虛若鏡當臺 雲外拏龍去 空中打鳳來 通方能殺活 天地亦塵埃".

휴정의 시문을 통해서도 짐작할 수 있듯이 요컨대 유정은 스승과 동문·선후배들로부터 사법제자로 인정받는 확고한 위치에 있었다. 구국활동에 나서기 이전에 그는 이미 선문의 법맥 계승자로서 또한 산중승단을 이끌어 갈 지도자로서 크게 촉망 받고 있었던 것이다. 이런 유정이 위기에 처한 나라와 백성을 구하기 위해 세상에 나가 활동하며 독보적인 업적을 이룬 것인데, 이 같은 유정의 인품과 활동은 불교 교단원의 구국의지와 동참에도 적지 않은 영향을 끼쳤을 것임이[146] 분명하다. 그러나 그의 장기간에 걸친 구국활동, 즉 세속사에 너무 오랫동안 얽매어 있는 모습이 긍정적으로만 비쳐진 것은 아니었다. 때에 따라서는 비판적 시각도 없지 않았다.[147] 이제 유정과 그의 구국활동에 대한 교단 내의 이해와 시각을 다음 몇 가지로 나누어 살펴본다.

2. 긍정적 평가와 동참

유정의 구국활동을 긍정적으로 평가하고 또 그 일에 동참하고 있는 경우이다.

임진란 의승군에는 대략 5천 명 이상의 승려들이 동참했던 것으

---

146) 조영록, 앞의 책(pp.203~204)에서는 '사회적 차별과 억압을 받던 조선시대 승려들이 사명당 같은 훌륭한 지도자의 知遇를 입음으로써 적극적인 자세로 전투에 임하여 공을 세울 수 있었음'을 논하고 있다.

147) 許筠은 「石藏碑文」에서 "대사는 전쟁에 시달리면서 국가와 함께 강한 적을 막느라 불법을 선양하여 어리석은 무리들을 깨우칠 겨를이 없었다. 그렇기 때문에 대사를 잘 모르는 자는 혹 그가 불교에 마음을 두지 않고 한갓 세상을 구하기에 바빴다고 탓하는 자도 있다. 그러나 이들이 어찌 악마를 죽여 어려운 것을 구제하는 것이 바로 불가의 공덕인줄 알겠는가?"(『韓國佛敎全書』8, p.77上·中)라 하였다. 이는 유정의 행적에 대해 교단 내에 부정적 또는 비판적 기류가 없지 않았음을 짐작해보게 하는 기록이다.

로, 이들은 거의 모두 자원 참여자들로 볼 수 있다. 따라서 이들은 의승장 유정의 구국활동을 통해 자신들의 의지와 행위에 대해서도 더욱 긍지를 가질 수 있었을 것이다. 이 같은 분위기를 말해 주듯 몇몇 승려들의 글에는 유정에 대한 긍정적인 평가가 잘 드러나 있다. 유정과 함께 휴정문하의 동문으로서 역시 의승장으로 활동했던 청매인오 靑梅印悟(1548~1623)의 글을 대표삼아 그 요지만을 간추려 보자.

> …오직 우리 대사께서는 그 중에서도 빼어나시어 현명하고 지혜로워 더욱 우뚝 하시며 인자하고도 정의로우셨습니다. …나라의 행보가 어그러짐이 많아 비린내와 연기가 사방에서 일어나니, 백성이 어육魚肉과 같이 되는 것을 슬피 여기고, 나라가 붉은 땅으로 변하는 것을 가슴 아파 하였습니다. 이를 차마 앉아서 볼 수가 없어 가사를 벗고 갚기 어려운 나라의 은혜를 위하여 칼에 의지하니…인으로 사랑을 베푸니 방정方正한 선비가 한 시대를 구하는 지략과 같고, 의로써 임금에게 충성하니 공신이 사직을 편안하게 한 정성에 부끄럽지 않습니다.[148]

유정이 입적한 후 지어 올린 제문의 일부이다. 유정의 일생을 회고하는 가운데 특히 그의 구국활동 부분을 요약하면서 인오는 유정의 인의와 충의의 구현이 어떤 방정한 선비나 공신보다도 뛰어났음을 강조하고 있다. 불교의 수행자이지만 구국과 애민에 있어서는 어떤 유자보다도 뛰어남을, 그 시대의 의식인 인仁과 의義로써 드러내 보인 것이다. 그 자신 의승장으로서 전공을 세우기도 한 인오로서는 유정에게

---

148) 印悟, 「松雲大士祭文」, 『靑梅集』卷下, 같은 책, pp.155上~156下.
  "…唯我大師 拔乎其萃 賢而智也 卓乎其流 仁且義焉…國步多舛 腥煙回起 哀蒼生之魚肉 愴國家之赤土 不忍坐視而脫架 難報國恩而杖劍…仁以愛物 則有同方士濟時之略 義以忠君 則無愧功臣 安社之誠…".

충분히 공감하면서 이 같은 제문을 올렸을 것이다. 그 밖에 휴정 문하의 동문 후배로 호남에서 의승군을 일으켰고, 특히 권율장군과 행주대첩에 공이 컸던 뇌묵당雷默堂 처영處英이 쓴『사명집』발문, 또 비록 불가의 승려는 아니지만 유정과 깊이 친교하며 불법을 담론하기도 했던 허균의「석장비문」에서도, 역시 유정의 활동에 대한 철저한 공감과 찬의를 읽을 수 있다.

3. 교단지도자의 대외활동 찬양

교단 지도자의 대외적인 활동을 자랑스럽게 여기고 있는 경우이다.
이는 불교계의 지도자로서 유정에 대한 각별한 인식과 함께 그런 지도자가 세상에 나가 펼치는 구국활동을 자랑스럽게 찬양한 것으로 앞의 경우와도 크게 다르지 않다. 휴정의 고족高足으로 의승군 활동에도 참여하였던 소요태능逍遙太能(1562~1649)이 유정의 진영에 찬한 글을 보자.

> 하늘이 낸 종남산의 용맹스러운 사자
> 염부제의 악마를 밟아 죽이기 그 몇이던가.
> 활짝 트인 참 모습이 청허의 골수이니
> 한 송이 붉은 연꽃 불 속에 피었구나.[149]

선문의 적자嫡子인 유정의 항마행降魔行과 함께, 불길 속 같은 현실 세계에 연꽃처럼 피어난 그의 구국과 애민행愛民行을 잘 표현해 놓고 있다. 불교계 지도자의 대외활동을 자랑스럽게 여기고 있는 것이다.

---

149) 太能,「贊四溟大師眞」,『逍遙堂集』, 같은 책, p.194上.
　　"天出終南活獅子 閻浮踏殺幾群邪 眞儀廓落淸虛骨 一朶紅蓮火裏葩".

이 같은 인식은 휴정의 또 다른 고족인 기엄법견奇嚴法堅(생몰연대 미상)에게서도 보인다. 역시 의승장으로서 입암성笠嚴城을 쌓고 총섭이 되어 산성수장山城守將으로 활약하기도 한 그는 유정의 일본행에 대해 중국의 고사를 인용하며 이렇게 적고 있다.

> 어떤 이가 역마驛馬를 애써 타고
> 속국에서 구구하게 중국의 위엄 떨치는가.
> 술잔 타고 신기루 건너니 하늘 아득하고
> 고래 이마 노로 치니 바다가 아련하네.
> 노중연魯仲連 바다에 빠짐은 진秦을 황제라 하기 싫어서요.
> 공자가 뗏목을 탐은 치도治道가 미약함을 한탄해서인데
> 어찌하랴, 우리 스님은 세상을 가엾게 여겨
> 외로운 배로 아득하게 야만의 땅으로 들어가네.[150]

중국 전국시대의 노중련魯仲連이나 공자가 난세를 버리려 했던 것에 비해, 유정은 오히려 난세 속으로 들어가고 있음을 대비하면서, 유정의 일본행을 악도에 빠진 중생제도의 행으로 파악하고 있다. 세상에 대한 기능과 역할을 현실로 보여주는 불교계 지도자를 자랑스럽게 여기고 있는[151] 모습이 역력하다.

4. 수행자의 본분회귀 권유

속진을 털고 속히 귀산하여 수행에 전념하고 교단을 이끌 것을 권

---

150) 法堅, 「送松雲之日本國」, 『奇嚴集』卷1, 같은 책, p.159上.
   "何人着意勞驂騑 屬國區區布漢威 盃渡蜃樓天縹緲 櫓搖鯨額海依稀 連裝蹈
   海羞秦帝 子欲乘桴嘆道微 爭似吾師憐世故 孤帆杳杳落斑衣".
151) 정경주, 「사명당 인물의 시적형상」, 『四溟大師와 護國佛教의 理念』(부산: 사
   명대사 연구논총 간행위원회, 2000), p.188.

한 경우이다.

이는 세상을 구해야하는 현실은 인정하지만 수행자로서 속히 본분으로 돌아갈 것을 권하고 있어 위의 사례들과는 분명히 다른 입장이다. 휴정의 문하들인 정관일선靜觀一禪(1533~1608)과 경헌순명敬軒順命(1544~1633)의 글에서 그 취지가 뚜렷하다. 유정의 사형이 되는 일선은 그에게 장문의 편지를 보내 하루 빨리 산으로 돌아와 수행하며 선풍을 진작해줄 것을 다음과 같이 간곡하게 권하고 있다.

> 아아, 불법이 쇠미해가던 차에 세상 또한 어지러움이 극하여 백성은 안도하지 못하고 승려도 편히 살지 못하게 되었습니다. 왜적이 잔악하게 해치니 인민들의 노고가 이루 말할 수 없습니다. 더구나 슬픈 일은 승려가 속인의 옷을 입고 군사로 몰려나가 동으로 서로 쫓아다니면서 혹은 적의 손에 죽고 혹은 속가로 도망치니, 속세의 습관이 옛날처럼 다시 싹트기 시작하였습니다. 그리하여 그들은 출가의 본뜻을 잊어버리고 계행을 아주 폐하여 빈이름을 좇아 불처럼 달리면서 돌아오지 않으니, 장차 선풍이 그치게 될 것임을 이로써 알 수 있습니다.
>
> … 들건대 지금 왜적은 물러갔고 (도대장께서는) 큰 공을 이루었으므로 대궐에 나아가 사퇴하기를 청하려 한다고 합니다. 그러나 무엇 때문에 꼭 그렇게 해야 합니까. 아뢰지 않고 떠나버리는 것이 좋을 것입니다. 만일 아뢴다면 반드시 떠나기 어려운 형편이 생길 것입니다. 그러므로 빨리 인수印綬를 끌러 비장裨將에게 주어 단번에 바치도록 하시기 바랍니다. 그런 다음 즉각 군복을 벗어 다시 승복을 걸치시고 깊은 산으로 들어가 종적을 감추소서. 그리하여 시냇물을 움켜 마시고 비름을 삶아 먹으면서 선정의 물을 맑히고 지혜의 달을 다시 밝히시어, 반야의 자비선에 시원히 올라 보리의 저 언덕에

이르시기를 진심으로 축원하나이다.[152]

일선은 유정보다 11년 연상으로 그와는 매우 친밀한 사이였던 만큼 이처럼 속진에서 벗어나 빨리 산으로 돌아오라는 뜻을 직접적으로 충고하고 있는 것이다. 임진란 중 전쟁에 나갔던 승려들의 귀산을 종용하는 이 같은 심정은 순명의 시에서도 간절하게 드러난다.

> 강호에 떠다닌 지 몇 해나 되었는가.
> 생멸도 없는 그 즐거움 자신에 있는 줄 알지 못하고
> 오랜 세월 저자 거리에서 덮어 쓴 먼지 가여워라.
> 권하노니 청산에 들어와 누울 돌 높이게나.[153]

위 일선의 글과 함께 순명의 이 시는 의승군으로 나갔다가 환속했거나 떠도는 승려들이 적지 않았던 현실을 안타까워하고 있다. 구국애민을 위한 의승군 활동은 중생의 현실구제라는 당연한 명분과 자비의 정신에도 불구하고, 교단의 입장에서는 의외로 부정적인 면도 뒤따랐다. 그 중에 한 가지가 의승군의 이탈과 환속자 발생 문제였다. 실제로 의승군이 조정으로부터 직첩을 받고 후에 환속한 사례는, 심지어 의승장 의엄이나 쌍익 같은 이들까지 포함하여 법계의 높고 낮

---

152) 一禪, 「上都大將年兄」, 『靜觀集』, 같은 책, pp.30下~31上.
　　 "於戲 季法之衰 世又亂極 民無安堵 僧不寧居 賊之殘害 人之勞苦 不可道也 而益增悽感者 僧衣俗服 驅使從軍東西芬走 或就死於賊手 或逃生於閭閻 塵習依然 復萌乎中 全忘出家之志 永廢律帆之行 希赴虛名 火馳不返 禪風將息 從可知矣… 聞今倭賊己退 大功己遂 欲詣闕辭退云 何必如斯乎 不告而逃之可也 若告辭則必有難去之勢 願須速解印綬 封付禪將 使致丹墀 卽脫戎服 還掛衲衣 入深山絕蹤迹 掬溪而飮 煮藜而食 再澄定水 重朗慧月 快登般若慈舟 直到菩提彼岸 至祝至祝".
153) 敬軒, 「勸僧入山」, 『霽月堂大師集』권上, 같은 책, p.120中.
　　 "流落江湖問幾年 不知自有無生樂 憐渠市上久夢塵 勸入靑山高臥石".

720　제4부 조선불교의 인물과 사상

음에 관계없이 발생하였다.[154] 또 어떤 승군 집단에서는 2백 명 가운데 그 절반이 환속하는 일[155]이 있을 정도였다 하니 그 심각성은 미루어 짐작할 수 있다. 이 같은 현실 속에서 일선은 유정이 속히 산으로 돌아와 무너져가는 승단을 다시 세우고 선풍을 진작해줄 것을 기대하였고, 순명 또한 같은 심정으로 속진에 오래 묻혀 있는 승려들의 귀산을 권하고 있다. 이들의 글에서는 일단의 비판적 의식이 엿보이기도 한다.

특히 순명은 임진란 발발 이후 선조가 좌영장左營將의 직첩을 내렸지만 굳이 사양하여 받지 않았고, 뒷날 휴정의 천거로 선교양종판사의 직책을 맡겼을 때도 직책을 돌려보낼 만큼[156] 산승의 본분에만 충실했던 선승이었다. 이런 순명의 시는 물론 직접 유정을 향해 말하고 있지는 않다. 그러나 유정은 종전 후에도 도일 외교행 등으로 여전히 세상에 머물러 있는 처지여서, 귀산하지 않고 있는 경우에 처한 대표적 인물인 셈이었다. 따라서 유정 또한 그런 비판에서 자유로울 수는 없을 것이다.[157]

그러나 일선과 순명의 유정에 대한 인식과 평가가 반드시 비판적이었다고 보기는 어렵다. 유정에 대한 신뢰가 매우 두터웠던 만큼, 이들은 그의 구국활동 자체는 그것대로 의의를 인정하지만, 이제는 산승

---

154) 義嚴은 주로 군량을 수송하거나 도총섭이 되어 산성을 수축하는 등 전공이 컸고 뒤에 禪宗判事의 직첩을 받기도 하였으며, 雙翼 또한 전공이 현저하였다. 뒤에 쌍익(속명 卞獻)은 환속했음이 밝혀져 있으며, 의엄(속명 郭秀彦) 또한 환속한 것으로 보이지만 戰役 이후의 행적을 확인하기는 어렵다.(高橋亨, 『李朝佛教』, pp.383~384).
155) 『宣祖實錄』卷85, 宣祖 30年(1597) 2月 25日.
156) 洪霫, 「霽月堂大師行蹟」, 『霽月堂大師集』卷下, 같은 책, p.126下.
157) 조영록, 앞의 책, p.411.

의 본분으로 돌아와 전쟁으로 더욱 피폐해진 산중승단을 다시 일으켜줄 것을 간곡히 바라고 있다. 본래 수행자이던 유정의 교단 지도에 대한 또 다른 역할을 기대함인 것이다.

유정의 구국활동에 대한 교단 내 동문·선후배들의 인식과 평가는 대부분 긍정적이었고 자랑스러워했다고 말할 수 있다. 다만 유정이 너무 오랫동안 세속사에 얽매어 있는 것에 대해서는 다소 염려 섞인 비판의 분위기가 없지 않았던 것도 사실이다. 그러나 이는 유정 개인을 향한 비판이라기보다 환속자를 포함하여 종전 이후에도 승려들이 산으로 돌아오지 않고 있는 당시의 현실 전반에 대한 안타까움의 표현으로 보인다. 따라서 그럴수록 그들은 더욱 평소의 두터운 신뢰와 경의를 담아 유정의 조속한 귀산을 충고·종용하였고, 산중승단의 재건에 나서줄 것을 기대한 것이라 하겠다.

────

절대적인 긍정 속의 부분적 비판

임진왜란 중 유정이 보여주는 구국활동과 그 내용은 새삼 그의 다양한 역량과 면모를 실감할 수 있게 한다. 그는 단지 탁월한 의승군 지도자에 머물지 않는다. 경세가 또는 외교가로서도 남다른 면모가 뚜렷하다. 한 마디로 유정은 고매한 인품의 종교인이자 실천하는 시대의 지성이었으며, 구국에 헌신한 고승으로서 세간과 출세간의 정신지도자였다.

유정이 구국활동에 매진한 기간은 자그마치 14년여에 이른다. 이처럼 오랜 세월을 세속의 일에 얽매어 보낸 것이지만, 이는 유정이 결코 세상의 명리를 구해서가 아니었다. 허균의 『석장비명』과 유정이 간혹 자신의 심정을 적은 여러 글들에서는 그의 진심과 고뇌의 흔적들이 역력하다.[158] 그는 산으로 돌아가 수행하며 본분에 충실하고자 했던 것이지만, 어려운 시대의 상황이 그의 귀산 歸山을 허용하지 않고 있다. 이런 유정이 세상의 눈에 어떻게 비쳐졌든, 교단 내에서는 그의 활동에 대해 대부분 긍정적이거나 자랑스럽게 여긴 것으로 파악된다.

교단 내에서는 불교의 열악한 현실 속에서도 유정을 중심으로 한 불교계의 국난극복에의 참여와 기여를 자긍하고 있다. 유정은 휴정의 법맥을 이은 선문의 적사嫡嗣이다. 그런 산중승단의 지도자가 구국의 선두에서 독보적인 역할을 다하고 있음을 자랑스러워한 것이다. 이는 교단의 지도자에 대한 신뢰이자 불교의 역할에 대한 긍지이기도 했다. 이 같은 인식 속에서도 유정의 귀산을 종용하는 목소리도 없지 않아 다소 비판적인 분위기도 읽혀진다. 이는 왜란 중 의승군 활동으로 교단의 황폐화 및 인적 손실과 수행기풍의 쇠락 등 부작용 때문이기도 하다.

조선의 의승군 활동은 상황적으로 불가피한 불교의 현실참여였다. 또한 그 결과 변형적이나마 불교와 국가와의 공적인 관계가 유지되고 불교의 위상이 어느 정도 제고된 것도 사실이다. 이 두 가지 측면에서도 유정의 존재와 역할은 절대적이었다. 따라서 유정의 구국활동은 일부 비판적인 인식이 있었다 하더라도 전체적으로는 그 일이 크게 지지되고 높게 평가되고 있었음이 분명하다. 다만, 유정에 대한 충고 또는 비판이 교단 내에서 제기되었다는 사실 자체에 대해서는 또 다른 의의를 인정할 수 있다. 세속사와 불교적 본분은 구분될 수밖에 없으며 불교인은 결국 그 본분에 충실해야 한다. 온건하기는 하지만 유정에 대한 충고와 비판은 그런 뜻에서, 불교적 본분에 충실하고자했던 그 시대 불교인들의 참 정신과 건강성을 말해준다.

---

158) 惟政, 「己亥秋奉別邊注書」·「過震川」, 『四溟堂大師集』卷2, 같은 책, p.54上·中.

제5장

처능의 배불 항론 「간폐석교소」

배불을 공식 항론한 최초의 기록

조선불교를 제약했던 역사적 조건은 숭유배불정책으로 압축해 말할 수 있다. 이런 조선에서도 간혹 흥불사업들이 수행된 시기가 있었다. 그러나 숭유와 마찬가지로 배불의 정책기조 자체는 국초부터 왕조 말까지 단 한 번도 철회된 적이 없다. 조선불교가 그 존립을 위해 극복해야 했던 역사적 악조건은 그렇게 오래 지속되었다. 이 같은 현실에서 불교는 어떤 형태로든 자구·자활을 위해 모든 노력을 기울일 수밖에 없었지만, 막상 국가정책에 대한 불교인들의 직접적인 대응활동은 의외로 미미한 편이다.

그나마 약간의 저항이 있었던 것은 배불정책 초기의 일이다. 불교에 대한 경제적·인적 제한 조치를 처음 단행한 태종대에 조계종의 성민이 의정부에 그 시정을 요구하였고, 수백 명의 승려들과 함께 신문고를 울려 집단적인 의사를 표하고 있다. 또 세종 초에는 승려들이 압록강을 건너가 명의 황제에게 조선의 배불상황을 호소하는 일도 있었다. 그러나 이로써 얻어낸 성과는 크게 내세워 말할 만한 것이 없다. 이 때문인지 이후 각종 억승배불의 조치들이 계속되지만 불교교단의 목소리는 거의 들리지 않는다.

배불초기에 집단적인 의사 표명까지 있었던 것이지만, 이 같은 대응이 배불조치의 강도에 비하면 매우 무기력하다는 인상마저 준다. 더이상 저항의 움직임이 이어지지 못하고 있는 현실이 더욱 그러하다. 하지만 조선불교가 끝까지 퇴영적 침묵만을 지킨 것은 아니다. 중기의 현종대에 백곡 처능白谷處能이 왕에게 올린 「간폐석교소諫廢釋教疏」가 이를 반증한다. 이는 불교 측에서 배불정책의 문제성을 공식 항론한 최초이자 유일의 기록이다. 따라서 처능의 항소 제기는 불교인의 기개와 호법의지를 보여주는 조선불교의 또 다른 모습임에 틀림없다.

조선시대에 교단의 지도적 고승들이 상소한 예가 더러 있지만 이들 상소는 국가의 불교정책과는 무관하다. 오히려 국가와 군주를 위하고 백성을 염려하는 불교인들의 호국충정이 담긴 내용들이다. 이에 비하면, 각기 상황과 목적이 다르기는 하지만 국가정책에 대한 항론이라는 점에서 처능의 글은 특히 주목해야 할 이유가 있다. 처능의 행적·사상 및 「간폐석교소」제기와 그것에 담긴 호법의 논리 등을 살피면서, 임진·병자 양란 이후 변화된 불교의 위상 등을 함께 검토해본다.

I. 처능의 행적과 사상

1. 각성의 사법·유학 문사에 조예

명종대 짧은 흥불의 시기가 끝난 이후 조선에서 종전과 같은 흥불의 기회는 더이상 기대하기 어려운 실정이었다. 불교는 다시 산중승단으로 돌아가 선교양종도, 공식적인 도승법이나 승과도 없는, 임의적 집단으로 존재할 수밖에 없었다. 그런 처지에서 조선 중기의 불교는 자발적으로 또는 국가의 요청에 의해 왜란과 호란에 참여하였고, 또 종전 이후에도 산성수축과 그 수비 등을 비롯한 각종 임무에 동원되고 있었다. 백곡 처능(1617~1680)은 바로 그런 시대에 태어나 굴욕없이 의롭게 살았던 고승이다.

갖추어진 행장이 전하지 않아 처능의 자세한 생애는 알려져 있지 않다. 다만 현종대의 대신 최석정의 『명곡집明谷集』권11에 수록되어 있는 「백곡선사탑명白谷禪師塔銘」을 비롯하여, 처능 자신의 문집 첫머리에 실린 식암息庵거사 김석주의 「백곡집서白谷集序」 및 「대둔산 안심사비명大屯山 安心寺碑銘」[159] 등 단편적인 기록들을 통해 그의 대강 행

---

159) 「安心寺碑銘」은 역시 「白谷集序」를 쓴 金錫胄가 쓴 것으로, 『朝鮮金石總覽』 下에 실려있다.

적은 더듬어 볼 수 있다.

처능의 속성은 전全씨, 자는 신수愼守, 광해군 9년(1617)에 출생하여 숙종 6년(1680)에 입적하였다. 법명이 처능處能, 법호가 백곡白谷이다. 일찍이 의현義賢에게서 글을 배우다가 15세에 출가하여 속리산에서 살았다. 이후 17~8세 때에 서울로 올라가 동애東涯 신익성申翊聖의 집에 머물면서 불학보다는 주로 한문과 유학에 전념하였다. 여기서 처능은 동애의 막내아들과 함께 경사經史와 제자諸子의 책을 읽으며 유학과 문사에 깊은 조예를 갖게 된다. 처능이 동애와 어떤 관계인지는 알 수 없다. 그러나 선조의 부마이며 병자호란 당시 척화오신斥和五臣 중의 한 사람이기도 한 그와의 친분은, 처능이 세상과 교제하며 더욱 넓은 안목을 지니는 계기가 되었다.

서울에 머무는 동안 많은 고관 문사들과 더불어 시문으로 두텁게 교유하였으며, 약관에도 채 이르지 못한 나이에 기재奇才로 불릴 만큼 문명文名 또한 높았다. 그러나 처능은 세속적인 지식이나 이 같은 문명에만 안주하지는 않았다. 동애의 집에서 경사와 제자를 공부하며 4년을 지내던 어느 날, 그는 문득 출가자로서 자신의 일을 밝히지 못했음을 깨달았다. 그 길로 처능은 멀리 지리산 쌍계사로 내려가 벽암 각성碧巖覺性을 찾아뵙고 그의 제자가 되었다. 이미 15세 때 출가한 몸이기는 했지만, 진정한 출가는 이때 비로소 이루어진 것이다. 그의 나이 20세를 조금 넘겼을 무렵의 일이다. 이로부터 각성 문하에서 20년 동안을 수행에 전념한 뒤 스승으로부터 법을 전해 받았다.

중년에 처능은 서울 가까운 산사에 머물렀으며, 현종 15년(1674)에는 수어사守禦使 김좌명金佐明의 주청으로 '팔도십육종도총섭'이 되어 남한산성에 있었다. 그러나 3개월 만에 도총섭직을 사임하고 얼마

동안 남북을 두루 유행하며 속리산·성주산·청룡산·계룡산 등지에서 법석을 열면서 전법활동에 주력하였다. 이때는 처능의 나이 60세 전후의 일이므로 학덕이나 사상이 완숙한 경지에 이른 시기였다. 그는 대둔산 안심사에서 가장 오래 주석하였는데 숙종 6년 7월 2일 64세를 일기로 입적하니 법랍이 49세였다. 문하에 구암 승각龜巖勝覺·식영 진명 등이 있다.

저술로는 『대각등계집大覺登階集』 또는 『백곡집白谷集』으로도 불리우는 상·하 2권 1책이 현존한다. 유문집을 『대각등계집』으로 제명한 것으로 미루어 그는 대각등계라고도 불리었음을 알 수 있다. 숙종 9년(1683) 판본 및 몇 가지 이본이 전해지는 『백곡집』은 상권에 시문 199수가 실려 있으며, 하권에는 고승들의 행장·비문·기 등 23편의 글이 실려 있다.[160]

『백곡집』은 처능의 불교사상을 체계적으로 담고 있는 저술이 아니다. 그 수록 내용과 비중으로 말한다면 시문집이라고 할 만하다. 처능은 일찍부터 시와 문장을 익혀 기재奇才로 불리었고 선배 문사文士와 거공鉅公들로부터 아낌없는 상찬을 받아왔다. 그만큼 처능의 시는 유려·웅건하고 문장은 무애·호탕함을 보여준다.[161] 그는 선사이면서도 난해한 선시류禪詩類 보다는 조야의 사랑과 공감을 받을 만한 격조 높은 작품들을 더 많이 남긴 것이다.

그런 점에서 처능은 한국시문학사에 있어서도 충분히 평가 받을 만한 인물임에 틀림없지만, 그러나 그의 문집에서 관심을 끄는 것은 뛰

---

160) 諸師의 행장 가운데 임성당忠彦(1567~1638)의 전기를 적은 『任性堂大師行狀』은 별본 단권으로도 간행되었다.(『韓國佛敎撰述文獻總錄』, p.188).
161) 息庵居士, 「白谷集序」.

어난 시작품들만이 아니다. 특히 하권에 여러 고승의 비문·행장·기등과 함께 수록되어 있는 「간폐석교소諫廢釋敎疏」(이하 「간소」라 함) 1편의 존재가 주목되는 바, 이는 조선시대 불교계의 기념비적 문장으로 매우 중요한 의미를 지닌다. 오직 『백곡집』에 그 전문이 실려 있는 「간소」는 국가의 배불에 대해 불교 측에서 제기한 유일의 항론抗論이다. 조선 중기 불교인들의 기개와 호법의지를 대변하고 있는 처능의 「간소」에 대해서는 장을 달리하여 다시 자세하게 검토할 것이다.

앞에서 언급한대로 『백곡집』이 불교사상을 체계적으로 다룬 저술은 아니다. 그러함에도 처능의 사상을 알 수 있게 하는 것은 오직 문집에 실린 그의 단편적인 글들 몇 편이다. 이제, 처능의 선교관을 중심으로 그 사상을 파악해보기 위해 조선선가禪家의 법맥문제와 함께 이들을 간략하게 살펴본다.

여말선초에는 태고 보우와 나옹 혜근의 문하 법손들이 적지 않게 배출되어 법맥을 상승해왔다. 그러나 곧 이어 단행한 조선 초기의 종파폐합 등 배불정책으로, 불교는 종맥 가통마저 상실하는 지경에 이른다. 바로 이 무렵에 청허 휴정이 출현하여 선대상전先代相傳의 법맥을 새롭게 세우고 있음은 주지하는 일이다. 휴정이 확립한 법맥은 물론 그의 법조 벽송 지엄으로부터 부용 영관으로 이어져 온 임제계 법맥이었다. 그런데 이 휴정보다 23세 연하이면서도 동문의 위치에서, 당대는 물론 오늘의 한국 불교계에까지 큰 영향을 끼친 고승으로 부휴 선수(1543~1615)가 있다. 즉 지엄으로부터 영관에 이어진 임제의 법맥이, 영관 이후에는 휴정과 선수 양대 문하로 나누어져 발전해 온 것이다. 처능은 이 선수파에 속한다. 선수의 7백여 제자 가운데 가장 뛰어난 벽암 각성의 법을 전해 받았으므로, 그는 곧 선수의 법손이 된다.

영관 이후 휴정과 선수의 문하 활동은 불교계 내의 법계형성 분포나 당시 외란에 처한 국가적 현실참여 면에서 양대 주류를 이룬다. 흔히 휴정 이후 조선 불교계는 휴정의 문하들이 주도해 온 것으로만 말하는 경향이 있다. 그러나 실제는 선수 이후, 각성–처능대에 이르러서는 휴정 문하 못지않게 그 세가 번성하였다. 국가적 현실참여의 활동 면에서 보더라도 임진왜란 때에는 휴정과 그 문도들이 의승군 활동을 주도하다가 병자호란 과정에서는 양 계파가 쌍벽을 이루고, 호란이 종식된 이후에는 선수 문하에서 보다 크게 활약하고 있다. 각성 이후 응준과 처능이 팔도도총섭을 역임했던 사실 등이 그것을 말해준다.

2. 합일적 선교관·우열적 불유관

선수–각성으로 전해온 법을 이은 처능의 선교관은, 휴정의 그것과 기본적으로는 같은 입장에 있다. 그러나 그것은 한 걸음 더 발전적인 모습을 보여준다. 처능의 선교관은 철저하게 일치·합일적이다. 한국 불교의 통합사상적 경향과 그 전개를 원효의 일심·화쟁사상 → 의천의 교관겸수 → 지눌의 정혜쌍수로 이어져온 전통 속에서 파악할 때, 그것이 다시 조선시대에 와서는 휴정의 선교관을 통해 확인된다. 이를 전제로, 편의상 휴정과 처능의 선교사상을 비교해 본다면 양자의 사이에는 분명히 같고 다른 점이 있다.

휴정의 선교일치관은 그의 『선가귀감』첫머리에서 말하고 있듯이 '선시불심禪是佛心 교시불어敎是佛語'라는 한 마디에서 명료하게 드러난다. 세존이 세 곳에서 마음을 전한 것이 선지禪늡이며, 일대의 설법이 교문敎門이므로, 선은 곧 불심이요 교는 곧 불어라는 것이다. 휴정의 입적 10여 년 후에 출생한 처능 또한 이 같은 선교일치적 기본 입장에는 거의 다름이 없다. 『백곡집』가운데 선과 교에 대한 견해를 밝히는 짤막한 「선교설禪敎說」에서 처능은 '선자심야禪者心也 교자회야敎者誨也'라고 정의하고 있다. 선은 마음으로써 전하고 교는 말을 빌려 홍전하기 때문이라는 것이다.

이처럼 선교에 대한 두 사람의 기본적인 관점에는 거의 차이가 없지만,[162] 그것의 수용에 있어서는 각기 다른 입장으로 나타난다. 휴정의 경우, 선교일치를 말하면서도 '불설은 활처럼 굽고 조사의 마음은 활줄처럼 곧은 것'이라고 봄으로써 선과 교의 우열을 분명히 하고 있다. 따라서 휴정은 수행과정에 있어서도 이를 선과 후의 관계로 파악하여 '사교입선捨敎入禪'의 길을 강조한다.[163]

이에 비하면 처능의 선교에 대한 견해는 자못 다른 바가 있다. 선과 교를 동일한 불법으로 인식하는 양사兩師의 원칙적인 관점에도 불구하고, 그 수용에서 보듯이 차이 또한 분명하다. 한 마디로 말해 처능의 「선교설」에 나타나는 일관된 정신은 선과 교로 구분해서 양문으로 국집하는 그 자체를 잘못으로 보고 있다. 그는 선문과 교문이 나누어지고 선문자는 이理와 사事를 분별하지 못하고, 교문자는 공空과 유有를 고집함으로써 스스로 오류를 범하는 자가 많을 뿐만 아니라, 심

---

162) 선교의 정의에 거의 차이가 없음은, 兩師의 다음 문구들이 그대로 말해준다.
休靜, 『禪敎訣』"禪是佛心 敎是佛語也 敎也者 自有言至於無言者也 禪也者 自無言至於無言者也". (『韓國佛敎全書』7, p.657·中).
處能, 「禪敎說」"禪者心也 黙藉無言 悟其有言之源 敎者誨也 假依有言 說其無言之理也".(『大覺登階集』卷2, '禪敎說贈勒上士序', 같은 책 8, p.325·上)

163) 休靜, 『禪家龜鑑』"諸佛說弓 祖師說絃 佛說無礙之法 方歸一味 拂此一味之跡 方現祖師所示一心…故學者 先以如實言敎 委辨不變隨緣二義 是自心之性相 頓悟漸修兩門 是自行之始終 然後放下敎義 但將自心 現前一念 參詳禪旨 則必有所得 所謂出身活路".(같은 책 7, p.636 上·中).

지어는 공중을 가로지르고 허공을 뚫으며 서로를 비방함으로써 자신은 물론 타인을 그르치게 만드는 경우가 많다고 비판하고 있다. 이어서 그는 선과 교가 다르지 않으면서도 다르고, 다르면서도 다르지 않다고 전제한다. 그 이유로서는 "선과 교가 오직 그 근원이 하나이므로 도리가 다를 바 없고, 다름이 있다면 마음과 입의 다름이 있을 뿐이라." 하였다. 이처럼 처능의 선교관은 이이불이異而不異·불이이이不異而異의 입장으로 결국 선교일치로 귀결된다. 그러나 이 같은 그의 선교관은 실은 선교 이전의 불분不分을 논한 것이라 할 수 있다.

처능은 다시 선과 교로 나누어 그 이치가 각각 다르다고 보는 견해에 대해서, 논리적인 방법으로 그 부당성을 지적한다. 그는 불법이 세존으로부터 가섭→아난으로 전해져왔다는 전기傳記를 근거로, '가섭이 선을 전하고 아난이 교를 전했다.'는 세상의 말은 믿을 수 없다고 단언한다. 그 이유에 대해서는 다음과 같이 명쾌하게 논증하고 있다. "세상의 말대로라면 가섭은 선뿐이니 전교傳敎의 아난에게 선을 전할 수는 없으며, 아난은 교뿐이니 전선傳禪의 가섭에게서 선을 받을 수 없다. 다만 선뿐이라면 주고받는 자가 다 같이 선이지 교가 아니며, 다만 교뿐이라면 받고 주는 자가 다 같이 교요 선이 아니다."라는 것이다.[164] 처능의 이 같은 견해는 대단히 파격적인 데가 있다. 이는 곧 전통적인 교외별전설敎外別傳說이나 선종계보설마저 부인하는 것이기 때문이다.

이상으로 볼 때, 처능은 선과 교가 완전히 합일된 것으로 파악하는

---

164) "謂禪敎分門 理亦各異 則昔世尊 傳之迦葉 迦葉傳之阿難 而世皆稱迦葉傳禪 阿難傳敎 此與傳記所載 大相徑庭 不足信也 若從世論 則迦葉但禪 不可傳禪於傳敎之阿難也 阿難但敎 不可受禪於傳禪之迦葉也 但禪則受授者 皆禪非敎也 但敎則受授者 皆敎非禪也".(『大覺登階集』卷2, 같은 책 8, p.325上·中).

선교관을 갖고 있다. 이는 휴정에서와 같은 우와 열, 선과 후, 시와 종의 선교관과는 입장을 달리한다. 그런 점에서 휴정의 선교일치를 초월하는 처능의 합일적 선교관은 통합사상적 한국불교 전통의 한 진전이라고 말할 수 있겠다.

한편 처능은 유교의 성명性命·인의仁義를 말하는 짧은 글 가운데서 불교의 입장과 관련하여 그것을 언급하고 있다. 유교에서 '하늘이 인간에게 준 명命과 사람이 하늘로부터 받은 성性은 하나이지만, 하늘에 있는 명은 소원하여 보기 어렵다. 이에 불교의 신명身命은 성과 명을 나누지 않고 합해서 말하는 것으로 모두 사람에게 있으므로 친근해서 알기 쉽다'고 말한다. 또 인의에 대해서는, 불교의 자비와 희사를 그것에 각각 대응시키면서 이 역시 모두 내게 있는 것이라고 보았다.[165] 간략하지만 이 같은 유불설의 대비는 유교에 대한 불교의 차이점과 우월성을 밝히고자 한 처능의 의도를 짐작해볼 수 있게 한다.

165) 處能, '性命說'·'仁義說'(같은 책, p.327中·下).

Ⅱ. 배불에 대한 항론 제기

1. 왜란·호란 중 불교의 구국 기여

처능은 시와 문장에 특출하였고 또 차원 높은 선교관과 확연한 불유관을 지닌 당대의 고승이었다. 현종 초에 예상하지 못했던 배불조치들이 갑자기 내려지자 그는 즉각 「간폐석교소」를 제기하고 있는데, 이는 불교계의 지도자다운 처능의 위치와 면모를 잘 말해준다.

「간소」는 국가의 배불정책에 대한 항론이라 할 만한 글로서 불교 측에서 이런 유의 소疏가 나온 것은 처음 있는 일이다. 유례없는 각종 배불정책을 강행해 온 조선 전기에도 볼 수 없었던 불교계의 항론이 조선 중기에 와서 제기되고 있는 데서는 오히려 의외라는 느낌마저 든다. 이런 「간소」가 나오게 된 배경과 동기는 무엇일까. 이를 이해하기 위해서는 먼저 왜란과 호란 전후의 불교계 현실, 그리고 현종대에 새삼 배불이 재연再燃되는 사정부터 짚어 볼 필요가 있다.

국초부터 단계적으로 강도를 더하며 진행해 온 조선의 배불정책은 연산군·중종대를 거치면서 대체적인 그 결론에 도달한다. 명종대에 잠시 불교교단의 기본적인 기능이 회복되기도 했지만, 결국 불교는 국가와는 무관하게 제도권 밖에서 산중승단으로서 존속할 수밖에 없었음이 그것이다. 그런 만큼 명종 20년(1565) 이후 국가의 대불교사항에서 크게 배불을 말할 만한 내용은 보이지 않는다. 그러나 이로써 배불정책이 사라졌다는 뜻은 아니다. 그동안 불교의 경제적·인적 기반 대부분이 축소·해체되고 각종 법적인 제도들도 이미 폐지된 상태이다. 따라서 더이상의 특별한 조치가 없었다는 것일 뿐, 승려를 천대하고 수시로 국가의 노역에 동원하는 등 그동안의 배불적 관행들은 여전하였다. 말하자면 전기에 도달한 배불의 결론적 상태가 그대로 답습 연장되고 있는 것이다.

이 같은 현실에서 산중승단의 불교는 자활의 길을 모색하며 갖가지 노력을 경주해 갔다. 이렇게 20여 년이 지난 선조 25년(1592) 임진왜란이 발생하였고, 조선조 최대의 이 국난은 국가와 불교 간의 교섭과 새로운 관계 형성의 계기가 되었다. 의승병의 존재와 활동이 곧 그것이다. 특히 휴정과 유정 그리고 그 문하들로 대표되는 의승병 활동은 국가의 요구도 있었지만 거의 전 교단이 자발적으로 뜻을 함께한 대대적인 현실참여 활동이기도 했다.

국난극복을 위한 불교계의 현실참여는 인조대의 정묘호란(1627)과 뒤 이은 병자호란(1636) 때에도 그대로 이어진다. 조선의 국왕이 마침내 청의 황제에게 항복하는 것으로 끝이 나고 만 호란에서 의승군 활동이 특별히 주목받을 형편은 아니었다. 그러나 부휴의 제자인 벽암 각성과[166]

---

166) 각성은 왜란 시 스승 부휴를 대신하여 明將과 함께 해전에도 참여했으며, 인조 2년(1624)에 승려들이 남한산성을 쌓을 때 8도 도총섭으로서 공역을 감독하여 3년 만에 축성을 완료하였다. 병자호란으로 왕이 남한산성에 피신했을 때는 3천명의 의승군을 모아 降魔軍이라 이름하고 스스로 의승대장이 되어 북상하던 중 왕이 항복했다는 소식을 듣고 진군을 중지하였다. 각성의 의승군 모집에는 그의 제자 응준이 참모로서 활동하였다. 「碧巖大師行狀」(『白谷集』), 「華嚴寺碧巖大師碑」(『金石總覽』下), 「法住寺碧巖大師碑」(『金石總覽』下).

유정의 법손인 허백당虛白堂 명조明照[167] 등의 행적을 통해 정묘·병자호란에서 불교인들의 활동이 적지 않았음을 알 수 있다.

왜란과 호란 중에 의승군이 이처럼 국난극복에 적극 참여하고 또 크게 기여한 것이지만 이들은 전쟁이 끝난 다음에도 승단의 옛 생활로 온전히 복귀하기 어려웠다. 전후의 처리문제와 그 후속 임무 등에 계속 동원되었기 때문이다. 왜란에서 남달리 헌신해온 유정의 경우가 특히 그러했다. 그는 종전 후 다시 조정의 명을 받고 일본으로 건너가 약 9개월 동안 강화외교 임무를 담당하였고, 귀국한 이듬해에도 영선승군營繕僧軍을 거느리고 궁궐의 역사를 맡기까지 하였다.

축성공사에 승려를 동원하는 일은 왜란 중에도 줄곧 있어왔다. 그러나 병자호란 전후의 시기와 그 이후로는 그것이 더욱 강화되고 있다. 그 대표적인 사례가 인조 2년(1624)에 착공하여 4년 7월에 완성한 남한산성과[168] 숙종 37년(1711) 4월부터 그해 10월까지 진행된 북한산성 축성[169]이다. 이들 역사가 승군만으로 이루어진 것은 아니지만 그 주축은 역시 승군들이었다.

또한 축성 이후 국가는 아예 남북한산성의 수비임무까지도 불교교단에 부과하였다. 양 산성에 배치할 승군의 정원을 책정하고 전국 각 사찰에 배정한 인원이 1년에 2개월씩 6교대로 성을 수비하는 방번승防番僧 제도를 시행한 것이다. 이 제도는 많은 폐단의 노출로 후에

---

167) 명조는 정묘호란 때 의승대장이 되어 4천명 의승군을 거느리고 안주에서 참전하여 공을 세움으로서 조정으로부터 嘉善大夫國一都大禪師의 호를 받았다. 병자호란 때에는 식량을 모아 군량으로 보급하는 등 활동을 폈다. 「虛白堂大師碑銘」(『金石總覽』下).
168) 『仁祖實錄』卷7, 仁祖 2年(1624) 11月 30日 ; 같은 책 卷13, 仁祖 4年(1626) 7月 22日 참조.
169) 『肅宗實錄』卷50, 肅宗 37年(1711) 10月 19日 참조.

는 각 사찰에서 일정액을 납부하는 의승번전제義僧番錢制로 개혁 실시
했지만 이 역시 불교교단에는 또 다른 무거운 짐이 되었다.[170] 승군의
산성수비는 수도 방위를 위한 남북한산성의 방번제만이 아니었다. 각
지방의 산성들과 국경지역에도 승군이 배치되고,[171] 그 밖에 사고史庫
의 수호와 능역陵役·지역紙役 등 각종 잡역이 점차 가중되었다.

한편 현종 15년(1674)에 처능이 팔도도총섭이 되어 남한산성에 있
었던 것도 승군의 산성수비 임무를 통솔하기 위함이었다. 이는 처능
이 국가의 배불정책에 대한 항론으로써「간소」를 올린 지 10여년 뒤
의 일이다. 따라서 이제 병자호란 이후 현종 즉위 초의 배불기류와 함
께「간소」제기의 구체적인 동기가 되는 배불 조치들이 무엇이었는가에
주목해 본다.

앞에서 잠시 살펴본 대로, 임진왜란의 발발로 불교와 국가 간에 공
적인 관계가 다시 이어지면서 불교는 거의 전교단적인 의승군 활동을
전개하였다. 국난극복을 위한 불교교단의 이 같은 헌신과 기여는 당
시 조정은 물론 불교에 배타적인 완고한 유신들에게까지도 깊은 인상
을 주었다. 그만큼 왜란이 끝난 이후 불교에 대한 사회적 인식 전반이
크게 개선되었고, 이런 분위기를 반영하듯 선조·광해군대에 크게 두
드러지는 배불사실은 보이지 않는다. 또한 축성공역에 승군을 동원하
는 등 관행적인 조치가 있기는 했지만, 호란을 겪던 인조대와 효종 연

---

170) 肅宗 40년(1714)부터 시작하여 1894년 甲午更張 때까지 계속된 것으로 보
   이는 南北漢山城防番僧(義僧番錢)제도는 조선 후기 사원경제에 심각한 타격
   을 주었고, 말기 사원의 존폐문제까지 불러일으켰다. 이 제도에 관한 내용은
   다음 자료에 상세하다. 禹貞相,「南北漢山城義僧防番錢에 대하여」(『조선전기
   불교사상 연구』, 동국대출판부, 1985) ; 金甲周,「南北漢山城義僧番錢의 종합
   적 고찰」(『조선시대 사원 경제사 연구』, 경인문화사, 2007).
171) 金甲周, 같은 책, pp.354~355 참조.

간에도 역시 특별한 불교억압이나 배척은 없었다.

2. 현종대의 배불재연과 항론

현종대에 들어서면서 국가와 불교 간에는 큰 변화가 나타난다. 병자
호란이 끝난 지 20여년 후인 이 무렵에는 양란을 통해 비교적 긴밀했
던 불교와 국가와의 관계가 점차 소원해지고, 조정에도 새로운 정치세
력이 등장하고 있었다. 효종의 장례 시 대왕대비(인조계비)의 복제服制
문제를 계기로 힘을 얻게 된 송시열宋時烈·송준길宋浚吉 일파가 현종
대에는 전제적인 권력을 행사하게 된 것이다.[172] 성리학적 실천철학으
로 예학禮學을 중시하는 이들의 권력장악이 대불교정책에도 부정적으
로 작용할 것임은 충분히 예상되는 일이었다.

이 같은 예상은 현종 원년(1660)에 '양민으로서 삭발하고 승니가
된 자들을 일일이 환속시키라.'는 영에서부터 현실로 나타난다. 이는
사비寺婢들이 승니가 되어 자신들의 신역身役 면제를 청원하는 일이
발생하자, 아예 승니의 사태沙汰를 명한 것이다.[173] 한동안 잠잠하던
배불이 다시 고개를 들고 있는데, 이어 현종 2년에는 좀 더 구체적이
고 과격한 배불조치를 단행한다.

> 임금이 말하였다. 성 안의 양니원兩尼院을 다 혁파하고 40세 이하의
> 니승은 환속시켜 출가出嫁 하도록 하라. 늙어서 돌아 갈 곳이 없는
> 자는 성 밖의 니승절로 쫓아내고, 비록 나이가 넘은 자라도 환속하
> 고자 한다면 들어주라. 또 자수원慈壽院에 봉안한 열성의 위판位板

---

172) 韓㳓劤,『韓國史通論』(을유문화사, 1987), pp.325~326 참조.
173) 『顯宗修定實錄』卷4, 顯宗 元年(1660) 12月 19日.

은 봉은사의 전례에 따라 예관으로 하여금 속히 땅에 매안埋安하도록 하라.[174]

여기서 양니원은 인수원仁壽院과 자수원慈壽院을 말함이다. 본래 선왕의 후궁들이 머무는 궁이었으나 뒤에 왕실의 여인들이 삭발하고 니승이 되어 살면서 원으로 불리우던 곳이다.[175] 후궁 등 왕실 여성들의 노후복지시설이자 왕실불교의 보루가 되기도 했던 이들 니원을 혁파하고 자수원에 봉안해온 열성列聖의 위판을 땅에 묻게 한 것이다. 이는 바로 그 전날 부제학 유계俞棨가 '도성에 니원이 있는 것은 매우 부당하니 이를 혁파하여 이단을 물리쳐 끊는 의지를 보일 것'을 주장한 상계上啓에[176] 따른 조치였다.

이로써 인수원·자수원이 결국 혁파된 것이지만 니승의 축출과 건물이 철폐 등 그 정확한 시점은 불분명하다. 다만 향리에서 상경한 우참찬 송준길宋浚吉이 현종 2년 2월 12일에 왕을 뵙고 '주자의 예에

---

174) 같은 책 卷5, 顯宗 2年(1661) 1月 5日.
　　"上曰 城內兩尼院 竝皆革罷 尼年四十以下者 竝令還俗許嫁 老無所歸者 盡黜城外尼院 而年雖過限 欲還俗者聽 且慈壽院奉安列聖位板 依頃年奉恩寺例 令禮官埋安事 速卽擧行".

175) 인수원은 종로구 숭인동에 소재했으며 고려 때부터 있었던 淨業院이 몇 차례의 혁파와 복립을 거듭하면서 내려왔던 곳이다. 명종 4년에 문정왕후가 옛 정업원터에 內願堂을 세운 뒤 인수궁 혹은 인수원으로 불리웠다. 자수원은 본래 세종 승하 후 문종이 즉위하면서 인왕산 쪽에 있던 무안군 방번의 옛집을 수리하여 선왕의 후궁들을 들어가 살게 하고 자수궁이라 하였다. 이궁은 인조 1년에 헐리고 자수원으로 고쳐 니승의 절이 되었으며, 한 때 5천명의 니승이 거주했다고도 한다. 이들 니원의 창건과 개변의 경과 등은 분명하지가 않은데 다음 자료들을 참고할 수 있다.
　　李弘直,『國事大事典』(대영출판사, 1997), p.1291 ; 李能和,『朝鮮佛教通史』上, p.451, 509~5 10 ; 김기영 역주,『현정론·간폐석교소』(韓國佛敎研究院, 2003), pp.233~236 ; 이기운,「조선시대 內願堂의 설치와 철폐」(『韓國佛敎學』제29집).

176)『顯宗改修實錄』卷5, 顯宗 2年(1661) 1月 4日.

따라 절을 헐어 독서당을 만들고 또 자수원의 재목으로 북학北學을 설립할 것'을 청하여 왕의 허락을 받고 있는 것으로[177] 미루어, 이들의 철폐가 현종 2년 2월 중순 이후에 이루어진 것임을 알 수 있다. 한편 양니원의 이 같은 철폐에 이어 현종 4년에는 그나마 남아 있던 전국 사원의 관급토지와 노비를 전부 환수하였다.[178]

처능의 「간소」는 이처럼 현종 초에 가혹한 배불정책이 새삼 재연再 燃되고 있는 상황에서 나온 것이다. 물론 그 직접적인 동기는 현종 원 년 12월의 승니사태에 뒤 이은 2년의 양니원 혁파 등 조치 때문이다. 「간소」의 첫머리에서 승니의 사태를 거론하고, 결론부분에서 니원 혁 파와 위판 매안 조치의 철회를 요청하고 있음이 이를 말해준다. 「간 소」에는 그것을 쓴 연월일이 적혀 있지 않은데, 그 시기 문제 또한 「간 소」의 동기와 관련하여 검토할 수 있다.

「간소」의 제기 연대를 일찍이 일본학자 다까하시 도오루高橋 亨는 현종 4년으로 추정하였으나[179] 이는 소문疏文 내용을 착각한 결과이 다. 따라서 김영태의 상세한 재검토에 의해 그것이 현종 2년인 것으로 밝혀져[180] 이미 널리 인정되고 있다. 그러나 문제는 구체적인 시기, 현 종 2년 언제쯤에 「간소」가 제기되었는가 하는 것이다. 여기서 「간소」 서두 부분에 "삼가 들리는 소식에 의하면, 임금님의 뜻을 받잡건대 승 니를 모두 사태시켜 니승은 이미 속세로 돌려보내고 또 승도 없애기 로 의논이 되었다 하옵는데…"[181]라 한 구절을 주목할 수 있다.

---

177) 같은 책, 顯宗 2年(1661) 2月 12日.
178) 高橋 亨, 『李朝佛敎』, p.992.
179) 같은 책, p.719. 「간소」중 '瘞王之歲 于今四歲'라는 구절을 근거로, 이를 顯 宗 4年(1663)으로 해석한 것이다.
180) 金煐泰, 「李朝代의 佛家上疏」(『佛敎學報』제10집, 1973), pp.323~346.
181) "謹因朝報 伏奉聖旨 遂令僧尼 並從沙汰 尼已還俗 僧亦議廢".(『韓國佛敎全

즉 처능은, 양니원의 완전한 혁파에 앞서 우선 니승들의 환속조치가 끝난 직후에 「간소」를 올린 것으로 보인다. 만일 양니원의 혁파가 완결된 상태라면[182] 굳이 「간소」를 올리는 일은 무의미하기 때문이다. 소 제기의 시기는 「간소」말미에 "…두 절은 쇠하게 할 수 없으며, 두 원은 폐할 수 없습니다. 그러하니 두 가지를 다 겸할 수 없다면 두 절을 쇠하게 하더라도 니승을 내쫓을 수는 없고 성위聖位를 땅에 묻을 수는 없습니다. 그러나 두 가지를 다 겸할 수 없으면 차라리 니승을 내쫓으소서."[183]라고 한 데서도 엿보인다. 이왕 니승의 환속이 이루어진 것이라면 어떻게든 양니원이라도 유지하게 하고자 하는 처능의 의도가 엿보이는 대목이다. 이를 참고하더라도 「간소」제기의 시기는 역시 현종 2년 양니원의 완전한 혁파가 이루어지기 이전 2월 중순의 어느 날인 것으로 추정해 볼 수 있다.

書』8, p.336·上).
처능이 들었다는 폐불조치에 관한 朝報(기별, 소식을 적은 종이) 가운데 '僧亦議廢'는 정확한 내용이 아니었던 것 같다. 또는 처능이 잘못들은 것일 수도 있는 이 부분은, 奉恩·奉先 兩寺가 선왕의 능침 안에 있는 外願堂임을 상기시키면서 "선왕의 옛 법을 생각하신다면 어찌 차마 그 노비들을 삭감할 수 있겠습니까(念先王之舊模則忍削其奴婢乎)"라고 말하고 있는 『간소』의 결론 부분과도 맞지 않는다. 봉은·봉선 양사의 혁파 또는 僧을 폐한다는 내용은 『顯宗實錄』은 물론 『承政院日記』나 『備邊司謄錄』에도 나와 있지 않다.(위 김기영 역주, 『현정론·간폐석교소』, p.236). 顯宗 2년(1661)의 폐불조치는 ①자수·인수 양니원의 혁파 ②니승의 환속 및 축출 ③자수원에 봉안되어 있는 聖位의 埋安이었으며, 『간소』의 거론 또한 이 문제에 집중되어 있다.
182) 顯宗 4년(1663)에 송준길이 자수원을 헐어 낸 재목으로 성균관 서쪽에 丕闡堂을 세우고 또 一雨齊와 鬪入齊를 건축했다(李弘直,『國史大事典』, 知文閣,「慈壽宮」)는 것으로 미루어 인수원과 자수원은 顯宗 4년에야 완전히 혁파한 것으로 보인다.
183) 『韓國佛教全書』8, p.343·上.
"兩寺不可衰也 兩院不可廢也 二事不兼 則寧衰兩寺也 尼衆不可黜也 聖位不可瘞也 二事不兼 則寧黜尼衆也".

Ⅲ. 「간폐석교소」의 내용

1. 광범·논리정연한 호법논서

인수·자수원의 혁파와 역대 성위聖位의 매안埋安 문제를 계기로 올린 처능의 「간소」는 8천여 자나 되는 방대한 분량의 글이다. 여러 상소문 가운데서도 유례를 찾기 어려운 이 장문의 소는 배불문제를 다룬 한편의 저술로 보기에도 충분하다. 그만큼 중국과 우리나라의 역사 및 옛 문헌 속의 다양한 사실들을 근거로 배불의 부당성을 논하고 그 시정을 촉구하고 있는 「간소」는 내용이 광범하고 논리 또한 정연하다. 그러나 오늘의 감각으로 읽는다면 문장이 지나치게 장황하고 다분히 현학적衒學的이라는 느낌을 주기도 한다.

「간소」는 고승이 쓴 호법논서이면서도 그것에서 불서를 인용한 언급은 단 한 차례도 보이지 않는다. 온전히 유교의 사서오경四書五經 중에 나오는 어구와 사례들로 논증의 근거를 삼고 있다. 이는 처능의 유교적 교양과 학문의 심후深厚함을 말해주기도 하지만, 그 본의는 달리 있었던 같다. 배불의 문제를 불교적 관점에서가 아니라 유교의 논리와 정서로 분석하는 것이 더욱 효과적이라고 판단한 때문이 아니었을까 한다. 그런 뜻에서 「간소」의 논술은 그것을 읽게 될 왕과 유자들의 정서를 고려함과 동시에 처능이 목표로 하는 바를 보다 효과적으로 설득할 방법을 구사하고 있는 것으로 이해할 수 있다.

이 같은 「간소」의 의도는 그 치밀한 내용 구성에서도 잘 나타나며, 장황한 문장에도 불구하고 정연한 논리만큼이나 내용상의 단락 또한 명료하다. 「간소」전체의 내용에 관해서는 장·절로 구분한 기왕의 연구에 자세하므로[184] 참고의 편의를 위해 그 대강을 인용하여 소개하면 다음과 같다.

제1장 서 론
    1. 「간소」경청의 강조
    2. 「간소」제기의 동기
제2장 본 론
    1. 불교의 전래 내력
    2. 폐불 사유에 대한 반박
        ① 이방역異邦域 문제
        ② 수시대殊時代 문제
        ③ 무윤회誣輪廻 문제
        ④ 모재백耗財帛 문제
        ⑤ 상정교傷政教 문제
        ⑥ 실편오失偏伍 문제
    3. 불교무용론에 대한 반박
        ① 숭불군신의 사례와 과보
        ② 폐불군신의 사례와 과보
        ③ 유자의 척불과 숭불사례
        ④ 무불설無佛說에 대한 반박
        ⑤ 불교 유해론에 대한 반박

---

184) 김기영 역주, 위의 책, p.131.

⑥ 우리나라의 숭불사례

제3장 결 론

　　1. 불교의 유용성 강조

　　2. 폐불 사태沙汰의 철회 간청

「간소」가 한편의 훌륭한 저술로서도 손색이 없음을 보여주는 이 같은 내용구성에서 특히 눈길을 끄는 부분은 본론 중의 '폐불사유에 대한 반박'이다. 이 부분은 「간소」의 동기문제와 직접 연관이 없는 별도의 논증이다. 조선의 배불정책은 현종 이전의 시대에 이미 강경하게 진행되어왔다. 처능은 「간소」를 계기로 그동안 국가가 강행해 온 배불정책의 원인 또는 유자들이 주장하는 불교배척의 이유를 이처럼 서두에서부터 원론적으로 논하고 있다. 따라서 「간소」의 세부적인 내용은 위의 목차를 참고하는 것으로 대신하겠지만, 처능이 폐불 이유로 상정한 위 여섯 가지 항목과 그 반박에 대해서는 좀 더 관심을 기울여 볼 만하다.

2. 폐불사유에 대한 반박 요점

① 이방역 문제[185]

이방역異邦域이란 중국 이외의 다른 지역을 말함이다. 불교가 중국이 아닌 오랑캐의 땅에서 생겨난 종교이며 부처는 오랑캐이기 때문에 그 가르침을 배척하는 것인가를 묻고 반박한 것이다. 이 문제는 불교 전래 이래 중화의식에 젖어 있는 중국에서부터 줄곧 있어왔지만 사대모화事大慕華에 충실했던 조선의 유자들 역시 으레 따라서 내세워 온

---

185) 處能,「諫廢釋敎疏」,『大覺登階集』(『韓國佛敎全書』8, p.336中~下).

배불논리의 하나였다. 이에 대한 처능의 반론은 간단하다.

'순임금이 동이東夷에서 나고 우임금은 서강西羌에서 났지만 성인이며 걸桀왕과 주紂왕은 중국에서 났지만 폭군들인 것'처럼, 중화 사람이라고 다 성인은 아니며 오랑캐 사람도 훌륭한 이들이 있다. '도는 나란히 행하되 서로 거스르지 않는다.'한 『중용』의 말과 '길은 다르면서도 돌아가는 곳은 동일하다.'라고 한 『주역』「계사」의 말은 곧 모든 성인이 서로 다르지 않음을 이름이다. 그러므로 방역이 다르다 해서 불교를 폐할 수 없다는 것이다.

② 수시대 문제[186]

불교가 고대 즉 하·은·주 삼대에 발생한 종교가 아니라는 것이 수시대殊時代 문제이다. 중국인들은 요·순·우·탕·문무·주공 등은 천명을 받아 이를 온전하게 인간세상에 실현한 성인들이며 따라서 이들이 다스리던 시대를 가장 완벽한 태평성대로 생각하였다. 수시대는 이방역 문제와 더불어 불교의 이단성에 관한 논쟁의 핵심을 이루어 왔다. 처능은 중국인들의 이 같은 상고尙古주의적 역사관이 조선의 배불논리에도 그대로 작용하고 있음을 지적하고 그 부당함을 논하고 있다.

그는 진晉의 조맹趙孟이 '한번은 저렇고 한번은 이러한데 영원한 것이 어디 있는가.', 후한시대의 모자牟子가 '저것도 한 때요 이것도 한 때이다.'라고 한 말을 인용하고 있다. 그렇게 본다면 만일 순·요 임금이 다시 태어나더라도 그들은 반드시 '부처와 내가 무슨 다른 말을 하겠는가.'라고 말할 것임을 단언한다. 비록 불교가 중국에 늦게 들어왔지만 그 진리는 유자들이 존숭하는 중국 고대 선왕들의 가르침과 다를

---

186) 같은 책, p.336下.

바가 없다는 것이 처능의 변론이다.

③ 무윤회 문제[187]

전생과 후생을 말하는 불교의 윤회설은 현세를 중시하고 현세적 가치에 집중하는 유교의 관점에서는 받아들일 수 없는 교설이다. 그러므로 유자들은 윤회설을 인과응보설과 더불어 사람을 속이는 거짓 가르침으로 간주한다. 윤회설에 대한 이론적 비판은 정도전(?~1398)의 『불씨잡변佛氏雜辨』에서 처음 보이고 이에 대해 불교 측에서 첫 반론이 나온 것은 함허기화(1376~1433)의 『현정론』에서이다. 함허의 경우, 윤회문제의 반론에서 인간의 마음을 변화생멸하는 마음과 불변의 본질적 마음으로 구분하고 후자를 윤회의 주체로 상정하는 등 이론적으로 논리를 전개하였다.

이에 비해 무윤회誣輪廻에 대응하는 처능의 방식은 주로 옛 중국의 이름 있는 인물들의 설화적 윤회담을 근거로 삼고 있다. 또한 "『예기』에 이른바 '쥐가 변해서 새매가 된다.'라고 한 것과 『장자』에서 말한 바 '곤鯤이 변해 붕鵬이 된다.'라고 말한 것은 모두가 일은 다르나 이치는 하나요, 말은 다르나 뜻은 같다."라는 논리로 윤회가 거짓이 아님을 변론한다. 논리적인 사유와 문장을 구사하는 「간소」의 성격에 비추어본다면 무윤회에 대한 이 같은 반론의 방식은 다소 의외라는 느낌이다.

④ 모재백 문제[188]

불교의 경제적 소비문제는 과도한 불사설행과 승려의 사치·영리행

---

187) 같은 책, p.336下~337上.
188) 같은 책, p.337上~中.

위 등 현실과 관련하여 고려에서부터 논란되어 온 주제이다. 조선 초의 억불정책이 사원의 토지 및 노비의 혁파와 같은 경제적 제재로부터 나타나고 있는 것도 그 연장선에서의 일이다. 그러나 모재백耗財帛 문제는 이와는 또 다른 새로운 배불이유에 해당한다. 요컨대 '승려들은 생업에 종사하지도 않으면서 재물만 소모한다.'는 것이 모재백인데, 이는 종교로서의 불교의 기능이나 존재 의미 자체를 부인하는 한걸음 더 나아간 배불논리이다.

따라서 처능은 "만일 그렇다면 순임금은 역산歷山에서 쟁기를 잡을 일이지 왜 남면南面하여 임금이 되었으며, 이윤伊尹은 신야莘野에서 칼을 휘두를 일이지 왜 북면北面하여 신하가 되었겠느냐."고 반문한다. 공자와 맹자가 직접 농사를 지었기 때문에 통달하고 검박한 것이 아님을 들어 아울러 항론하고도 있다. 승려 또한 다 그들대로의 기능과 본분이 있고 이를 통해 사회와 국가에 기여하는 만큼, 반드시 농사짓고 베를 짜지 않는다하여 폐불함은 옳지 않다는 것이 처능의 반박논리이다.

⑤ 상정교 문제[189]

불도들이 국법을 어김으로써 임금의 정치와 교화를 손상시킨다는 상정교傷政敎는 그다지 비중이 큰 문제는 아니다. 왕조실록에 승려의 비행이나 타락상이 종종 나타나기는 하지만 이들의 범금犯禁행위가 특별히 많았다고 말할 수도 없다. 더구나 「간소」제기 전후의 시기인 효종대와 현종 초의 기록에서는 미미한 몇몇 사례 외에 승려 개인의

---

189) 같은 책, p.337中.

범금행위로서 특기할 만한 내용은 보이지 않는다.[190]

상정교 문제에 대해 처능은 우선 요임금의 아들과 순임금 아버지의 예를 들어 언급하고 있다. 세상에는 잡풀이 지란芝蘭과 섞여 있고 뜸부기가 봉황의 무리를 어지럽히듯이, 쓸모없고 악한 사람이 있는가하면 고귀하고 존엄한 사람도 있게 마련이라는 것이다. "그러므로 승이 나라의 법을 범했다면 자자刺字를 해도 좋고 죽여도 좋으며, 여승으로서 세속의 죄를 범했으면 코를 베어도 좋고 죽여도 좋겠지만, 석가가 싫다고 불교를 폐할 수는 없다."고 강경하게 말한다. 또 "선비가 혹 죄가 있더라도 그것은 공자의 허물에 관계가 없듯이, 승려가 잘못이 있다 해서 그것이 석가모니의 허물이겠느냐?"고 반문하고 있다. 국법을 어기는 일은 유교인이나 불교인이나 마찬가지이므로 이 때문에 불교를 폐할 수 없다는 말이다.

⑥ 실편오 문제[191]

실편오失偏伍는 원래 군역에서의 누락을 말함이지만, 전체적으로는 승려들이 국역에 종사하지 않는다는 문제이다. 폐불의 마지막 이유로서 이 문제를 상정하면서 처능은 특히 하고자하는 말이 많았던 것 같다. 그는 우선 갖가지 수단으로 편오에 들지 않은 서울의 관리와 지방의 호족들이 많음을 지적하면서, 승려들의 과다한 부역 현실을 증언한다. 원칙적으로 양인良人의 권리와 의무가 없는 승려들이 많은 국역과 잡역에 동원되고 있는 사례들을 열거하고 있음이 그것이다.

승려의 부역은 너무 많으며 호적에 편입하는 평민과 다름없어서, 황

---

190) 김기영 역주, 위의 책, p.171 참조.
191) 處能, 「諫廢釋教疏」, 『韓國佛教全書』8, p.337中~下.

해도·평안도의 양서兩西에는 군인의 적을 가진 자가 많고, 경상·전라·충청의 삼남三南에는 나라의 징집에 응한 자가 많다. 중국에 바친 종이도 모두 승려들이 만든 것이며 상사上司에 바치는 잡물도 승려들이 마련한다. 뿐만 아니라 온갖 역사의 독촉과 명령이 계속 이어지고 때를 어기면 옥에 갇히거나 매질까지도 당한다. 각 도성 밖의 진과 남한산성 등을 승려들이 지키며 천릿길에 양식을 나르는 등 온갖 고초를 감당하고 있다. 그러다가도 급한 변이 생기면 벌과 개미처럼 모여들고, 전장에 나가면 천백의 무리가 되어 대오隊伍를 갖추고 훌륭하게 그 임무를 수행한다는 것이다. 처능은 실편오의 문제를 들어 특히 당시 승려들의 비천하고 참담한 실상을 알리는 한편 그들의 국가적 기여도를 강조하면서 폐불의 마지막 부당성을 역설하고 있다.

이상에서 보듯이, 국가의 배불이유에 대한 「간소」의 논증과 반박은 굳이 철학적 담론이나 불교의 교리적 관점에서가 아니라 현실적인 면을 중심으로 전개하고 있다. 불교가 존재해야 할 당위성을 현실논리로서 설득하고 있는 것이다. 이 같은 논변의 방식은 본론의 또 다른 한 축을 이루는 '불교무용론에 대한 반박'에서도 그대로 이어진다. 중국에서의 숭불과 억불의 다양한 사실들을 들어 척불위정자들의 주의를 환기시키는가 하면, 우리나라로 눈을 돌려 삼국의 숭불흥국과 고려의 봉불이 치도治道에 유해하지 않았음을 논증한다. 이에 더하여 숭유의 조선에서도 태조 이래 역대 왕들이 실제에 있어서는 숭불하여 폐불하지 않았음을 예로 들어 보인다. 이로써 당시의 국왕 현종에게 재삼 불교의 무해를 강조하고, 나아가 봉불의 이점을 은근히 암시하고 있는 것이다.

이 같은 과정을 거쳐 마침내 「간소」는 결론에 이른다. 서두 부분에 보이는 '승역의폐僧亦議廢'문제가 다른 형태로 표명되고 있지만, 본래 『간소』의 동기가 된 내용들을 포괄하는 소의 결론은 다음과 같이 집약된다.

① 내원당으로서의 자수원과 인수원, 외원당으로서의 봉은사와 봉선사는 일조일석에 만든 것이 아니다. 실로 선왕선후 때의 제도로서 나라와 함께 흥하였고 나라와 함께 망하였다. 그것이 이루어지면 나라의 경사요 그것이 헐리면 나라의 재앙이다.

② 임금(현종)의 효도는 천심을 감동시키고 그 지혜는 인간의 도리를 환히 아신다. 선후先后의 끼치신 법을 생각한다면 니승들을 쫓아낼 수 없으며, 선왕先王의 옛 법을 생각한다면 그 노비들을 없앨 수 없다.

③ 우리나라에서 성위를 내외원당에 모신지가 수백 년이다. 그러므로 이것이 옳다 그르다할 일이 아니요 공경하고 존중해야 할 의식이다. 그러므로 성위를 땅에 묻을 수는 없는 일이다.

왕실의 전통 깊은 외원당으로서의 봉은·봉선사 문제를 결론에 포함시키고 있음은 양사의 중요성과 더불어 '승역의폐僧亦議廢' 문제에의 대응으로 보인다. 일찍이 선종과 교종의 본사였던 봉은·봉선사는 그만큼 당시에도 상징성이 큰 사찰로서, 이들 두 절은 쇠하게 할 수 없다는 것 또한 처능의 확고한 생각이었음을 알 수 있다. 폐불훼석 전반에 대한 반박, 봉불의 이점, 내외원당의 성위 봉안의 당위성 등을 역설하고 있지만 위의 결론에서 볼 때 「간소」의 목적은 자명하다. 요컨대 그것은 자수·인수원의 철폐와 봉은·봉선사의 쇠퇴 조치를 막아내려는데 있었다. 이 같은 목적을 위해, 처능은 「간소」 말미에서 표현한

대로 '감히 목이 떨어지는 것을 피하지 않고 죽음을 무릅쓰며'[192] 소
를 올린 것이다.

---

192) 같은 책, p.343上. "敢於今日 不避隕命焉 不勝屛營惝慄之至 謹昧死以聞".

Ⅳ. 항론의 역사적 의미

　조선에서 승려의 상소는 매우 드문 일이다. 숭유억불 기조의 현실에서 비천한 신분으로 취급되던 승려가 국왕에게 글을 올린다는 일 자체가 불가능한 일이었다. 조정의 고관과 문사들 사이에 어느 정도 이름이 알려져 있던 처능일지라도 사정은 크게 다르지 않았을 것이다. 이 때문에 '죽음을 무릅쓰고 글을 올린다.'는 「간소」의 표현도 단순히 옛글의 관행적 수사修辭로만 읽히지는 않는다. 물론 이런 조선에서도 간혹 불교교단의 지도자적 고승들의 상소가 없지 않았다. 그러나 이는 국왕의 신임 또는 관심이 각별했던 고승의 경우이거나, 국가와 불교와의 상호관계가 유연했던 시기의 일들이다.

　조선시대 불가에서 올린 상소는 모두 6편이 있다. 태조대의 흥천사 감주監主이던 상총의 상서, 임진왜란 중에 유정이 선조에게 올린 갑오·을미·정유의 세 가지 상소, 역시 같은 시기의 의엄의 약소略疏와, 처능의 「간소」가 그것이다. 이들 가운데 배불정책에 항의하는 「간소」를 제외한 앞의 상소 5편은 모두 국가와 군주를 위하고 백성을 염려하는 호국충정을 적은 글들이라고 말할 수 있다.

　흥천사 상총의 상서는 국가 초창기에 부응하는 불교의 방향을 진언하는 내용을 담고 있다. 태조의 27년에 신덕왕후 강씨의 정릉 동편에 흥천사를 세우고 수선본사修禪本社 즉 조계종의 본사로 삼는다. 상총이 이런 흥천사를 주관하는 감주로 임명된 것으로 보아 태조의 신임이 두터운 고승이었음을 알 수 있다. 그는 상서에서 임금의 선교禪敎 진흥책의 방향과 함께 특히 수선본사로서 흥천사의 역할에 대해 구체적인 방안을 밝히고 있다. 전국 선찰禪刹이 이제 화승華僧(중국 임제종)의 추종에서 벗어나 일찍이 송광사의 보조국사가 남긴 제도에 따라 작법作法하고 수선하도록 독려함으로써, 임금의 홍법 은혜에 보답하고 국가의 이익에 기여하겠다는 내용이다.[193]

임진왜란 중 의승도대장으로서 유정이 올린 세 가지 소에 대해서는 앞의 3장에서 대강 언급한 바 있다. 유정이 적의 진영을 왕래하면서 또는 장기휴전 중에 전황에의 대처방안 및 시국현안과 국난타개책을 피력한 것들이다. 이들 소에는 유정의 탁월한 경세가적 식견과 함께 깊은 우국충정이 잘 나타나 있다.

의엄의 약소는 팔도선교도총섭으로서 승군을 통솔하며 파사성婆娑城 수축공사를 진행하던 그가 공역의 어려움을 밝힌 내용이다. 실록에 그것이 간략하게 적혀 있으므로 흔히 약소라 부른다. '백 명도 안되는 승군만으로 축성공사를 제 때에 마치기 어려우니 조정에서 조치를 해 달라.' '금년에 공사를 마치지 못하여 불충不忠이 된다면 그것을 부끄러워하지는 않겠지만, 이로써 국방에 차질이 생긴다면 이는 실로 국가가 이익과 해로움을 잘못 판단한 것이다.'라는 등의 소신과 기개가 엿보이는 발언을 담고 있다. 이 때문인지 상소 말미에는 의엄이 방자하고 조정을 가볍게 여긴다고 분개하는 사신史臣의 말이 덧붙여져

---

193) 『太祖實錄』卷14, 太祖 7年(1398) 5月 13日. '尙聰上書' 참조.

있다.[194] 일찍이 스승 휴정 아래서 의승군 주력 부대를 이끌었던 의엄 또한 선조의 신임이 두터웠던 고승이다.

이들 상소는 모두 각기 다른 상황과 입장에 있던 고승들이 자신의 견해를 소신껏 피력한 것임에 틀림없다. 그러나 역시 배불문제를 정식 항론하는 「간소」와는 그 유형이 같지 않다. 우선 앞의 상총·유정·의 엄의 상소 5편은 국가로부터 부여받은 직책 또는 임무와 관련한 내용 임에 비해 어떤 직위에도 있지 않던 처능의 「간소」는 오직 국가의 배 불정책을 논하며 그 철회를 요청하고 있다. 다 같이 국왕에게 각자의 소신을 펴 진언하고 있지만, 전자가 국왕과 국가에 대한 충정을 담은 발언이라면, 동일한 표현 속에서도 후자가 견지하고 있는 것은 철저한 호법의식이다.

태조의 홍법 은혜에 보답하고자 하는 상총의 상서는 국초國初의 일 인 만큼 별도로 생각할 수 있다. 또 유정과 의엄의 상소 또한 국가와 불교와의 관계회복 및 이들이 담당하던 역할 속에서 나온 것이다. 그 렇다면 왜란·호란을 거친 이후 한동안 잠잠하던 배불정책이 다시 강 화되는 상황에서 무직위의 처능이 올린 「간소」는 어떻게 보아야 할까. 이는 고려불교의 계승을 방불케 하는 태조 초기의 호불적 분위기도, 변형적이나마 국가와 불교와의 관계가 다시 지속되던 시기도 아닌, 배 불 재연의 시기에 어떻게 국가정책에 항론하는 「간소」의 제기가 가능 했는가 하는 문제이다. 이와 관련해서는 그 개연성을 다음 몇 가지로 추론해 볼 수 있다.

첫째, 왜란과 호란을 거치면서 불교의 위상이 제고되고 발언권 또 한 어느 정도 힘을 얻게 된 사실을 들 수 있다. 왜란 이전에 이미 산

194) 『宣祖實錄』卷74, 宣祖 29年(1596) 4月 12日. '義嚴上疏 略曰' 참조.

중승단으로 고착된 불교는 국가제도권에서 멀어지고 사회와도 유리된 체 점점 소외되어 갔다. 이런 불교가 국가의 최대위기이던 양난 중에 보여준 대대적인 의승군 활동과 기여는 그 존재를 새삼 인식시키는 계기가 되었다. 이에 따라 불교의 위상이 어느 정도 높아지고 불교교단의 발언에도 힘이 실리게 된다. 배불이 재연되던 현종대는 양란이 끝난 지 이미 20여년이 지난 후이다. 그러나 그동안 높아진 불교의 위상과 발언권의 신장은 처능의 「간소」제기에도 한 배경적 요소가 될 수 있었다고 보아야 할 것이다.

둘째, 양난 이후 대두되기 시작한 사회적 의식 변화와 새로운 시대사조의 영향이다. 처능이 살았던 17세기는 이른 바 실학이 막 태동하는 단계였다. 특히 그동안의 정치 경제 사회 등의 갖가지 모순에 대한 각성과 함께 일어난 초기의 실학은 사회적 현실 개혁에 학문적 관심이 모아졌고, 이 같은 사조 속에는 위정자들에 대한 비판의식이 내포되어 있었다. 처능은 일찍부터 사회의 지식인 그룹과 교유해왔고 세상에 관해서도 새로운 사실에[195] 접해 왔다. 이처럼 처능은 당시의 사회적 의식변화와 시대조류를 파악하고 객관적으로 그것을 수용할 만한 위치에 있었다. 그렇다면 그의 「간소」또한 이 같은 시대의 경향으로부터 받는 자극이 없지 않았을 것이다.

셋째, 조정 내외 인사들과의 폭넓은 교유와 두터운 친분에 따른 인맥의 형성이다. 처능이 동양위東陽尉 신익성의 집에서 4년을 머물며 유학과 문사文辭를 공부하는 동안 교유하며 친분을 맺어온 조정의 관

---

195)『白谷集』에는 처능이 萬國圖說을 얻어 보고 갖게 된 감회가 적혀있다. 기존에 알고 있던 세계와 중국 중심의 역사가 모두 海內의 일임을 깨닫고, 世尊이 이미 설한 '塵沙보다도 더 많은 세계'에 관해서 새삼 생각하고 있다.('萬國圖說'『韓國佛敎全書』8, p.327上).

료 및 문사들은 적지 않았다. 우선 『백곡집』에 서문을 쓰고 있는 식암거사息庵居士 김석주金錫冑는 현종 때의 우승지였으며, 또 다른 서를 쓴 동명거사東溟居士 정두경鄭斗卿 또한 현종 때 통문관 제학이 되고 이조참판에 임명된 인물이다. 그 밖에 일일이 밝힐 수는 없지만 『백곡집』중의 시제詩題에는 처능과의 친분을 짐작하게 하는 상국相國·방백方伯을 비롯하여 지방의 관리와 문사 등 30여 명이 보인다. 불교 밖에서 형성한 이 같은 인맥의 힘은 직접적으로는 아니더라도 최소한 처능의 「간소」에 어떤 묵시적인 격려가 되었을지도 모른다.

넷째, 처능 자신의 불교 지도자적 사명감과 확고한 호법의식이다. 그는 현종 15년에 팔도도총섭이 되어 남한산성에 짧게 머문 일을 제외하고는 교단 내에서 특별한 직위에 있지 않았다. 이는 물론 「간소」 제기 이후 10여 년이 지난 뒤의 일이지만 '조정의 명으로 3개월 만에 도총섭직에서 파면 당했다'는[196] 것으로 보아 조정과의 어떤 갈등이 있었던 것으로 보인다. 때의 파면사유가 불교교단의 지도자로서 그의 호법의식과 관련한 마찰이 원인이었는지도 모른다. 역으로 생각하면, 아무런 직위에도 있지 않았던 현종 초에도 그는 조선불교를 전체적으로 조망하는 안목을 지녔고, 그 현실 타개를 위해 드디어 「간소」를 제기하기에 이른 것으로 생각해 볼 수 있다. 따라서 처능의 이 같은 불교지도자적 사명감과 호법의식을 가장 분명하게 증언해주는 것은 바로 「간소」그 자체이다.

이상의 검토를 종합할 때 「간소」의 역사적 의미는 단선적으로만 말하기는 어렵다. 가장 핵심적인 요소는 무엇보다도 처능 개인의 불교지도자적 사명감과 확고한 호법의식, 그리고 세상과 불교의 현실을 아

---

196) "余以朝命爲八方都摠攝經三朔被罷"(같은 책, p.319下).

울러 판단하는 지성적 식견과 행동하는 의기意氣를 들어야 할 것이다. 또한 여기에는 양란을 겪으면서 불교인들이 감내해 온 인고忍苦와 그 결과로서 어느 정도 불교의 위상이 제고된 사실도 빼어 놓을 수 없다. 전 교단적 노력과 역량의 축적 위에서 비로소 처능과 같은 탁월한 고승의 「간소」가 나올 수 있었다고 보는 것이다. 그런 의미에서 배불정책을 공식 항론한 「간소」는 조선불교가 결코 무기력하지만은 않았음을 보여주며, 동시에 이는 국가정책에 대한 이 정도의 항론이 얼마나 어려운 일인가를 잘 말해준다 하겠다.

그러나 「간소」가 실제로 조정에 제출되었는지, 또는 왕에게 전달되었는지의 여부에 관해서는 아무런 기록도 보이지 않는다. 다만, 「간소」에서 그 철회를 요구한 양니원이 철폐된 것으로 미루어, 자수원에 봉안된 성위 또한 결국 매안으로 종결되었을 것임은 분명하다. 이처럼 소기의 성과를 얻지는 못하였지만 조선 불교의 호법정신과 기개를 유감없이 보여주었다는 점에서, 처능과 그의 「간소」는 여전히 조선불교의 기념비적 위치에 있다.

———

배불의 부당성 항의한 대장부

백곡 처능이 살았던 조선 중기의 불교는 임진·병자 양란을 거치면서 상당한 변화들을 경험하고 있다. 그동안 국가와 사회로부터 격리된 채, 산중승단으로 어렵게 유지 존속해 온 불교가 다시 변형적이나마 국가와 공적인 관계를 갖게 되고, 불교의 사회적 위상이 어느 정도 높아진 것도 이 무렵의 일이다.
그러나 양란 이후 20여 년이 지난 현종대에 이르면 정치상황의 변동과 함께 불교는 다시 새로운 배불현실에 직면한다. 승니의 사태, 성내 자수원·인수원의 철폐 및 니중尼衆의 축출 환속, 자수원에 봉안해 온 성위의 매안 등 강경한 배불조치들이 내려진 것이다. 이 갑작스러운 조치는 성리학적 실천철학으로써 예학을 중시하던 송시열 일파의 권력장악에 따른 변화이기도 했다. 처능은, 이처럼 배불정책이 새삼 재연되던 현종 초에 불교인의 호법의지를 행동으로 실천해 보인 걸출한 고승이자 의기로운 대장부였다. 과감하게 배불의 부당성을 논하며 그 철회를 요구하고 있는 그의 「간폐석교서」가 이를 잘 말해준다. 처능은 출가와 수학에서부터 여느 승려와는 다른 모습이다. 속리산에서 출가한 다음 이내 상경하여 유학과 문사를 폭넓게 공부하고 조정의 관료 및 유교적 지식인들과 두터운 친분을 쌓고 있는 것이나, 문득 자신의 문제에 관해 깨달은 바가 있어, 지리산으로 내려가 벽암각성의 제자가 되고 스승의 법을 이어받고 있음이 그러하다. 처음 출가한 이후 세속의 학문을 충분하게 익힌 그가 다시 각성의 제자가 됨으로써 휴정과 쌍벽을 이루던 선수 계통의 법계를 이은 사실은, 이후 그의 삶에도 큰 영향을 미쳤던 것으로 보인다. 일찍부터 세상의 학문과 지식을 쌓고 시대의 사조를 호흡하며 식견을 높여 온 그가 선수의 법손으로서 일단의 사명감을 갖게 되었을 것임은 충분히 유추가 가능하다. 처능이 홀로 배불에 맞서 「간소」를 제기한 사실도 이런 관점에서 바라볼 수 있다.

조선불교 유일의 배불 항론인 「간폐석교서」는 우연의 산물이 아니다. 이는 오랜 세월 동안 배불을 감내해 온 불교인들의 인고忍苦와, 이로써 더욱 온축蘊蓄된 교단적 호법의 열망, 그리고 세상과 불교를 아울러 조망하고 판단할 수 있었던 처능과 같은 지도적 고승의 호법 신념이 한데 결합한 결과였다.

제6장

조선 후기 선문과 경허의 법통관

경허의 법맥계승과 법통관

선문의 법통과 법맥계승은 조선 중기 이후 불교교단에서 무엇보다도 중요한 과제였고, 오늘의 불교에서도 그것은 종조宗祖 문제 등과 관련하여 여전히 중시된다. 한국불교의 다양한 분야와 주제들 가운데서도 유독·법통 법맥 문제가 이처럼 지속적인 관심사가 되고 있음은 무엇 때문일까? 이는 특히 한국 불교의 선 중심적 경향의 반영이라 하겠지만, 법통·법맥 문제의 발생과 전개 과정의 모호성 때문에 더욱 그러하다.

불교의 종파들이 국가정책에 의해 폐합 축소되었다가 마침내 사라져 버린 조선 중기 이후, 불교교단을 대표할 만한 세력과 정신은 그나마 산중의 선문 즉 조계선종 뿐이었다. 그러나 종파의 상실과 함께 선문의 법맥은 이미 희미해진 지 오래이다. 이에 법맥 단절의 위기의식 속에서 산중 선문에서는 어떤 형태로든 그 회복에 나서지 않을 수 없었다. 조선의 선문 법통이 이렇게 해서 다시 수립되고 법맥으로 이어져 왔다. 따라서 이 같은 과정 자체가 이미 논란의 소지를 안고 있다.

조선시대의 법통으로는 나옹법통설과 태고법통설이 주류를 이루며, 그 밖에 보조법통설과 심지어 영명연수永明延壽의 법안法眼법통설까지 제기되고 있었다. 이들 법통설은 각기 타당성과 함께 납득하기 어려운 문제성까지 그대로 보여준다. 그러나 중요한 것은 청허휴정시대 이후 태고법통이 단연 선문의 정통으로서 자리매김 되고 있다는 사실이다. 물론 오늘에 와서는 태고법통설과 보조법통설이 함께 유력하게 거론되지만, 조선 후기라는 시대를 기준으로 삼았을 때 태고법통은 부동의 현실이었다.

조선 후기 선문의 법통을 경허의 법맥계승과 그의 법통관에 초점을 두고 검토하려는 이 장에서는 이 같은 당시의 현실을 그대로 받아들이는 것으로부터 출발한다. 그런 만큼 이 법통 법맥의 타당성 여부 문제는 논외로 한다. 태고법통이 조선 말 선문의 중흥주로 인정받는 경허에 이르기까지의 과정과, 경허가 보여주는 법통관의 특징을 검토하려는 것이 주요관심이기 때문이다.

I. 휴정의 법통 확립과 그 가풍

1. 벽송이 원사한 임제법통

배불의 논의와 그 정책적 가시화에도 불구하고 여말선초의 선문은 큰 성황을 이루고 있었다. 선문의 성황은 곧 법통·법맥의[197] 번성함을 의미하는 것이기도 하다. 실제로 이 시기에는 평산 처림平山處林→나옹 혜근→무학 자초→함허 기화로 이어지는 이른 바 나옹법통이 주축을 이루면서[198] 임제의 선풍이 진작되고 있었다. 그러나 본격적인 배불정책이 시작된 이후 성종·연산·중종대를 거치면서 전개된 폐불적 상황은 불교전반에 걸친 쇠퇴는 물론 선문의 법맥 계승에도 치명적인 타격을 주었다.

다행히 명종대에 15년 정도의 흥불기간이 있었지만 문정왕후의 사거(명종 20년, 1565)와 함께 불교는 다시 산중의 교단으로 축소될 수밖에 없었다. 비록 짧은 기간이었지만 그동안 선교 양종이 복설되고 승과가 다시 실시되기도 했던 만큼, 산중의 교단도 처음 얼마동안은

---

197) 법통은 법맥의 전통이며, 법맥은 법통의 계보이다. 선종에서 스승과 제자간의 佛法相承을 내용으로 하는 법통과 법맥은 동일한 의미로 혼용되기도 한다.
198) 高翊晉, 「碧松智嚴의 新資料와 法統問題」(『佛敎學報』22, 1985), p.211.

선교 양종의 형식을 명목이나마 유지해갔을 지도 모른다. 그러나 당시의 형편으로서는 국가의 승인 없는 양종체제란 거의 무의미한 것이었다. 더구나 가중되는 배불압박은 불교교단의 존립자체를 위협하는 지경이어서 산중불교는 자연히 선문을 중심으로 겨우 그 명맥을 이어갈 수밖에 없었다.

조선 전기 불교가 이 같은 악조건과 혼란을 거치는 동안 선문의 법통·법맥이 제대로 계승되지 못했을 것임은 상상하기 어렵지 않다. 따라서 조선 중기 무렵에 이르면 법통·법맥은 거의 상실 단절된 것이나 마찬가지 상태가 되고 만다. 바로 이럴 즈음에 조선 선문의 법통을 다시 세운 이가 청허 휴정(1520-1604)이다. 그는 법통의 단절이라는 심각한 위기 앞에서 자신의 가통家統을 거슬러 올라가 법통을 새롭게 확립하고, 산중불교의 현실에 상응하는 독특한 가풍을 진작시킴으로써 빈사지경의 불교에 새로운 진로를 마련해 놓았다. 오늘날 휴정이 조선불교의 중흥조로서 평가받는 것은 곧 그가 세운 법통·법맥과 함께 주로 그 문하들을 중심으로 조선 후기의 불교교단이 유지되어 갔기 때문이다.

휴정이 세운 법통은 그의 법조 벽송 지엄碧松智嚴의 행적을 서술하는 가운데서 드러난다. 즉 휴정은 『벽송행적碧松行蹟』에서 자신의 계보가 벽송 지엄-부용 영관-청허 휴정으로 내려온 것임을 밝히고 있는데, 그 이상의 계통에 대해서는 분명하게 적시하지 않고 있다. 따라서 벽송 이상 선대의 법맥에 대한 휴정의 인식이 곧 그가 확립한 새로운 법통의 요체가 된다고 말할 수 있다. 휴정 찬술의 「벽송행적」에서 관련된 부분은 이미 제3부 6장에서 살펴본 바 있지만, 이를 다시 한번 인용해 본다.

벽송은…계룡산 상초암上草菴으로 가서 조징대사祖澄大師에게 머리
를 깎으니 이때 나이 28세였다.…먼저 연희교사衍熙教師를 찾아가
원융교의를 배웠다. 다음으로 정심선사正心禪師를 찾아가 서래밀지
西來密旨를 물어 현묘함을 함께 떨치니, 깨달음에 이익 되는 바가 많
았다. 정덕正德 무진(중종 3년, 1508) 가을에 금강산의 묘길상암으
로 들어갔다. 『대혜어록』을 보다가 '구자무불성' 화두에 의착疑着하
여 오래지 않아 칠통漆桶을 타파하였고, 또 『고봉어록』을 보던 중
'양재타방颺在他方'이라는 어구에 이르러 그때까지의 알음알이를 돈
락頓落시켰다. 그러므로 스승이 평생 동안 발휘한 것은 고봉과 대혜
의 종풍이었다. 대혜화상은 육조의 17대 적손이며 고봉화상은 임제
의 18대 적손이다. 아! 스승께서는 해외의 사람으로 5백 년 전의 종
파를 은밀히 이었다. 마치 정자程子와 주자朱子가 공맹孔孟의 천 년
뒤에 태어났지만 멀리 그 학풍을 이은 것과도 같으니, 유교나 불교
가 도를 전함에 있어서는 곧 한가지이다.[199]

　이 인용문에 나타나는 문제의 요점은 벽송이 정심正心에게 선을 지
도 받기는 하지만 휴정은 그것을 사법嗣法 관계로는 파악하지 않고 있
다는 점이다. 정심의 선지에서는 '깨달음에 이익 되는 바가 많았다[多
所悟益].'라고 하였을 뿐이다. 그러나 벽송은 다시 대혜와 고봉의 어
록을 통해 칠통을 타파하고 전해前解를 돈락시킬 수 있었으며 이후로
는 평생 이들의 종풍을 발휘했다는 것이다. 이는 결국 휴정이 정심을

---

199) 『碧松堂大師行蹟』, 『韓國佛教全書』7, pp.752~753.
　　"碧松…鷄龍山上草菴 參祖澄大師 投簪落鬒時年二十八矣…先訪衍熙教師 問
　　圓頓教義 次尋 正心禪 師 擊西來密旨 俱振玄妙 多所悟益 正德戊辰秋 入金
　　剛山妙吉祥 看大慧語錄 疑着狗子無佛性話 不 多時日 打破漆桶 又看高峰語
　　錄 至颺在他方之語 頓落前解 是故 師之平生所發揮者 乃高峰大慧之 風也 大
　　慧和尙 六祖十七代適孫也 高峰和尙 臨濟十八代適孫也 吁瀚以海外之人 密嗣
　　五百年前宗派 猶程朱之輩 生乎千載之下 遠承孔孟之緒也 儒他釋也 傳道則
　　一也".

벽송의 정사법사正嗣法師로 인정하지 않고 있음을 말한다. 대신 그는 벽송이 멀리 송대의 대혜와 고봉을 밀사密嗣했다고 이해함으로써, 새롭게 임제법통을 수립하고자 했음을 알 수 있다.

위 『벽송행적』의 인용 내용은 벽송이 오직 대혜와 고봉의 종풍을 발휘한 것으로 되어있다. 그러나 벽송은 보조 지눌의 사상에도 적지 않은 영향을 받았음이 확인되며[200] 법통 면에서는 나옹을 이었다는 주장 또한 상당한 설득력을 지닌다.[201] 이 때문에 교산蛟山 허단보許端甫는 벽송-영관-휴정-유정으로 이어지는 법맥을 '목우牧牛(지눌)와 강월江月(나옹)의 계승'[202]이라고 단언하기도 하였다. 그러나 휴정이 직접 밝히고 있는 자신의 법조 벽송은 '대혜와 고봉을 멀리 밀사한' 임제의 법통일 뿐이다.

2. 산중불교 현실 반영의 가풍

휴정의 저술에는 『벽송야행록碧松野行錄』이 있다. 그런데 숙종 16년(1690)에 간행한 이 책에서는 벽송과 정심이 사법嗣法의 관계로 나타나 보이기도 한다. 즉 정심과 벽송의 관련 부분에서 '서래밀지西來密旨'가 '전등밀지傳燈密旨'로 바뀌어 있고, 묘길상암에서의 벽송의 증득과 그로부터 평생 발휘한 종풍 및 밀사한 종파 등에 관한 부분이 삭

---

200) 高翊晉, 앞의 논문, p.204 참조.
201) 許端甫의 「淸虛堂集序」 및 「四溟大師石藏碑銘」에는 淸虛를 普濟尊者 懶翁 慧勤의 6대 법손으로 나타내 보이고 있다. 또 懶翁의 행장과 함께 그를 '末世에 석가의 後身'이라고 설하고 있는 『祖源通錄撮要』에 碧松이 跋文을 쓰고 있어, 淸虛의 법계 문제를 생각함에 있어 중요한 자료의 하나가 될 수 있다. (高翊晉, 앞의 논문, p.209)
202) 「松雲大師石藏碑」, 『朝鮮金石總覽』下, p.824.

제된 채, 벽송이 정심의 법을 이은 것으로 되어 있는 것이다. 그러나 이는 휴정 입적 후 이미 태고법통설이 정립된 후에 인쇄 간행된 것이어서 휴정의 후대 문하들에 의해 내용이 개변된 것임을 금방 알 수 있다. 따라서 이 『벽송야행록』보다 간행이 훨씬 늦은 채영采永의 『불조원류佛祖源流』(영조 40년, 1764 간행)에서는 당연히 정심淨心(『벽송행적』에서의 정심正心이 여기서는 정심淨心으로 되어있다)과 벽송의 법맥관계가 기정사실로서 서술되고 있지만, 이 또한 태고법통설을 내세우기 위한 것임에 틀림없다. 더구나 정심의 법맥은 태고 보우 → 환암 혼수幻庵混修 → 구곡 각운龜谷覺雲을 계승해 온 것으로 되어있다. 그리하여 다시 선을 벽송에게, 교를 정련淨蓮에게 전했다는 것이다. 그러나 『불조원류』에서 보이는 정심은 우선 시대상으로 많은 모순이 드러나고 행적에도 믿기 어려운 점이 허다하여 그 역사성을 인정받기 어렵다.[203]

어쨌든 벽송과 그 선대의 법통·법맥과 관계가 휴정 이후에는 이렇게 또 다른 방향으로 전개되지만 그러나 휴정이 이해하고 있는 자신의 법조 벽송은 분명 대혜와 고봉을 밀사한 것이다. 그러면 휴정의 임제법통 확립의 의도는 과연 무엇이었을까?

이에 대해서는 먼저 조선 선문의 현실을 있는 그대로 직시하려는 휴정의 태도를 생각해 볼 수 있다. 선문에서 사자상승이야말로 중요한 일임에 틀림없다. 그러나 당시 그렇게 이어져 온 법맥은 이미 찾을 수 없게 되고 만 것이 현실이다. 실정이 이러함에도 굳이 지눌이나 나옹 혹은 태고에 뿌리를 두고 법통을 세우는 일은 사실에도 부합되지 않을 뿐만 아니라, 자칫 그 명맥을 유지하기에도 힘겨운 산중불교

---

203) 金煐泰, 「朝鮮禪家의 法統考」, 『佛教學報』22, pp.39~40.

에 분파만을 조장하는 결과가 될 수 있다는 것이 휴정의 판단이었을지 모른다. 따라서 이 같은 현실을 전제로 법통을 새롭게 확립코자 할 때, 휴정이 택할 수 있었던 것은 여말 이후 선문의 주류가 되어 온 임제선맥이 가장 적합했을 것이다. 이를 휴정은 자신이 그렇게 이해하고 있는 바와 같이, 법조 벽송의 원사遠嗣로서 해결하고 있는 것이다.

그러나 이처럼 임제법통을 확립한 가운데서도 휴정이 당시 산중불교의 내용을 감안하고 이에 상응하는 가풍을 십분 발휘해 나갔던 사실에 대해서도 주목해야 한다. 선문이 중심이 되고는 있지만, 산중불교에는 선과 교의 요소가 병행 혼재하고 있다. 임제법통의 기치 아래 휴정이 사교입선捨敎入禪을 강조하면서도, 한편으로는 교리 이해와 염불·진언까지도 함께 수용하고 있음은 바로 이 때문으로 볼 수 있다.

휴정이 확립한 임제법통과 그 독특한 가풍에는 보조와 나옹 그리고 태고가 따로 없다. 가장 활발한 임제의 종풍이 있고, 그 시대 산중불교가 지향해 나가야 할 새로운 가풍이 있을 뿐이다. 물론 휴정이 확립한 임제법통에 대해서는 고려 내지 조선 전기불교와의 전통 단절이라는 문제를 제기할 수 있으며, 그의 가풍 또한 특성 없는 절충이라는 비판을 받을 수도 있다. 그러나 그렇게라도 법통을 확립하지 않을 수 없었고, 산중불교를 위한 가풍을 마련해야 했던 것이 당시 불교의 역사적 현실이었다. 따라서 선과 교 그리고 정토와 밀교까지도 통섭할 수 있는 그 자체가 매우 합리적이며 또한 독특한 가풍이었다고 할 것이다.

Ⅱ. 편양파의 태고법통설 제기

1. 태고법통의 확립과정

위에서 살펴본 바와 같이 휴정이 확립해 놓은 임제법통은 사자상 승의 원칙을 뛰어넘고 있다. 휴정으로부터 부용 영관-벽송 지엄으로 거슬러 올라 갈 때, 벽송 위로는 벽계 정심까지만 보일 뿐 그 이상은 드러나 있지 않다. 그것도 벽계 정심에 대해서는 벽송의 사법사嗣法師 로서가 아니라, 다만 선지를 일깨워 준 스승으로서 기록하고 있을 뿐 이다. 따라서 휴정은 그 선대의 공백에 대해 법조인 벽송이 멀리 송대 의 대혜와 고봉을 밀사한 것으로 이해한 것이다. 그러나 휴정 입적 이 후, 유정 송운 편양 언기鞭羊彦機 등 더욱 번성해진 그 문하에서는 이 같은 임제법통을 자신들의 종통으로 내세우기에는 아무래도 미흡함 을 느끼지 않을 수 없었던 것 같다. 그리하여 휴정 입적(1604) 이후, 사자상승의 체계가 구체적으로 갖추어진 새로운 법통설을 다시 제기 하고 이를 확정 짓기에 이른다. 바로 태고법통의 채택이다.

그러나 이미 임제법통을 확립해 놓은 휴정의 문하에서 다시 태고법 통설을 제기하고 그것을 확정 짓게 되는 과정은 그리 간단하지가 않 다. 이해의 편의를 위해 먼저 그 과정의 요점만 들어 말하면 다음과 같다.

태고법통설은 휴정이 입적하고 나서 대략 20여년 후에 처음 제기되었다. 임제법통설이 갖는 사자상승 문제의 결점을 보완하기 위함이었다. 그러나 이보다 10여 년 앞서 영명(법안종)-보조-나옹으로 계통을 내세우는 법통설이 제시되어 그것이 상당히 표면화하고 있었다. 역시 휴정 문하 사명문파에 의해서였다. 이에 법안종-지눌-나옹 법통설의 오류를 시정하기 위해 종문의 회의를 거쳐 태고법통설을 확정지었다. 이런 과정은 태고법통설의 확립이 간단치 않았음을 보여 주는데 이를 좀 더 자세히 살펴보기로 한다.

태고법통설이 최초로 나타나 보이는 현존 문헌은 휴정문하인 편양 언기가 쓴 「청허당행장淸虛堂行狀」과 「봉래산운수암종봉영당기蓬萊山雲水庵鍾峰影堂記」[204]이다. 전자는 언제 썼는지 기록이 없으나, 후자는 '천계 5년 을축'이란 기록에 의하여 인조 3년(1625)에 쓴 것임을 알 수 있다. 두 문헌은 서로 몇몇 자구의 첨삭이 있을 뿐 내용은 완전히 동일한데, 추측컨대 「행장」이 「영당기」보다 먼저 쓰여진 것으로 보인다. 제자인 종봉鍾峰(사명)보다 그 스승인 휴정의 「행장」을 먼저 썼으리라는 것이 순서상 자연스럽기 때문이다. 따라서 「행장」에서 기술하고 있는 태고법통설 부분을 인용해 본다.

> 임제종풍이란 근본이 있고 원류가 있다. 우리 동방의 태고화상이
> 중국으로 가 하무산霞霧山에서 석옥石屋의 법을 이었다. 그리하여
> 그 법을 환암에게 전하고, 환암은 구곡에게 전하고, 구곡은 등계 정
> 심에게 전하고, 정심은 벽송 지엄에게 전하였으며, 지엄은 부용 영관
> 에게 전하고, 영관이 서산 등계西山登階에게 전하였다. 석옥은 임제

---

204) 『鞭羊堂集』卷2, 『韓國佛教全書』8, p.253.

의 적손이다.[205]

이 같은 법통의 근거는 밝혀져 있지 않다. 그러나 일단 임제 18대인 석옥 청공을 사법한 태고로부터 시작하여, 환암 → 구곡 → 정심 → 벽송 → 부용 → 서산으로 단절 없이 이어져 온 태고법통을 주장하고 있는 것이다. 대략 인조 3년(1625)경에 이처럼 태고법통설이 처음 등장한 이후, 취지 면에서 그 맥락과 내용을 함께하는 태고법통은 계속해서 나타나 보인다. 인조 8년(1630)에 간행된 『청허당집』에 태고법통이 명기된 이식李植의 「서문」이 실리고,[206] 이어 금강산 표훈사에 세운 월사月沙 이정구李廷龜 찬 「휴정대사비」(인조 10년, 1632),[207] 계곡谿谷 장유張維 찬 「대흥사청허대사비」(인조 9년, 1631년 비명 찬. 인조 25년, 1647년 입비)[208] 등에서도 태고법통설 확립을 위한 휴정문하들의 노력이 드러나 있다.

한편 여기서 다시 상기해야 할 것은, 태고법통설의 등장에 앞서 휴정문하에서는 나옹계 법통설이 나와 그것이 이미 명문화되어 있었다는 사실이다. 이 법통설은 허단보가 쓴 「청허당집서」와 해인사 홍제암에 세운 「사명대사석장비」에 실려 있는데, 「청허당집서」와 「사명비」의 글은 둘 다 광해군 4년(1612)에 지은 것이다. 번거로움을 피해, 허단보가 법통에 관해 기술하고 있는 내용 가운데 법맥만을 뽑아 표시해 보면 다음과 같다.

---

205) 『清虛集』(補遺), 『韓國佛敎全書』7, p.735.
206) 「淸虛堂集序」, 『淸虛集』卷1, 『韓國佛敎全書』7, pp.568~9.
207) 『朝鮮金石總攬』下, p.853 ; 「金剛山白蓮寺立碑跋記」, 『寄巖集』, 『韓國佛敎全書』8, p.178.
208) 「大興寺淸虛大師碑銘幷序」, 李能和, 『朝鮮佛敎通史』上, p469.

〈「청허당집서」에 나타나는 법맥〉

영명 연수(법안종) → 도봉 영소 → 도장 신범 → 청량 도국 → 용문 천은 → 평산 숭신 → 묘향 회해 → 현감 각조 → 두류 신수 → 보제 나옹 → 남봉 수능 → 등계 정심 → 벽송 지엄 → 부용 영관 → 청허 휴정

〈「사명비」에 의한 법맥〉

영명(황매종지黃梅宗旨 의)…목우자(보조)…강월헌(나옹)…(5전하여)…부용 영관 → 청허 휴정 → 사명 유정

위에서 간단하게 '나옹법통설'이라고 말했지만, 「청허당집서」와 「사명비」에 보이는 법맥은 여러 계통이 복합 구조로 되어 있다. 전자는 법안계·나옹·임제계의 3중 구조를 보이고, 후자는 여기에 보조까지 더하여 4중 구조를 이루고 있다. 따라서 여기에는 임제종의 평산 처림에게서 사법한 나옹을 법안종의 영명계통으로 한 것이나, 조계산 수선사 제1세 보조가 역시 법안종을 이은 것처럼 되어 있는 것 등 납득할 수 없는 부분들이 허다하게 드러난다. 허단보의 이 두 글에 나타나는 법통설이 갖는 허구성과 문제점에 대해서는 이미 충분하게 지적되어 있는 선행 연구들에 미루지만,[209] 한 마디 첨언하고자 하는 것은 이 같은 법통설을 전적으로 허단보 개인의 착오나 날조만으로 볼 수는 없다는 점이다. 왜냐하면 「청허당집서」만 하더라도 '사명이 임종 시에 문인에게(혜구慧球) 분부하여 허씨에게 글을 청해 『청허집』의 「서」로 삼게 한 것'[210]으로 보아, 법통에 관한 한 휴정 문하의 자료제공이 있었거나 최소한 내용에 동의가 필요했을 것이기 때문이다. 「사명비」의 경우도 마찬가지였을

---

209) 金煐泰,「朝鮮禪家의 法統考」,『佛敎學報』22(1985) ; 崔炳憲,「朝鮮時代 法統說의 問題」,『韓國史論』19(서울대 국사학과, 1988) ; 서정문,「朝鮮時代 禪門法統說에 대한 考察」,『중앙승가대학 논문집』1(1992).
210) 李能和,『朝鮮佛敎通史』上, p.483.

것이다. 따라서 긍정적인 관점으로 이를 바라본다면 '보조-나옹법통설'
은 조선 전기의 실제적인 현실을 반영하는 것으로 이해할 수 있다.[211]

또 다른 시각에서라면 이는 '선문의 계보로서 보다는 고려 초기의
법안종 수입, 고려 후기 보조의 정혜결사와 선사상의 성립, 여말선초
나옹의 임제종 도입과 불교계의 주도, 조선 중기 벽송계의 대두와 임
제법통설 제창 등 고려·조선시대의 선종사에 대한 인식의 문제'[212]로
서 해석할 수 있다. 나옹법통설은 허단보의 글 외에도 휴정의 사법제
자인 경헌敬軒(1544-1633)이 그의 문집『제월당집霽月堂集』「서敍」를
통해 주장하기도 하였다. 허단보와는 달리 상승의 계보가 역사적으로
매우 정연한 경헌의 이 나옹법통설은 태고법통설이 이미 정립된 뒤
인 인조 15년(1637)에 그 모습을 드러내고 있어서[213] 당시의 현실을
짐작해 보는데 더욱 사실적인 도움이 된다. 허단보의 설과 경헌의 나
옹법통설 주장 등은, 어쨌든 휴정 입적 이후 그것이 상당히 인정되고
있었음을 말해준다.

그러나 결국 나옹법통설을 포함하여 문제성이 많은 허단보의 설을
폐기하고 바른 법통을 세우려는 움직임이 일어나게 된다. 그리하여 주
로 사명문하의 동학들이 서로 의논하여 이미 언기가 제시해 놓은 태
고법통설을 종문의 정설로 확정 짓기에 이른다. 그 자세한 사정은 사
명의 제자이며 휴정에게도 법을 배운 바 있는 중관 해안中觀海眼의
「사명당행적」에서 찾아볼 수 있다. 인조 18년(1640)에 쓴 이글에서
해안은 다음과 같이 적고 있다.

---

211) 제3부 4장의 註 140, 141)과 같음.
212) 崔炳憲,「朝鮮時代 佛敎法統說의 問題」, p.288.
213) 金煐泰,「『霽月堂集』에 보인 休靜의 法統」,『韓基斗博士華甲記念論文集』
上, p.420.

소제자인 해안은 조석령鳥石嶺 망주정望洲亭 변두리의 말석 아래에 자리한 보잘 것 없는 위인이다. 대사(사명)의 입실제자 가운데서 혜구 단헌 등과 팔방의 동학 등과 서로 의논하였으니, 청허는 바로 능인(석가)의 63대이며, 임제의 25세 직손이다. 영명은 곧 법안종이요, 목우자(지눌)는 별종別宗이며, 강월헌(혜근)은 곧 평산 처림에서 분파되었다.

본비(허단보 찬 「사명비」)의 글 가운데는 우리 스님(사명)께서 임제로부터 전해 받은 법통의 차례를 빠뜨리고 있어서, 만약에 지혜에 눈멀고 귀 어두운 자가 오래도록 전한다면 어찌 이목 있는 이의 놀라움이 아니겠는가? 해안이 비록 변변치는 못하나 사실을 올바르게 적는 붓은 지니고 있다. 그 본비에 관해서 여러 번 청하기 때문에 (사명 유정이 입적한지) 31년이 지난 경진년(1640)에 삼가 쓴다.[214]

해안의 이 글은 몇 가지 중요한 사실을 전해주고 있다. 즉 ①휴정은 석가의 63대 손이며 임제의 25대 직손이 된다고 천명함으로써 휴정이 확립했던 임제법통의 원칙을 밝힌 점 ②영명·목우자·강월헌의 종계宗系를 한 마디로 휴정의 임제정맥과는 다른 계통임을 분명히 한 점 ③이 같은 일을 「청허당집서」와 「사명대사비명」을 허단보에게 청해 쓰게 했던 사명의 대표적인 제자 혜구·단헌 등을 포함하여 팔방의 동학들과 의논하여 결정했다는 점 등을 확인시켜주고 있는 것이다. 이로써 휴정 문중에서 일부 제기되어 왔던 법안·나옹법통설을 폐기하고 종문대도 확립의 공론公論[215]으로서 태고법통설을 정립한 것이다. 이는 휴정이 「벽송당행적」을 통해 세운 임제법통설의 의도를 더욱 충실하게 이어간 것으로 받아들일 수 있다. 그러나 종문의 공론으로 다시 확립한 이 태고법통설의 문제점 또한 한두 가지가 아니다. 이 글의 관

214) 「四溟堂松雲大師行蹟」, 『四溟堂大師集』卷7, 『韓國佛敎全書』8, p.75.
215) 海印叢林刊, 『韓國佛敎의 法脈』, p.5.

심이 특정 법통설의 가치판단에 있지 않기 때문에 이 또한 선행 연구들로 미루어 둔다.[216]

2. 경허의 태고법통 환성법맥

태고법통설이 확정되는 과정에서도 엿볼 수 있듯이 조선 선문은 휴정 이후 그 문하가 매우 번성하였다. 물론 부용 영관의 제자로서 휴정과 동문인 부휴 선수浮休善修(1543-1615)가 휴정과는 또 다른 각도에서 조선 후기 선문에 영향력을 미친 것도 사실이다. 부휴는 광해군 1년(1609) 가을에 송광사의 요청에 응하여 벽암 각성 등 4백여 명을 거느리고 송광사에 가서 사찰을 중수하였다. 이를 계기로 보조의 수선사였던 송광사에 태고법통인 부휴와 그 문손들이 대대로 거주하게 된 것도 이채로운 일이다.[217]

이 선수는 휴정과 동문이면서도 그 문하이기도 하다. 그리하여 휴정의 제자 사명과 함께 명성을 떨쳐 당시 세상에서는 이들을 가리켜 '이난二難'이라 부르기도 했다. 그러나 휴정의 문하로서 뒷날 4대파를 형성한 것은 사명 유정 편 양언기 소요 태능逍遙太能 정관 일선靜觀一禪이었다. 이 중에 사명이 휴정의 법을 계승하고 3인의 고제高弟는 법을 위촉 받았다. 이 4대파 가운데 가장 번성했던 것은 편양문파였다. 편양은 앞에서 살펴 본 바와 같이 태고법통설을 맨 처음 제기한 장본

---

216) 위의 註 209).
217) 조선 후기에 浮休의 문손들이 普照 知訥의 중심도량인 송광사를 태고법통에 잇고 있는 사실에 대해서는 다음 논문에 자세하게 밝혀져 있다. 崔炳憲, 「朝鮮後期 浮休善修系와 松廣寺 -普照法統 說·太古法統說 葛藤의 한 事例 -」, 『同大史學』1(동덕여대 국사학과, 1995).

인이다. 그만큼 휴정문하에서 영향력이 컸던 것임을 알 수 있다. 조선 후기의 선문은 이 편양의 문손들에 의해 거의 주도되었다고 해도 과언이 아니다. 그 문손 가운데 많은 선덕과 학장이 배출됨으로써 선문은 물론 교학까지도 크게 중흥시켰다.

이제 조선 말기의 선문에 새바람을 일으킨 경허(1847~1912)의 법맥을 찾아 보기위한 작업의 전단계로서, 위에서 검토해 온 태고로부터 휴정문하의 4대문파와 함께 편양파 중심의 법맥을 도표로 제시해 둔다. 여기서는 편양의 문하 중에서도 환성 지안에 이르는 법맥만을 나타내 보였는데 이는 경허가 바로 이 환성의 법맥에 속하는 문손이기 때문이다.

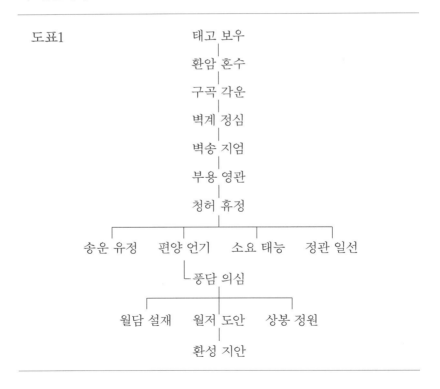

도표1

태고 보우
｜
환암 혼수
｜
구곡 각운
｜
벽계 정심
｜
벽송 지엄
｜
부용 영관
｜
청허 휴정

송운 유정　　편양 언기　　소요 태능　　정관 일선
｜
풍담 의심

월담 설재　　월저 도안　　상봉 정원
｜
환성 지안

Ⅲ. 근대 선의 중흥조 경허의 생애

경허가 근세 한국불교 선문의 중흥조임은 누구라도 인정하는 사실이다. 그러나 경허의 행적은 워낙 초일상적이고 비범하여 그의 생애는 관점에 따라서는 여러 가지 상반된 평가가 나올 수 있다. 이런 경허의 생애를 전해주는 가장 신빙성 있는 자료로는 1931년에 한암이 쓴 「선사경허화상행장先師鏡虛和尙行狀」과 1942년에 수제자 만공의 주관하에 후학들이 그의 언행을 모아 선학원에서 간행한 『경허집鏡虛集』이 있다. 경허의 이 법어집에는 만해가 쓴 경허의 「약보略譜」가 함께 실려 있다. 이들 자료를 토대로 먼저 경허의 생애를 간략하게 정리한다.[218]

경허는 1849년 전라도 전주 자동리에서 태어났다. 아버지는 여산 송씨 두옥斗玉, 어머니는 밀양 박씨였다. 어릴 때 이름은 동욱東旭, 법명은 성우惺牛이며, 경허鏡虛는 법호이다. 경허는 그가 태어나던 해에 아버지를 여의고, 1857년 나이 9세 때 어머니를 따라 상경하였다. 그 길로 아버지와 친분이 있는 사람의 주선으로 경기도 과천에 있는 청계사로 보내져, 계허桂虛를 은사로 머리를 깎고 계를 받았다. 어린 나

---

218) 경허의 생애 가운데 특히 年度문제는 性陀, 「鏡虛의 禪思想」의 '생애' 부분의 연대를 그대로 따 른 것임. (『朴吉眞博士 華甲記念 韓國佛敎思想史』).

이에 불문에 든 그는 오직 나무하고 물 긷고 공양하는 일에만 매달려야 했을 뿐, 글을 배우거나 경전을 공부할 기회가 없었다.

그렇게 5년이 지난 1862년 나이 14세 되던 해 여름, 마침 절에 와 잠시 머물러 있던 한 선비로부터 글을 배우기 시작하였다. 그렇게 먼저 「천자문」을 배웠는데 듣는 대로 곧바로 외우는지라, 선비는 다시 『통사通史』등을 가르쳤다. 이들 또한 배우는 대로 뜻을 알고 글귀를 외워, 학문에 대한 비상한 재주를 보였다. 그러나 그 무렵 은사인 계허가 절을 떠나 환속하고 말았다. 계허는 환속을 하면서 어린 제자의 재능을 아껴 계룡산 동학사에 있던 만화萬化 강백에게 천거해 보냈다. 이렇게 해서 본격적인 교학수업을 받기 시작한 경허는 뛰어난 재능 위에 열성과 분발을 더하여 이내 일대시교一大示教의 내전內典을 마치고, 유서는 물론 노장까지 정통하지 않음이 없었다.

동학사로 와서 내외의 학문에 몰두하며 9년이 지나 23세가 된 1871년, 그는 스승인 만화화상으로부터 대승의 법기임을 인정받고 대중의 요청에 따라 스승을 이어 동학사의 강사로 추대되었다. 강사가 된 후 '마치 큰 바다의 파도처럼' 교의를 논하는 그의 명성은 이내 사방으로 퍼졌고, 학문을 배우려는 사람들이 몰려와 그의 강하에는 항상 70~80명의 학인이 들끓었다. 이렇게 강사로서 명성을 떨치며 8년의 세월이 흘렀다. 그의 나이 31세 되던 1879년 여름 어느 날, 경허는 문득 계허스님이 자신을 권속으로 아껴 주시던 정분이 생각나서 환속해 있는 옛 은사를 찾아뵙고자 서울을 향해 길을 나섰다. 그런데 바로 이 길이 경허의 생애에는 하나의 큰 전환점이 되었다.

서울로 향하던 경허가 천안 근처 어느 마을을 지날 무렵 갑자기 심한 폭풍우가 닥쳐 이를 피하기 위해 급히 어느 집 처마 밑을 찾아 들었다. 그런데 주인은 냉정하게 경허를 내쫓았고, 영문도 모른 채 쫓겨난 그는 다른 집 처마 밑으로 갔으나 거기서도 사정은 마찬가지였다. 이렇게 빗속에 몇 집을 전전하는 가운데 마침내 날까지 어두워져 경허는 이제 잠자리를 얻기 위해 한 집의 대문을 두드렸다. 그 집에서도 역시 거절당한 경허는 온 마을이 사람을 꺼리는 이유가 바로 '돌림병' 때문인 것을 비로소 알았다. 그것은 호열자(콜레라)였고 당시 의료수준으로써 콜레라는 곧 떼죽음의 병이었다. 어느 집에서도 하룻밤 유숙을 허락 받지 못한 경허는 마을 밖 큰 나무 밑에 앉아 밤을 새우며 비로소 죽음의 문제와 구체적으로 직면하였다.

이제껏 생사불이의 이치를 누구보다 크게 강설해 온 그였지만 그것은 하나의 문자적 지식이며 이론일 뿐이었다. 눈앞에 전개되고 있는 이 떼죽음의 현실 앞에 그런 문자의 지식과 이론은 아무런 힘이 될 수 없었다. 돌림병 앞에 떨고 있는 마을 사람들에게는 물론 당장 자신의 절실하고 화급한 문제로서의 죽음이 바로 거기에 얼굴을 내밀고 있었다. 그가 지금까지 쌓아온 많고 많은 지식들이란 그저 한낱 환幻일 뿐이다. 이 같은 뜻밖의 충격적인 사건으로 그는 일체 세상사가 모두 꿈밖의 청산처럼 느껴졌다. 바로 여기서 경허는 지금까지 익혀온 모든 것을 버리고 오직 삼계를 벗어나기 위한 조도祖道를 걷기로 결심한다. 명강의를 펼쳐 온 경허의 사교입선捨敎入禪의 방향전환이었다.

옛 은사를 찾는 일도 그만 두고 그 길로 동학사로 되돌아 온 경허는 그동안 가르쳐 온 학인들을 흩어 보내고 방문을 걸어 잠근 채 앉아 무섭게 화두와 대면하였다. '나귀 일이 끝나지 않았는데 말의 일이 닥쳐왔다[驢事未去 馬事到來].'는 옛 영운조사靈雲祖師가 들어 보인 화두 외에 그에게는 어느 것도 존재하지 않았다. 은산철벽처럼 그렇게

제6장 조선 후기 선문과 경허의 법통관 779

일념으로 참구한 지 석 달이 지났다. 어느 날 경허는 옆방에서 시중드는 사미승이 다른 사미승에게 밖에서 들은 신기한 말을 옮기는 가운데 '소가 되어도 콧구멍을 뚫을 데가 없다.'는 한마디에 천지가 진동하는 충격을 받는다. 여기서 비로소 '옛 부처 나기 전 소식이 활연히 눈앞에 나타나 대지가 꺼지고, 물物과 아我를 함께 잊어 백 천 가지 법문과 헤아릴 수 없는 묘한 이치가 당장 얼음 녹듯 하고 기와가 깨지는 듯' 하였다. 이때가 1870년 11월 보름 경, 나이 31세 때였다.

이렇게 활연히 깨친 경허는 이듬 해 거처를 연암산燕岩山 천장사天藏寺로 옮겨, 동학사에서 보다 더한 고행으로 '보임保任'에 들어갔다. 대략 6년간의 보임기간을 포함하여 이곳에서 20여 년간 머물렀다. 그동안 서산의 개심사·부석사 등지로 왕래하면서 고요히 묵상하거나 설법으로 제자들을 가르치고 때로는 기이한 갖가지 행적을 보이면서 선풍을 크게 떨쳤다. 그동안에 그는 만공·혜월·수월을 제자로 두기도 하였다. 1884년 나이 36세 때였다. 이들이 근세 한국불교 선문을 밝게 빛낸 경허 문하의 삼거목三巨木이다.

1898년, 경허의 나이 50세에 접어들어서부터 그의 명성은 전국을 덮었다. 그해 경허는 동래 범어사로 내려가 영남 최초의 선원을 개설하고 납자들을 지도하였으며, 이듬해인 1899년 가을에는 해인사로 갔다. 해인사에서도 조실로 주석하면서 본격적인 수선결사를 시작하였다. 이때 지은 「결동수정혜 동생도솔 동성불과 계사문結同修定慧 同生兜率 同成佛果 稧社文」에는 제목에서부터 경허의 포괄적인 선사상과 결사정신이 잘 나타나 있다. 또 그는 고종황제의 뜻에 따라 불경을 인각하고 수선사를 짓는 사중寺中 불사에 법주가 되기도 하였다. 그가 해인사 말사인 금릉군 청암사에 들렀을 때는, 당시 운수행각 중이던

24세의 젊은 방한암(1876~1951)을 제접하였다. 후에 현대 한국불교의 거인이 된 한암은 이름 높은 경허가 읊은『금강경』사구게 한 구절에 '안광이 홀연히 열리면서 우주 전체가 환히 들여다보였다.'한다. 그리하여 사자師資의 깊은 연을 맺게 된 경허와 한암은 서로 이해하며 한 겨울을 해인사에서 함께 지냈다.

1900년, 나이 52세 때 경허는 다시 지리산으로 가서 천은사와 화엄사에서 지내고 1902년에는 다시 범어사에 들러 금강암과 마하사에서 나한상 개분改粉불사에 증사가 되기도 했다. 전후 두 차례에 걸쳐 범어사에 머무는 동안 「범어사계명암수선사청규梵魚寺鷄鳴庵修禪社淸規」등 몇 가지의 글을 짓기도 하였다. 이처럼 경허는 호서와 영호남 등 전국 각지를 두루 다니며 그동안 거의 끊긴 실참실구實參實究의 선풍을 다시 크게 일으켰다. 그가 근대 선의 중흥조로 불리는 것도 이 때문이다. 그 후 1902년에서부터 1904년까지, 즉 54~56세까지 경허는 운수납자雲水衲子로서 각지로 다녔던 것으로 보인다. 56세 때는 오대산·금강산을 두루 돌아 안변의 석왕사로 갔다. 석왕사에서도 오백나한의 개분불사의 증사가 되었으며, 이 불사에 증사로 참여한 일이 경허가 불가에서 보인 승려로서의 마지막 모습이었다.

석왕사 이후 갑산 강계 쪽으로 종적을 감추고 비승비속의 행색 속에서 생애의 후반이 시작된다. 경허의 생애 후반 부분에 대해서는『경허집』의 「약보」에 적힌 다음과 같은 만해의 서술이 보인다.

> 그 후 욕심을 끊고 세상을 피하여 이름을 숨기고 잠적해 갑산 강계 등지에서 스스로 호 를 난주蘭州라 하며, 머리를 기르고 유관儒冠을 한 모습으로 거리와 집집을 두루 돌아다니며 진흙이고 불속이고 인연을 따라 오가며 가르쳤다.

이렇듯 말년을 진속에 걸림 없이 보냈던 경허는, 1912년 4월 24일 강계와 후창군사이의 난덕재를 넘던 중 문득 피곤을 느꼈다. 그래서 성장동이라는 마을에 이르러 한 아는 집을 찾아 누웠으나 음식을 들지 않았다. 이튿날 새벽 경허는 종이를 앞에 놓고 붓을 들어 썼다.

마음 달 외로이 둥그런데	心月孤圓
빛은 만가지 상을 삼키네	光呑萬像
빛도 경계도 함께 없으니	光境俱忘
다시 이것이 어떤 것인가	復是何物

곧 임종게였다. 쓰기를 마치고 경허는 다시 그 아래에 큰 동그라미 하나를 그려 일원상을 표현한 후 이내 입적하였다. 1912년, 세수 64세 법랍 55세였다.

IV. 경허 법맥과 법통관의 특징

1. 환성의 7세·9세 법계 문제

경허가 임종게에서 말하듯 '빛도, 비치는 경계도 없는[光境俱忘]' 그의 생애 속에서, 이제 다시 그의 법맥 계보를 검토해 볼 차례이다.

생애에서 보았듯이 그는 계허를 은사로 득도하였고 만화강백에게서 학문을 배웠다. 그리고 만화를 이어 동학사의 강사로 추대되었다. 이런 사실은 그의 법맥과는 무관한 것으로 느껴진다. 그러나 경허가 자신의 법통·법맥을 밝힌 부분을 포함하여 한암이 쓴 「경허행장」 및 『경허집』 「약보」에 제시된 법계와 실제로 현재 인정되고 있는 경허 문하의 법계 사이에는 약간의 차이가 생긴다. 다시 말하면 이 차이는 만화강백의 법계 포함 여부가 문제가 되는 것이다. 이 점을 해결하기 위해서라도, 먼저 「경허행장」 및 「약보」에 보이는 법통·법맥부터 살펴본다.

경허는 32세 되던 어느 날 천장암에서 대중을 모아 놓고 설법하는 가운데 자신의 법통연원과 법계를 이렇게 밝히고 있다.

> 내가 비록 도가 충실하지 못하고 자성을 점검하지 못하였으나, 일 생동안 향한 바는 기어 이 한 도리의 진리를 분명히 밝히는 데 있었

다. 이제 늙었는지라 뒷날 나의 제자는 마땅히 나로써 용암장로龍巖
長老에게 법을 이어 그 도통道統의 연원을 정리하고, 만화萬化강사로
써 나의 수업사授業師를 삼음이 옳겠다.

이어 「행장」에서는 경허의 이 법통에 관한 당부를 토대로 다음과
같이 법계를 들어 보이고 있다.

이제 화상의 유교遺教를 받들어 원류를 거슬러 올라 간 즉, 화상은
용암 혜언龍巖慧彦을 잇고, 언彦은 금허 법첨錦虛法添을 잇고, 첨添
은 율봉 청고栗峰青杲를 잇고, 고杲는 청봉 거안青峰巨岸을 잇고, 안
岸은 호암 체정虎巖體淨을 이었다. 청허는 편양에게 전하고, 편양은
풍담에게 전하고, 풍담은 월담에게 전하고, 월담은 환성에게 전하
여, 경허화상은 청허에게 12세손이 되고 환성에게 7세손이 된다.[219]

「행장」에서 제시된 법계내용을 정리해 보면, 청허…환성 → 호암 →
청봉 → 율봉 → 금허 → 용암 → 경허와 같이 된다. 「행장」에 보이는
바와 같이 경허가 환성의 7세손이라면 이 법계는 틀림이 없다. 그러나
문제는 현대 수덕산 문중에서 행해지는 법계이다. 그것은 이와는 달
리 용암으로부터 경허 사이에 영월 봉율永月奉律과 만화 보선萬化普善
이 더 들어 있다. 즉 용암 → 영월 → 만화 → 경허로 이어져, 경허가
청허 하 13세, 환성 문하 9세로 되어 있는 것이다.[220]

이는 곧 경허가 자신의 '수업사를 삼으라.'라고 밝힌 만화강백을 법

---

219) 漢巖, 「鏡虛和尙行狀」, 『漢巖一鉢錄』(오대산 월정사, 1995), p.229; 「略譜」
  에도 마찬가지 내용이나, 鏡虛가 '龍巖和尙의 法統을 이은 淸虛의 11세손이
  요, 환성의 7세손'이라고 기록하고 있다. 性陀, 앞 논문, p.1108참조.
220) 性陀, 앞 논문, pp.1108~1104 및 註 156) 참조 ; 불기 2520년에 간행된 耕
  雲 炯埈의 『海東佛祖原流』에서도 淸虛下 13世로 法孫法脈을 그려 놓고 있다.
  이 책, 「我」편, 말미 부분, 鏡虛 惺牛조에도 "此不現在修德山門中施行門譜也"
  라고 밝히고 있다.

계에 포함하는 결과가 된다. 요컨대 경허의 법통을 그 자신이 언명한 그대로 따라 환성 하 7세로 할 것인가, 아니면 현행의 9세를 지킬 것인가의 문제인데, 이는 제3자가 관여할 바는 아니다. 마치 태고법통설을 확립할 때 문중의 중의를 거쳐 결론을 얻었던 것처럼 경허 문중 자체에서 해결해야 할 사항인 것이다. 참고로 환성 하 7세 혹은 9세의 내용을 좀 더 편리하게 알아 볼 수 있도록 위에서 검토해 온 경허 법맥계보의 대강을 다시 정리하면 〈도표2〉와 같다.[221]

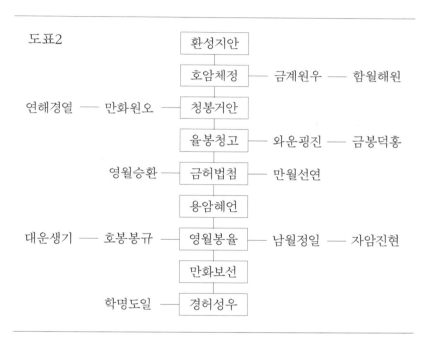

도표2

이상에서 보듯이 경허의 법맥이 휴정 문하에서 새롭게 확립한 태고법통에서 근원함은 말할 것도 없지만, 그것은 우선 태고법통설의 최초 주창자인 편양 언기의 계통임을 알 수 있다. 편양계는 그 문파의

---

221) 『海東佛祖原流』「樂」·「我」편에서 가려 뽑음.

융성함은 물론, 그 법손 가운데 특히 뛰어난 선덕과 학장이 많이 배출되었다는 점에서 하나의 특징을 이룬다. 이는 동시에 경허법맥의 특징으로도 볼 수 있다. 뿐만 아니라 편양문파는 휴정이 세운 임제법통과 산중 선문의 가풍을 충실하게 계승하고 있음도 잘 드러난다. 편양 자신이 휴정의 심법을 얻고 선과 교를 함께 받았으며, 그에게서 사법한 풍담楓潭이 또한 심법 외에『화엄경』등 대승경을 연구하고 그 음석音釋을 짓는 등 교화를 떨쳤다.

풍담 이후 여전히 선문의 심법이 전해지는 가운데서도 교학 또한 더욱 성행하였다. 바로 풍담-월담月潭에 이은 환성喚惺의 행적에서 그것을 엿볼 수 있다. 환성은 월담에게서 심법을 얻은 후, 벽암의 문하로서 당시 화엄의 제1인자 칭호를 듣던 직지사의 모운에게서 화엄의 강석을 물려받기도 하였다. 그가 금산사에서 개최한 화엄대법회에는 대중이 무려 1천4백여 명이 모였다는 것으로 미루어 화엄교학에 대한 그의 명성을 짐작할 수 있다. 그러나 당대의 뛰어난 화엄 학승이라 해서 그를 교학승이라고는 말할 수 없다. 환성은 역시 편양계 문하 선문의 중요한 계승자인 것이다. 이 무렵에 이르러서는 이미 휴정 문하 4대 문파 가운데 유독 편양파를 제외한 나머지 문파들이 거의 쇠퇴해 가는 상황이어서, 편양 문손으로서 환성의 위치는 더욱 뚜렷하다. 그는 화엄의 대학장이기도 했지만 임제 위앙 운문 조동 법안 5종宗의 대요를 담은『선문오종강요禪門五宗綱要』를 저술하기도 하였다. 임제-태고법통의 진위를 더욱 명확하게 분별하기 위함에서였을 것이다.

이런 환성으로부터 이후 경허에 이르기까지 7세(혹은 9세)의 법맥 가운데서도 이 같은 조선 후기 선문의 전통은 그대로 잘 지켜 내려오고 있다. 환성에게서 법을 이은 호암虎巖이 해인사와 통도사에 머물며 학인을 제접하다가 특히 말년에 깊이 선정을 익히고 있는 것이라든가,[222] 경허가 자신을 그의 법을 이어 전등의 연원을 정리하라고 당부했던 것과, 용암龍巖이 대중교화의 새로운 방안을 개척하고 있는 예도 선문전통과 가풍의 반영이라고 말할 수 있다. 현재도 설법 중에 선교의 중요한 대목에 이르러서는 으레 게송을 한 구절 읊은 다음 '나무아미타불'을 높은 소리로 함께 부르는 것을 볼 수 있거니와, 이는 용암과 그 제자들에게서 시작된 것이라 한다.[223] 선·교·정·밀의 병행을 가르쳤던 휴정의 산간 선문의 가풍이 경허의 법맥 중에서 이렇게 전승되어 내리고 있는 것이라 하겠다.

2. 무사자오인의 선문법통 존중

경허는 먼저 교학을 배우다가 사교입선 하였고, 명성을 떨친 강사였으며 선사였다. 이는 휴정의 가풍에서도 강조되어 온 바였다. 또한 그는 무사자오無師自悟 했던 것이지만 용암장로로부터 이어 법통을 정리케 함으로써, 휴정 이후 면면히 내려온 법통의 계승을 소중하게 인식하고 있음도 함께 보여준다. 그러나 경허의 이러한 사자상승의 법통인식은 반드시 한 스승이 물려주고 한 제자가 이어 받아야만 하는 그런 것과는 다른 의미였던 것으로 생각된다. 경허의 다음과 같은 법통관에서 그것을 잘 엿볼 수 있다.

한 사람이 한 사람에게 전함[人傳一人]이란 부처님께서 열반에 드신 후에 1인을 천거하여 일대의 교주를 삼은 것이다. 두 개의 해가

222) 앞의 『漢巖一鉢綠』註부분, p.313.
223) 앞의 책, 같은 곳.

없고 나라에 두 명의 왕이 없는 것과도 같다. (그러나 이는)한 사람
이 한 사람에게 전한 이외에는 도를 얻은 이가 없음을 말하는 것은
아니다. 서천의 모든 조사로부터 당토의 모든 성현에 이르기까지 모
두 그러하였다. 그러므로 우바국다 존자는 사람을 제도한 숫자의
산算 가치가 삼십척실三十尺室에 가득 했고 마조문하에서는 88인의
종사가 출현하였다.[224]

　교화의 필요상 득법자 1인을 내세워 당대를 당담케 하는 것일 뿐
그 1인 외에 오도득법자가 없는 것은 아니라고 말하고 있는데서, 경허
의 법통관은 사자상승의 원칙에 얽매어 있지 않음을 엿볼 수 있다. 이
는 어느 점 무사자오 했던 경허 자신의 입장에 대한 소신으로 이해되
기도 한다. 법통에 대한 견해가 이러했지만 그는 자신을 용암장로에게
이어 전등의 연원을 정리케 한 것이다.

　요컨대 경허 법맥의 특징은 임제-태고 법맥 속에서 선·교·정·밀이
병행되는 산중 선가의 가풍이 가장 잘 지켜져 내려온데 있다고 말할
수 있다. 또한 그가 지닌 법통관에 보이는 특징은 종래의 선문의 사자
상승이 마치 장자상속의 혈류 계승처럼 여겨져 온 것에 비해, 법맥계
승자 외에도 오도득법자가 많음을 역설한 데서 드러난다. 그러함에도
무사자오한 자신의 법맥을 용암에 의지해 계승케 하고 있음은 조선
선문의 오랜 전통에 대한 존중에서였다고 해석할 수 있다.

---

224) 『鏡虛堂語錄』 「結同修定慧文」, p.14.上(보련각, 1977). "人傳一人者 以佛滅
　　度之後 舉一人爲 一代教主 如天無二日 國無二王也 非謂其無餘外得道者也 故
　　自西天諸祖師 至唐士諸聖賢 亦皆如是 故如優婆麴多尊者 度人數籌 滿三十尺
　　石室 馬祖下出入人宗師".

시대적 소산으로서의 법통·법맥 존중

배불정책 아래서 선문의 법통·법맥마저 연멸 단절되어 가던 조선 중기에 청허 휴정이 새롭게 확립한 법통은 임제계의 선통이었다. 그러나 그것에는 휴정의 법조인 벽송 지엄 그 이상의 윗대는 제대로 드러나 있지 않다. 지엄이 5백여 년을 뛰어 넘어 멀리 송대의 대혜와 고봉을 은밀하게 잇는 형식의 임제법통이다. 미흡하지만 이 같은 법통의 확립 노력에서는 휴정의 고심이 그대로 읽혀진다. 그는 당시 조선 선문의 현실 그대로를 인정하고 그런 형태로라도 새롭게 법통을 세워 법맥의 단절을 막고자 했을 것이다.

그러나 이런 법통에 만족할 수 없었던 휴정 문하 특히 편양파에 의해 다시 태고법통설이 제기되고, 동학들의 중론을 거쳐 태고로부터 휴정에 이르기까지의 법맥이 일목요연하게 갖추어지게 된다. 이로써 휴정이 세운 임제법통의 구체성을 담보할 수 있게 된 것이다. 하지만 이 같은 법맥계보가 사실에 근거한 것이 아님은 물론이다. 이는 법맥의 사실성 보다는 법통·법맥에 관한 당시 선문의 인식이 반영된 시대적 소산이었다.

어쨌든 이 같은 법통·법맥이 조선선문의 정통으로 자리 잡아 내리는 가운데 그것은 조선 말 선문의 중흥조로도 불리우는 경허에까지 이른다. 하지만 경허는 또 다른 이유에서 그 윗대의 법맥이 불분명하였다. 이는 경허가 강학자로부터 출발하고 문득 스스로 사교입선하여 화두로써 깨치고 있기 때문이다. 이처럼 무사자오 한 경허의 법맥을 굳이 따져 말하기는 쉽지 않다. 여기서 사자상승의 원칙적 의미를 확인하는 경허의 법통관과, 굳이 자신의 도통 연원을 용암장로에게 두게 한 당부를 함께 주목해야 한다.

결국 경허는 자신이 사자상승의 원칙에 얽매이지 않으면서도 선문의 오랜 전통에 대해서는 역시 그것을 존중하는 입장이다. 경허의 법맥과 법통관의 특징 또한 바로 이런 입장에서 찾을 수 있다.

찾아보기

―

【 ㄱ 】

가등청정加藤淸正 700 710

가림사嘉林寺 157

가섭보살迦葉菩薩 43 684

가지사迦智寺 157

각림사覺林寺 134 135 168 213

각성覺性 511 583 728 736 775

각황사覺皇寺 585

각훈覺訓 27

간경도감刊經都監 258 262 268
     365 395 403 415 419 425
     429 436 440 448 538 644

간폐석교소諫廢釋敎疏 494 727
     735 743 753

감로법회甘露法會 534

감로사甘露寺 157 213 456 535

갑계甲契 474 585

갑회문甲會文 474 474

강월江月 766 774

강희맹姜希孟 434 645 647

개경사開慶寺 134 152 159 162
     166 170 175

개심사開心寺 535 537 780

개원사開元寺 583 590

거사불교居士佛敎 551

건원릉建元陵 134 175

견불사見佛寺 157

견성사見性寺 333

견암사見巖寺 96 132 133 356
     387 456 522 524

경국대전經國大典 255 262 275
     283 359 365 393 397 403
     484

경덕전등록景德傳燈錄 574

경성敬聖 488

경시經試 660

경제문감經濟文鑑 79 117

경제문감별집經濟文鑑別集 79

경제육전經濟六典 79

경찬회慶讚會 92 214 226 232
     237 243 245 392 496 503
     633 647

경천사敬天寺 33

경한景閑 27

경행經行 101 130 221

경허鏡虛 775 777 778 783 787

경허집鏡虛集 777

경헌敬軒 719 773

계권戒券 649

계문啓門 130 275

계봉사鷄鳳寺 157

계승鷄僧 503

계환戒環 439

고봉高峰 480 766 769

고봉어록高峰語錄 489

고승전高僧傳 416

고신告身 39

고왕관세음경高王觀世音經 534
546

고종황제高宗皇帝 780

공림사公林寺 157

공민왕恭愍王 30 34 55 68 71
113

공양왕恭讓王 34 58 61 68 72

공어물供御物 471

공원소公員所 590

공유사불公儒私佛 380 381

공의사共議事 38

공해公廨 69 353 362 467 484

관념요록勸念要錄 498

관세음보살지송영험전觀世音菩薩
持誦靈驗傳 541 544

관음결사觀音結社 550 564

관음경강화觀音經講話 546 548

관음경觀音經 224 534 544 546
548

관음굴觀音窟 131 133 150 212
456 522 524 526 529 608

관음사觀音寺 157 356 523 535
545 554

관음신앙觀音信仰 500 521 533
539 544 565

관음영험觀音靈驗 525 530 540
548 554

관음원법觀音圓法 565

관음현상觀音現相 532

관음현상기觀音現相記 530 554

광명사光明寺 95 387

광유狂儒 62

광종光宗 25 573

광해군光海君 738 771

교종도회소敎宗都會所 210 310
322 328 571

교종판사敎宗判事 268 572 574
578 584 590

구곡각운龜谷覺雲 490

구마라집鳩摩羅什 285

구업사區業寺 157

구자무불성화狗子無佛性話 489
765

국사國師 26 58 65 70 100 102
113 162 185 385 400 410
481 569 571 602 612 614
628

국행불사國行佛事 131 526

군니사君尼寺 157

권근權近 118 120

규정소糾正所 589 592

균여均如 27 416

균여전均如傳 416

귤지정橘智正 705

금강경金剛經 256 395 422 427
432 434 439 447 541 609
645

금강경설의金剛經說宜 395 425

금강경육조해金剛經六祖解 421
430 438

금광명경金光明經 94

금산사金山寺 148 535 589 786

금승절목禁僧節目 291 298 300
313 359 398

금장사金藏寺 157

금허법첨錦虛法添 785

급첩절목給牒節目 292

기신론起信論 529

기신제忌辰祭 355

기양법석祈壤法席 135

기엄법견寄嚴法堅 718

기우법석祈雨法席 135 136 168

기원사祈願寺 526

기화득통己和得通 125 408 490
550 600 607 616 620 685
763

김농암金農巖 124

김대현金大鉉 551

김수온金守溫 241 255 278 409
417 424 432 645

김시습金時習 648 649

김안로金安老 354 364 367

김전金琠 62 116

김정희金正喜 551

김종직金宗直 273 286 302

김좌명金佐明 728

김초金貂 60 64

【ㄴ】

나선사羅禪師 39

나암잡저懶庵雜著 665

나옹懶翁 91 107 113 382 425
　　441 490 521 580 601 608
　　612 730 763 766 771

나옹법통懶翁法統 763 772 774

낙산사洛山寺 257 394 432 456
　　523 530 639

난중잡록亂中雜錄 708

남본열반경南本涅槃經 416

남재南在 85 113

남한산성南漢山城 464 471 510
　　583 587 590 700 728 736
　　757

내불당內佛堂 203 214 217 224
　　227 232 242 245 262 333
　　391 402 406 529 635 648

내원당內願堂 87 138 144 160
　　182 311 353 356 361 751

내원당內願堂 87 138 160 165
　　182 311 353 356 361 580
　　751

내전기양內殿祈攘 110

내탕內帑 30 110 633 634

노국공주魯國公主 31

노불老佛 680

노비결송법奴婢決訟法 69

노사신盧思慎 275 296

논어論語 617

늑매勒買 472

능가경楞伽經 529

능수좌綾首座 39

능엄법석楞嚴法席 169 522

능침사陵寢寺 342 353 355 356
　　460 463

【 ㄷ 】

대각등계집大覺登階集 729

대굴사大崛寺 157

대비심다라니경大悲心陀羅尼經 441

대사大寺 640

대선大選 295 359 573 673

대승사大乘寺 608

대운륜청우경大雲輪請雨經 168

대자암大慈庵 134 205 219 230
　　241 391 408 529 628

대장경大藏經 54 96 131 227 237
　　388 395 401 426 524 585
　　691

대장도감大藏都監 85 101

대학大學 81 433

대학연의大學演義 81 199 330

대혜어록大慧語錄 489

대혜종고大慧宗杲 489 765 766
　　789

덕방암德方庵 239

덕안전德安殿 93 386 572

덕종德宗 162 254 258 267 650

덕천가강德川家康 705 711

덕천사德泉寺 157

도갑사道岬寺 157 394 576 639

도선밀기道詵密記 69

도승록都僧錄 570

도승법度僧法 262 274 277 283
　　286 291 298 305 312 324
　　359 365 393 398 404 409
　　462 483 660 727

도승통都僧統 105 570 586 589
　　591 592

도조度祖 521 628

도종계都宗契 474

도천道泉 275

도첩제度牒制 54 71 86 114 117
　　142 160 182 212 218 255
　　263 274 285 290 295 365
　　393 467 606

도총섭都摠攝 424 464 511 568
　　571 578 580 582 693 697
　　721 728 731 736 738 754
　　757

동국여지승람東國輿地勝覽 354

동림사桐林寺 157

동사열전東師列傳 509

동학사東鶴寺 537 648 778 783

【ㅁ】

만공滿空 777 780

만덕사萬德寺 157 650 651

만불향도萬佛香徒 37

만연사萬淵寺 158 535

만해萬海 777 781

만화萬化 778 783

매월당전집梅月堂全集 648

명곡집明谷集 727

명조明照 511 737

모운慕雲 786

모적蟊賊 63 185 187

목우자牧牛子 772 774

목우자수심결牧牛子修心訣 421
    450

몽산화상법어蒙山和尙法語 421
    425 440 645

묘길상암妙吉祥庵 489 765 766

묘련사妙蓮社 550 564

묘법연화경妙法蓮華經 421 435
    536

묘현妙玄 416

무사자오無師自悟 787 789

무위사無爲寺 157

무학자초無學自超 100 147 490
    521 601 611 617 763

문수회文殊會 92 113 386

문정왕후文定王后 322 407 470
    659 661 740 763

미륵사彌勒寺 130 157

밀기密記 69 141 455

밀기부密記府 140 144 150 179
    182

【ㅂ】

박초朴礎 63 64 116

반승飯僧 29 70 92 95 100 113
    130 134 185 219 221 259
    291 387 401 522 528 633

반야심경般若心經 256 427 434
    438 439 448 544 645 660

방번승防番僧 737 738

방장사方丈寺 613

배극렴裵克廉 79 86 214

백고좌법석百高座法席 85 81

백고좌회百高座會 30

백곡집白谷集 727 729 732 757

백곡처능白谷處能 494 727 735
　　743 753

백련결사白蓮結社 636

백련사白蓮寺 43 225 604 636

백률사白栗寺 527 528

백암사白巖寺 157 307 308

백암성총栢庵性聰 498 542 586

백운동서원白雲洞書院 350

백운사白雲寺 157

백의관음예문白衣觀音禮文 534

백장청규百丈淸規 36

번전番錢 465 738

범망경梵網經 529

범어사梵魚寺 534 780

범어사수선사청규梵魚寺修禪社淸規
　　781

법륜사法輪寺 157

법손노비法孫奴婢 104 204 306

법손상전法孫相傳 104 105 401

법안종法眼宗 491 770 772 774

법장法藏 439 447 667

법조法祖 488 730 744 766 768
　　789

법주사法住寺 157 585

법천사法泉寺 157

법통法統 424 427 487 514 763
　　777

법화경法華經 95 98 134 219 395
　　430 437 438 447 503 524
　　529 536 541 562 628 645
　　648

법화삼매참법석法花三昧懺法席
　　169

법화영험전法華靈驗傳 536 541

법흥사法興寺 694 697

벽계정심碧溪正心 427 490

벽불闢佛 63 120 123 331 333

벽송야행록碧松野行錄 766 767

벽송지엄碧松智儼 490 730 764
　　769 789

벽송행적碧松行蹟 488 764 766

벽암각성碧巖覺性 511 583 728
　　731 736 759 775

벽이단闢異端 117 123 207 319

변협邊協 658

별사전別賜田 26 180 278

보경寶鏡 587

보경사菩慶寺 157

보광사普光寺 157 534

보등사寶燈寺 240

보리갑사菩提岬寺 157

보寶 25 38 238 453

보사비補寺碑 474 476

보월거사普月居士 552 555

보은사報恩寺 286

보임保任 780

보조유제普照遺制 107

보조지눌普照知訥 27 42 67 106
   441 514 550 619 650 671
   731 754 766 770 774

보현사普賢寺 534 661

보환普幻 27

복견성伏見城 708

복자내시卜者內侍 33

복천사福泉寺 394 639

봉래산운수암종봉영당기蓬萊山雲
   水庵鍾峰影堂記 770

봉불국왕奉佛國王 202

봉상시奉常寺 572

봉선사奉先寺 258 315 333 399
   576 590 660 751

봉암사鳳巖寺 535 609 610

봉원사奉元寺 590

봉은사奉恩寺 309 333 535 576
   590 657 660 669 740 751

부녀상사婦女上寺 145 182 265
   282 496 606

부석사浮石寺 472 780

부설거사전浮雪居士傳 508

부용영관芙蓉靈觀 488 490 730
   764 769

부휴선수浮休善修 490 512 730
   775

불골표佛骨表 279

불도징佛圖澄 113 185

불보전곡佛寶錢穀 25

불설몽수경佛說夢授經 534 537

불신지비佛神之費 84 112

불씨잡변佛氏雜辨 115 118 123
   124

불유교대佛儒交代 22 23 246

불유무이佛儒無二 682 685

불유융합佛儒融合 656 676 685

불유회통佛儒會通 685

불전언해佛典諺解 391 403 409
　　415 431 434 436 441 538
　　644 649

불정심다라니경佛頂心陀羅尼經
　　224 422 441

불조원류佛祖源流 767

비보사탑裨補寺塔 605

비사사毗沙寺 157

빙산사氷山寺 157

【 ㅅ 】

사가독서賜暇讀書 351

사가위사捨家爲寺 72 93

사고수호사찰史庫守護寺刹 585
　　587 589

사대문파四大門派 776 786

사리분신舍利分身 640 642

사명비四溟碑 771 772 774

사명유정四溟惟政 399 490 511
　　583 586 690 694 696 698
　　712 722 737 753 766 769
　　772 774 776

사명집四溟集 717

사법嗣法 601 712 714 765 769
　　771 772 786

사법어四法語 421 425 429 440

사비寺婢 204 739

사실師室 227 630

사원계寺院契 473 474

사원노비寺院奴婢 204 211 458

사유전답私有田畓 470 475

사은四恩 616

사자사獅子寺 157

사자상승師資相承 714 767 770
　　787

사자암獅子庵 93 386 604

사종계私宗契 474

사지斯智 426

사천왕도량四天王道場 94

사천왕사四天王寺 387

사패賜牌 310

산산제언蒜山堤堰 308 309 394

산성수비山城守備 464 738

산신山神 501

삼가귀감三家龜鑑 494

삼거목三巨木 780

삼교회통三教會通 620 622

삼로행적三老行蹟 488

삼막사三幕寺 604

삼봉집三峰集 118

삼사三師 586

삼색지보三色之寶 505

삼성암三聖庵 534 552

삼혜三慧 511

삼화사三和寺 96 132 158 356
　　387 522 524

상원사上元寺 132 224 257 308
　　394 530 585 639

상진尚震 677

상총尚聰 105 106 753 755

생불生佛 630 634 637

서거정徐居正 266 275 284

서경書經 44 199

서봉사瑞峯寺 213

서애별집西崖別集 708

서운사瑞雲寺 92

석가보釋迦譜 241 417 437

석가씨보釋迦氏譜 437

석남사石南寺 157

석보상절釋譜詳節 199 227 241

391 396 406 417 425 430
　　436 445 644 646

석옥청공石屋淸珙 490 771

석왕사釋王寺 93 130 213 385
　　456 536 585 781

석장비문石藏碑文 717

선가귀감禪家龜鑑 498 731

선교결禪敎訣 714

선교양종禪敎兩宗 318 327 358
　　398 437 446 485 505 575
　　579 659 664 686 699 727

선교일원禪敎一元 668 671 675
　　688

선교일체禪敎一體 443 448

선교회통禪敎會通 671

선문염송禪門拈頌 574

선문오종강요禪門五宗綱要 786

선사경허화상행장先師鏡虛和尙行狀
　　777

선시選試 261 296 324 394 399

선암사仙巖寺 537 589 591

선운사禪雲寺 157

선원사禪源寺 97 388

선조宣祖 460 499 510 579 583

692 698 701 705

선종도회소禪宗都會所 210 321
    328 571

선종영가집禪宗永嘉集 395 421
    425 430 432 435 440 447
    646

선종판사禪宗判事 572 576 590
    659 664

설보화상說寶和尙 707

설봉산석왕기雪峰山釋王記 613

설선문說禪文 238

설잠雪岑 648 649

설준雪峻 266 269 427

성녕대군成寧大君 132 134 137
    241

성능聖能 584

성덕聖德 545

성리대전性理大全 199

성민省敏 152 527 726

성불사成佛寺 157

성불암成佛庵 266

성석린成石璘 58

성주사聖住寺 157

성희性喜 277 503

소서행장小西行長 704

소요사逍遙寺 213 386

소요태능逍遙太能 717

소재도량消災道場 387 499

소지선사小止禪師 601

소진원마消盡怨魔 499

소헌왕후昭憲王后 227 229 232
    240 383 391

손문욱孫文旭 706 708

송광사松廣寺 106 456 537 585
    591 754 775

송림사松林寺 157

송시열宋時烈 739 759

송응창宋應昌 698

송준길宋浚吉 739 742

수륙사水陸社 93 344 353 356
    361 386 394 460 463

수륙위전水陸位田 311

수륙재水陸齋 49 131 189 222
    224 332 344 356 387 406
    501 522 632 651

수만년사壽萬年詞 354

수미守眉 255 409 426 576

수선본사修禪本社 754

수심결修心訣 421 425 441 645

수양대군首陽大君 192 225 227
    242 260 383 391 402 408
    417 418 420 430 638

수월사水月寺 310

수월水月 780

수월연水月緣 554

숙수사宿水寺 350

숙종肅宗 464 584 589 737

순교자殉教者 659 687

습정균혜習定均慧 514

승가사僧伽寺 212 617

승과僧科 161 236 305 318 322
    332 353 358 398 404 409
    450 462 484 573 633 660
    664 763

승니척태僧尼斥汰 84

승대장僧大將 512 584 736 737

승도혁제僧徒革除 150 209 279

승려추쇄僧侶推刷 282 287 291
    294 299 308 313 330 354
    362

승록사僧錄司 89 101 161 169
    203 207 212 215 570 580

승선僧選 207 261 295 323 326

승영사찰僧營寺刹 584 587

승인호패법僧人號牌法 295 364

승직제도僧職制度 568 570 578
    590 592

시무론時務論 24 29

시승문施僧文 651

시흥종始興宗 153 157 158 211
    457 459

식년시式年試 398

신광사神光寺 213 456 534

신덕왕후神德王后 93 382 406
    753

신돈辛旽 34

신륵사神勒寺 257 286 394 639

신미信眉 224 255 307 409 421
    424 429 440 580 645

신수信修 503

신암사新巖寺 213 386

신열信悅 511

신이사神異寺 157

신익성申翊聖 728 756

신조神照 91 521 600

신중경神衆經 94

신혈사神穴寺 157

신효사神孝寺 44

심기리편心氣理篇 115 118 122

심문천답心問天答 115 117 121
124

십육관경十六觀經 529

십육종도총섭十六宗都總攝 579
693 728

십지론十地論 574

쌍계사雙溪寺 474 534 537 728

쌍림사雙林寺 306

쌍봉사雙峰寺 394

쌍암사雙巖寺 157

쌍익雙翼 720 721

【 ㅇ 】

아미타경阿彌陀經 421 437 438
439 447 529 609 646

악학궤범樂學軌範 396

안거회安居會 222 227 232 235
236 636

안심사安心寺 534 729

안암사安巖寺 277 316

안평대군安平大君 227 383 402
435

안향安珦 45 47

안화사安和寺 33

양경사陽景寺 157

양녕讓寧 221 625 629 642

양무제梁武帝 185 330

양종복설兩宗復設 397 404 576
660 664 671 763

양종혁파兩宗革破 318 328 332
337

어정구결御定口訣 647

언해불전諺解佛典 254 395 420
434 436

엄광사嚴光寺 157

엄천사嚴川寺 157

여산유풍廬山遺風 678

여순양呂純陽 552 553

여암如庵 238

여우길呂佑吉 709

여지도서輿地圖書 584

여환呂還 500

역옹패설櫟翁稗說 44

연경사衍慶寺 130 134 162 166

170 182 205 213 408 427
456

연굴사演窟寺 333

연복사演福寺 34 60 62 92 96
212 386 388

연성법석蓮聲法席 33

연화대무蓮花臺舞 396

연화사蓮花寺 157

연화승緣化僧 103 110 236 401

연희衍熙 421 427 488 765

염불만일회念佛萬日會 498

염불향사念佛香社 498 550 609
619

염불환향곡念佛還鄕曲 498

영각사靈覺寺 157 534

영군토적지승領軍討賊之僧 579
693

영규靈圭 511 586 692 694

영불미왕지죄佞佛迷王之罪 62

영산회상곡靈山會上曲 396

영선승인營繕僧人 216

영조英祖 465 472 584 586

영통사靈通寺 33

영허해일暎虛海日 508

예기禮記 747

예수재豫修齋 501

오교양종五教兩宗 53 96 139 149
153 181 186

오대제성五臺諸聖 608

오대진언집五大眞言集 499

오봉사五峯寺 158

오시교판五時教判 437

옥룡사玉龍寺 589

완문完文 466

왕사王師 26 38 58 65 70 91 100
102 113 162 185 385 400
410 481 569 571 602 612
614 628

왕패사찰王牌寺刹 460

외유내불外儒內佛 380 520

요세了世 550

용문사龍門寺 277 537 657 664

용암혜언龍岩慧彦 785

용장사茸長寺 648

용재총화慵齋叢話 301 396 502

용주사龍珠寺 381 586 590

용천사龍泉寺 157

우장사雨長寺 157

운묵雲默 27

웅신사熊神寺 157

웅인사熊仁寺 157

원각경설의圓覺經說宜 609 610
619

원각경圓覺經 421 425 430 434
438 447 645 647

원각법석圓覺法席 169

원각사圓覺寺 262 278 288 316
320 322 328 333 353 355
362 386 394 407 433 484
575 638 642 647 653

원경왕후元敬王后 162 175 383
528 633

원광圓光 443

원당願堂 310 386 572 585 587

원돈묘법圓頓妙法 687

원묘국사圓妙國師 650

원문願文 103

원성대장어제문願成大藏御製文 97
388

원수사原水寺 157

원융부圓融府 38 67 439 445 448
646 649

원효元曉 443 731

원흥사元興寺 157

원흥사原興寺 157

월담月潭 776 784 786

월산대군月山大君 254 275

월인석보月印釋譜 268 395 425
430 436 445 448

월인천강지곡月印千江之曲 227 241
391 395 418

월정사月精寺 213 394 585 608
639 784

유가사瑜伽寺 474

유관柳觀 139 181 184 187 188

유동보살儒童菩薩 43 684

유불도儒佛道 610 618 620

유석동풍儒釋同風 324

유석질의론儒釋質疑論 492 685

유성룡柳成龍 708

유자광柳子光 295

유점사楡岾寺 154 213 364 585
696

유행승遊行僧 503

육행陸行 504

윤사로尹師路 434

804

윤소종尹紹宗 58

윤원형尹元衡 677

율봉청고栗峰菁皐 785

을미상소언사乙未上疏言事 701

을유乙乳 507

응상應祥 583

응준應俊 731 736

의능義能 511

의빈권씨懿嬪權氏 227

의상암義湘庵 607

의승번전제義僧番錢制 738

의엄義嚴 583 694 698 720 721
753 754

이감로문二甘露門 426

이건창李建昌 551

이난二難 775

이색李穡 44 50 53 54 102 166

이성계李成桂 28 51 56 62 65 77
79 80 84 87 89 91 94 96 98
100 104 109 129 133 171
193 214 242 275 311 356
385 411 454 521 525 572
600 605 611 613 625 628
639 750 754

이여송李如松 698

이율곡李栗谷 124 658

이자춘李子春 602 628

이제현李齊賢 44 46

인가거사印伽居士 552

인각사麟角寺 157

인수왕비仁粹王妃 254 258 274

인왕경강회仁王經講會 29

인조仁祖 464 511 584 736

일승돈교一乘頓敎 667

일심화쟁사상一心·和諍思想 731

일연一然 27

일정설一正說 493 682 685

임제정맥臨濟正脈 774

【ㅈ】

자복방가資福邦家 92 386

자복사資福寺 103 155 156 183
209 457 530

자비慈悲 502 503

자성대비慈聖大妃 253 292 408
422 650

자수원慈壽院 739 742 751 758

자은종慈恩宗 153 157 211 457
458 459 526 528

자장慈藏 443

장경사長慶寺 104

장곡사長谷寺 157

장락사長樂寺 157

장원심長遠心 502 503

장의사莊義寺 213 220 278 316
320 333 394

재가성도在家成道 508 509

재궁齋宮 134 137 144 159 166
182 281

적석사積石寺 613

적승賊僧 658

적조사寂照寺 158

전경불사轉經佛事 230 240

전국사찰소장목판집全國寺刹所藏
木板集 536

전단관음상旃檀觀音相 527 528

전등사傳燈寺 585 589

전선傳禪 733

정각사鼎覺寺 157

정관일선靜觀一禪 719

정극인鄭克仁 286 289

정납情納 469

정도전鄭道傳 59 63 65 78 79 115
603 615 747

정림사淨林寺 157

정만종鄭萬鍾 661 677 678

정몽주鄭夢周 48 61 77

정문正文 44

정사척鄭士倜 62

정심正心 488 490 765 766 769
770 772 776

정심淨心 767

정암즉원晶巖卽圓 509

정업원淨業院 183 205 266 280
316 344 353 394 397 407
740

정음불서正音佛書 222 227 240
391 402 406 414 418 432
437 446 635

정인사正因寺 266 268 332 394
639

정인지鄭麟趾 227 630

정조正祖 381 465 541 551 585
591

정토보서淨土寶書 498

정현왕후貞顯王后 254 315 332 355 422 650

정혜쌍수定慧雙修 449 731

제번징전除番徵錢 465

제월당집霽月堂集 773

제중감로濟衆甘露 551 554 562

조광조趙光祖 342 348 349

조구祖丘 100 385 569 571 602

조선경국전朝鮮經國典 79 81 117

조선사찰사료朝鮮寺刹史料 554

조인옥趙仁沃 39 57 78

조준趙浚 50 57 65 69 78 86 91 103 117

조증祖證 488

존경각尊經閣 272

종밀宗密 439 447

종선宗選 207 573

종의지宗義智 705 706 708

종정宗正 586 589 592

좌전左傳 199

주교종선主敎從禪 671

주선종교主禪從敎 671

주세붕周世鵬 350

주역周易 199 679 746

주자장구집주朱子章句集註 47 49

준역급첩准役給牒 293 314

준화상俊和尙 408

중신종中神宗 157 158 211 458 459

중용中庸 433 679 746

중흥사重興寺 584 590 646 662

증도가남명계송證道歌南明繼頌 422 430 434 440 448

증도가證道歌 395 425

지경영험전持經靈驗傳 534 541

지곡사地谷寺 157

지공指空 113 601 608

지륵사智勒寺 157

지역紙役 466 468 470 738

지장경地藏經 421 438 529 541 645

지천사支天寺 97 160 388

지해智海 427

지형智瑩 541 544

진관사津寬寺 93 96 132 212 222 332 386 456

진구사珍丘寺 157

진국사鎭國寺 157 552

진묵대사유적고震默大師遺蹟考 509

진묵일옥震默一玉 509

진병법석鎭兵法席 94 387

진언권공眞言勸供 423 441

진재賑齋 639

진호鎭護 24

진흥사眞興寺 157

징광사澄光寺 157

【 ㅊ 】

찬영粲英 58 152 580

참회부懺悔府 38

창성사彰聖寺 157

창왕昌王 56 58 68 453

창화사昌和寺 158

처영處英 511 586 694 698 717

척불상소斥佛上疏 114

천수경千手經 422 534

천신사天神寺 158

천왕사天王寺 158

천우天祐 507 552

천은사天隱寺 781

천인天因 43

천장사天藏寺 780

천주사天柱寺 591

천책天頙 27 43

천축사天竺寺 523

천흥사天興寺 157

철종哲宗 589

청계사靑溪寺 157 484 535

청련사靑蓮寺 604

청매인오靑梅印悟 716

청봉거안靑峰巨岸 785

청승請僧 176

청암사靑巖寺 394 534 780

청택법보은문請擇法報恩門 498

청평사淸平寺 660 661

청학사靑鶴寺 639

청허당행장淸虛堂行狀 770

체원體元 27

총남종摠南宗 157 211 458

총섭總攝 579 582 595 584 586
    588 592 693 718

최상승선最上乘禪 670

최승로崔承老 24

추천사경追薦寫經 259 389

축성법회祝聖法會 33

충렬왕忠烈王 39 46 70 72 453

충선왕忠宣王 30 37 45 453

충숙왕忠肅王 31 37 39 72 101

충지沖止 43

충혜왕忠惠王 46 47

친압원문親押願文 104

칠성계七星契 474

칠엽사七葉寺 157

【 ㅌ 】

탁불회적托佛晦跡 626

탄선坦宣 506 507

태고법통太古法統 490 762 767
    769 774 785 786

태고보우普愚 27 38 56 67 107
    113 382 488 490 521 607
    730 767 769 773 775 786

태승파불汰僧破佛 184

태자사太子寺 157

토적보민사소討賊保民事疏 707

통도사通度寺 157 474 534 537
    786

통불교通佛教 438 450

【 ㅍ 】

파계사把溪寺 585

파사척승破邪斥僧 62

팔관회八關會 25 28 85 101

팔도도총섭八道都摠攝 582 584
    587 731 738 757

편양언기便羊彥機 509 769 775
    784

평산처림平山處林 490

표충사表忠寺 586 589 591

표훈사表訓寺 154 213 639 771

풍담楓潭 776 784 786

필강관음筆降觀音 550

【 ㅎ 】

하거사霞居寺 158

하륜河崙 152 166 173

학능學能 288

학열學悅 309 426 429 450

학전學專 288

학조學祖 255 281 307 422 424
426 429 442 645

한계희韓繼禧 255 421 425 432
434 647

한명회韓明澮 253 256 275

한암漢巖 777 781 783

한유韓愈 120 279

한증보汗蒸寶 508

한치형韓致亨 263 284 316

함허당득통화상어록涵虛堂得通和
尙語錄 609

항마군降魔軍 515 717

해동불조원류海東佛祖源流 767

해선海宣 504 506

해월海月 555 617

해인사海印寺 92 96 103 213 278
386 388 394 426 534 537
585 639 699 771 780 786

해초海超 421 425 427 645

행향사行香使 238 352 389 630

행호行乎 225 236 636 651

향가鄕歌 416 445

향림사香林寺 157

향산사香山寺 613

허균許筠 707 717

허단보許端甫 766 771 774

허백명조虛白明照 511 737

허웅虛雄 310 504

허응당집虛應堂集 661 664 677
679 682

허응보우普雨 322 397 409 446
460 493 498 575 595 657
664 676 687

혁거속공革去屬公 156 183 205
218 461

현고사玄高寺 158

현소玄蘇 706 708 709

현정론顯正論 125 491 609 620
685 747

현종顯宗 460 468 494 499 735
739 751 756 759

현철군주론賢哲君主論 348 360

혜공惠空 443

혜명국사慧明國師 601

혜숙惠宿 443

혜심慧諶 27 42 43 684

혜월慧月 780

호국대성護國大聖 690 696

호국의식護國儀式 29

호불왕好佛王 128 163 174

호불주護佛主 382

호암약휴護嚴若休 589

호암체정虎嚴體淨 785

호압사虎壓寺 604

홍법사弘法寺 157

홍준弘濬 408 409 427

화승華僧 106 754

화엄경관자재보살소설법문별행소
華嚴經觀自在菩薩所說法門別行疏
537

화엄경華嚴經 130 135 416 541
574 665 786

화엄사華嚴寺 213 456 512 537

화엄삼매참법석華嚴三昧懺法席 98

화엄종華嚴宗 93 140 153 156
160 182 211 439 457 458
459 506 572

화장사華藏寺 130 652

환성지안喚醒志安 775 783 785
786

환속충군還俗充軍 288 312 314

환암혼수幻庵混修 92 490 521

환조桓祖 628

황룡회기黃龍誨機 552

황매종지黃梅宗旨 772

황수신黃守身 434 435

황엄黃嚴 173 630

황여헌黃汝獻 677

회암사檜巖寺 93 101 103 142 154
167 212 220 225 226 257
315 364 386 389 394 408
455 605 611 613 632 639
661

효령대군孝寧大君 222 225 235
255 260 383 389 407 421
425 530 625 632 638 644
650

효운曉雲 421

효종孝宗 475 739

후시後市 472

훈요십조訓要十條 80

휴정休靜 399 405 488 490 498
511 576 579 583 586 693
697 713 730 736 764 769
775 776 786

흥국사興國寺 590

흥덕사興德寺 93 203 210 234
    280 288 320 328 344 386
    390 401 406 417 459 484
    571 576 584 636
흥룡사興龍寺 213
흥복사興福寺 167 205 386 394
    407 639
흥불사업興佛事業 252 255 260
    264 268 278 384 396 400
    402 406 428 450 646 653

    671 688 364
흥유배불興儒排佛 305 329
흥유시책興儒施策 193 201
흥천사興天寺 93 97 103 106 110
    134 142 144 159 167 171
    203 207 211 212 217 220
    222 224 227 232 243 320
    328 364 386 390 392 401
    406 456 459 484 505 530
    571 574 635 753

이봉춘 李逢春

저자 약력　　동국대학교 불교학과 졸업, 동 대학 철학박사, 동국대학교 불교문화대학 교수 역임, 동국대학교 불교문화대학장, 동 대학원장, 동국대학교 불교사회문화연구원 원장, 원효학 연구원 상임연구위원 역임, 현재 한국불교학회 이사, 동국대학교 명예교수, 천태불교문화연구원장

주요 논저　　『불교의 역사-인도·중국·한국』, 『불교사상의 이해』(공저), 『불교생태학 연구를 위한 초기불교 자료해석』(공저), 『한국 불교지성의 연구활동과 근대불교학의 정립』(공저), 「삼국·통일신라불교의 주체적 수용」, 「원효의 원융무애와 그 행화」, 「고려 천태종의 성립과 그 전개」, 「태고보우 시대의 불교사회」, 「조선 초기 척불소의 경향」, 「근세 천태종의 전개와 동향」

조선시대 불교사 연구

초판 1쇄 인쇄 | 2015년 2월 5일
초판 1쇄 발행 | 2015년 2월 10일

지은이 | 이봉춘
펴낸이 | 윤재승
펴낸곳 | 민족사

주간 | 사기순
기획편집팀 | 사기순, 최윤영
영업관리팀 | 이승순, 공진희

출판등록 | 1980년 5월 9일 제1-149호
주소 | 서울 종로구 삼봉로 81 두산위브파빌리온 1131호
전화 | 02)732-2403, 2404 팩스 | 02)739-7565
홈페이지 | www.minjoksa.org
페이스북 | www.facebook.com/minjoksa
이메일 | minjoksabook@naver.com

ⓒ이봉춘, 2015

ISBN 978-89-98742-42-3 94220
ISBN 978-89-7009-057-3 (세트)